法　学　阶　梯
INSTITUTIONES

普通高等教育**法学规划教材**

商　法　学

Business Law

| 第五版 |

范　健　王建文　著

法律出版社
——北　京——
始创于 1954 年

好书,同好老师和好学生分享

出版说明

法律出版社在其奋进发展的六十年光辉历程中，秉精诚之心，集全社之力，服务于我国法学教育事业，致力于法学教材出版。尤其在改革开放三十余年间，本社以“传播法律信息，推进法制进程，积累法律文化，弘扬法治精神”为宗旨，协同司法部法学教材编辑部，规划并组织出版了国家“八五”“九五”期间的法学规划教材，为我国改革开放之初的法学教育和法治建设做出了开创性贡献；进入21世纪之后，法律出版社又根据教育部的部署和指导，相继规划并组织出版了“十五”、“十一五”和“十二五”法学规划教材，为我国法学教育事业的发展与改革付出了艰辛努力。

承蒙法学教育领域专家作者的信任，以及广大法律院校师生的支持，法律出版社经过三十年的发展与积累，相继出版各类法学教材达四百余种。在学科范围方面，完成以法学核心课程为重心，涉及法学诸学科的“全品种”横向结构；在培养层次方面，健全以本科教育为根本，兼顾职业教育和研究生教育的“多层次”纵向结构，进而打造“法律版”法学教科书体系，以期更好地为法学教育服务，为法治建设贡献绵薄之力。

近年来，法律出版社应因法学教育的发展变化，在教材编写体例及系列安排方面做出相应调整。在教材编写体例方面，结合当前教学实际与培养方案，将系统、全面的理论知识讲授与灵活、丰富的法律实践和能力训练相结合，倡导教材内容差异化，增加教材可读性，以期更好地培养法科学生的思维能力和法学素养。在教材系列安排方面，全力推进新品教材编写与注重既有教材修订相结合，根据教材风格与特色进行适当的套系整合，集中现有的国家级规划教材和在编的规划教材，形成以“普通高等教育法学规划教材”为名的全新教材系列。

本系列教材多为出版多年并广受好评的经典教科书。此次全新推出，既是向长期以来关心支持法学教育出版事业的专家作者的崇高致敬，也是法律出版社为中国当代法学教育事业发展拳拳努力之情的真诚表达。法律出版社将以高度的精品意识和质量标准，不断丰富、完善本系列教材的结构和内容；除教材文本之外，还将配有多层次、多形式的教辅材料，更好地为广大师生服务。

“好书，同好老师和好学生分享”，法律出版社愿与法律共同体诸同仁，分享好书，分享智识，分享法治进程中的点点滴滴！

法律出版社　谨识

2014年10月

出版说明

作 者 简 介

范　健　江苏省南通市人。南京大学法学院教授、博士生导师，澳门科技大学法学院特聘教授、博士生导师，国家社科基金重大项目首席专家。首届中国十大杰出青年法学家（1995年）。中国法学会商法学研究会副会长、江苏省法学会商法学研究会会长、马克思主义理论研究和建设工程《商法学》重点教材编写项目首席专家暨召集人。主要研究领域为商法、经济法、国际商法。主持国家社科基金重大项目等国家级、省部级项目二十余项。发表学术论文二百余篇，出版独著、合著及主编教材三十余部，主要有：《商法学》（马克思主义理论研究和建设工程重点教材，2019 年，主编）、《商法学》（第五版）（2021 年，第一作者）、《证券法》（第三版）（2020 年，第一作者）、《商法总论》（第二版）（2019 年，第一作者）、《公司法》（第五版）（“十二五”普通高等教育本科国家级规划教材，2018 年，第一作者）、《保险法》（2017 年，第一作者）、《商法》（第四版）（面向 21 世纪课程教材、普通高等教育“十一五”国家级规划教材，2011 年，主编）、《破产法》（2009 年，第一作者）、《商法的价值、源流及本体》（第二版）（2007 年，第一作者）、《商法基础理论专题研究》（教育部高等教育司推荐“研究生教学用书”，2005 年，第一作者）、《商法》（第二版）（教育部高等教育司组编、全国成人高等教育规划教材，2005 年，第一作者）、《德国商法：传统框架与新规则》（2004 年，独著）、《商法论》（2003 年，第一作者）、《公司法论》（上卷）（1997 年，第一作者）、《中国经济法》（1995 年，主编）、《反倾销法研究》（1995 年，独著）、《德国商法》（1993 年，独著）等。

王建文　安徽省望江县人。南京大学法学院教授、博士生导师，国家社科基金重大项目首席专家。主要社会兼职有：江苏省委法律专家库成员、江苏省人大常委会立法工作决策咨询专家、江苏省政协法律顾问、江苏省人民检察院检察委员会民事专业研究小组特邀成员、南京市中级人民法院特邀咨询专家、南京市秦淮区委法律顾问。主要学术兼职有：中国商法学研究会常务理事兼信托法专业委员会主任、江苏省法学会商法学研究会副会长兼秘书长、江苏省法学会互联网与信息法学研究会会长。获中国法学会商法学研究会 2020 年度商法人物（2021 年入选）、第三届江苏省优秀青年法学家（2013 年入选）、江苏省“333 高层次人才培养工程”中青年科学技术带头人（2011 年入选）、江苏省高校“青蓝工程”中青年学术带头人（2010 年入选）、江苏省高校“青蓝工程”优秀青年骨干教师（2004 年入选）等荣誉称号。先后毕业于西北政法学院经济法系（本科）、南京大学法学院（硕士、博士），并曾在中国人民大学法学院从事博士后研究。主要研究领域为商法、金融法，并立足于商法，开展营商环境研究与评价工作。主持国家社科基金重大项目及一般项目、中国博士后科学基金特别资助项目及面上项目、教育部人文社会科学研究项目、江苏省社会科学基金重点项目和一般项目等国家级及省部级课题十余项，并承担江苏省人大常委会法工委、江苏省工商联、江苏省司法厅委托课题多项。作为第三方评价负责人，持续承担江苏省营商环境评价工作。在《中国法学》《法学家》《法商研究》《法律科学》《法学》《现代法学》《法学评论》《比较法研究》《政治与法律》《当代法学》《法学杂志》等学术刊物发表学术论文百余篇，其中十余篇被《中国社会科学文摘》《高等学校文科学术文摘》《人大复印报刊资料》《社会科学文摘》转载。出版专著、专著型统编教材二十余部，主要有：《商法总论研究》(2021年，独著)、《证券法研究》(2021年，独著)、《商法教程》(第四版)(2019年，独著)、《中国商法的理论重构与立法构想》(2018年，独著)、《公司高管重大经营决策失误民事责任研究》(2012年，第一作者)、《中国商法立法体系：批判与建构》(2009年，独著)、《商法学》(第五版)(2021年，第二作者)、《证券法》(第三版)(2020年，第二作者)、《商法总论》(第二版)(2019年，第二作者)、《公司法》(第五版)("十二五"普通高等教育本科国家级规划教材，2018年，第二作者)、《保险法》(2017年，第二作者)、《破产法》(2009年，第二作者)、《商法的价值、源流及本体》(第二版)(2007年，第二作者)、《商法基础理论专题研究》(教育部高等教育司推荐"研究生教学用书"，2005年，第二作者)、《商法》(第二版)(教育部高等教育司组编、全国成人高等教育规划教材，2005年，第二作者)、《商法论》(2003年，第二作者)、《商法学》(马克思主义理论研究和建设工程重点教材，2019年，参编)等。

第五版前言

2020 年 5 月 28 日，第十三届全国人民代表大会第三次会议通过了《民法典》，并于 2021 年 1 月 1 日起施行。作为私法之一般法，《民法典》对商法制度与理论都有重要影响。

2019 年 12 月 28 日，第十三届全国人民代表大会常务委员会第十五次会议通过了修订后的《证券法》，并于 2020 年 3 月 1 日起施行。本次《证券法》修订，系统总结了多年来我国证券市场改革发展、监管执法、风险防控的实践经验，在深入分析证券市场运行规律和发展阶段性特点的基础上，作出了一系列制度改革和完善。本次修改的主要内容如下：(1) 扩大《证券法》的适用范围；(2) 确立全面推行、分步实施证券发行注册制度；(3) 大幅提高对证券违法行为的处罚力度；(4) 设专章规定投资者保护制度；(5) 系统完善信息披露制度；(6) 完善证券交易制度；(7) 完善多层次资本市场体系。

2018 年 10 月 26 日，第十三届全国人民代表大会常务委员会第六次会议通过《关于修改〈中华人民共和国公司法〉的决定》，对《公司法》第 142 条股份回购制度作了重大修改。本次修改的主要内容如下：(1) 补充完善允许股份回购的情形；(2) 适当简化股份回购的决策程序，提高公司持有本公司股份的数额上限，延长公司持有所回购股份的期限；(3) 提高回购股份的数额上限，延长公司持有所回购股份的期限；(4) 补充上市公司股份回购的规范要求；(5) 删除关于公司因奖励职工收购本公司股份，用于收购的资金应当从公司的税后利润中支出的规定。

2019 年 4 月 28 日，最高人民法院公布《关于适用〈中华人民共和国公司法〉若干问题的规定(五)》，对履行法定程序不能豁免关联交易赔偿责任、关联交易合同的无效与撤销、董事职务的无因解除与离职补偿、公司分配利润的时限、有限责任公司股东重大分歧解决机制等方面的问题作了规定。

2019 年 3 月 27 日，最高人民法院公布《关于适用〈中华人民共和国企业破产法〉若干问题的规定(三)》，就破产受理后为继续营业的借款、保证人破产时的债权申报、债权表的编制与核查、个别债权人的知情权、债权人会议的表决程序、债权人会议决议撤销、破产管理人对债务人财产的重大处置等法律适用问题作了具体解释。

2018 年 7 月 31 日，最高人民法院公布《关于适用〈中华人民共和国保险法〉若干问题的解释(四)》，就保险法中财产保险合同部分有关法律适用问题作了具体解释。

2017 年 8 月 25 日，最高人民法院公布《关于适用〈中华人民共和国公司法〉若干问题的规定(四)》，就公司决议效力、股东知情权、利润分配权、优先购买权和股东代表诉讼等案件适用法律问题作了具体解释。

本书第四版出版后，中国证监会对若干重要规章及规范性文件作了修订，包括《上市公司收购管理办法》(2020 年修订)、《证券交易所管理办法》(2020 年修订)、《上市公司证券发行管理办法》(2020 年修订)、《创业板上市公司证券发行管理暂行办法》[2020 年修订，已被

《创业板上市公司证券发行注册管理办法(试行)》废止]、《上市公司非公开发行股票实施细则》(2020年修订)、《上市公司信息披露管理办法》(2021年修订),两大交易所也对相关上市规则作了修订。

为及时将上述立法、司法解释、部门规章、自治规则及相关理论研究成果融汇于本书之中,我们启动了本书的修订工作。

在本书修改过程中,由本书第一作者担任主编、第二作者参编的马克思主义理论研究和建设工程重点教材(以下简称"马工程"教材)《商法学》已于2019年1月出版。因该"马工程"教材补充了"非公司法企业法""商业银行法""商事支付法""期货交易法""商事信托与投资基金法"等内容,我们曾一度考虑是否要对本书体系作相应调整,但最终决定仍保留原有体系,使本书成为有别于"马工程"教材的特色教材。

本书问世至今得到了广大同仁和业界的关心和爱护,我们心怀感恩,亦不胜惶恐,尚祈方家不吝赐教,以达出版精品之夙愿!

范健　王建文

2021年4月于南京

第四版前言

本书第三版出版至今不觉又是三年了，在此期间，我国商事立法层面的变化主要是2013年对《公司法》作了条款数量不多但影响重大的修订。该项修订导致公司法中的若干问题的理论根基发生变化，在法律适用中更是留下了许多有待厘清的棘手问题。

在《公司法》小修的同时，《证券法》启动了实质性修订工作，且成效显著。为使本书能够及时反映修法本身及修法所涉理论研究最新成果，作者原拟待《证券法》修订后一并将最新立法成果体现进本书后再提交出版社，但虑及《公司法》的修改及相应研究成果迟迟得不到体现，已使本书显得明显滞后，故不等修订中的《证券法》发布就直接交付出版社了。

除立法外，2013年7月29日，最高人民法院审判委员会第1586次会议通过了《最高人民法院关于适用〈中华人民共和国企业破产法〉若干问题的规定（二）》[简称《破产法司法解释（二）》]。该司法解释对企业破产法中的若干问题作了明确规定，构成了破产法制度的重要组成部分。

本书第三版出版后，中国证监会对以下重要规章及规范性文件作了修订：(1)《公开发行证券的公司信息披露内容与格式准则第2号——年度报告的内容与格式》（2012年修订）；(2)《公开发行证券的公司信息披露内容与格式准则第3号——半年度报告的内容与格式》（2013年修订）；(3)《公开发行证券的公司信息披露编报规则第13号——季度报告内容与格式特别规定》（2014年修订）；(4)《上市公司收购管理办法》（2014年修订）；(5)《证券发行与承销管理办法》（2014年修订）。

两大证券交易所作为商事自治规则的制定部门，修订了以下重要文件：(1)《上海证券交易所交易规则》（2013年修订）；(2)《深圳证券交易所交易规则》（2013年修订）；(3)《上海证券交易所股票上市规则》（2014年修订）；(4)《深圳证券交易所股票上市规则》（2014年修订）；(5)《上海证券交易所公司债券上市规则》（2015年修订）；(6)《深圳证券交易所公司债券上市规则》（2015年修订）。

为及时将上述立法、司法解释、部门规章、自治规则及相关理论研究成果融汇于本书之中，我们启动了本书的修订工作。本书问世至今得到了广大同仁和业界的关心和爱护，为实现出版精品的共同目标，尚祈大家不吝批评指正！

范健　王建文

2015年6月于南京

第三版前言

本书第二版出版至今已然三年,在此期间,我国商事立法较为稳定,但其他层次的商法规范仍有较大变动。为及时更新相关内容,需要对本书作相应修订。

本次修订主要涉及总论、公司法、证券法及破产法的内容,其中新增内容主要围绕以下两项司法解释展开:其一,最高人民法院于2011年1月27日公布的《关于适用〈中华人民共和国公司法〉若干问题的规定(三)》[以下简称《公司法司法解释(三)》];其二,最高人民法院于2011年9月9日公布的《关于适用〈中华人民共和国企业破产法〉若干问题的规定(一)》[以下简称《破产法司法解释(一)》]。《公司法司法解释(三)》具体从以下六个方面展开:(1)落实公司成立前债务的责任主体;(2)确立典型非货币出资到位与否的判断标准及救济方式;(3)界定非自有财产出资行为的效力;(4)明确未尽出资义务(包括未履行出资义务或未全面履行出资义务)和抽逃出资的认定、诉讼救济的方式以及民事责任;(5)规范限制股东权利的条件和方式;(6)妥善平衡名义股东、股权权属的实际享有者以及公司债权人间的利益。《破产法司法解释(一)》主要涉及三方面内容:(1)明确破产原因特别是破产申请原因,保障当事人的破产申请权;(2)解决当事人的举证责任问题;(3)明确对破产申请的受理与监督程序。

在商事行政法规层面,国务院于2011年4月16日颁布了《个体工商户条例》,对个体工商户制度作了全面规定。此外,两大证券交易所作为商事自治规则的制定部门,还修订了以下重要文件:(1)《上海证券交易所股票上市规则》(2012年修订);(2)《上海证券交易所公司债券上市规则》(2012年修订);(3)《深圳证券交易所股票上市规则》(2012年修订);(4)《深圳证券交易所创业板股票上市规则》(2012年修订);(5)《深圳证券交易所公司债券上市规则》(2012年修订)。

为及时将上述法律文件融汇于本书之中,并及时反映商法理论研究成果,应法律出版社编辑的要求,我们启动了本书的修订工作。尽管我们力求完美,但错漏仍在所难免,故望得到同仁及读者的批评指正!

范健　王建文

2012年8月于南京

第二版前言

本书初版于2007年11月，按理还不必在这么短的时间内进行再版，但由于近两年来我国商法规范已有较大变动，需要及时对相关内容进行更新，故与本书责编协商后，我们决定进行较大修订后再版。本次修订主要涉及总论、公司法、证券法及保险法的内容，其中修改幅度最大的为保险法，改编内容大幅修改的原因是《保险法》于2009年经历了一次较大修订。

与商法的发展变动性相适应，商法理论研究的发展也非常迅速。为使本书能够最大限度地体现最新理论研究成果，我们不仅补充了若干最新出版的文献，而且尽可能将有了新的版本的原版参考文献替换为最新版本。

为使读者能够更好地使用本书，本次修订补充了“本章导读”及“思考题”的内容。为使读者能够针对实务问题进行分析，本次修订还在相关内容中穿插了简洁的“实务问题”栏目，并对该问题作了简要解析。

教科书的编写是一个充满挑战的课题，尽管我们对此高度重视，但不可避免地还会存在若干瑕疵，故我们希望广大读者与同仁能够不吝指正，以便促使本书能够不断完善！

范健　王建文

2009年6月于南京

前　言

2005年以来，在我国商事立法实践中，发生了一系列令人惊喜的大事：先是2005年《公司法》《证券法》同时经历了重大修改，后是2006年《企业破产法》被重新制定，此外《合伙企业法》也于2006年获得重大修改。与这些法律的修改与制定相适应，国务院及国家工商行政管理局、证监会也先后发布了一系列配套法规与规章，最高人民法院也拟订了相关司法解释草案。在此期间，境外商事立法领域也发生了许多重大事件，并作为世界商事立法动态对我国商事立法与理论研究产生了深刻影响。在国内外商事立法正经历重大变革的背景下，相关理论研究成果如雨后春笋般涌现出来，从而极大地丰富了我国商法理论体系。尤其值得说明的是，尽管缺乏形式商法立法上的变革，我国商法学界仍在商法基础理论研究领域取得了一定突破，从而使我国商法理论体系日趋完善。

上述商事立法与理论研究方面的突破，无疑要求以适当形式反映到相关商法学教科书中。于是，就有了市面上令人眼花缭乱的各种教科书与读物。但鉴于编与著的方式会对教科书的质量、风格产生不同影响，而体系完整、前后统一且能深入浅出的专著式教科书确实具有特殊优势，故蒙法律出版社惠予邀请，我与建文便欣然接受了编著商法系列教材的任务。多年来，我们一直共同致力于商法理论研究，除了形成了极高的学术默契外，更形成了极为深厚的师生情谊。这无疑为我们商法研究计划的顺利推进奠定了坚实基础。

包括2006年2月、2007年3月先后出版的《公司法》《证券法》，本书是我们在法律出版社出版的第三部专著式商法系列教材。虽经努力，但毕竟学有未逮，还祈学界惠予批评指正！

最后，在即将将书稿委付出版社之际，向多年来一直对我们的商法研究给予关心与帮助的丁小宣先生致以深挚的谢忱！在与法律出版社合作过程中，高度负责的责任编辑朱荃女士，既为我们提供了必要的指导，又为我们提供了细致入微的帮助，藉此一并致谢！

范健　王建文

2007年5月于南京

司法解释缩略语表

全　称	简　称
最高人民法院《关于适用〈中华人民共和国公司法〉若干问题的规定(一)》(2006年发布,2014年修正)	《公司法解释(一)》
最高人民法院《关于适用〈中华人民共和国公司法〉若干问题的规定(二)》(2008年发布,2014年、2020年修正)	《公司法解释(二)》
最高人民法院《关于适用〈中华人民共和国公司法〉若干问题的规定(三)》(2011年发布,2014年、2020年修正)	《公司法解释(三)》
最高人民法院《关于适用〈中华人民共和国公司法〉若干问题的规定(四)》(2017年发布,2020年修正)	《公司法解释(四)》
最高人民法院《关于适用〈中华人民共和国公司法〉若干问题的规定(五)》(2019年发布,2020年修正)	《公司法解释(五)》
最高人民法院《关于审理证券市场因虚假陈述引发的民事赔偿案件的若干规定》(2003年发布)	《虚假陈述规定》
最高人民法院《关于适用〈中华人民共和国企业破产法〉若干问题的规定(一)》(2011年发布)	《破产法解释(一)》
最高人民法院《关于适用〈中华人民共和国企业破产法〉若干问题的规定(二)》(2013年发布)	《破产法解释(二)》
最高人民法院《关于适用〈中华人民共和国企业破产法〉若干问题的规定(三)》(2019年发布,2020年修正)	《破产法解释(三)》
最高人民法院《关于审理企业破产案件若干问题的规定》(2002年发布)	《破产案件规定》
最高人民法院《关于审理票据纠纷案件若干问题的规定》(2000年发布,2020年修正)	《票据纠纷案件规定》
最高人民法院《关于适用〈中华人民共和国保险法〉若干问题的解释(二)》(2013年发布,2020年修正)	《保险法解释(二)》
最高人民法院《关于适用〈中华人民共和国保险法〉若干问题的解释(三)》(2015年发布,2020年修正)	《保险法解释(三)》
最高人民法院《关于适用〈中华人民共和国保险法〉若干问题的解释(四)》(2018年发布,2020年修正)	《保险法解释(四)》

目　录

第一编　商法总论

第二编　公　司　法

第三编　证　券　法

第四编 破 产 法

第五编　票　据　法

第六编　保　险　法

第一编　商 法 总 论

第一章　商法概述

导读

- 我国目前尚不存在形式意义上的商法，但实质意义上的商法则早已大量存在。商法的本质特征为商主体与商行为具有营利性特征。商法基本原则包括：商主体严格法定原则；企业维持原则；交易简便、迅捷原则；维护交易安全原则。
- 商法的体系，是指商法作为一个独立的法律部门，其内部具有逻辑联系的各项商事法律制度所组成的系统结构。在本书中，商法体系主要由下列商事法律制度构成：商主体制度；商行为制度；公司制度；证券制度；破产制度；票据制度；保险制度。
- 在我国，商法的渊源主要为制定法、立法和司法解释、商事自治规则等。
- 一个国家的法律体系中，如何确立商法的地位，如何把握商法与民法、商法与经济法之间的关系，是现代商法理论中最为重要和基础的问题之一，这一问题集中表明了商法的价值，决定着商法的前途和命运。
- 近现代意义上的商法在我国始于清朝末期。从历史的角度看，德国商法作为大陆商法的代表对中国商法的影响最大。中国商法在今后发展仍然需要继受大陆法和英美法国家商法的经验。现阶段在继受西方国家商法经验方面面临的最大问题将是中国有无必要和可能制定一部统一的形式商法。

第一节　概　　述

一、“商”的概念

现代汉语中的“商”字，在英语和法语中表述为“commerce”，在德语中表述为“der Handel”，在拉丁语中表述为“commerium”，在日语中表述为“商业”。“商”是一个古老的用语，同时，在现代社会中，它又是一个被多学科使用的词汇。

在语词学上，“商”具有多重含义。从词源上考察，古代汉语中，“商”是一种计时单位，一刻称为一商，“商，刻也”。[1] “商”又被用指“估量”“推测”，“商，从外知内也”。[2] 后来“商”发展为与“量”合用，称为“商量”，进而引申为协商之义。

---

〔1〕《集韵·阳韵》。

〔2〕《说文·内部》。

"商"字被引入经济生活,人们最初是在相互交换和互通有无这一意义上使用其概念的,它与贸易活动联系在一起。从历史考证中可以看到,在人类社会早期,古老的商活动主要是物的交换,它以互通有无、满足简单生活需要以维持生存为前提,而且是最早和最初的目的。当时,交易的标的仅仅是有形物,并且是简单的生活必需品;交易的标准只是一般的价值标准。因为当时没有货币,也就没有后来所说的营利可言。我国古汉语里关于"商"的解释多立足于这一角度。如"通财鬻货曰商";〔3〕"行曰商;止曰贾。商之谓言章也,章其远近,度其有无,通四方之物,故谓之商"。〔4〕后来,随着商品贸易的发展、交易规模的扩大,尤其在货币出现之后,一个以从事交易活动为职业,并从中获取一定利益的阶层出现了。这时,商逐步演变成一种以营利为目的的活动。"商"字就丰富了原有的内涵,不仅非营利的交换活动为商,而且以营利为目的的交易活动也为商;商不仅指一种交易行为,有时也特指从事这一行为的人,出现了商即商人的概念,如中国古汉语中的"布商""客商"等。作为营利性活动意义上的"商",人们常常用"商事"一词来取代之,由此便出现了"商"和"商事"同等使用的现象。随着近现代商事规模的扩大、一个特殊的商人阶层的出现,尤其是在以调整商事交易主体和商事交易行为为内容的商法典和商事专门法规出现之后,商的概念从原先的约定俗成而嬗变成为一个法定概念,商的内涵也逐渐特指营利活动。

在现代社会,人们常常在不同层次上使用"商"字,"商"的概念已经逐渐发展成为社会学、经济学、法学等多学科、多层次的概念。在社会日常生活用语中,人们除了在协商、商量这样一些本义上使用"商"的概念之外,常常将各种形式的物的买卖活动、交易活动都视为"商"。这里的物通常指货物、生产品或任何种类的财物。在社会学意义上,"商"多指中介于农、工业之间以及农工业等生产者与消费者之间,与农业、工业等相对应的一种社会分工,是社会职业的一种分类,是社会经济的一个部门。在经济学意义上,"商"被理解为沟通生产与消费的中间环节,是产品进入市场的流通行为,是产品由生产者手中流转到消费者手中的渠道、中介,是生产方式之一。

在法律用语中,"商"具有特定的含义,它与经济学上的理解不完全一样。法学所说的"商",不仅仅包括流通领域,更包括生产领域,因此,它可以被视为从广义上的解释。但是,它并不是指所有的生产和流通行为,只有生产和流通与经营联系在一起,即生产和流通是为了一定的营利目的而为之时,这种行为方可以被视为法律意义上的"商"。从这一角度理解,法律意义上的"商",是一种特指的经营活动,而非一般的贸易活动。从法律上理解商,重点不在于商的方式,即是否处于流通和生产,而在于理解商的目的,即是否属于营利性活动,以及商的主体资格,即从事这种营利性活动的行为人是否具有法律上所赋予的能力。

作为一个法律术语,"商"字也是一个发展变化的概念,其内涵和外延都随着历史的发展而不断丰富。原先,商的标的仅为动产和有形财产;而今,不仅动产和有形财产,而且相当部分的不动产、无形财产、票据、有价证券、知识产权等都可以成为商的标的。原先,商的行为仅为买卖、代理、票据、运输、保险、海商等;而今,商事信托、证券交易、融资租赁、知识产权交易等行为,也都已成为商行为的主要组成部分。原先,商主体以自然人为主,或以按法定程序拟制的

〔3〕《汉书·食货志》(下)。
〔4〕《白虎通·商贾》。

商人为主；而今，在民商分立的大陆法系国家和地区，自然人固然仍可为商主体，但企业已成为最主要的商主体。

二、商法的概念

商法，是指调整因商行为而形成的商事法律关系的法律规范的总称。该定义采取了以商行为为核心范畴的界定方式，并明确了商事法律关系的含义。当然，这种定义方式仅为理论上的概括，并不适用于所有国家。就中国商法而言，因缺乏形式意义上的商法，故任何商法定义都是基于学者对商法体系的理解所作的纯学理性界定。不过，尽管各国商法立法体系存在较大差异，但学理上仍可以商主体与商行为为基本范畴来阐述商法理论。

我们认为，在学理上固然可以采用商主体与商行为的概念，但在中国形式商法的立法中则不必采用这两个概念，而以"经营行为"为核心范畴来构建中国商法立法体系即可。[5] 基于这一理解，可将中国商法的概念作如下界定：商法，是指调整因经营行为而形成的商事法律关系的法律规范的总称。该定义将商行为替换为经营行为，并且未对经营行为的实施主体作任何限制，即意味着凡法律未禁止从事经营行为的法律主体均可成为商事法律关系的主体。这一界定方式意味着，与传统商法相比，在我国商法理论体系中，商主体与商行为的内涵与外延都发生了实质性变化。不过，为了行文上的方便，除在专门论述中国商法时作特别强调外，本书仍以商主体与商行为为基本范畴。

通常可以从广义和狭义两个方面去理解商法的概念。在狭义上，商法仅仅指商法典及其附属法规，如商法典及其施行法等。在广义上，商法包括全部商事法律部门，它不仅包括商法典，而且包括与商事活动密切相关的各种法律，如公司、票据、银行、保险、运输、代理、信托、消费者保护、工商权利保护等法律。在有些商法学著作中，它甚至包括劳工法、反不正当竞争法等内容。

与上述情形相适应，由于世界各国商法制度存在较大差异，多数学者在理论上将商法分为形式意义上的商法和实质意义上的商法。形式意义上的商法，是指奉行民商分立立法原则的国家在民法典之外制定的以"商法"命名的法典，其内容主要涉及商主体、商行为之界定、创设等商法的一般规则以及商事公司、票据、保险、破产、海商等基本制度。在大陆法系国家中，德国、法国、奥地利、比利时、卢森堡、希腊、西班牙、葡萄牙、埃及、日本、巴西、智利、阿根廷等均制定有商法典。形式意义上的商法概念理论着眼点为规范的表现形式和法律的编纂结构，它以法律文件的表现形式商法典作为商法概念的界定基础。不过，由于各国法典编纂的原则不同，形式意义上的商法典又表现为不同的具体形式，主要分为三大类：第一，以商人为中心的主观主义原则作为立法基础而构造商法典，德国是其典型代表。该法典原有四编：商事、商事公司及隐名合伙、商行为、海商。现行德国商法典已有较大改变，不仅其体系结构，而且其商人中心主义也有所突破。第二，以商行为为中心的客观主义原则作为立法基础而构造商法典，法国是其典型代表。该法典有四编：通则、海商、破产、商事法院。第三，以商人和商行为共存的折中主义原则作为立法基础而构造商法典，日本是其典型代表。该法典共四篇：总则、公司、商行

---

〔5〕 相关内容将于本书以下内容的相关章节中阐述。具体内容请参见王建文：《中国商法立法体系：批判与建构》，法律出版社2009年版。

为、海商。

英美法系国家原先没有商法典,20 世纪下半叶,为了商事交易的方便,美国制定了《统一商法典》。《统一商法典》虽然在立法技术、法律概念等诸多方面借鉴了大陆商法,尤其德国民商法的经验,但其所采用的立法原则与大陆法系国家颇不一样。该法典不以商行为为中心,也不以商人为中心,而是以货物买卖为中心构造其规范体系。该法典共十二编:总则、买卖、租赁、流通票据、银行存款与收款、信用证、大宗买卖、权利凭证、投资证券、动产担保交易、生效日期与废止、生效日期与过渡规定。

实质意义上的商法是指一切调整商事关系的法律规范的总称。其概念的理论着眼点为商事法律规范的性质、规范的作用、规范的构成、规范实施的方式等在理念上的有机统一。它不以商法典作为商法概念的界定基础;商法的形式包括各种有关商事的专门法规;商法规范不仅仅存在于商法典之中,而且还大量地存在于民法、行政法以及其他法律、法规和判例之中。从实质意义上看,无论是属大陆法系还是英美法系,无论是奉行民商分立还是奉行民商合一的国家,都存在实质意义上的商法。

我国目前尚不存在形式意义上的商法,[6]不少传统民法学者基于民商合一立法体例的考虑,也往往认为不必制定形式意义上的商法。但随着市场经济体制的建立,我国许多商法学者认为应当制定与我国市场经济建设实践相适应的“商法通则”或“商法典”。事实上,在我国,实质意义上的商法早已大量存在。不仅在诸如传统的民法、经济法、行政法等法律文件中存在大量的调整商事交易主体及其所从事的商行为的法律规范,而且还陆续制定了一大批商事特别法,如《公司法》《证券法》《票据法》《商业银行法》《保险法》《海商法》《信托法》《企业破产法》《合伙企业法》《个人独资企业法》等。如今,我国商法学界已为“商法通则”或“商法典”的制定做了大量准备工作。如果该法最终能够出台,将使我国形成内容与体系均不同于其他大陆法系国家和地区商法典的特殊形式商法。

三、商法的特征

商法的特征,是指商法区别于其他法律部门的主要标志,是商法本质的外在表现形式。商法具有哪些特征,学者们所持观点并不完全一致。多数学者认为,商法的特征主要体现在如下方面。

(一)商主体与商行为具有营利性特征

商法侧重于保护从事经营行为的企业与其他主体的利益,强调商主体与商行为都以营利为目的,将其作为制度设计的基点。

营利性,是指行为人从事经营活动时以获取盈利为目的的特性,往往表述为“以营利为目的”。商主体的营利性表现于利润分配方面。商主体从事的营利活动仅具有手段意义,将经营所得利润分配于投资者才是最终目的。如果经营所得不分配于投资者,即使其生产经营活动能创造一定的盈利,甚至直接从事了商行为,也不能界定为企业。这正是企业(特指商事企业)与非营利组织的区别所在。

---

[6] 不过,形式意义上的商法,也在地方法规中出现了,如深圳经济特区颁布的《深圳经济特区商事条例》(已废止)即属于一部地方商事法规性质的形式意义上的商法。

商行为的营利性，是指行为人实施经营行为的目的在于获取盈利。在民商分立的国家和地区，一般来说，商行为必然具有营利性，但营利性行为则未必为商行为。就我国商法理论来说，若将商行为直接界定为经营行为，商行为的营利性更易理解。但是否营利性行为均应划入经营行为范畴，同样不无疑问。对此，本书将在关于商行为的内容中专门论述，其结论同样为否定的。

（二）商法规范具有较强的技术性

由于商法以经济效用为主要目的，为维护交易的便捷、公平与安全，其规定更加明显地具有技术性，与作为一般私法的民法偏重于伦理规范有明显的不同。商法的技术性主要体现在商行为法部分，法律对商行为中的行为方式、行为环节、行为规则都作了具体、翔实的规定，具有很强的可操作性和技术性。正因为商法具有浓郁的技术性，才使其在各国存在技术上的共通性，可以相互借鉴，从而更多地表现出国际趋同性。

（三）商法是兼具程序法内容的实体法

商法作为私法，应纳入实体法范畴，但商法中仍然包含了大量程序规范。例如，《公司法》关于公司设立的条件、公司资本制度、公司组织机构及其职权、股东权利义务、法律责任等规定属于实体规范；而关于公司设立的程序、公司组织机构行使职权的方式以及公司变更、清算、解散的程序等规范则属于程序规范。

（四）商法是兼具国际性的国内法

商法无论是在其产生之时还是现在都具有国际性。即便是在近代欧洲民族国家纷纷将商法纳入国内法体系之中，使商法转变成为国内法时期，也明显表现出这样的特点。当然，近现代商法从本质上应属于国内法，只不过由于其所调整的对象具有世界范围内的共性，因而在商法的具体规范上具有一定的相同或相似性。

商法的这种国际趋同性在商法演进进程上，主要表现为商法的趋同化。由于商法趋同化进程的加快，当今世界各国的商法在若干具体制度与规范上表现出明显的相似性或者说各国商法相互同化。因商法由商人习惯法发展成为国内法而产生的民族主义倾向，在国际经济的新形势下正在逐步得到纠正与克服。尽管各国商法还是通过或主要通过一国立法机关制定，但在具体规范内容上则表现出明显的相同或相似性。

（五）商法具有发展性与变动性

民法具有固定性与继续性，往往沿袭援用，一般较少修改；而商法则随着市场交易方式与内容的发展变化，呈现不断发展进步的特点。商法从无到有，从初步形成到日趋完善形成统一的体系，即是其发展性的体现。

与商法的发展性相适应，商法在立法上，当然要求适时变化，针对发展变化了的社会经济生活实践予以适时的修订，因而又表现出变动性。也就是说，对商法来说，法律的安定性应让位于法律的适应性，当社会经济形势发生变化，作为商法存在基础与目的的市场交易实践相应发生实质性变化时，商法就应作适时修订，否则商法就将严重滞后于经济生活实践，从而失去其存在的基础与意义。这样，商法常常进行重大修订就很正常也很必要。其结果就表现为商法的变动性。

四、商法的理念

“理念”概念在逐渐被我国学者广泛采用的过程中,其内涵逐渐泛化。例如,在实践中,存在诸如“民主理念”“法治理念”“司法理念”“行政理念”“教育理念”“服务理念”“管理理念”“营销理念”等较为具体化的理念概念。在我国法学界,理念的哲学内涵已逐渐泛化成为涵盖理想、信念、精神、价值等丰富内涵的概念,既可将其用于抽象范畴,又可将其用于具体范畴。商法理念作为涵盖商法的精神、价值等多重内涵的较为泛化的概念,其抽象内涵可细化为由正义统率的多个具体层面。在此意义上的商法理念,实际上包含商法的精神与价值等体现商法本质属性的基本理论范畴。当然,这些类型化的商法理念并不能涵括所有商法理念,而只能作为商法理念的核心范畴。基于此,本书将商法的理念作以下类型化概括:(1)强化私法自治;(2)经营自由;(3)保护营利;(4)加重责任。〔7〕

(一)强化私法自治

1. 传统商法中的私法自治:商人自治

商法中的私法自治曾表现为商人自治,而商人自治在产生时间、方式以及内涵上都具有区别于私法自治的特殊性与独立性。商人自治并非私法自治在商法中的直接体现,而是在中世纪商人阶层的形成过程中逐渐产生与发展起来的。商人自治是在当时普遍适用的一般法律规范无法适用于商人阶层的背景下,基于商事交易的特殊需要而在商人团体的推动下所确立的法律调整模式。

在商人习惯法逐渐发展成为各民族国家的国内法与制定法后,商事法律关系成为国家权力干预的对象。在各国商法典中,也未对商人自治原则作明确规定。至此,商人自治已脱离原有轨道,而成为国家统一立法框架下的理念与原则,并表现为私法自治原则在商法中的反映。不过,虽然商人自治受到削弱,但商法典还是扩大了私法自治的范围。例如,在商行为制度中,各国商法均扩大了内容自由与形式自由原则的内涵。《德国民事诉讼法》还赋予了商人不受禁止约定管辖法院原则限制的自由权。〔8〕

2. 现代商法中的私法自治:私法自治之强化

在商法中,私法自治强调的是民商事主体在从事经营活动过程中有权自主决定经营事项并与其他民商事主体约定权利、义务。基于商事交易活动的复杂性以及商法的私法属性,强化商法中的私法自治已成为一项时代要求。

由于我国未制定形式商法,在商事关系的法律调整中,仍只能适用相关商事单行法及民法一般规范,从而使本应得到强化的私法自治未能得到充分体现。例如,在商事交易中,当事人为促使合同得到实际履行,有时会规定较高的违约金,但根据《民法典》之规定,法院或仲裁机构却可以依一方当事人的申请,对该违约金予以酌情减少;企业为弥补融资缺口,有时愿意以较高利率向个人借款,但该利率却被相关司法解释限定在银行同期贷款利率的4倍之内。类似于以上遏制商法之私法自治原则的规定,实际上都有悖于现代商法中不断强化私法自治的理念。在缺乏商人自治传统并长期实行民商合一立法模式的我国,商法中需要得到强化的私法自治理念往往被严重忽视。因此,我国应通过对强化私法自治理念的解释,使该理念在司法

---

〔7〕 参见范健、王建文:《商法的价值、源流及本体》(第二版),中国人民大学出版社2007年版,第27~48页。

〔8〕 参见[德]C. W. 卡纳里斯:《德国商法》,杨继译,法律出版社2006年版,第8~9页。

实践中得到自觉运用。

3. 商法中私法自治的限制

在商法中，尽管应强化私法自治理念，但基于对中小投资者及交易安全的保护，在扩大私法自治权的同时，也应对其进行必要的限制。当然，这种限制必须控制在合理范围内，在对是否限制私法自治理念作出判断时，应保持较高的审慎与克制。例如，关于公司股利分配问题的立法与司法对策，就体现了私法自治理念的扩张和限缩政策。放任公司自行决定是否分配利润，是对私法自治维护的结果；干预公司长期拒绝分配利润的做法，则是对私法自治进行必要限制的结果。就此而言，在公司股利分配问题上，无论是作出放任还是必要限制的选择，都有其合理性。但由于股利分配本质上属于私法自治范畴，因而，即便在特殊情况下进行必要的司法干预，也应当予以严格控制，只有在确实需要进行司法干预且穷尽了其他救济途径的情况下，才能作出司法干预。

（二）经营自由

1. 经营自由的立法模式

尽管各国商法大多确立了经营自由的理念，但均未对其作明确规定，而仅在相关规定中体现了这一理念。在立法方式上，各国大多通过宪法确立经营自由权，但基本上都未直接采用该概念，而是通过自由权、经济与财产自由、职业选择自由等予以涵括。[9] 鉴于我国缺乏商法传统，而从现行《宪法》的相关规定中又不能直接推导出经营自由的原则，我国不妨在宪法中对此作明确规定。不过，如果制定"商法通则"或其他形式商法，在该法中对此作明确规定同样可达到相同目的。通过这种法律确认，将促使经营自由这一商法理念得到全面、深入的培育与应用。

2. 经营自由的含义

在经营自由的内涵上，应注意将其与私法自治区分开来。从逻辑上讲，若从广义上理解经营自由与私法自治，以前者涵盖后者或以后者涵盖前者，似乎都未尝不可。但鉴于两者的内涵与价值仍具有本质区别，其含义应予明确区分，以完整凸显两者作为商法理念的基本价值。事实上，规定于各国宪法的经营自由，其价值主要表现为对民商事主体从事经营活动不当障碍的排除，至于民商事主体对其权利、义务予以自主安排的自由权，则应属于私法自治的范畴。基于此，我们认为，所谓经营自由，是指民商事主体享有自主决定从事经营活动，国家不得设置不当障碍的自由权。

3. 经营自由与私法自治之间的关系

商法中的私法自治理念主要适用于民商事主体获准从事经营活动的过程中，而经营自由则主要适用于经营活动开展前的市场准入。例如，投资者拟设立企业时，其作为投资者的主体资格的确定、企业组织形式的选择、经营范围的选择等问题，都可纳入经营自由的适用范围；企业的股权结构、治理结构、利润分配方法等问题，则可纳入私法自治的适用范围。不过，在某些领域中，存在私法自治与经营自由理念的适用相互重叠的现象，此时应结合两种不同的商法理念进行制度设计与司法裁量。

---

〔9〕 参见肖海军：《论营业权入宪——比较宪法视野下的营业权》，载《法律科学》2005 年第 2 期。

4. 经营自由的限制

与私法自治要受到必要限制一样，经营自由也需受到一定限制，这种限制主要表现为法律关于从事特定经营行为的准入条件与审批程序的规定。若要从事属于国家设置了前置审批条件与程序的经营活动，则必须依法办理相关审批手续。

但应当注意的是，除非确实需要设置特定准入门槛，法律与政府均不应对经营自由作过度限制，否则将构成对宪法所规定的或者应当为宪法所规定的基本自由权的侵害。例如，在实践中，许多城市管理中都存在对经营自由作过度限制的问题。在不少中心城市中，在路边摆摊设点进行销售行为都受到严格禁止，城管执法人员往往对"违反规定"在路边摆摊设点的行为予以严厉取缔。这种基于城市市容市貌的整洁所实施的禁止路边摆摊设点的管理方式，实际上就构成了对经营自由的侵害。[10] 类似侵害经营自由的现象在我国并不鲜见。因此，迫切需要基于经营自由的理念，确认并保护民商事主体的经营自由权。

(三)保护营利

基于商主体与商行为的营利性特征，商法应赋予商行为的实施主体获取合理收益的权利。在商法理论中，可将这种保护营利目的的商法精神称为保护营利理念。在商事法规中，大陆法系商法典中所规定的佣金请求权与法定利率可谓保护营利理念的代表性制度。但保护营利理念并非只在有这种明确规定的情况下才可适用，在法律未作明确规定的情况下同样可以适用。

(四)加重责任

1. 加重责任的含义

与一般民事法律关系中对当事人权利、义务的规定不同，各国家及地区商法一般都对商行为的实施主体设定更为严格的责任制度。我们曾将这一责任设定宗旨称为商法之严格责任理念。[11] 也有学者采用了"严格责任主义"[12]与"责任的加重"[13]的概念，但其所指均为归责原则。由于商法对商行为实施主体的义务与责任从严规定的制度并不同于归责原则意义上的严格责任，而"严格责任"的一般含义确实为归责原则，所以本书采用了"加重责任"的概念。

之所以对商行为的实施主体加重责任，主要有两大原因：其一，商行为的实施主体理应具备较高的经营能力，应在行为过程中承担较高的注意义务；其二，商行为具有营利性，商法在保护营利的同时，基于公平原则，也应给予商行为的实施主体以严格的法律义务与责任。

大陆法系国家和地区的商法中基本上都有体现加重责任理念的相关具体规定，主要表现为以下具体制度：(1)保证的连带责任；(2)要约是否承诺的通知义务；(3)对要约附送货物的保管义务；(4)商主体的严格注意义务。

---

〔10〕 与此形成鲜明对比的是，世界各国普遍对路边摆摊设点的经营行为予以保护。例如，据报道，2010 年 10 月 20 日，印度最高法院正式作出裁决，禁止政府基于各种行政决策，剥夺街头小贩诚实经营的权利。事情的起因是新德里市政府准备在英联邦运动会前驱逐小贩，被印度全国街头小贩联合会告上最高法院。经过 4 个月的法庭审理，在英联邦运动会于 2010 年 10 月 14 日闭幕之后，印度最高法院作出了裁决，认为"街头叫卖是印度宪法所保障的基本权利"，并要求"印度政府必须在 2011 年 6 月 30 日通过一部保护小贩的法律"。载《新京报》2010 年 10 月 24 日，第 12 版。

〔11〕 参见范健、王建文：《商法的价值、源流及本体》(第二版)，中国人民大学出版社 2007 年版，第 43 页。

〔12〕 赵中孚主编：《商法总论》(第三版)，中国人民大学出版社 2007 年版，第 44 页；任先行主编：《商法总论》，北京大学出版社、中国林业大学出版社 2007 年版，第 35 页。

〔13〕 王保树：《商法总论》，清华大学出版社 2007 年版，第 75 页。

2. 我国商法中确立加重责任理念的价值及立法模式

我国《民法典》为体现民商合一的立法定位，采纳了许多商法规则，但未对商事合同与民事合同予以区分，使原本只应适用于商事合同的严格规则普遍适用于一切合同。另外，本应基于加重责任理念而确立的特殊规则却无法得到必要体现，而只能统一适用一般合同法规则。这一立法模式导致《民法典》合同编中实际存在商事合同与民事合同的区分，但又存在商化过度的问题，而未予区分的许多问题则又存在商化不足的问题，从而造成法律适用上的不适宜性。对此，若能在总纲性商法规范中明确规定体现加重责任理念的若干制度，则将较好地解决这一问题。

就我国商法的理论构建而言，除以上获得大陆法系商法典确认的体现加重责任理念的制度外，还应基于加重责任理念，赋予企业及经营者更广泛的法律义务与责任。例如，在商场、超市等商品销售公司，偶尔会发生标错价格的问题。在此情形下，往往基于错误或重大误解的规定而允许错标价格的销售公司撤销合同。事实上，基于商法之加重责任理念，完全可以判令销售公司自己承担因此造成的损失。这种显然不同于民法理念的法律处置，只能建立在确立商法之加重责任理念的基础上。另如，在广告代言行为的法律规制方面，若能依照加重责任理念对代言人规定严格的义务与责任，无疑将有利于代言人认真履行对其代言对象的审查义务，并在存在明星的虚假广告现象时，责令其对受害人承担相应的损害赔偿责任。类似问题还有很多，通过民法中对各种可能存在需要特殊规制的行为作类型化规定显然无法达到同样效果，而基于商法中的加重责任理念设置相应的商法规范则可达到良好的立法效果。

五、商法基本原则

商法基本原则，是指集中体现商法的性质和宗旨，对商事法律关系具有普遍适用意义与司法指导意义，对统一的商法规则体系具有统领作用的基本法律规则。它主要包括规制商主体因素的基本原则和规制商行为因素的基本原则两类。其立法目的或是保障各类商事法律关系基本要素的稳定和统一，或是保障商事交易简便、公开、迅速、确定、安全的基本条件。

（一）企业法定原则

在我国商法理论中，企业法定原则一般称为商主体严格法定原则。鉴于前文关于商法核心范畴的界定，本书采取企业法定原则的概念。该原则是传统商事交易行为之自由主义向现代商事活动之国家干预主义转变的结果，是现代商事管理制度的核心，是商事登记制度的基础，充分反映了作为私法的商法所含有的公法性因素。企业作为经营行为的主导性主体，对其法律控制往往关系到一定社会中各种商事法律关系的稳定和统一，关系到社会交易安全和第三人利益的维护。因此，现代各国一般都制定有大量的强行性法规对企业的资格予以严格控制，形成了企业法定原则。该原则主要包括企业类型法定、企业内容法定和企业公示法定三方面的要求。〔14〕

企业类型法定，是指商法对于企业的类型作出明文规定，企业的创设或变更只能严格依照法律预定的主体类型和标准进行，法律禁止在法定类型之外任意创设非典型的或“过渡型”企业。这样，关于企业之创设或变更，本质上仅具有法定范围内自由选择的法律可能性。例如，

---

〔14〕　参见王建文：《商法教程》（第四版），中国人民大学出版社 2019 年版，第 11～12 页。

除有限责任公司与股份有限公司作为企业得到普遍承认外,无限公司、两合公司、股份两合公司以及合作社等企业形态也在许多国家得到承认。而在我国,无限公司、两合公司、股份两合公司等组织形式至今还未受到法律承认,因而不能成为企业形态。我国长期以来作为企业存在的股份合作制企业、个体工商户等在西方国家企业类型中却从未存在过。[15] 这种差异就是企业类型法定的结果。

企业内容法定,是指可以进行经营活动的企业的财产关系与组织关系由法律予以明确规定,当事人不得创设或经变更形成具有非规范性财产关系与组织关系的企业。企业内容法定的法律要求在很大程度上保障了同样类型的企业都具有大体相同的法律性质,从而维护了不同类型的商事法律关系主体要素方面的特定性。例如,有限责任公司、股份有限公司、合伙企业、独资企业等不同类型的企业,其投资者与被创设企业之间以及投资者相互之间的财产关系与企业自身的内部组织关系,彼此之间就存在重大差异。之所以存在这种差异,就在于法律对不同企业的上述关系设定了不同规则,设定了不同类型的企业在内容上的不同构成要件。企业内容法定导致两个必然结果:其一,合法存在的企业必须在内容上符合法律对其所作特定要求;其二,对企业内容的不同法律要求,构成了不同类型企业相互之间的根本性差异,形成了不同类型企业自身的特点。

企业公示法定,是指企业之成立必须按照法定程序予以公示,以便交易第三人及时知晓;未经法定公示者,不得以其对抗善意第三人。企业公示法定原则构成了商事登记制度的主要内容,并成为商事交易合法性中的主体要件制度。

商主体公示法定,是指商主体之成立必须按照法定程序予以公示,以便交易第三人及时知晓;未经法定公示者,不得用以对抗善意第三人。

商主体法定原则是传统商事交易行为之自由主义向现代商事活动之国家干预转变的结果,其是现代商事管理制度的核心,也是商事登记制度的基础。它充分反映了作为私法的商法所含有的公法性成分。

(二)企业维持原则

企业维持原则,是指现代商法通过各种法律制度确保企业组织得以稳定、协调和健康发展,尤其是通过各种制度安排尽力维持其存续。在公司法、合伙企业法与破产法中,都体现了企业维持原则的立法精神。

在公司法中,公司设立瑕疵的法律后果及公司解散请求权等制度中,都充分体现了企业维持原则的立法精神。所谓公司设立瑕疵,是指经公司登记机关核准登记并获营业执照而宣告成立的公司,在设立过程中,存在不符合公司法规定的条件和程序而设立公司的情形。既然法律明确规定公司设立必须符合特定的条件与程序,公司设立瑕疵自应导致公司设立无效,自始否认其法律人格的存在。然而,这毕竟只是一种消极的做法,既已存在的公司法律人格的消灭所造成的资源损失以及对交易安全与社会经济的发展所造成的破坏,确实是一个不容忽视的经济与社会问题。因此,各国大都通过相应补救措施,允许存在设立瑕疵的公司继续保留其法律人格,而不简单地使其消灭。在英美法系国家和地区,对于瑕疵设立公司的法律人格的法律

---

〔15〕 我国理论界不少人认为个体工商户并非企业,但鉴于我国在工商登记、税收征管等方面完全将其纳入企业管理,故将其视为企业并无问题。

确认，原本存在原则承认主义与个别承认主义两种模式，但现均已采取原则承认主义。在绝大多数大陆法系国家或地区的公司法中，均对瑕疵设立公司法律人格的法律确认作明确规定。各国（地区）确立了公司设立无效与（或）撤销制度，因而在制度表层，普遍采取的是公司瑕疵设立法律人格原则否定主义。但在深层次上，通过一系列限制性制度，实际上包含着尽可能对公司法律人格予以承认的立法精神。我国2005年《公司法》第199条对1993年《公司法》第206条的修订，也为承认瑕疵设立公司的法律人格留下了制度空间，体现了企业维持与尽可能承认瑕疵设立公司的法律人格的立法精神。各国公司法普遍设置的公司解散请求权的限制规则，也是企业维持原则的体现。最高人民法院2019年4月28日发布、2020年12月23日修正的《公司法解释（五）》充分体现了企业维持原则。该解释第5条规定："人民法院审理涉及有限责任公司股东重大分歧案件时，应当注重调解。当事人协商一致以下列方式解决分歧，且不违反法律、行政法规的强制性规定的，人民法院应予支持：（一）公司回购部分股东股份；（二）其他股东受让部分股东股份；（三）他人受让部分股东股份；（四）公司减资；（五）公司分立；（六）其他能够解决分歧，恢复公司正常经营，避免公司解散的方式。"依此，在有限责任公司股东产生重大分歧时，为避免出现公司僵局，法院应强化调解程序，并对化解股东矛盾的解决方案予以认可，从而避免公司解散。

在合伙企业方面，在资本主义发展初期，由于立法者将合伙企业的合伙人之间的信任基础绝对化，一般都规定只要一个合伙人退伙或死亡，该合伙因失去其存在基础而必须解散。这种规定无疑极大地阻碍了合伙企业的持续发展，使许多原本可以得到良好发展的企业只能无奈解散。这一与市场经济发展要求格格不入的制度，最终被各国立法废除了。

在破产法上普遍设立的破产重整制度与破产和解制度，[16]除了其自身所具有的破产法上特殊价值外，也体现了企业维持原则的立法精神。显然，这两项制度都具有挽救具有破产原因的企业从而尽力使其得以存续的制度价值。

（三）交易便捷原则

商事交易的目标在于充分利用现有资源以追求最大经济效益，而资金与商品的流转频率与其所获得的效益成正比。

在利益驱动下，从事经营活动的民商事主体都力求提高经营效率，整个社会经济也需要提高经济运转的效率以实现经济快速发展和繁荣。此即交易的简便性、快捷性要求。这一要求反映在商法之中，就是法律确认交易便捷原则，主要体现在三个方面：

1. 交易简便。各国商法在商行为方面一般采取要式行为方式和书面行为方式，并通过强行法和推定法对其内容预先予以确定。如在商事买卖中采用往来账，[17]在商事租赁、商事借

---

〔16〕 破产重整制度，是指经由利害关系人的申请，在法院的主持和利害关系人的参与下，对具有重整原因和重整能力的债务人进行生产经营上的整顿和债权债务关系上的清理，以使其摆脱财务困境，重获经营能力的破产预防制度。破产和解制度，是指破产程序开始后，经由债务人与债权人会议达成协议，就债务人延期清偿债务、减免债务等事项达成协议，以中止破产程序，挽救复苏企业的法律制度。

〔17〕 该词的德文为"Kontokorrent"，我国法学界依日语汉字普遍直接转译为"交互计算"。但该词与汉语用词习惯不符，且在我国银行界、财会界均将该概念称为"往来账"。故有学者在翻译德国商法著作时将过去商法学界普遍采用的"交互计算"概念替换为"往来账"概念，本书亦从之。参见［德］C. W. 卡纳里斯：《德国商法》，杨继译，法律出版社2006年版，第603页。

贷、商事承揽、商事居间、商事行纪、商事信托等商行为中设有大量的强行法推定条款和任意法推定条款,进而使这类商行为在法律效力上具有可推定性,简化了当事人的协议过程,简便了交易手续,保证了交易的迅捷。

2. 短期时效。商法对于各类商事请求权,如票据请求权、货物买卖中的瑕疵责任等,普遍采取不同于民法上一般时效期间的短期消灭时效。除短期消灭时效外,商法还规定了许多除斥期间制度。这些规定可以促使当事人迅速行使权利,最大限度地降低法律关系不确定的状态。

3. 定型化交易规则。权利证券化和权利义务格式化是商法的又一重要特点。如广泛采用的票据、提单、保险单等,通过这些要式文件和文义文件,使法律行为标准化、定型化,从而简化了权利转让和权利认定的程序。

(四)交易安全原则

1. 交易安全原则的含义

交易安全原则,是指法律应充分保障商事交易活动中交易当事人能对其行为内容予以充分提示,使相对人能够全面知晓,并保护交易相对人基于外观信息的信赖利益,以维护交易安全。

利益驱动固然能刺激生产和交易,但过度的利己又将妨碍交易和经济的发展。商事交易的利己主义以及交易的简便、迅捷会带来诸多的不安全因素,如商事活动中的失信行为、欺诈行为,交易过程中的错误表示和重大误解等。商事交易本身也蕴含了较大风险,追逐的利润越高,危险就越大。随着社会分工越来越细,经营者之间的联系越来越紧密,彼此间的依赖日趋增强。社会化生产迫切需要一个安全的交易环境。这便要求商事法规从维护经济秩序出发,建立种种维护交易安全的制度;否则,交易的公平、迅捷就无从谈起,交易的简便、确定亦无必要。可见,交易便捷与交易安全这两种价值应当在商法中和谐共存,并以此谋求经营者正当利益的实现及社会经济秩序的稳定。在商法中,交易安全原则主要表现为公示主义、外观主义等原则。

2. 公示主义原则

公示主义,是指交易当事人对涉及利害关系人利益的营业上的事实,负有公示和告知义务的法律要求。在商事交易中,交易当事人均有了解对方当事人能力、资金、权限等基本事项的要求。但是,如果依靠交易一方当事人逐一调查对方当事人,则不仅费时、费力,而且还可能遇到不必要的障碍。可见,将公示交易情况制度化是极为重要的。在各国商法上,公示主义的要求主要体现在商事登记、上市公司信息公开、证券发行信息披露、船舶登记公告等方面。

3. 外观主义原则

外观主义,亦称外观法理、外观优越,是指交易行为的效果以交易当事人的行为以及与交易有关事项的信息的外观为判断标准,从而保护交易相对人基于外观信息的信赖利益,维护交易安全。

现代民法对外观主义也予以认同,但它是作为对个别问题的解决办法而存在,而商法则是在广泛范围内普遍贯彻这一原则。在现代商法中,许多法律规则均体现了外观主义的要求,如关于不实登记的责任、表见代理、票据的文义性、证券交易的不可撤销性等。以证券交易的不可撤销性为例,在证券交易中,即使一方当事人确实在发出证券交易委托指令时存在错误,并因此遭受严重损失,也不能以民法中的错误或重大误解为由请求撤销该项交易行为。这种看似极不公平的法律处置机制即为外观主义原则的体现。

六、商法的调整对象

商法的调整对象，即商事法律关系，是指由商法所调整的因商行为而发生的权利义务关系。独立的商法调整对象反映了商法独立存在的可能性和必要性，是商法部门建立的基础，是商法区别于其他法律部门的本质特征所在。

商事法律关系的内涵界定取决于商主体、商行为内涵的界定，而各国关于商主体与商行为的立法与学理均不相同，我国理论界也观点不一，因此商事法律关系的内涵具有理论上的不统一性。

作为商法调整对象的商事法律关系的具体内容不是一成不变的，而是随着经济的发展变化，随着社会关系尤其社会经济关系的丰富而不断变化与发展。最初的商主体仅仅为商自然人或自然人的联合体，如无限公司、合伙组织等，后来发展为商法人，如有限责任公司、股份有限公司。如今，联营企业、企业集团等都可能成为商主体。最初的商行为仅仅为物的交易和生产经营，后来发展为票据、证券等的交易。如今，知识产权、特许经营权等无形财产的交易，也已经成为商行为的重要内容。

在我国的立法实践中，虽然形式上没有制定统一的商法典，没有在立法上明确商法调整对象的独立性，但在实践中，商事部门法的制定和实施，都是基于商事法律关系，基于商法独特的调整对象。[18] 例如，公司法、票据法、证券法、破产法、保险法等，都是针对特定的商主体所从事的商行为而制定的。工商、税务、金融对商事经营活动的专门管理也是基于商事关系的特殊性和独立性而进行的。从这个意义上说，商法调整对象的独立性，已经在我国的立法和司法以及经济生活和经济管理中深入人心。

第二节　商法的体系和渊源

一、商法的体系

商法的体系，是指商法作为一个独立的法律部门，其内部具有逻辑联系的各项商事法律制度所组成的系统结构。在不同的国家和不同的法系以及不同的历史时期中，商法的体系不尽相同。

（一）商法体系的结构

民商分立国家的传统商法在体系上主要包括商身份法和商行为法两大内容。商身份法包括商人的概念和种类、商人资格之取得、商人名称、商人财产管理、商人权利之委托、商人的特殊形式等内容。商行为法主要涉及一般商行为和特殊商行为。传统商法体系不仅与自由市场经济原则相一致，同时也表现出了经济规模的局限性和未高度发达状态。

进入20世纪之后，尤其在20世纪下半叶后，民商分立国家的商法打破了传统商法的格局。从商法规范的内容角度来说，可认为现代商法主要包括商事组织法、商事行为法与商事监管

---

〔18〕 参见王建文：《论我国民间借贷合同法律适用的民商区分》，载《现代法学》2020年第1期。

法。鉴于商事组织法与商事监管法实际上都是围绕商主体的内部组织的相关规范,本书将其融合于同一范畴之中,称为商主体法。基于此,商法体系就主要包括商主体法与商行为法。当然,这是就商法的整个体系而言,具体到某一个商法文件,实则很难将其截然划分为商主体法或商行为法,许多情况下都是一种混合性规定,即便某一商法文件被称为商主体法(如公司法)或商行为法(如证券法),只是就其主要内容或其本质性内容而言将其划入某一范畴。至于商法典本身,就更加属于兼具商主体法与商行为法内容的综合性法律文件。

在民商合一国家,由于形式商法的缺失,没有商人与商行为的特别界定,因而没有所谓身份法与商行为法的区分。但是,各国都无一例外地在民法典之外制定了公司法、票据法、保险法等单行商法或称之为民事特别法。而这些单行商法则仍可从商事组织法与商事行为法角度去把握。

在英美法系国家,商法的体系与大陆法系的商法体系的内涵与外延实际上并不一致。一般来说,可以认为英美法系国家的商法体系包括商事买卖、商事合同、商事代理、公司法、合伙法、破产法、担保法、保险法、票据法等。但这只是一种学术上的概括而已,在英美法系国家实无严格的界定,各教科书中的概括也并不一致。

(二)中国商法的体系

在我国,由于商法是一个新兴的法律部门,国家的商事立法仍不尽完善,因而学者们关于商法体系的认识仍存在颇大差异。多数学者主张,商法体系主要包括商主体、商行为、商事营业、商号、公司法、证券法、保险法、破产法。[19] 也有学者主张,商法的体系由商主体法、商行为法、商事权利救济法三部分构成。商主体法,包括公司法、独资及合伙企业法、代理商法、破产法。商行为法,包括商事合同法、期货法、融资租赁法、信托法、担保法、票据法、保险法。商事权利救济法,包括商事法律责任、商事仲裁与商事诉讼。[20] 通过对我国各种商法教科书体系的考察,不难发现中国的商法理论已经形成了这样的经典结构,即在商法的一般规定之后,设公司、证券、票据、保险、破产等几个部分。近几年来,人们只是在这个体系结构基础上作变化不大的添加或减少。

从历史发展的角度看,一个国家的商法不是一成不变的,而是随着社会经济的发展,商事交易方式的丰富而不断更新、完善的。世界各国没有统一的商法模式,也就没有统一的商法体系。中国商法部门的建立和商法体系的构造,应该从中国商事交易活动的实际需要出发,并在借鉴发达国家经验、吸取教训的基础之上建立起来。中国商法体系的建立需要理论上的探索与创新。鉴于这方面的理论探索还不够成熟,立法还不尽完善,本书仍采用目前多数学者所主张的带有一定传统色彩的商法体系观点。

在本书中,商法体系主要由下列商事法律制度构成:(1)商主体制度;(2)商行为制度;(3)公司制度;(4)证券制度;(5)破产制度;(6)票据制度;(7)保险制度。

---

〔19〕 参见范健主编:《商法》(第三版),北京大学出版社、高等教育出版社 2007 年版;顾功耘主编:《商法教程》(第二版),上海人民出版社 2006 年版;赵万一主编:《商法学》(第二版),中国人民大学出版社 2006 年版;王作全主编:《商法学》(第二版),北京大学出版社 2006 年版;覃有土主编:《商法学》,高等教育出版社 2004 年版;王保树主编:《中国商事法》(新编本),人民法院出版社 2001 年版;雷兴虎主编:《商法学教程》,中国政法大学出版社 1999 年版。

〔20〕 参见徐学鹿主编:《商法学》,中国财政经济出版社 1998 年版。其具体体系乃基于其目录及相应内容概括得出,故不存在相应的页码。

二、商法的渊源

(一)商法的渊源概述

商法渊源是指具有法的效力作用和意义的商法规范借以表现的形式。商法渊源是对商行为具有约束力的法律规范效力的重要来源,是商事交易活动的重要法律依据,但并非唯一来源与依据。民法渊源也属于商法的一般性与补充性法律渊源。

在传统商法中,商法的渊源主要为商制定法、商判例法、商习惯法和商法学说,其中在大陆法系国家中,具有重要意义的是以商法典为代表的商成文法。至于商事交易习惯在何种情况下具有效力以及效力的范围怎么样,商法典和商事法规通常都针对具体情况有不同规定。与此同时,在大陆法系的一部分国家中,商法学理论著作、百科全书、法律期刊以及有关商法典和其他商事法规的学理评纂等,在商事交易的法律适用中也具有一定的指导意义。而司法报告、判例的作用,与不成文法国家相比,在商事交易中的地位要差得多。在英美法系国家中,虽然从传统的角度看,商判例法和商习惯法对商法具有第一重要的意义,商法理论和学说在法律适用时也能发挥一定的作用,但在20世纪之前,英美国家就已经出现了大量商事单行立法。因此,商法领域与其他法律领域不完全一样,成文法扮演着十分重要的角色。

在传统商法中,由于商事规模的局限性,主要是商事组织形式单一,通过个人意思自治所产生的约定,虽然能够受到法律保护,但这样一种约定形式处于简单形态,尤其在商事交易中,约定的表现形式还没有达到高度的严谨、完整和规范化。因此,它虽然能够得到法律的绝对保护,但它本身并未能被人们视为在适用时与法律规模具有同等效力的法律渊源,没有形成完整形态的商自治法,未能使人们从法律渊源的高度予以重视。20世纪以来,随着社会经济的进步和经济规模的扩大,尤其伴随着社会经济组织形态和结构的完善、经济组织内部的制度的日益健全以及经济组织对外交易手段的发达和多样化,商事自治法亦随之发展成为商法的一个重要法律渊源。

事实上,如果从事实上而不是单纯从立法上来看,商法渊源的内涵与外延实际上已经发生了深刻变化。[21] 当然这一变化并未最终形成定论,尚未得到立法上的明确反映。但是对于商事司法实践与商法学研究来说,则应对此予以高度重视。在商法渊源的内涵与外延上,形成更加贴近法理要求与实践要求的全新认识,无疑会进一步提高商法规范与商法理论的实践适用性。[22]

(二)我国商法的渊源

在我国,商法的渊源主要为制定法、立法和司法解释、商事自治规则等。一般说来,它可以分为以下六种:

1. 法律,即全国人民代表大会及其常务委员会制定、颁布的规范性文件,如《公司法》《票据法》《证券法》《保险法》《信托法》《证券投资基金法》《合伙企业法》《个人独资企业法》《商业银

---

〔21〕 实际上对欧洲大陆产生深刻影响的罗马法或普通法从未采用过制定法的形式,而且只含有相对来说数量很少的程式化法律规则,只是随着19世纪实证主义的兴起,人们才缩小了视野,将制定法视为法律规则的唯一渊源。然而,第二次世界大战和一个不受任何制约、罪恶累累的立法者所带给人们的惨痛教训,教育人们懂得了以纯实证主义态度对待法律所固有的危险性。现在人们已不再将法律规则看作立法者的实际指令,而将其视为由正义这一先验的基础所决定的。参见[德]罗伯特·霍恩等:《德国民商法导论》,楚建译,中国大百科全书出版社1996年版,第62~63页。

〔22〕 参见范健、王建文:《商法基础理论专题研究》,高等教育出版社2005年版,第77~90页。

行法》《民法典》《民事诉讼法》中的相关规定等。

2. 行政法规与规章,即国务院及其所属机构制定的规范性文件,如《公司登记管理条例》《企业法人登记管理条例》《企业名称登记管理规定》《国有企业财产监督管理条例》《关于股份有限公司境外上市外资股的规定》《股份有限公司国有股股东行使股权行为规范意见》《银行结算方法》等。

3. 地方性法规,即地方国家权力机关和行政机关制定的规范性文件,如《深圳经济特区商事条例》(已废止)等。

4. 立法解释,即全国人大常委会关于商事法律的立法解释。

5. 司法解释,即最高人民法院对商事立法的解释。

6. 商事自治规则,即商主体就其组织、运作、成员的权利义务、相对人权利义务等内容自主制定的,不与国家法律和行政规章相冲突的规则。其具体形式主要有:(1)公司章程;(2)交易所业务规则;(3)一些商主体预先制作的定型合同条款。

至于商事判例和商法学说,虽然不是我国商法的渊源,但它们在审判实践中已经越来越多地受到重视。

第三节 商法与其他法律部门的关系

法律部门的划分是大陆法系国家法典编纂和法律体系建立中的一个理论与实践问题。商法与其他法律部门的关系在大陆法系国家受到较高的理论关注。我国现行法律制度,在体系上属于大陆法系。因此,商法与其他法律部门的划分的理论研究对于建立商法体系,完善我国现行法律体系,有机协调不同法律部门之间的关系,具有重要意义。

一、商法与民法

商法与民法的关系是商法与其他法律部门的关系中最重要的和最基本的问题之一,也最易引起理论争议,它是商法的独立性之关键所在。在大陆法系国家,无论立法体例上奉行民商合一还是民商分立,在法律部门的划分上,商法都是一个相对独立的法律部门。理论上,商法与民法的联系十分密切,区别也颇为明显。一般说来,它们之间的关系主要表现在以下几个方面:

1. 民法与商法都是调整民商事行为的法律。它们在法律调整中形成的法律关系,人们习惯将其联系在一起,称为民商事法律关系或民商法律关系。但是,在法律部门的相互关系上,民法是普通法或基本法,商法是特别法;民法是抽象化的法律表现,商法是具体化的法律表现。如民事所有权制度是商事交易财产的一般规定;商事物权制度是商事交易财产的特别规定。票据权利、企业所有权、股权等都是不同于一般民事物权、涉及商事物权的特别规定。又如民事主体制度是商主体的一般规定,商主体制度则是民事主体制度的特别规定;公司的权利能力和行为能力、公司的经营范围等都是不同于一般民事主体、涉及商主体的特别规定。

2. 民法与商法都属于私法范畴,即都是以调整平等主体之间关系的法律规范为主构成的法律。但是,民法是纯私法,调整的是平权关系;商法则以私法为主体,兼具公法性内容,调整的是平权与不平权兼有的关系，如商事登记、商事账簿、商事破产程序、证券发行与管理等都兼有很强的调整不平权关系的公法色彩。因此，民法是私法规范体系；商法是以私法规范为主体，私法规范与公法规范相结合的法律规范体系。

3. 民法作为基本法或普通法，调整的范围广泛，它适用于各类民事主体所实施的民事行为。商法调整范围有限，仅适用于民事主体中从事商事经营活动那一部分，或仅适用于民事行为中与营利相关的那一部分行为，即商行为。民商法并行但不完全兼容，民法的内容不全部在商法之中，商法的内容很大一部分民法中未涉及。

二、商法与经济法

商法与经济法的关系是20世纪以来影响商法发展的又一理论难点。不仅在传统的社会主义国家，商法被经济法兼容和取代，即使在现代西方国家，经济法的发展也已经成为影响商法独立性的一大障碍。由于经济法本身没有形成统一的理论体系，更没有能成功地制定出法典，因此，在经济法与商法的关系上，理论上的观点亦莫衷一是。这种差异很大程度上是因经济法的调整对象所导致的。

经济法的概念一直存在广义和狭义的解释。广义上，经济法是调整社会全部经济关系的法律规范的总称，经济法既调整经济组织关系，又调整经济交易关系；既调整平等主体之间的横向民事关系，又调整不平等主体之间的纵向服从性行政关系；既调整国内经济关系，也调整涉外和国际经济关系；既调整宏观经济关系，也调整微观经济关系。按照这一观点，商法是经济法的一个部分，被经济法所兼容。近年来，随着广义经济法理论的日益贫弱和商法独立地位的不断提高，这一观点越来越多地遭到否定。

在狭义上，经济法是以“反不正当竞争法”“反垄断法”“国家宏观调控法”“国家参与法”为中心，体现国家权力对经济交易行为予以干预的法律规范的总称。按照这种观点，商法与经济法的区别主要表现在以下方面：(1)在调整对象上，商法主要调整平等主体之间的交易活动，对行政机关的调整也主要局限于商事管理机关的商事管理行为。经济法则不仅调整经济活动的主体，即经营主体的行为，而且调整国家及其代表机构，如权力机关和行政机关参与经济活动或运用国家权力干预经济活动的行为。(2)在调整方法上，商法注重维持私法中传统的“意思自治原则”，经济法则信守“国家统治原则”。(3)在法律属性上，商法是以平等主体为本位的私法，以任意性规范为主；经济法则主要是以国家为本位的公法，以强制性规范为主。(4)在体系构成上，商法以商主体、商行为、公司法、票据法、证券法、保险法、海商法等为内容；经济法则以价格、金融、税收、投资、公平交易、反垄断、贸易管制等为内容。

按照狭义的经济法理论，经济法是伴随着现代经济的发达，需要借助于国家手段对经济活动予以干预，为弥补传统商法的不足而产生的一个新的法律部门，它是现代市场经济中对传统商法的补充。

三、商法与行政法

商法作为私法规范与公法规范相兼容的法律规范体系，其公法性规定主要为行政法律规范。因此，商法与行政法既存在性质上的区别，又存在规范体系上的联系。

行政法是调整行政活动的法律规范的总称。它主要规定国家行政权力的组织、行政权力的活动以及对行政活动后果的救济。行政法调整的行政关系与商法调整的商事关系具有不同的特性,主要表现在:(1)行政关系是根据国家意志产生的,是国家权力运用的结果;商事关系是基于商主体的自由意志产生的,是商主体自主自愿行为的结果。(2)行政关系中的法律主体,必然有一方为国家行政管理机关,有时双方皆为行政管理机关;商事关系中的双方一般皆为公民、法人或其他经济组织,国家只是在例外情况下才成为商主体,如政府采购、国家发行国库券等。此外,当国家行政机关对商主体行使管理职权时,可以成为由此形成的法律关系的主体,但这种法律关系不等同于商事法律关系。(3)行政关系具有隶属性,是一种不平权关系;商事关系具有平等性,是一种平权关系。(4)行政法以强制性规范为主,其调整方法具有强制性;商法以任意性规范为主,其调整方法具有任意性。(5)行政关系中主体所获得的权力是由国家授予的,它是职权与职责的结合,其权力与特定主体密切联系,不可任意放弃,也不可随意转让;商事关系中主体的权利与主体的个人意志及利益相联系,并可由主体依照自己的意志合法处置。

行政法与商法的关系又颇为密切。商法中的公法性规范主要是行政法律规范,如商事登记制度、商事账簿制度、股权转让登记制度、船舶登记制度等。这些制度的目的在于保障商事秩序的建立和商事权利的实现。从这个意义上说,商事活动中的行政法调整,是行政法对商法的补充。

四、商法的独立性

一个国家的法律体系中,如何确立商法的地位,如何把握商法与民法、商法与经济法之间的关系,是 20 世纪以来商法理论中最为重要和基础的问题之一,这一问题集中表明了商法的价值,决定着商法的前途和命运。

在 20 世纪上半叶,确切地说,在第二次世界大战结束前,商法的独立性问题主要表现在商法与民法的关系上。商法从民法中分划出来,构成一个独立而完整的体系,成为法学的一个部门,这是 19 世纪法学发展的一大成就,是人们对经济活动,尤其对经营活动之规律、特点在理性的基础上有了更为深刻认识的结果,是法律技术和立法完善的标志。尽管在 20 世纪上半叶,少数国家一反 19 世纪已成定局的法律部门划分方法,实行民商合一,将商法并入民法之中,一时间在法学界引起了商法的独立性危机。但透过民商合一的迷雾,我们可以发现:首先,竭力推行民商合一的国家,或者是地域小、人口少、经济关系并不十分复杂、法律体系比较单一的国家,如瑞士、荷兰、丹麦、挪威、瑞典等;或者是资本主义经济关系仍处于不发达状态,资本主义的市场经济矛盾表现得很不充分的国家,如 20 世纪二三十年代的中国、蒙古国以及已实行社会主义计划经济的苏联。其次,即使在奉行民商合一的国家中,民法与商法也仅仅是一种形式上的合一,即将商法典的内容附加到民法典之中。这种简单的合并,在立法技术和法律适用上衍生了许多问题,它不但未能改变实质商法的独立性,反而给民法本身的协调增添了许多难度。最后,民商合一仅仅消除了形式意义上的商法典,在法律理论和法律体系上,它并不能消除商法作为一个独立的法律部门的存在,未能否定商法在理论上的整体性,从而在一定程度上导致了商法理论与商事立法的冲突与矛盾。因此,无论是实行民商分立,还是民商合一,商法都是一个实体的法律部门,它与民法在基本原则、调整对象和方法、社会功用及价值等方面都存在不可忽视的巨大差异。但是,承认商法的独立性,并非否定其与民法的共性,即民法是私法的普通法,而商法始终是私法的特别法,二者之间存在一种无法割裂的私法结构上的关联。

到了20世纪下半叶,困扰商法独立发展的重要难题是商法与经济法之间的关系。第二次世界大战结束后,整个社会思潮发生了极大变化,人们的政治观念、法律观念以及生活哲学都受到新思潮的洗礼。哲学家认为,极端的个人主义和自由主义是导致社会危机和战争灾难的重要根源;经济学家则指出,推行自由政治的经济政策,过于笃信市场调节的力量,是造成两极分化、加剧社会矛盾的重要原因,并竭力推崇国家应对经济生活予以适当干预的开明政策;法学家们则确信,法的价值已不在于抽象的个人自由与权利观念,而在于社会整体的效益和整体利益。在上述新思潮的冲击下,以保护个人经济活动的绝对自由与权利为准则,以营利目的为基本精神的传统商法,又一次面临着挑战。有人开始怀疑商法的实际社会意义和价值,极力宣扬商法的新时期经济活动中的局限性和弱点,提出要用一种新的法律部门,即用经济法来取代商法。这种观点带有很大的迷惑性,尤其对中国法学界的影响十分深远。

实际上,第二次世界大战之后力主推行经济法的学者们的基本思想,只是希望在整个国家经济运行中,加强公法的调节手段,以抑制私法领域中个人经济自由权利无限膨胀所衍生的弊端。其主张的关键在于合理界定私权与公权的边界,并非取消作为私权的经济自由权所赖以存在的商品经济基础。苏联等社会主义国家的前车之鉴已经表明,没有经济上的自由,就不可能形成刺激经济不断增长的市场,进而也就不能实现现代社会所普遍推崇的自由和民主。如果社会在经济政策上不能彻底消除市场,不能完全推行计划经济,那么,商法作为商品经济秩序的基础,就不能失去其应有的地位,就不可能为其他法律所取代。因此,用经济法来取代商法,不仅不现实,而且与市场经济社会的基本制度根本冲突。在社会主义市场经济体制已建立并日趋完善的中国,我们也应遵循这样一种思维路径来检讨和重构商法与经济法的关系。

商法与经济法之争反映了一个国家制度抉择的价值基点,即法律应以保护经济主体的平等、自由为第一前提,还是应以国家对经济的控制为首要任务,即社会整体利益的实现,是应建立在市场经济秩序之上,还是应建立在计划经济基础之上。质言之,在以市场结构为基础的社会,商法独立存在的价值是无法抑制的。

中国商法的独立性,从表面看来已经是一个不争的事实,但是,如何划定商法的范围,寻找到商法独立的内在基础,使商法从形式到内容上都真正独立起来,在这方面还有许多开拓性的工作等待着去做。这方面有两个层次性的工作,一个是商法部门和商法学的建立,另一个则是中国商法典或商法通则的制定。商法部门的建立重点在于构建商法体系,形成对商事法律、法规界定的共识。商法学的建立重点在于构建商法体系,寻求商法理论的逻辑起点、不同商法法律法规的内在联系,为中国商法部门的建立提供理论基础,为中国总纲性商法规范的制定提供理论指导。伴随着商法部门的建立和商法理论的不断完善,中国必然要完成制定总纲性商法规范的工作,只有完成了这些工作,中国的商法才可以说真正独立。

第四节 商法的产生和发展

一、商法的起源

近代商法起源于中世纪,这是学者们普遍的观点。这并不是说古代社会没有贸易和调整贸易活动的法律,而是因为在古代社会诸法合体,仅有涉及商事活动的一些具体规范,还没有形成一个与一般私法相区别的、调整商人或者商行为这些特定对象的相对独立的完整规范体系。因此,在古代社会,即使在罗马法高度发达的时代,也没有能形成现代意义的商法。近代商法起源于中世纪地中海沿岸的商业城市和海上贸易。11 世纪之后,伴随着农业的发展,商品贸易在欧洲逐渐繁荣起来,推动了商业城市的建立,也推动了海上贸易的发达。同时,调整商业活动的成文法和习惯法亦相继出现。在此过程中发展起来的商法,其法律渊源主要有城市法、商人同业行会自治规则、商事和海事判例、地区和跨地区的商人习惯法以及国王、领主、教会颁布的单行法规。当时的城市法不仅包含了涉及市场交易的一系列制度,同时还包含了关于外国商人的外籍人法,关于外国商人的供货义务、货物规格、重量、价格和质量之检验的规则,关于仓库和货物储藏的规则,关于争讼由法院迅速作出裁决的规定,关于手工业者、商人同业行会与自治企业之间经常发生的冲突之解决办法等一系列内容。当时的商业联盟是同业行会之一种,它颁布了自己的章程、条例、议事规则及违规处罚方式和标准,汇编了自己的商业行为准则和商业习惯法,行使自己的审判权和商事仲裁权,由商业联盟汇编的商事习惯和裁决后来逐渐成为适用于不同地区的贸易法规和海上贸易法规。商人同业行会自治规则是商人习惯法的主要内容,其特点表现为以下三个方面:(1)奉行属人主义原则,大部分规则一开始仅适用于行会内部的商人之间,后来逐渐发展到适用于行会内部商人与非行会内部商人之间,再后来才发展到商人与非商人之间。这一原则在现实生活中的实现及其所积累的实践经验,创造了商身份法的立法条件,为后来商人法的制定以及为属人主义商法典的制定奠定了基础。(2)现代商法中的一些重要原则、商法的特征、现代商法的主要制度不同程度地得到了体现。例如,商身份构成之法律要素、商人资格获得之法定程序、商人人格和权利能力确立之公示规则,商事交易之诚信原则、善意取得与交付取得原则、商人对交易物之谨慎保管和物之瑕疵及时通知原则以及商事合伙、商事票据、商事借贷、商事结算、商事代理、商事运输、商事保险、海商等制度都有所体现。这些制度不同程度地以商事活动的主体法定性、营利性、便捷性、交易安全性等为其基本原则。(3)商人同业行会自治规则以及在此基础之上所形成的商人习惯法分布于不同地域、不同商人组织之中,彼此之间并不一样,甚至存在颇大差异,它进而发展成了欧洲中世纪后期商法林立的格局。也正因如此,才出现了席卷 18 世纪欧洲的商事统一立法运动。

二、欧洲早期商事立法

15 世纪之后,伴随着中世纪后期资本主义经济的兴起和商品贸易的繁荣以及以宗教为核心的封建割据势力的衰落和统一的民族国家的逐步形成,原先分散于自治城邦和商业团体的立法权逐渐归集于中央集权的统一国家。与此同时,原先割据的经济和分散的立法,严重妨碍了商品贸易的发展和国家统一市场的建立,贸易的发达迫切需要在一国之内实现商法的统一。正是这种政治和经济的双重历史条件,有力地推动了商事成文法的制定。这一时期,在地中海沿岸各国和欧洲一些内陆国家,如意大利、法国、德国、西班牙、荷兰、斯堪的纳维亚各国都先后制定了成文商法。其中,在立法上对后来产生较大影响的主要是法国和德国。

欧洲早期的成文商法主要是对中世纪以来长期形成的商人习惯法予以确认,而商人身份是立法的逻辑起点,商法本身带有浓厚的属人法特征。在立法体例上,主要有三种情形:一是制定独立的商事法规;二是实行民商合一立法;三是在一般法律中列出有关商法的专门规章。

当时最有代表性的商法主要有:1673 年《法国陆上商事条例》、1681 年《法国海事条例》、1727 年《普鲁士海商法》、1734 年《瑞士民法》、1751 年《普鲁士票据法》、1776 年《普鲁士保险法》、1794 年《普鲁士普通法》、1794 年《波兰基本法》、1861 年《德国普通商法典》。当时商法所涉及的内容已经比较广,如商号、商标、居间、行纪、商事账簿、无限公司、两合公司、商事交互计算、银行、运输、仓储、寄托、贷款、商业保险等制度。这些内容后来不同程度地被各国统一的商法典所接受。

三、现代商事法的发展与当代主要商法法系的形成

从 19 世纪初到第一次世界大战,是近现代商事法的形成与发展时期,也是商法在体系上建立和完成的时期。这一时期创造了世界三大商法法系,即法国商法法系、德国商法法系、英美商法法系。这种商法体系上的分流至今影响犹在。

法国商法法系以法国商法为核心,以行为主义和客观主义为法系的重要特征和商事法规的立法基础。按照客观主义原则,只要行为的活动属于商行为,那么他就是商人,其活动适用商法。这一原则的确立受法国大革命的影响,它力图在观念上废除封建特权的同时,废除商人在立法上的特权。但其结果还是离不开商人的身份,很难从根本上跳出属人主义框框。

法国商法由《法国商法典》及与其相关的商事法规构成。《法国商法典》是在拿破仑主持下制定的,法典的第一、二、四编于 1807 年 9 月在议会上通过,同月公布,第三编于 1838 年 5 月 28 日通过,同年 6 月公布。法典所列四编内容分别为通则、海商、破产、商事法院,全文共 648 条。由于《法国商法典》制定过程比较仓促,即使在法国,它也未能使大家都感到满意。在以后的岁月中,随着经济生活情况的变化,法典多次修改和补充,许多内容被从原来的法典中删除,而分别单独制定成专门法规。其中,比较重要的单行法规有 1867 年《公司法》、1909 年《营业财产买卖设质法》、1919 年《商事登记法》、1917 年《工人参加股份公司法》以及后来制定和修订的《有限责任公司法》《证券交易所法》《保险契约法》《票据法》等。在整个 19 世纪,法国商法在大陆商法法系中处于领先地位,受其影响而制定的商法典很多,主要有 1821 年《希腊商法典》、1829 年《西班牙商法典》,以及意大利、葡萄牙、埃及、波兰、南斯拉夫、罗马尼亚、巴西、智利、阿根廷等国家的商法。这些国家的商法都以法国商法为直接或间接的历史渊源,从而构成了法国商法法系。

德国商法法系以德国商法为核心,以属人主义,即主观主义原则为主要特征和立法基础。按照主观主义原则,商人是商法的中心,同一行为,商人为之,适用商法;非商人为之,适用民法或其他法律。德国商法由《德国商法典》及其相关商事法规组成。《德国商法典》最早颁布于 1861 年,1897 年重新修订后颁布。新商法典共四编,即商业性质、公司及隐名合伙、商行为、海商,共 905 条。《德国商法典》的相关商事法规主要有 1892 年《有限责任公司法》、1895 年《内水航行法》、1908 年《保险契约法》、1909 年《反不正当竞争法》以及此后制定的票据法、股份法和经营组织法等。直接或间接以德国商法为范例而编制或修订本国商法或制定商事法规的国家主要有奥地利、瑞典、挪威、丹麦、日本以及清朝末期的中国等。其中,在世界上首先采用民商合一制的瑞士法,将商事法规归类于债编,列入民法典之中,不过其内容和基本精神依然依照德国商法,仅仅形式有所不同而已。

英美商法法系以英美国家商法为代表,其特点是商事习惯法、判例法与商事成文法并存。

英美商法起源于英国法,它以习惯法和判例法为其法律渊源而有别于大陆法系。在英美法中,商事法则指以一般商事习惯和判例所形成的法律,它们皆受普通法和衡平法的支配。自19世纪中叶起,一批商事成文法相继在英国诞生。主要有1882年《票据法》、1885年《载货证券法》、1889年《商务代理法》、1890年《合伙法》、1893年《商品买卖法》、1894年《商船法》、1894年《破产法》、1906年《海上保险法》、1907年《有限责任公司法》以及后来制定的《海运法》《空运法》《公司法》等。

美国法律在传统上承袭了英国法律,采用习惯法和判例法。其商事法也以英国普通法为基础,19世纪之后,商事立法也开始在美国盛行。根据美国宪法规定,各州拥有商事立法权,因而起初各州的商事立法内容很不统一,这给商事交往带来极大不便。到19世纪末,美国着手制定统一的商事法规。先后制定有1896年《统一流通票据法》、1906年《统一买卖法》、1906年《统一仓库收据法》、1909年《统一股票转让法》、1909年《统一提单法》、1918年《统一附条件销售法》以及后来制定的《统一信托收据法》等,这些法规后经整理编纂为《统一商法典》,于1952年公布。此外,美国在这一时期还制定了《州际通商法》《破产法》《公司法》《反托拉斯法》等一系列商事法规。

受英美商法法系影响的主要有澳大利亚、加拿大、印度、新加坡、马来西亚等国。

第五节 中国商法的变迁与展望

一、近现代中国商法体系

我国古代社会长期奉行诸法合体,各个部门法完全被纳入一个法典之中,因而不存在独立的商法部门或集中的商法制度;同时,由于中国古代是一个重农抑商的社会,商品经济极不发达,调整这一经济关系的商法亦难以发达,即使有不少散见于律令中的关于买卖、钱庄、银票、手工作坊、店铺牌匾等的规定,很大程度上也带有行政法和刑法的属性。

近现代意义上的商法在我国始于清朝末期。清光绪皇帝在推行新政时,把制定商法典看作振兴工商业的治国大策之一。1903年派载振、伍廷芳等人起草商法,于1904年公布了《公司律》《商人通律》,1906年公布了《破产律》,与此同时还起草了《公司注册试办章程》《商标注册暂行办法》等,随后又聘请了日本法学博士志田钾太郎起草了《大清商律草案》,该草案共1008条,其中有公司法六编、海船法六编、票据法三编。这些后来制定的商事法律、法规,未及颁行,清王朝覆灭。

辛亥革命以后,新建立的民国政府在大清商事法律的基础之上,重新制定并颁布了一批商事法律,主要有《中华民国商律》《公司条例》《商人通例》等。在此期间,北洋政府于1923年起草了一部《商法》,但未正式出台。国民政府迁都南京后,采用民商合一的立法体例,在1929年制定的民法典中规定了商法的基本内容。原有商法中有关总则、商人、经理人、代办商、商行为、交互计算、行纪、仓库、运输等规则均并入民法债篇。在民法之外另制定有一批商事单行法规,主要有《公司法》《票据法》《保险法》《海商法》《船舶法》《商业登记法》《船舶登记法》《商业会计法》《银行法》《证券交易法》《动产担保交易法》等。

中华人民共和国成立后，在很长一段时期内，由于实行计划经济，国家的立法重心在于强化国家调控经济活动的能力和国家干预经济行为的行政手段，因而商法极不发达。1993 年之前，我国除颁布了《海商法》等少数商事法律外，其他商事立法几乎空白。1993 年之后，全国人大常委会陆续制定了《公司法》《票据法》《合伙企业法》《保险法》《商业银行法》《证券法》《信托法》《企业破产法》等商事部门法。这标志着商法作为一个独立的法律部门已经形成。

二、大陆法系商法对中国商法的历史影响

从历史的考证中我们发现，近代西方国家法律向中国传播，可以说是从商法的传播开始的。19 世纪 40 年代之后，伴随着西方资本主义的进入，了解西方国家的法律，尤其是商法则成为经济贸易之必需。1870 年之后，英国商法中的许多规则，尤其是有限赔偿责任规则普遍适用于在华企业。当时，对于中国的清政府来说，商法是一个十分陌生的事物，没有传统可以因循，只能求助于外国的帮助。清政府在设立商部、制定商法的同时，在商部下设律学馆，翻译各国商法。因最初聘请的立法顾问是美国人，故所翻译的法律法规及法学著作主要是英美商法，如美国破产法、美国公司法、英国公司法等。后来聘请日本人担任立法顾问，在此期间翻译了日本商法、德国商法、德国破产法等。1904 年清政府颁布了《大清公司律》《大清商律》《大清破产律》等一系列商事法律，这些法律在主要内容上基本上继承了德国商法的内容。中华民国建立之后，虽然在立法体例上奉行民商合一，实质上只是将旧商法中的主要内容，如商法总则、商人、经理人、代办商、商行为、交互计算、行纪、仓库、运送等从德国商法中引进的内容，合并到民法典之中。从历史的角度看，德国商法作为大陆商法的代表对中国商法的影响最大。大陆法系商法对中国商法的影响主要表现在以下方面：

1. 立法体例上的影响。如前所述，中国古代社会奉行诸法合体，在立法体例上没有法律部门的划分，更不存在商法部门。19 世纪末 20 世纪初，受以德国商法为代表的大陆法国家商法的影响，中国制定了自成体系的商法典，其后，虽然商法典没有得到施行，但大量的商事法规，如公司法、票据法、破产法、海商法等仍然以相对独立的法律法规形式被制定颁行，这种商法的法典化和商事法规的专门化，从根本上改变了中国传统的立法格局，使中国商法在立法体例上更接近于德国等大陆法国家的商法。这种由大陆法系继受的立法格局，一直延续至今。

2. 立法技术上的影响。中国古代社会由于商法不发达，商品贸易中的许多概念在法律上也是不清晰的，现代商法中的许多概念在中国古代社会几乎是空白。伴随着现代西方商法向中国的传播，西方国家，尤其是大陆法国家商法中的许多概念被逐渐引进到中国。这些概念和术语，有的对中国人来说是一种新的创造，有的则是对中国原有的概念予以改造。如商法中的行纪、交互计算以及公司法中的公司、股票、债券、股东、董事、经理等，这些现代商法中的基本概念都是从大陆法国家商法中最先引进而来的；而商号、票据、银行等概念，则是引进了大陆法国家商法中的概念，对中国传统法律中相似概念如牌匾、银票、钱庄等进行了改造，使其成为现代商法上的概念。

3. 立法理念上的影响。中国传统法由于奉行诸法合体，商业法不成体系。但现代大陆法国家商法，尤其是德国商法注重法的内在逻辑性、体系的完整性、规范结构的严密性、概念的抽象概括性。这些特点在很大程度上影响了中国商事立法的内在风格，20 世纪初中国商法典的制定，以及 20 世纪以来大量商事单行法规的制定，都体现了这些特点。

4. 商法制度、规则上的影响。在中国古代社会,由于商业的不发达,导致了商法的不发达。现代商法中的许多商事制度和规则,在中国古代均不存在。随着现代西方商法的传播,许多重要的商事制度和规则被引进到中国。如保险制度中,保险人与被保险人相互之间的权利义务关系,公司制度中股东出资责任和公司独立的财产责任等,这些制度和规则都以新的形式被中国商法所继受。

以德国商法为代表的大陆法国家商法之所以能够对中国商法产生重要影响,其中一个很重要的原因是中国也是奉行成文法的国家。中国古代社会的法典编纂在立法技术上已经达到相当水平,它为大陆法国家商法被中国接受创造了很好的基础。

中国在继受大陆法国家商法方面,曾经做出了颇为矛盾的选择:一方面,我们大量接受了德国商法中的新概念、新术语、新制度;另一方面,从20世纪20年代末开始,我们否定了德国采用民商法典分立的立法体例。从这种状况上说,我们仅继受了德国商法的精神,没有继受德国商法的形式。这是我们没有真正理解德国商法立法体例的价值,还是德国商法立法体例价值本身应受到怀疑?数十年来,这一直是困扰中国法学界悬而未决的难题。也正是这个原因,德国商法对当代中国的影响一直受到人们的怀疑。

三、中国制定统一的形式商法面临的难点和问题

中国商法在今后发展仍然需要继受大陆法和英美法国家商法的经验。对西方国家商法的具体制度方面的继受已经不会再引起太多的争议。现阶段在继受西方国家商法经验方面面临的最大问题将是中国有无必要和可能制定一部统一的形式商法。在这里,我们在理论上面临的难点主要存在以下方面:

1. 从立法经验来看,大陆法国家的商法,包括德国商法典的制定都有不成功之处,从某种意义上说,它们都是历史的产物。德国商法对世界许多国家的商法产生过重要影响,但这些影响都发生在特定历史时期。德国商法典的成熟程度远远不及德国民法典。也正因如此,20世纪以来也有不少国家和地区在继承德国民法时情有独钟,而对德国商法典却冷眼旁观。尤其是面对现代商业社会的迅猛发展,德国商法典顺应时代潮流改革的步伐难以令人恭维。因此,在进入21世纪的时候,我们很难再继续依照以德国商法为代表的大陆法国家商法典的立法经验来制定中国的形式商法。

2.《美国统一商法典》虽然是20世纪中叶才制定的,它在很多方面顺应了现代商业社会发展的潮流,在立法技术方面也达到了较高的水平。但是,由于它本身是建立在英美法基础之上的一部商法典,其立法基础、立法方式都远不同于大陆法系。基于法系方面的巨大差异,加之中国现有的商法基础格局,中国目前同样很难完全依照美国的经验制定一部统一的形式商法。

3. 由于中国自身的历史原因,制定统一商法典的呼声在中国法学界一直处于极弱的状态。1929年,中华民国政权制定六法全书时,确定在中国实行民商合一,即仅制定民法典不制定商法典。当时,立法者在观念上认为,商法是特定历史阶段的产物,维护的是商人这一特殊阶层的利益,它与现代社会的平等精神相违背。这一观念虽然后来没有成为人们对商法认识的主导观念,但自此之后,制定统一商法典的呼声在中国则逐渐销声匿迹。中国法学界对商法典或其他形式商法的理论研究非常匮乏,即使40多年来在中国大地竭力推行商品经济时期,这种状况也未能得到较明显的改观。

4. 当代商事交易方式的日趋复杂和多变，增加了制定统一形式商法的难度。无论是在 120 多年前《德国商法典》的制定时期，还是在近 70 年前《美国统一商法典》的制定时期，社会商事交易的方式和种类都没有像现在这样复杂多变，这在客观上加大了我们制定统一形式商法的难度。

5. 中国法学界对民商法的研究仍然处于一种半成熟的状态，也加大了对统一形式商法制定可行性认识的难度。40 多年来，中国法学界对民商法的研究精力主要集中在民法领域，制定一部统一的民法典，这是学者的共识。但是，中国民法典能有多大的容量，应该有多大的容量，这方面的研究，观点并不一致。如今，《民法典》已顺利制定、实施，且形式上采用了所谓“民商合一”的立法体例。这种状况客观上增加了制定中国形式商法的难度。

6. 中国的市场经济还不够成熟，对市场经济法治的认识还不够成熟，对制定统一形式商法的认识尚未统一。任何一部法律都必须是现实经济关系的产物，中国市场经济体制建立的时间还不长，这种体制本身还需要有一个发展和完善的过程。唯有市场经济体制成熟、定型了，人们对形式商法的价值和作用的认识才能真正成熟起来。

思考题

1. 试析企业维持原则存在的价值。
2. 关于商法独立性的分析中，其核心问题应当是什么？
3. 试析商事自治规则的法律性质。
4. 试析商法与民法之间的关系。
5. 试析中国形式商法的立法难点。

第二章　商主体制度

导读

- 商主体的问题，过去无论是在立法、司法还是在法学研究方面，理论界都重视得不够。商人在商法体系中处于极其重要的地位，并成为区别于民法的重要标志，但各国商主体立法差异较大。
- 在我国，商主体等相关概念均非法定概念，更无相应的立法界定。在我国“商法通则”中不必确立抽象的商主体概念，而直接对企业作出规定即可。
- 在当代各国商法中，商主体表现为多种形式，不同国家的商事立法和不同的商法理论，常常依照不同的标准对商主体予以分类。
- 传统商法以商人为主体具有明显的理论缺陷。在现代社会，商人的性质与结构都发生了根本性变化，可以说只有企业才是商法中真正的主体和商法调整的对象。
- 商法人、商合伙与商个人为商主体的基本类型，但自然人形态的商人已退居次要地位。商中间人与商辅助人是对商主体的特殊视角的考察，对于理解特定类型的商主体具有实践意义。

第一节　商主体概述

一、法律主体与商主体

任何法律关系均由主体、客体、内容三要素构成。其中法律关系主体指法律关系的参加者，即在法律关系中享有权利、承担义务的人，通常又称为权利主体和义务主体。在法律上，法律关系主体又往往被称为“人”，一般认为包括自然人与法人。[1] 因此，法律上所使用的“人”的概念与日常生活中所使用的人的概念具有不同的含义。法律上的“人”在不同的历史时期与不同的国家也往往具有不同的含义。

一般来说，在不同的部门法中，法律关系主体与被简称的该部门法主体的含义相同，但也不尽然。在民法中，民事法律关系主体简称民事主体，是指参见民事法律关系，享有民事权利和承担民事义务的人。在刑法中，刑事法律关系主体简称刑事主体，是指因犯罪而应负刑事责任的自然人和单位。在行政法中，行政法律关系主体即行政法律关系的当事人，是指行政法律关系中的权利享有者和义务承担者，具体分为行政主体和行政相对人两个组成部分。其中行

〔1〕 如果不赋予合伙企业、个人独资企业等组织以法人地位，则应赋予其主体资格。

政主体是指能够以自己的名义依法拥有和行使行政职权，并能够对行使行政职权的行为造成的后果承担法律责任的机关和组织，也就是说行政主体是在行政法律关系中行使行政管理职权、处于支配地位的机关和组织；行政相对人则指的是在行政法律关系中与行政主体相对应，处于被管理和被支配地位的机关、组织或个人，具体为公民、法人、非法人组织、外国组织和个人。〔2〕 因此，在商事法律关系主体与商主体（或商法主体或商事主体）含义的认识问题上，也存在区分界定的理论上的可能性。

商主体作为特殊的民事主体，与处于一般财产关系与人身关系中的一般民事主体具有明显区别。上述基于民事主体的性质与标准而对民事主体的权利义务的制度设计上要求，固然应当同样适用于商主体，在赋予其正常的权利的同时不应使其负担过重的法律义务；但基于商主体所必然具有特殊的素质，为平衡同一法律关系中不同素质的参加者的利益，又应当赋予其高于一般民事主体的义务。当然，权利与义务必须相适应，商主体在承担较高的法律义务的同时，也必然会享有一般民事主体所不能享有的利益。在中世纪商人法时代，商人拥有经营商业的特权，并基于其营业的特殊性享有不受一般法律规制的特权，其法律关系由自成体系的商人法调整，并由独立于普通法庭的商事法院管辖，使商人成为一个特权阶层。近代欧洲民族国家将商法纳入国内法之后，尽管不将商人作为一个特权阶层看待，但基于商人身份，法律对商人的权利与义务还是作了特殊的规制。具体来说，商人要承担远远高于非商人的注意义务与更加严格的法律责任，但商人也拥有从事营业行为的权利。在企业作为商主体或作为最主要商主体的现代商法中，商主体资格的取得必须履行严格的法律程序，依照法律的要求和自身的需要，商主体拥有非商主体所没有的特殊的素质。因此，商主体的权利义务的法律处置上应当区别于一般民事主体。由此可见，尽管在商法的不同发展时期，法律对商主体的要求不一，但不管怎样，基于商主体的特殊性均将商主体作不同于一般民事主体的特殊处理。这种特殊处理的前提便在于商主体的特殊性质、素质。因此，只有正确认识商主体的特殊性质与素质，才能在立法上给商主体提供正确的制度设计，制定与商主体的性质与素质相适应的法律规范。

商事交易既可能发生在商主体之间，也可能发生在商主体与非商主体之间，还可能发生在实施了商行为的一般民事主体之间，因此商事法律关系的参加者即商事法律关系主体不仅包括商主体还包括非商主体。〔3〕 由此可见，商法中的主体问题有如行政法中的主体问题，法律关系的主体并不能简称为该法律部门主体。也就是说，正如行政法律关系主体不同于行政主体，商事法律关系主体也不同于商事主体，前者包含后者。

商主体的问题，过去无论在立法、司法还是在法学研究方面，理论界都重视得不够。事实上，商法要成为独立的法律部门，必然要有其特殊的调整对象，而作为商法调整对象的商事法律关系，又必然要确定相应的法律关系主体。因此，关于商主体的内涵与外延等问题的界定，对于商主体体系的构建，以及“商法通则”或其他形式商法的编纂，都起着至关重要的作用。

---

〔2〕 参见张正钊主编：《行政法与行政诉讼法》，中国人民大学出版社 1999 年版，第 32 ~ 34 页。

〔3〕 这一点在民商分立国家的商法典关于单方商行为的规定中即可明辨。如《德国商法典》第 345 条即规定：“对于对双方中的一方为商行为的法律行为，对双方均适用关于商行为的规定，但以此种规定无其他规定为限。”

二、传统商法中商主体的内涵与外延

(一)传统商法中商主体的内涵

在传统商法中尤其是商事立法中一般将商主体称为商人。商人在商法体系中处于极其重要的地位,并成为区别于民法的重要标志。因此,与民法在立法与学说上都极少界定民事主体(人)不同,各国商法典一般都会对商人概念作出明确界定。[4] 这些商法典中关于商主体(商人)概念的规定,差异并不是很大,但关于商主体具体内容的规定却差异较大。作为市场交易主体,随着市场经济的发展,商主体的内涵必然会相应发生变化,以适应经济生活的客观要求。商法作为一国商事习惯的产物,本身还具有极浓的民族色彩。因此,各国商主体立法差异较大。

在传统商法中,商主体作为商事法律关系的主体又不完全等同于商事法律关系主体,是指依照法律规定参与商事法律关系,能够以自己的名义从事商行为,享受权利和承担义务的人,包括个人和组织。有学者提出,商主体有广义和狭义之分,广义上的商主体,不仅包括商人,即商自然人、商合伙、商法人,而且还包括广大的生产者和消费者。狭义的商主体仅仅指实施商行为的商人。商法上的商主体是狭义上的概念,它仅仅指能够以自己的名义直接从事商行为的人。

商主体具有不同于一般民事主体的法律特征:(1)从本质上说,商主体是一种法律拟制的主体,它所享有的权利能力和行为能力具有特殊性。这种特殊性主要表现在能力的形成上,即商主体的形成一般须经过国家的特别授权程序,如履行商事登记。(2)商主体是从事以营利为目的的营业活动的主体。商主体能力的存在与其所实施的营业活动密切相连。(3)商主体是商事法律关系中的当事人,即在商法上享有权利并承担义务。

(二)传统商法中商主体的外延

尽管民商分立国家都有关于商人的规定,但由于种种原因,其范围并不一致。基于不同的标准,商人有不同的分类,表现在范围上当然也不一致。

在法国,商法典是以商行为为基点来界定商主体的,根据《法国商法典》第L121-1条之规定,商人是指实施商行为并以其为经常性职业的人。[5] 《德国商法典》确立了“商人中心主义”,规定只有商人所从事的经营活动才属于商事经营,才可视为商行为。然而,在现实生活中,行为人从事了商事经营,绝大多数情况下都可以获得商人资格,只不过他们获得商人资格的方式、程序,尤其是法律依据不同而已。[6] 因此,在德国,商人包括必然商人、应登记商人、自由登记商人(含农业和林业企业)、形式商人、其他商人等多种类型。依《日本商法典》之规定,商人包括固有商人、形式商人、拟制商人、小商人、其他商人等类型。例如,在日本,参与原始产业以外的民事公司、国家和地方公共团体在经营运输等特定事业时,公益法人在营利事业中将

---

〔4〕 例如,《法国商法典》第L121-1条规定:“实施商事行为并以其为经常性职业的人是商人。”《德国商法典》第1条第1款规定:“在本法典意义上,商人是指商事经营者。”《日本商法典》第4条规定:“本法所称商人,指以自己名义,以实施商行为为业者。”《韩国商法典》第4条规定:“商人,是指以自己的名义从事商行为的人。”参见《法国商法典》(上册),罗结珍译,北京大学出版社2015年版,第15页;《德国商法典》,范健等译,载《中德经济法研究所年刊》(第6卷),南京大学出版社1995年版,第229页;《日本商法典》,王书江、殷建平译,中国法制出版社2000年版,第3页;《韩国商法》,吴日焕译,中国政法大学出版社1999年版,第3页。

〔5〕 《法国商法典》(上册),罗结珍译,北京大学出版社2015年版,第15页。

〔6〕 参见范健:《德国商法》,中国大百科全书出版社1993年版,第55页。

其获得的收益用于本来事业时,也可以视为商人。[7]《韩国商法典》也规定了法定商人、拟制商人、小商人等形式。例如,在韩国,利用店铺或者其他类似设施,以商人的方法进行营业的人,也视为商人。除此之外,各国商法中,还存在公司、隐名合伙、代理商、居间商、行纪商等按照组织与经营方式划分的具体的商人形态。

显然,各国划分商人的标准并不统一,或者说,这些不同类型的商人并非依照同一标准所作的一次性划分。但若以组织形式划分,大体上可以将商人范围界定为公司、商合伙、商个人等形式。不过,由于各国商法关于商人的内涵与外延的规定差异较大,因而难以通过对各国商法关于商人的规定的比较,归纳出商人共同的能力要素、资格要求及法律人格要素等方面的规律性内容,故难以对我国商主体立法起到一定的借鉴作用。

三、中国商法中商主体的概念选择与内涵界定

(一)中国商法中商主体的概念选择

在我国,商主体等相关概念均非法定概念,更无相应的立法界定。在我国商法学界,多数学者都在学理上将传统商法中的"商人"概念称为"商主体",并往往在不同语境中混用这两个概念。[8] 另有学者不采用"商主体"概念,而直接使用"商人"概念。[9] 因商事法律关系的主体并不限于商主体,故应将商主体与商事法律关系主体区别开来。也有学者将传统商法中的"商人"概念称为"商事主体",从而使"商事主体"成为不同于商事法律关系主体但容易与其混淆的概念。[10] "马工程"重点教材《商法学》在编写过程中曾就商主体概念作了专门讨论,但最终采取了折中方案,采用了"商事主体"概念。[11] 还有学者在直接使用"商人"概念的同时,还采用了"商事主体"概念,并将其作为等同于商事法律关系主体的概念。[12] 此外,还有学者采用了市场经营主体者[13]及市场主体等概念[14]。

基于传统商法中商人概念的缺陷以及商主体内涵的变化,商人概念存在于近代商法尚可,现代商法中则不宜使用。并且,在我国长期以来形成的社会观念中,商人的含义往往限定在从事买卖活动的商贩,而且将其限定于自然人,因而与商主体意义上的商人的含义相去甚远。在立法中使用商人概念极易引起非专业人士的误解。

---

〔7〕 参见[日]龙田节编:《商法略说》,谢次昌译,甘肃人民出版社 1985 年版,第 11 页。

〔8〕 参见范健主编:《商法》(第三版),高等教育出版社、北京大学出版社 2007 年版,第 32 页;覃有土主编:《商法学》(修订三版),中国政法大学出版社 2007 年版,第 17 页;任先行主编:《商法总论》,北京大学出版社、中国林业大学出版社 2007 年版,第 109 页;顾功耘主编:《商法教程》(第二版),上海人民出版社、北京大学出版社 2006 年版,第 34 页;朱翌锟:《商法学——原理·图解·实例》,北京大学出版社 2006 年版,第 28 页;高在敏、王延川、程淑娟:《商法》,法律出版社 2006 年版,第 56 页;赵旭东主编:《商法学教程》,中国政法大学出版社 2004 年版,第 26 页。

〔9〕 参见张民安:《商法总则制度研究》,法律出版社 2007 年版,第 103 页。

〔10〕 参见赵中孚主编:《商法总论》(第三版),中国人民大学出版社 2007 年版,第 144 页;李永军主编:《商法学》(修订版),中国政法大学出版社 2007 年版,第 23 页;苗延波:《中国商法体系研究》,法律出版社 2007 年版,第 186 页;施天涛:《商法学》(第三版),法律出版社 2006 年版,第 49 页;官欣荣主编:《商法原理》,中国检察出版社 2004 年版,第 66 页;雷兴虎主编:《商法学》,人民法院出版社、中国人民公安大学出版社 2003 年版,第 25 页。

〔11〕 参见范健主编:《商法学》,高等教育出版社 2019 年版,第 44 页。

〔12〕 参见王保树:《商法总论》,清华大学出版社 2007 年版,第 95 页。

〔13〕 参见王俊岩、王保树:《市场经济法律导论》,中国民主法制出版社 1996 年版,第 65 页。

〔14〕 参见徐学鹿:《商法总论》,人民法院出版社 1999 年版,第 187 页。

关于在商人概念相同含义上使用的"商主体"或"商事主体"概念,因其既反映了商法特性,也体现了其作为商事法律关系主要发动者的内在含义,因而可作为现代商法理论中的学理概念。不过,该概念虽避免了与我国社会观念中关于商人概念的固有含义相混淆的问题,但仍存在易与商事法律关系主体相混淆的问题。此外,在我国立法体系中,包括自然人(公民)、法人、其他组织等概念的法律主体概念,均采用了具体类型的概念,因而不宜将具有浓厚学术色彩的"商主体"或"商事主体"概念确立为法定概念。

商主体固然属于市场经营主体,但市场经营主体则不限于商主体,那些走街过巷的小商小贩、从事经营活动的自然人、非营利组织甚至公法人也可谓市场经营主体。因此,以市场经营主体指称商主体,也不够确切。

至于所谓市场主体概念,其内涵与外延都更加模糊。其外延基本上与市场经营主体相同,但从广义上讲还完全可以认为包括作为市场监管者的国家机关。因此,也不宜采用该概念。

综上所述,我国商法学界所使用的各个商主体概念,都不宜作为法定概念。

(二)中国商法中商主体的内涵界定

关于商主体的定义,学者们基于各自理解所作学理界定存在较大差异。我国商法学界关于商主体概念的定义,大多不对传统商法与中国商法中商主体的概念予以区分,从相关行文来看,基本上都是就民商分立的大陆法系国家的商法而言。概括而言,我国商法学界多数学者都认为,商人,即商主体,是指依照商法规定,具有商事权利能力和商事行为能力,能够以自己的名义从事商行为,在商事法律关系中享有权利和承担义务的个人和组织。[15] 作此界定的学者大多强调,商主体从事经营性活动并以其为经常性职业。其中,部分学者还特别强调,商主体的身份或资格经商事登记而取得。[16]

我们曾认为,可将商主体作如下界定:能够依商法规定以自己的名义直接从事商行为,享受权利和承担义务的企业。[17] 商主体的这一定义不仅明确了商主体与商事法律关系主体之间的区别,而且还明确了商主体与商行为的实施者之间的区别。这样,就澄清了多年来我国学者将商主体视为商事法律关系主体的简称的错误认识,肯定了在同一法律关系中对于不同类型的法律主体来说其行为性质也具有相应区别,应当说具有较高的理论价值。

基于商主体性质与类型的变迁以及现代商法中商主体制度所进行的变革与应有的创新方向,经过反复考量,本书认为,不必在我国总纲性商法规范中确立抽象的商主体概念,也不宜简

---

〔15〕 参见王保树:《商法总论》,清华大学出版社 2007 年版,第 91 页;赵中孚主编:《商法总论》(第三版),中国人民大学出版社 2007 年版,第 144 页;覃有土主编:《商法学》(修订三版),中国政法大学出版社 2007 年版,第 17 页;李永军主编:《商法学》(修订版),中国政法大学出版社 2007 年版,第 23 页;任先行主编:《商法总论》,北京大学出版社、中国林业大学出版社 2007 年版,第 109 ~ 111 页;苗延波:《中国商法体系研究》,法律出版社 2007 年版,第 188 页;张民安:《商法总则制度研究》,法律出版社 2007 年版,第 103 页;施天涛:《商法学》(第三版),法律出版社 2006 年版,第 49 页;朱羿锟:《商法学——原理·图解·实例》,北京大学出版社 2006 年版,第 28 页;高在敏、王延川、程淑娟:《商法》,法律出版社 2006 年版,第 56 页;赵旭东主编:《商法学教程》,中国政法大学出版社 2004 年版,第 26 页;官欣荣主编:《商法原理》,中国检察出版社 2004 年版,第 66 页;雷兴虎主编:《商法学》,人民法院出版社、中国人民公安大学出版社 2003 年版,第 26 页。

〔16〕 参见王保树:《商法总论》,清华大学出版社 2007 年版,第 91 页;任先行主编:《商法总论》,北京大学出版社、中国林业大学出版社 2007 年版,第 111 页;赵旭东主编:《商法学教程》,中国政法大学出版社 2004 年版,第 28 页。

〔17〕 参见范健、王建文:《商法的价值、源流及本体》(第二版),中国人民大学出版社 2007 年版,第 197 页;范健主编:《商法》(第三版),高等教育出版社、北京大学出版社 2007 年版,第 32 页。

单地以企业概念取代商人概念，而应根据我国经济实践及立法体系，在总纲性商法规范中采用经营者概念，并将其界定为经营行为的实施人。[18] 这一立法构想的主要依据如下：

第一，将经营者确立为商主体的法定概念，与我们关于我国总纲性商法规范中将经营行为确立为商行为法定概念的立法构想相协调，从而使商主体（经营者）与商行为（经营行为）的逻辑关系得以清晰。当然，这一问题的解决还要依赖于对经营行为的界定。

第二，在我国，《反不正当竞争法》《消费者权益保护法》《价格法》《产品质量法》《反垄断法》《食品安全法》《电子商务法》等法律已明确采用了经营者概念，部分法律还对经营者概念作了界定。尽管这些法律对经营者概念的界定或认识不尽相同，但不妨碍将经营者概念作为现成的立法资源予以利用，只不过需要通过对经营者概念作全面梳理，才能对其在我国商法及整个法律体系内的内涵与外延予以确定。

第三，随着2002年1月1日《德国债法现代化法》的施行，《德国民法典》正式引入了消费者（Verbraucher）及经营者（Untemehmer）概念，并对其作了内涵与外延都很清晰的界定，因而经营者已成为比较法上的立法资源。对此，该法第14条第1款规定："经营者是指在缔结法律行为时，在从事营利活动或者独立的职业活动中实施行为的自然人或者法人或者有权利能力的合伙。"[19] 应当说，《德国民法典》将消费者、经营者作为与自然人并列的民事主体类型，不仅大大丰富了民事主体的内涵，而且对民商法中的主体制度具有革命性影响。在此需要说明的是，我国法学界对"Untemehmer"一词的中译还有不同：有人将其译为"经营者"[20]，另有人将其译为"企业主"[21]。不过，鉴于在《德国民法典》中，"Untemehmer"与"Verbraucher"之间具有对应关系，而我国一直将"经营者"概念作为"消费者"概念的对称，"企业主"在汉语中有特定含义且明显不同于"经营者"，故将"Untemehmer"译为"经营者"更为合适。日本国会于2000年4月28日通过并于2001年4月1日起施行的《日本消费者合同法》第2条第2款也对"经营者"作明确界定："本法所称经营者，谓法人、其他团体及作为经营或为经营而处于充任合同当事人情形下的个人。"[22]

综上所述，我国总纲性商法规范中采用经营者概念，既具有我国现行法及比较法上的立法资源，又能够与经营行为概念形成严密的逻辑关系，因而可谓我国商事立法的现实选择。不过，由于我国相关法律是在不同语境中使用经营者概念的，其内涵与外延不够明确且不尽相同，故应立足于整个法律体系对经营者概念重新定位。例如，《食品安全法》基本上采用的是"食品生产经营者"概念，只是在食品流通环节采用了"食品经营者"概念。依此，"食品经营者"被限定于食品流通领域。《消费者权益保护法》将"经营者"作为"消费者"的对应概念。该法未对"经营者"概念作明确界定，从该法的相关规定可以看出，其所谓"经营者"是指直接面向消费者的商品和服务的提供者，但其内涵与外延都不够明确。与此不同，《反不正当竞争法》

---

〔18〕 关于经营行为的概念选择及其内涵界定，本书将于后文详述。

〔19〕 《德国民法典》，陈卫佐译注，北京大学出版社2004年版，第5页。

〔20〕 《德国民法典》，陈卫佐译注，北京大学出版社2004年版，第5页；吴越：《德国民法典之债法改革对中国未来民法典的启示》，载《法学家》2003年第2期。

〔21〕 ［德］格茨·怀克、克里斯蒂娜·温德比西勒：《德国公司法》（第21版），殷盛译，法律出版社2010年版，第326页；肖怡：《〈德国民法典〉中的消费者保护制度》，载《德国研究》2004年第4期；《德国债法现代化法》，邵建东、孟翰、牛怡文译，中国政法大学出版社2002年版，第49页。

〔22〕 转引自韩世远：《医疗服务合同的不完全履行及其救济》，载《法学研究》2005年第6期。

《价格法》《反垄断法》《电子商务法》则对经营者概念作了明确界定。例如,《反不正当竞争法》第2条第3款规定:"本法所称的经营者,是指从事商品生产、经营或者提供服务(以下所称商品包括服务)的自然人、法人和非法人组织。"《价格法》第3条第3款规定:"本法所称经营者是指从事生产、经营商品或者提供有偿服务的法人、其他组织和个人。"《反垄断法》第12条第1款规定:"本法所称经营者,是指从事商品生产、经营或者提供服务的自然人、法人和其他组织。"上述界定大同小异,可将其概括为:所谓经营者,是指从事商品生产、经营或者营利性服务的自然人、法人和其他组织。

除以上立法外,我国《个体工商户条例》(2016年修订)也采用了经营者概念。该条例第8条第2款规定:"个体工商户登记事项包括经营者姓名和住所、组成形式、经营范围、经营场所。个体工商户使用名称的,名称作为登记事项。"第10条第2款规定:"个体工商户变更经营者的,应当在办理注销登记后,由新的经营者重新申请办理注册登记。家庭经营的个体工商户在家庭成员间变更经营者的,依照前款规定办理变更手续。"依此,在《个体工商户条例》中,经营者概念是指实际主持个体工商户经营活动业务的人。显然,《个体工商户条例》中的经营者与《反不正当竞争法》《价格法》《反垄断法》《电子商务法》等法律规定的经营者存在本质区别:前者指具体负责经营活动的人,类似于公司董事、监事、高级管理人员等公司组织机构成员,其本身在个体工商户外部关系中不具有独立的主体资格;后者指从事商品生产、经营或者提供服务的自然人、法人和其他组织,其本身就是独立的法律主体。因此,《个体工商户条例》关于经营者概念的使用并不严谨,将导致其内涵与《反不正当竞争法》《价格法》《反垄断法》《电子商务法》等法律规定的经营者内涵相悖。《个体工商户条例》中的经营者概念源于1987年《城乡个体工商户管理暂行条例》(已废止),当时选用经营者概念可能受到了全民所有制企业所有权与经营权分离改革背景下将企业经营管理人员称为经营者的影响。[23] 在《反不正当竞争法》《价格法》《反垄断法》等法律明确界定了经营者概念的内涵的背景下,《个体工商户条例》中的经营者概念就显得极不严谨,故应予修正。

尽管前述关于经营者概念的界定已较为清晰,但由于理论界未对经营者的内涵与外延作系统研究,因而理论界与实务部门人士的认识也存在较大分歧。据学者考证,在我国司法实践中,关于作家、学校、医院、律师事务所、行业协会等个人和组织是否属于《反不正当竞争法》中的"经营者"的认识存在较大分歧,不同法院所作判决往往差异较大,甚至完全相悖。[24] 例如,在理论与实务中,关于医院是否属于《消费者权益保护法》中的"经营者"存在较大认识分歧,从而导致法律适用存在明显差异。[25] 在关于医院是否属于《消费者权益保护法》中的"经营者"的问题上,梁慧星教授认为医院不是经营者,故医院与患者之间的医疗服务合同不属于消费者合同;[26] 王利明教授则认为,在市场经济条件下,医院也逐渐具有某种经营者身份,医院与患者

---

〔23〕 例如,1988年《全民所有制工业企业法》第2条第2款规定:"企业的财产属于全民所有,国家依照所有权和经营权分离的原则授予企业经营管理。企业对国家授予其经营管理的财产享有占有、使用和依法处分的权利。"

〔24〕 参见李友根:《论经济法视野中的经营者——基于不正当竞争案判例的整理与研究》,载《南京大学学报(哲学·人文科学·社会科学)》2007年第3期。

〔25〕 参见韩世远:《医疗服务合同的不完全履行及其救济》,载《法学研究》2005年第6期。

〔26〕 参见梁慧星:《为中国民法典而斗争》,法律出版社2002年版,第214页。

之间的关系也越来越具有消费关系的特点。[27]

显然，经营者内涵的界定，其关键问题为“从事商品生产、经营或者营利性服务”的界定方法。而所谓“从事商品生产、经营或者营利性服务”，从现代商法的角度来看，完全可界定为商行为，亦即“经营行为”。由此可见，所谓经营者，强调的是其所从事经营行为的营利性，至于其本身是否存在以营利为目的、持续地从事经营行为、办理工商登记等理论界在界定商主体或经营者概念时所普遍强调的因素，均在所不问。[28] 因此，在将经营者界定为经营行为的实施人的前提下，经营者内涵与外延的界定必然要取决于经营行为的界定。[29]

四、商主体的分类

在当代各国商法中，商主体表现为多种形式，不同国家的商事立法和不同的商法理论，常常依照不同的标准对商主体予以分类。一般说来，主要有以下多种分类：[30]

（一）法定商人、注册商人与任意商人

这是依照法律授权或法律设定的要件、程序和方式所作的划分。

1. 法定商人，又称必然商人，是指以法律规定的特定商行为为营业内容而无须履行商事注册登记手续的商人。法定商人概念主要存在于德国、日本、韩国等国家。在其具体立法上又表现为不同名称，但多规定以实施法律明确规定的绝对商行为为其营业内容。法定商人因其实施的特定商行为性质无须登记即可自动取得商人资格，但并不排除其有进行非商事登记意义上的登记注册义务。[31]

2. 注册商人，又称应登记商人，是指不以法律规定的绝对商行为为营业内容，而经一般商事登记程序设立的商人。其营业内容主要是手工业、贩卖业、服务业等营利事业，这些事业传统上不被视为商事经营，如果不进行商事登记注册，就不被视为商人。因此，商事登记注册对于注册商人而言具有创设效力。这类商人就其行为性质（非绝对商行为）而言，本可不成为商人，但由于其行为属于营利行为且选择了商事登记程序，即可推定其自愿接受商法调整，因而法律将其作为商人看待。

3. 任意商人，又称自由登记商人，是指依种类和范围要求以商人方式进行经营而主要从事农业、林业及其他附属行业的经营，依法由其自主决定是否登记注册的商人。

（二）固定商人与拟制商人

这是依照经营者的法律状态和事实状态所作的划分。

1. 固定商人，是指以营利为目的，有计划地、反复地、连续地从事商法列举的特定商行为的商人。该概念系日本商法学者根据其本国商法规定提出的，类似于法定商人。[32]

2. 拟制商人，是指不以商行为为职业，但商法着眼于主体的经营方式和企业形态，仍将其

---

〔27〕 参见王利明：《消费者的概念及消费者权益保护法的调整范围》，载《政治与法律》2002 年第 2 期。

〔28〕 参见王建文：《我国商法引入经营者概念的理论构造》，载《法学家》2014 年第 3 期。

〔29〕 参见王建文：《中国商法的理论重构与立法构想》，中国人民大学出版社 2018 年版，第 93 ~ 97 页。

〔30〕 相关分类具体内涵详见范健、王建文：《商法基础理论专题研究》，高等教育出版社 2005 年版，第 143 ~ 148 页。

〔31〕 参见［英］施米托夫：《国际贸易法文选》，赵秀文译，中国大百科全书出版社 1993 年版，第 57 页。

〔32〕 参见王保树：《商法总论》，清华大学出版社 2007 年版，第 100 页；王保树主编：《中国商事法》（新编本），人民法院出版社 2001 年版，第 47 页。

视为商人的一种商人。该概念亦为日本商法学者提出。如《日本商法典》第4条第2款规定:“依店铺或其他类似设施,以出卖物品为业者,或经营矿业者,虽不以实施商行为为业,也视为商人。”《韩国商法典》第5条第1款也有类似规定。

(三)大商人与小商人

这是依照经营者的经营规模所作的划分。

1. 大商人,又称完全商人,是指以法律规定的商行为为营业范围,符合商事登记的营业条件而设立的商人。大商人概念仅相对于小商人概念而存在,除1998年修订前的《德国商法典》在立法上正式使用了该概念外(现已废止),该概念实际上只是学理上为对应于小商人概念而提出。

2. 小商人,又称不完全商人,是指从事商法规定的某些商行为的当事人,依商事登记法特别规定而设立的商人。采用该概念的原有德国、日本、意大利、韩国等国,现在德国、意大利均已废止了该概念。

(四)商法人、商合伙与商个人

这是依照商主体的组织结构形态或特征所作的划分。由于我国未制定形式商法,故上述商主体分类对我国而言没有实际意义。鉴于在我国从事经营活动的主体已包括企业法人、合伙企业及个体经营者,故我国商法学界普遍在国外商法关于商主体的分类之外,将商主体划分为商法人、商合伙与商个人。本章第二节至第四节将详述,此处不赘。

第二节 商法人制度

一、商法人的概念

商法人,是指按照法定构成要件和程序设立的,拥有法人资格,参与商事法律关系,依法独立享有权利和承担义务的组织。这一定义表明:

1. 商法人是一种拟制的法律主体,是通过法律行为创立的,而不是自然形成的。

2. 商法人的成立,必须符合法律规定的条件,这种条件包括实体法和程序法两个方面的要求。在民商分立的国家,由民法和商法共同规定;在民商合一的国家,则由民法和商事单行法共同规定。

3. 商法人是法人之一种,应该具备法人的基本特征,并符合法人的一般要求。

4. 商法人是商事法律关系的主体,其行为属于商行为,受商法的调整;非从事商行为的法人,不能成为商法人。

5. 商法人具有独立的权利能力、行为能力和责任能力。

6. 商法人是一个组织体,具有自己的组织机构和意思机关,商法人最突出的特点是财产的独立性和意思的独立性。

虽然法人制度在我国的建立已经有几十年的历史,但是,真正以商法人的标准所建立的法人制度在我国出现,严格来说,是在现代企业制度建立之后,也就是在中国公司制度建立之后。在过去相当一段时间内,除了三资企业中真正能做到企业的财产权归企业所有,无论国有企业还是集体企业，虽名义上企业是独立的法人实体，但实际上，企业的全部财产权归国家或集体，不归企业自己所有。企业对外可以享受权利，但并不能独立自主地承担义务，最集中地表现在，当企业不能对外清偿债务时，企业无法自行进入破产程序。从这个意义上说，在传统计划经济体制之下，没有真正的商法人制度。

二、商法人能力的限制

商法人的权利能力和行为能力受到法律和自治规章的限制。这些限制主要表现在以下方面：

1. 商法人不得擅自以其财产从事非经营性活动，如不得未经投资者的许可，将法人财产低价让与、抛弃、私分、捐赠。

2. 需要特别许可的营业，未获许可则不得从事该营业，否则将导致行为无效。例如，各国均规定，从事金融业务必须获得特别许可，因而一般商法人的权利能力都要受到该项法律限制。

3. 商法人对自己的财产不享有完全的处分权，主要表现为，商法人不得在损害投资人利益或未经投资人知晓的情况下处分其固定资产，无权以其财产与其他企业合并或成立连带责任主体。对此，许多国家商法明确规定，商法人的经营者无权处分商法人的固定资产，只有商法人的投资者，即商法人的所有者才享有这种权利。

4. 商法人不得违反资金专用条件或其他禁止性义务从事经营行为。

三、商法人的分类

商法人在不同的国家有不同的类型，在同一国家中，根据不同的标准也可以进行不同的分类。在大陆法系和英美法系国家，商法人在组织形态上主要分为有限责任公司、股份有限公司、合作社（有的国家将其确认为商主体，也有国家将其确认为非营利法人）等。

在我国，商法人的法律渊源主要有《民法典》《公司法》《全民所有制工业企业法》《企业法人登记条例》《集体所有制企业条例》等。据此，商法人可以作如下分类：

1. 国有商法人。它是指根据我国民法、企业法、公司法的规定，由国家投资设立的、从事生产经营活动的，具有独立的权利能力和行为能力，并获得法人资格的企业或公司。国有商法人是我国现行经济生活的主体，在国民经济中发挥着主导作用。根据我国国有企业法的规定，它可以是国有企业；根据公司法的规定，它可以是国有独资公司和国有控股公司。

2. 集体商法人。它是指根据我国民法、集体企业法和其他相关法律、法规的规定，由公民或集体单位组合而成的、从事生产和经营活动的、具有独立权利能力和行为能力、能够独立承担法律责任并获得法人资格的集体商事组织。根据我国集体企业法、公司法和部分地区颁布的股份合作企业暂行条例的规定，集体商法人在组织形式上，可以是工厂、合作社、合作商店、有限责任公司、股份合作企业等。它普遍存在于我国城乡，从事着生产、服务、销售等各种商事经营活动，在我国现行经济生活中占有重要比重。

3. 合资商法人。它是指由两个以上的投资主体共同出资，经工商登记注册而成立的商事组织。根据我国《公司法》的规定，不同投资主体共同投资组建的，可以是有限责任公司或股份有限公司。合资商法人具有独立的法律人格，并以自己的名义独立从事商行为。合资各方以其出资额为限对商法人的债务承担责任,其所建立的商法人以其全部财产对外承担法律责任。

4. 私营商法人。它是指由私人投资经营而取得法人资格,投资者以其出资额为限,商法人以全部资产对外承担责任的商事组织。

5. 外商投资商法人。它是指由外商投资经营并取得法人资格的,投资者以出资为限,商法人以其全部财产对外承担责任的商事组织。根据我国外商投资企业法的规定,它可以是中外合资经营企业、中外合作经营企业和外资企业。

第三节 商合伙制度

一、商合伙的概念和特征

商合伙,是指两个或两个以上的合伙人按照法律和合伙协议的规定共同出资、共同经营、共享收益、共担风险,合伙人对合伙经营所产生的债务承担无限连带责任的商事组织。这一定义表明,商合伙是一个拟制的法律主体,它以自己的名义实施商行为。

商合伙作为商主体,具有从事商行为的权利能力和行为能力,但不具有完全的责任能力。许多国家的法律都规定,商合伙之设立必须履行工商登记,因此,在相当长时期内,曾被认为,其从事商行为的行为能力,受到登记时所确立的经营范围的限制。对于合伙人来说,在以商主体的名义从事经营活动时,还受到合伙合同的限制。

商合伙作为商主体的一种形态,其法律特征主要表现在以下方面:

1. 商合伙必须由两个或两个以上的合伙人共同组建。合伙人一般应具有完全民事行为能力。合伙人是否必须是自然人,是否可以是法人或其他经济组织,各国法律的规定不尽相同。我国法律对此也是根据不同形式的商合伙而予以不同规定。

2. 商合伙设立的基础是合伙合同。商合伙内部合伙人彼此之间的权利义务关系亦通过合伙契约予以确定。

3. 商合伙的财产为合伙人共有,这种财产包括合伙人共同出资而形成的财产,也包括商合伙在存续期间营利所得的财产。这种财产的特点是,它与合伙人本人的其他财产并未彻底分离,正是基于这一点,商合伙本身没有能成为一个完全独立的财产主体。

4. 商合伙所从事的商事经营活动由合伙人共同为之,也可以共同委托一位或数位合伙人代理为之;各合伙人对事务之执行享有同等的权利和义务。

5. 在普通合伙中,原则上全体合伙人都对合伙企业的债务承担无限连带责任,即在合伙企业资产不足以清偿合伙债务时,债权人有权要求任何一个合伙人予以清偿全部债务;但若法律对普通合伙人承担责任的形式有特别规定的,则从其规定。在有限合伙中,普通合伙人对合伙企业债务承担无限连带责任,有限合伙人以其认缴的出资额为限对合伙企业债务承担责任。

二、商合伙的组织形式

在我国,商合伙的法律渊源主要有《民法典》《合伙企业法》等。《民法典》合同编第二十七章对合伙合同作了专门规定,为包括商合伙在内的合伙合同关系提供了基本规范。《合伙企业法》对合伙企业(典型的商合伙)作了全面规定。我国《民法通则》(已废止)曾规定了个人合伙和合伙型联营这两种具有商合伙性质的合伙组织形式,但因其已被合伙企业所取代,故《民法典》未对个人合伙和合伙型联营作出规定。

按照我国《民法通则》(已废止)和有关工商登记法规的规定,个人合伙的建立必须履行工商登记,并以工商个体户的名义领取营业执照。这种个人合伙实质上就是合伙企业,并非为从事某种活动而暂时形成的契约形态的合伙关系,因而在《合伙企业法》实施后应纳入合伙企业之中,从而失去了作为商合伙独立存在的价值。

根据我国《民法通则》(已废止)的规定,合伙型联营是指企业事业单位之间依照联营合同组建的共同出资、共同经营、共分利润、共同承担无限连带责任的商事组织。合伙型联营是一种拟制的商主体,依法登记成立,并取得权利能力和行为能力。合伙型联营的合伙人必须为两个以上,且必须是企业,可以是全民企业、集体企业、私营企业和混合所有制企业,也可以是法人企业,还可以是合伙企业、私营独资企业、个体工商户和农村承包经营户。在2006年《合伙企业法》实施后,合伙型联营已完全可以纳入合伙企业之中,从而使合伙型联营失去制度价值。

根据《合伙企业法》的规定,合伙企业是指自然人、法人和非法人组织依照《合伙企业法》在中国境内设立的普通合伙企业和有限合伙企业。其中,普通合伙企业由普通合伙人组成,合伙人对合伙企业债务承担无限连带责任,但《合伙企业法》对普通合伙人承担责任的形式有特别规定的,从其规定;有限合伙企业由普通合伙人和有限合伙人组成,普通合伙人对合伙企业债务承担无限连带责任,有限合伙人以其认缴的出资额为限对合伙企业债务承担责任。但国有独资公司、国有企业、上市公司以及公益性的事业单位、社会团体不得成为普通合伙人。现在,商合伙均应依《合伙企业法》设立并受其调整。

除上述商合伙之外,在西方国家,还存在隐名合伙这种商合伙形式。

实务问题

甲、乙、丙三人经协商,分别出资设立合伙企业,从事餐饮服务业。三人签订了合伙协议,并办理工商登记,后甲因家庭原因,要求撤回投资,乙、丙拒绝,产生纠纷。问:该纠纷应如何解决?

提示:按照《合伙企业法》相关规定处理。该法第45条规定:“合伙协议约定合伙期限的,在合伙企业存续期间,有下列情形之一的,合伙人可以退伙:(一)合伙协议约定的退伙事由出现;(二)经全体合伙人一致同意;(三)发生合伙人难以继续参加合伙的事由;(四)其他合伙人严重违反合伙协议约定的义务。”该法第46条规定:“合伙协议未约定合伙期限的,合伙人在不给合伙企业事务执行造成不利影响的情况下,可以退伙,但应当提前三十日通知其他合伙人。”

第四节　商个人制度

一、商个人的概念和特征

在传统商法中,商个人又称“商个体”“商自然人”“个体商人”“个人商号”,是指按照法定构成要件和程序取得特定的商主体资格,独立从事商行为,依法享有法律上的权利和承担法律上的义务的自然人或个体企业。

商个人是一个法律拟制的主体,按照现代商法的观念,它可以表现为一个自然人,也可以表现为一个户,还可以表现为自然人投资设立的独资企业。作为一个法律主体,这里所说的个人与一般意义上的自然人和户在概念上有联系,更有区别。首先,商个人特指商法上的主体,它所享有的主要是商法上的权利,与自然人人身相关的许多权利则并不享有,如自然人享有的结婚的权利、劳动的权利、参与政治活动、成为选举人和被选举人的权利等,商个人都不得享有。其次,商个人所从事的基本上都是商行为,即以营利为目的的营业行为,与此相适应,因商行为所产生的法律责任才能由商个人承担;非营利的行为,除以个体企业名义实施者外,不能纳入商个人实施的商行为范畴,其法律责任不能由商个人承担。例如,行为人的消费行为,就不属于商个人的行为。最后,商个人可以有自己的名称,也可以在其自然人名称之上设定商事名称。商个人的名称只对商行为有效。在有的国家中,商个人的名称可以和自然人的姓名重合,对此情形,法律通常规定,如果行为人为商事交易签字,可以视为商行为;如果行为人为日常生活签字,则视为个人行为。

自然人参与商业活动主要有两种情形,一是自然人以消费者的身份参与商品交易活动;二是自然人以经营者的身份参与经营活动。只有当自然人从事第二种活动时,他才能成为商个人。由此,自然人成为商个人,必须符合法律的构成要件。其一,自然人从事的商业活动必须具有营利性,是一种以营利为目的的营业行为,即商行为,而不是生活消费行为。其二,自然人成为商个人必须符合法定程序,必须履行登记手续,获得法律授权;只有经过登记以个体企业的名义实施的营业行为才属于商行为,而不被纳入自然人的个人行为范畴。其三,自然人成为商个人,必须同时符合人的条件和资本条件的双重要求。人的条件是,行为人必须具备完全民事行为能力和责任能力,不得是无行为能力和限制行为能力人;资本条件是,行为人必须有与经营规模相应的物质基础。

商个人在法律上具有重要特点:其一,商个人与自然人的个人属性密切相连。这种联系主要表现在自然人的个人名称、个人属性等方面,如商个人常常以自然人的个人名称为其商业名称,如自然人发生变化,商个人则相应发生变化。其二,商个人的财产与自然人或家庭的财产密切相关。各国法律都明确规定,商个人的财产责任能力是不独立的,创设商个人的自然人或家庭有义务以其全部财产为商个人债务承担连带责任。

商个人作为拟制的主体,享有商事权利能力和商事行为能力,但不具有完全的责任能力。商个人可以在法律授权的范围内从事商行为,但其行为能力受到法律的严格限制,它不能超越工商登记的范围去实施经营活动,否则行为无效,并将受到法律的追究。

二、我国商个人的类型

在我国,商个人主要包括以下四种类型:

1. 个体工商户和农村承包经营户。在我国《民法典》规定的广义自然人范畴中,个体工商户和农村承包经营户属于特殊的以从事生产经营活动或承包经营活动为业的特殊主体。在法律人格方面,《民法典》未单独确认个体工商户和农村承包经营户的法律人格,而是将其依附于开展市场经营活动或承包经营活动的自然人主体资格,即按照法律人格同一性处理,故不存在连带责任问题。在具体责任承担方面,因不限于个人经营,故法律按照实际从事经营的人员构成作区分对待。除上述共性外,两者还存在实质性区别。个体工商户必须依法办理工商登记,才能取得经营主体资格,其在从事生产经营活动方面基本上与企业无异。就此而言,个体工商户的法律人格虽依附于其经营者个人,但该经营者实际上与偶尔从事经营行为的自然人有实质性区别,应赋予其确定的经营者身份。为此,可将其作为企业的特殊形态,归入企业范畴,从而解决其法律适用问题。因个体工商户与个人独资企业之间确实区别甚微,故该方案理论上没问题。但该方案存在的根本缺陷在于,市场经济实践中,还存在大量以企业形式开展经营活动且持续性从事生产经营、投资和社会服务活动并以之为业的自然人,这些人不办理工商登记,不能将其纳入企业范畴,但又与个体工商户极为类似,因而需要从商法角度对其统一界定。

农村承包经营户无须办理工商登记,且绝大多数人所从事的承包经营活动在性质上不属于经营行为,而属于非以营利为主要目的的维持基本生活需要的行为,故不宜将其确定为经营者,按照一般自然人予以调整即可。不过,随着农村土地承包经营权流转及集约化经营不断推广,一些从事产业化或大规模农业生产经营活动的自然人,虽仍以农村承包经营户名义开展活动,但其行为已明显脱离了维持基本生活需要的特征,故应对该类从事农村承包经营活动的自然人重新界定,使其超越农村承包经营户而获得确定的经营者身份。在具体的法律界定上,可将该类农村承包经营户界定为营业性农村承包经营户。

2. 个人独资企业。它是指依法在中国境内设立,由一个自然人投资,财产为投资人个人所有,投资人以其个人财产对企业债务承担无限责任的经营实体。个人独资企业是经营实体,是典型的企业组织形态之一。我国制定了《个人独资企业法》《个人独资企业登记管理办法》等专门法律、法规调整个人独资企业。因此,个人独资企业不宜被视为商个人。

3. 我国《私营企业暂行条例》还规定了私营独资企业。它是指企业资产归一个人所有和控制,雇工 8 人以上的营利性经济组织。私营独资企业的特点是,由一人投资组成,一人承担风险。这一企业组织形态属于历史性与过渡性的,新设企业应按照公司、合伙企业或个人独资企业设立。从性质上讲,私营独资企业作为企业的一种特殊形式,也不宜被视为商个人。

4. 其他职业经营者。除个体工商户和农村承包经营户外,市场经济实践中还存在各种直接以自然人名义开展持续性经营活动的经营者。该类经营者类似于传统商法中的商个人,故将其称为商个人未尝不可。但为解决概念周延问题,若将经营者概念引入商法体系,我国不妨进一步确立职业经营者概念,从而解决个体工商户、从事产业化承包经营的农村承包经营户、以投资为业的职业投资人以及以个人名义开展社会中介服务并以之为业的职业经纪人等人员的特殊经营者身份问题。我国总纲性商法规范应将职业经营者界定为确定的经营者,在法律适用上与企业同等对待。据此,从事小商品买卖活动的人,如街头临时设点的"摊贩"和走街串巷的"货郎"以及手艺匠人等,即在一些大陆法系国家可以免于登记的"小商人",无疑可纳入职业经营者范畴。

实务问题

个人独资企业 A 系甲于 2004 年 4 月以个人财产出资设立的,2005 年 8 月甲因婚姻变故到异地成家,于是将该企业转让给好友乙。因 A 在甲经营期间尚欠丙货款 10 万元,当时约定于 2005

年10月归还该笔货款,于是事后得知此事的丙向甲追要货款。甲推称该企业已转让给乙,可直接向乙追要。丙向乙追要,乙称这是丙与甲之间的事,其毫不知情,与其无关。无奈之下,丙将A诉至法院,要求A立即归还其货款10万元。问:法院应当如何处理?

提示:该债务系独资企业A的债务,A应承担相应责任,故应支持丙的诉求。但因个人独资企业不具有独立的责任能力,其投资人应对债务承担补充性无限责任,故丙应对A的债务承担补充性无限责任。对此,我国《个人独资企业法》第17条规定:"个人独资企业投资人对本企业的财产依法享有所有权,其有关权利可以依法进行转让或继承。"该法第31条规定:"个人独资企业财产不足以清偿债务的,投资人应当以其个人的其他财产予以清偿。"问题是原投资人甲是否应与乙承担连带责任?对此,我国《个人独资企业法》未作规定,但依商法一般原理,应作肯定回答。

第五节　商中间人制度

一、商中间人概述

商主体在从事商行为时,是从事直接商行为,还是从事间接商行为或中介商行为以及其行为资格的获取,一般有两种立法模式。一种是在商主体所从事的商行为登记中明确规定其行为的范围是否包括中介商行为,即是否在从事直接商行为时兼营中介商行为;另一种则在登记中明确规定商主体是从事中介商行为的商人,即中间商。同样是中介商行为,有的从商行为角度立法,有的从商人角度立法,这主要取决于其商法的立法模式,各有其可取之处。我国没有制定形式商法,在立法模式上没有采取商人中心主义。但是,在工商登记中,我们常常将从事中介活动的中间商单独命名,如某某中介公司、某某代理公司等,这实际上就是一种主体身份的界定。由此,将商事中介列入商主体研究的范围有一定的理论价值。商中间人虽然从事的也是经营性行为,但其与直接从事生产和销售的商人在经营方式、权利能力、行为能力和责任能力以及政府对其所实施的管制方式、税收方式上都存在较为明显的差异,因此,在法律上确立商中间人的独立地位又有着十分重要的实践意义。

二、商中间人类型

(一)代理商

代理是一项基本的商行为,无论是大陆法系还是英美法系国家,对代理人及其所从事的行为都有专门立法。在我国,现实生活中大量存在有商事代理活动,但至今国内还没有一部关于代理商或代理商行为的专门立法。在司法实践中,商事代理纠纷适用于《民法典》中关于民事代理的有关规定。

在大陆法系国家,代理商是指一种独立的商事经营者,他接受委托,固定地为其他业主促成交易或以其他业主的名义缔结交易[33]。代理商与其他商主体相比,有三个重要特点:

---

〔33〕 参见《德国商法典》第84条第1款。

1. 代理商的行为方式是促成交易或缔结交易。促成交易是指通过代理商的介绍活动，直接或间接地影响有意缔结交易的第三人，从而使企业主和第三人之间达成交易协定或交易契约。缔结交易是指代理商以企业主的名义提出缔约表示即交易要约，以及代理商为企业主接受他人的缔约表示即交易承诺。

一般来说，代理商可代理的业务范围比较广泛。代理商所代理的对象可以是商人，也可以是自然人，还可以是公法人。由于被代理人并非一定是商人，因此，由代理商所代理的行为并非一定是商行为，并非一定是以营利为目的的行为。

2. 代理商必须固定地从事受他人委托的、促成交易或缔结交易的活动。代理商与委托代理人之间的关系是一种持续的法律关系，即民法上所说的，根据事务处理之契约形成的、具有一定连续性的完整的委任关系。

3. 代理商是一种独立的商事经营者，这种独立性表现在其自由决定自己活动和自由支配自己时间、有自己的经营场所、自己承担经营费用、使用自己的商号、编制自己的商事账簿、通过自己的营业活动收取佣金以及同时为几个业主的代理人。正是这些表明，代理商不依赖于被代理人而存在，由此形成了与企业雇员的区别。

大陆法系国家商法中将代理商分为多种类型，主要有单一商事代理商、区域代理商、独家代理商、总代理商。

（二）居间商

居间是一项重要的商行为，大陆法系国家商法典对居间商及其行为都有专门规定。我国至今没有关于居间商专门立法，只是《民法典》合同编中对居间合同作出了简要规定，这些规定确定了处理居间行为的一般规则。但是，这些规则基本上接受了大陆法系国家民法中关于民事居间的规定，而没有考虑商事居间的特殊性。因此，它与大陆法国家商法中关于居间商和居间商行为的立法不尽相同。

在大陆法系国家商法中，居间商是指为获取佣金而从事契约缔结之促成活动的商人。这里所说的居间与我国《民法典》中所规定的中介，其含义基本相同，即居间是居间人向委托人报告订立合同的机会或者提供订立合同的媒介服务，委托人支付报酬的行为。

大陆法系国家商法中所规定的居间商，具有以下特点：

1. 居间商不是以自己或他人的名义为他人从事契约之缔结，居间商本人并不负有义务对这类活动之成功去主动地尽自己的努力。

2. 居间商是一种完全商人，他的活动是自由、独立的，而不像商事辅助人那样受到雇用契约的约束。

3. 居间商所从事的居间商行为，不是基于契约，不负有活动及行为义务，它是基于佣金请求权才从事这种缔结之促成活动，仅仅追求行为结果之报酬。这种活动的特点在于，只有当中介活动生效时，居间商才有资格获取佣金。

4. 居间商对于其所从事的商事促成活动以及这种活动所导致的结果并不负有义务。与其相应，订约委托人除了在居间商履行了自己的中介活动并达到预期的法律结果之后，才负有向居间商支付佣金的义务外，不再负有向居间商支付其他费用补偿的义务。这一规定与大陆法系国家民法中关于民事居间人报酬请求权的规定不一样，也与我国《民法典》第963条关于居间人必要费用请求权的规定不一样。

5. 居间商所从事的缔约之中介,通常被分为两种方式:一种方式是订约委托人首先表示自己的要约,居间商只是作为传达人将订约委托人的要约转达给第三人,要约之承诺也由第三人向居间商为之;另一种方式是通过居间商的中介,即介绍,被介绍的缔约双方自己直接缔约,居间商仅起到提供缔约信息、帮助联系的作用。

在现代发达国家,居间商在促进商事交易中发挥着极为重要的作用。由于居间商仅仅追求行为结果之报酬,因此,它在充分使用已经形成的市场机会和市场机能的过程中,显示出很大的灵活性和专门性。通常,居间商掌握着对一般人来说难以很好把握的、具有一定特殊性的专门的市场知识,了解市场行情,如船舶居间商、原材料居间商、动产居间商、杂货居间商、牲畜居间商、个人贷款居间商等,都涉及专门领域,都对该领域的市场行情比较熟悉和精通,并且居间商习惯在有利的商事交易地点开业。正是由于居间商特殊的市场技能,因此,对于委托人来说,其委托行为具有相当的经济意义,它可以通过居间委托而充分利用居间商所拥有的专门的市场知识,迅速找到交易伙伴或寻求到产品畅销的市场条件,从而使其提高市场竞争力。

(三)行纪商

行纪是一项重要的商行为。它是大陆法系中使用的一个概念。过去很长一段时间内,行纪行为在我国的经贸活动中是一个颇为陌生的概念,直到1999年《合同法》颁布,行纪合同成为《合同法》中的一个重要章节,学者们对行纪行为的研究才开始多了起来。我国《民法典》中关于行纪的定义与大陆法系中关于行纪的定义基本相同。但是,我们对行纪的研究主要局限于对行纪行为的研究,还很少对行纪主体即行纪商进行研究。

在大陆法系国家,行纪商是一个独立的商主体,是指以自己的名义为他人(委托人)购买或销售货物、有价证券并以其作为职业性经营的人。行纪商有如下重要特点:

1. 行纪商必须以自己的名义履行其行为。但是,行纪商履行行纪行为而产生的交易结果不是为行纪商本人,而是为了委托人。正因如此,行纪商在行纪行为中扮演的角色与其他商事中间人在商事中介中的作用有重要的差异。

2. 由于行纪商以自己的名义从事其行为,因此,他不仅仅是契约中的当事人,而且与交易活动的结果密切相关。行纪商与第三人之间发生着直接的权利、义务关系,而第三人与委托人之间则不存在直接的权利、义务关系。与此同时,由于行纪商是为他人计算而从事交易活动。因此,该交易活动还直接相连着他人利益,即直接相连着委托人的利益,行纪行为之履行对委托人产生经济后果。

3. 行纪商不仅以委托人的费用为其办理行纪事务,而且,行纪商与第三人之间所立契约以及因这种契约而产生的权利和义务,也可以直接转让给委托人,并由委托人承担最后的交易结果。

4. 行纪商必须从事职业性的行纪经营,必须以行纪交易之缔结作为其正常的经营业务,因此,行纪商的身份与职业经营密切相关。但是,在特殊情况下,如果商人本身并不是行纪商,但他在其商事经营中偶尔采用行纪行为的方式从事其商事交易,对此情形,他同样可以被视为行纪商而适用商法中关于行纪行为的有关规定。

在传统商法理论中,行纪商的出现具有以下几个方面的重要意义:其一,有利于国际贸易分工更加具体化和形式多样化;其二,有利于生产者通过异地商人参与贸易而促进交易的发展;其三,以异地商人名义出售产品,有利于增强交易对方的安全感,并适用当地的交易习惯和法律,可以使整个交易获得更大的便利和优惠,并获得更多的保护。

第六节　商辅助人制度

一、商辅助人的含义

商辅助人,又称商使用人,是指在商事交易过程中,从属于商主体,受商主体委任或支配,辅助商主体开展商事经营活动的人。商辅助人本身不是商主体,但在对外交易过程中以商主体的名义实施法律行为,且其行为后果概由商主体承担。

商辅助人相对于商主体,基于一定的法律关系而存在。因商主体授权的方式和范围而导致的商使用人在商主体内部的不同地位,形成了不同种类的商使用人,进而构成了商主体与商使用人之间不同性质的法律关系:

1. 委任关系,指由商主体授予商使用人代理权,委托其代商主体为法律行为。基于这种法律关系而形成的商使用人主要为经理人、代办人。

2. 雇佣关系,指商主体与商使用人之间不存在代理权之授予和代办法律行为之委任,而仅仅为劳动雇佣关系。这种商使用人作为雇员,其与商主体之间的雇佣关系属于劳动合同关系,各国商法一般不作规定,而仅对有特别授权的雇员作专门规定。

二、经理人

经理人是商法中的一种特殊行为主体,他以其所享有的特殊权能——经理权为其产生和存在的基础。西方发达国家商法都不同程度地对经理人及经理权有专门规定。我国相关法规未对此作专门规定,《公司法》等法律法规中虽然涉及经理的规定,但那是从公司组织机构的角度提出经理问题的,它与商法中所说的经理人和经理权还有一定差异。在西方国家,商法中关于经理人或经理权的规定是公司法和相关企业法中关于经理制度规定的基础,它确定了公司等相关企业制度中经理职位的法律性质和权限范围,是其他法律法规中关于经理制度的立法依据。

经理人所享有的经理权,从法律性质上说,是一种特殊的代理权,它以民法上的代理权为基础,但又有其特殊性。按照大陆法系国家商法的规定,经理人及其所享有的经理权具有以下特点:

1. 经理人是被商主体通过特殊方式授予经理权的人,是典型的直接代理人,他以被代理商主体的名义为法律行为。

2. 经理人在行使权利时,最重要的形式是其必须将自己的签名附加在商号上,并且在这个签名上附有标明经理权权限的标记,以使经理人的代理行为与个人行为相区别。

3. 经理人的主要权限在于为商主体管理事务,并为商号签名。

4. 只有完全商人才可以授予被代理人经理权;小商人不可以授予他人经理权,即不可以任用经理人。

5. 在商事登记部门履行登记并不是经理人被授予经理权这一法律行为生效的唯一前提条件,经理人必须由商主体通过"明确意思表示"方式授予经理权。只有明示与登记相结合,经理权授予才能生效。因此,不存在默示经理权或容忍经理权。

6. 经理人所享有的经理权受到权限范围的限制。立法上所规定的经理权的权限范围颇为广泛,如"从事各种诉讼和非诉讼活动和在商事经营过程中进行法律活动的权利"[34]。但在实际生活中,不少经理权在被授予时其权限范围不同程度地受到限制,如规定经理权只有在一定业务中、一定种类业务中或一定情况下才能被使用。不过,根据法律的规定,这种限制只是商主体内部的管理行为,对第三人无效,除非第三人明知经理权已经受到限制。此外,立法本身也在一定程度上限定了经理权的权限范围,如经理人不享有处置不动产财产的权利,除非他已经获得了商主体的专门授权。这些规定的目的在于,商主体可以始终保留企业核心部分的处分权。

7. 经理人所享有的经理权不具有单一性和排他性,一个商主体可以同时聘用几位经理人,因此,经理权还可以被分为共同经理权和分经理权等。

三、代办人

代办人是现实商事交往中普遍存在的一种现象,西方国家商法对此都有专门的立法规定,一种是从代办人主体角度立法,另一种是从代办权行为角度立法。在我国,代办人及代办权由民法中代理制度调整。

代办人以商主体的特别授权——代办权为其产生和存在的基础。代办权是一种源于代理权但又不同于经理权的特殊权能。在商事交往中,法律上所规定的经理权的权限范围比较广泛,经理人在这比较广泛的权限范围内所进行的法律活动都直接对授予经理权的商人生效,所以,一旦授予他人经理权,商主体便由此承担相应的风险和责任。从保护商主体利益的角度出发,商法规定在商事交往中允许存在这样一种代理权,它在与第三人交往中被商主体限定一个有效范围,这种代理权在立法上便是"代办权";被商主体授予代办权的人便是代办人。代办人的代办权限应与由他代理的商事经营活动所需权限一致。

在法律性质上,代办权属于代理权,与经理权相比,两者存在颇为明显的差异,这些差异主要表现在以下方面:

1. 经理权的权限范围比代办权广泛。一些国家商法对代办权的权限范围作了严格限定。例如,除非获得了专门授权,代办人不享有以下事务的代办权:不动产的转让与抵押,汇票、本票债务的接受,消费贷款的接纳,诉讼之实施,等等。在立法上,代办人的权利限制比经理人的权利限制要严格得多。

2. 小商人不能聘用经理人,不能授予经理权;但小商人可聘用代办人,授予代办权。

3. 经理权必须由商主体亲自授予;代办权不需要由商主体亲自授予,商主体的代理人也可以授予代办权。

4. 经理权必须通过明示来授予;代办权可以通过默示来授予。因而,在商事代办权中,可以存在容忍代办权和表见代办权。

5. 在商事交易过程中,第三人可以相信,经理人对于其所经营的业务拥有除法律另有规定外的所有代理权;但第三人不能相信代办人拥有同样的权限,除非代办人能够提供自己拥有如

---

〔34〕 参见《德国商法典》第49条第1款。

此权限的证明，这是因为，代办人的代理权通常在法律上已经被严格局限于一定的业务范围之中。

6. 经理人的签字可以附有标明经理权的附加标记；而代办人的签字只能附有表明代理关系的附加标记。

7. 由于经理权涉及范围相当广泛，它必须履行工商登记；但代办权已经被规定在一定范围以内，不必履行工商登记。

8. 经理权与代办权在种类划分上不同。经理权可以被分为共同经理权和分经理权；代办权则可以被分为全权代办权、种类代办权、特种代办权、总代办权等多种类型。

在代办权立法中，商店店员代办权和从事外勤业务的商事雇员代办权是两种颇具特殊意义的代办权。一些国家商法规定，在商店的经营活动中，店员可以被视为拥有由店主所授予的代办权，这种代办权实际上是一种表见代办权。第三人在与店员进行业务交往中，只要业务的内容在该商店经营的范围之内，第三人可以认为店员拥有完全代办权。一些国家商法还明确规定，受雇在企业内工作的商事雇员，拥有由商主体所授予的代办权，这种辅助人员包括从事外勤的雇员。外勤人员所拥有的代办权主要分为两类，一类是成交代办权，另一类是居间代办权。

思考题

1. 试析中国商法中商主体的概念界定。
2. 试析传统商法中商主体制度的缺陷。
3. 试析商主体制度的变革取向。
4. 试析我国商个人的类型。
5. 简述经理人及其所享有的经理权的特点。

第三章　商行为制度

导读

- 在民商分立的大陆法系国家和地区，商行为是以营利为目的的营业性行为，具有较高的技术性，注重商事效率与外观主义。在我国，可对商行为作如下界定：以营利为主要目的而实施的行为均为商行为；企业及职业经营者所实施的行为视为商行为，但明显不以营利为目的的除外。
- 在大陆法系国家商法学理论研究中，使用了一般商行为与特殊商行为这一对概念。所谓一般商行为，实际上就是关于商行为的一般规则；所谓特殊商行为，实际上就是关于具体商行为的规则。
- 商行为一般规则的主要内容包括：要约是否承诺的通知义务；对要约附送货物的保管义务；严格的注意义务；报酬请求权；商事法定利率；保证的连带责任；商事留置权；往来账规则。
- 在传统的商法理论中，具体商行为主要分为商事买卖、商事代理、商事行纪、商事居间、商事运输、商事仓储、商事票据、商事担保、商事保险、海商等。现代商法中的具体特殊商行为，在传统种类的基础之上又有了新的发展，它已经不仅仅包括传统的内容，还包括商事信托、商事期货、融资租赁、证券交易、银行交易、投资基金运作以及咨询服务等内容。

第一节　商行为概述

一、商行为的概念

商行为是相对于民事行为而言的一个概念，同时也是与商主体密切联系的概念。它是导致商法从一般民事法律中独立出来，形成商法独立性的根本原因。“商行为”一词是大陆法系国家商法中的一个法定用语。由于大陆法系国家商事立法原则的差异，即以商主体为中心和以商行为为中心的立法原则差异，不同国家商法对商行为概念的界定有所不同。其差异的焦点在于，商行为是商主体所从事的行为，还是一般主体所从事的行为。按照法国商法的规定，商行为可以是任何主体所从事的营利行为；按照德国商法的规定，商行为必须是商人所从事的营利行为。不过，在《法国商法典》《日本商法典》《韩国商法典》《澳门商法典》等商法典中即均未对商行为概念作出明确的界定，而只是规定了商行为的确定方法或对其外延加以界定。

在我国，由于没有商法典或类似形式意义上的商法，商行为并非法定概念。长期以来，我国许多学者都是将商行为、商事行为与商业行为作为可以相互替换的概念加以使用。近年来，商行为这一概念逐渐成为商法学界的主流概念。不过，马克思主义理论研究和建设工程重点教材《商法学》采用了“商事行为”概念，从而与该书采用的“商事主体”概念相协调。[1] 商法学界关于商行为的概念界定并不统一。在商行为的定义上，概括起来，可以将我国学者的观点分为三种类型：(1)将商行为与商主体相联系，认为商行为是指商主体所从事的以营利为目的的经营行为（或称为营业行为）；(2)不将商行为与商主体相联系，非商主体亦可成为商行为的实施主体；(3)认为商行为乃直接以交换为目的追求营利的行为，属于近代商法概念，在现代商法中传统的商行为已发展为以资本和智力经营为特征的市场行为。[2]

基于现代商事交易日益泛化的时代背景，为商行为设定确定的界定标准也完全可能。对此，本书作如下界定：以营利为主要目的而实施的行为均为商行为；企业及职业经营者所实施的行为视为商行为，但明显不以营利为目的的除外。至于何为“以营利为主要目的”，实践中势必存在判断标准不清的问题，因而似应由立法明确界定。但这一问题实际上无须也无法通过立法明确界定，而由司法机关、仲裁机构及行政机关根据具体情形自由裁量即可。当然，为提高法律适用的统一性，不妨通过司法解释、指导性案例、司法机关及行政机关的法律条文解读等方式提供法律适用指引。

在具体的概念选择上，本书认为，若放弃传统商法中的商人概念，也不妨一并放弃与商人概念相对应的商行为概念。就我国现有立法而言，一般以“经营行为”指称传统商法中的商行为。而“经营行为”又能够与“经营者”概念更加匹配，因而也完全可以成为我国形式商法中的商行为概念。当然，商行为概念仍具有在学理上的意义，本书下文也仍采用该概念。

二、传统商法中商行为的特征

商行为作为一种特殊的法律行为，既具有法律行为的共性，又有其自身的特征。概括分析各国商法立法以及一般商法理论，可以认为，在此范畴内的商行为与一般法律行为相比，表现出以下特征：

1. 商行为是以营利为目的的法律行为。商行为本质上为市场行为，其根本目标乃在于实现利润最大化，此即其营利性。以营利为目的使商行为区别于行政行为、司法行为、公益行为等非以营利为目的的行为。在传统商法之立法与理论上，大多将这种营利目的理解为行为实施主体的终极目的。如有学者认为，公益机构、宗教机构、政治组织都可能从事经济活动，但都不得以营利为目的，因而其行为不是商行为。[3] 此外，值得注意的是，商行为作为一种以营利为目的的行为，着眼点在于行为的目标，而不在于行为的最终结果。至于最后是否实现了营利或者能否营利，在商行为的判定上是在所不问的。由于营利目的乃行为人的内在意思，只能通过外在表现加以推定而作出判断，因而从理论上看，商行为属于推定法律行为，在商法实践中也往往要借助于法律推定规则。许多国家的立法中就明确规定，只要是商主体实施的行为，就可推定为为其营业实施的行为，从而成为商行为。

2. 商行为是营业性行为。营业性表明行为主体至少在一段时间内连续不间断地从事某种

---

〔1〕 参见范健主编：《商法学》，高等教育出版社 2019 年版，第 81 页。

〔2〕 参见范健、王建文：《商法基础理论专题研究》，高等教育出版社 2005 年版，第 348 页。

〔3〕 参见王保树主编：《中国商事法》（新编本），人民法院出版社 2001 年版，第 51 页。

同一性质的营利活动,因而是一种职业性营利行为。因此,“偶然所为之营利行为,不得称为营业”。而所谓连续不间断,“并无一定期间之限制,如展览会中之临时商店,亦一种商业”。[4]由于营业性活动是一种重复性的、经常性的活动,已被纳入国家专门管理的范围,因此,与商事登记密切相关,即履行了商事登记的行为可以推定为商行为。但是,这一结论具有相当程度的局限性,因为各国在商事登记范围与强制程度上原本差异较大,许多国家并非所有商主体均须登记,也并非从事所有商行为均须登记。在学理上,我国商法学界多数都将营业行为作为商行为的重要特征,但往往并不阐明商主体与营业行为实施主体之间的关系。因而这一问题在立法例上具有不同的答案,在理论上则未予明确。事实上,在缺乏对特定的商法体系架构的认识的情况下,原本不可能正确回答这一问题,其结论必须依赖于对整个商法体系及商行为概念的界定的整体认识。

3. 商行为一般是商主体所从事的行为。从各国商事立法的情况来看,往往规定商主体即以商行为为业者,而商行为即商主体所实施的营业行为,表现出互为因果的关系。不过,在以法国与西班牙商法为代表的客观主义立法例中,商行为并无特定的主体限制,一般民事主体皆可成为商行为的实施者,即商主体;在以日本为代表的折中主义立法例中,商主体所实施的行为固然属于或可推定为商行为,任何主体基于任何目的而从事的“绝对的商行为”亦属于当然的商行为。这样,商行为与商主体之间的关系就并非严格意义上的互为因果了。但是,从法律行为的本质考察,任何法律行为都是特定主体所从事的行为,主体的行为能力对于行为的有效性起决定性的作用,因而从这个意义上说,商行为是具有商事行为能力的商主体所从事的行为。也正是基于此,一些国家尤其是德国商法系国家或地区明确规定,只有商主体所从事的行为才能成为商行为,非商主体从事的行为则一概不能认定为商行为。

4. 商行为是体现商事交易特点的行为。商行为也往往被称为市场行为、交易行为或市场交易行为,系以商事交易为内容的法律行为,较为清晰地表现出商事交易的一些重要特点:(1)商行为具有较高的技术性。商事交易尤其是票据行为、保险行为等不仅要求行为人熟悉法律规定,而且要精通操作技术,严格依照相应规范活动。(2)商行为强调公开性。商主体在经营过程中往往会形成其特有的商业秘密,必然需要通过一定措施确保商业秘密不致泄露。然而,商事交易行为会直接影响交易相对人甚至社会公众的利益,因而为维护交易安全,必须以一定的方式使交易相对人或社会公众获得交易对方的情况、交易的内容的相关信息。为此,往往设立强制性法律规范,如商事登记制度、商事年检制度、上市公司信息披露制度等以确保行为的公开性。(3)商行为注重商事效率与外观主义。商行为要求简便、迅捷,因而往往确立交易形态定型化的行为范式,并采取短期消灭时效(诉讼时效)原则。与民法中强调行为人的真实意思表示不同,商行为特别注重外观主义,以维护交易安全。

三、中国商法中商行为的特征

从上文所界定的中国商法中的商行为概念,可以看出其含义与传统商行为含义之界定虽有差异但仍然大体相同。不过,两者之间毕竟存在实质性差异,由商行为含义所决定的商行为特征必然表现出相应的差异。基于此,在我国商法体系下,不必重复传统商法体系下商行为所

---

〔4〕 参见刘清波编著:《商事法》,台北,商务印书馆1995年版,第14页。

固有的特征,而仅就其区别于传统商法体系下商行为特征一般含义之特殊含义加以阐述即可。

(一)以营利为主要目的

以营利为主要目的对于区分商行为与非商行为具有非常重要的意义。需要注意的是,不应将营利目的理解为商行为的实施主体的终极目的,而应将其理解为某一具体行为的具体目的。但长期以来,无论是国内还是国外,均将营利目的理解为商行为的实施主体的终极目的。因此,公益机构、宗教机构、政治组织等非商主体所从事的经济活动均被排除于商行为范畴之外。由于这些主体不以营利为目的,因而其所从事的经济活动也被认为不具有营利目的。事实上,不管在哪个国家,即使是公益法人与非营利组织也不绝对排除"以营利为手段"。也就是说,不管法律主体是否为商主体均可实施以营利为直接目的的行为,只不过非商主体仅以营利为直接目的,从而使营利成为实现其公益目的的手段而非终极目的,而商主体则既以其为直接目的又以其为终极目的。

(二)主要表现为营业行为与投资行为

企业实施的经营行为基本上都具有明显的营业性特征。由于设立企业就是要通过持续地产生经营行为获取盈利并将其最终分配于投资者,因而企业所实施的一切经营行为都具有反复性、不间断性与计划性,即具备营业性要素。

职业经营者较为特殊,其以之为业的日常经营行为具备营业性要素,可归入营业行为范畴。

企业和职业经营者之外的法律主体实施的经营行为则一般不具备完全的营业性特征。以证券、期货投资行为为例,除机构投资者(一般属于企业,也有不属于企业者,如社会保险基金)和职业投资者外,个人投资者的投资行为虽可能不完全以营利为主要目的,但仍可基于证券交易行为的本质属性而将其归入经营行为范畴。在具体类型归属上,可将证券投资行为、房地产投资行为等各种类型的投资行为称为投资行为,从而使其与营业行为区分开来。由此,将偶尔实施的投资行为归入经营行为,就可解决其不具备营业性要素的矛盾。例如,尚未成立的企业以及最终设立失败的企业设立中的行为即不具有营业性行为特征,而这种投资企业的投资行为无疑应纳入经营行为范畴。又如,证券交易虽大多具有反复性、不间断性与计划性要素,从而可归入营业行为,但偶尔从事证券交易的自然人所为的证券投资行为,则不宜界定为营业行为,而应以投资行为归入经营行为范畴。

非营利组织基于其法律主体定位,不得实施营业行为,[5]但可实施投资行为和不具备营业性要素的一般经营行为。特别法人可实施的经营行为范围更为严格,不仅不能实施营业行为,也不能实施不具备营业性要素的一般经营行为,但可实施投资设立企业和股权投资的投资行为。普通自然人可依法实施各种类型的经营行为,即既可实施不具备营业性要素的一般经营行为,亦可实施投资行为,还可实施营业行为,但若某项营业行为依其性质和规范需要以企业或个体工商户方式经营的,则应依法办理工商登记。

还有一些行为既可归入营业行为范畴,又可归入投资行为范畴。例如,证券领域职业投资者所实施的证券交易行为固然可归入营业行为,但鉴于证券交易一般被界定为投资行为,因而可谓兼具营业行为与投资行为属性的经营行为。

---

〔5〕 参见王建文:《中国商法的理论重构与立法构想》,中国人民大学出版社2018年版,第132~133页。

四、商行为的分类

在我国现行法律体系中,由于根本不存在形式意义上的商法,[6]在立法上也未确立商行为概念,因而理论界关于商行为的分类,基本上都是基于主要大陆法系商法典所作的划分。[7]多数学者根据德国、法国、日本等国商法典规定,将商行为划分为以下类型。

(一)绝对商行为与相对商行为

绝对商行为,是指依照行为的客观性和法律的规定而必然认定的商行为。它不以行为主体是否为商人和行为本身是否具有营利性为认定要件,仅仅以行为的形式为认定要件。在许多国家,票据行为、证券交易行为、融资租赁行为、保险行为、海商行为等均为绝对商行为。绝对商行为通常由法律限定列举,不得作推定解释。相对商行为,是指依行为的主观性和行为自身的性质而认定的商行为。它以行为主体是否为商主体和行为是否具有营利特性为认定要件。凡是由商人所从事的营利行为就是商行为。

(二)单方商行为与双方商行为

单方商行为,是指行为人一方是商主体而另一方不是商主体所从事的行为。对于单方商行为的法律适用,各国商法的规定不尽相同。大陆法系国家商法通常规定,只要行为人中有一方为商人,其交易双方都应适用商法。但英美法系国家商法则规定,当行为人中只有一方为商人,该商人适用商法,作为另一方的非商人不适用商法。双方商行为,是指当事人双方都为商主体所实施的营利性经营行为。双方商行为适用商法。

(三)基本商行为与辅助商行为

基本商行为,是指直接从事营利性经营活动的商行为,如买卖商行为。辅助商行为,是指其行为本身并不直接达到商主体所要达到的经营目的,但却可以对以营利为目的的商行为的实现起辅助作用,如广告行为、代理行为等。辅助商行为作为一种从属性商行为,它是相对于主商行为而言的。其实,从事辅助商行为的主体本身也是为了实现一定的营利目的而实施此行为的。

(四)固有商行为与推定商行为

这是大陆法系国家商法中的一种分类。固有商行为,是指商主体所实施的营利行为或商法典所确定的商行为。推定商行为,是指拟制商主体所实施的经营性商行为。这种商行为常常不能根据法律的规定来确认商行为的性质,而需要根据该行为本身的性质来推定其商行为性质,如非商主体所实施的信息咨询等。

第二节 商行为的一般规则

一、商行为一般规则的含义

在大陆法系国家商法学理论研究中,使用了“一般商行为”与“特殊商行为”这一对概念。

[6] 当然,属于地方法规性质的《深圳经济特区商事条例》(已废止)除外。

[7] 关于我国商法理论之商行为分类,详见范健、王建文:《商法的价值、源流及本体》(第二版),中国人民大学出版社2007年版,第401~404页;范健、王建文:《商法基础理论专题研究》,高等教育出版社2005年版,第358~365页。

根据大陆法系国家商法学理论占主导地位的观点，一般商行为和特殊商行为并不是从商行为本身提出来的问题，而是从商法对商行为之特别调整的共性和个性的角度提出来的问题。由此可见，所谓一般商行为，实际上就是关于商行为的一般规则；所谓特殊商行为，实际上就是关于具体商行为的规则。关于商行为的一般规则分述如下。

二、商行为一般规则的主要内容

（一）要约是否承诺的通知义务

作为民事法律行为的特殊形态，商行为首先表现为一种特殊形式的债权行为。债的关系首先表现为一种民事法律关系，因此，商事债权行为的构成要件以民事法律行为的构成要件为基础。在具体行为的法律适用中，民法提供了基本原则，商法则根据商事交易的特点作出了特殊的规定，这些特殊规定在法律效力上优先于民法的规定。在西方国家的商法典和商法学理论中，商事债权的特殊性主要涉及商事合同缔结过程中要约与承诺的特殊性、对意思表示之缄默和缄默之错误的特殊性规定等内容。

（二）对要约附送货物的保管义务

在商事交易中，为促使要约为对方接受，要约人常常在发出要约的同时，附送上相应货物或其样品。依民法一般原理，如果受要约人拒绝接受该要约，因其并不对要约人负有法定或约定的义务，因而不必承担对该附送货物的保管义务。但如果受要约人是商主体，并且其所受要约属于其营业范围内的要约，除非该货物价值小于保管费用或者因保管而遭受损失，即使其拒绝接受该要约，也应承担妥善保管该货物的义务。

商主体作为受要约人应以善良管理人所应尽到的注意义务保管要约附随货物。但商主体不必亲自为之，采取委托仓储商保管等方式亦可。此时，仓储费等费用先由该商主体垫付，然后再向要约人求偿。在获得清偿之前，该商主体对要约附随货物拥有留置权。若商主体作为受要约人违反法定保管义务，则应对由此给要约人造成的损失承担损害赔偿责任。[8]

（三）严格的注意义务

无论是在商行为还是在一般法律行为中，履行债务给付的当事人都必须谨慎从事自己的活动，都必须对自己在法律行为中的故意和过失承担责任。民法关于法律行为中债务人注意义务的规定，对商行为中负给付义务的商主体同样适用。不过，在民法规定的基础之上，商法中的规定更加具体和明确。如《德国商法典》第347条第1款规定："因在自己一方为商行为的一个行为，向另外一个人负有注意义务的人，应当为通常商人的注意负责任。"[9]与这种就商主体设置一般性注意义务不同，《韩国商法典》仅就"受寄商人"规定了这种注意义务，《日本商法典》则未在商行为通则中就作此任何规定。为了区别一般民事主体与商主体的义务，通过商法设置商主体严格的注意义务，确有必要。当然，具体到我国商法的借鉴问题上，不妨对其作适当限定。

（四）报酬请求权

在民法中，报酬请求权之成立必须基于双方当事人相应的约定。在通常情况下，它必须包含在当事人双方订立的民事契约之中，民法中所确立的这些原则主要表现在关于雇佣、承揽和

---

〔8〕 参见吴建斌：《现代日本商法研究》，人民出版社2003年版，第162页。

〔9〕《德国商法典》，杜景林、卢谌译，法律出版社2010年版，第211～212页。

居间契约等有关规定之中。但商法对此作了实质性修正,只要商主体为他人实施了商行为,无论他们之间事先是否有关于给付佣金的约定,商主体都可以获得报酬请求权,此即商法所确认的商主体的报酬请求权。如《德国商法典》第 354 条第 1 款规定:“在从事自己的商事营利事业时,为另外一个人处理事务或者提供服务的人,即使无约定,仍然可以按照在该地点为通常的率值,为此请求佣金,并且在涉及保管时,请求仓储费用。”〔10〕《日本商法典》第 512 条也规定:“商人在其营业范围内为他人实施某行为时,可以请求相当报酬。”〔11〕当然,当事人之间可以通过其他约定而排除该项规定的适用。我国在未来制定形式商法时应予借鉴,对此作明确规定。

(五)商事法定利率

与民法对法定利率的规定相适应,民商分立国家也在商法典中就法定利率作了明确规定。基于商行为的营利性质,各国商法典对商事法定利率作了高于民法所规定的法定利率的规定。例如,关于法定利率,《日本商法典》及《韩国商法典》在民法典所规定的 4% 的基础上规定为 6%,《德国商法典》则在民法典所规定的 4% 的基础上规定为 5%。我国也不妨借鉴这种明确规定法定利率的立法模式,在民法典中规定一般法定利率的同时,在商法中规定更高的法定利率。

(六)保证的连带责任

与民法中的一般规定不同,德国、日本、韩国的商法典均规定,债务人与保证人之间承担连带责任。在基于商行为而产生的保证中,为了维护交易安全并确保商行为能快捷履行,商法改变民法关于保证责任的一般规定,特地赋予保证人以连带责任。我国若制定形式商法,应对保证责任作区别性规定。

(七)商事留置权

各国民法普遍规定,债权人所占有的债务人的动产必须与其债权的发生有牵连关系,〔12〕才能构成留置权。但根据商事交易的特点,民商分立国家大多在商法典中普遍规定,只要商主体之间实施了商行为以及特定商主体实施了作为其营业范围的商行为,即可形成留置权。与民事留置权的设置是为了保护一次性交易不同,商事留置权的设置是着眼于维护商主体之间的继续交易。〔13〕

近年来,我国也尝试着在相关民法规范中作出体现商法要求的某些特别规定。例如,《民法典》第 448 条规定:“债权人留置的动产,应当与债权属于同一法律关系,但是企业之间留置的除外。”依此,企业之间的留置不以留置物与债权属于同一法律关系为前提,从而确立了为德

---

〔10〕《德国商法典》,杜景林、卢谌译,法律出版社 2010 年版,第 212~213 页。

〔11〕《日本商法典》,王书江、殷建平译,中国法制出版社 2000 年版,第 155 页。

〔12〕对于什么是牵连关系,各国立法例的规定并不完全相同。在德国民法上,留置权发生的牵连关系,实际上是债权人与债务人之间的请求权牵连。瑞士、日本等国家的民法将牵连关系归结为债权与标的物的关联,即债权的发生与标的物之间存在联系。《瑞士民法典》第 895 条第 1 款将牵连关系定义为“债权的性质与留置物有关联”,《日本民法典》第 295 条第 1 款则定义为“债权因物而发生”。在民法理论上,对于什么是债权与标的物之间的关联,存在直接原因说与间接原因说两种观点。直接原因说认为,只有标的物与债权的发生之间有因果关系的时候,而占有物构成债权发生的直接原因时,才存在牵连关系。而间接原因说则认为,只要债权的发生与标的物有某种联系,而不论债权的发生是否直接以标的物为原因,就存在牵连关系。就我国的司法、立法实践看,留置权中的牵连关系则为债权与留置物占有取得之间的关联,即债权与标的物的占有的取得是基于同一合同关系。

〔13〕参见[日]近江幸治:《担保物权法》,祝娅、王卫君、房兆融译,法律出版社 2000 年版,第 19 页。

国、日本等国商法典所普遍规定的商事留置权。

(八)往来账规则

往来账(Kontokorrent),旧译商事交互计算,[14]是在各国商法中普遍采用的商行为一般规则,它实际上是一种往来账户结算方法。它通过双方的约定,以结算结果和结算后所产生的余额的确定来实现债务了结。在这种债务了结方式中,借助于定期结算,交易双方当事人在商事业务往来中形成的债权和债务不断得以清算,从而避免了独立的债权和债务的独立支付。对于往来账的概念、方法、原则,往来账关系的形成条件,往来账的法律效力,往来账中的担保与抵押以及往来账关系的解除等,不少国家的商法典中都有明确的规定。[15]

第三节　具体商行为制度

一、具体商行为的含义

如前所述,在传统商法理论中,使用了"一般商行为"与"特殊商行为"这一对概念,而其含义实际上就是"商行为的一般规则"与"具体商行为"。具体商行为产生的基础是商事交易的特殊性以及商法对不同类型商事交易法律调整的特别需求。随着现代商事交易的发达和交易规模的扩大,与传统商事交易相比,现代商事交易的交易手段、交易方法、交易标的等都变得纷繁复杂、丰富多彩。如今,交易标的不仅包括有形物,还包括无形物、知识产权、有价证券以及特许经营权等不断增加的交易标的。在资产证券化的时代大潮下,有价证券已日益成为主要的交易标的。在商业流通企业日益全球化的背景下,特许经营权也逐渐成为非常重要的交易标的。交易的方法不仅是直接交易,更多地出现了间接交易、中介交易。交易的种类,不仅仅是生产型和贸易型,还有服务贸易型、信息咨询型。正是这些,构成了具体商行为的社会基础。

具体商行为的理论研究,可以提高人们对不同种类商行为之个性的深入认识。可以更好地把握不同类型商行为之间的内在规律和特点,从而可以进一步推动商事单行法或调整具体商行为之商事专门规则的完善。

综观各国商事立法,对具体商行为的法律调整在立法技术上一般采取两种方法。在制定有商法典的国家中,一方面,在商法典中规定了一部分调整具体商行为的规则,主要以传统的具体商行为为调整对象;另一方面,日益增多的新型具体商行为则由商事单行立法予以调整,这些立法所规定的具体商行为如今已大大超越商法典中所规定的传统的具体商行为。在未制定商法典的国家中,特殊商行为基本上由商事特别立法或商事专门立法予以调整。由于特殊商行为不断涌现,这种商事特别法也日益增多。鉴于特殊商行为仍处于发展变动之中,本书仍

---

〔14〕"商事交互计算"的中文概念系从日语汉字直接转译而来,如今一般仅为中国法学界研究外国商法时所用,在中国银行业及财务实践中则称为"往来账"。参见[德]C. W. 卡纳里斯:《德国商法》,杨继译,法律出版社 2006 年版,第 603 页脚注。

〔15〕参见[德]C. W. 卡纳里斯:《德国商法》,杨继译,法律出版社 2006 年版,第 603 ~ 629 页。

主要以传统商法中具体商行为为中心加以阐述。

二、具体商行为的主要内容

在传统的商法理论中,具体商行为主要分为商事买卖、商事代理、商事行纪、商事居间、商事运输、商事仓储、商事票据、商事担保、商事保险、海商等。现代商法中的具体特殊商行为,在传统种类的基础之上又有了新的发展,它已经不仅仅包括传统的内容,还包括商事信托、商事期货、融资租赁、证券交易、银行交易、投资基金运作以及咨询服务等内容。下面简要介绍几种特殊商行为。

(一)商事买卖

商事买卖是商法中最重要、最常见的特殊商行为之一,是一种特殊而专门的商事交易形式。在各国商法中,商事买卖以民事买卖为基础和出发点,但是商事买卖与民事买卖并不可相提并论。民、商法中关于买卖的概念、性质、对象以及原则不尽相同。尤其在欧洲大陆法系国家,在民法典之外所制定的商法典中,都有对商事买卖行为的特别规定。这些规定一般是从商事交易的迅速、明确、安全角度出发所提出的,主要涉及商事买卖中的迟延责任、商事买卖中给付标的物瑕疵责任的特殊性问题。我国《民法典》第九章“买卖合同”是我国现行法律中关于买卖的专门规定,但该法未区分民事买卖和商事买卖,未对商事买卖作出有别于一般民事买卖的特殊规定。因此,就商事买卖而言,仅有这些规定,在立法上仍然是不完善的。

(二)商事代理

商事代理是最基本的商行为之一。从商行为角度研究代理,与前面从商主体角度研究代理商,虽然彼此存在不可分割的联系,但两者侧重点各有不同,这种不同还导致了立法模式和立法方法上的差异。

从行为角度考察,商事代理是指在商事交易中,代理人在代理权限内,以被代理人的名义实施法律行为,其结果由被代理人承担的一种商行为。无论是大陆法系还是英美法系,商法中对商事代理都有专门规定。不过,在英美法系国家,由于没有民法传统,因此,代理法主要是指商事代理法。而在大陆法系国家,民法是商法的基本法,代理行为在立法上分为民事代理与商事代理,并且分别规定于民法典和商法典之中。商事代理以民事代理关系为其法律关系的构成基础,但在主体、客体和内容上都存在一定的差异。这种差异在大陆法系的不同国家中又存在区别。以商主体为立法中心的国家,特别强调代理商的资格;而以商行为为立法中心的国家,则强调行为的营利性。在我国,立法上至今没有严格区分民事代理与商事代理。《民法典》第七章对民事代理作了专门规定,而商事代理,至今还没有专门立法,司法实践中的商事代理行为直接适用《民法典》的规定。

(三)商事行纪

商事行纪,是指商主体以自己的名义为他人(委托人)购买或销售货物、有价证券,由此获取报酬,并以此作为职业性经营的行为。从商行为角度研究行纪与前面从商主体角度研究行纪,其侧重点同样存在差异。从行为角度考察,行纪行为是大陆法系国家商法中的一种典型商行为。它与代理和居间不一样,在民商分立的国家,只有商法典才规定有行纪商或行纪商行为;民法典中没有关于行纪的规定。因此,它是相对独立于民法典的典型商行为。

（四）商事居间

商事居间，是指商主体为获取一定的报酬（佣金）而从事的为委托人与第三人订立合同提供缔约机会或者进行介绍，以促成合同订立的行为。从行为角度研究居间与前面从主体角度研究居间相比，同样存在侧重点上的差异。与代理一样，商事居间以民事居间法律关系为其构成和存在的基础，但两者在主体、客体和内容方面都存在颇为重要的差异。这种差异产生的根本原因在于，作为商行为，商事居间的营利性特征导致其行为的构成、行为的有效性以及行为之后果等方面有别于民事居间的特殊性。我国《民法典》放弃了居间合同概念，转而采用了含义相同的中介合同概念，因而在我国，商事居间即为商事中介。

（五）商事信托

信托最初是英美法系中的一个概念，现已被大陆法系国家商法广泛接受。信托又称为信任委托，它是指委托人将其财产移转到受托人，受托人以自己的名义依照委托人的指定，为受益人的利益或特定目的，管理或者处理财产的行为。信托可分为民事信托和商事信托。民事信托是以安排个人资产移转、承继等为目的的民事法律行为。商事信托是以获取商业利益为目的的商事法律行为。将信托适用于商事领域，最初的动因在于筹集有效资本，并基于此创造适用于个人、企业和其他组织的共同参与的资本经营模式。在当代现实经济生活中，商事信托无论在种类方面，还是在规模方面，都远远超过民事信托。

商事信托种类繁多，它已经涉及现实经济生活的许多方面。常见的商事信托主要有投资基金信托、附担保的公司债信托、贷款信托、设备买卖融资担保信托、公司股东表决权信托、雇员受益信托等。

（六）商事信用

商事信用是英美法系国家商法中使用的一个概念。它是指在商事活动中，商品销售、提供服务、提供贷款等交易中取得商品，接受服务或贷款的一方，同意在将来规定的日期支付货款、服务报酬、贷款本息的承诺。这种承诺代表了一种保证，实际上体现了信守诺言的行为。西方社会流行的记账买卖就是一种简单的商事信用。不过，为了更好地维护商人的利益，目前的商事信用更多地与信用担保联系在一起。商事信用已在我国市场经济实践中被广泛应用，但相关立法还不够完善。

（七）证券交易

证券交易，是指当事人之间在法定交易场所，按照特定交易规则，对依法发行并交付的证券进行买卖的行为。证券交易一般发生于投资者之间，但并不以投资者为要素。在特殊情况下，证券发行人亦可充当特殊的交易主体。例如，证券发行人回赎发行在外证券、发行人向投资者换发证券、发行人出售库藏股给投资者等行为，都发生于证券发行人与投资者之间，但仍视为证券法上的证券交易行为。这些行为被界定为证券交易行为的根本原因在于，其同样属于按照证券交易规则所进行的证券买卖行为。其特殊性仅在于一方交易主体为证券发行人。参与证券交易的证券投资者包括个人投资者和机构投资者。

在证券交易中，买入证券的人向卖出证券的人支付价金并获得证券，卖出证券的人向买入证券的人交付证券并收取价金，从而在双方当事人之间形成证券交易法律关系。证券交易作为特殊的交易，在交易主体、交易对象、交易规则、交易方式、交易场所等方面均存在特殊性。因此，虽然仍有不少大陆法系国家尚未颁布调整证券发行关系的专门法律，但现代各国已大多颁布了调整证券交易关系的专门法律。在我国,《证券法》及调整证券交易的相关行政法规、规章是调整证券交易关系的专门法律,证券交易所的自律规则也具有执行力。

(八)期货交易

期货交易是商事买卖的一种特殊形态,它是指按照期货交易所的规定,由期货买卖双方商主体在交易所内预先签订产品买卖合同,而期货的支付和货物的交割要在约定的远期进行的一种买卖商行为。由于期货买卖具有一定的投机性,它常常从物的交易变成了期货合约的交易。因此,期货商行为与一般买卖商行为相比,其最大的差异在于,前者交易的标的是货物,而后者交易的标的更多的是合约本身;后者比前者具有更大的投机性和风险性。在我国,随着市场经济的繁荣,期货交易已成为商事交易的重要形式,相关立法也在不断完善之中。

(九)融资租赁

融资租赁是在传统民事租赁行为基础之上发展起来的一种商行为。它是指融租人和承租人双方商主体约定,融租人根据承租人的决定,向承租人选定的第三人(供货方)购买承租人选定的物件,然后将其租给承租人长期使用,以承租人支付租金的方式来收回投资的一种商行为。融资租赁行为实质上是将传统民商法中的买卖行为、租赁行为、金融信贷行为三者结合为一体而创造出的一种新的商行为。它在一定程度上代表着特殊商行为在当代的发展。融资租赁是在传统民商法律行为基础之上发展起来的一种新的商行为,现代西方发达国家都对其有专门立法。我国现行法律中,有关融资租赁商行为的规则,主要规定在《民法典》第十五章"融资租赁合同"之中。

(十)商事仓储

商事仓储,是指由商主体所从事的仓库经营,即货物储存和保管之商行为。在大陆法系国家商法典中,商事仓储是一种典型的商行为。但是,商法中的这一商行为是以民法中寄托行为理论为基础的。传统商法中的商事仓储包括仓储和保管,两者在立法上未作出十分严格的区分。但我国《民法典》将保管和仓储分别立法,分别在第二十一章和第二十二章中规定了"保管合同"和"仓储合同",这一立法模式,更注重两者之间的区别。

(十一)商事货运

商事货运是以特定的标的物为运输对象的特殊运输商行为,是运输交易中的基本行为方式。这种商行为是一般运输商行为的基础,并与其他的运输商行为,如客运商行为等保持着密切的联系。在一些没有制定统一运输法的国家,常常将运输法中的基本原则规定在货运商行为之中。商事货运与旅客运输在立法上不一样。商事货运是典型的商行为,是商法调整的对象,而旅客运输由于涉及人身问题,因此在许多国家,它不仅仅由商法调整,更多地涉及民法、旅客运输法、交通法等法律法规的调整。我国《民法典》分别对客运合同、货运合同、多式联运合同作了区分规定。

思考题

1. 简述传统商法中商行为的特征。
2. 简述商行为一般规则的主要内容。
3. 简述具体商行为制度的主要内容。

第四章　商事登记制度

导读

- 在不同历史时期和不同国家，商事登记奉行的立法原则不尽相同，主要包括：放任设立原则；特许原则；核准原则；准则原则；严格准则原则。
- 商事登记作为国家调整商事交易行为的一个重要手段，对于保障商事交易的安全具有重要意义。
- 商事登记是否为商主体成立的必要条件，学界对此所持观点不一，各国立法亦存在颇大差异，主要有商主体成立要件主义与非成立要件主义。
- 各国关于商事登记管理机关的规定很不一样，主要有四种模式：法院是商事登记机关；法院和行政机关均为商事登记机关；行政机关或专门设立的附属行政机构为商事登记机关；专门注册中心和商会为商事登记机关。
- 商事登记的效力在法的理论和司法实践中主要涉及两个方面的内容：其一，未履行商事登记之事项在法律上对第三人具有何种效力；其二，已履行商事登记之事项在法律上对第三人具有何种效力。

第一节　商事登记制度概述

一、商事登记的概念及特征

商事登记，是指商主体或商主体的筹办人，为了设立、变更或终止商主体资格，依照商事登记法规、商事登记法规实施细则以及其他特别法规定的内容和程序，由当事人将登记事项向营业所所在地登记机关提出，经登记机关审查核准，将登记事项记载于登记簿的法律行为。

商事登记是对商事经营中重要的或与经营之开展有着直接关系的事项的记载。登记内容和范围在法律上受到某种程度的限定。对于经营者来说，并不是有关他的所有事项都必须登记，与商事经营无关的事项不必登记。根据我国法律的规定，商事登记的必要事项主要有：商号、商主体的住所、经营场所、法定代表人、经济性质、经营范围、经营方式、注册资金、从业人数、经营期限、分支机构、所有权人、财产责任等。

商事登记的法律特征主要有以下几个方面：(1)商事登记是导致商主体设立、变更或终止的法律行为，其目的在于获得商主体的资格和能力发生变化的结果。(2)商事登记是一种要式法律行为，它必须按照法定要求将法定事项在法定主管机关办理，其行为的内容、行为的方式以及行为的生效等都必须符合法律设定的要求。(3)商事登记,从本质上说,是国家利用公权力干预商事活动的行为,是一种公法上的行为。它是作为私法的商法的公法性最为集中的体现。有学者甚至认为,这种行为在性质上可以属于行政行为,它由行政相对人的申请登记行为和行政主管机关的审核登记注册行为组成。(4)由于商事登记的结果在于导致商主体资格的变化,登记行为本身是创设和确立商事法律关系的基本要素,故它又是商法体系中不可缺少的部分。

二、商事登记立法

商事登记法,是指规范商事登记行为,确定商事登记主管机关、登记内容、登记程序等事项,调整商事登记关系的法律规范的总称。

在现代各国商事立法中,商事登记法有形式意义上的商事登记法和实质意义上的商事登记法之分。形式意义上的商事登记法,是指以商事登记而命名的统一成文法,在我国,如《企业法人登记管理条例》《企业法人登记管理条例实施细则》《公司登记管理条例》《企业名称登记管理规定》《企业法人法定代表人登记管理规定》等。实质意义的商事登记法,是指调整商事登记行为的法律规范的总称,即指一切与商事登记相关的法律规定,它不仅包括以商事登记命名的专门法律,而且包括散见于其他各种法律、法规之中的有关商主体登记的规范,如公司法中关于公司登记的规定,保险法中关于保险设立、经营的登记规定,银行法中关于银行设立经营的登记规定,证券法中关于证券机构设立、经营的登记规定等。在不同法系的国家中,它还不同程度地包括与商事登记相关的法律解释、判例规则和习惯性规范。在我国,实质意义的商事登记法,除前面列举的形式意义的商事法之外,还包括《民法典》《公司法》《合伙企业法》《个人独资企业法》《乡镇企业法》《商业银行法》《保险法》《证券法》《私营企业暂行条例》《个体工商户条例》《城乡集市贸易管理办法》等法律法规之中关于商事登记的有关规定。

当代各国家及地区商事登记制度立法架构,主要可分为以下三类:

1. 由商法典规定统一的商事登记制度并由公司法就公司登记特殊事项作专门规定。德国、韩国皆属此例。采此立法例的国家一般还专门制定具体的登记法规。例如,德国除于《德国商法典》《德国股份法》《德国有限责任公司法》中对公司登记作了规定外,还于 1937 年制定了《商事登记建立和管理规定》。[1]

2. 由商事登记专门法规定统一的商事登记制度,另在公司法中就公司登记作特殊规定。如日本于 1963 年制定了专门的《日本商业登记法》,同时《日本商法典》中关于公司登记的专门规范仍得适用。2005 年《日本公司法典》适用《日本商业登记法》相关登记规则的同时,以第七编第四章对公司登记制度作了系统性专门规定。[2] 在我国台湾地区,除了制定了专门的"商业登记法"外,还在"公司法"中就各类公司的特殊登记事项作了规定。

3. 由相关公司法规定。在英国与美国,尽管也存在大量的制定法,并且制定法已经占据了很大比重,但并未就商事登记制度作统一的专门立法,而是在相关的公司法中予以规定。

我国既未制定商法典也未制定集中规定商事登记的专门商事登记法,但制定了一系列商

---

〔1〕 参见[德]C. W. 卡纳里斯:《德国商法》,杨继译,法律出版社 2006 年版,第 76 页。

〔2〕 参见《日本公司法典》,吴建斌、刘惠明、李涛译,中国法制出版社 2006 年版,第 467 ~490 页。

事登记单行法规,其中包括公司登记的专门规定。

三、商事登记的立法原则历史考察

在不同历史时期和不同国家,商事登记奉行的立法原则不一样。主要有以下五种:

1. 放任设立原则。在奉行这一原则时期,政府对商主体不规定任何条件和形式要求,对当事人的自由选择不予任何干涉和限制。这一原则流行于欧洲中世纪后期商业兴盛时期。这一制度完全否定政府对商事登记管理之必要性,由此产生诸多弊端,现已基本不被采用。

2. 特许原则。奉行这一原则时,商主体之设立和存续须经国家专门立法和君主或国王特别许可。早期欧洲国家公司设立较多奉行这一原则。这一原则对商主体设立采取遏制、禁止态度,干涉限制颇多,不利于商事交易的发展,目前基本不被采用。

3. 核准原则。遵循这一原则,商主体设立和存续,不仅应符合法律规定的条件,还需经行政机关许可,行政机关可以根据实际需要作出自由裁量决定。这一原则用行政特许权替代君主特许权,但对商主体的限制没有特许原则严格。

4. 准则原则。在这一原则下,法律预先设定商主体成立和存在的必要条件,只要符合这些条件,行为人就可以获得商主体资格,无须取得行政机关的核准。这一原则的弊端是,如果法律对商主体设立和存续的必要条件及责任规定不详细、不严谨,则容易产生法律漏洞。

5. 严格准则原则。根据这一原则,法律不仅规定商主体成立和存在的必要条件,同时规定商主体的严格责任,登记机关对商主体设立和存续没有自由裁量权,商主体设立程序颇为宽松,但商主体在设立和存续期间对第三人、对社会的责任却加大了。目前多数国家奉行这一原则。

当今世界各国商事登记立法中,核准原则不同程度存在。多数国家根据商主体种类的不同,尤其根据商主体所从事的经营业务或行业之差异,核准原则适用的程度不一样。通常,从事矿产业、邮政交通业、烟草业、金融保险业、证券业等的商主体的设立和存续多适用核准原则,其他行业多适用严格准则原则。这种立法选择表明,当代社会,各国普遍对影响国家产业政策的特殊行业或国家有意在一定程度上推行垄断的行业,实行较为严格的管理和限制,对于一般的行业,尽可能放松限制,但不主张放任不管。

四、商事登记的限制

商事登记的限制,是指对于不符合法定要求的登记事项不予登记的制度。各国商事登记法多采取授权性规范和义务性规范相结合的立法模式对商事登记事项予以规定,即法律仅仅规定可以登记和必须登记的事项;一般在统一的商事登记法中,不采用禁止性规范的立法模式,即不列举不可以登记的事项;在其他的一些专门法中,从商事交易的内容、交易的主体等方面规定商主体不得申请登记的事项。因此,对商事登记之禁止,需要从法的理论和法律的总体理解来把握。从理论上讲,商事登记的限制,可从主体上的限制和行为上的限制两个方面来理解。主体上的限制,主要包括主体职务上的限制和主体能力上的限制。前者如公务员、国家工作人员不得登记从事商事经营活动;后者如公司未经主管部门的专门授权,不能登记从事国家专控的经营业务。行为上的限制,主要包括行为符合法律规定的一般要求和具体要求。前者如所登记之行为内容不得违反国家经济政策和损害社会公共利益;后者如按专门法律要求或国家授权设立的商主体,只能登记从事获得专门授权的商事经营,如银行只能登记与银行业相关的经营活动。

五、商事登记的意义

商事登记作为国家调整商事交易行为的一个重要手段,对于保障商事交易的安全具有重要意义:(1)它使商主体得以成立和存续,获得合法资格,使交易相对人的交易和国家对商事活动的管理有明确的对象;(2)它有利于商主体公示自己的经营身份、经营状况、经营能力,确立经营信誉;(3)它有利于交易相对人或社会公众通过合法途径在登记机关查阅到商主体的实际状况,对商主体与经营相关的情况,如商主体的类型、名称、资金状况、组织结构等有一个清晰的了解,从而更加明智地选择和决定自己的交易行为,进而保护交易相对人和社会公众的利益,维护社会交易的安全;(4)它有利于国家及时了解商主体的设立和经营状态,从而更好地根据国家产业政策和战略,实现对商主体的经济引导和法律调整,更好地实现整个国家商事活动的宏观规划,建立商事经营的法律秩序。

六、商事登记与商主体成立之关系

商事登记是否为商主体成立的必要条件,学界对此所持观点不一,各国立法亦存在颇大差异。主要有两种做法:一是商事登记为商主体成立之必要条件,未经登记不能成立商主体。尤其商事公司和商法人,登记为其主体资格成立所不可或缺的要件。德国、法国、美国和中国香港特区商法和公司法都有这方面的规定。这种做法在理论上被称为商主体成立要件主义。二是将商主体之设立登记视为商主体成立后依法需进行的行为,奉行先设立后登记原则,即在履行公证和其他一些手续后,商主体被视为自动成立,其后再将商主体设立文件提交登记机关注册登记。采用这一做法的主要有荷兰、比利时等国。这种做法在理论上被称为商主体非成立要件主义。

当今世界,多数国家奉行成立要件主义。这种格局的出现,与现代经济贸易秩序建立之走向有一定的联系。首先,现代成立要件主义虽主张登记之强制要求,但它只需设立人提供商主体设立之法定文件和证明材料,登记机关对于这些材料仅具记录和存档之功能,不行使审批之权力,它与传统的核准登记制不同,不易造成对商主体设立之妨碍。其次,非成立要件主义虽可向设立人提供较为充分的商事活动自由和便捷,但因商主体成立前未经审查登记,易导致设立行为落空而损害第三人利益和社会交易安全。最后,登记为商主体设立之必经程序,并通过登记事项之公开规则,设立人可以更好地受到法律和公众的监督,进而有利于保护交易相对人之交易安全。

实务问题

A 公司在某银行存有 25 万元。由于 A 公司违法经营,被工商行政部门吊销营业执照。之后,A 公司财务人员到银行领取存款,银行以其营业执照被吊销,不能经营为由,拒绝支付款项。问:银行的做法是否正确?

提示:A 公司被吊销执照后,主体资格存在,仍具有经营之外的行为能力,其取款行为并非经营行为。

第二节 商事登记的对象与登记管理机关

一、商事登记的对象

商事登记的对象为商主体,但哪些商主体必须履行商事登记,以及履行何种商事登记,各国家及地区的规定并不完全一样。多数国家法律规定,只要行为人从事了商事经营活动,并且符合商事登记条件,他就可以或必须履行商事登记。但也有的国家和地区对必须履行登记的商主体作了一些限定。如德国商法规定,只有完全商人,即有自己商号的商人,才能履行商事登记,小商人或不具备商人条件但偶然从事了商行为者,不必履行商事登记。我国台湾地区现行“商业登记法”也规定,小商人,如沿街叫卖者、商场外临时性设摊经营者、自己操作或较少雇用他人者以及经营规模很小者(如经营资本不足 1000 元台币)等可以不履行商事登记。

我国法律将登记对象分类主要有两种方式。一种是三分法,即将商主体分为三类:公司;非公司企业;外商投资企业。另一种是二分法,即将商主体分为两类:一是具备企业法人条件的企业,如全民所有制企业、集体所有制企业、私营企业、联营企业、外商投资企业、有限责任公司、股份有限公司以及其他性质的法人企业;二是不具备企业法人条件的企业或经营组织,它们主要有个人独资企业、联营企业、企业集团、企业法人所属的分支机构、从事经营活动的事业单位和科技性社会团体、事业单位和科技性社会团体设立的经营组织、外商投资企业设立的从事经营活动的分支机构、外国公司的分支机构、个体工商户等。

二、商事登记的管理机关

商事登记的管理机关,是指按照商事登记法的规定,接受商事登记申请,并具体办理商事登记的国家主管机构。各国家及地区关于商事登记管理机关的规定很不一样,主要有四种模式:

1. 法院是商事登记机关。德国、日本、韩国等国商法规定,商事公司登记由地方法院办理。在德国,资合公司的登记具体由地方法院商事登记部门负责。

2. 法院和行政机关均为商事登记机关。其代表为法国。在法国,公司登记由法院及行政机关分别办理。

3. 行政机关或专门设立的附属行政机构为商事登记机关。如美国、英国、澳大利亚、新西兰、新加坡、泰国等国及中国台湾地区、中国澳门特区的商事登记。

4. 专门注册中心和商会为商事登记机关。如荷兰《商事注册法》规定地方商会负责保管当地商事注册文件。

在我国,商事登记的主管机关是国家市场行政管理总局和地方各级市场监督管理部门。如我国《企业法人登记管理条例》第 4 条规定:“企业法人登记主管机关(以下简称登记主管机关)是国家市场监督管理总局和地方各级市场监督管理部门。各级登记主管机关在上级登记主管机关的领导下,依法履行职责,不受非法干预。”可见,市场监督管理部门独立行使登记管理权,并实行分级登记管理原则,即国家市场监督管理总局和省、自治区、直辖市市场监督管理部门及市、县、区市场监督管理部门等多级管理。具体来说,《企业法人登记管理条例》第 5 条规定:“经国务院或者国务院授权部门批准的全国性公司、经营进出口业务的公司,由国家市场监督管理总局核准登记注册。中外合资经营企业、中外合作经营企业、外资企业由国家市场监督管理总局或者国家市场监督管理总局授权的地方市场监督管理部门核准登记注册。全国性公司的子(分)公司,经省、自治区、直辖市人民政府或其授权部门批准设立的企业、经营进出口业务的公司,由省、自治区、直辖市市场监督管理部门核准登记注册。其他企业,由所在市、县(区)市场监督管理部门核准登记注册。”对于外商投资企业实行特殊管理,即实行国家市场监督管理总局登记管理和授权登记管理的原则。

在我国,关于登记机关管理权的行使和监督所奉行的原则是,不同级别的登记主管机关独立行使职权,但上级登记主管机关有权纠正下级登记主管机关不符合国家法律法规和政策规定的行为。

第三节　商事登记的种类

各国商事法对商事登记种类所作的规定不尽相同。我国《企业法人登记管理条例》规定的登记种类是:开业登记、变更登记、注销登记。《公司法》中规定的登记种类是:设立登记、变更登记、注销登记、分公司的设立登记。此外,《企业名称登记管理规定》中还规定了商号的各项登记制度。一般说来,商事登记主要有以下几种。

一、开业登记

商主体的开业登记又称设立登记,是指商主体的创设人为设立商主体而向登记机关提出申请,并由登记机关办理登记的法律行为。在理论上它可以分为商事企业的开业登记和商个人的开业登记。在实践中,商主体设立登记主要分为公司设立登记、非公司企业设立登记和外商投资企业设立登记三种类型。

根据法律规定,商主体开业登记通常涉及以下内容:

1. 名称登记。此处内容详见本书第五章“商号制度”。

2. 出资人登记。出资人是指向商主体投资的人。(1)根据法律规定,可以作为公司出资人的主体有:商法人、年满 18 岁的自然人、依法成立的职工持股会或其他类似组织、农村村民委员会、城市居委会、个人独资企业、合伙企业;依法成立的社会团体、事业单位及民办非企业单位、外商投资企业。可以作为非公司企业出资人的主体有:企业法人、事业法人、社会团体法人、自然人。(2)根据法律规定,不享有出资人资格的组织和个人是:党政机关、军队、武警部队;会计、审计事务所、律师事务所、资产评估事务所;企业法定代表人不得成为所任职企业投资设立的有限责任公司股东。

3. 住所登记。住所是商主体主要办事机构所在地。商主体可以有多个办公或经营地点,但在法律上只能有一个住所。住所可以是商主体自己拥有产权的房产,也可以是通过租赁而获得使用权的房产。

4. 法定代表人登记。法定代表人是指依照法律或商主体章程的规定代表商主体行使权利承担义务的负责人。

5. 注册资金登记。注册资金又称注册资本，不同形式的商主体中注册资金的概念不尽相同。公司注册资本是公司股东认缴或认购的出资；非公司企业注册资本是指企业法人享有国家授予经营权的财产或自有财产。

6. 章程登记。章程是公司行为宪章，经登记方可生效。章程必须写明法律规定应记载的事项，同时可以根据商主体经营发展目标、内部管理要求等增加具体的内容。公司章程由股东会制定；非公司企业章程由企业出资设立人制定。

7. 企业的类型和经济性质。企业类型是根据企业产权形式和责任形式所作的划分。它分为有限责任公司、股份有限公司、合伙企业、个人独资企业、联营企业、企业集团、股份合作企业、中外合资经营企业、中外合作经营企业、外商独资企业等。经济性质是指企业的所有制性质，主要有全民所有制企业、集体所有制企业、私营企业、多种经济成分联营企业等。

8. 经营范围登记。经营范围是指法律授权商主体可以从事经营活动的领域或行业，即商主体生产经营的主要内容、商品类别、商品品种及服务项目，是企业行为能力的具体体现。根据法律要求，商主体的经营范围要与其注册资本相适应。

需要注意的是，针对公司、非公司法人企业、非法人企业这些不同的商主体，法律规定的注册登记事项有一定差异。此外，除上述内容之外，商主体开业日期、从业人数、商主体流动营业的区域范围、商主体的印章、商店的字牌、银行的账户等也是注册登记需记载的事项。在有的国家，甚至法定代表人的签字都属应登记事项。

二、变更登记

变更登记，是指商事登记机关对已成立之商主体，因其自身情况发生变化，变更已登记事项的法律行为。通常，商主体因合并、分立、转让、出租、联营以及因名称、住所、经营场所、法定代表人、经济性质、经营范围、经营方式、注册资金、经营期限、股东人数、非公司企业上级主管部门等发生变化，都直接导致其变更登记。

我国《公司法》实施以来，国有企业按《公司法》改制是商主体变更登记的一项重要内容。国有企业改制为公司的目标是建立多元投资主体的有限责任公司和股份有限公司。少数与国家宏观产业政策相关的国有企业，改制为国有独资公司。国务院或省级人民政府授权投资的机构或部门可以成为国有投资公司的股东。根据法律和相关政策规定，如果国有企业整体改制为公司，国有企业自身不得成为该公司股东或发起人，只有原国有企业投资人或新的投资人方可作为该公司的股东或发起人。如果国有企业以部分资产改制为公司，这是新的投资行为。为了保证投资企业自身合法存续，投资后剩余自有资金不得少于法定注册资金的最低要求，并符合企业相应经营规模的要求。

三、注销登记

注销登记，是指登记机关依法对被终止经营的商主体，收缴营业执照、公章、撤销其登记注册号，取消其商主体资格或经营权的法律行为。商主体解散、歇业、被撤销、宣告破产或者因其他原因终止营业时，必须办理注销登记，这是当代各国商事登记制度的通行做法。其目的在于保障社会交易活动的安全、方便国家对商主体的宏观管理。

导致商主体终止经营的原因主要为四项:(1)解散。解散是指商主体根据其章程或实际经营状况作出的停止经营活动、终止商主体资格的行为。导致商主体解散的事由通常为商主体达到设立目的或章程规定的停止事由发生;股东会或投资者决定解散;市场行情发生变化商主体无力应对;发生不可抗力事由;商主体合并或分立等。(2)歇业。歇业是指商主体停止营业,即停止经营活动。根据法律规定,商主体成立后需保持连续的经营活动,如果商主体成立后无正当理由在一定期间内(公司和非公司企业均为6个月)未开业或开业后自行停业连续一定期间(公司为6个月,非公司企业为1年),视为歇业。(3)被撤销。撤销是指政府有关部门或商主体的行政主管部门依法作出行政命令或行政处分,迫使商主体停止经营的法律行为。因行政命令被撤销的企业多为隶属于行政部门的企业,因行政处分被撤销的企业多为实施了违法行为的企业。(4)宣告破产。根据法律规定,商主体因经营管理不善造成严重亏损,不能偿还到期债务,应依法律程序破产。

商主体申请注销登记时,应依法提交必要文件。鉴于商主体类型的不同,法律规定必须提交的文件也不尽相同。以非公司企业为例,办理注销登记时必须向原登记主管机关提交的文件有:(1)注销登记申请书;(2)主管机关审查同意文件、审批机关批准文件、法院判决书、仲裁机构裁定书;(3)企业申请注销登记注册书;(4)债务清算证明;(5)商主体营业执照复印件;(6)其他相关文件。如果商主体注销登记申请获准,登记机关核准注销,企业终止。与此同时,登记机关将及时撤销注册号、收缴营业执照正、副本和印章,并通知开户银行。

第四节　商事登记的程序

商事登记的程序,是指商主体依法向登记机关申请登记及登记机关依法审查核准、并办理登记注册的步骤和方法。各国关于商事登记的程序大同小异,主要分为下列几个阶段。

一、申请

申请,是指由商主体创办人或商主体提出的创设、变更商主体或变更商主体已登记的有关事项的行为。申请必须以书面为之,必须按照法定要求的形式提交相关的文件、证件以及须填报的登记注册书。如果经营活动依法须经行业主管机关许可,还须提交相应的许可证明书。只有符合法定要求,登记主管机关才予以受理。

二、受理

受理,是指登记机关对登记申请人提交的登记文件予以初步审查,确认文件已经齐备、符合申请条件后作出的接受商主体申请登记的法律行为。受理以《受理通知书》方式向申请人作出意思表示,受理机关同时应在登记文件中签署受理时间和受理意见。

根据法律规定,申请人提出登记申请后,登记机关应在接到申请后30日内作出核准登记或不予核准登记的决定。

三、审查

审查，是指受理登记申请的机关，在接到申请者所提交的申请之后，于法定期限内，对申请者所提交的申请内容，依法进行审查的活动。从商事登记的历史发展来看，审查可分为三种：(1)形式审查，即登记机关仅仅对申请者所提交的申请从是否符合法律要求的角度进行审查，而不对登记事项的真伪进行调查核实。(2)实质审查，即登记机关不仅对申请者所提交的申请从形式上审查其是否合法，而且对申请事项予以调查核实，以保证登记事项的法律效力。(3)折中审查，即登记机关对登记事项有重点的进行审查，尤其对有疑问的事项予以审查，如果发现有不符合法律规定的，则不予登记。但已登记的事项不能因此而推定为完全真实，其登记事项的真伪最终还是由执行机关加以裁定。

四、核准发照

核准，是指登记机关对登记申请人提交的文件予以审查后，作出登记和颁发证照之批准的行为。登记机关在收到申请人的申请及相关的材料并予以审核之后，应在法定期限内将审核的结果，即核准登记或不予登记的决定及时通知申请人。对予以核准登记的商主体，应及时颁发有关证明，并及时通知法定代表人或商主体负责人领取证照，办理法定代表人签字备案手续。

五、公示

公示，是指登记机关将商事登记、备案信息通过企业信用信息公示系统向社会公开。公示具有便于商事交易的进行、便于社会公众的监督、便于保障商主体的合法权益等作用。商事登记之后，应当及时予以公示。

第五节　商事登记的效力与监督管理

一、商事登记的效力

商事登记的效力在法的理论和司法实践中主要涉及两个方面的内容：其一，未履行商事登记之事项在法律上对第三人具有何种效力；其二，已履行商事登记之事项在法律上对第三人具有何种效力。

(一)商事登记的效力分类

各国法律中关于商事登记效力的规定不尽相同，其可以归纳为如下几种情形：

1. 商事登记是商法人获得法律人格的必要条件，未经登记及宣告，商法人不能成立，其行为不能被视为商行为。但是，对于商个体和商合伙而言，商事登记仅仅具有宣告性，是对其商主体身份的法律认可；如果行为人未经登记而从事了商事经营活动，其不享有商主体所享有的权利，但必须履行商主体应履行的义务。德国、法国、瑞士的商法奉行这一原则。

2. 商事登记不是商主体资格取得的必要条件，未经登记程序，行为人实施了商行为，同样可以享有商主体的权利并履行商主体的义务。商事登记的作用仅在于保护商号和商主体的商标等其他与商主体相关的特殊权利。荷兰等国家的商法奉行这一原则。

3. 商事登记是各类商主体成立的必要要件,未经商事登记程序,行为人即使实施了商事经营活动,也不得享有商主体的权利,同时也不必履行商主体的义务,该行为可认定为无效行为。在我国,根据工商登记法规的规定,商事登记不仅是商法人取得法人资格的前提条件,也是不具备法人条件的商主体取得商事经营活动资格的前提条件。我国法律严禁未经登记的无证照经营行为。

(二)登记与公示对第三人的法律效力

合法有效的商事登记,必然对第三人产生效力。但是,登记与公示是密切相连的一个完整的法律行为。考察各国司法实践,登记与公示对第三人的法律效力是一个颇为复杂的问题。在这方面,大陆法系国家商法所奉行的几个重要原则,对于我们更好地理解商事登记的效力具有一定的参考意义。

1. 必须登记的事项在未履行登记或已履行登记但尚未公示的情况下,对第三人的保护。对于这一问题,多数国家法律规定,只要必须在商事登记簿上登记的事项还未履行登记或还未予以公示,任何该必须登记事项的参与人都不可以用该事项来对抗第三人,除非第三人已经了解了该事项的真实情况。这一规则的前提是,第三人必须是真正的不知情人,必须对当事人在履行商事登记之前是否已具备商行为能力真正不知晓。这种不知情必须是善意的、积极的,而不能是由于第三人自己的严重过失所导致的不知情。此外,第三人由于不知情而产生的对原有事实的信任是导致他的法律行为的直接原因。法律规定这一原则将直接导致两个结果:第一,未经登记的事项在法律上所导致的直接后果不能有利于负有登记义务的未登记事项参与人;第二,未登记事项在法律适用上必须有利于第三人。

2. 应登记事项在得到正确登记和公示之后对行为人和第三人之保护。关于这一问题,一些国家法律规定,如果登记事项已经登记并已经公布,该事项则对第三人生效。但是,如果在登记事项公布之后一定时间以内,第三人既不知道,也无责任必须知道该登记事项,那么,该登记事项对其法律行为不生效力。对于这种不生效力的有效期限,在时间上各国法律都有一个严格的限定,如《德国商法典》规定的有效期为 15 天。

3. 已登记事项在公布发生差错的情况下对第三人的保护。关于这个问题,一些国家法律规定,如果登记事项公布有误,第三人可以针对负有登记义务的登记人,根据已公布之事实为法律行为,除非第三人已经知道公布事实有误。在此,第三人必须是善意第三人,必须是该事项的局外人,不能是该事项的直接参与人;同时,第三人对公布内容之信任必须是导致他的法律行为的直接原因。这一规则的目的在于保护善意第三人,它加大了登记义务人的责任。

二、商事登记的监督管理

由于商事登记本身并不纯粹是一种按照申请人自由意志行为的活动,它具有很强的行政色彩,是国家的一种行政管理行为,因而商事登记管理则成为商事登记制度中的一项不可或缺的内容。

各国法律中对商事登记管理所规定的方法并不完全一样。一般来说,商事登记监督管理分为社会公众的监督管理和登记主管机关的监督管理两种方式。

社会公众的监督管理主要是规定公众享有查阅商事登记簿、查阅与登记相关的各项资料和信息的权利。登记主管机关的监督管理主要是:通过法律明确规定登记主管机关对商主体之登记事项负有监督管理的职责；对于商主体违反登记法规的行为有权予以处罚。在我国，根据《企业法人登记管理条例》及其他法规的规定，如果商主体违反工商登记管理法规，工商登记主管机关可以根据情况分别给予警告、罚款、没收非法所得、停业整顿、吊销营业执照等处罚。

思考题

1. 简述商事登记的立法原则。
2. 简述商事登记与商主体成立之关系。
3. 简述商事登记的效力。
4. 简述商事登记的监督管理的主要内容。

第五章　商 号 制 度

导 读

- 商号的概念在不同国家的法律中有着不完全一致的解释。在我国,商号的概念存在广义和狭义两种解释:在广义上,商号等同于商事名称,它包括工商企业的名称,也包括个体工商户的字号;在狭义上,商号仅仅指字号。本书在广义上使用“商号”一词。
- 由于商主体的性质、特征、经营种类以及取得之途径多种多样,商号的表现形式存在一定差异。
- 无论奉行商号真实原则还是奉行商号自由原则,各国商法中都不同程度地规定了商号选定的限制。
- 商号权是兼人身权与财产权于一体的混合权利。商号转让的合法性得到各国立法的肯定,但存在两种学术观点并导致两种不同的立法模式。多数国家法律承认商号出借的合法性,并在法律上明确规定了商号出借的法律效力和法律责任。我国现行法律对商号出借没有作出十分明确的规定。

第一节　商号的概念与特征

一、商号的概念与法律渊源

商号,又称商事名称、商业名称,它是指商主体在从事商行为时所使用的名称,即商主体在商事交易中为法律行为时,用以署名或让其代理人用其与他人进行商事交往的名称。商号的概念在不同国家的法律中有着不完全一致的解释。在我国法律中,商号的法律渊源主要有《民法典》《企业名称登记管理规定》以及工商登记的单行法规。我国商法理论和现行法律中,关于商号的界定不甚清晰。《民法典》中对个体工商户和个人合伙的商事名称称为“字号”,《个体工商户条例》《合伙企业法》则采用了“名称”概念。《企业名称登记管理规定》中对工商企业的名称称为“企业名称”,与此同时,该规定第 7 条中将“字号”等同于“商号”。多数学者从传统习惯出发,将商主体的名称统称为商号。由此,商号的概念存在广义和狭义两种解释:在广义上,商号等同于商事名称,它包括工商企业的名称,也包括个体工商户的字号;在狭义上,商号仅仅指字号。本书在广义上使用“商号”一词。

二、商号的法律特征

商号作为商主体从事商行为时所使用的名称，在法律上具有以下方面的重要特征：

1. 商号仅仅是一个名称，这个名称本身不是法律上权利义务的承担者，不等于承担权利义务的行为人。因此，商号不等同于商主体，就像公司的名称不等于公司一样。

2. 商号是商主体用于代表自己的名称，它依附于商主体，是商主体相互区别的重要外在标识。

3. 商号是商主体的商事名称，也就是说，只有商主体在从事商行为时才可以使用这一名称。这一特征的意义在于，在一些国家中，商主体的商事名称可以与自然人的名称相竞合，于此情形，区分是商行为下使用还是个人生活中使用，就具有实际价值。

三、商号与其他商事标记的区别

1. 商号与商事经营者的姓名。商号仅仅是商主体的名称，商主体在从事商行为时，应该使用商号。在一般情况下，商号与商事经营者的姓名不一致。但在特殊情况下，它们可以相互一致，于此情形，则需确定使用者是否在从事商行为时使用了这一名称，否则，这一名称的使用只能视为使用者个人的行为。

2. 商号与商店招牌。商店招牌，包括厂牌，是指商主体挂在营业所门前作为标志的牌子。它只是商主体住所地告示，起一个营业场所的广告作用。多数情况下，商店招牌与商号相一致，但有时，商主体不用商号作为招牌，而使用其他的文字、图案、符号。

3. 商号与行号。行号是大陆法系国家商法中的一个概念，它是指商事营业所的名称。大陆法系国家的商法学家认为，行号与商号的最大区别在于，行号指明的仅仅是企业；商号指明的则是企业的承担者，即商主体。[1] 大陆法系国家商号与行号的区别，近似于我国商号与商店招牌的区别。

4. 商号与商号缩写。西方国家商法中规定，商号缩写由商号缩略而成，它通常可以被作为电报上的地址来使用。如果商人使用的商号缩写与流行的商号缩略规则相一致，那么，这种商号缩写在法律上享有与商号同等的效力。

5. 商号与注册商标。注册商标是指属于特定经营企业的特种商品或产品的标记，它适用于商标法，而不适用关于商号的法律规定，两者在形式构成、实际作用、法律调整等方面都存在差异。因此，商号与注册商标两者性质迥然不同。

四、商号的起源与立法体系

商号是商主体的名称，其起源晚于姓名。但是，商号权作为商主体在法律上所享有的权利，其形成几乎与姓名权同时，它们都是法典的产物。中世纪的意大利和地中海沿岸的其他城市国家，出现了多种多样的从事商事经营的组织。为了交易的方便，同时也为了明示这种组织的所有人，需要给其确定一个名称，一开始人们将几个合伙人或股东的姓联合在一起，组成一个新的、表明一定内容的商业名称，这也许就是现代意义的商号的始祖。这种商业名称当时虽然已经被广泛使用，但仍没有被作为私权而受到法律保护。直到 18 世纪末和 19 世纪初，欧洲

---

〔1〕 参见范健：《德国商法》，中国大百科全书出版社 1993 年版，第 147 页。

大陆法国家颁布商法典时，才承认这种商事组织的名称在法律上具有排他性，各国法律才开始确认商号权，并通过私法予以保护。但是这种保护的立法体系颇有差异。在民商分立的国家，通常在《商法典》中专章规定对商号权调整的法律规范，并多数认定商号权的范围为商号使用权和商号专用权；在民商合一的国家，通常将商号权概括在姓名权之中，通过制定《民法典》一并加以保护。此外，在英美法系国家，名称权与姓名权在适用习惯法和判例方面常常相同和相似，法律保护规则有很多相近之处。

在当代各国立法中，对商号权的法律规定主要涉及商号设定权、商号使用权、商号变更权、商号转让权等方面的内容。

第二节　商号的种类

在奉行"真实主义原则"的国家中，商号一定程度上反映了商主体的性质、特征或经营的种类。由于商主体的性质、特征、经营种类以及取得之途径多种多样，商号的表现形式存在一定差异。在这些国家的商法学研究中，商号通常可以被分为以下几种类型。

一、简单商号与组合商号

在大陆法系国家中，根据商法典的规定，如果商号仅仅由一个姓名组成，这个商号便是简单商号。简单商号的内容既可以单独成为一个独立的商号，也可以成为其他形式商号的核心部分，即由这一核心部分附加其他附属物而组成的一种新形式的商号。这种由核心部分和附属部分组成的商号便是组合商号。组合商号可以有多个附属部分，在组合商号中，附属部分和核心部分具有同样的意义和地位。

二、独资商号与公司商号

如果一个商号由经营者的姓名加经营内容组成，这个商号便是独资商号，如亨利汽车厂。从独资商号中人们可以看到独资商人的商人性质。如果商号中并不包含完整的自然人姓名，而是专有标记，常常向人们揭示商主体是某种性质的公司，这种商号则称为公司商号。

三、人名商号、物名商号与混合商号

根据经营者的姓名来命名的商号，被称为人名商号。这类商号不仅包括独资商号，也包括一些以经营者姓名命名的公司商号。根据企业经营的标的物来命名的商号被称为物名商号。公司商号是物名商号。根据人名和企业经营标的物共同命名的商号被称为混合商号。

四、原始商号、派生商号与继获商号

在大陆法系国家商法理论中，商主体创设时命名的商号被称为原始商号。如果商号是人名商号，该商号被继承，现有商号所有人拥有与原商号中使用的相同的姓名，如孙子从祖父那里继承一个独资企业，这个商号便被称为派生商号。于此情形，现有商号持有人需在原有商号

后附加表示派生关系之标记,以便他人辨认。与派生商号相似,继获商号是指商主体的经营内容发生变化或商号持有人发生变化,商号依然可以被其共同使用。

商号是与商主体密切相关的一项特殊的权利,它与商主体的信誉、商主体的对外责任以及与交易第三人的利益密切相关。在理论上对商号予以分类研究,这有助于更好地理解商号权。

第三节　商号的取得与废除

一、商号的选定

商号选定,是指商主体按照法律的要求取得商号。不同国家,在商号选定方面奉行不同原则。第一种是商号自由原则,即商人选用何种商号,一方面,法律不加以限制;另一方面,商号与主体的姓名、商号经营的种类与范围没有关系,商号的内容完全由商主体任意选定。采用商号自由原则的国家主要有美国、英国、日本等。不过,商号自由仅仅指法律没有要求商号的内容与商主体和商行为有密切联系,但法律并不排除商号选定时有些内容禁止使用。因此,即使奉行商号自由原则,法律中同样规定商号选定之限制。第二种是商号真实原则,又称商号初始原则,即法律对商号选定予以严格限制,商号必须反映商主体的真实状况,具体说,就是商号与商主体的营业种类、经营范围、投资状况等相一致,不可以给公众造成一种假象或者产生迷惑,否则法律将禁止使用。采用商号真实原则的国家主要有德国、法国、瑞士等。

我国理论界还有一些学者认为,在名称真实主义与名称自由主义之外,另存在一种以名称真实主义为主、以名称自由主义为辅的立法模式,并称之为折中主义。这些学者认为,折中主义是法律规定商主体成立时的名称应真实反映公司的营业部类、经营范围等,但在转让、继承时不改变原公司名称。〔2〕

事实上,不管是采名称真实主义还是名称自由主义,绝大多数国家和地区都不作绝对化的规定,而是对前者作一定程度的例外规定,〔3〕对后者作一定程度的限制规定。从这个意义上讲,这种非严格意义上的公司名称选定的立法模式,确实不妨称为折中主义。但这种折中主义的含义显然不同于上述学者的界定,并且若将其作为一种独立的立法模式,将导致几乎所有国家和地区的公司名称选定模式都被纳入其中,从而失去了其原有的分类意义。因此,在公司名称选定立法模式上,大可不必在传统的两种分类之外增加一种折中主义,而是就其本质而言作大体划分。

在我国,商号制度奉行何种原则,学者们观点不一。从《企业名称登记管理规定》的内容看,我国对商号选定作了较为严格的要求,但同时又赋予了较为充分的自由权,因而关于立法模式

---

〔2〕 参见施天涛:《公司法论》(第二版),法律出版社2006年版,第146页;赵旭东主编:《公司法学》(第二版),高等教育出版社2006年版,第156页。

〔3〕 一些采商号真实主义立法模式的国家所确立的"商号连续原则"即为此种例外性规定。该原则是指当一个人购买或继承其他商人的营业,或者根据租赁契约经营他人的业务,可以在原来业主或其继承人同意的情况下,继续保留和沿用原来的商业名称。通过这种方式,原商业名称的商誉价值可以继续发挥。在此种情形下,商业名称连续原则便成为商业名称的真实主义的例外性规定。

的类型,基于不同视角可得出不同的结论。但就其本质而言,应将其归入真实主义立法模式。

二、商号选定的限制

无论奉行何种原则,各国商法中都不同程度地规定了商号选定的限制。我国《企业名称登记管理规定》(2020年修订)对商号的选定作出了一系列限制,主要有:

1. 商主体原则上只允许使用一个商号,在同一工商行政管理机关辖区内,新登记的商号不得与已经登记注册的同行业的商号相同或近似,如有特殊需要,经省级以上工商行政管理机关批准,商主体可以在规定的范围内使用一个从属商号。

2. 商号的内容和文字涉及法律所列举的不得使用的事项,这类商号将被禁止使用:(1)损害国家尊严或者利益;(2)损害社会公共利益或者妨碍社会公共秩序;(3)使用或者变相使用政党、党政军机关、群团组织名称及其简称、特定称谓和部队番号;(4)使用外国国家(地区)、国际组织名称及其通用简称、特定称谓;(5)含有淫秽、色情、赌博、迷信、恐怖、暴力的内容;(6)含有民族、种族、宗教、性别歧视的内容;(7)违背公序良俗或者可能有其他不良影响;(8)可能使公众受骗或者产生误解;(9)法律、行政法规以及国家规定禁止的其他情形。

3. 商号之选定必须遵守语言文字的统一要求,除民族自治地方的企业可以使用本民族自治地方通用的民族语言外,其他商号应使用规范汉字。

4. 商号冠以“中国”“中华”“中央”“全国”“国家”等字词,应当按照有关规定从严审核,并报国务院批准。国务院市场监督管理部门负责制定具体管理办法。商号中含有“中国”“中华”“全国”“国家”等字词的,该字词应当是行业限定语。不过,使用外国投资者字号的外商独资或者控股的外商投资企业,商号中可以含有“(中国)”字样。

5. 企业分支机构商号应当冠以其所从属企业的商号,并缀以“分公司”“分厂”“分店”等字词。境外企业分支机构还应当在商号中标明该企业的国籍及责任形式。

6. 企业集团商号应当与控股企业商号的行政区划名称、字号、行业或者经营特点一致。控股企业可以在其商号的组织形式之前使用“集团”或者“(集团)”字样。

第四节　商号的登记与废止

一、商号的登记

商号的登记,是指商主体对其所选定的商号按照法定要求和程序,在商事登记机构办理注册手续,经审查后获得专有使用权,并实现公示的过程。在多数国家中,商号的登记是使商号获得法律保护的必要条件。我国法律同样规定,商号的登记是商事登记的法定事项,是商主体成立的必要条件。

商号的登记,按登记原因和目的不同,可以分为下列类型:

1. 商号创设登记,是指商主体创立时商号的登记。它是商主体创立之必经程序。只有履行了创立登记的商号才能成为商主体的名称,才能对外产生效力,才能用以对抗善意第三人。

2. 商号变更登记,是指商主体在经营存续期内变更原登记商号之全部或一部分,而在登记机关所履行的登记。商主体若变更其商号,在未履行变更登记前使用了新商号,该新商号之使用不可对抗善意第三人。

3. 商号转让登记,是指商主体对已登记之商号所获得的专有使用权,转让给其他商主体独立享有或与自己共同享有时而必须履行的登记。一般情况下,商号必须与经营一起转让,但在经营终止的情况下,商号也可以单独转让。商号之转让只有在履行转让登记之后才生效,否则不得用以对抗善意第三人。

4. 商号废止登记,是指商主体终止经营时为废止商号之继续被使用而履行的登记。未经登记,商号之废止同样不得对抗善意第三人。

5. 商号撤销登记,是指当法定事由发生时,主管机关依职权撤销商主体经营资格,于此情形,商号无所依附,则一并予以撤销,并依法进行登记。

6. 商号继承登记,是指业主死亡,由继承人继承其经营,依继承事由所办理的登记。这种登记主要是业主变更所导致的产权主体变更,它同时包含了商号财产权主体的内容。

商号一经登记,就获得专有使用权,并在法律上获得双重效力:一是排他效力,即一经登记,他人则不得登记或使用相同或类似的商号。在排他效力中,如果发生商号相同并由此而产生争议,按申请登记的先后顺序处理。二是救济效力,即一经登记,如发生他人非法使用相同或相似商号,可以依法要求侵权者停止侵权,并可以主张损害赔偿。

二、商号的废止

商号的废止是与商号之形成相对应的法律问题。它是指商号因不再被使用而从法律上失去效力的事实状态。一般认为商号之废止分为三种情形:(1)在登记之后的法定期限内不使用该商号,该商号或通过办理注销登记手续而废止,或因未办理注销登记手续而自行废止。(2)因商主体发生变更,商号同时变更,原有商号废止。(3)商主体未发生变更,但商号发生变更,原有商号亦废止。这方面的情况包括商主体发生继受经营,继受人使用新商号,原有商号则废止。

商号的废止是与商号的继承有着密切联系的法律问题,大陆法系国家的商法典对其都有比较明确的规定。我国《企业法人登记管理条例》《公司登记管理条例》等对商号之废止都没有作出专门规定,而在《企业名称登记管理规定》中仅对通过企业名称申报系统提交完成的企业名称的保留期限作了规定。这种状况表明,我们对商号之废止的立法,尤其对商号强行废止的立法还有待完善。

第五节 商 号 权

一、商号权的含义

商号权,是指商主体依法享有的对商号的专有使用权,它主要包括专有权和使用权两个方面。专有权具有排斥他人使用容易混同的商号的作用;使用权具有防止他人妨碍商主体使用其商号的作用。在不同的国家,商号权取得的方式不一样。多数国家法律规定,商号依法登记后商主体方可取得商号权,但也有一些国家法律规定,在未履行登记之前,商主体使用了某一商号,它就可以获得该商号权,而履行登记只在加强这种权利的保护。在我国,根据法律规定,商号权以登记为取得要件。商号登记是商主体工商业营业登记的必要事项。

从法律理论上考察,商号权是一种名称权,属于法律上的绝对权,而非相对权。但是,商号权是与其所附属的主体密切联系的人身权,还是能表现出财产价值的财产权,在理论上一直存在较大争议。多数学者认为,商号权是兼人身权与财产权于一体的混合权利。

二、商号权的特征

商号权作为一种特殊的法律权利,它具有以下重要特征:

1. 商号权具有区域性限制。各国法律普遍规定,商号登记的效力受一定区域范围内使用之限制。除全国驰名的大企业的商号可以在全国范围内享有专有使用权外,其他商主体的商号只能在其所登记的某一地区,如省、自治区、直辖市、市、县等范围内享有专有使用权。

2. 商号权具有公开性。多数国家和地区的商法规定,商号必须通过登记而予以公开,为他人知晓。登记则为公开之必经程序。商号之创设、变更、废止、转让、继承等都必须通过登记程序而公开,未经此程序者,不得对抗善意第三人,不对外发生效力。

3. 商号权具有可转让性。由于商号权本身具有财产权的性质,各国商法理论和商事立法普遍肯定商号权的可转让性。但是,商号权如何转让,学者们所持的观点和立法所持的原则颇不一致。多数国家立法规定,商号权作为一种依附于商主体而存在的权利,不可以单独转让,只能与商主体所从事的商事经营活动同时转让。德国、日本、瑞士、意大利等国的商事立法奉行这一原则。也有国家的商法规定,商号既可以随商事经营活动一起转让,也可以分离于商事经营活动,即分离于商主体而单独转让。法国商法奉行这一原则。在我国,根据现行立法和司法实践商号权可以转让,但一般应与商主体的经营同时转让,至于商号权是否可以单独转让,理论上依然存在较大的争议。

实务问题

某服装有限公司是注册在南京市的一家有限责任公司。在经营中,该公司发现常州市也新开了一家同样名称的服装公司,其注册地为常州市。为此,南京公司诉至法院,要求常州公司停止侵害其企业名称权。问:该诉求是否应得到支持?

提示:商号权具有区域性限制,常州公司在不同行政区域合法注册,并不侵害南京公司的权利。

三、商号权保护的方法

合法使用的商号必须受到法律保护,这是各国法律中奉行的关于商号权的一个基本原则。商号权保护的法律渊源,在商法之外,主要涉及民法、反不正当竞争法、商标法等。商号权保护的方法,通常主要有两种:

1. 商号管理机关行使商号保护权。这主要是指,当行为人使用了法律规定其无权使用的商号,如合伙人以有限责任公司的名义进行经营,有限责任公司以股份有限公司的名义进行经营等,商号主管机关可以通过行政的或司法的途径,对其予以处罚,禁止其使用。

2. 商号权利人行使商号保护权。这主要是指,如果由于他人未经允许使用商号或妨碍商号权利人使用其商号,致使商号所有人的权利遭受侵犯,商号所有人可以通过司法途径要求他人不再使用该商号并排除妨碍,同时,商号所有人还享有损害赔偿请求权。

第六节　商号的转让与出借

一、商号转让

商号转让,是指商主体将其享有的商号权利全部让与受让人的行为。商号转让的效力是出让人丧失商号权,受让人成为该商号权的主体。

商号作为一种特殊的财产形式,其转让的合法性得到各国立法的肯定。但是,如何转让商号,一直存在两种学术观点并导致两种不同的立法模式。一种学术观点主张绝对转让主义,在立法上奉行不得单独转让的原则,即商号应当连同营业一起转让,也就是说,商号不得与使用此商号的营业分离而转让,它必须或者与营业一起转让,或者在营业废止时转让。奉行这一立法原则的国家主要有德国、瑞士、意大利、日本、韩国等。另一种学术观点主张相对主义,在立法上奉行可单独转让的原则,即商号不必连同营业一起转让,也就是说,商号可以与营业相分离而转让,商主体不仅可以单独转让商号而不转让营业,而且可以由多处营业同时使用一个商号,商号转让后,转让人仍享有商号使用权和其他权利,受让人也取得商号使用权和其他权利。奉行这一立法原则的国家不多,主要有法国。不过,为了避免商号混同而产生的误解,奉行这一原则的国家立法规定,商号转让后不得再作签名;用作签名的商号不得转让。

我国《企业名称登记管理规定》第 19 条规定:"企业名称转让或者授权他人使用的,相关企业应当依法通过国家企业信用信息公示系统向社会公示。"

实务问题

某火锅店签订协议,将所有营业连同商号一并转让给同城的市第一招待所。合同履行后,火锅店老板又设立了同一名称的一家火锅店。市第一招待所遂诉至法院,要求其停止使用原商号。问:该诉求是否合理?

提示:商号权有排他性和独占性。商号转让后,原商号权人不得在原商号权限范围内继续使用。

二、商号出借

商号出借,是指商主体将商号使用权部分或全部让与他人的行为。商号出借的效力是借用人通过出借协议依法取得对他人商号的使用权,出借人仍然保留商号的所有权,但不保留或部分保留商号的使用权。

商号出借的现象在现实生活中普遍存在,如企业"挂靠""连锁经营""特许经营"等。商号借用的原因,既有出于借助他人较好商誉的考虑,也有税收减免和突破经营范围的动因。商号出借的方式一般以合同为之,但对第三人的效力一般以履行工商登记为前提。商号出借可以是有偿的,也可以是无偿的。

多数国家法律承认商号出借的合法性,并在法律上明确规定了商号出借的法律效力和法律责任。我国现行法律对商号出借没有作出十分明确的规定。上引我国《企业名称登记管理规定》第19条包含了关于商号出借的规定。

商号出借的结果容易导致第三人对出借人与借用人的混淆并由此产生相应的法律责任。根据各国立法和我国《民法典》有关规定,商号出借所导致的法律责任主要涉及以下问题:

1. 如果商主体将自己的商号借与他人使用,而第三人在与借用人进行交易行为时误认为该商号的使用人仍然是原商主体,于此情形,出借人与借用人对借用人在使用该商号期间所产生的债务负连带清偿责任。

2. 商号被出借之后,即便借用人在使用该商号时增加了附加语,但这不能解除作为商号权持有人的出借人对该商号的责任。因此,如果第三人产生了上述误解,商号出借人同样要对借用人的经营行为负连带责任。

3. 商号借用通常以明示为之。如果商号权利人非明示出借商号,但对他人使用自己的商号不提出否认,根据民事法律规定可推定为"同意",即默示为之。

4. 构成出借人责任的前提是第三人对其误解必须无过错和过失。

思考题

1. 简述商号与其他商事标记的区别。
2. 简述商号的选定原则。
3. 简述商号权的特征。
4. 简述商号转让的立法模式。

第二编　公　司　法

第六章 公司与公司法概述

导读

- 公司的营利性特征已为许多国家和地区的公司立法所确认，从而成为公司的基本属性。公司的社团性乃近代公司产生的基础，如今普遍存在的一人公司可视为例外。
- 公司法的调整对象并不包括涉及公司的一切法律关系，而是主要限定于公司设立、组织、活动、清算过程中所发生的有关当事人之间的社会关系。
- 公司法具有浓郁的技术性，使其在各国存在技术上的共通性，可以相互借鉴，从而更多地表现出国际趋同性。尽管公司法具有国际趋同性，各国也积极主动地相互参考、借鉴，但因各国在法律传统、历史、文化背景、地理环境上存在差异，使公司法在内容、体例等方面形成几大特色鲜明的法系。
- 按照不同标准，可对公司作不同学理分类，其中主要的有人合公司、资合公司与人资兼合公司。在法律分类上，大陆法系一般将公司分为无限责任公司、两合公司、有限责任公司、股份有限公司和股份两合公司；英美法系的分类主要包括开放式公司与封闭式公司。
- 在我国，公司分为有限责任公司与股份有限公司，其中属于有限责任公司范畴的国有独资公司与一人有限责任公司受法律的特别调整。

第一节 公司的概念与特征

一、公司的概念

现今所称"公司"一词，在语源上可以追溯到古罗马时期的拉丁语词汇"Societas"，意为"人合组织"，但其含义与公司法意义上的"公司"殊为不同，不具有现代公司所具有的基本内涵。在现代各国社会经济活动中，公司作为最为重要的经济活动主体以及绝大多数人工作的空间，早已成为一个应用非常普遍的基本概念。然而，由于法制传统与法律体系上的差异，公司在各国与地区的概念，无论是其名称本身还是其内涵与外延，都具有较大的差异。即使在同一国家和地区，随着社会经济实践与制度以及公司法本身的发展，公司概念及其内涵、外延也往往处于发展变动之中。

除了法律意义上的公司概念界定分歧外，公司概念还存在描述性和规范性的，经济意义上的、制度意义上的和组织意义上的，不同传统下的和不同历史时期的等各种不同的界定。由于存在不同的界定角度、方法以及各国在同一学科意义上关于公司的内涵与外延均存在明显的差异,因而对公司语词的使用往往存在学科与翻译上的模糊性。因此,在学习与研究公司法时,必须特别注意,在不同学科与不同立法例下使用的公司概念并不统一,应当注意区分其内在含义。当然,在公司法的框架下,本书仅就公司的法律意义上的含义加以界定。

一般来说,大陆法系之公司是指依法设立的以营利为目的的企业法人。公司在德语中称为“Handelsgellschaft”,在法语中则称为“Société”(商事公司为 Société Commerciale),在日语中称为“会社”。[1] 但是,需要注意的是,在德国、法国、意大利等欧洲大陆法系国家,公司与合伙在词汇上使用的是同一词语,需要根据相关语境确定其具体含义。就公司含义的法律界定而言,在大陆法系国家和地区,公司立法通常明确规定公司的定义,但具体做法则有所区别,大致可分为以下三种情况:(1)在公司法或商法中对公司做统一定义,如日本、韩国、法国;(2)不就公司做统一定义,而是对各类公司分别定义,如意大利、瑞士;(3)既未对公司下统一定义,也未对各类公司分别定义,而仅规定各类公司设立的目的、性质,但从中能够概括出各类公司的定义,如德国、葡萄牙及中国澳门特区。

英美法系素来不注重对法律概念的严格界定,因而也缺少对公司概念的明确定义。不仅如此,在英美法系国家和地区,“公司”一词具有远远超出一般意义上的公司含义的极其广泛的含义。一般而言,英国称公司为“company”,美国称公司为“corporation”。不过,美国法中也有“company”的概念,但其与“corporation”含义不同。

在汉语中,“公”与“司”原为两个独立的词汇,相互之间实际上几乎没有什么关联。至少在17世纪之前,我国古代汉语极少将“公”与“司”连用,即便偶尔连用也无统一的含义,当然更谈不上存在“公司”这样一个合成词了。从17世纪开始,“公司”一词在我国南方地区(广东、福建及隶属于福建的台湾地区等地)流行起来。公司之名由发源于闽南、台湾地区的民间会社天地会传承下来,如乾隆时天地会首领罗芳伯在婆罗洲创建“兰芳公司”;新加坡的天地会组织称为“义兴公司”,并曾在英国殖民当局登记注册。显然,其时所谓公司并不限于商事组织。19世纪上半叶,华夏的门户被打开,西方国民涌入中国经商,国人渐次在商事组织的意义上使用“公司”一词。

直至1903年清政府颁布了《大清公司律》,“公司”才成为泛指中外法人企业的集合名称,此前对公司的认识均处于质朴状态。《大清公司律》中规定,凡凑集资本共营贸易者为公司。[2] 依此,“公司”一词是泛指一切具有法人资格的中外企业。自此,终于在公司法意义上使用了公司的概念。此后,在清末的《公司注册试办章程》《商标注册暂行办法》等法规以及聘请日本法学博士志田钾太郎起草的《大清商律草案》中均有严格意义上的公司概念的法律使用,在中华民国时期颁布的《公司法》更是就公司的含义作了清晰的界定。

中华人民共和国成立后,仍然保留了公司的组织形式。但在长期的计划经济时代,各种名为公司的组织有许多其实并不符合公司的要求,实践中公司的概念使用也较为混乱。1993年12月29日《公司法》颁布之后,终于使公司的概念有了一个明确的法律界定。2005年《公司法》维持了旧法关于公司内涵的法律界定,仅作了细微修改。该法第2条规定:“本法所称公司是指依照本法在中国境内设立的有限责任公司和股份有限公司。”该法第3条第1款规定:“公

---

〔1〕 参见范健、蒋大兴:《公司法》(上卷),南京大学出版社1997年版,第2页。

〔2〕 参见史际春、温烨、邓峰:《企业和公司法》,中国人民大学出版社2001年版,第155页。

司是企业法人,有独立的法人财产,享有法人财产权。公司以其全部财产对公司的债务承担责任。”第2款规定:“有限责任公司的股东以其认缴的出资额为限对公司承担责任;股份有限公司的股东以其认购的股份为限对公司承担责任。”依此,在我国,公司是指股东依照公司法的规定,以出资方式设立,股东以其认缴的出资额或认购的股份为限对公司承担责任,公司以其全部财产对公司债务承担责任的企业法人。

二、公司的特征

(一)公司的营利性

公司的营利性特征已为世界上许多国家和地区的公司立法所确认,从而成为公司的基本属性。以营利为目的,不局限于生产经营领域,更主要地表现于利润分配领域,企业的营利活动仅具有手段意义,将企业活动所得利润分配于企业投资者才是最终目的。如果经营所得不分配于投资者,即使其生产经营活动能创造一定的盈利,甚至直接从事了商行为,也不能界定为企业。这正是企业与非营利组织的区别所在。

我国《公司法》虽未就公司的营利性作出明确规定,但该法第3条规定,公司是企业法人,而此处所谓企业法人显然是采我国法学界关于企业即商事企业(以营利为目的)的认识,因而实际上间接地规定了公司的营利性。

虽然现代公司法理论普遍认为,公司应负有社会责任,但毫无疑问,公司股东设立公司和出资的目的在于获取盈利,因此营利性应成为公司存在及其行动的最高价值理念。基于此,传统公司法形成了股东至上(shareholder primacy)的原则。这就要求公司应追求利润最大化(maximazation of profits)以最大限度地满足股东达到利润回报要求。在董事会中心主义乃至管理层中心主义日益成为公司实践以及公司法立法潮流的背景之下,公司同时还要承担社会责任等形式上与公司的营利性相冲突的社会职能的情况下,营利性则应作为判断公司经营合乎目的性以及董事责任事由的价值标准而起作用。[3] 这一公司特性有利于人们将公司与承担着行政与社会职能的非商事企业与其他组织区分开来。因此,公司的营利性特征并非如许多学者所主张的,是否定我国政策性公司存在的依据,而是正确区分商事公司与非商事公司及其他组织的标准。

(二)公司的社团性

所谓社团,是指为一定目的由二人以上所组织的团体,其成员称为社员。社团成员设立社团的目的是实现其共同利益,该利益可以是经济利益,也可以是非经济利益。公司与合作社等社团以经济利益为目的,各种协会、学会、俱乐部(不包括各种公司化运营的体育俱乐部)等则主要是为谋求成员的非经济利益。

在传统公司法上,单独一人不能组建公司,而只能组建独资企业。公司是由多数人所组织,所以公司是社团之一种,但其成员却称为股东,以表现出商的色彩。[4] 传统商法与公司法认为,构成公司组织的实体仅限于人(投资者,即股东)的结合体,因而作为财产的集合体的财团并不具有成为公司的资格。

---

〔3〕 参见[韩]李哲松:《韩国公司法》,吴日焕译,中国政法大学出版社2000年版,第35页。

〔4〕 参见郑玉波:《商事法》,台北,“大中国”图书公司1998年版,第20页。

在狭义公司中,大陆法系的股份有限公司与英美法系的开放式公司原本就是作为纯粹的资本性企业来设计的,其社团性最为显著。在这类公司中,从表面上看,作为公司组织机构的股东大会、董事会等公司机关似乎与有限责任公司或英美法系的封闭式公司没有什么差异。但是,由公司机关与股东的超然性所反映出的公司独立性,还是有力地说明了该类公司更具资合性。最为明显的便是,在有限责任公司或英美法系的封闭式公司中,出资份额的转让是要受到其他股东的制约的。这种股权转让中的相互制约充分说明其股东相互之间具有一定的合伙性或者说人合性。当然,这种人合性并不影响公司的社团性,因为社团原本就是基于人的结合而形成;但是社团的最高形式无疑是社团拥有完全独立的抽象人格,这就要求社团成员之间不存在足以影响社团超然性与稳定性的相互制约。具体到公司而言,就是由公司的高度资合性来体现其社团性的表现程度。就股份有限公司与英美法系的开放式公司而言,股东的个性极其微弱,其法律地位也以均等的比例单位即"股份"形式定型。这不仅使其区别于有限责任公司与英美法系的封闭式公司,而且使其区别于非营利社团:在非营利社团中,原则上各成员应具有平等的地位。[5] 因此,应当注意,虽然社团系从与合伙相对的角度来考察,但公司的社团性并不意味着就完全排斥合伙性,只不过社团性的程度越高,其合伙性也就相应地越弱。

公司的社团性包含了公司应由两个以上的股东出资设立的内在要求。由于公司需要从事经营行为的物质基础——资本,因而股东应通过出资促成物质基础的形成。依此,公司不仅仅像非营利社团那样,可以只是一个纯粹的人的结合体,同时也具有资本结合体的性质。

公司的社团性曾经是近代公司产生的基础,基于公司社团性的要求,一人公司无论是设立时股东仅一人,还是设立后股东减为一人,均曾被视为对公司社团性的否定而为公司法所禁止。但随着各国日益普遍地对一人公司的承认,这种仅存在一个股东的一人公司与公司的社团性之间具有明显的矛盾,从而使公司的社团性这一公司基本特性的合理性受到了巨大冲击。就目前而言,从理论上只能将一人公司视为具有"社团性"的公司的例外。

(三)公司的法人性

我国《公司法》第3条明确规定公司是企业法人。依我国《民法典》第57条之规定,法人是具有民事权利能力和民事行为能力,依法独立享有民事权利、承担民事义务的组织。法人的法律意义在于,某一组织体若具有法人资格,则意味着其能够以自己的名义独立从事法律活动并作为权利、义务的归属点。依此,法人性只是权利、义务归属方式上的问题,而是否赋予法人格是立法政策问题,与某一团体的社会学性质的实体无关。因此即使是"合伙性"的结合体也可以成为法人。在日本等许多大陆法系国家就将合伙性质的无限公司与两合公司确认为法人,法国甚至将除隐名合伙以外的所有依法成立的合伙界定为法人。这种关系到法律人格意义的法人格性质与意义的分析,在我国法学界长期缺乏应有的关注,而我国立法与学理都早已习惯于将法人作狭义的理解。在此,我们仅就一般意义上的法人含义对公司的法人性特征予以分析。

我国法学界的通说认为,法人应具有四大特征:独立的人格、独立的财产、独立的组织机构以及独立承担法律责任。公司作为法人组织,具体表现在:

1. 公司拥有独立的财产。这种独立财产既是公司赖以进行业务经营的物质条件和经营条

---

〔5〕 参见[韩]李哲松:《韩国公司法》,吴日焕译,中国政法大学出版社2000年版,第33页。

件，也是其承担财产义务和责任的物质保证。我国公司法对公司财产有法定的要求，尤其是规定有公司的最低资本额制度。公司的财产主要由股东出资构成，公司的盈利积累或其他途径也是形成公司财产的来源。

2. 公司设有独立的组织机构。完善、健全的组织机构既是公司进行正常经营活动的组织条件，也是公司法对每个公司提出的法定要求。与民法对一般企业法人要求的组织条件不同，公司法对公司的组织机构规定有更严格、更健全、更规范的模式。这种组织机构包括公司的管理机构和公司的业务活动机构。公司管理机构是对内形成公司决策、管理公司事务、对外代表公司进行业务活动的机构，如股东大会、董事会、监事会、经理等。公司的业务活动机构包括公司的科室、会计、审计、供应、销售机构等。

3. 公司独立承担法律责任。公司作为经营性组织以营利为目的参与经济活动，在享有广泛的权利的同时，也应承担行使权利过程产生的义务和风险。这是权利与义务相一致、利益与风险相一致的法律原则的要求与体现。但公司不同于合伙企业等其他企业组织形式之处便在于，除非适用法人格否认制度，公司能够完全独立地承担法律责任，从而使其能够与股东个人责任完全分离。这种法律责任上的独立性，确实构成了公司作为独立的法人的集中体现。[6]

在英美法系国家和地区，公司具有法律人格，不仅意味着公司能够以自己的名义享有权利、履行义务并承担相应的法律责任，而且还意味着公司可以永久存续。在包括我国在内的大陆法系国家和地区，尽管大多未就公司的存续年限作出明确的限制性规定，但一般要求在公司章程中确定一个公司经营期限，从而使公司的存在期间具有了一定限制。当然，该期间的届至可以通过修改公司章程而延长其经营期限，因而并不必然导致公司终止，但毕竟在客观限定了公司的“生命期”。如《澳门商法典》第 183 条第 1 款规定：“如章程无订定公司之存续期，则公司之存续期为不确定。”同条第 2 款规定：“如章程所订之存续期届满，仅得以全体一致同意延长之，但法律另有规定者除外。”《法国商事公司法》第 2 条甚至规定公司“不得超过 99 年的期限”。[7] 但在英美法系国家，则普遍确认公司的永久存续性。例如，《美国商事公司示范法》即赋予公司永久的存在权或者说允许公司“无限期”存在。公司的法人地位在经过确定的年限或完成了指明的商事活动时，并不自动终止，章程也不必周期性地更新。当然，永久存在并不意味着公司不能终止其存在，但是在执行有效的解散程序之前，公司作为法人可以继续存在下去。[8]

（四）公司的法定性

公司的法定性通常被表述为公司依法定条件和程序成立，也有学者将其表述为公司依法设立与公司在法律许可的范围内从事活动两项特性。实际上，所谓“公司在法律许可的范围内从事活动”，是所有法律主体的共同要求，并非为公司所独有，因而并无实质意义。所谓“公司依法定条件和程序成立”，亦即“公司依法设立”，其所揭示的是，未依法律规定设立的公司，不

---

〔6〕 应当说明的是，这种为我国法学界及立法所普遍确认的理论，实际上只是就狭义上的法人含义而言。基于广义的法人含义，是指公司的责任独立之于其法人性的体现，应当理解为公司不仅作为法人能够独立承担法律责任，而且还能够完全独立地承担法律责任，因而是具有最完整意义上独立的法律人格，或者就英美法系的认识而言，是最完整意义上的法律实体。

〔7〕 参见《法国商法典》，金邦贵译，中国法制出版社 2000 年版，第 93 页。

〔8〕 参见[美]罗伯特·C. 克拉克：《公司法则》，胡平等译，中国工商出版社 1999 年版，第 12 页。

是公司法上所称公司,因而得不到公司法的承认和保护。这是公司形态法定原则的必然要求和体现。[9] 然而,这一公司法定性的概括并不全面。在商法中,企业法定原则被视为商法基本原则。[10] 公司作为典型的商主体,当然应当遵循这一基本原则。因此,要把握公司的法定性,就应当从企业法定原则的角度把握公司法定性的基本含义。

第二节　公司法概述

一、公司法的概念

公司法,是指调整公司的设立、组织、活动、清算及其他对内对外法律关系的法律规范的总称。简单地说,所谓对内法律关系,是指公司与其股东或股东相互间之权利义务关系;所谓对外法律关系,是指公司与第三人或其股东与第三人间之权利义务关系。[11] 具体而言,对内法律关系主要表现在:其一,公司在设立、变更、解散、清算时,发起人与设立中的公司之间、发起人与认股人之间、股东之间、股东与职工之间、股东和职工与公司之间的相互关系;其二,公司内部各组织机构之间的关系,如股东会、董事会(或董事)和经理、监事会(或监事)之间各自的地位和职权以及相互间的制衡关系。对外法律关系主要表现在:公司与交易相对人之间的关系;公司与工商行政部门之间在公司登记注册方面的关系;公司与证券管理部门之间在发行股票、公司债券方面的关系;公司设立、变更、解散过程中与会计师事务所、律师事务所、资产评估机构以及清算组织之间的关系等。

公司法有形式意义上的公司法与实质意义上的公司法之分。形式意义上的公司法,又称狭义公司法,它是指将公司的设立、组织、活动、清算及其他对内对外法律关系的法律规范体系化地规定于一个法律文件内并以“公司法”命名的公司法,如我国《公司法》《法国商事公司法》等。狭义公司法实质上就是法典意义上的公司法。实质意义上的公司法,又称广义公司法,它是指调整公司的设立、组织、活动、清算及其他对内对外法律关系的法律规范的总称。显然,实质意义上的公司法并不专指法典意义上的公司法,而是包括了公司法、证券法、证券交易法、商事登记法等极为广泛的法律文件中所包含的公司法律规范。

在现代社会,各国虽大多颁布了《公司法》,或者在《商法典》或《民法典》中就“公司法”作了专门规定,但由于公司法所涉问题极其繁复,法典意义上的公司法根本无法解决公司设立、组织、活动、清算过程中所涉及的所有问题,因而对公司法内涵与外延的理解,不能局限于形式,而更应着眼于实质意义上的一切公司法规范。在学理上,也基本上是就实质意义上来理解公司法的。形式意义上的公司法,往往仅在提及相关法律规定时,才在特定法律文件意义上予以使用。

应当注意的是,即便是实质意义上的公司法也难以穷尽公司调整之需要。因此,公司法的

---

〔9〕 参见范健、蒋大兴:《公司法论》(上卷),南京大学出版社 1997 年版,第 34 ~ 35 页。

〔10〕 参见范健、王建文:《商法论》,高等教育出版社 2003 年版,第 143 ~ 146 页。

〔11〕 刘清波编著:《商事法》,台北,商务印书馆 1995 年版,第 38 页。

调整对象并不包括涉及公司的一切法律关系，而是主要限定于公司设立、组织、活动、清算过程中所发生的有关当事人之间的社会关系。

二、公司法的特性

在公司法的性质研究方面，我国有不少学者在公司法性质之外，还就公司法的特征加以单独考察。事实上，公司法性质与特征的含义基本上是重合的，只是公司法的诸如变动性等特征并非就公司法立于法律体系中所表现出的属性而言，因而不便称之为公司法的性质。因此，我们认为，鉴于公司法性质与特征之间天然的难以割裂的联系，还是将公司法的性质与特征作笼统的考察为宜。当然，由于公司法的某些特征不便称为公司法的性质，因而不妨使用更为笼统的"公司法的特性"。基于上述分析，公司法特性可作如下归纳。

（一）公司法是兼具公法属性的私法

传统上，商法作为商人自治法，属于典型的私法。近现代商法作为调整商事交易主体关系的法律，一般被视为民法的特别法，从根本上说属于私法范畴。公司法作为典型的商法，当然应属于私法。但随着现代经济的发展，社会整体观念的加强，对于私法关系，逐渐改变以往放任主义的态度，而采取积极干预主义的方式，从而形成所谓"私法公法化"。在"公法化"之私法中，公司法表现得尤其明显。也就是说，公司法在仍以私法规范为其中心的同时，为保障其私法规范之实现，设置了大量属于公法性质的条款，从而形成"公司法之公法化"倾向。例如，关于公司登记、公司财务会计、公司名称、法定事项的公示主义等规定都具有明显的公法色彩。当然，这些公法性条款始终处于为私法交易服务的地位，由此，它还不能从根本上改变公司法的私法属性。在公司法中，其公法色彩还具体表现为强制性规范的大量存在。所谓强制性，是指必须严格遵循法律、法规的规定，而不能将其替代或变更的法律属性。在现代私法中，已越来越多地包含了强制性规范，但公司法、证券法等商法中的强制性规范则相对占有较高的比重。

（二）公司法是兼具商行为法内容的商主体法

公司法属于兼具商行为法属性的商主体法。公司法在内容和形式上都具有商主体法的特性。各国公司法普遍规定了公司的设立及其条件、公司的法律属性与法律地位、公司的能力、公司设立人的资格、公司内部组织机构的设置、公司的变更和解散、股东的权利和义务及股东相互之间的关系等内容。这些内容都与公司作为一种社会组织的产生、运作与消灭密不可分。因此，公司法首先且本质上是商主体法或商事组织法。公司作为商主体，必然要从事各种生产经营和交易行为。这些行为虽不能全部由公司法调整，如买卖、制造、运输等一般性商行为，应由一般性商行为法调整；但是，只有公司才能实施的与公司组织特点直接相关的行为，如公司股票、债券的发行和交易行为，则应由公司法调整。尽管各国对此问题的规定详略不一，有些国家主要将其留给证券法、证券交易法等法律调整，但都在公司法中作相应规定。因此，公司法还必然具有一定的商行为法特征。

（三）公司法具有较强的技术性

任何法律部门都是法技术的构造，因此所有法律部门都具有技术性。但由于商法以经济效用为主要目的，为维护交易的便捷、公平与安全，其规定更加明显地具有技术性，与作为一般私法的民法偏重于伦理规范有着明显的不同。商法的技术性主要体现在商行为法部分，法律对商行为中的行为方式、行为环节、行为规则都作了具体、翔实的规定,具有很强的可操作性和技术性。在兼具商主体与商行为法属性的公司法中,关于公司机关的组成、公司股份的构成及股票的发行、交易、公司治理结构、董事会召集程序和表决方法、公司债券、公司财务会计等制度,也都是随着公司本身及其制度的发展而予以技术性设计的结果。正是因为公司法具有浓郁的技术性,才使其在各国存在技术上的共通性,可以相互借鉴,从而更多地表现出国际趋同性。

(四)公司法是兼具程序法内容的实体法

许多法律都是兼具实体法与程序法的内容,只不过从总体上或本质上将其纳入某一范畴。商法作为私法,应纳入实体法范畴,但商法中仍包含了大量程序规范。对此,公司法体现得较为明显。《公司法》关于公司设立的条件、公司资本制度、公司组织机构及其职权、股东权利义务、法律责任等规定属于实体规范;而关于公司设立的程序、公司组织机构行使职权的方式以及公司变更、清算、解散的程序等规范则属于程序规范。

(五)公司法是兼具国际性的国内法

公司法是调整公司的组织及其活动的法律,而公司是商行为的主要参与者,因此公司法无疑构成了兼具国际性的商法的典型。各国公司制度原来各有特色,互不相同。但现在各国公司法已无很大的差异,在内容上具有明显的共同性。从形式上看,无论是在成文法系还是判例法系国家和地区,公司法都主要表现为成文法的形式。从内容上看,各国关于公司的概念、类型、资本制度、组织机构及其职权、股份与债券的发行、解散与清算等内容都大同小异并日益趋同。最显著的例子是有限责任公司、授权资本制、专门委员会制、职工参与制等,这些制度原来只是某一国家的制度,现已为各国所采用。此外,公司法领域虽然没有像票据法那样出现国际统一立法,但出现了区域性统一公司法的立法动向。欧洲经济共同体(含后来取代欧共体的欧盟)即采取了制定国际公约(treaty)、发布规则(regulations)、指令(directives)以及制定统一的欧洲公司法等方式来协调和统一成员国的公司法。自 1968 年欧共体部分成员国签署《公司法及法人相互认许公约》以来,欧共体(含欧盟)理事会又颁布了《欧共体理事会关于欧洲经济利益集团(EEIG)的规则》(1985 年)、《欧共体理事会关于控制公司集中行为的规则》(1989 年)等多项规则以及涉及股东及其他利害关系人权益保护、公司设立、资本制度、合并、分立、公司组织、分公司设立、母子公司关系、一人公司、公司年度财务会计以及公司公开收购等 13 项指令或指令草案。[12] 欧盟 15 个国家的公司法学家还于 1998 年对各成员国的有限责任公司立法状况作出了考察,在此基础上提出了制定统一的欧盟有限责任公司法的草案。[13] 这些公约、规则和指令顺应了欧洲“单一市场”的立法精神,规定了各成员国公司法应遵循的基本准则。成员国大多据此对本国公司法作了相应修订,从而欧盟各国公司法的国际性大为加强。[14]

(六)公司法具有发展性与变动性

民法具有固定性与继续性,往往沿袭援用,一般较少修改;而商法则随着市场交易方式与内容的发展变化,呈现不断发展进步的特点。在商法中,公司法无疑是最能体现其发展性与变

---

〔12〕 参见《欧盟公司法指令全译》,刘俊海译,法律出版社 2000 年版,目录第 1 ~ 4 页。

〔13〕 参见吴越:《论中国公司法之构造缺陷及克服》,载《现代法学》2003 年第 2 期。

〔14〕 参见范健、蒋大兴:《公司法论》(上卷),南京大学出版社 1997 年版,第 67 ~ 68 页。

动性是法律部门。在各国商法的修订中，公司法的修订无论是在量上还是质上，都是修订得最多的法律。急剧变动的社会现实和日趋激烈的国际竞争，不仅带来了公司理念的更新，也推动了各国立法的发展。为了顺应时代发展的需要，各国政府均加大了对其公司立法修改的步伐，修法成为全球性潮流。20世纪90年代中期以来，公司法改革浪潮更是席卷全球。许多国家或地区先后进行了公司法的修改，甚至多次进行了公司法修改。

三、公司法的体系

与公司最早产生于西方相适应，公司立法也最早发端于西方。自1673年法国颁布《陆上商事条例》至今，世界公司立法已有三百多年的历史。尽管公司法具有国际趋同性，各国也积极主动地相互参考、借鉴，但因各国在法律传统、历史、文化背景、地理环境上存在差异，使公司法在内容、体例等方面形成几大特色鲜明的法系。通过对这些法系代表性国家公司法历史发展及其内容的考察，归纳出相应法系的特色，对公司法的学习与研究都具有重要意义。

（一）英美法系公司法

英美法系公司法以英国、美国为代表，影响及于加拿大、澳大利亚、新西兰等英联邦国家。该法系发端于英国，但美国公司法则更加完善并更具影响力。

与法国法系、德国法系相比，英美法系公司法表现出以下共同特点：

1. 在法源上，虽然其现代公司法已经以成文法为主，但由于其系判例法国家，仍然存在大量的判例法形式的公司法。

2. 在立法模式上，有关公司法的成文法均以单行法或统一法的形式存在，即便像美国这样制定了商法典（美国为《统一商法典》）的国家，其商法典中也不包含公司法规范。当然，单纯就采取这种单行法的立法模式而言，瑞典、匈牙利、中国等少数大陆法系国家和地区，其公司法也自始采取单行立法技术。因此，这种采取单行公司法的立法模式实际上非由英美法系国家所特有，只不过构成了其一大特色而已。

3. 与判例法传统相适应，其成文公司法也赋予公司设立者较大的自由，富有弹性。如英国公司法对公司资本额无最低限制，未规定法定公积金制度，等等。

4. 公司法的调整范围独特。首先，就公司种类而言，主要调整三类公司，即开放式公司、封闭式公司及有限保证责任公司。至于类似于大陆法系国家的无限公司和两合公司，则以合伙和有限合伙指称，因而由合伙法和有限合伙法调整。如英国分别于1890年和1907年制定了《合伙法》（Partnership Act）和《有限合伙法》（Limited Partnership Act），美国则分别于1914年和1916制定了《统一合伙法》和《统一有限合伙法》。其次，就公司法与相关法律的关系而言，公司法调整范围比较广泛，不但包括公司设立、组织机构等一般公司法规范，还包括证券及证券交易、公司财务会计（该内容十分详细）、公司破产等内容。如在英国，有关公司破产的内容都在公司法中作了详尽的规定，而专门的破产法只调整自然人破产。[15]

（二）法国法系公司法

法国法系为代表，影响及于意大利、比利时、西班牙、葡萄牙、埃及、叙利亚、伊朗及南美洲

---

〔15〕 参见范健、蒋大兴：《公司法论》（上卷），南京大学出版社1997年版，第83～84页。

各国。[16] 法国法系公司法表现出如下特点：

1. 在立法体例上，先以商法典调整公司法律关系，然后将公司法从商法典中分离出来，制定了统一的公司法，即《公司法》或《商事公司法》。不过，在有些国家的民法典中也有部分公司法律规范。意大利在1882年商法典中设置了有关公司的规定，但在1942年则已将其纳入包容极广的《意大利民法典》中，同时制定了数个单行公司法。此外，在立法模式上，意大利原以法国法为基础，现在则更多地受到德国法的影响。

2. 对公司的法律规制较为严格，公司法中限制性和禁止性等强制性规范较多。如《法国商事公司法》即规定了大量的此类规范：对公司发起人和经理人的欺诈行为作了许多限制性规定；对有限责任公司的最低资本额、股份转让和股份有限公司的财产报告等都作了限制性规定；对有限责任公司、股份有限公司亏损超过原资本一半时作了强制减资的规定；不仅对违反公司法的行为的法律责任作了专门规定，而且还以占较大篇幅的第二编对"刑事规定"作了专编规定。

(三)德国法系公司法

德国法系以德国为代表，影响及于奥地利、瑞士[17]、瑞典、挪威、丹麦、克罗地亚等国。[18] 德国法系公司法表现出如下特点：

1. 在立法体例上，采取商法典与单行公司法并存模式，即在商法典中就公司法作专编规定，调整股份有限公司之外的其他公司形态，股份有限公司则另以独立的股份公司法调整。由于有限责任公司创制于其他公司形态之后，在德国等国，还将有限责任公司也单独立法。

2. 公司立法富有弹性，任意性规范较多。尤其是对于人合公司和具有人合因素的有限责任公司，基于私法自治的原则，强制性规范明显较少。如《德国有限责任公司法》明确规定，可以由一人或数人设立有限责任公司；对有限责任公司的股份转让无强制性限制，不要求公开公司的财务报告；小规模有限责任公司还可任意选择是否设立监事会；等等。

3. 公司治理结构较为特殊，实行双层委员会制与职工参与决定制。在公司的治理结构中，股东会、监事会和董事会是三大主体，但其中的董事会(也可译为理事会)和监事会的含义和美国、日本公司中的董事会和监事会截然不同。监事会是公司股东、职工利益的代表机构和企业经营的决策机构，类似于其他立法模式下的董事会。董事会是落实监事会决议、主持公司日常经营工作的执行机构，相当于其他立法模式下由经理人员组成的执行机构。职工参与决定制是指企业职工通过"企业职工委员会"来实现对有关职工利益问题的参与决定，通过职工代表进入公司领导机构(监事会和董事会)来实现对企业重大经营决策问题的参与决定。

4. 对关联企业的立法较为健全。例如，《德国股份法》第三编对"关联企业"作了系统性专编规定；该编还以主要篇幅对关联企业的典型形式康采恩作了较为完整的规定。

(四)折中法系公司法

折中法系是指在公司立法过程中兼采各法系的立法模式，加以糅合折中形成的法系。该

---

〔16〕 参见梁宇贤：《公司法论》，台北，三民书局1980年版，第10页。

〔17〕 瑞士没有制定商法典，但作为《瑞士民法典》第五编"瑞士债务法"，实际上具有极强的独立性，不仅其条文未与前四编衔接，而且内容也主要是关于公司、票据、商号等属于商法的条款。因此，有些学者认为该编实际上构成了与《瑞士民法典》并列的《瑞士商法典》。我国的最新译本亦将其译为《瑞士债法典》。

〔18〕 参见梁宇贤：《公司法论》，台北，三民书局1980年版，第10页。

法系以日本为代表,故又称日本法系。其他则以韩国最为典型。

折中法系公司法表现出如下特点:公司立法起步较晚,但善于利用后发优势,注意吸收引进各大法系的立法成果,折中色彩浓厚。日本公司法就先后受法国、德国、美国的深刻影响,通过立法与修法,形成了一种极具折中性的混合立法模式。

第三节　公司的类型

一、公司的主要学理分类

(一)人合公司、资合公司与人资兼合公司

这是依公司的信用基础的不同对公司所作的划分,也是大陆法系国家或地区的公司法学者对公司所作的学理分类。

1. 人合公司

人合公司,日本称为“人的会社”,是指以股东个人的信用而非公司资本作为信用基础的公司。很多国家和地区的公司法都规定人合公司的股东可以以信用、劳务、债权或其他权利出资。股东不是以其出资额,而是以其个人信用作为公司对外关系的基础。第三人与公司交易时是基于对股东个人的信任,因此股东的责任不能仅限于他的出资,而是以其全部资产承担责任。在人合公司中,不仅公司对外信用的基础是股东个人的信用,而且在公司内部,股东与股东相互之间也往往存在特殊的信任关系。股东的结合必须要有相互深切的了解。因此,人合公司往往具有家族性,常被称为“家庭性公司”。人合公司的“所有权”与经营权是统一的,股东均得以股东之身份参与公司经营管理。此外,人合公司中,股东地位移转非常困难,公司表现出浓厚的合伙性质。在大陆法系国家和地区,由于人合公司往往也具有法人资格,因而其“可谓合伙披上法人之外衣”。〔19〕 无限公司是典型的人合公司。

2. 资合公司

资合公司,日本称为“株式会社”,是指以公司的资本而非股东个人信用作为信用基础的公司。第三人与公司的交易不是基于对某个股东的信任,而是对公司的资本实力的信赖。为防止公司资本缺乏而损害债权人利益,绝大多数的大陆法系国家的公司法均对资合公司的设立条件予以严格限制。这种公司往往具有比较健全的制度,其典型的法人治理结构使公司有较强的独立性。法律要求资合公司在运营过程中以法定方式将公司财产报告及其他表册公之于众,使公司债权人及其他利害关系人能及时准确地了解公司的财产及经营状况。股份有限公司是典型的资合公司;有限责任公司虽被纳入资合公司的范畴,但也具有较为明显的人合因素。

3. 人合兼资合公司

人合兼资合公司,又称人资兼合公司,日本称为“合资会社及株式合资会社”,中国台湾地区称为“中间公司”或“折中公司”,它是指公司兼以股东个人的信用和资本信用为信用基础的公司。两合公司和股份两合公司即为典型的人合兼资合公司。在这种公司中,有限责任股东

---

〔19〕 柯芳枝:《公司法论》,中国政法大学出版社 2004 年版,第 11 页。

的出资或股份为公司提供资本信用基础,而无限责任股东则以其个人信用为公司债务提供一般担保。两合公司及股份两合公司是典型的人资兼合公司。在我国台湾地区,有限责任公司也被认为是人资兼合公司,只不过其与两合公司相比较而言,偏向于资合公司。[20]

(二)母公司与子公司

依公司外部组织关系标准,可以将公司分为母公司与子公司。母、子公司的划分实际上揭示的是公司相互间的投资与被投资的关系。依此,可以明晰各公司之间的产权关系及公司相互间的控制与依附关系。

1. 母公司

母公司,是指因拥有其他公司一定比例股份或者根据协议可以直接或间接控制或支配其他公司的公司。母公司作为控制公司的一种,又称控股公司,可以分为纯粹的控股公司和混合的控股公司,前者一般只以控股为主要目的,而后者则是既控制股份,又从事其他业务。传统上,母公司对其他公司的控制需持有该公司50%以上的股份,但随着股份公司股东的多元化、股份的分散化,母公司往往无须持有半数以上的股份即可取得对该公司的实际控制权。此外,母公司还可以通过签订协议的方式实现对其他公司的控制或支配。一公司持有另一公司股份达到何种比例方可称为母公司,各国规定不尽一致。有的规定仅需达到10%即可成为母公司,有的规定需达到50%以上方可成为母公司。

2. 子公司

子公司是母公司的对称,是指全部股份或达到控股程度的股份被另一个公司控制,或者依照协议被另一公司实际控制的公司。全部股份被另一公司控制的子公司,又称全资子公司。在这种情况下,子公司的股东仅有一人,子公司实际上就是"一人公司"。子公司虽被母公司控制,但它仍是独立法人,它有自己独立的法律人格,可以独立地以自己的名义从事经营,并以自己的财产独立承担责任。但母、子公司可形成一种关联公司或企业集团关系,若母公司被认定构成了对子公司的过度控制,则可能依公司法律人格否定原理,使母公司对子公司债务承担法律责任。

二、公司的法律分类

由于公司概念本身的不确定性,再加上各国家及地区制度的差异,在公司的分类上也各不相同。但总的来说,可以从大陆法系与英美法系两大类别来考察公司的法律分类。

(一)大陆法系公司的法律分类

大陆法系一般将公司分为无限责任公司、两合公司、有限责任公司、股份有限公司和股份两合公司。

1. 无限责任公司

无限责任公司,简称无限公司,日本称"合名会社",法国称"合股公司",是指由两名以上的股东组成,全体股东对公司债务负连带无限责任的公司。无限责任是指公司股东不仅要以其出资,而且还要以其出资以外的其他个人财产来清偿公司债务;连带责任是指公司的各个股东必须对公司全部债务承担责任。公司的债权人既可以要求所有股东,也可以只要求其中个别

---

〔20〕 参见柯芳枝:《公司法论》,中国政法大学出版社2004年版,第12页。

股东清偿债务，若部分股东清偿了全部债务，则有权向其他股东追偿。在实行民商分立的大陆法系国家，如法国、德国，民事合伙和商事合伙都可以称为公司。其中属于商事合伙的公司就是无限公司和两合公司。由此可见，无限公司实际上属于合伙企业性质。无限公司内部关系具有合伙性质，而在外部则呈现出法人的性质，但在五种公司形态中，无限公司的法人性最为淡薄。

无限公司股东出资较为宽松，可以财产、劳务及信用出资。在无限公司中，各股东均构成了公司的业务执行机关。执行业务既为股东权利也为股东义务，除以章程免除外，股东不得任意抛弃。而不执行业务的股东也有监督权。

无限公司作为公司组织形式之一，可谓利弊兼存。其优点主要有：(1)组织和设立程序简便，无最低资本额的限制，出资方式不限于现金和实物，劳务和信用亦可出资；(2)股东间关系密切，相互间具有良好的信赖基础；(3)清偿债务不以出资为限，能够使债权人给予更高的信任。其弊端为：股东投资风险过大，责任过重，不利于吸引投资。正因如此，无限公司的规模往往不大，在当今世界也非主要的公司组织形式，在有些国家(如日本)甚至已经趋于消失了。

2. 两合公司

两合公司，又称简单两合公司，日本称为“合资会社”，是指由一人以上的无限责任股东与一人以上的有限责任股东所组织，其无限责任股东对公司债务负无限连带责任，有限责任股东仅以其出资额为限承担责任的公司。由于两合公司中有限责任股东与无限责任股东承担的责任和风险不同，因而在公司中的法律地位也不同。无限责任股东代表公司执行业务，而有限责任股东没有业务执行权和代表权，只有一定的监察权。两合公司属于人合兼资合公司，但就其本质而言则偏向于人合公司。两合公司为大陆法系所特有，其以无限责任股东为重心，相当于英美国家的有限合伙。

两合公司由无限公司发展而来，除了存在有限责任股东之外，其与无限公司并无太大差异。在制度规定上，德国、法国、日本及中国台湾地区等绝大多数大陆法系国家和地区均对两合公司作了单独规定，但一般除了就有限责任股东另设规定外，其他均准用无限公司的规定。在法律人格上，大陆法系国家和地区与对无限公司的态度一致，也分为确认法人资格与未明确确认法人资格两种。

两合公司中，无限责任股东可以财产、劳务及信用出资，有限责任股东则只能以财产出资。在内部关系方面，有限责任股东不得执行公司业务，但法律赋予其监督权；由于有限责任股东不执行公司业务，也不负竞业禁止义务。在外部关系方面，两合公司专由无限责任股东代表，有限责任股东则不能代表公司。由于两合公司的人合性，有限责任股东转让股权受到限制。依我国台湾地区“公司法”，需要无限责任股东过半数同意，有限责任股东才能转让股权。[21]

两合公司的优点主要表现为：(1)它避免了无限公司要求所有股东都负连带无限责任从而不利于吸引投资的缺陷，使一些拥有资金只想投资获利却不愿意冒太大风险或直接从事经营活动的人有了投资场所；(2)由于部分股东承担无限连带责任，使债权人债权之实现能得到更加充分的保障，因而往往比有限责任公司具有更高的信用。

---

〔21〕　参见柯芳枝：《公司法论》，中国政法大学出版社2004年版，第576～581页。

3. 有限责任公司

有限责任公司,简称有限公司,是指由一定人数以上股东共同出资,股东以其出资为限对公司承担责任,公司以其全部资产对其债务承担责任的公司。有限责任公司创设后,小型股份有限公司可不必设立为股份有限公司,而采取更为灵活的有限责任公司形式,故其可谓为小型股份有限公司而创设。同时,它吸收了无限公司和两合公司的许多重要特点,因而其实质为介于股份有限公司和人合公司之间的一种公司形式。〔22〕 因此,有限责任公司的特征是资合性与人合性的统一:与无限公司相比,有限责任公司股东之间的关系较为松散,股东一般不能以其信用出资,因此其具有资合性;与股份有限公司相比,有限责任公司出资转让受到限制,不公开募集资本,股东与股东之间的关系也相对较为紧密,因而又具有一定的人合性。

对于有限责任公司的股东人数,各国立法一般都有上限和下限的规定。就立法目的而言,规定股东人数上限,一方面是由有限责任公司的性质决定的,因有限公司在一定程度上具有人合的特点,股东相互间须有信任关系,这就决定了股东人数不可能太多;另一方面是为了区别于股份有限公司,股东人数突破上限,就应考虑公司形态之变更。如《法国商事公司法》第36条规定:"有限责任公司的股东人数不得超过50人。公司拥有50人以上股东时,应在2年的期限内将公司转变为股份有限公司。否则,公司解散,但在该期限内股东人数变为等于或低于50人的,不在此限。"〔23〕至于是否规定股东人数的下限,主要取决于各国对"一人公司"的态度,凡规定股东须为2人以上的国家,一般不承认"一人公司";凡无下限要求的,一般均承认"一人公司"。

由于有限责任公司不像股份有限公司那样公开募集股份、账簿公开、信息披露的要求较低,也有人称之为封闭式公司。然而,封闭式公司是英美法系国家公司法对公司的特有分类,其与开放式公司相对,与大陆法系国家之有限责任公司实则具有实质性差异。

4. 股份有限公司

股份有限公司,简称股份公司,日本称"株式会社",是指由一定人数的股东发起设立的,并可以通过发行股票筹集资本,全部资本分为均等的股份,股东以其所认购的股份为限对公司债务承担责任,公司以其全部资产对其债务承担责任的公司。严格来说,股份有限公司应该称为有限责任股份公司,不能从字面上将其理解为发行股票的数量受到限制的公司。

股份有限公司作为现代企业制度的基本组织形式,在促进生产的社会化和社会经济的繁荣方面发挥了巨大的作用,并因其具有其他公司形式所不具备的优势和特点而成为广大投资者乐于采用的企业组织形式。

5. 股份两合公司

股份两合公司,日本称"株式合资会社",是由无限责任股东和有限责任股东共同组织,前者对公司债务负无限连带责任,后者则以其所持股份为限承担责任的公司。立法者的基本思路是,通过股份两合公司将这种公司组织形式将人合公司与股份有限公司的优势结合起来。借此,可以发挥无限责任股东的个人信用及其在企业经营方面的热忱;此外,还能发挥股份有

---

〔22〕 参见[德]托马斯·莱塞尔、吕笛格·法伊尔:《德国资合公司法》(第3版),高旭军等译,法律出版社2005年版,第8页。

〔23〕《法国商法典》,金邦贵译,中国法制出版社2000年版,第103页。

限公司资本积聚的功能及其作为公众公司的优势。股份两合公司与两合公司的区别在于，股份两合公司中的有限责任股东的出资划分为等额股份，而两合公司中的有限责任股东的出资则无须采用股份形式。股份两合公司的内部组织结构和管理模式同股份有限公司有很大区别。两者之间的根本区别在于，股份两合公司中人合公司之组织结构自由取代了股份有限公司之严格规定。此外，股份两合公司还可以作为一家两合公司或有限责任公司向股份有限公司发展的中间形态。但股份两合公司未来能否发挥更大的价值，则令人怀疑。即便是在德国联邦最高法院承认了一家股份有限公司或有限责任公司可以作为股份两合公司之无限责任股东的背景下，股份两合公司也仍未取得预料中的大发展。〔24〕

在长期的公司实践中，无限责任公司和两合公司已经很少为投资者所采用，而股份两合公司则已基本上名存实亡。以德国为例，1895 年至 1910 年，登记成立的股份两合公司有 100 ~ 150 家，“二战”后又登记成立了约 200 家，但 1950 年以后，该数字则锐减到 20 ~ 30 家。在立法上，现在许多国家都已废止了这一公司形态，不过德国、法国、比利时、丹麦、希腊、意大利、卢森堡、西班牙、葡萄牙等大陆法系国家在形式上对此作了保留。〔25〕 作为现代企业典型组织形式的主要是有限责任公司和股份有限公司，这两种公司形态在西方国家中被投资者普遍采用。我国公司法也只确认了有限责任公司和股份有限公司这两种公司类型。

（二）英美法系公司的法律分类

1. 注册公司与非注册公司

在除美国之外的英美法系国家和地区，依公司是否注册为标准，公司被分为注册公司与非注册公司。注册公司是指依照公司法注册设立的公司。非注册公司是指依照特许制度或各种特别法令而设立的公司，依其设立的依据，又可进一步分为特许公司（chartered company）和法定公司（statutory company）。但在英国等国家和地区，公司法并不限于商事公司法，慈善性、非营利性公司也可成为注册公司，并受公司法调整。因此，注册公司未必就是一般商事公司意义上的公司。非注册公司是不依公司法设立的非商事公司，但也未必就不受公司法调整。一般所谓英美法系公司的法律分类都是就商事公司意义上的公司而言，本书同样如此。

2. 开放式公司与封闭式公司

英美法系国家和地区，依公司股东对象不同及股票能否自由转让为标准，将公司分为开放式公司与封闭式公司。这是英美法系公司最普遍、最基本的法律分类。

开放式公司（英国称为 public company，美国称为 publicly-held corporation 或 share corporation），又被译为多数人公司、上市公司、公公司、公众公司、公开招股公司，是指可以公开招股，股东人数无最高数额限制，其股票可以在证券市场公开交易的公司。该类公司类似于大陆法系股票获准上市的股份有限公司。

封闭式公司（英国称为 private company，美国称为 close corporation），又被译为少数人公司、不上市公司、私公司、私人公司、非公开招股公司，是指股份全部由设立该公司的一定人数的股东（英国限定为 50 人以下，美国多数州限定为 30 人以下），不能对外公开发行股份，股份

〔24〕 参见［德］托马斯·莱塞尔、吕笛格·法伊尔：《德国资合公司法》（第 3 版），高旭军等译，法律出版社 2005 年版，第 351 ~ 353 页。

〔25〕 参见《欧盟公司法指令全译》，刘俊海译，法律出版社 2000 年版，第 6 ~ 8 页。

不能在证券市场自由转让的公司。该类公司类似于大陆法系的有限责任公司。但在除美国外的英国等多数英美法系国家和地区,不上市公司比大陆法系有限责任公司的外延要广,它还包括无限公司。[26] 较为特殊的是,除一般无限公司外,有限公司的章程还可以规定公司的董事对公司债务负无限责任。这种董事负无限责任的有限公司有些类似于大陆法系的两合公司,只不过负无限责任的不是公司股东而是董事。

3. 普通有限公司与保证有限公司

在除美国之外的英美法系国家和地区,依股东承担责任的方式为标准,可以将公司分为普通有限公司与保证有限公司。

普通有限公司的股东对公司债务以其认缴的股份为限承担责任。若其认缴的股款已缴足,则不再承担其他财产责任。绝大多数公司都属于这种公司。

保证有限公司的股东应在公司歇业时依其所保证的金额向公司出资,以清偿公司债务,但超出该保证金额的,则不再承担其他财产责任。保证有限公司又分为两种形态:有股东保证的有限公司与无股东保证的有限公司。在有股东保证的有限公司中,股东在公司成立时或其后,应按其所认缴的股份承担向公司缴足股款的义务;在公司歇业时,应首先缴纳尚未缴足的股款,然后再依其所保证的金额向公司出资,以清偿公司债务。这种公司一般适用于从事律师、注册会计师等业务的特定行业公司。就其性质而言,一般也不属于美国商事公司范畴。在无股东保证的有限公司中,公司既不存在股份资本,股东也无须认缴股款,只是在公司歇业时依其所保证的金额向公司出资,以清偿公司债务。因此,无股东保证的有限公司又被称为无股本的保证有限公司。这种公司主要适用于慈善组织、各种俱乐部、学校等非营利组织。[27] 毫无疑问,这种无股本的保证有限公司也不属于美国商事公司法所调整的商事公司范畴。

4. 美国公司法中的特殊公司:"有限责任公司"

在美国公司中,还有一种被称为"有限责任公司"(limited liability company)的特殊公司。这种公司与大陆法系的有限责任公司差异极大。"有限责任公司"是指由一人以上股东设立的,股东以其出资为限对公司承担责任,公司具有法人资格,但公司可采取类似于合伙企业的灵活管理模式且免予征收公司所得税的特殊公司组织形式。该公司形式是为满足中小投资者的实践需求而特别创设的。在"有限责任公司"创设前,中小投资者主要可选择独资企业、普通合伙与封闭式公司的组织形式。独资企业与普通合伙的无限责任制度使投资者风险较大。在有限合伙中,有限合伙人虽然受有限责任的保护,但有限合伙人不得参加合伙的经营活动,其局限性也较为明显。封闭式公司股东虽可享受有限责任的优惠,但其稳定性不足且会出现"双重征税"等问题。因此,在公司实践中,中小投资者产生了设立一种既能利用有限责任与法人资格的"优惠"又能利用合伙企业的灵活管理模式及税收优惠(不征收公司所得税)的企业组织形式的强烈需求。于是,立法者特别创设了"有限责任公司"这一特殊公司形式。该公司一经诞生就受到了投资者尤其是中小投资者的广泛青睐。如今美国50个州及哥伦比亚特区都完成了有限责任公司法的立法过程。1994年,美国"统一州法全国委员会"制定了一个《统一有限责任公司法》的示范法,1996年又对该示范法进行了重要的修改。至此,有限责任公司作为

---

〔26〕 参见董安生等编译:《英国商法》,法律出版社1991年版,第236页。

〔27〕 参见孔祥俊:《公司法要论》,人民法院出版社1997年版,第63～64页。

新型的企业组织的形式在美国完全确立了自己的地位。[28]

三、我国公司的法律分类

(一)有限责任公司

有限责任公司，是指由50个以下股东共同投资设立、每个股东以其所认缴的出资额为限对公司承担责任、公司以其全部资产对其债务承担责任的企业法人。我国《公司法》第3条第2款及第24条对此有明确规定。依其规定，我国有限责任公司与其他公司类型相比，具有以下特征：

1. 股东责任的有限性。有限责任公司各股东对公司所负责任，仅以其认缴的出资额为限，对公司债权人不负直接责任。如果公司的财产不足以清偿全部债务，股东也没有以自己出资以外的个人财产为公司清偿债务的义务。这一点使其区别于大陆法系国家的无限公司。

2. 股东出资的非股份性。有限责任公司的资本一般不分为等额的股份，股东出资并不以股份为单位计算，而直接以出资额计算。股东权利义务的大小及范围也不以股份数额来计算，公司章程甚至可以规定一种其他的表决权行使方式。我国《公司法》第42条明确规定："股东会会议由股东按照出资比例行使表决权；但是，公司章程另有规定的除外。"这是有限责任公司与股份有限公司的区别之一。

3. 公司资本的封闭性。有限责任公司的资本只能由全体股东认缴，而不能向社会公开募集股份，不能发行股票。公司发给股东的书面出资证明被称为"出资证明书"，亦称股单。股单只是一种权利证书，不能在证券市场上自由转让。有限责任公司不向社会募集股份，其会计账簿亦无须公开。有限责任公司的资本封闭性特点，还表现为对股东转让出资的限制。依照我国《公司法》第71条之规定，除非公司章程对股权转让另有规定，有限责任公司的股东向股东以外的其他人转让股权，必须经其他股东过半数同意；其他股东半数以上不同意转让的，不同意的股东应当购买该转让的股权，不购买的，视为同意转让；经股东同意转让的股权，在同等条件下，其他股东有优先购买权。此项特征也是有限责任公司与股份有限公司的重要区别之一。

4. 股东人数的限制性。我国《公司法》规定，股东人数为50人以下。对于有限责任公司股东人数超过最高限额时是否应变更公司形式，我国法律未明确规定。实践中，为了满足《公司法》所规定的股东人数要求，有些公司将由众多员工组成的职工持股机构整体作为一个股东。由于职工持股机构的法律地位不明确，这种具有实践需求的做法实际上存在许多法律问题，有待于进一步研究与立法完善。但就《公司法》而言，则应严格将有限责任公司的股东人数限定在50人以下。

5. 公司组织的简便性。有限公司的设立程序简便，只有发起设立，而无募集设立。有限公司的组织机构也比较简单、灵活，可设董事会、监事会，也可以只设1名执行董事以及1名至2名监事行使董事会、监事会职权。其中设立股东会的，股东会的召集方法及决议的形成也比较简便。

6. 公司具有一定的人合因素。以上有限责任公司的特征表明，我国公司法关于有限责任公司的规定，在体现出其资合性这一本质属性的同时，还体现出其较为明显的人合性色彩。此

---

〔28〕 参见宋永新：《美国非公司型企业法》，社会科学文献出版社2000年版，第171～175页。

外有限责任公司的人合性还表现为《公司法》强调有限责任公司的股东自治与公司自治,国家干预的成分较少。

(二)一人有限责任公司

1. 一人公司概述

一人公司(one-man company,one-member company),亦称独资公司或独股公司,它有狭义和广义之分。狭义的一人公司指股东只有一人,全部股份或出资由一人拥有的公司,又称形式意义上的一人公司;广义的一人公司,不仅包括形式意义上的一人公司,还包括实质意义上的一人公司,即公司的真实股东只有一人,其余股东仅是为了真实股东一人的利益而持有股份的非实有股份权益者(owner of real interest)的公司。一般所谓一人公司是就狭义而言。

现代一人公司法律制度源于英国 1897 年萨洛姆诉萨洛姆公司案(Salomon v. Salomon & Co. Ltd.)。以成文立法的形式肯定一人公司的法律地位的开先河者是列支敦士登。如今,已有越来越多的国家和地区通过修改法律,允许形式意义上的一人公司设立或存在,并且从立法动态上看,这不仅成为一种立法趋势,而且还有许多国家将一人公司扩大到一人股份有限公司。

总的来说,就目前世界各国家和地区对一人公司的规定来看,大约有八种模式:(1)允许设立及存续一人有限责任公司和一人股份有限公司,如美国(多数州)、德国〔29〕、欧盟、日本、列支敦士登、荷兰、奥地利、马来西亚、中国台湾地区等,该类国家和地区的绝对数虽然不多,但最早和最近承认一人公司的国家和地区多属此类;(2)同时允许一人有限责任公司及一人股份有限公司,但仅限于存续一人公司,如瑞士、挪威、意大利、厄瓜多尔、印度等;(3)仅承认存续一人股份有限公司,如瑞典、丹麦、墨西哥、韩国、巴拿马、哥斯达黎加、委内瑞拉、秘鲁、巴西、英国、爱尔兰、马耳他〔30〕等;(4)仅承认存续一人有限责任公司,如希腊,但采此立法模式者甚少;(5)承认设立一人有限责任公司,如比利时,采此立法模式者亦甚少;(6)承认设立(除西班牙外限于登记机关登记错误)及存续一人股份有限公司,如西班牙、澳大利亚、加拿大、以色列、新西兰、尼日利亚等;(7)承认设立一人有限责任公司及存续一人股份有限公司,如法国,采此立法模式者亦甚少;〔31〕(8)不仅不准许设立一人公司,而且公司设立后若公司股份全归一人持有时,该公司必须立即解散或要求该股东承担连带责任,中国台湾地区在 2001 年"公司法"修订之前属此类。

2. 我国《公司法》关于一人有限责任公司的规定

我国公司法学界多数学者都主张顺应世界承认一人公司的立法潮流,明确规定一人有限责任公司制度,同时对其设置相应的规范,从而使实际存在的一人公司得以受到有效的法律规制。最终,现行《公司法》以第二章第三节共计 7 个条文(第 57 ~63 条)的篇幅就一人有限责任公司作了特别规定,从而使一人公司得到了部分承认。其基本内容如下:

(1)我国《公司法》所称一人有限责任公司,是指只有一个自然人股东或者一个法人股东的有限责任公司。其具体规范除由《公司法》作特别规定者外,皆适用《公司法》的相关规定。

---

〔29〕 德国较为特别,仅有条件接受存续一人有限责任公司。

〔30〕 马耳他并未完全承认存续一人股份有限公司,其要求须于 6 个月犹豫期内补足股东不足之数,否则公司应解散。

〔31〕 参见赵德枢:《一人公司详论》,中国人民大学出版社 2004 年版,第 130 ~132 页。

(2)为提高一人有限责任公司的信用能力,法律规定其注册资本最低限额为人民币10万元,并且股东应当一次足额缴纳公司章程规定的出资额。对此,也有学者认为,该最低限额规定过高,应将其降为3万元。[32]

(3)为避免自然人滥用一人有限责任公司的法律人格,《公司法》规定一个自然人只能投资设立一个一人有限责任公司,并且该一人有限责任公司不能投资设立新的一人有限责任公司。鉴于作为一人有限责任公司唯一股东的自然人与法人在运作及承担连带责任情形下偿债能力不同,《公司法》规定一人有限责任公司应当在公司登记中注明自然人独资或者法人独资,并在公司营业执照中载明。

(4)在公司治理结构方面,一人有限责任公司不设股东会。股东作出应由股东会决议事项的决定时,应当采用书面形式,并由股东签名后置备于公司。

(5)一人有限责任公司应当在每一会计年度终了时编制财务会计报告,并经会计师事务所审计。此即一人有限公司的强制审计制度。通过强制审计制度,一人有限责任公司被赋予了高于其他有限责任公司的信息披露义务,从而有利于维护债权人及交易相对人的利益。

(6)一人有限责任公司的股东不能证明公司财产独立于股东自己的财产的,应当对公司债务承担连带责任。此即一人有限责任公司法人格滥用推定制度。该规定的实质在于确立了一人有限责任公司法人格滥用的举证责任倒置制度。有学者对该规定给予了高度评价,认为其作为我国的制度创新,不仅是我国一人公司制度走在世界前沿的标志,也是我国对公司法人格否认制度的一大创新。[33]

(三)国有独资公司

1. 国有独资公司的概念与特征

国有独资公司,是指国家单独出资、由国务院或者地方人民政府授权本级人民政府国有资产监督管理机构履行出资人职责的有限责任公司。国有独资公司是我国《公司法》专门针对中国国情而规定的一种特殊类型的有限责任公司。依我国《公司法》之规定,国有独资公司作为特殊的类型具有以下特征:

(1)投资主体的单一性与特定性。所谓单一性,是指国有独资公司的投资主体只有一个;所谓特定性,是指国有独资公司的投资者只能是国有资产监督管理机构,并由其代表国家履行出资人职责。

(2)适用对象的特定性。我国现行《公司法》删除了国有独资公司适用对象的规定。国有独资公司发展至今,其范围应严格限定于必须由国家垄断经营的特殊行业和企业。其他领域应通过国有控股和参股的方式,实现国有资产经营体制的转换,而不能简单地将原国有企业“改制”为企业治理结构并无实质性区别的国有独资公司。

(3)运作规则的特殊性。国有独资公司的组织形式仅存在于有限责任公司当中,属有限责任公司中的一种,它符合有限责任公司的一般特征。但国有独资公司又是一种特殊的有限责任公司,在组织机构、公司章程、财产管理等许多方面,都与普通的有限责任公司存在明显差异。

---

〔32〕 参见刘俊海:《新公司法的制度创新:立法争点与解释难点》,法律出版社2006年版,第134页。

〔33〕 参见刘俊海:《新公司法的制度创新:立法争点与解释难点》,法律出版社2006年版,第136页。

2. 国有独资公司的设立

设立国有独资公司,应当由国家授权投资的机构或者国家授权的部门作为申请人,申请设立登记。具体分为两种情形:

(1)单独发起设立。这是指由国有资产监督管理机构依据公司法的规定,单独投资设立国有独资公司。由于仅有一个股东,公司章程需要由设立人依公司法制定,或者由公司董事会制定后报经设立人批准。

(2)国有企业改组设立。这是指将《公司法》施行前设立的单一投资主体的国有企业,依《公司法》关于国有独资公司设立条件与程序之规定,改组为国有独资公司。

3. 国有独资公司的组织机构

国有独资公司不设股东会,由国有资产监督管理机构行使股东会职权。国有资产监督管理机构可以授权公司董事会行使股东会的部分职权,决定公司的重大事项,但公司的合并、分立、解散、增加或者减少注册资本和发行公司债券,必须由国有资产监督管理机构决定;其中,重要的国有独资公司合并、分立、解散、申请破产的,应当由国有资产监督管理机构审核后,报本级人民政府批准。在国有独资公司中,董事会既具有股东会的部分决策权限,又是公司的执行机构和对外代表机构,负责公司的日常经营管理工作。

国有独资公司董事会由 3 名至 13 名董事组成,每届任期 3 年,董事会成员中必须有公司职工代表。董事会成员由国有资产监督管理机构委派;但是,董事会成员中的职工代表由公司职工代表大会选举产生。董事会设董事长 1 人,可以设副董事长。董事长、副董事长由国有资产监督管理机构从董事会成员中指定。

国有独资公司监事会成员不得少于 5 人,其中职工代表的比例不得低于 1/3,具体比例由公司章程规定。监事会成员由国有资产监督管理机构委派;但是,监事会成员中的职工代表由公司职工代表大会选举产生。监事会主席由国有资产监督管理机构从监事会成员中指定。

国有独资公司设经理,由董事会聘任或者解聘。经国有资产监督管理机构同意,董事会成员可以兼任经理。

国有独资公司负责人实行专任制度。所谓专任制度,是指国有独资公司的董事长、副董事长、董事、高级管理人员,未经国有资产监督管理机构同意,不得在其他有限责任公司、股份有限公司或者其他经济组织兼职。国有独资公司负责人的专任制度不同于董事、监事、高级管理人员的竞业禁止义务,后者只是要求董事、监事、高级管理人员不得自营或者为他人经营与其所任职公司同类的营业或者从事损害本公司利益的活动。由此可见,专任制度较之竞业禁止的规定更为严格。在国有独资公司实行负责人专任制度,旨在防止因公司董事及高级管理人员因兼职而疏于对公司的管理,并避免因此而造成的对国有资产的损害。

(四)股份有限公司

股份有限公司,是指全部资本分成等额股份,股东以其认购的股份为限对公司承担责任,公司以其全部资产对公司债务承担责任的企业法人。与其他公司类型相比较,股份有限公司具有如下特征:

1. 公司组织浓厚的资合性。股份有限公司的资合性特征,首先表现在公司对外信用的基础是公司资本,即公司所募集的股份总额。它既是公司成立的要件,也是公司能够得以自下而上发展的源泉,更是对公司债权人的总担保。我国《公司法》关于股份有限公司资合性的规定主要体现在三个方面:(1)股东责任的有限性;(2)在资本制度方面,确立了资本确定、资本维持和资本不变等“资本三原则”,并规定了数额较高的最低资本额制度,尤其是对募集设立的股份有限公司而言,这一限制更加严格;(3)公司盈余必须首先用于弥补公司亏损和提留公司公积金后,才能用于股东分配。由此可见,与无限公司重视股东的身份和地位相反,资本在股份有限公司中发挥着极其重要的作用。此外,股份公司的资合性特征还表现在公司股份可自由转让。

2. 资本募集的公开性。设立股份有限公司不仅可采取发起设立方式,还可采取募集设立方式。其中以募集方式设立股份有限公司的,除由发起人认购公司应发行股份的一部分外,其余股份向社会公开募集或者向特定对象募集,社会公众均可通过购买股票而成为公司的股东。这使股份有限公司可以面向社会,广泛集资。正因如此,各国公司法均不对股份有限公司股东人数作最高人数限制。

3. 公司资本的股份性。股份有限公司的全部资本分为金额相等的股份,股份为股份有限公司资本的最小计算单位,每一股份的金额与股份总数的乘积即为公司的资本总额。每个股东所持有的股份数基本不同,但每股金额绝对相等,因而便于股票的发行和资本的筹集,便于股东权的计算、行使或转让,从而确保同股同权、同股同利,充分发挥其典型资合公司的优势。在有限责任公司中,由于股东所认购的每份出资额并不相等,所以,在出资转让及股东权计算方面则较为烦琐和复杂。这是股份有限公司区别于有限责任公司的主要特征之一。

4. 股东责任的有限性。股份有限公司的股东仅以其所认购的股份为限对公司负责,对公司的债权人不负任何直接法律责任。公司的债权人既不能向股东提出权利主张,也不能要求股东以其个人财产清偿公司的债务。股份有限公司股东责任的有限性,对于鼓励投资,促进交易的发展和经济繁荣,无疑具有重要意义。这是股份有限公司区别于无限公司的重要特征。

5. 公司经营的公开性。股份有限公司资本募集的公开性及股份转让的自由性,使其经营状况不仅要向股东公开,而且还必须向社会公开,使社会公众及时、全面地了解公司的经营状况,从而最大限度地保护公司股东、债权人及社会公众的利益。对于公开发行股票的股份有限公司来说,因其社会性更强,其经营状况公开的意义也更为突出。因此,在证券法上,信息公开原则成为最重要的法律原则,也构成了上市公司最重要的行为准则。上市公司有义务将包括财务会计报告等一切重要经营事项及时、准确、全面地向社会公告。就法定或重大事项而言,可以说上市公司是没有秘密的。这是股份有限公司区别于有限责任公司的封闭性的重要特征。

(五)上市公司

上市公司,是指其股票在证券交易所上市交易的股份有限公司。上市公司的特征如下:

1. 上市公司是股份有限公司的一种。根据股份有限公司的股票是否获准上市交易,可以将股份有限公司分为上市公司与非上市公司。各国法律均规定仅股份有限公司能够成为上市公司。上市公司不因其股票上市而改变其股份有限公司的性质,但因其股票上市从而具有了区别于非上市公司的其他股份有限公司的功能与地位。

2. 上市公司的股票在证券交易所公开上市交易。股份有限公司的股票具有流通性,既可以进行店头交易或柜台交易,也可以进行上市交易。以店头交易或柜台交易方式进行的证券交易也属于公开交易但不属于上市交易。相应地,只有股票在证券交易所进行公开上市交易的股份有限公司才是上市公司,而股票不能在证券交易所进行交易的股份有限公司则不是上市公司,即便股票在其他证券交易场所公开交易的股份有限公司亦为非上市公司。我国台湾地区将股票在柜台交易市场公开交易的公司称为上柜公司。

3. 上市公司的股票上市必须符合法定条件并经有关机关批准。股份有限公司要成为上市公司必须符合法定的条件,且须履行审批或注册程序。

思考题

1. 试析公司的营利性与公司的社会责任之间的关系。
2. 如何理解公司法的技术性?
3. 试析德国法系公司法的特点。
4. 试析美国公司法中合同式“有限责任公司”存在的意义及其启示。
5. 试析我国《公司法》关于一人有限责任公司的规定。

第七章　公司的设立

导 读

- 从各国公司设立立法的历史来看，一般经历了自由设立—特许设立—核准设立—准则设立的过程。公司设立的方式，可分为发起设立和募集设立两种方式，但这系就大陆法系国家公司法而言；在英美法系国家，公司设立仅为履行一般性注册手续而已，不存在发起设立和募集设立之别。
- 公司设立必须具备一定的条件并符合法定程序，否则将导致公司设立瑕疵。对此，各国大都通过相应补救措施，允许存在设立瑕疵的公司继续保留其法律人格，而不是简单地使其消灭。在英美法系，对于瑕疵设立公司的法律人格的法律确认，现均已采取原则承认主义。在大陆法系，普遍采公司瑕疵设立法律人格原则否定主义，但实际上包含着尽可能对公司法律人格予以承认的立法精神。我国现行《公司法》为承认瑕疵设立公司的法律人格留下了制度空间，体现了企业维持与尽可能承认瑕疵设立公司的法律人格的立法精神。
- 设立中公司可能以不同名义实施各种行为，因而需要对其责任归属作明确界定。
- 公司设立的法律责任的核心内容为民事责任，包括侵权责任与违约责任，又依其是否设立成功而分为设立失败时的法律责任与公司成立时的法律责任。发起人对公司的法律责任包括资本充实责任与损害赔偿责任。股东出资违约责任主要包括：行使失权程序；行使追缴出资权；损害赔偿；利息罚则。
- 各国关于公司章程形式、内容、性质的规定和理解不尽相同，因而理论界基于不同认识对公司章程的定义也不尽相同。这种区别尤其存在于大陆法系和英美法系之间。

第一节　公司设立概述

公司设立（incorporation），是指发起人为组建公司，使其取得法人资格，必须采取和完成的多种连续的准备行为。公司设立是动态地、发展地把握为成立公司而进行的各种行为的概念，对其确切把握具有重要意义。

一、公司设立的立法类型

在经济发展的不同时期，国家对公司设立的干预情况有所不同，即在不同时期对公司设立奉行不同的立法原则。从各国公司设立立法的历史来看，一般经历了自由设立—特许设立—

核准设立—准则设立的过程。

1. 自由设立主义。其又称放任主义,是指政府对公司的设立不作任何限制,法律不加任何干预。它产生于欧洲中世纪末的自由贸易时代,法国大革命时期对无限公司等人合公司实行过这种办法,随着商事公司的发展,这种对公司的设立听任自由、毫无限制导致了投机者滥设公司,危害到交易安全。这种公司设立原则已经被普遍废弃。

2. 特许设立主义。这指的是公司成立须经国家元首特许或由立法机关制定专门法律。特许原则盛行于 17 ~ 19 世纪的英国,如 1600 年的东印度公司即依特许设立。由于特许主义导致过度管制公司设立的结果,当今各国一般仅对特殊大多公司才采取特许设立主义。需要说明的是,自由设立主义和特许设立主义时期的公司并非现代股份有限公司与有限责任公司,其时还没有产生这两种公司,所能设立者仅为无限公司等人合公司。

3. 核准设立主义。这指的是公司设立除符合公司法规定之外,还必须经国家授权的行政机关审查批准。该立法例始创于法国 1673 年《陆上商事条例》,1807 年的《法国商法典》对股份有限公司和股份两合公司也采取这种设立原则。该设立原则也被 1861 年《普通德意志商法》所采取,并逐渐为许多国家所采纳。该设立原则过于严格,行政机关对公司设立进行实质性审查,其实施逐渐构成了公司发展的障碍,在现代各国除有限度地予以保留外,已逐渐被准则主义所取代。

4. 准则设立主义。这指的是公司法预先规定公司的设立条件,只要符合设立条件,公司即可登记成立。准则原则对公司设立的要求较为宽松。此设立原则主要是为了适应 19 世纪末 20 世纪初资本主义社会经济迅速发展,公司大量产生的实际需要。1862 年英国公司法首先采取该立法例,随后德国 1870 年股份法也采取了该立法例,后为其他国家普遍仿效。20 世纪后,这一原则已为各国公司立法广泛采用。不过,不少国家为了防止公司设立过滥,现已加强了对公司设立行为的监督,实行了严格准则主义。与此相对应,一般意义上的准则主义被称为单纯准则主义。所谓严格准则主义,一是严格公司设立的法定条件,加重设立人的法律责任;二是加强司法机关、行政主管机关对公司设立的监督。这是为了避免单纯准则主义过于放任的缺陷,也避免特许主义和核准主义过于烦琐的弊端。需要注意的是,这种对于公司设立条件的限制及其法律责任的明确规定,虽然体现为登记机关及法院对公司的监督,但明显不同于公司成立后登记机关及法院对其经营活动的监督。

5. 我国公司设立的基本规定。依我国《公司法》第 6 条之规定,我国公司的设立一般采用准则设立主义,但法律、行政法规对设立公司规定必须报经批准的,则采用核准设立主义,也有学者认为这也是严格准则主义的体现。目前,在我国从事某些国家设置了特别设立条件的特定行业的有限责任公司与股份有限公司,必须先行报经政府主管部门或政府授权部门审查批准,然后依法将设立的主要事项呈报公司登记机关审核备案,并取得企业法人营业执照。这种立法原则应纳入核准设立主义。其他有限责任公司与发起设立的股份有限公司的设立则应纳入严格准则设立主义;[1] 而募集设立的股份有限公司的设立仍应纳入核准设立主义。

---

〔1〕 对发起设立的股份有限公司,2005 年《公司法》取消了原《公司法》中必须由国务院授权的部门或者省级人民政府批准的规定。

二、公司设立的方式

公司设立的方式，可分为发起设立和募集设立两种方式。但这系就大陆法系国家公司法而言。在英美法系国家，公司成立前不要求发起人认购股份，也不允许公开发行股份，只有在公司成立后，才允许以公司名义公开发行股票，筹集公司资本。因此，在英美法系国家，公司设立仅为履行一般性注册手续而已，不存在发起设立和募集设立之别。〔2〕

（一）发起设立

发起设立，亦称共同设立或单纯设立，是指由发起人认购公司应发行的全部股份而设立公司。该种设立方式的最大特点在于，公司所有资本都来自公司的发起人，公司不能公开向社会募集股份。因无限公司是人合公司，两合公司和有限责任公司也具有人合属性，其资本与公司运作都具有封闭性，故只能采取该设立方式，股份有限公司与股份两合公司则可选择采取该设立方式。一般而言，只有在创立公司时，无须向社会公众募集资金，仅凭发起人的出资即可达到公司资本总额的要求，才采取发起设立方式。如果公司所需资本数额较大，发起人难以认购全部股份，则不宜采取该设立方式。但德国等少数国家公司法，并未规定募集设立方式，仅允许以发起设立方式设立股份有限公司。由于我国 1993 年《公司法》实行严格的法定资本制，不允许分期、分次发行与认缴股份，因而发起设立的适用面较低。但 1998 年 8 月 5 日和 1999 年 2 月 8 日，证监会既以“通知”和“4 号文”的形式，否定了“募集设立”方式，这使发起设立成为股份有限公司的唯一设立方式。对此，现行《公司法》第 77 条第 1 款同时确立了发起设立与募集设立两种设立方式，并于第 80 条确立了发起设立的股份有限公司分期认缴股份制度，这使现行《公司法》所规定的发起设立方式的适用价值明显提高。

（二）募集设立

募集设立，亦称渐次设立、复杂设立，募集设立，是指由发起人认购公司应发行股份的一部分，其余股份向社会公开募集或者向特定对象募集而设立公司。在各类公司中，只有股份有限公司与股份两合公司可以采取这种设立方式。

在我国，实践中募集设立曾包括定向募集和社会募集两种形式。采取定向募集方式设立，公司发行的股份除由发起人认购外，其余股份不向社会公开发行，但可以向其他特定法人发行部分股份，经批准也可以向本公司内部职工发行部分股份。采取社会募集方式设立，公司发行的股份除由发起人认购外，其余股份应向社会公众公开发行。采取定向募集方式设立的股份有限公司，称为定向募集公司；采取社会募集方式设立的股份有限公司，称为社会募集公司。定向募集公司在公司成立 1 年以后增资扩股时，经批准可变更为社会募集公司。

我国《公司法》在第 77 条的基础上，于同条第 3 款明确规定募集设立包括社会募集与定向募集两种方式。

三、公司设立的条件

各国公司法大都明确规定公司设立必须具备一定的条件，理论界也从不同的角度归纳出若干要件。我国《公司法》第 23 条、第 76 条分别对有限责任公司和股份有限公司的设立条件作了规定。一般认为，公司设立必须具备以下条件。

---

〔2〕 参见王保树主编：《中国公司法修改草案建议稿》，社会科学文献出版社 2004 年版，第 125 页。

(一)人的条件

所谓人的条件,是指公司设立关于公司股东与发起人人数以及发起人资格等方面的要求。

1. 关于股东与发起人人数的要求

公司设立必须符合关于股东人数的法定要求。各国公司法大都规定了有限责任公司和股份有限的最低股东人数,这同时构成了发起人人数的下限。

发起人,亦称创办人,是指订立创办公司的协议,提出设立公司申请,向公司出资或认购公司股份,并对公司设立承担责任的人。设立任何公司,都必须有发起人或创办人。由于发起人都负有出资或认购公司股份的义务,在公司成立后即成为公司的首批股东。确认公司发起人,一般应具备以下条件:(1)发起人之间具有共同设立公司的意思表示;(2)发起人必须有出资行为;(3)发起人必须是实施了设立行为的人;(4)发起人必须在公司章程上签名、盖章。

由于公司是社团法人,是人的组合,具有鲜明的股东多元化的特征,世界上除少数国家和地区允许 1 人发起设立公司外,多数国家的公司法都规定发起人必为 2 人以上,也有规定为 3 人以上、5 人以上的。不过,在美国、法国、德国等国已允许设立仅有 1 人的有限责任公司。对股份有限公司的发起人人数则要求更高,一般为 5 人以上或 7 人以上,如德国、挪威为 5 人以上,英国、法国、爱尔兰、卢森堡、比利时、韩国等国为 7 人以上。

由于有限责任公司具有很强的"人合"性质,有些国家还对有限责任公司股东人数设有上限,一般限定为 50 人。如韩国、爱尔兰、法国均规定,设立有限责任公司不得超过 50 人;卢森堡则规定有限责任公司股东不得超过 40 人。我国《公司法》在确立了一人有限责任公司及国有独资公司制度的同时,也明确规定有限责任公司由 50 个以下股东出资设立。

值得注意的是,与近年来各国相继承认一人公司相适应,现在,绝大多数国家和地区都已放弃了对股东人数的强制性要求。[3] 这种基于公司团体人格认识的拓展,而对公司股东人数限制放松的立法动向,引起了我国公司法研究与立法上的关注。我国《公司法》已追随这一立法潮流放弃了有限责任公司须有 2 个股东的限制。较为特殊的是,为避免股份有限公司发起人过多,我国《公司法》第 78 条将发起人上限规定为 200 人。

2. 发起人的资格要求

就各国公司法的规定来看,一般对继受股东的资格限制较少,对公司的发起人则要求较严,但关于股东资格的限制同样适用于公司发起人。这些限制主要表现为:

(1)自然人作为发起人应具有完全民事行为能力,法人作为发起人则应为法律上未受特别限制的法人。《公司法》虽然未对自然人作为发起人的条件作出规定,但就设立行为属法律行为论,当适用《民法典》关于自然人权利能力与行为能力的规定。

(2)不得为法律、法规禁止从事投资行为的党政机关及其公职人员。各国公司法大多作此规定。我国对此虽无明确的法律依据,但三令五申禁止党政机关及其公职人员经商办企业,自然也禁止党政机关及其公职人员作为公司的发起人。

---

〔3〕 例如,德国、奥地利、比利时、丹麦、西班牙、芬兰、希腊、意大利、荷兰、葡萄牙、英国、瑞士等国均无最高人数限制。再如,中国台湾地区在 2001 年修订"公司法"时,取消了有限责任公司股东人数的上限与下限,仅规定有限公司由 1 人以上股东所组成(第 98 条第 1 款),从而彻底取消了有限责任公司的股东人数限制;还将股份有限公司股东人数的下限降至 2 人,并允许政府或法人股东一人所组织的股份公司(第 128 条)。

(3)关于对公司发起人的国籍和居住地的限制。西方国家公司法一般都没有限制性规定，本国公民和外国人都可以作为公司的发起人。也有个别国家和地区的公司法，对发起人的资格作出了限制性规定。例如，挪威公司法规定，对发起人无国籍要求，如果公司创办人的招股书是向公众公开发出的，则创办人中起码应有一半人须在挪威居住2年以上；如果招股书不向公众公开，则不受上述居住条件限制。我国《公司法》第78条亦规定，设立股份有限公司“须有半数以上的发起人在中国境内有住所”。该规定主要在于加强国家对发起人的管理，防止有些发起人自境外来中国骗取资财，损害广大公民的利益。

(二)物的条件

所谓物的条件，是指设立公司所必须具备的必要物质条件。其中最主要的是资本条件，故物的条件亦称资本条件。

关于公司最低资本额制度，各国家及地区大体有三种模式：(1)无论有限责任公司还是股份有限公司，均设定强制性最低资本额。绝大多数大陆法系国家和地区皆属此例，如德国、法国、日本(已取消了有限责任公司的组织形式)、韩国、中国及中国台湾地区。例如，德国公司法规定有限责任公司的最低资本额为2.5万欧元，[4] 股份有限公司的最低资本额为5万欧元。[5] 我国2005年《公司法》第26条规定，设立有限责任公司的最低注册资本为3万元，但法律、行政法规对有限责任公司注册资本的最低限额有较高规定的，从其规定；第81条规定，设立股份有限公司的最低注册资本为500万元。在此模式下，凡不符合公司法规定的资本条件，公司即不得成立。这种规定主要是以保公司成立之后的经营规模及对外承担财产责任的能力达到一个起码的底线。(2)对有限责任公司或相当于有限责任公司的封闭式公司不设最低资本额限制，对开放式公司则设有强制性最低资本额限制。其代表国家为英国、爱尔兰以及阿根廷、智利、印度尼西亚、马来西亚、新加坡等国。(3)无论是封闭式公司还是开放式公司，均无强制性最低资本额限制。美国、澳大利亚、加拿大等英美法系国家皆属此例。[6]

较为特殊的是，还有一些国家对有限责任公司的最高资本限额作了规定。如瑞士规定有限责任公司最高注册资本不得高于200万瑞士法郎；委内瑞拉规定有限责任公司的最高注册资本为200万比索。

(三)行为条件

所谓行为条件，是指公司的设立行为必须符合法律要求，这主要包括章程的制定、公司名称的选择、组织机构的确定、股份的发行等。公司法规定公司设立时必须具备的设立条件，都应当符合其要求，否则公司不得设立。

(四)经营条件

所谓经营条件，是指公司设立时应当具备符合法律规定的固定生产经营场所以及必要的

---

〔4〕 在欧盟国家，这一最低资本额属于较高的标准。因此，为降低有限责任公司的设立门槛，提供德国有限责任公司的竞争力，2008年10月23日通过的《对有限责任公司法进行现代化改革和反滥用的法律》增设了一种新的、没有最低资本额要求的有限责任公司——企业主(有限责任)公司。参见高旭军、白江：《论德国〈有限责任公司法改革法〉》，载《环球法律评论》2009年第1期。

〔5〕 参见[德]托马斯·莱塞尔、吕笛格·法伊尔：《德国资合公司法》(第3版)，高旭军等译，法律出版社2005年版，第33页。

〔6〕 参见傅穹：《重思公司资本制原理》，法律出版社2004年版，第135页；冯果：《现代公司资本制度比较研究》，武汉大学出版社2000年版，第81页。

生产经营条件。

生产经营场所是公司进行生产经营的空间,如办公场所、营业场所、本厂、分厂、生产车间、销售网点等。公司的生产经营活动应当相对集中于一定的场所,但其未必与公司的住所一致。公司设立时必须确定一个固定的场所为住所。

必要的生产经营条件是保证公司经营活动得以正常进行以及其设立目的能够实现的必要条件,是对物的条件、组织条件的具体化要求,主要包括公司生产经营所必需的资金、厂房、设备、运输工具、专业技术人员与经营管理人员等。

(五)组织条件

公司的组织条件,是指公司作为组织体必须具备符合法律规定的名称、组织机构等。作为一种社团法人,公司必须具有规范的名称以及赖以形成与执行公司意思的组织机构。

四、公司设立的程序

(一)符合法定人数与条件的发起人订立发起人协议

发起人协议又称公司设立协议,是在公司设立过程中,由发起人订立的关于公司设立事项的协议。发起人协议的作用在于确定所设公司的基本性质和结构,协调发起人之间的关系及其权利和义务。发起人协议是不要式法律文件,作为当事人之间的契约,主要根据当事人的意思表示形成,其内容更多地体现了当事人的意志和要求。发起人协议是任意性文件,虽然公司发起人通常都会订立此种协议,但各国公司法对于发起人协议都未作明确的规定,从这个意义上说,订立发起人协议不是设立公司的法定程序。在性质上,一般认为发起人协议属于合伙契约。不过,在我国设立中外合资有限责任公司的特别规定中,中方与外方的合资协议却是必经的程序,合资协议起到了发起人协议的作用。发起人协议一般具有以下内容:(1)发起人的名称、住所、法定代表人的姓名、国籍、住所、职务;(2)组建公司的名称、住所;(3)公司的宗旨、经营范围;(4)公司设立的方式、组织形式;(5)公司注册资本、股份总额、类别、发起人认购股份的数额、形式及期限;(6)发起人的权利和义务;(7)违约责任;(8)适用法律及争议的解决;(9)协议的生效与终止;(10)订立协议的时间、地点、发起人签字;(11)其他需要载明的事项。

(二)制定公司章程

公司章程是公司经营活动的准则,制定公司章程是任何一个国家设立公司的必经程序。公司章程应由全体股东签字订立,其直接体现了股东之间的权利和义务。有的国家还要求章程必须经过公证手续才能生效,如德国、日本、韩国等。公司章程必须记载法定的绝对必要记载事项,也可以记载法定的全部或部分相对必要记载事项,还可以在不违反强制性规范、公序良俗的前提下,记载一些发起人协商一致的任意事项。无限公司和有限公司的章程一经发起人签署即发生法律效力,股份有限公司与股份两合公司的章程须经创立会议决议通过始生效力。

(三)确定股东

无限公司、有限公司及两合公司的股东,一般在订立章程时予以确定,即在章程中明确记载股东的姓名。股份有限公司的股东,一部分可在章程中确定,这主要是公司发起人;另一部分股东需要募集,通过募股程序来确定。

(四)交纳出资及验资

出资是股东基于股东资格对公司所为的一定给付,凡股东均负有出资的义务。公司的资本是由全体股东出资构成的,在公司章程中应有明确的记载。出资是发起人或股东的基本义务,也是股东享有股权的前提。为保证公司资本的真实、可靠和充足,各国公司法对股东出资的义务、程序、方式等,都有着十分详尽的规定。

验资是指法定验资机构对股东全部出资的价值和真实性进行检验并出具验资证明的行为。值得注意的是,验资并非各国公司设立的通常程序。例如,日本就没有专门的验资要求,不过依发起人的请求,办理股款缴纳的银行、信托公司及其他法务省令规定的类似机构,须提供保管缴纳金的证明。〔7〕 我国公司法曾长期要求,股款足额缴纳后,须经法定验资机构验资并出具验资证明。2005 年《公司法》第 29 条仍明确规定:“股东缴纳出资后,必须经依法设立的验资机构验资并出具证明。”该法第 90 条第 1 款第 1 句规定:“发行股份的股款缴足后,必须经依法设立的验资机构验资并出具证明。”另外,2005 年修订的《公司注册资本登记管理规定》第 21 条还规定:“公司成立后,公司登记机关发现公司涉嫌实收注册资本不实的,可以要求公司到指定的验资机构进行验证,并要求其在规定期限内提交验资证明。”不过,为推行公司注册登记制度改革,我国 2013 年《公司法》第 29 条免除了有限责任公司的法定验资义务,但未免除募集设立的股份有限公司的法定验资义务。

(五)确定公司的组织机构

公司组织机构在公司设立阶段即应予以确定。无限公司的全体股东以及两合公司中的全体无限责任股东,都有代表公司、执行公司业务的权利,但公司章程可以规定其中 1 人或数人作为执行业务股东。在有限责任公司中,公司设立股东会的,董事一般由股东会选举产生;公司不设立股东会的,董事一般由股东委任。在股份有限公司中,由公司的创立会议选举公司的董事组成董事会,并由董事会选举董事长。在我国,有限责任公司和发起设立的股份有限公司的组织机构在制定公司的章程时,已经对股东会、董事会、监事会作出了规定,并且把董事会成员作为申请登记的一项内容。如果是募集设立的股份有限公司,在完成股份的募集之后,应当召开创立大会,通过公司章程、选举公司的董事等。

(六)公司设立登记

设立登记是公司取得法人资格的必经程序。在履行法定的设立程序后,无限公司和两合公司的执行董事,以及有限责任公司和股份有限公司的董事会,即可向政府登记主管机关申请登记。我国公司法规定申请登记时必须提交相应的文件有:批准文件、公司章程、注册资金的验资报告、董事会、监事会成员姓名及住所、法定代表人的姓名及住所等。对符合公司设立条件的,予以登记,出具《准予设立登记通知书》,公司即告成立,取得法人资格。申请人自获准登记之日起 10 日内,领取营业执照。

公司登记机关核准登记后,应发布公司登记公告。公告的内容一般包括公司名称、住所、法人代表、公司类别、注册资本、经营范围和方式、注册号等。经公告后,公司设立登记程序才全部完成,公司登记事项始生对抗第三人的效力。

---

〔7〕 参见《日本公司法典》,吴建斌、刘惠明、李涛译,中国法制出版社 2006 年版,第 29 页。

第二节 公司设立的效力与责任

一、公司设立的效力

(一)公司设立的效力概述

公司设立的效力即公司设立行为的法律后果。设立行为的后果包括以下三种情形:其一,公司设立完成后,符合法律规定要求,被依法核准登记,获得法律人格;其二,公司设立未能最终完成,导致公司设立失败;其三,公司设立存在瑕疵,导致被责令采取补救措施,或者被宣告已成立的公司无效或被撤销。公司设立完成意味着公司取得法律人格,设立失败则意味着公司未能成立。这两种情形在法律效力方面都较明确,而与之相关的公司发起人责任问题,本节将专门阐述。因此,在此仅就第三种情形加以探讨。

所谓公司设立瑕疵,是指经公司登记机关核准登记并获营业执照而宣告成立的公司,在设立过程中,存在不符合公司法规定的条件和程序而设立公司的情形。公司设立瑕疵不同于公司设立失败。后者有广义和狭义之分,广义上还包括公司设立无效,但一般系就狭义而言,即仅指设立不能,它是指因种种原因未能完成公司设立行为的情形。其原因既包括发起人因某种原因而主动放弃设立活动,也包括被公司登记机关驳回设立申请的情形。显然,公司设立瑕疵发生于公司成立之后,其时公司已取得法律人格;而公司设立失败则发生于公司设立过程之中,其时公司尚属于设立中公司,尚未取得独立的法律人格,性质上属于合伙。此外,由于公司设立登记并不包含于公司设立之中,因而不能将公司设立登记瑕疵混淆于公司设立瑕疵。向公司登记机关提交虚假材料致使成立后的公司存在瑕疵,因其尚属于公司设立阶段——公司设立登记申请阶段,应属于公司设立瑕疵;而公司登记机关错误登记而产生的瑕疵则属于公司设立登记瑕疵。

既然法律明确规定公司设立必须符合特定的条件与程序,公司设立瑕疵自应导致公司设立无效,自始否认其法律人格的存在。然后,这毕竟只是一种消极的做法,既已存在的公司法律人格的消灭所造成的资源损失以及对交易安全与社会经济的发展所造成的破坏,确实是一个不容忽视的经济与社会问题。因此,各国大都通过相应补救措施,允许存在设立瑕疵的公司继续保留其法律人格,而不是简单地使其消灭。

(二)我国公司瑕疵设立的法律后果

我国规定撤销公司登记系公司登记机关依职权作出。现行《公司法》第198条规定:“违反本法规定,虚报注册资本、提交虚假材料或者采取其他欺诈手段隐瞒重要事实取得公司登记的,由公司登记机关责令改正,对虚报注册资本的公司,处以虚报注册资本金额百分之五以上百分之十五以下的罚款;对提交虚假材料或者采取其他欺诈手段隐瞒重要事实的公司,处以五万元以上五十万元以下的罚款;情节严重的,撤销公司登记或者吊销营业执照。”该条内容基本沿用了1993年《公司法》第206条的规定,但提高了罚款比例与额度,并将“撤销公司登记或者吊销营业执照”作为选择性行政措施。尽管依我国相关行政法规及实践,公司被吊销营业执照之后即应进入解散、清算程序,从而导致公司被注销。但从理论上讲,公司被吊销营业执照并不必然导致公司终止，完全可以通过补正相应实体与程序内容，使瑕疵设立公司得以存续。因此，这些修订实际上为承认瑕疵设立公司的法律人格留下了制度空间，体现了企业维持与尽可能承认瑕疵设立公司的法律人格的立法精神。

二、设立中公司的法律问题

（一）设立中公司的概念

设立中公司，是指自发起人订立发起人协议（含出资人订立设立协议）或订立公司章程之时起至设立登记完全之前尚未取得法人格的“公司”。就其本质而言，设立中公司并非严格意义上的公司，而是在公司获准登记而成立之前出现的一种过渡性社团。

我国《公司法》未就设立中公司作明确规定，但根据有关行政法规及规章的规定，应认为我国实际上承认设立中公司。《企业法人登记管理条例》（2019 年修订）第 35 条规定：“经国务院有关部门或者各级计划部门批准的新建企业，其筹建期满 1 年的，应当按照专项规定办理筹建登记。”

（二）设立中公司的责任归属

1. 发起人以自己名义为设立中公司实施行为的责任归属

关于发起人以自己名义为设立中公司实施行为的责任归属，各国公司法基本上都不予明确规定，司法实践中则直接按照合同法的一般规定，即由实施该行为的发起人自己承担相应法律责任。当然，如果公司成立后对该行为予以追认，从理论上讲，应当能够发生对公司的拘束力。但在此情形下，是否能由公司取代实施该行为的发起人承担法律责任，从合同法的角度来说，还需要交易相对人对此同意。不过，鉴于直接由公司承担一般也无损于交易相对人的利益，故不妨由司法解释对此予以确认。但为使交易相对人的权益得到必要保障，法律也不宜强行剥夺其追究实际合同法律关系当事人（发起人）的选择权。对此，《公司法解释（三）》〔8〕第 2 条分两款规定：“发起人为设立公司以自己名义对外签订合同，合同相对人请求该发起人承担合同责任的，人民法院应予支持。”（第 1 款）“公司成立后对前款规定的合同予以确认，或者已经实际享有合同权利或者履行合同义务，合同相对人请求公司承担合同责任的，人民法院应予支持。”（第 2 款）该规定对公司的确认方式作了扩大解释，不仅确认了直接确认的方式，而且还将“已经实际享有了合同权利或者履行合同义务”作为确认方式。应当说，这种扩大解释是必

---

〔8〕 为解决公司法实施后迫切需要制定具体的司法解释问题，最高人民法院在 2006 年年底公布了用于征求意见的以下两项公司法司法解释草案：最高人民法院《关于适用〈中华人民共和国公司法〉若干问题的规定（二）（征求意见稿）》和最高人民法院《关于适用〈中华人民共和国公司法〉若干问题的规定（三）（征求意见稿）》。在专家论证的基础上，上述两项草案又于 2007 年 3 月 26 日公布了修改稿。但由于理论界与司法机关均对第一个司法解释（2006 年与 2007 年的版本也存在较大差异）存在重大分歧，故其未能顺利提交最高人民法院审判委员会审议。最终，第二个司法解释作为《公司法解释（二）》于 2008 年 5 月 5 日获得通过并于同年 5 月 12 日正式公布。这就使原征求意见稿的名称被互换过来。因此，2007 年版最高人民法院《关于适用〈中华人民共和国公司法〉若干问题的规定（二）（征求意见稿）》改称为最高人民法院《关于适用〈中华人民共和国公司法〉若干问题的规定（三）（征求意见稿）》[以下简称《公司法解释（三）（征求意见稿）》]。此后，该草案的内容又被分解到《公司法解释（三）（征求意见稿）》与最高人民法院《关于适用〈中华人民共和国公司法〉若干问题的规定（四）（征求意见稿）》[以下简称《公司法解释（四）（征求意见稿）》]之中。经过反复研究，2010 年 12 月 6 日，最高人民法院审判委员会第 1504 次会议通过了《公司法解释（三）》。该司法解释经最高人民法院于 2011 年 1 月 27 日公布并于同年 2 月 16 日起施行。

要的,使得司法实践中不致再为确认方式产生不必要的分歧。此外,该规定还确认了合同相对人继续追究作为实际合同关系当事人(发起人)的法律责任的权利,从而使其权利得到进一步保障。

2. 以设立中公司的名义实施之行为的责任归属

我国《公司法》第210条规定:“未依法登记为有限责任公司或者股份有限公司,而冒用有限责任公司或者股份有限公司名义的,或者未依法登记为有限责任公司或者股份有限公司的分公司,而冒用有限责任公司或者股份有限公司的分公司名义的,由公司登记机关责令改正或者予以取缔,可以并处十万元以下的罚款。”该规定实际上并未绝对否定“以拟成立公司名义实施法律行为”的法律效力,因为“责令改正”是首选责任形式。而“责令改正”实际上就意味着肯定了该行为的法律效力,只不过需要将不当的主体名称予以改正。至于改正的方式,因我国《公司法》及相关法规并未禁止以“设立中公司”名义实施法律行为,故可认为,将“拟成立公司名义”改正为“设立中公司”,就可使其符合法律规定。

至于以设立中公司名义所实施行为的责任归属,鉴于我国《公司法》未对此作明确规定,故从法律适用方式上讲,应适用民法与合同法的一般规定。根据我国民法与合同法原理,如果合同主体不符合法律规定,合同应确认为效力待定合同;如最终被确认无效,则相应责任方应承担法律责任。由于设立中公司不具备公司主体资格,以公司名义所签合同和所为行为,从民法一般原理出发,似应认定为效力待定行为。基于此,若成立后的公司对此行为予以追认,则应确认对其产生法律效力;若成立后的公司对此行为未予追认,则由行为人直接承担责任。应当说,这种法律适用思路既符合民法一般原理,又符合各国立法例,但与我国公司设立实践严重冲突。在我国,公司设立过程表现为公司筹建过程,往往要经历较长时期。在此期间,发起人为筹建公司需要从事一系列交易行为。如果为公司设立及筹建而实施的行为需要由公司事后明确追认才能由公司承受相应法律关系,将使发起人承担过高的风险与责任。因此,就法律后果承担的司法对策而言,不妨立足于实践需求,使公司自动承继相应法律关系。《公司法解释(三)》即体现了这一精神。该规定第3条第1款规定:“发起人以设立中公司名义对外签订合同,公司成立后合同相对人请求公司承担合同责任的,人民法院应予支持。”同条第2款规定:“公司成立后有证据证明发起人利用设立中公司的名义为自己的利益与相对人签订合同,公司以此为由主张不承担合同责任的,人民法院应予支持,但相对人为善意的除外。”该条第1款明确规定,公司直接承继发起人在公司设立过程中以设立中公司名义对外签订合同的权利义务。但这种一般性规定可能被发起人滥用,因此该条第2款又对此作了特别限制,明确规定公司不承担发起人利用设立中公司的名义为自己的利益与相对人签订合同的法律后果。

总体而言,上述司法解释的规定是立足于我国公司设立实践所作的合理安排。该规定所确立的由成立后的公司直接承继合同的权利义务的制度,使以设立中公司的名义(可具体表现为“公司”“公司筹备组”等名称)与他人所签合同的义务主体易于确定,并较好地保护了发起人的利益。这种直接承继合同的权利义务制度的法理基础,应当是成立后公司是设立中公司的自然延续,故应由延续的组织体自动承继合同的权利义务。关于以设立中公司名义实施之行为的责任归属,各国规定不尽相同,但也有类似于我国《公司法解释(三)》的立法例。例如,英国、美国的立法与司法实践都赋予了合同相对人选择合同责任人的权利,法国公司法则通过“重新承诺”制度直接将合同责任人变更为公司,而未赋予合同相对人选择权。

三、公司设立的法律责任

公司设立的法律责任，是指在公司设立过程中，由设立行为所引起的法律责任。公司设立的法律责任涉及民事责任、行政责任甚至刑事责任，但其中核心内容为民事责任，且后两者因有明确的法律规定，较少存在认识上的分歧，因而一般所谓公司设立的法律责任是指其民事责任。这种责任包括侵权责任与违约责任，又依其是否设立成功而分为设立失败时的法律责任与公司成立时的法律责任。

公司设立行为主要是由发起人实施的，因而公司设立的法律责任主要指的是发起人的法律责任，有些学者甚至直接称之为发起人的法律责任。不过，设立中公司的董事、监事也可能因违反法定义务而承担一定的义务与责任。此外，股东也可能在违反出资义务的情况下而承担相应的法律责任。在有些国家的公司法中，还明确规定了类似发起人等其他人的责任。

（一）公司设立失败时发起人的法律责任

在公司设立失败的情况下，法律为保护认股人、债权人，要求充任设立中公司机关的发起人对设立行为所产生的债务和费用负无限连带责任，以代替发起人合伙之解散及清算。在责任性质上，各国通说认为应为无过错责任，不要求发起人对公司设立失败有故意、过失。[9] 至于认股人，则无须承担因设立行为而产生的法律责任，因而应居于与设立中债权人同一地位，并得向发起人请求所缴之股款。这种观点是现代各国理论界之通说，并为立法与司法实践所普遍采纳。对此，我国《公司法》第 94 条规定："股份有限公司的发起人应当承担下列责任：（一）公司不能成立时，对设立行为所产生的债务和费用负连带责任；（二）公司不能成立时，对认股人已缴纳的股款，负返还股款并加算银行同期存款利息的连带责任；（三）在公司设立过程中，由于发起人的过失致使公司利益受到损害的，应当对公司承担赔偿责任。"显然，该条前两项关于公司不能成立时发起人的责任，与其他国家基本相同。

有限责任公司等其他公司设立失败时，相关法律责任归属问题各国公司法大多未作相应规定，我国《公司法》亦然。事实上，其他类型公司在设立过程中与股份有限公司性质相同，所实施的法律行为也基本相同，所区别者仅没有认股人而已。因此，除了不存在发起人对认股人的"返还股款并加算银行同期存款利息"的法律责任外，发起人之间在对设立费用及对外交易行为所产生的债务上亦应负无限连带责任。

需要强调的是，正如公司成立情况下，需要对设立中公司以何种名义实施法律行为区别对待一样，在公司设立失败情况下，也应区分对待。其规则与前文所述设立中公司的责任归属处理规则基本相同，所区别者仅将成立后公司替换为全体发起人。具体来说，发起人以设立中公司名义实施的设立公司之必要行为，当然应当由全体发起人共负连带责任。发起人以设立中公司名义为设立公司非必要行为所产生的债务，其他发起人如果追认的，则由全体发起人承担连带责任；不追认的，由行为人承担责任。发起人以自己名义为设立公司之必要行为所产生的债务，全体发起人应负连带责任，但债权人有权选择由该发起人承担或要求全体发起人承担连带责任。发起人以自己名义为设立公司之非必要行为所产生的债务，由该发起人自己承担相应的民事责任，但若其他发起人予以追认，则由全体发起人承担连带责任。发起人以成立后的

---

〔9〕 参见［韩］李哲松：《韩国公司法》，吴日焕译，中国政法大学出版社 2000 年版，第 199 页。

公司名义实施的交易行为,性质上应属于无效行为;在责任承担上,原则上由全体发起人负连带责任,但若系某个发起人非基于设立中公司机关意思而以个人意思作出者,则应由该发起人个人承担。

(二)公司成立时发起人的法律责任

公司成立时,发起人分别承担着对公司的责任和对第三人的责任。

1. 发起人对公司的法律责任

(1)资本充实责任

所谓资本充实责任,是指为贯彻资本充实原则,由公司发起人共同承担的相互担保出资义务履行的民事责任。该制度滥觞于西方大陆法系国家,如今已发展成较为成熟的法律制度。它对公司资本制度的完善,推动公司的顺利设立,具有十分重要的意义。它通常包括认购担保责任、缴纳担保责任及差额填补责任。

认购担保责任,是指为设立股份有限公司而发行股份,其发行股份如未认足或认购后又被撤销时,视为发起人已共同认购该股份,从而责令由发起人共同认足。该制度的宗旨是尊重已进行的设立程序,从企业维持的目的出发,治愈资本的轻微缺陷。本来,当发生发行股份未被认购或者认购被宣告无效或被撤销,且其数额巨大,以至于事实上不可能由少数发起人负担全额责任时,应成为设立无效事由。但是,直到无效诉讼法庭审理辩论终结时为止,若发起人履行认购责任,就不能作出无效判决。并且,即使无效判决已被确定,发起人的认购担保责任并不因此消灭。因为公司设立无效判决不具有溯及力,为了清算自公司设立登记至无效判决作出之时止存在的事实上的公司,同样也需要资本充实。〔10〕

缴纳担保责任可细分为缴纳担保责任与交付担保责任。缴纳担保责任,是指认股人未按招股说明书或公司章程所定期限缴纳股款时,发起人对股款未缴纳部分负连带缴纳义务。交付担保责任,是指按现物出资的发起人不按章程规定交付出资现物时,其他发起人应按未交付现物时的价额,承担补交出资的连带义务。显然,该两项责任实际上仅存在标的物的区别,因而一般将其统称为缴纳担保责任。与认购担保责任不同,履行缴纳担保责任的发起人只是代行出资义务,他并不能因此而当然全部或部分取得履行责任部分的股权,而只能向违反出资义务的股东行使求偿权。当然,在公司履行了认股人失权程序的情况下除外。

差额填补责任,亦称价格补足责任,是指在公司成立时,如果出资现物的实际价额显著低于章程所定价额时,发起人对不足的差额部分承担连带填补责任。履行差额填补责任的发起人可向出资不实的股东行使求偿权。

资本充实责任是公司法上的一种特殊责任,它是公平、秩序、效益等价值观念的综合体现。首先,资本充实责任是平衡发起人权利的直接结果,是公平理念在公司法中的体现。发起人往往能从设立中获取特殊的利益(如获取报酬权、现物出资权、创立大会召集权等),还可能利用其特殊地位,以发起人利益为中心,把公司当作发起人的公司甚至是自己获利的工具,而不注重未来公司健全人格的培育。因此,与发起人拥有的特权相适应,有必要对其科以较重责任。其次,资本充实责任是秩序理念的体现。公司资本充实原则以及由此导出的资本充实责任不仅是平衡这些不同利益的产物,更是维护公司债权人利益、确保社会交易秩序的需要。最后,

〔10〕 参见[韩]李哲松:《韩国公司法》,吴日焕译,中国政法大学出版社2000年版,第194页。

发起人资本充实责任同样蕴含效益理念。规定发起人连带认缴和价值填补的资本充实责任，既可避免因资本不足而导致公司不能成立或设立无效现象的发生，减少社会资源的无谓浪费，又可以促进公司人格的健全和营运价值的实现，提高社会资源的使用效益，还可以促使发起人尽心尽责，提高设立效率。[11]

我国《公司法》关于有限责任公司与股份有限公司的资本充实责任均作了较为完善的规定。该法第28条第1款规定："股东应当按期足额缴纳公司章程中规定的各自所认缴的出资额。股东以货币出资的，应当将货币出资足额存入有限责任公司在银行开设的账户；以非货币财产出资的，应当依法办理其财产权的转移手续。"同条第2款规定："股东不按照前款规定缴纳出资的，除应当向公司足额缴纳外，还应当向已按期足额缴纳出资的股东承担违约责任。"该条系有限责任公司股东出资义务不履行的资本充实责任的规定。《公司法》第30条规定："有限责任公司成立后，发现作为设立公司出资的非货币财产的实际价额显著低于公司章程所定价额的，应当由交付该出资的股东补足其差额；公司设立时的其他股东承担连带责任。"该条系资本不实的资本充实责任的规定。关于股份有限公司发起人的资本充实责任，《公司法》第93条分两款作了详细而明确的规定："股份有限公司成立后，发起人未按照公司章程的规定缴足出资的，应当补缴；其他发起人承担连带责任。"（第1款）"股份有限公司成立后，发现作为设立公司出资的非货币财产的实际价额显著低于公司章程所定价额的，应当由交付该出资的发起人补足其差额；其他发起人承担连带责任。"（第2款）显然，从字面上看，该规定仅确立了缴纳担保责任及差额填补责任，而未明确规定认购担保责任。但该条第1款实际上隐含了认购担保责任，因为公司章程所规定的出资额原本即为发起人应缴纳股款的数额，该应缴股款数额实为发起人认购股款的数额。

（2）损害赔偿责任

发起人在公司设立过程中怠于履行其善良管理人之注意义务时，应对公司承担连带损害赔偿责任。我国《公司法》第94条第3项对此作了明确规定。在追究此项责任时，各国公司法立法或司法实践一般允许提起股东代表诉讼。即使公司设立被宣告无效或被撤销，但由此回溯至公司设立登记之时的期间内，事实上的公司仍然存在，因而发起人的损害赔偿责任并不因此而消失。公司对发起人的该项诉权遵循一般诉讼时效期间的规定。[12]

（3）承担未经认可的设立费用

在公司设立过程中，发起人为公司设立所支付的费用，若经创立大会或设立中公司的执行机构如董事会等审核后未予承认或予以削减，这些费用应由发起人承担。多数国家公司法均未就此作明确规定，我国《公司法》亦未对此作明确规定。

2. 发起人对第三人的法律责任

发起人虽与第三人无直接的法律关系，但因怠于履行设立公司的义务而对第三人承担损害赔偿责任。这是一项特殊的规定，关于其性质的认识以及各国家及地区的具体规定，则多有

---

〔11〕 参见冯果：《现代公司资本制度比较研究》，武汉大学出版社2000年版，第92～97页；冯果：《论公司股东与发起人的出资责任》，载《法学评论》1999年第3期。

〔12〕 参见［日］末永敏和：《现代日本公司法》，金洪玉译，人民法院出版社2000年版，第55～56页；［韩］李哲松：《韩国公司法》，吴日焕译，中国政法大学出版社2000年版，第196～197页；柯芳枝：《公司法论》，中国政法大学出版社2004年版，第157页。

不同。大陆法系国家及地区通说认为,这是为了加强与公司设立有关的第三人的保护而规定的公司法上的特殊责任。其责任要件为:发起人因恶意或重大过失,对公司懈怠履行任务,并因此致使第三人受到损害。但我国《公司法》及我国台湾地区“公司法”均未对此予以规定,依法理,发起人亦应承担该责任。但由于该项责任属于公司法或商法上的特殊责任,在缺乏明确规定的情况下,很难得到法律支持。而这种问题又属于现实问题,故应将该法律责任明确规定于发起人的损害赔偿责任之中。对此,《公司法解释(三)》第5条第1款明确规定:“发起人因履行公司设立职责造成他人损害,公司成立后受害人请求公司承担侵权赔偿责任的,人民法院应予支持;公司未成立,受害人请求全体发起人承担连带赔偿责任的,人民法院应予支持。”为解决发起人之间的责任分担问题,该条第2款还规定:“公司或者无过错的发起人承担赔偿责任后,可以向有过错的发起人追偿。”

3. 股东出资违约的法律责任

股东出资违约的法律责任,是指股东不履行其出资义务对公司和其他出资人所应承担的民事法律责任。此处所谓“违约”,是指对载明了认缴出资与股份数额的公司章程的违背。而此处所谓“股东”,实质上是泛指公司的设立人和发起人,并不限于有限责任公司的设立人。具体到我国而言,应认为不仅包括有限责任公司设立时的股东,而且包括股份有限公司的发起人。

出资是股东对公司的基本义务,也是形成公司财产的基础。为了保证公司资本的充实,维护债权人和社会公众的利益,各国立法对股东和公司的发起人都规定了严格的出资责任。我国《公司法》第28条第2款规定了有限责任公司股东出资违约责任:“股东不按照前款规定缴纳出资的,除应当向公司足额缴纳外,还应当向已按期足额缴纳出资的股东承担违约责任。”该法第83条第2款规定了股份有限公司发起人的出资违约责任:“发起人不按照前款规定缴纳出资的,应当按照发起人协议承担违约责任。”《公司注册资本登记管理规定》也对股东的出资违约责任作了明确规定。

股东出资违约时,各国立法都赋予公司及其他股东特定的救济手段,概括起来有以下几种:

(1)行使失权程序,使怠于履行出资义务的认股人丧失权利。大多数国家的公司法都规定,对于怠于履行出资义务的认股人,公司(或发起人)可以催告其于一定期限内缴纳,逾期仍不缴纳者即丧失认股人权利,其所认股份可另行募集。例如,《德国有限责任公司法》第21条第1款规定:“在迟延缴纳出资的情形,可以向迟延的股东再次发出在指定的延展期间内缴纳出资的催告,同时警告将排除其应当缴纳的出资额。催告采取挂号信的形式。延展期间至少应为1个月。”同条第2款规定:“期间届满并且无结果的,为公司利益,应声明迟延的股东丧失其出资额及所缴纳的部分出资。此项声明采取挂号信的形式。”[13] 失权程序具有便捷的优点,其宗旨是防范因认股人延欠应缴股款而妨碍公司资本的筹集或使公司设立归于失败的风险。此种失权系当然失权,已失权之认股人嗣后纵为缴款,亦不能回复其地位,因而也有督促认股人及时履行出资义务之功效。[14] 各国关于失权程序的适用对象的规定不尽相同。例如,《德

---

〔13〕《德国股份法·德国有限责任公司法·德国公司改组法·德国参与决定法》,杜景林、卢谌译,中国政法大学出版社2000年版,第183页。若未予特别说明,以下德国公司法相关条款均引自该书。

〔14〕参见冯果:《论公司股东与发起人的出资责任》,载《法学评论》1999年第3期。

国股份法》未对股份有限公司规定失权程序;《日本公司法典》第36条与第63条分别对发起设立与募集设立的股份有限公司的失权程序作了明确规定;《韩国商法典》规定失权程序仅适用于募集设立的股份有限公司,发起设立的股份有限公司及有限责任公司的发起人怠于履行出资义务,则仅可行使追缴出资权或导致公司设立失败。[15] 我国《公司法》及相关法规均未对此作出规定。在《公司法解释(三)》起草过程中,曾对是否确认有限责任公司在股东出资违约时行使失权程序的权利存在较大争议,[16]但未确认股份有限公司行使失权程序的问题。最终,《公司法解释(三)》对有限责任公司与股份有限公司均确认了失权程序。该解释第17条分两款规定:"有限责任公司的股东未履行出资义务或者抽逃全部出资,经公司催告缴纳或者返还,其在合理期间内仍未缴纳或者返还出资,公司以股东会决议解除该股东的股东资格,该股东请求确认该解除行为无效的,人民法院不予支持。"(第1款)"在前款规定的情形下,人民法院在判决时应当释明,公司应当及时办理法定减资程序或者由其他股东或者第三人缴纳相应的出资。在办理法定减资程序或者其他股东或者第三人缴纳相应的出资之前,公司债权人依照本规定第十三条或者第十四条请求相关当事人承担相应责任的,人民法院应予支持。"(第2款)该解释第6条规定:"股份有限公司的认股人未按期缴纳所认股份的股款,经公司发起人催缴后在合理期间内仍未缴纳,公司发起人对该股份另行募集的,人民法院应当认定该募集行为有效。认股人延期缴纳股款给公司造成损失,公司请求该认股人承担赔偿责任的,人民法院应予支持。"从维护公司股权结构及公司治理结构的稳定出发,该解释赋予股份有限公司在认股人出资违约时得行使失权程序的权利非常必要。鉴于有限责任公司具有浓厚的人合性色彩,该解释赋予其在股东出资违约时得行使失权程序的权利,显得尤为重要。

(2)行使追缴出资权。在股东出资违约情形下,公司(或发起人)可要求有履行可能的股东继续履行其出资义务,此即公司(或发起人)对股东的追缴出资权。经公司(或发起人)追缴,股东仍不履行缴纳义务的,公司(或发起人)即可依契约之债的性质,请求法院强制认股人履行缴纳股款的义务。该救济手段在股东以现物出资情形下更为常用。对此,我国《公司法》分别于第28条第2款、第93条第1款就有限责任公司与股份有限公司的发起人补足缴纳出资的义务作了明确规定。上引《公司法解释(三)》第17条及第6条则分别就有限责任公司的股东与股份有限公司的认股人补足缴纳出资的义务作了明确规定。不少国家还对公司追缴出资权行使的时效作出了要求。如《德国股份法》第51条第1款、《德国有限责任公司法》第9条第2款规定,公司的赔偿请求权,自公司登入商业登记簿时起,经5年时效消灭。对此,我国《公司法》未予规定,基于其债权性质,应适用《民法典》规定的3年一般诉讼时效。但上引司法解释未对此作明确限定。从措辞上看,似可解释为追缴出资权的行使不存在时效限制。因此,具体如何还有待进一步的解释。

---

〔15〕 参见《日本公司法典》,吴建斌、刘惠明、李涛译,中国法制出版社2006年版,第17、29页;[韩]李哲松:《韩国公司法》,吴日焕译,中国政法大学出版社2000年版,第179页。

〔16〕 在2007年《公司法解释(三)(征求意见稿)》中,作为主导意见的第16条对此规定:"有限责任公司以股东没有按期足额缴纳出资为由,起诉请求解除其股东资格的,人民法院应当给与被告适当的宽限期,责令其在期限内履行出资义务。被告在规定的期限内仍未出资,并且公司因此履行了相应的法定减资程序,或者有其他主体向公司交付相应出资而为公司接受为股东的,人民法院可以判决解除被告股东资格。"但在该征求意见稿中,作为该条替代的另一种意见则认为,该条应规定为:"公司或者公司股东以未按期足额缴纳出资、履行出资义务方式不符合约定,或者公司股东会议决议等为由,请求对股东除名的,应不予支持,但公司章程有特别约定的除外。"

(3)行使损害赔偿请求权。损害赔偿,是指违约方不履行或不完全履行合同义务而给合同他方造成损失,依法或根据合同规定应承担的赔偿责任。一般来说,在公司成立的情况下,违反出资义务的股东应向公司承担损害赔偿责任;在因股东违反出资义务而导致公司不能成立或被撤销、解散的情况下,违约股东应向其他足额缴纳股款的股东承担损害赔偿责任,违约损害赔偿应坚持完全赔偿的原则,即违约方的违约使受害人遭受的全部损失都应由违约方负赔偿责任。其他救济手段的行使,并不妨碍公司损害赔偿请求权的行使。〔17〕对此,有的国家公司法作了明确规定,有的虽未予明确规定,但理论与实务均认为可适用合同法的一般规定而追究违约方的损害赔偿责任。例如,《德国股份法》第63条第2款第2句在第1句所规定的利息罚的基础上,进一步规定:"不排除主张其他损害的权利。"我国《公司法》第28条第2款与第83条第2款分别规定了违约责任。依我国《民法典》关于违约责任之规定,该违约责任主要表现为损害赔偿责任,另外还包括违约金与定金责任。需要说明的是,由于我国《公司法》第83条第2款采用了"按照发起人协议承担违约责任"的措辞,若股份有限公司发起人协议未约定应承担违约责任,似乎无法适用违约责任。此时,若违约方不履行或不完全履行合同义务而给合同他方造成了实际损失,则似乎无法要求违约方承担违约责任。不过,根据前引《公司法解释(三)》第6条的规定,在认股人延期缴纳股款给公司造成损失的情况下,无论发起人协议是否对违约责任作了约定,公司均可请求该认股人承担赔偿责任。

(4)请求支付利息。我国《公司法》未就此作明确规定,但由于利息损失是损害的一部分,因而利息罚则实际上包含于违约责任之中。具体利息标准,按我国利息损失的相关司法解释及司法实践,应为同期银行贷款利息。

第三节　公 司 章 程

一、公司章程概述

公司章程,是指公司必备的由公司股东或发起人共同制定并对公司、股东、公司经营管理人员具有约束力的调整公司内部关系和经营行为的自治规则,它是以书面性质固定下来的反映全体股东共同意思表示的基本法律文件。公司章程有实质意义与形式意义之分。实质意义上的公司章程,是指规定公司组织及活动之公司根本规则本身;形式意义上的公司章程,则指记载上述根本规则之书面文件。另外,相对于公司成立后依法变更过的公司章程而言,公司设立时所制定的公司章程称为原始公司章程。

各国关于公司章程形式、内容、性质的规定和理解不尽相同,因而理论界基于不同认识对公司章程的定义也不尽相同。这种区别尤其存在于大陆法系和英美法系之间。

在大陆法系国家和地区,公司章程是由一份单一的法律文件构成,德国、法国、日本、意大利、葡萄牙、中国及中国台湾地区、中国澳门特区皆然。在英美法系国家,公司章程则由两个法律文件组成:在英国、新加坡等英联邦国家被称为公司组织大纲(memorandum of association)

〔17〕 参见冯果:《现代公司资本制度比较研究》,武汉大学出版社2000年版,第89~90页。

和公司组织章程(articles of association),在美国被称为公司组织章程(articles of incorporation/charter)和公司章程细则(bylaws/bylaw/by-laws /by-law)。[18] 也可以将具有称谓上细微差异的英美法系公司章程两个文件笼统地划分为章程大纲和章程细则。章程大纲必须在公司登记机关登记备案,供公众查阅。其目的在于使公司的投资者以及与公司交易的第三人能够了解公司的基本情况。因此,章程大纲又被称为公司的"外部章程"(external constitution)。[19] 章程细则,是在章程大纲的基础上制定的,用来调整公司内部事务的内部文件。章程细则不作为公司注册的文件,不必提交登记主管机关备案,也不必向公众公布,故又称内部章程(internal constitution)。不过,在英国及中国香港特区,担保有限公司的章程细则必须与章程大纲一起注册。

公司章程对于公司至关重要,既是公司得以成立的基础,又是公司组织与活动最基本与最重要的准则。章程对于公司的作用有如宪法对于国家的作用。因此拟定章程应慎之又慎,力求全面反映法律要求,准确表现股东的共同意愿,以避免因章程引起纠纷,动摇公司成立的基础。

二、公司章程的制定

(一)公司章程的制定方式

鉴于公司章程所具有的地位与作用,各国公司法大都对公司章程的制定作严格规定。即便是在无须向登记机关提交公司章程的国家和地区,法律也对其制定方法与内容作明确规定。因而公司章程虽然属于公司自治规则,但并不能完全由股东或发起人依自主意思而自由制定,而必须严格遵循公司法关于公司章程制定的规定。各国公司法都要求公司章程必须以书面形式制定;有些国家,如德国、日本,还要求办理公证登记手续,也就是说,章程还须经公证。

就公司章程的制定方法而言,各国公司法所确定的公司章程制定方法主要有共同制定和部分制定两种。所谓共同制定,是指由全体股东或发起人共同起草、协商制定公司章程的制定方式。共同制定便于股东或发起人之间就公司设立事项充分协商,所形成的章程能较好地反映股东和发起人的共同意志,也有助于其贯彻实施。所谓部分制定,是指由股东或发起人中的部分成员负责起草、制定公司章程,形成初始文本后,再经其他股东、发起人签字同意,形成正式文本的制定方式。在股东、发起人人数众多,会议召开不便并难以统一意见的情况下,部分制定有利于提高章程制定效率,加快公司设立进程,并能够充分发挥股东、发起人中的专业人士及特殊人才的作用,从而确保章程制定质量。不过,所谓共同制定与部分制定,均是就公司章程草案的制定而言,就真正意义上的公司章程制定而言,无论哪种制定方式,实际上都采取的是共同制定的方式。人合公司及有限责任公司无疑需要全体股东一致同意并签字才能最终制定;股份有限公司发起设立时也必须经全体发起人共同制定;股份有限公司募集设立时,虽然仅由部分或全部发起人制定章程,但仍须在发起人制定的公司章程(从性质上讲仍为章程草案)基础上,由创立大会予以确认通过。

---

〔18〕 参见[美]R. W. 汉密尔顿:《公司法》(第四版)(影印注释本),刘俊海、徐海燕注,中国人民大学出版社 2001 年版,第 47 ~ 62 页。这些概念在我国还有多种译法,如将其分别称为设立章程与附属章程;基本章程与章程细则;基本章程与附加章程;等等。因此,应注意结合原文掌握相应概念。

〔19〕 参见张汉搓:《香港公司法原理与实务》,科学普及出版社 1994 年版,第 22 ~ 23 页。

依照我国《公司法》第23条、第76条之规定,有限责任公司章程由全体股东共同制定,并签字、盖章;股份有限公司章程由发起人制定,采用募集方式设立的经创立大会通过。显然,我国公司章程制定方式与各国立法完全相同。

(二)公司章程的内容

公司章程的内容即为公司章程记载的事项。世界各国公司立法都对公司章程的内容作了具体规定。由于英美法系国家和地区将公司章程分为章程大纲和章程细则两种,其关于公司章程的内容,也与大陆法系国家不同。不过,尽管各国的立法例存在较大差别,但对章程记载事项的要求则基本一致。

依法律对公司章程记载的事项有无明确的规定,公司章程的记载事项可分为必要记载事项和任意记载事项。前者是法律明确规定公司章程应该记载的事项,后者是发起人或创办人任意选择记载的事项。按照法定的必要记载事项对章程效力的影响,还可将必要记载事项分为绝对必要记载事项和相对必要记载事项。

1. 绝对必要记载事项

所谓绝对必要记载事项,是指公司法规定的公司章程必须记载的事项,缺少其中任何一项或任何一项记载不合法,将导致整个章程无效。由于章程是公司设立的必要条件,章程无效会导致设立中的公司不能成立或已成立的公司被宣告无效或被撤销。对于章程的绝对必要记载事项,各国家及地区都明文予以规定,虽然针对不同的公司类型,列举的必要记载事项不尽一致,但对绝对必要记载事项的规定却基本相同,都是基于各类公司的性质所要求的章程必备条款,如公司的名称和住所、公司的经营范围、公司的资本数额、公司组织机构、公司的代表人等。〔20〕

我国《公司法》第25条第1款规定:“有限责任公司章程应当载明下列事项:(一)公司名称和住所;(二)公司经营范围;(三)公司注册资本;(四)股东的姓名或者名称;(五)股东的出资方式、出资额和出资时间;(六)公司的机构及其产生办法、职权、议事规则;(七)公司法定代表人;(八)股东会会议认为需要规定的其他事项。”由此可见,经此次修订,《公司法》关于有限责任公司章程记载事项已删除了相对必要记载事项与任意记载事项,但最后一项“股东会会议认为需要规定的其他事项”的保留说明,现行规定仍不能界定为绝对必要记载事项。此外,基于有限责任公司的人合属性,赋予了有限责任公司章程更大的自治空间。

我国《公司法》第81条规定:“股份有限公司章程应当载明下列事项:(一)公司名称和住所;(二)公司经营范围;(三)公司设立方式;(四)公司股份总数、每股金额和注册资本;(五)发起人的

---

〔20〕 如我国台湾地区“公司法”第101条第1款规定,公司章程应载明下列事项:(1)公司名称;(2)所营事业;(3)股东姓名或名称、住所或居所;(4)资本总额及各股东出资额;(5)盈余及亏损分派比例或标准;(6)本公司所在地,设有分公司者,其所在地;(7)董事人数;(8)定有解散事由者,其事由;(9)订立章程之年、月、日。英美法系国家的章程大纲所要求规定的事项即属于这种性质。另如美国旧版《商事公司示范法》及绝大多数州公司法规定章程大纲中必须记载(must set forth)的事项一般有:(1)公司名称(name of the corporation);(2)公司注册办事处的地址及其代理人的姓名(registered office and agent);(3)公司资本结构(capital structure of the corporation);(4)公司目的与权力(purpose and powers of the corporation);(5)董事会类型与结构(size/composition of board of directors)。不过,经修订的《商事公司示范法》(2001年)已对此作了调整。该法第2.02条(a)款规定:“章程大纲必须载明:(1)符合第4.01条要求的公司名称;(2)公司授权发行股票的数量;(3)公司初始注册办事处的街道地址以及该办事处初始注册代理人的姓名和地址;(4)发起人的姓名和地址。”

姓名或者名称、认购的股份数、出资方式和出资时间；(六)董事会的组成、职权和议事规则；(七)公司法定代表人；(八)监事会的组成、职权和议事规则；(九)公司利润分配办法；(十)公司的解散事由与清算办法；(十一)公司的通知和公告办法；(十二)股东大会会议认为需要规定的其他事项。"该规定则仍然对绝对必要记载事项、相对必要记载事项与任意记载事项完全未予区别，不仅最后一项，而且明确列举的记载事项中亦包含了相对必要记载事项与任意记载事项。

2. 相对必要记载事项

所谓相对必要记载事项，是指由法律列举，但公司章程可以选择是否记载的事项。如果予以记载，则发生效力；如果不予记载，也不影响整个章程的效力；如果所记载的事项不合法，则只是该部分无效，并不导致整个章程无效。在法律没有明文规定的情况下，当事人可以根据需要在法律范围内任意选择记载事项，这些事项一旦记载于章程中就与必要记载事项的效力相同。各国公司法均对该事项的记载持较为宽松的态度。

在大陆法系国家和地区，公司章程的相对必要记载事项通常包括：发起人所得的特别利益；设立费用及发起人的报酬；公司存续期限；分公司的设立等。[21] 在英美法系国家和地区，通常不区分绝对必要记载事项与相对必要记载事项，但《美国商事公司示范法》及各州公司法（如《特拉华州普通公司法》）则对此作了明确规定。[22]

我国《公司法》仅笼统地规定了公司章程"应当载明"的事项，将相对必要记载事项包含于其中而未作区分。因此，在审查章程效力时，应注意针对不同性质的记载事项确定其缺乏记载或记载不合法时的效力。

3. 任意记载事项

任意记载事项，是指除绝对必要记载事项和相对必要记载事项外，在不违反法律和公序良俗的前提下，发起人或创办人认为有必要记入章程，作为共同遵守的行为规则的事项。这种事项虽可由发起人任意选择，但一经载入被核准的章程，该事项即发生法律效力，全体股东也要一体遵行，不能任意变更，如需变更，应修改章程，并办理变更登记。我国《公司法》所规定的"股东认为需要规定的其他事项"与"股东大会认为需要规定的其他事项"主要就是任意性的规定，即股东可以在章程中约定《公司法》没有列举的内容。此外，如公司的对外通知和公告办法、公司内部的议事规则等，最好也归入任意记载事项。在英美法系国家和地区，章程细则（articles of association/bylaws）所记载的内容在性质上即属于任意记载事项。由于任意记载事项是纯粹调整公司内部关系的条款，与社会公众基本上没有实质性关联，因而完全放任公司自行制定。也正因如此，英美法系国家一般不要求将该事项提交登记机关登记。

---

〔21〕 依我国台湾地区"公司法"第130条第1款之规定，公司章程的相对必要记载事项包括：(1)分公司之设立；(2)分次发行股份者，定于公司设立时之发行数额；(3)解散之事由；(4)特别股之种类及其权利义务；(5)发起人所得受之特别利益及受益者之姓名。

〔22〕 在措辞上，其所使用的是与"must set forth"相对的"may set forth"。依《商事公司示范法》(2001年)第2.02条(b)款之规定，章程大纲相对必要记载事项主要包括：(1)初始董事的姓名、住址；(2)公司目的，经营公司业务和管理公司事务的方法；(3)董事会、股东的权利的定义、限制和调节；(4)授权发行的股票和各类股票的票面值；(5)在规定范围内和规定条件下关于公司债务加于各个股东的个人责任；(6)根据该法要求或该法允许开列在细则上任何条款；(7)消除或限制董事对公司或对公司股东责任的条款。《特拉华州普通公司法》第1.02条(b)款也对相对必要记载事项作了7项规定。参见《特拉华州普通公司法》，左羽译，法律出版社2001年版，第4~6页。

三、公司章程的修改

公司章程的修改,即公司章程的变更,是指在公司章程经登记生效之后,增加、删减或改变公司章程内容的行为。公司章程既然具有“公司的宪章”的地位,自然应当保持相当的稳定性,不应随意修改,否则将有损于公司的经营活动并危及社会交易秩序。不过,若社会环境及公司自身情况发生变更,客观上要求公司在治理结构、资本结构等方面作相应调整,公司章程就必须适时修改。因此,各国公司法均无一例外地允许公司章程修改。美国《商事公司示范法》第十章还就公司章程的修改作了专章规定。当然,公司章程的修改除了不得违反法律的强制性规定之外,还必须遵循一定的原则与程序,才能使其特定的法律地位与效力得以维持。因此,各国公司法都对公司章程的修改,在程序与内容上加以严格限制。

(一)公司章程修改的程序限制

公司章程修改必须由拥有修改权限的法定机关并依照法定程序进行。公司章程修改的程序一般包括三个方面:(1)修改公司章程提案;(2)修改公司章程议决;(3)公司章程变更登记。

1. 修改公司章程提案

修改公司章程提案,是指由有提案权的组织机构或人员提出关于修改公司章程的事项。各国公司法基本上都不对修改公司章程的提案权作明确规定,我国《公司法》亦然。不过,由于股东(大)会定期会议与临时会议均可依法修改公司章程,因此召集与提议召开股东(大)会的组织机构或人员即为修改公司章程的提案权人。依我国《公司法》相关规定,修改公司章程的提案权人具体为:(1)有限责任公司的董事会、代表1/10以上表决权的股东、1/3以上董事或者监事;(2)股份有限公司的董事会、单独或者合计持有公司股份10%以上的股东、监事会。不过,依1993年《公司法》之规定,除董事会外,符合法定比例的股东、监事仅有提议召开股东(大)会的权利,因而修改公司章程的提案即使非由董事会提出,也必须经董事会审议通过后,才能最终成为提交股东(大)会审议的提案。因此,长期以来修改公司章程的提案权实质上专由董事会行使。在实践中,公司章程修改提案也大多由董事会直接提出;此外,控股股东也经常提议修改公司章程,但其提议须经董事会审议通过后由董事会提交股东(大)会。对此,美国《商事公司示范法》第10.03条(a)款明确规定:“拟修改的章程必须经董事会采纳。”我国2005年《公司法》也作了类似规定。如该法第103条第2款规定:“单独或者合计持有公司百分之三以上股份的股东,可以在股东大会召开十日前提出临时提案并书面提交董事会;董事会应当在收到提案后二日内通知其他股东,并将该临时提案提交股东大会审议。临时提案的内容应当属于股东大会职权范围,并有明确议题和具体决议事项。”此外,2005年《公司法》还规定特定情形下监事会及单独或者合计持有公司10%以上股份的股东可以自行召集和主持股东大会,从而使监事会、股东修改公司章程的提案权获得了法律保障。

2. 修改公司章程议决

在大陆法系国家和地区,修订公司章程的权限均被赋予公司股东会或股东大会。在英美法系国家和地区,章程大纲同样需要由股东大会修改,章程细则则除非章程大纲有相反规定,概由董事会修改。依我国《公司法》第37条、第99条之规定,有限责任公司股东会和股份有限公司股东大会拥有修改公司章程的专属职权,这就是对修改公司章程的组织机构限制。依照我国《公司法》第41条、第102条、第107条之规定,修改公司章程应召开股东(大)会作出决议,但若公司章程另有规定或者全体股东另有约定的,有限责任公司可依照另外规定或约定的方式处理。

各国公司法均将修改公司章程作为特别决议事项加以规定,因而提高了通过修改公司章程提案所需要的表决权比例。在立法例上,该绝对多数的表决权比例一般为2/3(如法国、日本、韩国),也有一些国家和地区规定为3/4(如德国)。我国《公司法》第43条第2款规定,有限责任公司修改公司章程的决议,必须经代表2/3以上表决权的股东通过;第103条第2款规定,股份有限公司修改公司章程必须经出席股东大会的股东所持表决权的2/3以上通过。并且,基于公司章程的根本"自治规则"属性,大陆法系国家和地区公司法大多明确规定,在公司发行有特别股的情况下,公司章程的修改,除须召开股东大会作出特别决议外,还须经种类股东大会通过。[23] 种类股东大会的决议只是为股东大会决议生效而附加的要件,其本身并非股东大会,也不是公司机关。[24] 英美法系国家和地区公司法则普遍赋予了无表决权的特别股股东最低限度的表决权,修改公司章程都包含于最低表决权之中。[25] 这些规定构成了对股东(大)会修改公司章程议决程序的限制。我国《公司法》未就此作明确规定,但应可作同样解释。

3. 公司章程的变更登记

公司章程修改方案经股东(大)会通过后,由公司向公司登记机关申请进行章程变更登记。申请时,必须提交关于修改章程的股东(大)会会议记录、修改后章程及修改条文对照表等文件。经公司登记机关核准登记后,修改后的章程才告正式生效;在实行公司登记非成立要件主义的国家和地区,虽然修改章程一经股东(大)会表决通过即生效,但其不具有对抗善意第三人的效力。

(二)公司章程修改的内容限制

公司章程的修改不仅受到上述程序限制,而且还受到实体内容限制,即公司章程的内容与条款作出增加、删减、改变等书面变更必须受到约束。具体表现为以下方面:

1. 公司章程的修改不得删除绝对必要记载事项。由于绝对必要记载事项属于公司法的强制性规定,当然不允许删除。对该事项的修改也必须符合法律规定。其标准便是,如果将其作为初始章程提交登记机关登记,必须能够获得通过。对此,虽然大多数国家都未作明确规定,但各国公司法立法精神中都隐含了此内容。

2. 非经股东同意,公司章程的修改不得变更该股东的既得权。例如,设立股份有限公司时,公司章程中如果载明了发起人在优先认购新股、剩余资产分配等方面享有确定的特别利益,则非经发起人签署书面同意书,不得以修改章程的方式侵害该权益。对此,各国家及地区大多有明确规定。[26]

---

〔23〕 种类股东大会,是指种类股东(指种类股份发行公司的某种类股份的股东)的股东大会。参见《日本公司法典》,吴建斌、刘惠明、李涛译,中国法制出版社2006年版,第3页。

〔24〕 参见[韩]李哲松:《韩国公司法》,吴日焕译,中国政法大学出版社2000年版,第434页;《日本公司法典》,吴建斌、刘惠明、李涛译,中国法制出版社2006年版,第163页。

〔25〕 参见何美欢:《公众公司及其股权证券》(中册),北京大学出版社1999年版,第812页。

〔26〕 如我国台湾地区"公司法"第159条第1款规定:"公司已发行特别股者,其章程之变更如有损害特别股股东之权利时,除应有代表已发行股份总数三分之二以上股东出席之股东会,以出席股东表决权过半数之决议为之外,并应经特别股股东会之决议。"

3. 非经股东同意,公司章程的修改不得给股东设定新义务。除非股东签署书面同意书,否则不得以修改章程的方式给股东设定新义务。与前一规则不同,只有少数国家和地区公司法对此作明确规定。不过,作为与前一规则的对应规则,完全可以推出这一规则。

4. 非经股东一致同意,公司章程的修改不得给部分股东设定新权利。若给部分股东设定新权利,则与“同股同权”原则相悖。因此除非股东一致签署书面同意书,否则不得以修改公司章程的方式给部分股东设定新权利。对此,各国公司法也大多不作明确规定,而依公司法原则推出这一规则。但美国《商事公司示范法》(2001 年)第 10.04 条(a)款则对本项及前两项规则均作了明确规定。

思考题

1. 试析大陆法系公司瑕疵设立的法律后果。
2. 试析我国公司瑕疵设立的法律后果。
3. 试析认购担保责任的合理性。
4. 试析行使失权程序的合理性。
5. 试析公司章程修改的内容限制。

第八章　公司的人格制度

导读

- 由于公司与自然人在性质上的差异，以及公司法对公司的特殊要求，决定了公司的权利能力在性质上、法律上受限制，并由此形成了公司权利能力区别于自然人权利能力的种种特征。
- 我国《公司法》改变了对公司作为无限责任投资人的绝对禁止态度，《合伙企业法》则确认了公司成为普通合伙人的资格。
- 许多国家的公司法就公司对他公司的投资总额所占公司资本的比例，都作出了限制性规定。我国《公司法》则将公司转投资额的限制彻底放松，完全交由公司自治。
- 公司目的范围曾被普遍视为公司权利能力或行为能力的限制，但如今理论界已普遍主张对目的范围作扩大解释，从而使公司能力得以扩张。在理论界的影响下，各国判例也逐渐接受了对公司目的作扩大解释的观点，并最终完全否定了公司章程中目的范围的限制。
- 在绝大多数国家，公司法人格否认"制度"是以法理或判例的方式予以确认和适用的。目前，仅少数国家通过立法确立了公司法人格否认制度。我国《公司法》对该制度作了明确规定，但具体应如何适用还有待司法实践及司法解释的细化。

作为具有独立法律地位的权利主体，公司无疑拥有独立的法律人格。此外，公司（指狭义上的公司）作为具有独立责任能力的法人，与合伙企业等非法人组织相比，其权利能力与行为能力更为完备，在对外投资、提供担保等问题上所受限制也更为严格。作为独立责任能力的法人，还应具备赖以构造其独立人格的法律人格要素。该法律人格要素作为公司独立法律人格的生成与维持的基础，其缺失将导致设立瑕疵或法人格否认制度的适用。

第一节　公司的能力

一、公司的权利能力

公司的权利能力，是指公司具有的享受权利和承担义务的法律资格。关于公司的权利能力问题，是一个颇为复杂的争议性问题，在历史上有很大变化。由于公司与自然人在性质上的差异，以及公司法对公司的特殊要求，决定了公司的权利能力在性质上、法律上受限制，并由此形成了公司权利能力区别于自然人权利能力的种种特征。

(一)公司权利能力受性质上的限制

公司是独立于自然人而存在的主体,是法律所拟制的人,因而其人格与自然人的人格不同。专属于自然人的权利,公司不能享有。但是,现代各国家及地区法学理论已基本上确认,除了受到自然性质及法律规定的限制外,公司权利能力与自然人一样,并不受其他限制。

(二)公司权利能力因法律规定受到的限制

法人的权利能力都要受到法律的限制。公司的权利能力则不仅要受到法律对法人所作的一般限制,而且还要受到公司法的特别限制。公司法对公司权利能力的限制主要表现在:

1. 时间上的限制。公司的权利能力始于公司成立而终于公司终止,因此公司的权利能力仅存在于其存续期间。不过,各国公司法对公司成立与终止的具体时间认定上并不完全一致。有的国家以公司依法获准登记之时为公司成立时间,有的国家以公司依法获准登记并公告之时为公司成立时间。不管怎样,设立中的公司都不享有法人的权利能力。解散后的公司,在依法进行清算的阶段,其权利能力虽仍然存在,但仅限于清算范围内的活动,不得从事清算范围外的活动。自清算完毕之日起,公司的权利能力归于消灭。

2. 公司转投资对象的限制。一些大陆法系国家和地区公司法规定,公司不得作为其他公司的无限责任股东或合伙企业的合伙人,如韩国。不过,这种立法例并非世界通例,不仅德国、法国等多数大陆法系国家以及多数英美法系国家均无此限制,而且一些原本采行该立法例的国家(如日本)也相继废止了该限制。基于此,我国《公司法》改变了绝对禁止的立法态度。该法第15条规定:“公司可以向其他企业投资;但是,除法律另有规定外,不得成为对所投资企业的债务承担连带责任的出资人。”[1] 依此,立法机关可以通过另行制定法律改变该项法律限制。我国《合伙企业法》也确认了公司具有成为普通合伙人的资格。此外,各国公司法普遍禁止或限制子公司或从属公司持有母公司或控股公司的股份,或者限制公司相互持股的数额。这也是对公司转投资对象的一种特殊限制。

理论拓展 关于公司转投资额的限制

域外公司法一般规定,公司向其他企业的投资总额,不得超过本公司资本的一定比例。公司可以成为他公司的有限责任股东,对此并无疑义。但当公司作为他公司的有限责任股东时,为保证公司资本的充实与确定,许多国家的公司法就公司对他公司的投资总额所占公司资本的比例,都作出了限制性规定。我国《公司法》第16条第1款明确规定:“公司向其他企业投资或者为他人提供担保,按照公司章程的规定由董事会或者股东会、股东大会决议;公司章程对投资或者担保的总额及单项投资或者担保的数额有限额规定的,不得超过规定的限额。”由此,我国将公司转投资额的限制彻底放松,而将其完全交由公司意思自治。这一修订使公司解除了过于严格的公司转投资额法律限制。令人遗憾的是,《公司法》未规定相应的风险防范制度,从而留下了制度漏洞,使公司经营风险可能被不当放大。

---

〔1〕 此处采用的是“连带责任”而非“无限责任”的措辞,但在企业责任方面,二者是并存的,故无论是称连带责任还是无限责任,均意味着无限连带责任。

理论拓展　关于公司对外担保行为的限制

域外公司法一般都允许公司对外担保，但为维护公司股东尤其是中小股东以及债权人的利益，有些国家和地区的公司法就公司的对外担保行为作了某种限制。我国《公司法》未对公司对外担保予以限制，但法律为此规定了较为严格的表决程序。前引《公司法》第16条第1款之规定则对公司对外提供担保的决定程序作了较为严格的限定。该条第2、3款还分别规定："公司为公司股东或者实际控制人提供担保的，必须经股东会或者股东大会决议。""前款规定的股东或者受前款规定的实际控制人支配的股东，不得参加前款规定事项的表决。该项表决由出席会议的其他股东所持表决权的过半数通过。"这是我国《公司法》对公司对外担保程序所作的一般规定。此外，《公司法》还对股份有限公司和上市公司的对外担保的表决程序作了特别规定。该法第104条规定："本法和公司章程规定公司转让、受让重大资产或者对外提供担保等事项必须经股东大会作出决议的，董事会应当及时召集股东大会会议，由股东大会就上述事项进行表决。"该法第121条规定："上市公司在一年内购买、出售重大资产或者担保金额超过公司资产总额百分之三十的，应当由股东大会作出决议，并经出席会议的股东所持表决权的三分之二以上通过。"

关于公司担保的表决程序是否为强制性规定，从而使不符合该规定的担保无效，法学界尚存认识分歧：一种观点认为，该条款是强制性规定，违反该条款将导致公司担保合同无效；另一种观点认为，该规定并非约束合同效力的法律规范，并不当然导致公司担保合同无效。不过，随着认识的深入，如今多数学者都认为，《公司法》第16条及第121条固然属于强制性规定，但具体性质为公司内部的管理性规定，并不是效力性规定，违反该规范不会直接导致公司担保合同无效。[2]

在司法实践中，不同法院对此也持不同观点，最高人民法院不同时期的判决也持不同态度。2000年，最高人民法院在中国福建国际经济技术合作公司与福建省中福实业股份有限公司借款担保案中认为，董事、经理违反1993年《公司法》第60条第3款的禁止性规定，以公司资产为本公司的股东或者其他债务人提供担保，应适用《关于适用〈中华人民共和国担保法〉若干问题的解释》第4条的规定，认定担保合同无效。[3] 2006年，最高人民法院在中国进出口银行与光彩事业投资集团有限公司、四通集团公司借款担保合同纠纷案中认为："经公司股东会、董事会批准，以公司资产为本公司股东或其他个人债务提供担保的，可以认定有效。"[4]此后，在依照2005年《公司法》审理公司担保案件时，司法机关逐渐形成了不将《公司法》第16条视为效力性强制性规定的共识，即不因违反该条规定的决议程序而直接导致公司提供担保的合同无效。例如，在寿光广潍公司案裁定书中，最高人民法院即明确提出，《公司法》第16条的规范性质为调整公司内部决策权配置的管理性强制性规定。[5] 在广发银行无锡支行案判决书中，江苏省高级人民法院认为，《公司法》第16条第1款并未明确公司违反该规定对外提供担保导致担保合同当然无效。[6] 江苏省高级人民法院在另一案件裁定书中，更进一步明确认为，《公司法》第16条第1款规定旨在规制公司对外担保行为，禁止公司大股东、高层管理人员滥用权力对外担保从而损害公

---

〔2〕 参见梁上上：《公司担保合同的相对人审查义务》，载《法学》2013年第3期。
〔3〕 参见最高人民法院（2000）经终字第186号民事判决书。
〔4〕 参见最高人民法院（2006）民二终字第49号民事判决书。
〔5〕 参见最高人民法院（2013）民申字第2275号民事裁定书。
〔6〕 参见江苏省高级人民法院（2013）苏商终字第0175号民事判决书。

司其他中小股东的了利益,但该法条并未明文规定违反该规定对外担保行为无效,故不属于效力性强制性规定。[7]

关于上市公司提供担保的合同效力,司法机关则普遍认为仅凭加盖公章的担保书并不能认定为有效,必须由股东大会依法作出决议,否则应认定担保行为无效。

因理论界与实务部门始终未能就《公司法》第16条的规范性质达成共识,故司法机关基于司法裁判的实际需要,逐渐回避对《公司法》第16条定性,通过"越权规则"实施务实性裁判。尽管这种做法客观上忽视了《公司法》的组织法属性,从而导致《公司法》第16条的立法目的基本落空,但鉴于这一立场已被我国司法机关普遍采纳,故本书姑且依此分析。基于此,可以认为,公司违反《公司法》规定的表决程序而提供担保,除非借款人知道或应当知道这一情形,否则不应认为该担保行为无效。因此,担保权人知道或应当知道公司代表人越权担保的判断标准,乃该类问题法律适用的关键。关于担保权人是否有审查公司决议的义务并据此判断其是否构成善意第三人方面,司法裁判并未形成统一意见。例如,最高人民法院在(2014)民申字第1876号民事裁定书中认为,《公司法》第16条第2款明确规定,公司为股东或者实际控制人提供担保的,必须经股东会或者股东大会决议;法律具有公示作用,债权人应当知晓,却未要求担保人公司代表出具股东会决议,显然具有过错,因而不应被认定为善意第三人。在(2013)民申字第2275号民事裁定书中,最高人民法院则认为,有限责任公司的章程不具有对世效力,故在再审申请人不能举证证明担保权人存在恶意的情形下,应当认定担保权人已经尽到合理的审查义务,为善意第三人。

本书认为,在担保权人是否善尽注意义务的判断方面,应根据担保权人的主体属性区别对待。具体来说,若担保权人为普通商主体,则应履行比普通民事主体更为严格的注意义务;若担保权人为作为特殊商主体的企业和职业经营者,则应履行比一般商主体更为严格的注意义务;若担保权人为银行等金融机构,则应履行比一般企业更为严格的注意义务[8]。因此,在银行等金融机构作为公司担保的担保权人时,若作为担保人的公司未依法或按章程规定作出相应决议,则应基于银行等金融机构所应履行的尽职调查义务,判断其是否构成"应当知道"公司代表人越权担保。基于此,若银行等金融机构未妥善履行尽职调查义务,则应承担公司代表人越权提供担保时合同无效的法律后果。当然,即使是需要承担尽职调查义务的银行等金融机构,其审查义务也仅限于形式审查,即相对人仅对材料的形式要件进行审查——材料是否齐全、是否符合法定形式,对材料的真实性、有效性则不作审查。对此,最高人民法院在湖南省翔宇食品公司案中认为,根据公司法的相关规定,担保权人对保证人提供的股东会决议文件仅负有形式审查义务,担保权人只需审查股东会决议的形式要件是否符合法律规定,即已尽到合理的注意义务。本案中,天行健公司的股东会决议符合公司章程的规定,且加盖了其股东博兴公司与岳泰公司的公章,并由其法定代表人签名,形式要件合法,应当认定建行营业部已尽到应尽的审查义务。建行营业部没有审查担保人公司股东会决议上股东签章是否真实的法定义务,也不具备审查其签章真伪的能力。[9]

---

〔7〕 参见江苏省高级人民法院(2014)苏审二商申字第0287号民事裁定书。

〔8〕 例如,2005年《证监会、银监会关于规范上市公司对外担保行为的通知》要求各银行业金融机构必须认真审核由上市公司提供担保的贷款申请的材料齐备性及合法合规性、上市公司对外担保履行董事会或股东大会审批程序的情况、上市公司对外担保履行信息披露义务的情况、上市公司的担保能力、贷款人的资信、偿还能力等。

〔9〕 参见最高人民法院(2014)民二终字第51号民事判决书。

理论拓展　关于公司对外贷款行为的限制

各国(地区)公司法对公司对外贷款能力的规定不尽相同,有的持严格限制态度,有的则不予限制。我国《公司法》第148条第3项规定,董事、高级管理人员不得"违反公司章程的规定,未经股东会、股东大会或者董事会同意,将公司资金借贷给他人或者以公司财产为他人提供担保"。针对股份有限公司,《公司法》第115条还特别规定:"公司不得直接或者通过子公司向董事、监事、高级管理人员提供借款。"依此,我国《公司法》禁止董事、高级管理人员私自对外贷款,并特别禁止公司直接或者通过子公司向董事、监事、高级管理人员提供借款。若公司对外贷款违反了《公司法》的要求,是否应被认为违反了《公司法》的强制性规定而导致无效呢?对此,理论界大多未作明确界定。但也有学者明确提出,在此情形下应与公司对外担保作同样处理,即认定为无效行为。[10] 本书认为,公司直接或者通过子公司向董事、监事、高级管理人员提供借款,应认定为违反法律的强制性规定而无效。但董事、高级管理人员违反公司章程的规定,未经股东会、股东大会或者董事会同意,将公司资金借贷给他人,则除非借款人知道或应当知道这一情形,否则不应认为该对外贷款行为无效。当然,无论如何,公司都得依此认为董事、高级管理人员违反了《公司法》所规定忠实义务,而追究其法律责任。

二、公司的行为能力

公司的行为能力,是指公司基于自己的意思,以自己的名义从事活动,取得权利并承担义务的资格。就民法理论而言,行为能力以意思能力为前提。我国立法与理论界皆采法人实在说,故承认公司具有行为能力。公司与自然人不同,不发生无行为能力、限制行为能力和剥夺行为能力的问题。公司的行为能力只以其权利能力为前提,所以在范围上也没有更多的限制。与自然人的行为能力相比,公司的行为能力有其特殊性:

1. 公司权利能力与行为能力取得时间上的一致性。自然人的行为能力不是与生俱来的,而是受到年龄、智力因素的制约。自然人的行为能力区分为完全民事行为能力、限制民事行为能力和无民事行为能力。公司的设立是法律赋予的,其民事权利能力与行为能力的取得和终止在时间上一致的。公司作为法人的行为能力主要受到公司法以及公司章程的约束。

2. 公司的行为能力通过公司的机关而实现。公司的意思表现为团体意思,它具体由公司的代表机关依法律和公司章程规定的程序作出。公司设立的过程中必须确定代表公司的法定代表人,其职务行为无须特别授权即为公司的行为。其他公司管理人员或者雇员,在公司授权范围内从事的活动,也是公司的民事行为。公司必须对这些职务行为承担民事责任。

三、公司的责任能力与诉讼能力

公司也有侵权行为能力。公司机关对外代表公司所为的行为,如构成侵权行为,即为公司的侵权行为。在此情形下,公司当然应负侵权行为的责任。有的国家(地区)公司法规定,此时公司与行为人应负连带责任。公司的侵权行为依公司的机关代表公司的行为为限。如非公司的代表机关而为公司的一般人员,这些人员是公司的雇佣人员,其行为即非公司的行为。对这

〔10〕 参见李建伟:《公司法学》,中国人民大学出版社2008年版,第110页。

些人的侵权行为,公司应否负责,依公司与他们的雇佣关系决定。公司对于其机关或其他人员从事职务活动或以公司名义从事活动所应依法承担的法律责任,不仅包括民事责任,而且包括行政责任与刑事责任。公司的行为能力,从法律责任关系的角度看,表现为民事责任能力、行政责任能力、刑事责任能力和诉讼能力。

公司的民事责任能力,是指公司承担违约责任、侵权责任和不履行法定义务所应承担的民事责任的能力。公司的行政责任能力,是指公司违反法律的规定而应受行政处罚的能力。

关于公司的刑事责任能力或犯罪能力,在法理上颇有争议,各国家及地区的规定也不尽相同。在古罗马法上,有"社团无犯罪能力"的原则。自 19 世纪中期以后,英美法上开始规定公司或法人可以犯罪,并处以刑罚。如美国纽约州的刑法(1909 年)明文规定法人犯罪应处徒刑时,应处罚金。大陆法系国家和地区,如法国、德国和中国台湾地区,法律上一般不认为公司或法人可以犯罪,但学说上也提出了法人具有犯罪能力的主张,并且 19 世纪以后也渐渐承认公司可以犯罪而承受制裁。现在各国家及地区在经济犯罪中大多明文规定对公司(法人)可以处以刑罚(罚金)。

我国法律认为公司可以犯罪,在公司法、刑法、海关法上已有体现。我们认为,这一做法是合适的。因为公司可能参加各种法律责任关系,当其行为触犯刑律时,即构成犯罪,理应承担相应的刑事责任。而作为法律赋予一定权利能力和行为能力的法人,公司的行为如超出法人的目的范围,其法人地位或资格便不复存在,也就是说法人是不可能犯罪的。公司犯罪的特点,一是只能对其处以罚金刑,不能处以人身自由刑和生命刑;二是要同时追究造成犯罪的直接主管人员和其他责任人员的刑事责任。

与公司的民事责任能力、行政责任能力和刑事责任能力相对应,公司可以作为民事诉讼的当事人,充当原告或被告;也可以作为行政诉讼的原告和刑事诉讼的被告人。

四、公司目的范围对公司能力的影响

公司在成立时都有一定的目的,这种目的载明于章程中,章程所定的公司目的是否能够构成对公司权利能力或行为能力的限制,公司行为如超出此范围,是否会因此无效?对此,一些大陆法国家和地区的民法典原则上规定,法人的权利能力应受其目的限制,商法或公司法则未作同样规定。这就导致理论上存在权利能力限制说与否定限制说两种截然不同的认识。在早期,理论界的通说为权利能力限制说。这种认识也延伸到了司法实践之中,各国早期判例一直维持权利能力限制说的立场。不过,理论界逐渐认识到将公司目的范围界定为其权利能力的限制缺乏合理依据,并严重妨碍了交易安全的实现。于是,理论界逐渐改变了僵化的认识,主张对目的范围作扩大解释,从而使公司能力得以扩张。在理论界的影响下,判例也逐渐接受了对公司目的作扩大解释的观点,并最终完全否定了公司章程中目的范围的限制。

我国现行《公司法》删除了 1993 年《公司法》第 11 条第 3 款"公司应当在登记的经营范围内从事经营活动"的限制性规定。现行《公司法》第 12 条第 1 款规定:"公司的经营范围由公司章程规定,并依法登记。公司可以修改公司章程,改变经营范围,但是应当办理变更登记。"同条第 2 款规定:"公司的经营范围中属于法律、行政法规规定须经批准的项目,应当依法经过批准。"由此,可以我国《公司法》也明确抛弃了公司经营范围构成公司权利能力与行为能力限制的观念。

第二节　公司法人格否认制度

一、公司法人格否认制度的概念与特征

（一）公司法人格否认制度的概念

公司法人格否认(disregard of the corporate entity)，是指在公司依法成立后，在特定事件中(如子公司与母公司之间或股东与公司之间)因有滥用公司法人格之情事时，若在该事件中仍完全承认该公司具有形式上的独立人格，将违反公平正义原则或侵害第三人的交易安全，则暂时性否认在该特定事件中公司与其背后的股东各自独立的人格及股东的有限责任，责令公司的股东(包括自然人股东和法人股东)对公司债权人或公共利益直接负责的一种法律措施。公司法人格否认的目的在于，防止或制裁滥用公司独立法人格，以保护社会公共利益、维护公平交易及保护公司债权人。[11] 其所直接维护之主体，是公司债权人；其所直接指向的对象，是公司背后之股东；其所间接指向的对象，是社会公共利益；其所要达到的最终目的，是为排除股东有限责任的法律适用。

公司法人格否认"制度"究竟起源于英国还是美国，理论界还存在分歧。总体来说，它发端于英美的判例，由法官在司法实践中创制并不断丰富。有学者认为，公司法人格否认理论同样最早发轫于英国1897年萨洛姆诉萨洛姆公司案(Salomon v. Salomon & Co. Ltd.)。[12] 但一般认为，就公司法人格否认理论较为系统地提出时间而言，该理论起源于19世纪末的美国，流传于20世纪初的英国和德国，日本也于20世纪50年代开始施行。在各国司法实践及法学理论中，公司法人格否认制度已具有日益广泛的影响。不过，在绝大多数国家，该"制度"实际上尚未完全上升到由法律所正式确认的制度层面，而主要是以法理或判例的方式予以确认和适用的。目前，仅有英国、法国、意大利及中国等少数国家，通过立法确立了公司法人格否认制度。因此，在日本，该"制度"又被称为公司法人格否认法理。

（二）公司法人格否认制度的特征

公司法人格否认作为在特定情形下对股东有限责任的修正和维护，是对公司、股东与债权人一种风险的与权利的平衡，实现了"矫正的公平"。它具有以下特征：

1. 公司已取得独立法律人格，具有独立承担法律责任的能力。这是适用公司法人格否认制度的前提。至于公司法律人格之取得是否具有合法性，则不作要求。这一点使其与公司的无效或撤销区别开来。公司法人格否认制度具有个案性忽略公司法律人格而直索股东责任的功能，其针对的是具有独立人格且人格被滥用的公司。若一公司未取得合法独立人格，则不存在适用公司法人格否认制度的必要，因为只有具有独立人格的公司才存在法律人格被滥用的情况。因此，公司法人格否认制度既不是对公司法律人格独立原则的否认，也不是对公司独立

〔11〕 参见赵德枢：《一人公司详论》，中国人民大学出版社2004年版，第137页；朱慈蕴：《公司法人格否认法理研究》，法律出版社1998年版，第75页。

〔12〕 参见赵德枢：《一人公司详论》，中国人民大学出版社2004年版，第138页。

责任的否认(因其仅具有个案效力),而恰恰是对公司法律人格独立与责任独立原则的恪守,是对实际上已经丧失独立人格的公司的一种揭示和确认。

2. 公司法人格否认制度的法律效力,只适用于个案中的特定法律关系,而不具有普适性。它不是对公司法律人格与独立责任能力的全盘否定,不影响该公司作为一个独立实体合法的继续存在;而是在具体个案中,忽略公司的独立法律人格,对公司独立责任予以个案性否认。

3. 公司法人格否认制度是对公司法人格被滥用后的一种事后规制。它通过追究公司法人格滥用者的责任,对因滥用而无法在传统的公司独立责任制度框架内的合法权益者的一种救济,使滥用公司人格者对公司债务负无限连带责任,以体现法律所要求的将利益和负担公平、合理地分配于当事人。

二、我国公司法人格否认实践与立法

我国 1993 年《公司法》没有规定公司法人格否认制度,并且严格来说,至今尚未出现真正意义上的公司法人格否认实践。但我国审判机关已经在运用法律手段制止滥用公司法人格行为,保护债权人和社会公共利益方面进行了积极的探索,积累了一些经验。此外,在最高人民法院审理债务纠纷、房屋买卖纠纷、其他合同纠纷等各类案件中,都有不少突破公司股东承担有限责任,判决公司出资人、股东对债务承担连带清偿责任的案例。在执行实践中还存在变更被执行主体的做法。在法院判决时没有发现或没有涉及设立时注册资本不实,而在进入执行程序中,因被执行人没有偿付能力,而又发现注册资金不实的,法院用执行裁定的方式变更被执行人为投资人或股东,直接执行投资人或股东的财产。虽然这一做法存在侵害被变更后的被执行人的诉权问题,但也显示了司法实践中已注意运用司法手段,即执行力的扩张,制止股东滥用法人格侵害债权人利益的倾向,实际上也突破了股东有限责任。这些措施的广泛存在,表明我国确实存在大量的公司法律人格被滥用的情形,并客观上存在确立公司法人格否认制度的制度需求。

不过,尽管这些规定可谓对我国公司法人格否认制度的积极探索,但因过于机械地彻底否定股东出资不实情形下的公司独立人格,其合法性与合理性都不无疑问。或许,正是基于此,《公司法解释(三)》仅确认了未履行或者未全面履行出资义务的股东在未出资本息范围内对公司债务不能清偿的部分承担补充赔偿责任。对此,该解释第 13 条第 2 款规定:“公司债权人请求未履行或者未全面履行出资义务的股东在未出资本息范围内对公司债务不能清偿的部分承担补充赔偿责任的,人民法院应予支持;未履行或者未全面履行出资义务的股东已经承担上述责任,其他债权人提出相同请求的,人民法院不予支持。”同条第 3 款规定:“股东在公司设立时未履行或者未全面履行出资义务,依照本条第一款或者第二款提起诉讼的原告,请求公司的发起人与被告股东承担连带责任的,人民法院应予支持;公司的发起人承担责任后,可以向被告股东追偿。”

《公司法草案》(2004 年 8 月稿)第 19 条第 2 款曾规定:“实际参与公司的经营管理或者通过持有公司股份等方式,对公司的人员、财务、业务等主要决策活动施加重大影响的公司股东,应当与公司保持独立,在人员、财务、业务等方面与公司混同的,应当对公司债务承担连带责任。”如果该款最终能够保留,将使我国《公司法》成为明文规定公司法人格否认制度的具有开创性的立法。不过,从各国纷繁复杂的公司法人格否认实践来看,确实难以就此作明确规定,故立法机关对此作了进一步修订。最终,现行《公司法》第 20 条分三款规定:"公司股东应当遵守法律、行政法规和公司章程,依法行使股东权利,不得滥用股东权利损害公司或者其他股东的利益;不得滥用公司法人独立地位和股东有限责任损害公司债权人的利益。"(第 1 款)"公司股东滥用股东权利给公司或者其他股东造成损失的,应当依法承担赔偿责任。"(第 2 款)"公司股东滥用公司法人独立地位和股东有限责任,逃避债务,严重损害公司债权人利益的,应当对公司债务承担连带责任。"(第 3 款)这些规定与一般意义上的公司法人格否认制度不完全相同,还包含了股东因滥用股东权利而对公司及其他股东的赔偿责任。这种立法模式其实有其特殊价值:通过强化股东对公司所负责任进一步强化公司债权人利益的维护。

除《公司法》第 20 条对公司法人格否认制度作了一般规定外,该法第 63 条还针对一人公司作了特别规定:"一人有限责任公司的股东不能证明公司财产独立于股东自己财产的,应当对公司债务承担连带责任。"

需要说明的是,我国《公司法》关于公司法人格否认制度的规定仅规定了公司股东对公司债务的连带责任,但司法实践中还存在需要由公司对股东债务承担责任以及关联公司之间承担责任的情形。在此方面,已有指导性案例作了突破。在"指导案例 15 号"即徐工集团工程机械股份有限公司诉成都川交工贸有限责任公司等买卖合同纠纷案中,最高人民法院梳理了以下裁判要点:关联公司的人员、业务、财务等方面交叉或混同,导致各自财产无法区分,丧失独立人格的,构成人格混同;关联公司人格混同,严重损害债权人利益的,关联公司相互之间对外部债务承担连带责任。

实务问题

A 公司股东有甲、乙和丙三人,其中乙和丙分别持有公司股权的 5%,甲持有 90% 的公司股权。后甲利用担任公司总经理的职权便利,采用高价买进和低价卖出等方式,将公司资产转移到其妻子控制的另一家公司,导致公司经营严重亏损。问:在这种情形下,乙和丙是否可以提起公司法人格否认之诉,要求甲对公司的巨额亏损承担连带赔偿责任?

提示:根据《公司法》第 20 条的规定,公司法人格否认之诉的提起主体为公司的债权人,公司股东滥用股东权利给公司或者其他股东造成损失的,应当依法承担赔偿责任。但股东不能依公司法人格否认之诉来维护公司利益及其作为股东的个人利益,而只能依照股东权利保护的相关途径来维护股东权。

三、公司法人格否认制度的一般适用情形

由于实行公司法人格否认制度的国家数目有限并且大多缺乏明确的法律规定,各国关于公司法人格否认制度的认定,无论是理论上还是司法实践中,都存在较大的分歧。从学理上讲,总括各国实践,可将公司法人格否认制度的适用情形主要分为(但不限于)以下四个方面。[13]

---

〔13〕 参见朱慈蕴:《公司法人格否认法理研究》,法律出版社 1998 年版,第 140 ~ 152 页。

(一)公司资本显著不足

公司财产独立是公司法律人格要素之一,而在此意义上的财产首先指的便是公司资本。公司以资本作为其对外独立承担责任的最低担保,与债权人的利益密切相关。因此公司资本显著不足,往往是导致公司法人格否认的重要因素。所谓公司资本显著不足,是指公司资本不符合公司经营事业、规模或经营风险的最低要求,呈现显著不足的状态。因各国实行不同的公司资本制度,注册资本的含义不尽相同,故不能简单地将公司注册资本视为公司资本是否充足的判断标准,而应以发行资本作为判断标准。此外,由于现代各国对公司最低资本额都规定得比较低,在英美国家甚至不作规定,因而也不能以法定最低资本额为判断标准。在判断公司资本是否充足的时间标准方面,应以公司成立时或已成立公司进入新的业务领域的时间作为计算公司资本的时间节点。

资本显著不足常伴随其他滥用公司法人格的情形,而这些公司法人格否认制度的适用情形更容易判断,故司法实践中法官极少将资本显著不足单独作为适用公司法人格否认制度的事由。不过,鉴于我国在有限责任公司及发起设立的股份有限公司废除了最低注册资本额制度,且我国社会信用体系尚未建立,不诚实守信的现象还较为突出,故因公司显著不足而单独适用公司法人格制度的现实需求可能逐渐凸显,相关案例可能会逐渐增多。

(二)利用公司独立人格逃避合同义务

这种情形在各国司法实践中获得确认的判例较多,学者们也进行了较为充分的研究。具体而言,大致又可分为以下三种:

1. 为回避契约上特定的不作为义务(如竞业禁止),而设立新公司或利用其原有的公司,假借公司名义而掩盖其真实行为。

2. “脱壳经营”,即控股股东为逃避原公司巨额债务而抽逃资金或解散该公司或宣告该公司破产,再以原设备、场所、人员及相同经营目的而另设一公司的行为。

3. 当事人利用公司名义转移财产进行诈欺以逃避合同义务的行为。

(三)滥用公司法人格规避法律义务或骗取非法利益的行为

这一情形是指股东利用新设立公司或既存公司的独立人格,人为改变了强制性法律规范适用的前提,从而达到规避法律义务之目的的行为。如股东为使其财产免于被强制执行而设立一家公司,并将财产转移至该公司。再如为享受本国公司的优惠(如本国软件公司、电影公司),而形式上设立一家符合该要求但实质上不符合要求的公司。这两例都在英国有判例。就我国而言,实际上,为凑足股东人数,虚拟股东或虚拟出资,以独资、合资、合作为名,骗取国家关于外商投资企业的优惠政策的情形,虽然实践中未依公司法人格否认制度处理,但亦属此例。

(四)公司与股东人格混同

公司与股东人格混同,常常构成公司法人格否认的依据。这在一人公司和母子公司中表现得尤为明显,其基本表征如下:

1. 财产混同。财产混同是对公司与股东财产分离原则的背离,将导致公司财产的不独立。财产混同,一方面表现在公司财产与股东财产在实际经营上的混同,无法严格区分;另一方面表现在公司与股东或一公司与他公司利益一体化上。如子公司以一种“不公平的方式”运作,使母子公司之间的交易利润积累于母公司而损失留存于子公司。

2. 业务混同。一公司完全以另一公司或股东的利益需要为准而进行交易活动,使交易方无法分清是该公司还是其股东及其他公司的交易行为,使公司形式上的独立性都无法获得保证。

3. 组织机构混同。公司组织机构包括公司的意思机关、执行机关及监督机关,组织机构的混同势必导致公司独立意思无法形成,从而丧失了公司的本质性法律人格要素。

在我国法律尚未明文规定公司法人格否认的情况下,人民法院应当充分发挥审判人员的主观能动性,运用诚实信用原则、公平、公正原则和禁止权利滥用原则,以弥补立法不足。

然而,法官的自由裁量权只能是相对的,只能是在维护公平、正义理念,遵守法的一般原则,运用合法程序,并针对法律司法解释尚未明确的事项下行使的最大的自由。

公司法人格否认制度是对公司独立人格制度和股东的有限责任制度的重要补充。我国《公司法》关于公司法人格否认制度的规定无疑将对公正、合理地审判案件,及时、有效地保护公共利益和当事人的合法权益,教育企业自觉守法、规范经营都有着重要意义。当然,由于立法仅作了原则性的规定,具体应如何适用还有待司法实践及司法解释的细化,尤其是通过具有判例性质的最高人民法院公报案例及正式发布的指导性案例,使其逐步具有可操作性。

思考题

1. 简述公司转投资对象的限制。
2. 简述关于公司转投资额的限制。
3. 简述关于公司对外担保行为的限制。
4. 简述关于公司对外贷款行为的限制。
5. 简述公司目的范围对公司能力的影响。
6. 简述公司法人格否认制度的一般适用情形。

第九章　公司的资本制度

导读

- 国际上形成了三种公司资本制度，即法定资本制、授权资本制和折中资本制。我国 2005 年《公司法》部分实行了更偏向法定资本制的“分期缴纳制”。鉴于所谓认许资本制也是理论界所作概括，不妨将“分期缴纳制”明确界定为折中法定资本制。
- 在股东出资制度上，各国公司法大多实行严格的出资形式法定主义。各国公司法普遍规定，股东可以货币出资，也可以实物、工业产权、土地使用权、商誉等作价出资，无限公司和两合公司的无限责任股东还可以劳务和信用出资。
- 公司法确立了资本确定、资本维持、资本不变的原则，但事实上，公司需要根据客观需要适时调整公司的资本结构。因此，各国公司法都对公司资本的增加和减少作了系统规定。

第一节　公司资本制度概述

一、公司资本的概念

公司资本(corporate capital)，是指记载于公司章程的由股东出资构成的公司财产。公司资本可以表现为以下不同形态：

1. 注册资本，又称名义资本或核定资本，是指公司成立时由公司章程记载并在公司登记机构注册登记的资本总额。确定注册资本的目的，一方面是在政府部门登记注册，另一方面是在公司章程中公开申明其资本数额，以便让公众了解到公司的目前状况和今后可能达到的规模。注册资本是公司法上的重要概念。公司法上的注册资本是一个相对静态的范畴，它是股东出资的货币体现，并不随公司的经营而随时处于不断变化之中。注册资本不包含会计学上的公积金和未分配利润，也不包括公司的借贷资本，它仅仅是其中的股权资本部分。

2. 发行资本(issued capital)，是指公司已经发行在外的资本总额。在法定资本制下，由于注册资本须由股东全部认购或认缴，故公司注册资本即为发行资本。在授权资本制及折中授权资本制下，发行资本为公司实际发行的资本，其范围一般低于授权资本，而股东权利义务的确定依据亦为其认缴资格与发行资本的比例，因而在此情形下发行资本才具有实际意义。

3. 实缴资本(paid-up capital)，又称实收资本，是指公司实际收到的、股东作为投资而依法实际缴付的资本。在法定资本制及认许资本制下，股东实际缴付的出资或股本与注册资本是一致的。[1] 当然,在股东未实际缴付出资额的情况下,两者就不一致了。未实际缴付的由股东承担填补资本的责任。但在授权资本制及折中授权资本制下,注册资本则表现为认缴资本与认购股本,即在公司登记机关登记的全体股东认缴的出资额或认购的股本总额。

4. 授权资本(authorized capital),又称名义资本(nominal capital),是指公司设立记载于公司章程、授予公司自由发行的资本总额。授权资本存在于授权资本制与折中授权资本制,认许资本制下授予董事会在注册资本一定比例内发行的资本总额也可谓授权资本,在法定资本制下则不存在授权资本。

5. 待缴资本(uncalled capital/ uncollected capital),又称催缴资本(called-up capital),是指股东已认购但尚未缴纳股款,公司可以随时向股东催缴的资本。因此,待缴资本实际上已成为公司应得到的财产,已构成股东对公司债务的担保。但依我国《公司法》所规定的分期缴纳制,已为股东认购但未缴纳的部分并不属于一般意义上的待缴资本。这也是我国现行《公司法》所确立的资本制无法按照传统公司资本制准确定性的表现之一。

在我国,依 1993 年《公司法》及相关法规规定,公司注册资本被界定为,股东在公司章程中约定投入的并经过公司登记机关登记注册的资本总额。在此意义上的注册资本,是指实缴资本与实收股本,即在公司登记机关登记的全体股东实缴的出资额与实收股本总额。不过,原国家工商行政管理总局《公司注册资本登记管理规定》及 2005 年《公司法》施行以后,注册资本的含义已发生了实质性变化。依现行《公司法》第 26 条第 1 款、第 80 条第 1、2 款以及《公司注册资本登记管理规定》第 2 条之规定,我国已确立了注册资本的认缴制(详见下文),从而使我国注册资本的内涵在不同公司形式之间发生了差异:有限责任公司为认缴资本;发起设立的股份有限公司为认购股本;募集设立的股份有限公司仍为实收股本。

随着公司实践的发展,公司法理论界已普遍认识到,不宜迷信公司资本的功能,公司的信用基础,已由传统公司法立法与理论所主张的资本发展为公司资产。[2] 但毫无疑问,在反思的同时,也不能矫枉过正,由对公司资本功能绝对迷信转而对公司资本功能彻底否定。如果说公司资本不可信赖,那么公司资产更是难以监控。在绝大多数国家,公司资本仍是公司赖以存在的物质基础,是公司得以正常运营的物质保障,也是反映公司资信能力的显著标志。尤其是在信用体系尚未建立、社会信用普遍较低的中国,在部分实行折中资本制后,资本的功能仍应充分肯定。在有限责任公司和股份有限公司中,股东仅承担有限责任,公司以其全部资产承担债务。当公司资不抵债时,超出公司偿债能力的债务则无法受到清偿。因此,为保护债权人利益和社会交易安全,必须确保公司资本的真实、可靠,维护公司资产与资本的平衡。正是由于公司资本具有如此重要的意义,各国公司法无一例外地将公司资本制度作为一项重要内容加以规定。

二、公司资本制度的类型

公司资本制度是公司法的基本制度之一,它贯穿于公司设立、运营和终止的全过程。狭义

---

〔1〕 对于有限责任公司与发起设立的股份有限公司,我国 2005 年《公司法》规定的是特殊的分期缴纳制 2013 年《公司法》则修改为认缴制。关于该制度究竟属于何种资本制,将于下文详述。

〔2〕 参见赵旭东等:《公司资本制度改革研究》,法律出版社 2004 年版,第 37 ~ 43 页;傅穹:《重思公司资本制原理》,法律出版社 2004 年版,第 80 ~ 90 页;范健、王建文:《商法论》,高等教育出版社 2003 年版,第 322 页。

的公司资本制度,是指公司资本形成、维持和退出等方面的制度安排;广义的公司资本制度,是围绕股东的股权投资而形成的关于公司资本运营的一系列规则和制度的配套体系。公司法理论一般是在狭义上使用公司资本制度的概念,本书亦然。

由于文化背景、司法制度以及社会伦理观念的差异,大陆法系形成了法定资本制,英美法系则形成了授权资本制。为克服法定资本制的缺陷,大陆法系吸收授权资本制的合理因素,形成了一种介于两者之间的新的公司资本制度——折中资本制。由此,国际上形成了三种公司资本制度,即法定资本制、授权资本制和折中资本制。

(一)法定资本制

法定资本制(statutory capital system),又称确定资本制或实缴资本制,是指公司在设立时,必须在公司章程中明确记载公司资本总额,由股东全部认足并予实缴、实收的一种公司资本制度。法定资本制为法国所首创,后来为其他大陆法系国家所普遍采用。法定资本制的核心是资本确定原则,其实质是公司依章程资本全部发行并足额实缴而成立。也就是说,在法定资本制下,既不允许授权董事会发行部分股份,也不允许认股人分期缴纳股款。

如今,在大陆法系国家和地区,仍完全坚持法定资本制的立法例已较为少见,即使在有限责任公司仍坚持实行法定资本制的国家和地区,股份有限公司也都基本上改采折中资本制或授权资本制。我国也由严格的法定资本制转而部分实行了折中资本制,仅对募集设立的股份有限公司仍维持了传统的法定资本制。

(二)授权资本制

授权资本制(authorized capital system),是指公司在设立时将公司资本总额记载于公司章程,但不必将资本总额全部发行,具体发行比例与数额法律也不予严格限制,未认购部分,由董事会在公司成立后随时一次或分次发行或募集的一种公司资本制度。授权资本制起源于英美法系,原指国家授予发行权利的公司在其章程中所确定的资本总额。在公司设立采特许主义的时代,资本或股份的发行皆依国家的授权,在改采准则主义后,仍遗留着国家对公司赋予发行股份特权的授权思想。因此,对公司发行其章程所确定的股份资本,依然沿用传统的“授权资本”一词。

对于授权资本制所固有的法律风险,各国公司法及司法实践确立了相应的配合制度。这种配套制度不仅仅表现为公司资本制度,而是借助于公司资本制度及公司治理结构等一系列制度,来实现维护交易安全与社会公共利益的目的。

(三)折中资本制

折中资本制是在法定资本制和授权资本制的基础上,以其中一种公司资本制为基础,兼采另一资本制的优点,创建出的一种新的公司资本制度。折中资本制是由1937年《德国股份法》所首创,此后为其大陆法系国家所相继借鉴,在20世纪60年代之后,大陆法系国家均在一定程度上吸收了授权资本制的合理因素。如今,尚未彻底改采授权资本制的大陆法系国家和地区,基本上都已改采折中资本制了。

由于各国在改采折中资本制时,在保留法定资本制与接受授权资本制上的程度不同,因而不同国家和地区所实行的折中资本制的表现形式及具体内容不尽相同。总体来说,可将折中资本制分为两种主要类型:其一为折中授权资本制,其二为认许资本制。

折中授权资本制,是指公司设立时,章程中应明确记载公司的资本总额,股东只需认足第一次发行的资本,公司即可成立,但公司第一次发行的资本不得低于资本总额的一定比例,并须一次性全部缴足;未认足部分,授权董事会随时发行新股募集。

认许资本制,又称许可资本制,是指公司设立时,章程中应明确记载公司的资本总额,并由股东全部认足,公司方得成立;但公司章程可以授权董事会于公司成立后一定年限内,在授权之时公司资本额的一定比例范围内,发行新股,增加资本,而无须经股东会决议。认许资本制改变了法定资本制要求一次发行、一次缴足的严厉规定,允许分期缴纳出资,但对分期缴纳又设有严格限制。此举既缓和了公司设立时的股东的资本压力,又保证了公司能够获得必要的实缴资本。

除了以上两者得到了较为普遍认同的折中资本制外,还有一些国家实行的公司资本制度很难进行归类,因为从形式上看,其既较大程度地保留了原有公司资本制度的特征,又在一定程度上背离了原有公司资本制度的本质特征。法国公司资本制度就是这种难以定性的典型代表。对此,《法国商法典》第 L223－7 条第 1 款对有限责任公司的出资规定如下:公司的所有股份必须得到股东全额认购。代表实物出资的股份,应当全数缴清;代表货币出资的股份,至少应当缴纳其数额的 1/5,其余部分,应自公司于"商事及公司注册登记簿"上注册登记起不超过 5 年期限内,按照公司经理的决定,一次或者分数次缴清。但是,在应当用金钱出资的新股份开始任何认购之前,公司资本必须已全额缴清,否则,新股份认购活动无效。《法国商法典》第 L225－3 条对股份有限公司的出资作了与此大体相似的规定,但将货币出资首次实缴比例提高到 1/2 以上。[3] 依此,公司资本必须被全部认购,且未被赋予董事会根据章程在特定范围内的授权资本发行权。但《法国商法典》又规定,股份有限公司的货币出资可分期缴纳。这种规定实际上也是对法定资本制与授权资本制进行折中后的产物,但其对授权资本制的吸收程度较低,未确认授权资本且不允许公司分次发行。从这个角度看,《法国商法典》规定的资本制度仍应属于法定资本制,或者如我国大多公司法学者界定我国 2005 年《公司法》的公司资本制度时所谓属于"分期缴纳制下的法定资本制"。然而,需要说明的是,法定资本制的本质属性为资本法定或资本确定,具体表现为公司成立时公司资本必须一次发行并全部缴纳,分期缴纳则必然导致公司资本存在的不确定性,从而就违反了公司资本确定的基本要求。法国所创设的一次发行、分期缴纳的模式,事实上是吸收了授权资本制下与分次发行所必然伴随的分次缴纳的结果。由此可见,《法国商法典》确立的资本制度,是以变通的方式吸收了授权资本制的优点而确立了分期缴纳的模式,这种折中模式明显是以法定资本制为主要特征,但又背离了传统的法定资本制一次发行并全部缴纳的基本要求。从学理上,可将这种资本制度称为"折中的法定资本制"。这一称谓是相对于"折中的授权资本制"而言。但"折中的授权资本制"毕竟与授权资本制存在本质差异,还不能称为授权资本制,而只能作为一种介于法定资本制与授权资本制之间的中间形态,故被称为"折中授权资本制"。保留了绝大多数法定资本制特征的所谓"折中的法定资本制",因其一定程度上背离了法定资本制的本质特征,也不宜继续纳入法定资本制的范畴。因此,不妨借鉴"折中授权资本制"的概念,将其界定为"折中法定资本制"。该公司资本制度类型与认许资本制不同,后者对授权资本制的吸收程度较高,不仅允许分期缴纳出资,而且允许公司章程规定董事会可自行发行一定限度内的授权资本。这样,"折中授权资本制""折中

---

[3] 《法国商法典》(上册),罗结珍译,北京大学出版社 2015 年版,第 214、229 页。

法定资本制”与认许资本制共同构成了折中资本制的基本形态。

(四)我国公司资本制度的类型

我国2005年《公司法》部分实行了更偏向法定资本制的“分期缴纳制”。依该法第26条第1款及第81条第1、2款之规定,有限责任公司及发起设立之股份有限公司股东或发起人首次出资额(缴资数额)不得低于公司注册资本的20%,其余部分由股东或发起人自公司成立之日起2年内缴足,投资公司性质的股份有限公司则可在5年内缴足,在此之前股份有限公司不得向社会公开募集股份;募集设立之股份有限公司及一人有限责任公司则实行传统的法定资本制,即注册资本等同于实收资本。对此,我国不少学者将“分期缴纳制”界定为分期缴纳制下的法定资本制,也有学者将其界定为缓和的法定资本制,还有学者回避对公司资本制度类型的定性而直接称之为分期缴纳制。应当说,在对世界主要公司资本制度类型进行深入分析之前,确实很难将我国公司法所规定的新的公司资本制度进行准确归类。但是,通过上述对法国股份有限公司资本制度类型的分析,可以发现,实际上我国现行公司法所确立的“分期缴纳制”基本类似于法国股份有限公司的资本制度。基于此,应将我国现行公司法所确立的适用于有限责任公司与发起设立的股份有限公司的“分期缴纳制”界定为折中法定资本制。如果有人认为,这种称谓不太合适,也可回避其具体定性,将其称为笼统的折中资本制。但鉴于所谓认许资本制,也是理论界所作概括,因而也不妨将“分期缴纳制”明确界定为折中法定资本制。

2013年12月28日,十二届全国人大常委会第六次会议审议通过了关于修改《公司法》的决定,对《公司法》作出了修改,修改的内容自2014年3月1日起施行。本次《公司法》修订是为了及时落实国务院关于改革注册资本登记制度的部署,故仅针对公司资本制度与登记制度作了修订。关于公司资本制度修改的内容包括两点:(1)公司注册资本由分期缴纳制改为认缴制,[4]取消了公司全体股东的首次出资额不得低于注册资本的20%的规定,并取消了关于公司股东(发起人)应自公司成立之日起2年内缴足出资、投资公司在5年内缴足出资的规定,并取消了一人有限责任公司股东应一次足额缴纳出资的规定。(2)原则上取消了法定注册资本最低限额,除法律、行政法规以及国务院决定对特定行业注册资本最低限额另有规定的外,原有注册资本最低限额的规定均予以取消。不过,鉴于一些特殊公司或特定行业由于行业自身和政府管理的特殊性,对其实缴注册资本的要求较高,特别是从国际上看,世界各国普遍对金融机构实施审慎监管,要求金融机构具备相当数量的实缴资本,以维护金融稳定,故该类公司或行业暂不实行注册资本认缴登记制。这些公司或行业包括:(1)《公司法》规定的采取募集方式设立的股份有限公司;(2)现行法律、行政法规规定的银行业金融机构(包括商业银行、外资银行、金融资产管理公司、信托公司、财务公司、金融租赁公司、消费金融公司、货币经纪公司、村镇银行、贷款公司、农村信用合作联社、农村资金互助社)、证券公司、期货公司、基金管理公司、保险公司、保险专业代理机构、保险经纪人、外资保险公司、直销企业、对外劳务合作企业、融资性担保公司;(3)2013年10月25日国务院第28次常务会议决定的劳务派遣企业、典当行、保险资产管理公司、小额贷款公司。

---

[4] 在我国2013年推行的公司注册资本登记制度改革中,将注册资本实缴登记制修改为认缴登记制。但需要注意的是,此处所谓注册资本实缴登记制修与认缴登记制,系就公司注册资本登记制度而言,不能将其混同于公司资本制度意义上的实缴制与认缴制。

显然,2013年《公司法》确立的认缴制与2005年《公司法》确立的分期缴纳制有本质区别。从公司资本制度类型界定角度来说,认缴制因取消了首次出资额限额、足额缴纳期限以及法定注册资本最低限额的规定,已根本性地背离了法定资本制,而更接近于授权资本制。不过,认缴制下,公司成立时虽无实缴资本的刚性规定,但仍应认缴全部出资,且董事会无权自行做出增资决定,因而也不符合授权资本制的本质特征。因此,认缴制仍属于兼具法定资本制与授权资本制特征的一种折中模式。若要对其作明确界定,因明显背离了法定资本制的基本特征,故不能界定为折中法定资本制,似应基于其更接近于授权资本制而界定为折中授权资本制。

然而,我国2013年《公司法》确立的认缴制与上述折中授权资本制存在实质性差异,除董事会无权自行决定发行股份外,其他方面均与授权资本制基本相同。事实上,认缴制与声明资本制非常类似,都具有明显的授权资本制特征,但又略有不同。认缴制是排除了授权董事会自行发行股份的权利,故授权成分不及授权资本制;声明资本制则不仅允许董事会自行发行股份,而且彻底排除了以章程形式对授权资本总额所作限制,完全由董事会自行决定资本发行,故授权成分更高于授权资本制。因此,尽管声明资本制由授权资本制演进而来,且比传统的授权资本制更为进步,但将其归入授权资本制并无不妥;而认缴制因不具备董事会自行决定资本发行的授权要素,将其归入授权资本制则稍显不妥。由此可见,认缴制与传统意义上的法定资本制、授权资本制及折中资本制均有明显区别,无论将其归入其中任何一种类型均不完全妥当。就此而言,正如可将声明资本制视为一种独立于授权资本制的新型公司资本制类型,也不妨将我国2013年《公司法》确立的认缴制视为一种新的类型。不过,鉴于所谓法定资本制、授权资本制及折中资本制也都是一种学理概括,随着各国立法的修订,客观上早已不能完全概括各国立法所确认的公司资本制模式,故仍可基于认缴制的本质特征而将其界定为授权资本制的一种特殊形态。当然,认缴制下的"授权"不同于传统授权资本制下的"授权",不是授权董事会自行发行股份,而是授权董事会自行根据公司经营需要自行决定何时要求股东实缴其所认缴的股款。因此,认缴制虽可勉强归入授权资本制,但其实不属于严格意义上的授权资本制。

三、公司资本原则

公司资本原则形成于大陆法系国家传统意义上的法定资本制时期,构成了大陆法系公司资本制度的核心。[5] 在我国,公司立法仍比较严格地遵循了大陆法系国家传统上的公司资本三原则。

(一)资本确定原则

资本确定原则,是指公司章程必须确定符合法定资本最低限额的注册资本总额,且应由发起人全部认足或募足,否则,公司便不能成立。资本确定原则能有效保证公司资本的真实性,防止公司设立中的欺诈行为,有效维护交易安全和债权人利益。因此,这一资本原则迄今仍为一些大陆法系国家的公司法所确认,折中资本制仍然保留了资本确定原则的基本要求。但资本确定原则表明,公司资本总额不是在公司成立后根据实际需要确定的,而是在公司成立之前由发起人凭其主观预测而定的,因而就可能产生预测过高与过低两种不利情况。预测过高时,

---

〔5〕 从本质上讲,一般所谓公司资本制度仅为公司资本形成制度,公司资本原则等关于公司资本的相关制度均包含于公司资本制度之中。

造成所定的资本总额不易尽快或按时认足,从而影响公司的设立。在此情形下,还易造成因公司营运过程中的资本沉淀、积压闲置而导致公司资本利用率降低,进而影响公司利润率的提高。预测过低时,则造成公司在未来经营中如需增加资本时,又要经过烦琐的增资程序。因此,随着对传统法定资本制的修正,现代大陆法系国家和地区公司法已大多修正了传统意义上过于刚性的资本确定原则的内涵,并在一定程度上表现出资本授权的特征。

我国1993年《公司法》实行的是严格的资本确定原则,在2005年部分改采分期缴纳制并于2013年部分改采认缴制后,我国《公司法》仍部分保留了体现资本确定原则的许多规定:(1)有限责任公司股东与发起设立的股份有限公司发起人虽不必在公司设立时实际缴纳其所认缴、认购的全部资本或股本,但公司的注册资本仍须在公司成立时一次性发行完毕;募集设立的股份有限公司则须在公司设立时一次性发行全部股份并予实际缴纳股款。(2)股东对非货币形式的出资必须承担出资差额的填补责任。

(二)资本维持原则

资本维持原则,又称资本充实原则,是指公司在其存续过程中,应维持与其资本额相当的实有财产。公司的注册资本仅仅表现为公司章程中一个被股东认缴或认购数字,在公司成立时的实有资产仅为股东实际缴纳的股款,而在公司成立后真正作为公司偿债担保的则是公司的自有资产。在公司成立后的存续过程中,公司的财产会因盈余、亏损、无形损耗等在价值上发生变动,使公司的资产成为一个变量,从而使作为公司真正信用的公司资产与公司资本及实缴资本脱节。因此,为使公司的资本具有实际意义,使公司资本与公司资产基本相当,切实维护交易安全和保护债权人的利益,防止公司经营中的欺诈行为,各国公司立法普遍作出相关规定,以体现资本维持原则。资本维持原则不仅被大陆法系国家普遍采用,也在英美法系国家的公司立法中得到体现。

为了体现这一原则,我国《公司法》明确规定:(1)公司成立后,股东不得抽回向公司的投资;(2)发起人用于抵作股款的财产的作价不得高估;(3)股票的发行价格不得低于股票的票面金额;(4)公司原则上不得收购自己所发行的股票,[6]也不得接受本公司的股票作为抵押权的标的;(5)公司分配当年税后利润时,应当提取利润的10%列入公司法定公积金;(6)在公司弥补亏损之前,不得向股东分配股利。

(三)资本不变原则

资本不变原则,是指公司的资本一经确定,非依法定程序,不得随意改变。资本不变原则是为配合资本维持原则而立的一项法制原则。它们二者的立法宗旨是一致的,都是为了防止公司注册资本的减少,保护债权人的权益。但二者的角度则有所不同,资本维持原则是从公司实有资本与注册资本数额的相互吻合方面来防止公司资本的实质性减少,而资本不变原则是仅从注册资本数额本身来防止公司资本在形式上的减少。资本维持原则与资本不变原则是相辅相成,缺一不可的,只有二者相互配合,才能维持资本的真正充实,并防止形式资本额的减

---

〔6〕 依《公司法》第142条之规定,在下列情形下公司可以收购自己所发行的股票:(1)减少公司注册资本;(2)与持有本公司股份的其他公司合并;(3)将股份用于员工持股计划或股权激励;(4)股东因对股东大会作出的公司合并、分立决议持异议,要求公司收购其股份的;(5)将股份用于转换上市公司发行的可转换为股票的公司债券;(6)上市公司为维护公司价值及股东权益所必需。同时,上述情形下,所购股票还应在一定期限内依该条规定方式处理。

少，以保护债权人的利益。如果只有资本维持原则，而没有资本不变原则，公司的注册资本就可随时变更，一旦公司财产减少时，公司即可相应减少其注册资本额，那么，资本维持原则也失去了实际意义。同样，如果只有资本不变原则，而没有资本维持原则，公司的注册资本从形式上虽不能变化、减少，但却可以使公司实有资本与注册资本不相吻合，造成公司财产的实际减少。

为了体现这一原则，我国《公司法》对于公司资本的减少作出了严格的限制：(1)须有资本过剩或亏损严重的事实存在；(2)公司需要减少注册资本时，必须编制资产负债表和财产清单；(3)公司减少资本后的注册资本不得低于法定的最低资本限额；(4)公司减少注册资本必须由股东会或股东大会做出决议；(5)公司减资应当在法定期限内通知债权人并做出公告；(6)债权人在法定期限内有权请求公司清偿债务或者提供相应的担保；(7)公司减资必须向公司登记机关办理变更登记手续。

第二节　股东出资制度

一、股东出资制度概述

出资是公司设立的必要条件之一，出资制度是资本制度的组成部分。良好、完善的出资制度，从微观上讲，可以促进公司更好地进行资本运营，为企业内部激励提供更为广阔的空间；从宏观上讲，出资形式和出资额度的宽紧度对于促进投资，转化民间储蓄资本，以及中小企业的发展，保持经济的稳定和繁荣有着极为重要的作用。

在股东出资制度上，各国公司法大多实行严格的出资形式法定主义。各国公司法普遍规定，股东可以货币出资，也可以实物、工业产权、土地使用权、商誉等作价出资，无限公司和两合公司的无限责任股东还可以劳务和信用出资。

现行《公司法》顺应扩大出资形式的实践需求，改变了僵化的列举式立法模式。该法第27条第1款规定："股东可以用货币出资，也可以用实物、知识产权、土地使用权等可以用货币估价并可以依法转让的非货币财产作价出资；但是，法律、行政法规规定不得作为出资的财产除外。"依此，我国现采行的是例示主义的立法模式，法定出资形式并未限定于明确列举的四种形式，而是将"可以用货币估价并可以依法转让的非货币财产"作为非货币出资的本质要求。在传统的公司资本信用理念指导下，公司股东的出资必须具有财产价值的确定性、相对稳定性和可转让性。也就是说，可以作为股东出资的财产，应当是公司生产经营所需要、可以用货币评估作价并可以独立转让的财产。我国2005年《公司法》规定之"可以用货币估价并可以依法转让的非货币财产"这一股东出资的实质要件，实际上正是出资财产要素的体现。这一修订解决了困扰法学界及实践部门多年的股东出资形式问题，不仅实质性地扩大了股东出资的范围，而且充分地利用各种投资资源和社会财富，最大限度地满足股东和公司的投资需求。当然，为了保证公司资本的确定性，防止以价值不确定的财产向公司出资可能产生的风险，法律、行政法规可以根据实际情况，对不得作为出资的财产作出规定。例如，经2014年2月20日修订的《公司注册资本登记管理规定》第5条第2款规定："股东或者发起人不得以劳务、信用、自然人姓名、商誉、特许经营权或者设定担保的财产等作价出资。”

二、股东出资的典型形式

在例示主义立法模式下,法律明确规定的法定出资形式无疑应为典型的股东出资形式。

(一)货币出资

货币是公司资本中最基本的一种构成形式,所有公司类型的公司都离不开货币资本。公司进行生产经营活动,现金是必不可少的。股东以货币出资,既可以准确计算出资额,也可以直接使用,具有方便快捷的优点。

为了保证公司资本中有足够的现金用以满足公司的经营需要,许多国家的公司法,特别是大陆法系国家的公司法,都对现金应占公司资本的比例作了明确的规定。例如,法国、德国、奥地利等国都规定股份有限公司的现金出资应占公司总资本的25%以上,意大利规定现金出资为公司资本的30%,比利时、瑞士、卢森堡规定为20%。我国1993年《公司法》对于股东货币出资应占资本总额的比例未作明确规定,2005年《公司法》第27条、第83条则明确规定货币出资金额不得低于公司注册资本的30%。法律作此限制,目的在于保证公司资本的实有性及可应用性。〔7〕 但若货币出资比例规定过高将导致公司资本的低效占用问题并对高新技术企业的孵化造成困难。因此,2013年《公司法》取消了这一规定。

有限责任公司以货币出资的股东,应当将货币出资足额存入有限责任公司在银行开设的账户,不按照规定缴纳出资的,除应当向公司足额缴纳外,还应当向已按期足额缴纳出资的股东承担违约责任。股份有限公司以货币出资的发起人和其他认股人应足额缴纳股款。关于贷款获得的现金是否可以作为出资的问题,我国《公司法》没有明确规定。中国人民银行《贷款通则》(已废止)第20条第1款第3项规定:“不得用贷款从事股本权益性投资,国家另有规定的除外。”能否据此认定借款出资的效力,司法实践中存在肯定说与否定说两种不同观点。肯定说认为,《贷款通则》系部门规章,在司法实务中仅参照适用,不能将其作为认定贷款出资无效的依据。否定说认为,该规定系禁止性规范,且我国法律并未明确规定贷款用于出资,因此违反该规定的出资行为绝对无效。在司法实践中往往认为借贷出资为虚假出资。不过,从法律性质上讲,借贷得到的钱款当然属于借款人自有资金,因而理应允许作为出资。《公司注册资本登记管理规定》第8条规定:“股东或者发起人应当以自己的名义出资。”依此,投资人只要求系以自己的名义出资,至于其用于出资的资金是否借贷而来,则在所不问。

在我国司法实践中,曾对以违法犯罪所得出资的法律性质及法律效果存在认识分歧:第一种意见认为,出资行为本身有效,但股权作为违法所得应予收缴;第二种意见认为,出资行为本身无效,但不影响公司设立的效力,同时应直接对出资标的物予以追缴;第三种意见认为,不仅出资行为本身无效,而且公司设立无效;第四种意见认为,不仅出资行为本身有效,而且出资人还得以保留股权,只需对其财产另外予以追缴即可。第四种意见基本上未获司法裁判支持,但前三种意见都有不同程度的实践。因此,迫切需要以权威解释实现统一认识。对此,《公司法解释(三)》第7条第2款明确规定:“以贪污、受贿、侵占、挪用等违法犯罪所得的货币出资后取

---

〔7〕《公司法草案》(2004年8月稿)原本规定货币出资金额不得低于公司注册资本的10%,后来这一货币出资的限额被认为过低,因而在《公司法(修订草案)》(一次审议稿)中即被修订为30%。

得股权的，对违法犯罪行为予以追究、处罚时，应当采取拍卖或者变卖的方式处置其股权。”依此，以违法犯罪所得出资，应认为出资行为本身有效，但出资人因此取得的股权属于违法犯罪所得，应予追缴。还需说明的是，尽管司法解释未作进一步规定，关于以违法犯罪所得出资的法律性质及法律效果，从理论上应可作如下解释：如果违法犯罪所得出资构成了公司注册资本的主要来源，或者其他股东明知违法犯罪所得出资的资金来源，或者以违法犯罪所得出资系全体发起人的共谋行为，都应认定公司设立无效。

（二）实物出资

实物主要是指建筑物、厂房、机器设备等有形财产。股东以实物形态的出资是公司资本中不可或缺的重要组成部分。因此，世界各国公司法都允许股东以实物作为出资。但能够作为出资的实物财产，应当是能够直接用于该公司生产经营所需的物品，否则公司登记机关将不予核准。公司章程应当就作为出资的实物转移的方式、期限等作具体规定。股东对其用以出资的实物财产还必须拥有所有权，并应出具有效证明。关于已经设定担保的财产出资的效力，应当符合我国现行的担保法律制度的相关规定，如抵押人处分抵押物以通知为法定条件，否则抵押物的处分无效。实物出资必须由股东各方按照国家有关规定确定实物财产的价值或者委托专门的评估机构对其价值进行评估，并经股东会或创立大会审核。对于股东或发起人高估作价的，应由其补交差额，公司设立时的其他股东或发起人对此承担连带责任。实物须办理过户手续的，公司应当于成立后半年内办理，并报公司登记机关备案。

许多国家公司法都允许股东分期缴纳出资，但是，对于以实物出资的，各国公司法却都规定必须一次缴清。我国《公司法》第 28 条第 1 款规定：“股东应当按期足额缴纳公司章程中规定的各自所认缴的出资额。股东以货币出资的，应当将货币出资足额存入有限责任公司在银行开设的账户；以非货币财产出资的，应当依法办理其财产权的转移手续。”该法第 83 条第 1 款也作了类似规定：“以发起设立方式设立股份有限公司的，发起人应当书面认足公司章程规定其认购的股份，并按照公司章程规定缴纳出资。以非货币财产出资的，应当依法办理其财产权的转移手续。”显然，我国《公司法》不仅要求实物出资应一次性缴纳，而且所有“非货币财产出资”都必须一次性缴纳。其所谓“依法办理其财产权的转移手续”，即为将相关财产按照权属变更的要求移转于公司并实际交付给公司。

（三）知识产权出资

此处所谓知识产权包括专利权、商标权、著作权及非专利技术。专利技术不仅代表着科学技术的创新和进步，而且，它在社会生产中的应用，会带来巨大的经济价值。商标可以表明了商品的质量和信誉，尤其是那些驰名商标，因其代表着知名商品特有的质量和信誉而具有了巨大的经济价值。用于出资的著作权无特定限制，一般多为适用著作权保护的计算机程序，但并不排除其他著作权类型。非专利技术又称非专有技术，是指未申请专利或未获得专利权的技术秘密，其客观存在的价值往往对公司具有重大价值。投资者以知识产权出资时，应当提供专利证书等有关证明材料，确定其先进性和实用性，并依法评估作价。

我国 2005 年修改后的《公司法》已取消了关于知识产权出资的比例限制，这将有利于高新技术企业的发展。

（四）土地使用权出资

土地使用权，是指非土地所有人依法对土地加以利用和取得收益的权利。在我国，土地归国家所有和集体所有,公民、法人只能通过出让或转让方式取得土地使用权。作为一项重要的生产资料,土地在生产经营中是不可或缺的资产,当然可以作价入股。土地使用权的价格由县级以上人民政府的土地管理部门组织评估,并报县级以上人民政府审核批准后,作为核定的出资金额。

三、股东出资非典型形式

在许多国家,除以上出资形式外,尤其是在无限公司及两合公司中,还包括较为灵活的多种出资形式。尤其是在实行授权资本制的国家,股东出资形式非常丰富。〔8〕依学者的看法,还包括债务之减免、诉讼权之放弃,甚至给予慈善事业股份所获得之名誉都可以作为出资标的。

在大陆法系国家及地区,对于资合公司的出资方式,仍大多未予扩张,有的甚至明文规定了禁止事项。不过,随着传统的法定资本制向折中资本制的变革,以及公司资产信用理念的普遍确立,很多国家和地区已放宽了资合公司出资形式的限制。〔9〕

虽然我国1993年《公司法》规定了极为严格的出资限制,但在我国公司实践中,早已出现了多种超越该法规定的出资形式。现行《公司法》规定的"可以用货币估价并可以依法转让的非货币财产"的具体内涵与外延,究竟应如何完善,还有待于进一步研究。前引《公司注册资本登记管理规定》第5条第2款明确规定:"股东或者发起人不得以劳务、信用、自然人姓名、商誉、特许经营权或者设定担保的财产等作价出资。"尽管该规定对一系列出资形式均作了否定规定,但结合我国公司实践及国外立法例,可以认为我国2005年《公司法》规定的"可以用货币估价并可以依法转让的非货币财产"理论上应包括股权、债权、商誉、公路经营权以及探矿权、采矿权等财产权。《公司法解释(三)》还对股权出资作了明确规定。对此,该解释第11条第1款规定:"出资人以其他公司股权出资,符合下列条件的,人民法院应当认定出资人已履行出资义务:(一)出资的股权由出资人合法持有并依法可以转让;(二)出资的股权无权利瑕疵或者权利负担;(三)出资人已履行关于股权转让的法定手续;(四)出资的股权已依法进行了价值评估。"至于劳务能否作为非典型的法定出资形式,则仍存理论上的疑问。

在境外立法中,大陆法系国家和地区都允许对无限公司和两合公司中负无限责任的股东以劳务出资,但绝大多数国家和地区对有限责任公司和股份有限公司则不允许。例如,《德国股份法》第27条第2款规定:"实物出资或实物承受的财产只能是可以确定经济价值财产;提供劳务的义务不得作为实物出资或实物承受的标的。"〔10〕《意大利民法典》第2342条第5款规

---

〔8〕 如《美国商事公司示范法》(2002年)第6.21条(b)款规定:"董事会可以授权就拟发行的股票收取的对价为任何有形或者无形的财产或者公司获得的利益,包括现金、本票、已提供的劳务、待履行的服务合同或者公司的其他证券。"参见《最新美国标准公司法》,沈四宝编译,法律出版社2006年版,第49~50页。

〔9〕 对此,我国台湾地区学者认为,在知识经济的时代背景下,多样化、无体化的财产形式越来越多,以发行股票的"对价"的观点来看,只要是任何公司营业所需要的财产与权利而具有一定实际经济价值者,皆应可以作为出资标的。因此,立法论上,应尽量减少对出资方式的限制,将出资种类适度放宽。因为只要董事会能够严格把关,并且验资机制能够运作良好,通过健全董事权责机制,此举不仅不会害及虚假出资之防范,还有利于公司筹集资金。参见王文宇:《公司法论》,中国政法大学出版社2004年版,第219页。而经2001年修订之我国台湾地区"公司法"第156条第5款亦明确规定,"股东之出资除现金外,得以对公司所有之货币债权,或公司所需之技术、商誉抵充之"。该款修订前规定:"股东之出资,除发起人之出资及本法另有规定外,以现金为限。"

〔10〕《德国股份法·德国有限责任公司法·德国公司改组法·德国参与决定法》,杜景林、卢谌译,中国政法大学出版社2000年版,第11~12页。

定："劳务或服务不得作为出资的标的。"[11]不过，随着公司资产信用理念的逐步确立，已有不少国家或地区明文规定，有限度地允许以劳务出资。例如，我国台湾地区"公司法"第156条第5款即规定"公司所需之技术"可以作为出资。法国也自1982年以后从完全允许劳务出资改为有条件地允许。对此，《法国商法典》第L223－7条第2款规定："相应情况下，公司章程得确定以劳务技艺出资的公司股份的认购方式。"但该法关于股份有限公司出资制度的第L225－3条第4款规定："公司股份不得表示劳务技艺出资。"[12]《德国有限责任公司法》第5条第3款在对实物出资进行规定时，也未对劳务出资作禁止性规定。[13] 从理论上讲，似可解释为该法并不禁止劳务出资。但在德国学者所作较为详细的解释性列举中，则未将劳务纳入实物出资的范围内，[14]可见，在德国理论界与实务部门尚未对有限责任公司股东可以以劳务出资达成共识。2005年《日本公司法典》也未对股份有限公司的出资形式作任何明确限定，从而为劳务出资留下了制度空间。

在美国、英国等英美法系国家，则大多确认了劳务出资形式的合法性。美国早期很多州的公司法规都明确禁止用未来服务取得发行的股票。但《美国商事公司示范法》（1984年）以及许多州都承认以已履行的劳务出资。[15] 如《美国商事公司示范法》（2002年）第6.21条（b）款即对此作了明确规定。英国对劳务出资的态度最为宽松。在英国，1893年的一项判例确立了允许股东以劳务出资的规则，该规则被一直沿用至今。[16]

我国《合伙企业法》确认了劳务出资形式，但《公司法》则未予确认。就公司形态的企业而言，唯一的例外是《中外合作经营企业法》（已废止），作为一种"契约式"企业，中外合作经营企业事实上可以对所有公司的事项进行约定。易言之，股东的出资和股东的权利未必是一一对应的。因此，在"房地产"热中出现的众多"三资企业"中，由于我国房地产开发的行业垄断，导致许多房地产公司持有"干股"，就是通过中外合作经营企业的这种契约性质来实现的。劳务是任何公司所必不可少的，具有明显的经营功能。对有些公司而言，其生产经营不仅有赖于资金和实物，更有赖于必要的人才及其管理能力和技术。禁止劳务作为出资，其理由在于：（1）防止公司成立时资本不实，造成对于债权人利益和社会公众利益的损害；（2）劳务作为出资的对价，容易造成对其他股东的损害，因为其他股东难以对劳务的价值作出测定；（3）不允许劳务作为出资，实际上是禁止非财产因素作为企业资本，从而达到制止腐败、防止贪污的作用。

在我国公司实践中，许多地区的市场监督管理局实际上也允许劳务作为出资，只不过没有

---

〔11〕《意大利民法典》，费安玲等译，中国政法大学出版社2004年版，第549页。

〔12〕《法国商法典》（上册），罗结珍译，北京大学出版社2015年版，第215、230页。

〔13〕参见《德国股份法·德国有限责任公司法·德国公司改组法·德国参与决定法》，杜景林、卢谌译，中国政法大学出版社2000年版，第176页。

〔14〕参见［德］托马斯·莱塞尔、吕笛格·法伊尔：《德国资合公司法》（第3版），高旭军等译，法律出版社2005年版，第419页。

〔15〕据美国学者统计，美国至少有16个州宪法及另外的至少13个州的公司法中，明确规定股份可以用已履行的劳务或者服务来支付。参见［美］R. W. 汉密尔顿：《公司法》（第四版）（影印注释本），刘俊海、徐海燕注，中国人民大学出版社2001年版，第136页。

〔16〕参见冯果：《现代公司资本制度比较研究》，武汉大学出版社2000年版，第68页。

直接以劳务出资的名义,而采取了所谓技术出资的名义,有些地区还对此作了明确规定。[17] 如2005年8月5日颁布并实施的《青海省人民政府关于鼓励支持和引导个体私营等非公有制经济加快发展的若干政策措施》即明确规定:“非公有制企业注册资金,可用知识产权、非专利技术等无形资产出资,也可以用人力资本(管理才能、技术专长)、有转化潜能的智力成果(专利发明、技术成果、注册商标)、高新技术出资入股,由各出资人约定出资比例。”因此,作为一种具有普遍实践需求的出资方式,立法上应当予以考虑。对此,有学者认为,公司法对劳务出资的限制,是非常失败的政策选择。此举不仅达不到原有的目标,相反造成了社会不公和经济上的无效率,众多的公司为了实现自己的目的,通过各种方式来加以规避,从而为交易安全造成了更大的威胁。[18] 还有学者明确提出“允许劳务出资实为大势所趋”。[19] 不过,在我国《公司法》关于可用于出资的无形财产的“可以用货币估价并可以依法转让的非货币财产”的本质要求修改之前,因劳务不符合该规定,仍不应将其纳入公司出资的非典型形式。

第三节 增加资本与减少资本

公司法确立了资本确定、资本维持、资本不变的原则,但事实上,公司需要根据客观需要适时调整公司的资本结构。因此,各国公司法都对公司资本的增加和减少作了系统规定。

一、增加资本

增加资本,简称增资,是指公司在成立后基于筹集资金、扩大经营规模等目的,依照法定条件和程序增加公司的资本总额。由于公司增加资本只会提高公司的资信水平和偿债能力,不会对公司债权人造成不良影响,因而各国公司法对此一般不作过多限制。公司增加注册资本,主要有两条途径:一是吸收外来新资本,包括增加新股东和老股东追加投资;二是分配性增资,即用公积金扩充资本或将未分配利润转为股本。

各国对有限责任公司增资的条件通常不作强制性规定,而交由公司自行决定。我国《公司法》规定,有限责任公司增资,应由董事会制订增加注册资本的方案,然后提交股东会决议,并必须经代表2/3以上表决权的股东通过。国有独资公司由国家授权投资的机构或者国家授权的部门决定是否增加资本。

有限责任公司的增资方式比较简便,主要有以下三种:(1)外部增资,即增加新的股东,为公司注入新的资本,但增加后的股东人数不得超过《公司法》规定的股东人数上限(50人)。这一增资方式不仅改变了公司的注册资本数额,还使公司的股东构成发生了变化,股东的出资比

---

〔17〕 理论界认为,劳务出资不同于人力资本出资。劳务只表现为某种行为,以劳务出资必然转化为出资人的某种行为,这与未转化为某种行为的静态化的人力资本出资明显不同。但就各国立法、实践及我国实践而言,实际上未将两者予以区分。

〔18〕 参见邓峰:《论公司的出资形式和出资监管》,载王先林主编:《安徽大学法律评论》(第2卷),安徽大学出版社2002年版,第187~200页。

〔19〕 薄燕娜:《股东出资形式多元化趋势下的劳务出资》,载《中国政法大学学报》2005年第1期。

例也可能因此改变。由于有限责任公司人合性的特点,股东人数的增加不可能经常发生,因而该增资方式不可能经常采用。(2)内部增资,即不增加新的股东,但增加现有股东认缴的出资数额。内部增资既可同比增资也可不同比增资,即既可以按股东原实际出资比例相应增加各股东的出资,也可以不按原实际出资比例相应增加各股东的出资,还可以依股东意愿仅由部分股东增加出资。内部增资还包括分配性增资,即将公司的法定公积金转增为公司资本,增加每股金额,或将应分配的股息、红利的价值按比例分摊入原有股权之中。内部增资仅在原股东范围内增资,仍能保持公司的内部稳定,只是在不同比增资情况下改变了股东的原有出资比例。(3)混合增资,即外部增资与内部增资的结合,指的是既增加新的股东,又增加股东的出资数额。

根据我国《公司法》第 34 条的规定,有限责任公司新增资本时,股东有权优先按照实缴的出资比例认缴出资;但是,全体股东约定不按照出资比例优先认缴出资的除外。依此,我国《公司法》基于有限责任公司的人合属性,放弃了股东对新增资本优先认缴权的强制性,从而使公司章程或股东会决议可以另行决定对新增资本优先认缴的方案甚至剥夺股东的优先认缴权。

因股份有限公司的公众性特点,各国法律对其增资均予特别限制。在授权资本制或认许资本制下,如系分期发行股份,法律通常规定在章程所定股份总数发行完毕之前,一般不能增加资本;在获准增资情况下,增资后第一次发行的股份不得低于新增股份的一定比例。在其他情形下,股份有限公司增资也必须获得公司股东大会绝对多数通过,并经证券监督管理机构核准。我国《公司法》规定,股份有限公司的增资也应由董事会制订增加注册资本的方案,提交股东大会决议,并经出席会议的股东所持表决权的 2/3 以上通过。发行新股还须经国务院证券监督管理机构核准,且必须符合公司法关于发行新股的条件和程序。

股份有限公司增加注册资本可以采用以下三种方式:(1)增加公司的股份数额,但不改变单位股份的金额。股份有限公司可以在原有股份总数的基础上发行新的股份,使股份总数扩大,而每股代表的资本额并不改变。发行新的股份,既可以让原股东优先认购,也可以向社会公开募集,还可以将公司发行的可转换债券转变为公司的股份,但需征得债权人的同意。如果是由原股东认购,既可以由股东另外缴纳认购股份金额,也可以将应付的股息和红利转换为股份。(2)增加单位股份的金额,而不改变公司的股份总数。股份有限公司可以采取多种方式使其股份增值,如将公司的法定公积金转增为公司资本,增加每股面值;将应分配的股息、红利的价值并入股份;将股东新缴的股款并入原股份中。(3)既增加公司的股份数额,又增加单位股份的金额。各公司可以根据自身情况选择增加注册资本的方式。[20]

无论是有限责任公司还是股份有限公司,注册资本增加以后,要相应修改公司章程记载的资本数额,以及变化了的股东出资数额等事项,并到公司登记机关办理变更登记。依《公司登记管理条例》第 31 条、第 69 条之规定,公司增加注册资本的,应当自变更决议或者决定作出之日起 30 日内申请变更登记;未按照规定办理有关变更登记的,由公司登记机关责令限期办理;逾期未办理的,处以 1 万元以上 10 万元以下的罚款。《公司注册资本登记管理规定》第 10 条还规定:“公司增加注册资本的,有限责任公司股东认缴新增资本的出资和股份有限公司的股东认购新股,应当分别依照《公司法》设立有限责任公司和股份有限公司缴纳出资和缴纳股款

---

〔20〕 参见范健主编:《商法》(第三版),高等教育出版社、北京大学出版社 2007 年版,第 148 页。

的有关规定执行。股份有限公司以公开发行新股方式或者上市公司以非公开发行新股方式增加注册资本的,还应当提交国务院证券监督管理机构的核准文件。”

二、减少资本

减少资本,简称减资,是指公司在存续过程中,因资本过剩或亏损严重或基于某种需要,依照法定条件和程序减少公司资本总额。公司的资本很大程度上代表着公司的资信及偿债能力,因此基于资本确定、资本不变原则,为确保交易安全、保护股东和债权人利益,法律对减资作了严格控制。但在公司资本过剩、严重亏损、公司派生分立等情形下,都存在公司减资的客观需要。在资本过剩情形下,公司的经营范围或经营规模发生变化,可能会使资本的实际需求量少于公司的注册资本数额。而维持过量的资本,势必会造成资本的凝滞,不利于发挥公司资本的使用效益,造成资本的闲置和浪费。适当减少公司资本会使公司和股东均能受益。这种减资称为实质性减资。在严重亏损情形下,公司的过度亏损会使公司的注册资本数额与实有资产严重不符,若仍维持原注册资本,就有违资本维持原则,不仅会对债权人造成误导和欺骗,而且将使股东长期得不到股利分配。因此,为了使公司资本与资产相当并保证股东利益,需要减资。在公司派生分立情形下,原公司主体地位不变,但资产减少后一般也要求资本相应减少。后两种减资方式称为形式上减资。

有限责任公司的减资既可同比减资也可不同比减资。同比减资,是按股东的出资比例减少各股东的出资数额的方式,减资后各股东股权比例不变。不同比减资,是各股东不按原出资比例而减少出资,或者部分股东减少出资部分股东则不减少出资。无论是同比减资还是不同比减资,按减资是否影响公司资产的性质和结构可具体分为返还出资的减资、免除出资义务的减资与销除股权的减资等形式。返还出资的减资,是指对已缴足认缴出资额的股东返还部分出资款的减资方式。该减资方式既减少了公司的资本,也减少了公司的资产,构成实质性减资。免除出资义务的减资,是指对尚未按其认缴出资额缴足出资的股东全部或部分免除其缴纳出资义务的减资方式。在我国原实行严格的法定资本制条件下,该减资方式无法实行,但现已对有限责任公司采取了折中法定资本制,故可采行。销除股权的减资,是指因公司亏损或派生分立而减资时,直接取消部分股权或者直接减少每股金额的减资方式。后两种减资方式仅改变了公司资产的性质和结构而未改变公司资产总额,构成形式上减资。[21]

股份有限公司的减资主要有以下三种方式:(1)减少股份数额,但不改变单位股份金额。股份有限公司可以注销公司的一部分或特定股份,也可以将原来的几股合并为一股。(2)减少单位股份金额,但不改变股份数额。(3)既减少股份数额,又减少单位股份金额。[22]

公司注册资本的减少将直接影响公司债权人的利益,也直接涉及股东的利益,基于资本不变原则,各国公司法均对公司减资规定了比较严格的程序。依我国《公司法》及《公司登记管理条例》相关规定,公司减资应遵循以下程序:

1. 由董事会通过决议,制订公司减少注册资本的方案。

2. 编制资产负债表及财产清单。公司在减资前,首先应清理资产,明确公司的资产、负债

---

〔21〕 参见赵旭东主编:《公司法学》,高等教育出版社 2003 年版,第 233 页。

〔22〕 参见范健主编:《商法》(第三版),高等教育出版社、北京大学出版社 2007 年版,第 150 页。

和股东权益的现状，为制定减资方案提供依据。

3. 召开股东会，对减资方案进行审议并表决。有限责任公司减少资本的决议须由代表公司 2/3 以上表决权的股东通过；股份有限公司减少资本的决议必须经出席股东大会的股东所持表决权的 2/3 以上通过。

4. 通知及公告债权人。公司应当自作出减少注册资本决议之日起 10 日内通知债权人，并于 30 日内在报纸上公告。

5. 处理公司债务。债权人自接到通知书之日起 30 日内，未接到通知书的自第一次公告之日起 45 日内，有权要求公司清偿债务或者提供相应的担保。如果对于债权人在法定期限内提出的要求，公司不予满足，则不得进行减资。

6. 办理变更登记并公告。公司减少注册资本的，应当自公告之日起 45 日后申请变更登记，并应当提交公司在报纸上登载公司减少注册资本公告的有关证明和公司债务清偿或者债务担保情况的说明。《公司注册资本登记管理规定》第 11 条还分两款规定："公司减少注册资本，应当符合《公司法》规定的程序。""法律、行政法规以及国务院决定规定公司注册资本有最低限额的，减少后的注册资本应当不少于最低限额。"

思考题

1. 试析法定资本制、授权资本制和折中资本制之间的本质区别。
2. 我国《公司法》中体现资本确定原则的规定有哪些？
3. 试析我国 2005 年《公司法》取消关于知识产权出资的比例限制的合理性。
4. 试析公司减资应遵循的程序。

第十章 股东及其权利与义务

导 读

- 我国公司设立和转让出资颇不规范,导致股东资格的实质要件与形式要件相互分离,公司法上的外观与实质相互分离,从而使司法实践中往往基于某一角度对相似案件作出相互矛盾的判决。
- 股东特征可以分为两类:公司登记机关对公司股东的登记、公司章程和股东名册的记载属于形式特征,实际出资、取得出资证明书及实际享有股东权利属于实质特征。形式特征的功能主要是对外的,实质特征的功能主要是对内的。
- 对股东权不同学理分类的理解,是正确认识股东权性质及有效行使股东权的前提条件。在不同公司或同一公司的不同股东中,股东权的内容及其表现形式有所差异。
- 尽管各国对股东权内容的立法规定几近一致,但对于股东权性质的认识在理论界却颇多分歧。究竟应当如何认识股东权的性质,在我国具有特殊的意义,可以借此明确国有股东权行使的方法。
- 股东权是公司法中的核心问题之一。为保障股东权的行使,公司法既规定了股东直接诉讼权,又规定了股东代表诉讼权。

第一节 股 东

一、股东的概念

股东,是指基于对公司的出资或其他合法原因,持有公司资本一定份额,依法享有股东权利并承担相应义务的人。具体而言,有限责任公司的股东是指在公司成立时向公司投入资金或在公司存续期间依法继受取得股权而享有权利和承担义务的人;股份有限公司的股东就是在公司成立时或在公司成立后合法取得公司股份并对公司享有权利和承担义务的人。

在多数国家,凡是向公司出资而取得股份,不论何种公司类型,均统称为股东;在个别国家则将出资者统称为公司成员,而仅将股份有限公司的出资者称为股东。我国公司法在有关股份有限公司的规定中,使用了发起人的概念,而在有关有限责任公司的规定中则统一使用了股东概念。实际上发起人与股东是两个既有联系又有区别的概念。公司的发起人,是指参加订立发起人协议、提出设立公司的申请、认购公司股份并对公司设立承担责任者。发起人是公司当然的股东,但公司的股东却并不以发起人为限。除发起人外,任何在公司设立阶段和公司成立后认购或受让公司股份的人都可以成为公司的股东。在有限责任公司，除非公司在成立后又吸收新的股东，股东一般都是公司的发起人。不过，我国公司法对有限责任公司的发起人采用了“出资人”的概念，从而使其区别于被专用于股份有限公司的狭义上的发起人概念。

二、股东资格的取得

就取得股东资格的时间及原因而论，股东资格的取得可分为原始取得和继受取得两种。

（一）股东资格的原始取得

股东资格的原始取得，是指直接向公司认购股份，包括设立取得和增资取得。凡在公司成立时就因创办公司或认购公司首次发行的股份而成为股东的，属原始取得之设立取得，这些股东即为原始股东。在有限责任公司与发起设立的股份有限公司中，原始股东包括公司的创办人与发起人；在募集设立的股份有限公司中，还包括公司设立时既已认购了公司股份的非发起人的认股人。此外，在公司成立后认购公司新增资本而取得股东资格的，属于股东资格原始取得之增资取得。

（二）股东资格的继受取得

股东资格的继受取得，又称传来取得或派生取得，包括转让取得、继承取得、赠与取得和因公司合并而取得股东资格。其中转让取得是最常见的一种继受取得方式。无论何种类型的公司，股东的出资均可转让，但因公司的性质不同，法律对股东转让出资的限制也宽严有别。依此取得股东资格者即为继受股东。

三、股东资格的认定

（一）股东资格认定概述

股东资格的认定问题主要发生于有限责任公司，股份有限公司股东资格以是否持有公司发行的股票为认定标准，一般不存在疑义。因此此处股东资格的认定特就有限责任公司而言。

只要存在有限责任公司，就必然存在股东资格认定问题。股东资格的认定是我国公司法案件审理中经常涉及的问题，如在股权确认纠纷、股权转让纠纷、其他股东权纠纷以及债权人追究股东瑕疵出资责任的诉讼中，当事人都可能因此发生争议，而正确认定股东资格正是解决这类纠纷的前提条件。然而由于我国长期以来公司法律制度不够完善，公司法理论研究上对此又不够深入，对如何认定公司股东资格仍缺乏较为统一、明确的认识。加之我国公司的设立和运作极不规范，这就进一步加大了审判实践中认定股东资格的难度，导致各地法院处理这类纠纷缺乏统一标准，甚至形成相似案件作出相互矛盾的判决的混乱局面。[1]

我国公司设立和转让出资的不规范行为导致的后果是，股东资格的实质要件与形式要件相互分离，公司法上的外观与实质相互分离，从而使司法实践中往往基于某一角度对相似案件作出相互矛盾的判决。总体来说，审判实践中对股东资格的认定，主要存在以下标准：(1)以是否具有真实意思表示作为认定标准；(2)以是否实际履行股东义务作为认定标准；(3)以外观上是否具有股东的名义作为认定标准；(4)区分公司内部关系与外部关系，分别适用实质要件主

---

〔1〕 参见蒋大兴：《公司法的展开与评判——方法·判例·制度》，法律出版社2001年版，第449~473页。

义与形式要件主义。这些标准有时单独使用,有时混合使用。应当说,每种标准都有一定的合理性,但问题是当这些标准发生冲突时,法院究竟该如何取舍呢?尤其在牵涉股东对公司债权人承担责任时,有关公司的内外法律关系交织在一起,谁是股东的问题就变得更复杂。对此,理论界也提出了一些原则性的指导意见。[2] 除了这些论著中相对简略的论述外,还有学者以专题形式细致、深入地研究了这一问题,并提出了颇具操作性的若干认定准则。[3] 但在司法实践中,法官因缺乏统一的股东资格认定的基本理念与原则,往往基于细致却相互重叠的多种标准之某一标准进行司法裁决,因而仍难以避免出现相互冲突的混乱局面。

我国现行《公司法》仍未对股东资格认定问题作明确规定,故《公司法解释(三)》对此作了明确规定。不过,由于这些问题非常复杂,仍需通过法理具体分析、确认股东资格。

(二)股东资格认定中的形式特征与实质特征

无论依原始取得还是依继受取得,从理论上讲,取得股东资格的有限责任公司股东大体上应具备以下特征:(1)公司章程对股东的记载或变更记载;(2)依法出资或认缴出资或者依法继受股权;(3)公司登记机关对公司股东的登记或变更登记;(4)取得出资证明书;(5)股东名册对股东的记载或变更记载;(6)实际享有股东权利。完全具备上述特征的股东取得股东资格当然毫无疑义,但实践中不完全具备上述特征的有限责任公司股东较为多见。要确定具体的股东资格认定规则,必须对这些特征在认定股东资格中的意义进行分析。

1. 公司章程对股东的记载或变更记载。公司章程载明的股东签署章程的行为,说明行为人有作为公司股东的真实意思表示。经列名股东签署并经工商登记的公司章程,对内是确定股东及其权利义务的主要根据,对外具有公示的效力,是公司交易相对人据以判断公司股东的重要依据。公司章程中关于股东身份的记载,乃股东资格认定的形式要件,除非与其他股东资格的特征相冲突并经法院作否定性裁判,均应确认公司章程中载明股东的股东资格。由此可见,公司章程的记载虽具有认定股东资格的功能,但不能将该特征的认定功能作绝对化理解。例如,尽管公司章程记载与公司登记机关对公司股东的登记一般是一致的,因为在公司股东变更时应进行相应的变更登记;但是,如果公司登记机关对公司股东的登记与章程记载不一致,在对外关系上,则应以效力更高的工商登记为准。再如,实践中存在的隐名投资者也可能被法院确认为股东,在此情形下,原本具有直接认定股东资格效力的公司章程记载也将失去相应的认定效力。又如,那些实际出资但未经公司办理修改章程、变更登记手续的"股东",在依法被确认为股东后,则原来的工商登记及章程记载所确认的股东资格均相应失效。

2. 依法出资或认缴出资或者依法继受股权。实际出资乃股东的基本义务,否则将承担出资不实的法律责任,甚至将被依法除名。但各国立法例均未规定,未实际出资将不能取得股东资格,司法实践中也不认为出资瑕疵将必然导致股东资格否定。依我国《公司法》之规定,实际出资是股东对公司最重要的义务,但股东未按约定出资仅导致相应的民事责任和行政责任,并不必然否定其股东资格。可见,实际出资的功能是使公司资本真实、确定。从对外关系的角度看,是否实际出资显然不影响股东资格。在公司内部关系中,未实际出资也不决定股东资格的

---

〔2〕 参见施天涛:《公司法论》(第二版),法律出版社 2006 年版,第 227 ~ 231 页;周友苏:《新公司法论》,法律出版社 2006 年版,第 226 ~ 231 页;赵旭东主编:《公司法学》,高等教育出版社 2003 年版,第 280 ~ 281 页。

〔3〕 参见蒋大兴:《公司法的展开与评判——方法 · 判例 · 制度》,法律出版社 2001 年版,第 444 ~ 498 页。

有无，只是公司可对未实际出资的股东行使抗辩权，或由公司及时进行股权结构的调整，或者依法取消未出资股东的股东资格。因此，是否实际出资不是股东资格的决定性条件，不能以未出资就直接否定股东资格。在我国理论界，对于未实际出资“股东”是否能取得股东资格，曾有肯定说[4]与否定说[5]两种对立的观点，并在相当长一段时期内否定说为通说。近年来，理论界已大多接受了肯定说。[6] 受肯定说与否定说两种对立学说的影响，我国司法实践中也存在两种相互对立的观点与判例。我国工商行政管理实践中，则未采否定说。[7] 因此，在理论与实践中均未形成统一观点的情况下，因缺乏明确规定（实际上各国均不作明确规定），迫切需要通过法律解释明确认定思路。在继受取得股东资格的情况下，其股东资格主要依赖于股权转让人或死亡股东的股东资格，至于在股权转让情况下受让人是否已履行其交付转让款的义务，则仅涉及当事人之间的合同义务，与股东资格无关。

3. 公司登记机关对公司股东的登记或变更登记。公司登记机关对公司股东的登记本身并无创设股东资格的效力，其本质上属于证权性登记，仅具有对善意第三人宣示股东资格的证权功能。公司登记机关对公司股东的登记材料可以作为证明股东资格并对抗第三人的表面证据。第三人也有理由信赖登记材料的真实性，如果登记有瑕疵，按照商法公示主义与外观主义原则，第三人仍可认为登记是真实的，并要求所登记的股东按登记的内容对外承担责任。因此，公司登记机关对公司股东的登记或变更登记在股东资格认定时具有相对优先的效力，但不具有决定性的效力。对此，我国《公司法》第 32 条第 3 款规定：“公司应当将股东的姓名或者名称向公司登记机关登记；登记事项发生变更的，应当办理变更登记。未经登记或者变更登记的，不得对抗第三人。”由此可见，虽未将实际股东在登记机关作登记或变更登记，但并不影响实际股东的股东地位，只不过这种未经登记的事实不具有对抗第三人的效力。公司章程上记载的股东认缴出资的比例可通过公司登记表现出来，故不必另行分析其意义。

4. 取得出资证明书。有限责任公司成立后，应当向股东签发出资证明书。在依法继受取得股东资格后，公司也应向其签发出资证明书。出资证明书只是一种物权性凭证，其功能主要是证明股东已向公司真实出资，本身并无设权性效力。只要股东持有出资证明书就应当认定其已合法出资，但不能仅以出资证明书即认定持有人具有股东资格。持有出资证明书不是认定股东资格的必要条件，没有持有出资证明书的也可能被认定为股东。因此出资证明书在认定股东资格中也无决定性的效力。

5. 股东名册对股东的记载或变更记载。股东名册在处理各股东关系上应具有三方面的效力：(1) 确定的效力，即实质上的权利人在尚未完成股东名册登记或者股东名册上的股东名义变更前，不能对抗公司，只有完成股东名册的登记或者名义变更后，才能成为对公司行使股东权利的人；(2) 推定的效力，即公司可以仅以股东名册上现记载的股东推定为本公司的股东，给予股东待遇；(3) 免责的效力，即公司依法对股东名册上记载的股东履行了通告、公告等必须履

---

〔4〕 参见刘瑞复：《中国公司法》，法律出版社 1998 年版，第 116～117 页。

〔5〕 参见孔祥俊：《公司法要论》，人民法院出版社 1997 年版，第 189 页。

〔6〕 参见周友苏：《新公司法论》，法律出版社 2006 年版，第 227 页；蒋大兴：《公司法的展开与评判——方法·判例·制度》，法律出版社 2001 年版，第 448 页。

〔7〕 参见蒋大兴：《公司法的展开与评判——方法·判例·制度》，法律出版社 2001 年版，第 449～461 页。

行的义务后,即可免除责任。[8] 对此,我国《公司法》第32条第2款规定:"记载于股东名册的股东,可以依股东名册主张行使股东权利。"另外,将股东记入公司股东名册,既是股东的权利,也是公司的义务。但股东名册未记载的股东,并不必然没有股东资格,因为公司拒不作股东登记或登记错误属于履行义务不当,不能产生剥夺股东资格的效力。

6. 实际享有股东权利。享有股东权利是取得股东资格的结果,而不是取得股东资格的条件或原因。由此观之,以享有股东权利为由主张股东资格不能支持。但从维护公司的稳定性出发,如果当事人已实际享有股东权利,就应当尽量认可其股东资格;如果否定其股东资格,必将导致其在公司中的行为无效,使许多已确定的公司法律关系发生改变,影响交易安全和社会稳定。权衡各方利益,对实际享有股东权利的当事人,原则上应当认定其股东资格,但应责令补办相关手续。在经依法变更工商登记及公司章程记载前,则仅认定其可以取得股东资格,且可以享受股东权利,而不能获得对抗第三人的效力。还应说明的是,不能认为没有实际享有股东权利的就不是股东,毕竟被公司不当剥夺或限制股东权利的股东和不召开股东会、不分配利润的公司,实践中确实大量存在。

(三)股东资格认定中形式特征与实质特征的效力

通过对上述的股东特征进行分析可以发现,大致可分为两类:公司登记机关对公司股东的登记、公司章程和股东名册的记载属于形式特征,向公司实际出资或依法继受股权、取得出资证明书及实际享有股东权利属于实质特征。形式特征的功能主要是对外的,是为使相对人易于判断和辨识,其在与公司以外的第三人的争议中对于股东资格的认定方面一般比实质特征更有意义。实质特征的功能主要是对内的,用于确定股东之间的权利义务,在解决股东之间的争议时其意义一般优于形式特征。

在个案的法律适用方面,可以抽象地说,当在案件中发现与股东上述特征相关的证据相互之间发生矛盾和冲突时,应当按照争议当事人的具体构成优先选择适用相应的证据,对股东资格进行认定。[9] 然而,在复杂的商事司法实践面前,由于对各种因素的综合考虑往往因人而异,因而常常导致法律适用上存在偏差,并在不同法院出现法律适用结果不统一问题。例如,实践中基于种种原因,常常存在实际出资人与名义股东不一致的情形,导致股东资格的认定较为困难,在涉及内外部关系的纠纷并存的情况下,这种困境将更加明显。对此,我国司法实践中曾有截然相反的两种认识与裁决:一为实质要件说,即无论投资者以谁的名义出资,均将实际出资人认定为股东;二为形式要件说,即无论实际出资人是谁,均将名义股东认定为股东。[10] 我国商法学界对此问题的认识也存在较大分歧。有学者明确主张应采形式要件说,但有个例外,即如果公司明知名义股东的身份,并已认可其以股东身份行使股东权利的,除非存在违反强行法规定的情形,否则应认定其为股东。[11] 另有学者认为,名义股东不具备法律上的股东资格,其与实际出资人之间构成合同关系,与第三人则不产生直接关系。[12] 还有学者认为,实质要件说与形式要件说均有缺陷,实际出资人的股东资格确认应依不同情况区别对待:其一,若

---

〔8〕 参见施天涛:《公司法论》(第二版),法律出版社2006年版,第232~233页。

〔9〕 参见蒋大兴:《公司法的展开与评判——方法·判例·制度》,法律出版社2001年版,第444~498页。

〔10〕 参见赵旭东主编:《公司法学》,高等教育出版社2003年版,第280页。

〔11〕 参见施天涛:《公司法论》(第二版),法律出版社2006年版,第230页。

〔12〕 参见周友苏:《新公司法论》,法律出版社2006年版,第230页。

实际出资人未直接以股东名义行使权利，则以名义股东为股东；其二，若实际出资人已直接以股东名义行使权利，则以其为股东。[13]

在我国公司法司法解释起草过程中，以上认识分歧曾导致较大争议，并使相关条款的制定出现反复。2006年《公司法解释（三）（征求意见稿）》第12条曾规定："自然人、法人或者其他组织向人民法院主张确认其股东资格的，应提供下列证据：（一）已经依法向公司出资或者认缴出资，或者合法继受公司股权；（二）已为或者应当为公司章程和公司股东名册记载为公司股东。"依此，实际出资或依法继受股权乃提起股东资格确认之诉的基本证据，"已为或者应当为公司章程和公司股东名册记载为公司股东"则可谓获得股权所依据的法律关系合法有效的证据。该规定看似提供了较为明确的证据规则，实际上仅前者具有实际意义，后者则根本不能作为证据内容，而是需要根据案件事实才能具体判断。鉴于该规定并未解决认定股东资格所需提供的证据问题，2007年的版本将其修改为："自然人、法人或者其他组织起诉主张确认股东资格的，人民法院应当审理其主张获得股权所依据的法律关系是否合法有效。"依此，该解释并未明确规定股东资格认定的确定性证据，而是授权法院根据案件事实对当事人主张股权所依据的法律关系的合法性作具体判断。不过，若在当事人就股权归属关系提起诉讼时无须任何证据，将导致法院可能面临许多不必要的诉讼负担。因此，《公司法解释（三）》最终又对关于该项内容的规定作了调整。该解释第22条规定："当事人之间对股权归属发生争议，一方请求人民法院确认其享有股权的，应当证明以下事实之一：（一）已经依法向公司出资或者认缴出资，且不违反法律法规强制性规定；（二）已经受让或者以其他形式继受公司股权，且不违反法律法规强制性规定。"依此，该规定明确将"依法出资或认缴出资或者依法继受股权"作为提起股东资格确认之诉的基本证据，同时为确定最低限度的合法性，附加了"不违反法律法规强制性规定"的要求。

在实际出资人与名义股东不一致时的内部关系处理方面，《公司法解释（三）》最终采纳了实质要件说。根据该解释第24条第1款的规定，只要不存在《民法典》关于无效民事法律行为的事由，法院虽不直接确认实际出资人的股东资格，但确认其与名义出资人之间的合同效力，从而使实际出资人既可享受根据合同约定的投资权益，又可据此请求直接确认股东资格。《公司法解释（三）》第24条第2款规定："前款规定的实际出资人与名义股东因投资权益的归属发生争议，实际出资人以其实际履行了出资义务为由向名义股东主张权利的，人民法院应予支持。名义股东以公司股东名册记载、公司登记机关登记为由否认实际出资人权利的，人民法院不予支持。"依此，在实际出资人与名义股东因投资权益的归属发生争议时，因仅涉及公司内部关系，故采纳了严格的实质要件说，以保护实际出资人的利益为基本立场。

在实际出资人与名义股东不一致时的外部关系处理方面，《公司法解释（三）》最终采纳了

---

〔13〕 参见赵旭东主编：《公司法学》，高等教育出版社2003年版，第280～281页。但在该书的第二版中，作者已修正了上述观点，认为我国现行《公司法》已采纳了形式要件主义，即当处理公司内部股东资格确认纠纷时，以公司股东名册作为确认股权的依据，股东名册变更是股权变动的生效要件；当与公司之外第三人发生纠纷涉及股东资格确认时，以工商登记作为确认股权的依据，工商登记变更是股权变动的对抗要件。但该学者同时认为，公司法以股东名册、工商登记确认股东资格解决的只是股权形式认定问题，并不妨碍对股东作实质性认定。也就是说，实际出资人可以根据协议等证据来证明自己的股东身份，从而要求法院对其股东身份作实质认定，推翻法律形式上的推定，变更股东名册，行使股东权利。参见赵旭东主编：《公司法学》（第二版），高等教育出版社2006年版，第314页。

形式要件说。根据该解释第25条第1款的规定,名义股东将登记于其名下的股权转让、质押或者以其他方式处分,实际出资人以其对于股权享有实际权利为由,请求认定处分股权行为无效的,人民法院可以参照物权善意取得的规定处理。依此,在名义股东对其名义股权作股权处分时,因涉及善意第三人利益的保护,故司法解释认为应按照物权无权处分及善意取得制度处理。当然,在实际出资人因此受到损失向名义股东提起损害赔偿诉讼时,因仅涉及内部关系,仍应确认实际出资人获得赔偿的权利。对此,《公司法解释(三)》第25条第2款明确规定:"名义股东处分股权造成实际出资人损失,实际出资人请求名义股东承担赔偿责任的,人民法院应予支持。"

为了体现公司登记的公信力,名义股东应对外承担股东义务与责任。对此,《公司法解释(三)》第26条第1款明确规定:"公司债权人以登记于公司登记机关的股东未履行出资义务为由,请求其对公司债务不能清偿的部分在未出资本息范围内承担补充赔偿责任,股东以其仅为名义股东而非实际出资人为由进行抗辩的,人民法院不予支持。"这种外部责任的承担同样不影响名义股东与实际出资人之间的内部关系,因此该条第2款规定:"名义股东根据前款规定承担赔偿责任后,向实际出资人追偿的,人民法院应予支持。"此外,若名义股东实际行使了公司控制权并滥用了公司法律人格,仍应在公司法人格否认诉讼中追究其连带赔偿责任。

股权转让后尚未向公司登记机关办理变更登记,原股东将仍登记于其名下的股权转让、质押或者以其他方式处分,受让股东以其对股权享有实际权利为由,请求认定处分股权行为无效的,法院应按照无权处分及善意取得制度处理。原股东处分股权造成受让股东损失,受让股东有权请求原股东承担赔偿责任,未及时办理变更登记有过错的董事、高级管理人员或者实际控制人也应承担相应责任。但受让股东对未及时办理变更登记也有过错的,可以适当减轻上述董事、高级管理人员或者实际控制人的责任。[14]

冒用他人名义出资并将该他人作为股东在公司登记机关登记的,冒名登记行为人应当承担相应责任。在此情形下,公司、其他股东或者公司债权人无权以未履行出资义务为由,请求被冒名登记为股东的人承担补足出资责任或者对公司债务不能清偿部分的赔偿责任。[15]

实务问题

当公司章程、工商登记资料、股东名称以及股东实际出资均不一致的时候,如何认定股东资格?

提示:在商法中,公示主义与外观主义乃维护交易安全原则这一商法基本原则的基本表现形式。在涉及股东与第三人及公司与第三人之间关系的股东资格认定时,应主要依股东的形式特征予以判定。在涉及股东内部及公司与股东之间的关系时,虽然应通过考察股东的实质特征确认股东资格,但此时所谓确定股东资格,实际上并非对股东资格实然状态的认定,而是对应然状

〔14〕 参见《公司法解释(三)》第27条。
〔15〕 参见《公司法解释(三)》第28条。

态的认定。在此情形下公司内部关系的处理，主要是基于股东的实质特征，确定争议当事人中究竟谁应当被认定为股东，从而确认其享受股东权利的资格与履行股东义务的基础。该认定准则实际上正是商法公示主义与外观主义的要求与体现。不过，由于股东资格涉及的问题非常复杂，理论界与司法部门都存在较大分歧，因而还有待法官运用上述理念与原则，根据案件事实作具体裁判。也正因为无法提供可统一适用的判断准则，《公司法解释（三）（征求意见稿）》放弃了对此作具体规定的方案。

四、股东的法律地位

就出资人成为公司股东的动机而言，在理论上可将公司股东分为三类，即投资股东、经营股东和投机股东。投资股东取得公司股份的目的，在于投入资本赚取股息及红利等收益；经营股东投资的目的主要是取得经营企业的权利；投机股东一般都是短线投资，其目的是伺机牟取暴利。尽管股东因出资动机不同，其股权内容有所差异（如投资股东多为优先股股东，经营股东多为普通股股东），但各类股东的法律地位一律平等。股东的法律地位既表现在股东与公司的法律关系中，又表现在股东相互之间的法律关系中。因此，应通过具体的公司法律关系的分析，确认股东的法律地位。基于此，股东的法律地位可从以下方面分析。

（一）股东享有股东权

股东享有股东权，是股东与公司之间的法律关系和股东法律地位的集中表现。股东正是在行使股东权时，表现他在公司中的法律地位，揭示他与公司间的法律关系。股东权既是股东法律地位的具体化，又是对股东具体权利义务的抽象概括。各国公司法都有股东权内容的明确规定。在不同的公司类型中，股东权的内容不尽一致，股东权与所有权联系的紧密程度也有较大差异。

（二）股东平等原则

法律基于股东的资格，对其权利义务给予平等的对待，这就是公司法所确认的股东平等原则。各股东按其所持有的股份比例或拥有的出资额享有权利，承担义务，不得对任何股东予以歧视。股东平等原则是各国公司法的共同基石，它对于维护股东权益，防止大股东的专横和独断，都具有重要的意义。应当说明的是，股东平等原则并不排除股权内容的不同，也不意味着所有股东都享有同样的权利和义务。恰恰相反，股权不仅有普通股与优先股之分，股东所拥有的出资额和所持有的股份也有多寡之别。享有不同股权的股东和持有不同股份的股东，不可能都享有同样的权利和义务。但这绝不是对股东平等原则的违背，更不是对股东平等原则的否定。因为在公司法中的股东平等，从来都是在资本平等基础上的平等，是同股同权，一股一票表决权。

第二节　股东的权利与义务

一、股东权的概念与种类

股东的权利，即股东权（shareholder’s right），又称股权，分广义和狭义两种含义。广义的股东权，泛指股东得以向公司主张的各种权利，股东依据合同、侵权、不当得利和无因管理等事由而对公司享有的债权也包括在内。狭义的股东权,则特指股东基于股东资格而享有的、从公司获取收益并参与公司经营管理的权利。[16] 一般所谓股东权都是从狭义上而言,本书亦然。

股东权是任何公司类型中的股东都普遍享有的权利。股东之所以向公司出资,无非是通过取得股东权实现其经济目的。因此,股东权是公司法中的核心问题之一。

对股东权不同学理分类的理解,是正确认识股东权性质及有效行使股东权的前提条件。在不同公司或同一公司的不同股东中,股东权的内容及其表现形式有所差异。各国家及地区公司法理论通常确认的股东权分类主要如下。

(一)自益权与共益权

这是依股东权行使的目的和内容标准所作的划分,是公司法理对股东权所作出的最基本的分类,也是在实践中最常见的股东权分类。此种分类方法为日本、韩国、中国及中国台湾地区学界的通说所采用。

股东的自益权,是指股东为从公司获取财产利益而享有的一系列权利。股东的自益权主要包括发给出资证明或股票的请求权、股份转让过户的请求权、新股认购优先权、分配股息红利的请求权以及分配公司剩余财产的请求权等。股东自益权的标的为经济利益,但不限于直接接受金钱的形式。

股东共益权,是指股东为参与公司决策、经营、管理、监督和控制而享有的一系列权利。凡股东以自己的利益并兼以公司的利益为目的而行使的权利都是共益权,主要包括出席股东会的表决权、任免董事等公司管理人员的请求权、查阅公司章程及簿册的请求权、要求法院宣告股东会决议无效的请求权、新股发行停止请求权以及对公司董事、监事提起诉讼权等。

就自益权与共益权的性质而论,前者主要是财产权,后者则主要是公司事务的参与权,二者相辅相成,共同构成了股东所享有的完整股东权。当然,自益权与共益权的划分并不是绝对的,因为股东的个人利益集中体现为经济利益,而股东对公司经营之参与则集中体现为股东个人利益与公司利益的有机结合。例如,某些共益权(如财务信息知情权、新股发行停止请求权)可以作为自益权而行使,从而使其兼具两种权利的属性。

(二)固有权与非固有权

这是依股东权性质标准所作的划分。所谓固有权,又称法定股东权,是指未经股东的个别同意,即使以章程或股东大会决议也不得剥夺或限制的权利;所谓非固有权,又称非法定股东权,是指可由章程或股东大会多数决予以剥夺或限制的权利。将股东权分为固有权与非固有权的意义在于让公司发起人和股东明确哪些权利是可依章程或决议予以限制的,哪些权利是不得以章程或决议予以限制的,从而增强其权利意识。凡对固有权加以限制的行为,均为违法行为,股东可依法主张其权利,并采取相应的补救措施。关于如何界定固有权的范围,理论界存在各种不同的观点,如特权说、共益权说、自益权说、关于股东本质利益的权利说等。[17] 事实上,赋予股东权的规范大多属于强行法规范,故多数股东权都属于固有权。可由公司章程或股东大会决议剥夺或限制的股东权则属于非固有权。例如,有限责任公司的股权转让权,就可以由公司章程作禁止性或限制性规定,故属于非固有权。

---

〔16〕 参见刘俊海:《股份有限公司股东权的保护》(修订本),法律出版社2004年版,第45页。

〔17〕 参见[韩]李哲松:《韩国公司法》,吴日焕译,中国政法大学出版社2000年版,第222页。

（三）单独股东权与少数股东权

这是依权利行使方法标准所作的划分。所谓单独股东权，是指无论股东的持股数额多寡，仅持有一股的股东也可单独行使的权利；所谓少数股东权，是指持有股份占公司已发行股份总数一定百分比的股东才能行使的权利。行使少数股东权的股东既可为持股数额之和达一定百分比的数个股东，也可为持股达一定百分比的单个股东。股东的自益权从性质上讲均属单独股东权；而共益权中既有单独股东权（如表决权），也有少数股东权（如股东大会召集请求权）。就股东权保护的基本理念而言，股东的共益权原则上应为单独股东权。但为预防股东权滥用、维护公司整体利益和其余广大股东的利益，法律确立了少数股东权。另外，为使股东共益权之行使利于或至少不害及公司利益和其余广大股东的利益，不少国家的公司法除对少数股东权的持股比例予以规定外，还对少数股东权甚至单独股东权的持股期间予以规定。对此，我国2005年《公司法》也有相应规定。

（四）财产权、支配与经营权、救济与附属权

这是依权利行使目的标准所作的划分，是以布兰廷（Ballantine）为代表的美国学者所首创。其中，财产权（property rights）与前述自益权相当；支配与经营权（rights as to control and management）是指有关公司经营管理方面的权利，除表决权外，还包括累积投票权等；救济与附属权（remedial and ancillary rights）是指从手段上保障前两种权利得以充分实现的权利，除表决权和累积投票权之外的大多数共益权均属此类。这种分类在日本1950年修改《日本商法典》时，对日本学界影响较大。[18] 不过，其他大陆法系国家和地区的公司法学界则大多不在这种划分意义上对股东权进行分析与研究，我国亦然。

（五）一般股东权与特别股东权

这是依行使主体标准所作的划分。所谓一般股东权，是指公司的普通股东即可行使的权利，而特别股东权则是指专属于股东中特定人的权利，如公司发起人和特别种类的股东（优先股股东、后配股股东、混合股股东和偿还股股东）所享有的股东权。特别股东权似乎有违股东平等原则，但实则不然。这是因为：其一，特别股东的权利与义务是对等的，在某些方面的利益虽优于其他股东，但在其他方面的利益逊于其他股东，反之亦然，如无表决权的优先股股东权；其二，特别种类的股份之设源于公司章程，合乎意思自治原则；其三，属于同一特别种类的股东之间仍适用股东平等原则。

（六）法定股东权与章定股东权

这是依股东权产生的法律依据为标准所作的划分。所谓法定股东权，是指由相关法律、法规所确定和赋予的权利；章定股东权则指由公司章程所确定和赋予的权利。一般来说，股东权都由法律、法规确认和赋予，但在特殊情况下，公司章程也可能例外规定其他股东权，此即章定股东权。

（七）比例性权利与非比例性权利

这是依股东权行使的计算依据为标准所作的划分。在股东权中，有的权利内容按其所持股权或股份数的比例计算，也有的权利不管其所持股权或股份数量，只要持有股权或股份或者

---

〔18〕　参见刘俊海：《股份有限公司股东权的保护》（修订本），法律出版社2004年版，第55页。

持有一定数量的股份,即可平等享有。前者称为比例性权利,后者则称为非比例性权利。多数股东权都属于比例性权利,各种股东诉讼权则都属于非比例性权利。[19]

二、股东权的法律性质

尽管各国对股东权内容的立法规定几近一致,但对于股东权性质的认识在理论界却有颇多分歧。在大陆法系早期的公司法理论上,对股东权性质的认识通常是股东权既非物权,亦非债权,更非专用权,而是基于股东的地位所获得的多数权利与义务的集合体。只是在近代,才出现了股东地位说和新债权说等种种不同的认识。在我国法学界对股东权性质研讨的过程中,较有影响的观点主要有:

1. 股东权所有权说。该说认为股东权的性质属于物权中的所有权,股东权就是股东的财产所有权,或者说出资者所有权,是股东对其投入公司的财产享有的支配权,股东权的所有权性质可进一步定性为财产所有权中的按份共有(也有认为是共同共有的),公司财产属于全体股东按份共有,各个股东都是公司财产的按份共有人,各自按照自己的份额对公司财产享有所有权。持这一观点的人同时也指出,作为所有权性质的股东权与民法中典型的所有权相比有自己的特点,可谓传统所有权的变态。还有人认为,在公司中并存着两个所有权,即股东享有所有权,公司法人也享有所有权,并称为"所有权的二重结构"。公司法人所有权并不是对股东所有权的否定,只是使股东所有权表现为收益权及处分权。所有权的二重结构并不破坏"一物一权"规则,也并不意味着国家所有权的丧失。[20] 股东权所有权说在民法学界具有较大的影响,赞成这一观点的人不在少数,但在商法学界未得到多数认同。

2. 股东权债权说。该说认为股东权的实质为民法中的债权,股东与公司的关系是债权人与债务人之间的关系。这样股东所有权实现了向债权的转化。特别是 20 世纪后期以来,随着公司所有权与经营管理权的分离,股东的所有权逐渐被削弱,主要表现为处分权基本丧失殆尽。股票已纯粹变成了反映债的关系,成为债的凭证。就发展趋势看,股票与公司债券的区别也正在缩小,股东的收益权已成为一种债务请求权。[21]

3. 股东权社员权说。该说主张股东权为民事权利中社员权之一种。所谓社员权,又称成员权,是指社团法人的构成人员即社员对社团法人所享有的一种独特的民事权利。无论是营利社团法人,还是公益社团法人,作为社员均享有社员权。社员权与物权有别,这是由于社员对社团法人出资、取得社员资格后,即对其出资丧失了所有权,而作为独立民事主体的社团法人,则对社员的全部出资及其孳息享有实定法上的所有权;社员权亦非债权,这是由于债权是由交易法或行为法所规定的,而社员权是由团体法或组织法所规定的。自德国学者瑞纳德(Renaud)1875 年首倡股东权为一种独特的社员权以来,该说已逐渐成为德国、日本之通说。股东权为一种特殊的社员权,有别于公益社团法人中的社员权。股东转移财产所有权以形成独立的法人所有权,同时,股东也相应地取得一定的权利,以解决其物质利益的法律问题。股东

---

[19] 参见[韩]李哲松:《韩国公司法》,吴日焕译,中国政法大学出版社 2000 年版,第 222 页。
[20] 参见王利明:《论股份制企业所有权的二重结构》,载《中国法学》1989 年第 1 期。
[21] 参见郭峰:《股份制企业所有权问题的探讨》,载《中国法学》1988 年第 3 期。

享有社员权是作为产权交换的代价。[22] 不过,社员权在法律上还没有明确的含义,在社员权本身的性质尚需从法律上明确的情况下,不可能用其来说明其他权利的属性,即使按照社员权说学者的阐释,社员权是一种综合性的包括人格权、财产权、管理权等多种内容的资格权,也没有揭示该权利的真正内涵。

4.独立民事权利说。该说在对股东权的传统学说及本质特征进行深入分析的基础上,对股东权进行了重新界定,认为股东权是一种自成一体的独立权利类型。作为独立民事权利的股东权具有目的权利和手段权利有机结合、团体权利和个体权利辩证统一的特征,兼有请求权和支配权的属性,具有资本性和流转性。股东权是由特定的法律行为创设的,即分别由出资合同行为及转让行为等创设,创设行为是产生股东权的法律事实。股东权与公司财产所有权是相伴而生的"孪生兄弟"。只有股东权独立化才可能产生公司所有权,而公司所有权的产生必然要求股东权同时独立化。[23]

关于股东权性质还有其他说法,如它是财产权和人身权的综合。这既没说明它所包含的财产权是怎样一种财产权,同时又不恰当地把人身权与财产权并列,忽视了股东权的财产权实质。[24]

究竟应当如何认识股东权的性质在我国具有特殊意义,可以借此明确国有股东权行使的方法。我国国有企业改革进程尚未完成,大量国有独资公司及国有控股公司中国有股东权的正确行使,对我国经济体制改革及现代企业制度的全面实施都具有非常重要的意义。笔者赞同股东权是独立的民事权利的观点:公司享有法人财产所有权,股东享有股东权,而股东权是不同于所有权的独立的民事权利。这一认识对于国家股东而言,具有划时代的历史意义,有利于权利行使方式的转变;对于公司而言,则有利于排除股东尤其是控制股东对公司的非法干预与控制,使公司独立意思的形式获得法律保障,从而使公司法律人格的独立性得以充分实现。

三、股东权的具体内容

(一)出席或委托代理人出席股东(大)会并行使表决权

股东(大)会是由全体股东组成的,因此,无论股东大小都有权参加股东会,并依章程行使表决权。股东表决权,又称股东议决权、投票权,是指股东基于其股东地位而享有的、就股东(大)会决议事项作出赞成、反对或弃权的意思表示,从而形成公司意思的权利。股东表决权具有固有权、共益权、单独股东权等属性。如果股东本人因故不能参加股东会议,有权委托他人代为参加并代为行使表决权。股东在股东(大)会的职权范围内拥有了表决权,也就相应地拥有了对董事、监事的任免权,以及体现在对公司重大事项的决策权,如公司资本的增减、公司的合并分立等。不过,公司可发行无表决权的特别股,此外公司章程还可对股份转让的限制作其他规定。

(二)依公司法及公司章程的规定转让出资或股份

依公司资本维持原则,股东在向公司出资获得股东权后,法律禁止股东抽逃出资。但股东

[22] 参见储育明:《论股权的性质及其对我国企业产权理论的影响》,载《经济法制》1990年第2期。

[23] 参见江平、孔祥俊:《论股权》,载《中国法学》1994年第1期。

[24] 参见漆多俊:《论股权》,载《现代法学》1993年第4期。

为了转移投资的风险或者收回本金,可以转让其出资或股份。在有限责任公司,基于公司所具有的一定程度上的人合性,不仅公司法规定股东向股东以外的人转让股东权须经其他股东过半数同意,而且公司章程还可以规定更为严格的限制,甚至在特定情况下剥夺股权转让的自由。在股份有限公司,则因其最为彻底的资格性质,除因特定原因受到限制外,股份可以比较自由地转让。

实务问题

A 有限责任公司原系国有企业,在改制过程中,规定工龄为 5 年以上的职工均可认购公司股权。A 公司章程同时规定,持有公司股权的员工因个人原因辞职即视为出让公司股权,公司有优先回购权。问:公司章程关于公司有限回购的约定有无效力?

提示:为贯彻公司章程自治原则,《公司法》第 71 条第 4 款及第 75 条但书部分还分别补充规定:"公司章程对股权转让另有规定的,从其规定。""但是,公司章程另有规定的除外。"依此,公司章程可对股权转让作不同于公司法的特别规定。但在公司章程对股权转让作了限制或强制性规定的某些情况下,股权是否可以及如何转让,相关规定仍不够明确。对此,法学界未能提供较为统一、明确的解决方法。因此,迫切需要从理论上对公司章程股权转让之限制与强制问题展开深入研究,以提供较为明确的解决思路与基本方案。

(三)股东知情权

股东要参与公司的重大事项的决策,其前提是要掌握公司的经营状况。因此各国公司法普遍规定了股东对公司经营状况和财务状况的知情权,而且该权利不能以章程加以限制或剥夺。股东知情权包括财务会计报告查阅权、会计账簿查阅权和检查人选任请求权。这三种知情权内容各异,但都服务于股东获取财务信息的宗旨,且其重要程度依次递增。

我国《公司法》第 33 条第 1 款规定:"股东有权查阅、复制公司章程、股东会会议记录、董事会会议决议、监事会会议决议和财务会计报告。"同条第 2 款还规定:"股东可以要求查阅公司会计账簿。股东要求查阅公司会计账簿的,应当向公司提出书面请求,说明目的。公司有合理根据认为股东查阅会计账簿有不正当目的,可能损害公司合法利益的,可以拒绝提供查阅,并应当自股东提出书面请求之日起十五日内书面答复股东并说明理由。公司拒绝提供查阅的,股东可以请求人民法院要求公司提供查阅。"由此可见,在有限责任公司中,股东有权自由查阅公司会计账簿之外的财务信息,除非被认为有不正当目的,股东也有权自由查阅公司会计账簿。2017 年 8 月 25 日公布的《公司法解释(四)》〔25〕对此作了较为详细的补充规定。该解释第 7 条第 1 款规定:"股东依据公司法第三十三条、第九十七条或者公司章程的规定,起诉请求查阅或者复制公司特定文件材料的,人民法院应当依法予以受理。"同条第 2 款规定:"公司有证据证明前款规定的原告在起诉时不具有公司股东资格的,人民法院应当驳回起诉,但原告有

〔25〕《公司法解释(四)》的制定过程颇为曲折,经历了多次修改,才形成最终的版本。2009 年版《公司法解释(四)(征求意见稿)》是较早公开的文本,但一直因争议太大未能出台。为进一步完善公司法司法解释,最高人民法院又于 2013 年在上海召开了《公司法解释(四)(征求意见稿)》研讨会,本次研讨会上讨论的版本又有较大变化,且与最后通过的版本有较大区别,研究中可称为 2013 年版《公司法解释(四)(征求意见稿)》。

初步证据证明在持股期间其合法权益受到损害，请求依法查阅或者复制其持股期间的公司特定文件材料的除外。”该解释第 8 条还对“不正当目的”的情形作了明确规定：“有限责任公司有证据证明股东存在下列情形之一的，人民法院应当认定股东有公司法第三十三条第二款规定的‘不正当目的’：(一)股东自营或者为他人经营与公司主营业务有实质性竞争关系业务的，但公司章程另有规定或者全体股东另有约定的除外；(二)股东为了向他人通报有关信息查阅公司会计账簿，可能损害公司合法利益的；(三)股东在向公司提出查阅请求之日前的三年内，曾通过查阅公司会计账簿，向他人通报有关信息损害公司合法利益的；(四)股东有不正当目的的其他情形。”为避免公司事先剥夺股东知情权，《公司法解释(四)》第 9 条规定：“公司章程、股东之间的协议等实质性剥夺股东依据公司法第三十三条、第九十七条规定查阅或者复制公司文件材料的权利，公司以此为由拒绝股东查阅或者复制的，人民法院不予支持。”

2013 年版《公司法解释(四)(征求意见稿)》第 12 条曾对有限责任公司股东查阅原始凭证的权利作了特别规定：“有限责任公司股东请求查阅公司会计帐簿及与会计帐簿记载内容相关的原始凭证或者记帐凭证等材料，公司拒绝查阅的，股东可以向人民法院提起诉讼。”(第 1 款)“公司提供证据证明股东查阅前款所述原始凭证或者记帐凭证等有可能损害公司利益的，人民法院应当驳回起诉。”(第 2 款)最终公布的《公司法解释(四)》删除了该规定。理由在于，《公司法》第 33 条和第 97 条仅规定了股东查阅会计账簿的权利，并未规定可查阅记账凭证或原始凭证，若由司法解释直接赋予股东该项权利，虽有其现实必要性，但确实存在超越法律规定进行越权解释的问题。不过，对于股东查阅记账凭证或原始凭证的权利，若公司章程中对此作了明确规定，则可根据《公司法解释(四)》第 7 条的规定获得法院支持。

我国现行《公司法》第 97 条规定：“股东有权查阅公司章程、股东名册、公司债券存根、股东大会会议记录、董事会会议决议、监事会会议决议、财务会计报告，对公司的经营提出建议或者质询。”与 1993 年《公司法》相比，该规定所赋予的股份有限公司的股东知情权已较为完备。[26]当然，为了避免股东滥用查阅权而影响公司的正常经营活动，或者损害公司的利益，同样有必要对股份有限公司股东行使知情权作某些限制，如在查阅的时间、地点和查阅的目的等方面作出规定。对此，有些国家公司法作了明确规定，我国《公司法》未予规定。《公司法解释(四)》第 8 条对股东行使知情权时存在“不正当目的”的情形作了明确规定，但其适用范围仅限于有限责任公司。不过，虽然《公司法解释(四)》第 8 条未将股份有限公司包括在内，但股份有限公司股东知情权的行使同样应限定于正当目的，不得违反诚实信用原则，毕竟这是股东权利行使的基本要求。此外，《公司法解释(四)》第 10 条第 1 款对股东行使知情权时查阅的时间、地点作了规定：“人民法院审理股东请求查阅或者复制公司特定文件材料的案件，对原告诉讼请求予以支持的，应当在判决中明确查阅或者复制公司特定文件材料的时间、地点和特定文件材料的名录。”

鉴于实践中不少股东需要依赖专业机构或人员实现股东知情权，《公司法解释(四)》第 10 条第 2 款规定：“股东依据人民法院生效判决查阅公司文件材料的，在该股东在场的情况下，可

〔26〕 对此，我国 1993 年《公司法》第 110 条规定：“股东有权查阅公司章程、股东大会会议记录和财务会计报告，对公司的经营提出建议或者质询。”显然，该规定所包含的财务信息极为狭隘，从而大大削弱了股东财务信息知情权的存在价值。

以由会计师、律师等依法或者依据执业行为规范负有保密义务的中介机构执业人员辅助进行。”

为切实维护公司利益,股东行使知情权还应履行保守商业秘密的义务,该保密义务还及于辅助股东查阅公司文件材料的会计师、律师等专业人员。对此,《公司法解释(四)》第11条规定:“股东行使知情权后泄露公司商业秘密导致公司合法利益受到损害,公司请求该股东赔偿相关损失的,人民法院应当予以支持。”(第1款)“根据本规定第十条辅助股东查阅公司文件材料的会计师、律师等泄露公司商业秘密导致公司合法利益受到损害,公司请求其赔偿相关损失的,人民法院应当予以支持。”(第2款)

在一些财务制度不完备的公司,有时会存在档案材料不健全的问题。在此情形下,股东知情权当然无法有效行使。因此,为奠定股东知情权的行使基础,并维护公司的财务会计制度,有必要追究对此负有责任的董事、高级管理人等人的法律责任。对此,《公司法解释(四)》第12条规定:“公司董事、高级管理人员等未依法履行职责,导致公司未依法制作或者保存公司法第三十三条、第九十七条规定的公司文件材料,给股东造成损失,股东依法请求负有相应责任的公司董事、高级管理人员承担民事赔偿责任的,人民法院应当予以支持”。

(四)利润分配权

利润分配权,是指股东按照出资或股份比例分配公司利润的权利。投资者向公司出资的主要目的即为获取收益,因而利润分配权无疑是股东的核心权利。各国公司法对红利的分配都作出了严格的限制。我国《公司法》第166条规定,公司分配当年税后利润时,应当提取公司法定公积金;公司的法定公积金不足以弥补上一年度公司亏损的,在提取法定公积金之前,还应当先用当年利润弥补亏损。公司弥补亏损和提取公积金后所余利润,有限责任公司股东按照实缴的出资比例分取红利,但全体股东约定不按照出资比例分取红利的除外;股份有限公司按照股东持有的股份比例分配,但股份有限公司章程规定不按持股比例分配的除外。股东会、股东大会或者董事会违反上述规定,在公司弥补亏损和提取法定公积金之前向股东分配利润的,股东必须将违反规定分配的利润退还公司。此外,公司持有的本公司股份不得分配利润。

关于公司利润分配问题的立法与司法对策,体现了私法自治理念的扩张与限缩政策。放任公司自行决定是否分配利润,是对私法自治维护的结果;干预公司长期拒绝分配利润的做法,则是对私法自治进行必要限制的结果。就此而言,在公司利润分配问题上,无论是作出放任还是必要限制的选择,都有其合理性。但由于利润分配本质上属于私法自治范畴,因而,即便在特殊情况下进行必要的司法干预,也应当予以严格控制,只有在确实需要进行司法干预且穷尽了其他救济的情况下才能作出某种司法干预。在此问题上,理论界与司法机关都存在较大认识分歧,因此,《公司法解释(四)》第13~15条对此作了详细规定。

关于当事人诉讼地位,《公司法解释(四)》第13条规定:“股东请求公司分配利润案件,应当列公司为被告。”(第1款)“一审法庭辩论终结前,其他股东基于同一分配方案请求分配利润并申请参加诉讼的,应当列为共同原告。”(第2款)

关于是否应提交股东会或者股东大会分配方案决议,《公司法解释(四)》第14条规定:“股东提交载明具体分配方案的股东会或者股东大会的有效决议,请求公司分配利润,公司拒绝分配利润且其关于无法执行决议的抗辩理由不成立的,人民法院应当判决公司按照决议载明的具体分配方案向股东分配利润”。第15条规定:“股东未提交载明具体分配方案的股东会或者股东大会决议，请求公司分配利润的，人民法院应当驳回其诉讼请求，但违反法律规定滥用股东权利导致公司不分配利润，给其他股东造成损失的除外。”据此，股东起诉请求公司分配利润时，应提交载明具体分配方案的股东会或者股东大会的有效决议，除非存在违反法律规定滥用股东权利导致公司不分配利润，并给其他股东造成损失的情形，否则人民法院可以依法驳回诉讼请求。

近年来，公司大股东违反同股同权原则和股东权利不得滥用原则，排挤、压榨小股东，导致公司不分配利润，损害小股东利润分配权的现象时有发生。例如，一些公司长期不分配利润，但董事、高级管理人员领取过高薪酬，或者由控股股东操纵公司购买与经营无关的财物或者服务，用于其自身使用或者消费，或者隐瞒或转移利润。因此，客观上需要积极探索完善对股东利润分配权的司法救济，规定公司股东滥用权利导致公司不分配利润而给其他股东造成损失的，司法可以适当干预，以实现对公司自治失灵的矫正。为此，《公司法解释（四）》第15条确立了一项例外规则，即在违反法律规定滥用股东权利导致公司不分配利润而给其他股东造成损失的情形下，即使股东未提交载明具体分配方案的股东会或者股东大会决议，人民法院仍可支持股东请求公司分配利润的诉讼请求。该规定以股东违反法律规定滥用股东权利为前提，对公司不分配利润作有限司法干预，其现实合理性毋庸置疑，但司法实践中如何具体适用，将使法官和当事人面临考验。

关于公司利润分配裁判规则的上述认识分歧，在司法实践中确实客观存在。例如，在山东汉诺集团有限公司与山西寿阳段王集团平安煤业有限公司、山西寿阳段王煤业集团公司其他合同纠纷案件二审民事裁定书中，关于汉诺集团起诉主张分配公司利润的诉讼请求应否受理的问题，最高人民法院提出了与一审法院山西省高级人民法院完全不同的观点。该案中，汉诺集团认为其提出该项主张的依据为其与段王集团所签的股权转让协议，该协议第3条第1款约定段王集团给予汉诺集团2010年基建期的全部收益权。山西省高级人民法院认为，公司是否分配利润以及分配利润的数额，属于公司和股东自治范畴，公司决定分配利润的权利在股东会，而非个别股东。《公司法》第34条仅规定股东有权按照实缴的出资比例分配红利，但在股东会作出利润分配方案之前，并未赋予股东越过股东会直接提起分配利润诉讼的请求权，也并未将分配利润作为对公司的强制性规范，一审法院据此裁定驳回汉诺集团要求分配利润的起诉。〔27〕 最高人民法院认为，对于当事人提起的某项诉讼请求应否受理的判断，并非要求该项诉讼请求需获得实体法上的支持，而是应以民事诉讼法关于案件受理标准的一般法律规定并结合与该具体诉请相关的具体法律规定进行综合认定。本案中，汉诺集团依据股权转让协议的有关约定起诉请求分配公司利润，根据《民事诉讼法》《公司法》以及相关司法解释的规定，该诉请的受理标准和条件法律均无要求公司内部先行决议的特别前置性规定。因此，一审裁定驳回汉诺集团的该项诉请，属于适用法律错误，人民法院应当受理该项诉讼请求。至于案件受理以后，当事人的该项诉讼请求能否获得实体法上的支持，需待案件实体审理以后由人民法院以实体判决的方式予以处理。〔28〕 不过，该裁定做出时间是在《公司法解释（四）》公布之前，其裁判观点未获司法解释确认，只能说明司法实践中曾经存在认识分歧。

---

〔27〕 参见山西省高级人民法院（2012）晋商初字第8号民事裁定书。

〔28〕 参见最高人民法院（2014）民二终字第74号民事裁定书。

尽管通过诉讼可确认股东拥有利润分配权,但若公司长期怠于履行具体分配义务,仍可能导致股东利润分配权难以实现。为解决公司长期不分配利润问题,2019 年《公司法解释(五)》第 4 条第 1 款规定:“分配利润的股东会或者股东大会决议作出后,公司应当在决议载明的时间内完成利润分配。决议没有载明时间的,以公司章程规定的为准。决议、章程中均未规定时间或者时间超过一年的,公司应当自决议作出之日起一年内完成利润分配”。依此,公司完成利润分配的最长时限为 1 年。该规定使得股东尤其是中小股东的利润分配请求权得以落到实处。此外,《公司法解释(五)》第 4 条第 2 款规定:“决议中载明的利润分配完成时间超过公司章程规定时间的,股东可以依据公司法第二十二条第二款规定请求人民法院撤销决议中关于该时间的规定。”依此,如果具体分配方案中载明的分配时间超过了章程的规定,可认定为公司决议内容违反章程规定,股东可依法起诉撤销该决议中关于分配时间的部分。分配时间被撤销后,则应按照章程规定的时间进行分配。

(五)股权优先购买权

有限责任公司具有人合性,因此,《公司法》第 71 条第 3 款规定:“经股东同意转让的股权,在同等条件下,其他股东有优先购买权。两个以上股东主张行使优先购买权的,协商确定各自的购买比例;协商不成的,按照转让时各自的出资比例行使优先购买权”。但同条第 4 款规定:“公司章程对股权转让另有规定的,从其规定。”依此,有限责任公司股东向股东以外的人转让股权时,其他股东原则上有优先购买权,但公司章程可限制或禁止该权利的行使。股份有限公司作为最典型的资合公司,股份的转让不受其他股东的限制,因而法律不赋予其他股东优先购买权,否则将严重危害股份的流动性。

有限责任公司股东优先购买权涉及行使通知、行使方式、行使期限、损害救济等问题,因公司法未作具体规定,司法实践中在具体法律适用方面存在认识分歧,故《公司法解释(四)》对此作了详细规定。关于“同等条件”的判断标准,《公司法解释(四)》第 18 条规定:“人民法院在判断是否符合公司法第七十一条第三款及本规定所称的‘同等条件’时,应当考虑转让股权的数量、价格、支付方式及期限等因素。”为稳定股权转让的法律关系,维护股权转让受让人的合法权益,《公司法解释(四)》第 19 条对股东优先购买权的行使期间作了明确规定:“有限责任公司的股东主张优先购买转让股权的,应当在收到通知后,在公司章程规定的行使期间内提出购买请求。公司章程没有规定行使期间或者规定不明确的,以通知确定的期间为准,通知确定的期间短于三十日或者未明确行使期间的,行使期间为三十日”。为确定拟转让股权的股东在其他股东行使优先购买权后又反悔的裁判规则,《公司法解释(四)》第 20 条规定:“有限责任公司的转让股东,在其他股东主张优先购买后又不同意转让股权的,对其他股东优先购买的主张,人民法院不予支持,但公司章程另有规定或者全体股东另有约定的除外。其他股东主张转让股东赔偿其损失合理的,人民法院应当予以支持。”股东优先购买权是法定权利,关于损害股东优先购买权的股权转让合同的效力问题,《公司法》未作明确规定,理论界与实务部门也存在认识分歧。最终,《公司法解释(四)》未对此作直接规定,而是采取原则上不否定该类合同的效力,但明确了优先购买权应予支持的裁判规则。对此,该解释第 21 条第 1 款规定:“有限责任公司的股东向股东以外的人转让股权,未就其股权转让事项征求其他股东意见,或者以欺诈、恶意串通等手段,损害其他股东优先购买权,其他股东主张按照同等条件购买该转让股权的,人民法院应当予以支持,但其他股东自知道或者应当知道行使优先购买权的同等条件之日起三十日内没有主张，或者自股权变更登记之日起超过一年的除外”。依此，股东优先购买权固然应受到维护，但为维护股权转让法律关系的稳定，司法解释对该优先购买权设定了除斥期间。

（六）新股优先认购权

依我国《公司法》第34条之规定，公司新增资本时，股东有权优先按照实缴的出资比例认缴出资；但是，全体股东约定不按照出资比例优先认缴出资的除外。该规定赋予了有限责任公司股东的新股优先认购权。基于股份有限公司的资合性，公司法未赋予其股东新股认购权，公司发行新股时，原有股东同样应按照一般发行与认购程序认购。不过，股份有限公司可以向原股东以其持股比例配送或配售新股。

（七）对公司的经营提出建议或质询的权利

该项权利是就股份有限公司股东而言，有限责任公司股东能充分介入公司经营管理，因而不必特设对公司的经营提出建议或质询的权利。建议权，是指股东有权就其认为有利于公司经营的决策或措施向公司提出意见或建议。不过，我国新旧《公司法》均规定的建议权形同虚设，股东向何人提起建议，其建议又如何处理，都缺乏明确的规定。质询权，是指股东对公司的某些行为存在疑问，或认为公司经营不善时，有权以口头或书面形式向公司机关提出疑问，并要求其予以解答。质询是一件非常严肃的事情，质询的权利、义务主体以及质询的场所与范围，都应在相关法规作相应规定。对此，我国《公司法》第150条第1款明确规定：“股东会或者股东大会要求董事、监事、高级管理人员列席会议的，董事、监事、高级管理人员应当列席并接受股东的质询。”这表明我国《公司法》将发动质询程序的权利主体规定为股东会或者股东大会，将义务主体规定为董事、监事、高级管理人员，而质询的场所为股东会或者股东大会会议，具体质询未予限定，应理解为董事、监事、高级管理人员职务范围内的一切事项。由于股东（大）会可以通过行使质询权而将其建议融于其中，因而该规定也基本解决了建议权的行使问题。

（八）提议召开临时股东（大）会的权利

各国公司法均规定，达到法定比例人数的有表决权的股东可以提议召开临时股东（大）会。依我国《公司法》第39条和第100条之规定，在有限责任公司中，代表1/10以上表决权的股东，可以提议召开临时股东会议；在股份有限公司中，单独或者合计持有公司股份10%以上的股东请求时，应在2个月内召开临时股东大会。

（九）公司剩余财产分配请求权

如果公司依法终止清算后，还有剩余的财产，股东可以按照出资比例或持股比例分配剩余财产。公司终止后依法取得公司的剩余财产，即剩余财产的分配请求权。

（十）股东诉权

为切实保障股东的合法权利，各国公司法普遍确立了股东诉权，即股东基于股东权被侵害而享有的提起诉讼的权利。依股东诉权原理，当董事、监事、高级管理人员对公司应负责任而公司未予追究时，可由股东为公司提起追究其责任的诉讼；当股东会的召集程序及其决议内容或方法违法或违反章程时，股东亦可就此提起诉讼。

股东直接诉讼，是指股东为维护自身利益而以自己的名义直接提起的诉讼。公司法所规定的法定股东权及公司章程所赋予的章定股东权被侵害,股东均可依法提起直接诉讼。因侵害股东权的主体不同,股东直接诉讼的被告既可能是公司本身,也可能是公司的董事、高级管理人员。对此,我国《公司法》第152条作了一般规定:"董事、高级管理人员违反法律、行政法规或者公司章程的规定,损害股东利益的,股东可以向人民法院提起诉讼。"此外,《公司法》还对撤销决议之诉、公司解散之诉等股东直接诉讼作了明确规定。例如,《公司法》第22条第2款规定:"股东会或者股东大会、董事会的会议召集程序、表决方式违反法律、行政法规或者公司章程,或者决议内容违反公司章程的,股东可以自决议作出之日起六十日内,请求人民法院撤销。"该法第182条规定:"公司经营管理发生严重困难,继续存续会使股东利益受到重大损失,通过其他途径不能解决的,持有公司全部股东表决权百分之十以上的股东,可以请求人民法院解散公司。"

为保障股东权的行使,公司法既规定了股东直接诉讼权,又规定了股东代表诉讼权。鉴于股东代表诉讼制度内容较为丰富,本书将于下节对其作专门论述。

理论拓展 股东权穿越的制度构建

随着我国市场经济的发展,商事组织的结构日益复杂,在公司语境下的一种表现是公司的层次和股东的层级呈现"金字塔式所有权结构"(pyramiding ownership structure),即由一家公司投资设立或控股子公司,再由子公司投资设立或控股孙公司,以此类推。我们把"金字塔式所有权结构"中的母公司、子公司(包括孙公司,下同)等构成的组织体称为"母子公司综合体"(parent-subsidiary complexes)。在有些"母子公司综合体"中,母公司没有独立的业务,只是纯粹的持股平台,母公司持有的子公司权益是母公司的实质性全部资产,母公司全部收入几乎均源于子公司的利润分配。此种情况下,子公司对母公司的重要性不言而喻,子公司实质上就等同于母公司。考虑到母公司对子公司重大事项的决定权掌握在母公司的控制股东手中,而母公司的其他股东由于不处于控制地位,对子公司重大决策甚至日常经营管理都没有足够"话语权"。如果母公司的控制股东为追求一己私利,有损害子公司权益或转移子公司利益之举,就会间接侵害母公司其他股东的利益。而由于母公司其他股东并不直接持有子公司的股权,不是子公司的股东,就不能通过行使子公司股东权利的方式维护自己的合法权益。

面对如此困境,最好的解决方案是突破母子公司之间的法人格障碍,允许母公司其他股东直接向子公司行使股东权利,此即股东权的"穿越"(pass – through)行使。域外如美国和日本,均有股东权具体权能穿越的立法例,美国还有丰富的判例资源。近年来,我国实践中也常有母公司股东主张行使对子公司的股东权的案例,但由于缺乏明确法律依据,法院在受理此类案件后大多驳回了诉求。极少数判决通过法解释的方式直接或间接肯定母公司股东的诉求,但这也饱受争议。[29] 我国《公司法》虽没有股东权穿越行使的明确规定,但一些有关国有企业和上市公司治理的法规中,渗透着股东权穿越的理念。我国学理上也有针对具体股东权能穿越的讨论。例如,有学者认为,当子公司的利益遭到董事、监事、高级管理人员或他人侵害,且母公司与该子公司均拒绝起诉向有关主体追偿时,母公司股东可以自己名义代位子公司提起"二重代表诉讼"(the doub-

〔29〕 参见王建文:《论我国股东知情权穿越的制度构造》,载《法律科学》2019年第4期。

le derivative suit);在满足一定条件的情况下,股东优先购买权可以突破本公司的限制,"穿透"适用于股东实际控制人之变动;在企业集团中,应当允许母公司股东基于正当理由查阅子公司账簿记录;在企业集团中,当母公司处于绝对支配地位时,母公司股东得透过母公司和子公司之间的界限,直接就子公司重大事务行使股东权。可见,目前国内有关股东权具体权能穿越的研究已取得一定成果,但对一般意义上的股东权穿越则少见讨论。面对"母子公司综合体"架构下,母公司非控制股东"权益缩减"的事实,我们是否有理由突破子公司的独立人格,确认母公司股东有权直接对子公司行使股东权?

从以上对域外立法的考察来看,美国一些州和日本公司法为应对"母子公司综合体"架构下母公司股东权被架空的问题,不囿于对公司实体的过度关注,在特定情形下,允许母公司股东的权利穿越子公司这层法人实体,从而对子公司产生效力。子公司"股东"的含义在这些语境下被扩张至母公司的股东,股东权穿越虽因突破公司独立人格而受到一定质疑,但却因能够有效保护母公司股东的权益并实现个案正义而受到成文法的肯定。美国、日本两国股东权穿越的规则与实践无疑为我国解决相关问题提供了素材。

由于我国现行《公司法》是建立在对单一法律主体规制的前提下,以坚持公司独立人格为基本理念,母公司股东对子公司直接行使股东权并无法律依据。现有的股东权理论难以起到为母公司股东合法权益保驾护航的作用。在子公司受到母公司过度控制以致有损其独立人格,子公司构成母公司实质性主要资产,子公司出现可能影响母公司股东重大利益的事宜时,忽略子公司的独立法律人格,赋予母公司股东穿越行使股东权的权利,使母公司股东能够对抗母公司控制股东的欺凌,则可以解决母公司股东被架空的困境。股东权穿越是对母公司股东滥用子公司独立人格损害母公司其他股东利益行为的规制,是对公司法人格异化的矫正。股东权穿越不是对公司法人格的颠覆,而恰恰是对公司法人格的补充和完善。未来《公司法》可以仿照公司法人格否认制度,在公司法总则部分增加有关股东权穿越制度的规定,明确股东权穿越所适用的条件。另外,考虑到股东权穿越是针对具体权能的个案适用,股东权穿越的实际应用一定是具体权能的穿越,因而,如股东行使普通的代表诉讼权、知情权、提案权等本身就还需要满足一定条件的,《公司法》于分则部分还应明确二重代表诉讼、知情权穿越、股东会召集权穿越等也需满足相应的条件。以二重代表诉讼为例,《公司法》第151条规定普通代表诉讼的提起要求经过前置程序,二重代表诉讼的提请就应满足母公司与子公司两个层面的前置程序。再以股东会召集权穿越为例,依据《公司法》第39条规定,有限责任公司股东召集临时股东会必须满足一定的持股要求,母公司向子公司提请召集股东会,也需满足相应的持股要求。因此,国内外学界从学理上讨论有关知情权、二重代表诉讼权等具体权能穿越所适用的条件仍具有重要的理论意义。[30]

四、股东权的行使条件与计算依据

股东权以股东资格的取得与存续为前提条件,因而股东权的行使也应以此为前提。因此,此处所讨论的股东权的行使条件,不涉及前文所述隐名股东的股东资格认定问题,而以实际取得或形式上取得股东资格为前提。无论采取何种公司资本制度,股东的实缴出资与认缴出资之间都可能存在差异,因而究竟以何种出资额来行使股东权,就成为一项实务问题。对此,各

〔30〕 参见王建文、孙清白:《论股东权穿越的制度构建》,载《江西社会科学》2020年第1期。

国公司法大多未作明确规定。不过,在股东权的具体计算方面,基于股东的权利义务相一致的原则,从解释上应认为除章程另有规定外,以股东的实缴出资为计算依据。

我国现行《公司法》制定过程中,在立法的专家会议上曾讨论过应如何确定股东权的行使问题,但最终未在《公司法》中作全面规定,而仅对有限责任公司主要股东权的行使作了规定。对此,《公司法》第34条规定:“股东按照实缴的出资比例分取红利;公司新增资本时,股东有权优先按照实缴的出资比例认缴出资。但是,全体股东约定不按照出资比例分取红利或者不按照出资比例优先认缴出资的除外。”依此,在有限责任公司中,股东股利分配权及新股优先认购权的计算依据原则上为股东的实缴出资而非认缴出资。该原则上的规定并非强制性规定,法律允许以全体股东约定的方式另行规定。显然,法律对另行约定的方式与条件作了严格规定,即必须是全体股东一致同意的结果,从而排除了通过公司章程或股东会资本多数决的变更方式。《公司法》第42条还规定:“股东会会议由股东按照出资比例行使表决权;但是,公司章程另有规定的除外。”从该规定的措辞来看,在有限责任公司,股东表决权的计算依据并未从原则上限定为股东实缴出资,而是采用了较为笼统的“出资比例”措辞,从解释上应理解为以股东的认缴出资作为其表决权的计算依据。当然,公司法允许公司章程对此作另外规定。不过,鉴于股东可能在认缴出资后不按照规定履行后续的出资义务,从而危害公司独立财产的形成并对其他依约出资的股东构成违约,有必要赋予公司对该股东的股东权的行使进行相应限制的权利。对此《公司法解释(三)》第16条则明确规定:“股东未履行或者未全面履行出资义务或者抽逃出资,公司根据公司章程或者股东会决议对其利润分配请求权、新股优先认购权、剩余财产分配请求权等股东权利作出相应的合理限制,该股东请求认定该限制无效的,人民法院不予支持。”

我国《公司法》及司法解释均未对股份有限公司股东权的计算依据作明确规定,从解释上将认为,依公司自治原则,允许公司章程自行约定。若章程未对股东权的计算标准作明确规定,从《公司法》第42条所体现的立法精神来看,则应当理解为按认缴资本的比例行使股东权中比例性权利。

五、股东的义务

各国公司法对股东义务的规定大同小异,基本上共同确认了股东应承担以下义务。

(一)遵守公司章程

公司章程对全体股东都有约束力,股东应依照公司章程的规定行使权利并履行义务。遵守公司章程应是股东最基本的义务。

(二)向公司缴纳股款的义务

该义务又称出资义务,即股东应按其所认缴的出资额或所认购的股份金额,按照约定期限向公司缴纳股款。这一义务的履行,是发起人与认股人取得股东资格的前提条件。由于在认股人尚未履行这一义务前,还不能称为公司股东,因而严格来说,尚未取得股东资格前缴纳股款的义务还不能称为股东义务。不过,习惯上也将该义务纳入股东义务范畴之中。依不允许分期缴纳股款的我国1993年《公司法》,发起人与认股人向公司缴纳股款的义务即属于这种非严格意义上的股东义务。依允许分期缴纳股款的现行《公司法》,发起人与认股人只要缴纳了出资,即可取得股东资格,其此后所负出资义务则为严格意义上的股东义务。如果股东认缴了出资后，无正当理由不履行缴纳出资的义务，必须对其他股东与公司承担违约责任，由此给公司造成经济损失的，还应当负赔偿责任。

（三）对公司所负债务的义务

股东对公司所负债务的义务，因公司类型不同而不同。无限公司的股东及两合公司中的无限责任股东，对公司所负的债务承担无限连带责任。有限责任公司及股份有限公司的股东则对公司的债务仅以其出资额或认缴的股款为限，不负其他财产责任。因此，严格来说，该项义务实际上仅就无限公司的股东及两合公司中的无限责任股东而言。由于我国《公司法》仅确立了有限责任公司与股份有限公司，因而该项股东义务并不存在于我国。

（四）不得抽回出资

我国《公司法》规定，在公司登记后，股东、发起人、认股人不得抽回出资或股本。该法第200条规定："公司的发起人、股东在公司成立后，抽逃其出资的，由公司登记机关责令改正，处以所抽逃出资金额百分之五以上百分之十五以下的罚款。"《公司法解释（三）》还对此作了详细规定。该解释第14条第1款规定："股东抽逃出资，公司或者其他股东请求其向公司返还出资本息、协助抽逃出资的其他股东、董事、高级管理人员或者实际控制人对此承担连带责任的，人民法院应予支持。"同条第2款规定："公司债权人请求抽逃出资的股东在抽逃出资本息范围内对公司债务不能清偿的部分承担补充赔偿责任、协助抽逃出资的其他股东、董事、高级管理人员或者实际控制人对此承担连带责任的，人民法院应予支持；抽逃出资的股东已经承担上述责任，其他债权人提出相同请求的，人民法院不予支持。"该解释第15条规定："第三人代垫资金协助发起人设立公司，双方明确约定在公司验资后或者在公司成立后将该发起人的出资抽回以偿还该第三人，发起人依照前述约定抽回出资偿还第三人后又不能补足出资，相关权利人请求第三人连带承担发起人因抽回出资而产生的相应责任的，人民法院应予支持。"

（五）出资差额填补义务

股东要承担出资差额填补义务。对此，我国《公司法》分别规定了有限责任公司股东及股份有限公司发起人的填补出资义务。该内容已于"公司成立时发起人的法律责任"部分详细阐述，此处不赘。应当注意的是，出资差额填补义务实际上并未统一适用于所有股东的义务，而是专门为公司发起人所规定的特殊股东义务。

第三节　股东代表诉讼制度

一、股东代表诉讼的概念

股东代表诉讼（shareholders' representative action），又称股东派生诉讼或股东衍生诉讼（shareholder's derivative suit），是指当公司的合法权益受到不法侵害而公司却怠于起诉时，符合法定条件的股东有权为了公司的利益以自己的名义直接向人民法院提起的诉讼。

从理论上讲，拥有独立法律人格的公司具有独立的意思与独立的财产，在其权益受到侵害时，会采取相应法律措施保护自己的利益。但是，这只是一种理想状态，事实上公司的独立意思往往会受到控股股东、实际控制人或董事会的控制，因而在公司利益被他们侵害时，这些侵权人就不可能促使公司形成追究其自身法律责任的公司独立意思。因此,各国法律都强化了对控股股东、实际控制人、董事、监事、高级管理人员的监督与制约,并赋予其较为严格的义务与责任。但对以上人员履行义务与责任的监督与追究,仍然需要公司作出决议,在公司本身的独立意思形成机制被破坏的情况下,这一公司决议实际上难以形成。为此,公司法上发展出了一种替代救济措施,此即股东代表诉讼。通过股东诉讼,股东可以在维护公司权益时达到间接维护股东权益的目的。因此,与股东直接以个人名义行使股东诉权的股东直接诉讼相对而言,股东代表诉讼又被称为股东间接诉讼。

1843 年,英国发生的 Foss v. Harbottle 一案揭开了股东派生诉讼制度的序幕。但该制度主要确立于美国,并由美国制定法所明确规定。美国制定法所规定的股东代表诉讼制度先后被世界各国所普遍继受,如今世界各主要国家公司法都已规定了股东代表诉讼制度。我国现行《公司法》与《证券法》也正式确立了股东代表诉讼制度。不过,在大陆法系国家和地区,关于股东代表诉讼制度的适用对象的规定不尽相同,有的仅规定了股份有限公司(如德国、中国台湾地区),有的则同时规定了股份有限公司与有限责任公司(如法国、韩国)。[31] 我国《公司法》第151 条也对有限责任公司与股份有限公司统一规定了股东代表诉讼制度。

二、股东代表诉讼的当事人

(一)股东代表诉讼的原告

顾名思义,股东派生诉讼的原告应为股东,包括普通股股东与优先股股东。在股东提起诉讼之后,其他股东可以参加该诉讼从而成为共同原告,但作为被告的股东则应排除在外。在代表诉讼中,股东要成为适格的原告,还必须具备一定资格。

由于各国家及地区法律传统不同,关于代表诉讼股东原告的资格限制也有所不同。但总的来说,各国家及地区公司法对原告资格的限制主要表现为两个方面:一是持股时间要求,二是持股数量要求。

在持股时间要求方面,英美法系国家对此采用"当时股份持有规则",即要求代表诉讼的原告必须在其起诉的侵害公司利益的行为发生时拥有公司股份,而不得对其成为公司股东之前,公司所受到的侵害提起代表诉讼。大陆法系国家和地区对持股时间要求采用"持股期限原则",即要求提起代表诉讼的原告必须在起诉之前持有公司股份达到法定期限。例如,关于该期限,德国规定为 3 个月;日本规定为 6 个月,但非开放式公司无此期限限制;中国台湾地区规定为 1 年。不过,韩国、法国等国则均未规定持股时间要求。我国《公司法》第 151 条对有限责任公司与股份有限公司作了区分规定:前者未规定持股时间要求,后者则规定股东持股时间应为连续 180 日以上。持股时间要求的作用主要在于抑制无价值的诉讼,并有助于防止"购买诉讼"。

在持股数量要求方面,英美法系国家和地区基本上不加限制,但大多设置了善意规则(good faith),要求股东在通过提起股东代表诉讼强制行使公司的权利时必须公正和充分地代

---

[31] 参见《德国股份法》第 147 条,中国台湾地区"公司法"第 214 ~ 215 条,《法国商事公司法》第 R223 - 31 条、第 R225 - 167 条,《韩国商法典》第 403 条、第 565 条,《日本公司法典》第 847 条。由于 2005 年《日本公司法典》取消了有限责任公司形式,故其股东代表诉讼制度自然无从适用于该类公司。

表公司的利益。美国、英国、加拿大和日本都在法律中作了相类似的规定。我国《公司法》第151条同样对有限责任公司与股份有限公司的持股数量要求作了区分规定：前者无数量要求，后者则要求"单独或者合计持有公司"1%以上股份。[32] 我国对股份有限公司股东提起股东代表诉讼的持股数量要求的规定并不算严格，总体上符合我国当前的实践要求。

实务问题

A有限责任公司股东乙某从他人手中收购公司5%的股权。15天后，乙某发现，公司的执行董事甲某严重损害公司利益，给公司经营造成巨额损失，遂书面请求监事会向人民法院提起诉讼，要求甲某赔偿因其渎职给公司造成的损失，但是监事会拒绝提起诉讼。问：在此情形下，乙某的权利如何才能得到保护？

提示：我国《公司法》第151条规定，董事、监事、高级管理人员执行公司职务时违反法律、行政法规或者公司章程的规定，给公司造成损失的，有限责任公司的股东可以书面请求监事会或者不设监事会的有限责任公司的监事向人民法院提起诉讼；监事会、不设监事会的有限责任公司的监事收到股东书面请求后拒绝提起诉讼，或者自收到请求之日起30日内未提起诉讼，或者情况紧急、不立即提起诉讼将会使公司利益受到难以弥补的损害的，股东有权为了公司的利益以自己的名义直接向人民法院提起诉讼。该条对有限责任公司未规定持股时间与持股数量要求，故乙某可在公司监事会拒绝提起诉讼后为了公司的利益以自己的名义直接向人民法院提起诉讼。

（二）股东代表诉讼的被告

从代表诉讼制度产生的背景以及建立代表诉讼机制的根本目的来看，代表诉讼的被告主要是公司的董事、控制股东及其他内部人员，如高级管理人员、监事。其原因为他们是公司事务和公司经营的执行人和监管人或者实际支配者。不过，各国（地区）公司法对此规定不尽相同。例如，美国对股东代表诉讼的真正被告不加限制，凡是侵害公司利益的人均可作为真正被告，而不限于公司内部人员。依我国《公司法》第151条第1、2款之规定，公司董事、监事、高级管理人员均可成为股东代表诉讼的被告。此外，该条第3款还明确规定："他人侵犯公司合法权益，给公司造成损失的，本条第一款规定的股东可以依照前两款的规定向人民法院提起诉讼。"依此，我国公司法对股东代表诉讼的被告未作限制，凡是侵害了公司权益的人，均可能成为股东代表诉讼的被告。因此，其他股东、控股股东、实际控制人以及公司外部人员均可成为股东代表诉讼的被告。

（三）公司在股东代表诉讼中的地位

各国（地区）公司法对公司在诉讼中的法律地位的规定不尽相同。在英美法系国家和地

[32] 不过，2005年《证券法》第47条规定了特定情形下所有股东均享有的派生诉权——短线交易归入权。该条第1款规定："上市公司董事、监事、高级管理人员、持有上市公司股份百分之五以上的股东，将其持有的该公司的股票在买入后六个月内卖出，或者在卖出后六个月内又买入，由此所得收益归该公司所有，公司董事会应当收回其所得收益。但是，证券公司因包销购入售后剩余股票而持有百分之五以上股份的，卖出该股票不受六个月时间限制。"同条第2款规定："公司董事会不按照前款规定执行的，股东有权要求董事会在三十日内执行。公司董事会未在上述期限内执行的，股东有权为了公司的利益以自己的名义直接向人民法院提起诉讼。"

区，习惯上非常特别地将公司作为名义被告，并允许其对诉讼提出各种反对意见，作为真正被告的致害人(董事、高级管理人员等)则作为第三人参加诉讼。[33] 之所以将公司作为被告，其主要原因为法律要求股东在提起股东代表诉讼之前须向公司提出由公司提起损害赔偿诉讼的请求，而公司拒绝了这一请求，因而法院须对公司所作出的拒绝决定进行审查。由于这种审查的对象是公司，故只能将公司列为被告。[34]

在大陆法系国家和地区，公司在股东代表诉讼中不被作为被告，但可自愿参加到诉讼之中。对此，各国(地区)公司法大多未对公司的具体当事人地位作明确规定。一般来说，在股东代表诉讼中，公司既可作为共同原告，也可作为第三人参加到原告股东的诉讼之中，还可作为第三人参加到被告的诉讼之中。

我国《公司法》虽对股东代表诉讼制度作了明确规定，但未规定公司在该诉讼中的当事人地位。《公司法解释(四)》第 24 条第 1 款则明确规定："符合公司法第一百五十一条第一款规定条件的股东，依据公司法第一百五十一条第二款、第三款规定，直接对董事、监事、高级管理人员或者他人提起诉讼的，应当列公司为第三人参加诉讼。"

(四)其他股东在股东代表诉讼中的地位

在原告股东提起股东代表诉讼后，并不剥夺其他股东对同一事件也提起股东代表诉讼的权利。但在具体的操作中，各国有不同的实践。

我国《公司法》明确规定，提起股东代表诉讼的股东可单独提起，也可由数名股东共同提起，但未规定在股东提起股东代表诉讼之后，其他股东是否可以参加到诉讼之中或提起同样的诉讼。对此，《公司法解释(四)》第 24 条第 2 款明确规定："一审法庭辩论终结前，符合公司法第一百五十一条第一款规定条件的其他股东，以相同的诉讼请求申请参加诉讼的，应当列为共同原告"。

三、股东代表诉讼的特殊程序

(一)股东代表诉讼的前置程序

股东代表诉讼所要维护的实体权利属于公司，故各国立法均要求股东在起诉前首先应向公司董事会或监事会请求以公司名义对侵害人提起诉讼，只有在遭受拒绝后方可向法院提起代表诉讼。股东代表诉讼设置前置程序的主要原因在于该诉权原本属于公司，自然应首先提请公司行使，只有在公司拒绝股东的请求后才能发动股东代表诉讼。不过，如果情况紧急，等到发动期限届满将导致公司利益遭受无法挽回的损害，不少国家或地区公司法也例外地允许股东不经过发动等候期限而直接提请股东代表诉讼。

我国《公司法》第 151 条分三款对股东代表诉讼的条件与前置程序作了明确规定："董事、高级管理人员有本法第一百四十九条规定的情形的，有限责任公司的股东、股份有限公司连续一百八十日以上单独或者合计持有公司百分之一以上股份的股东，可以书面请求监事会或者不设监事会的有限责任公司的监事向人民法院提起诉讼；监事有本法第一百四十九条规定的情形的，前述股东可以书面请求董事会或者不设董事会的有限责任公司的执行董事向人民法

---

〔33〕 参见[美]罗伯特·C. 克拉克：《公司法则》，胡平等译，中国工商出版社 1999 年版，第 531 页。

〔34〕 参见施天涛：《公司法论》(第二版)，法律出版社 2006 年版，第 447 页。

院提起诉讼。”(第 1 款)“监事会、不设监事会的有限责任公司的监事,或者董事会、执行董事收到前款规定的股东书面请求后拒绝提起诉讼,或者自收到请求之日起三十日内未提起诉讼,或者情况紧急、不立即提起诉讼将会使公司利益受到难以弥补的损害的,前款规定的股东有权为了公司的利益以自己的名义直接向人民法院提起诉讼。”(第 2 款)“他人侵犯公司合法权益,给公司造成损失的,本条第一款规定的股东可以依照前两款的规定向人民法院提起诉讼。”(第 3 款)依此,我国公司法对股东代表诉讼的前置程序规定得较为具体,将向公司提起追究相关致害人责任的请求细化为不同的公司机关,从而有利于该前置程序发挥实质性作用。此外,我国《公司法》第 151 条第 2 款后半句也明确规定,在紧急情况下股东可不经前置程序所规定的等候期限,而直接提起股东代表诉讼。

(二)股东代表诉讼的管辖

各国家及地区公司法作为实体法,大多不对股东代表诉讼的管辖作明确规定,而将其作为程序法问题处理。[35] 例如,《美国商事公司示范法》、《德国股份法》、《法国商事公司法》、《韩国商法典》及中国台湾地区“公司法”均未对此予以规定。不过,也有国家公司法对此作了明确规定。例如,2005 年《日本公司法典》第 848 条规定:“责任追究等之诉,由股份有限公司总公司所在地的地方法院专属管辖。”依《德国股份法》第 148 条第 2 款之规定,股东代表诉讼由公司住所地的州地方法院的民事或者商事审判庭专属管辖。[36]

我国《公司法》基于实体法中不就诉讼管辖这一程序问题作出规定的立法惯例,未对股东代表诉讼的管辖作明确规定。2009 年版《公司法解释(四)(征求意见稿)》第 48 条则曾明确规定:“股东代表诉讼案件,由公司住所地人民法院管辖。”依此,股东代表诉讼实行公司住所地人民法院专属管辖。不过,司法实务中关于股东代表诉讼的管辖尚存争议,故 2013 年版《公司法解释(四)(征求意见稿)》中删除了专属管辖的规定,最终公布的《公司法解释(四)》也未对此作出规定。

(三)诉讼费用担保制度

为防止股东滥用股东代表诉讼制度,减少对公司董事、监事等被追诉对象以及公司本身的不必要的干扰,不少国家和地区公司法为该制度设置了防范性制度,即诉讼费用担保制度。诉讼费用担保制度,是指法院认定原告股东提起股东代表诉讼缺乏合理理由时,法院可责令原告股东向被告提供一定的担保,以便在原告股东败诉时,对被告承担的合理诉讼费用给予补偿。这就意味着,只有当法院认定该诉讼明显不具有合理性或者明显不具有实质意义时才要求其提供担保,否则无须提供担保。诉讼费用担保制度始于 1944 年美国纽约州公司法。在美国影响下,各国(地区)公司法纷纷确立了诉讼费用担保制度。但值得注意的是,最早确立该制度的美国公司法已表现出摒弃该制度的趋势。例如,对美国各州公司法影响巨大的《美国商事公司示范法》已于 1984 年修订时废除了诉讼费用担保制度。

我国现行《公司法》在导入股东代表诉讼制度时,未明确规定诉讼费用担保制度。但理论界与司法部门普遍认为,应确立诉讼费用担保制度以防范股东代表诉讼制度被滥用。受此影响,2009 年版《公司法解释(四)(征求意见稿)》曾于第 53 条第 1 款明确规定:“人民法院审理

---

〔35〕《日本公司法典》,吴建斌、刘惠明、李涛译,中国法制出版社 2006 年版,第 444 页。

〔36〕 参见胡晓静:《德国股东派生诉讼制度评析》,载《当代法学》2007 年第 2 期。

股东代表诉讼案件,公司董事、监事或者高级管理人员在答辩期间内提供证据证明原告可能存在恶意诉讼情形,并请求原告提供诉讼费用担保并予以赔偿的,人民法院应予准许。"同条第2款规定:"诉讼费用担保的具体数额应相当于被告董事、监事或者高级管理人员参加诉讼可能发生的合理费用。"显然,该解释在确立诉讼费用担保制度的同时,也对该制度的适用设置了较为严格的限制性规定,从而使该制度不致反过来被被告滥用。关于该"恶意"的判断标准,我国公司法学界的通说为"知情说",[37]本书亦然。不过,该规定在2013年版《公司法解释(四)(征求意见稿)》中已被删除,最终公布的《公司法解释(四)》也未对此作出规定,其原因应为理论界和实务部门对该问题的处理尚存争议。

(四)对原告股东诉讼权利的限制

美国、日本、韩国等国公司法均对原告股东处分权的限制作了不同程度的规定。我国《公司法》及我国台湾地区"公司法"均未对股东代表诉讼中原告股东的处分权作明确规定。2013年版《公司法解释(四)(征求意见稿)》第28条曾规定:"人民法院审理股东代表诉讼案件,当事人达成调解协议的,应提交股东会或者股东大会通过调解协议的决议。有限责任公司未提交股东会决议的,公司全体股东应当在调解协议书上签名、盖章或者向人民法院出具同意调解协议的书面意见。"依此,关于对原告股东处分权的限制,法院不能按照有利于公司利益的原则进行自由裁量。事实上,公司股东会或股东大会可能被大股东控制,而大股东为避免被追究控制股东及相关董事、监事的法律责任,可能与股东代表诉讼的原告股东达成直接由公司给予原告股东经济补偿的调解协议,从而有损于公司利益,并与设立股东代表诉讼制度的初衷相悖。因此,人民法院仍应对股东代表诉讼中原告股东的和解及撤诉等处分权的行使进行必要审查。正因如此,最终公布的《公司法解释(四)》删除了2013年版《公司法解释(四)(征求意见稿)》第28条的规定。

四、股东代表诉讼诉讼费用补偿制度

在股东代表诉讼中,原告股东为公司利益进行诉讼,胜诉利益归属于公司,但要由个人承担诉讼费用。在败诉情形下,原告股东还可能要额外承担对被告及公司所受损害的赔偿责任。因此,各国家及地区公司法大多确立了原告胜诉后的诉讼费用补偿制度。各国家及地区公司法一般规定,给予原告股东诉讼费用补偿的义务主体为获得胜诉利益的公司,但也有规定(如我国台湾地区)将该义务主体规定为股东代表诉讼的被告。例如,《美国商事公司示范法》(2002年)第7.46条第1款规定:"可以命令公司向原告支付在程序中发生的合理费用(包括律师费),如果法院认为该程序使公司获得实质性的利益。"[38]2005年《日本公司法典》第852条第1款规定:"在提起责任追究等之诉的股东胜诉(含部分胜诉)的情形下,就有关该责任追究等之诉的诉讼,支出必要的费用(除诉讼费用),或应向律师、律师法人支付薪酬的,可请求该股份有限公司支付该费用数额范围内或该薪酬范围内被认为适当的金额。"[39]我国台湾地区"公司法"第215条第2款则规定:"提起前条第二项诉讼所依据之事实,显属实在,经终局判决

---

〔37〕 参见赵旭东主编:《公司法学》(第二版),高等教育出版社2006年版,第329页。

〔38〕 《最新美国标准公司法》,沈四宝编译,法律出版社2006年版,第86页。

〔39〕 《日本公司法典》,吴建斌、刘惠明、李涛译,中国法制出版社2006年版,第446页。

确定时,被诉之董事,对于起诉之股东,因此诉讼所受之损害,负赔偿责任。”我国《公司法》及其司法解释对此未作明确规定。

思考题

1. 简述股东资格的认定标准。
2. 简述股东权的具体内容。
3. 简述股东代表诉讼中原告的资格。
4. 简述股东代表诉讼中被告的确认。
5. 简述股东代表诉讼的特殊程序。
6. 简述股东代表诉讼诉讼费用补偿制度。

第十一章　股东的出资与股份

导读

- 各国有限责任公司的出资方式主要有以下三种制度：出资平等制、出资不平等制、基本出资制。出资证明书与股东名册是股东出资的主要凭证。
- 各国（地区）公司法原则上不对股东之间的股权转让予以限制，但基于章程自治原则，大多允许公司通过公司章程对股东之间的股权转让予以特别限制。
- 为了保证有限责任公司的内部稳定，绝大多数国家（地区）的公司法都对股东向股东以外的人转让股权作了严格限制。我国《公司法》第71条也对此作了明确规定。
- 我国《公司法》未对股权转让的程序作明确规定，根据《公司法》及相关法律、法规的规定，我国有限责任公司的股权转让一般要经过特定程序。
- 有限责任公司的出资与股份有限公司的股份性质上类似，都是组成各自公司资本的单位，但两者存在明显区别。各国公司法对于股份分类的规定大多较为灵活，会根据实际需要而不断设计新的类型。
- 各国一般都同时用《公司法》和《证券法》对股份的发行进行规范。我国2005年《公司法》《证券法》同时修订，股份发行的具体规范已移入《证券法》之中，《公司法》仅就股份发行作了原则性规定。

第一节　有限责任公司股东的出资

我国公司法中对出资概念的使用较为混乱，通常有广义、狭义之别。广义的出资泛指各种公司的股东对公司资本的直接投资及因此形成的相应资本份额；狭义的出资则特指有限责任公司股东或出资人对公司资本所作的直接投资及因此形成的相应资本份额。本节所称出资系从狭义而言。

一、股东出资模式

根据各国家及地区的传统做法与实践，有限责任公司的出资方式主要形成了以下三种制度。

（一）出资平等制

出资平等制，又称复数出资制，是指将公司资本划分为均等的份额，每个股东可以认购一份，也可以认购数份，各股东拥有与其出资数额相对应的份额。出资平等制下股东的出资份额，与股份有限公司的股份在形式上是相同的。它们最大的区别是，有限责任公司股东的出资证明书（股单）不能作为流通的标的；股份有限公司股东的出资证明书（股票）则是一种可以流通的有价证券。《日本有限公司法》（已废止）、《韩国商法典》及《法国商事公司法》均采用出资平等制。出资平等制有利于股东之间权利的平衡与计算。

（二）出资不平等制

出资不平等制，又称出资单一出资制，是指每个股东只能认购一份出资，但每一份出资的数额可以不同。出资不平等制的优点在于股东可以灵活掌握自己的出资数额，简便易行。但是，这种出资方式不利于股东之间权利的平衡和计算。我国《公司法》及我国台湾地区"公司法"均未对有限责任公司股东的出资方式作限制性规定，但其相关内容隐含了出资不平等制，实践中有限责任公司股东的出资，则基本上都采用的是出资不平等制。

（三）基本出资制

基本出资制，是指每个股东只能认购一份出资，每一份出资的数额可以不同，但必须是某一固定数额的整倍数。[1] 基本出资制是出资平等制与出资不平等制的有机结合。它的科学性在于既利于股东出资，又利于股东权利的平衡与计算。

二、出资证明书

出资证明书是证明投资人已经依法履行缴付出资义务，成为有限责任公司股东的法律文件，是股东对公司享有权利、承担责任的重要依据。在不实行出资平等制的国家和地区，有限责任公司不同于股份有限公司，其全部资本不划分为均等的份额。因此，在有限责任公司，股东所拥有的出资数额一般不被称为股份，而被称为出资额；记载股东出资的法律文书也不被称为股票，而被称为出资证明书，也有学者称为"股单"。

依我国《公司法》第31条之规定，出资证明书必须载明下列事项：（1）公司的名称；（2）公司成立日期；（3）公司注册资本；（4）股东的姓名或者名称、缴纳的出资数额和出资日期；（5）出资证明书的编号和核发日期。无论从事何种行业、规模如何的有限责任公司，都应当按照上述五项内容向股东签发出资证明书。出资证明书应当由公司盖章。只有公司盖章以后，出资证明书才产生法律效力。

三、股东名册

股东名册是记载股东姓名、名称和股东出资额、出资证明书编号等事项的重要法律文件，是表明股东地位、确定公司与股东关系、确认股东对公司的权利义务的凭证，是公司必备的文件之一。股东名册的格式虽无明文规定，但每页上必须连续编号。股东名册一般应在公司申请设立登记前完成。有限责任公司应该在本公司备置股东名册，以便于工作中查阅及通知发放文件等有关事情。如果股东发生变化，应当及时变更股东名册的有关内容，否则将影响真正

---

〔1〕 例如，《德国有限责任公司法》第5条第2、3款规定，在公司设立时，任何股东都不得认缴多份基本出资；可以为每个股东规定不同的基本出资数额，该数额必须是100的整倍数。参见《德国股份法·德国有限责任公司法·德国公司改组法·德国参与决定法》，杜景林、卢谌译，中国政法大学出版社2000年版，第176页。

的股东的权益。

依我国《公司法》第32条之规定,股东名册不能任意记载,其法定记载事项包括下列内容:(1)股东的姓名或者名称及住所;(2)股东的出资额;(3)出资证明书编号。如果公司不编制股东名册或者在名册中作虚假记载,公司负责人将受到处罚。公司备置股东名册,在出现股东转让其出资情形时,可依股东名册的记载来确定谁是对公司享有权利并承担义务的股东。

第二节 有限责任公司的股权转让

在我国,公司法立法、相关司法解释与判决均将有限责任公司股东出资的转让称为股权转让。为概念表述上的统一及方便起见,本书从之。

一、股权转让的方式与限制

(一)股东之间的股权转让

股东之间的股权转让,因其属于内部转让,仅对公司内部股东之股权结构产生影响,故各国家及地区相关规定都不予限制。不过,我国台湾地区"公司法"第111条第1款规定:"股东非得其他全体股东过半数之同意,不得以其出资之全部或一部,转让于他人。"该规定的字面含义似应解释为,无论受让人是否为股东,股东转让出资,都必须取得全体股东表决权过半数之同意。但我国台湾地区公司法学界普遍认为,就其规定原意而言,股东之间转让出资应自由为之,而无获得其他股东同意之必要。[2]

我国《公司法》及《公司法解释(四)》均未对股东之间的股权转让作特别限定。依此,股东之间可以自由转让其全部出资或部分出资,即股东之间的转让不受限制,也无须股东会表决通过。但根据我国的产业政策,国有股必须控股或相对控股领域的有限责任公司,股东之间的股权转让不能使国有股丧失控股或相对控股的地位,若依公司具体情况确需非国有资本控股,则须报国家有关部门审批。

此外,尽管各国(地区)公司法原则上不对股东之间的股权转让予以限制,但基于章程自治原则,大多允许公司通过公司章程对股东之间的股权转让予以特别限制。其具体内容详见本节第三部分。

(二)股东向股东以外的人转让股权

有限责任公司虽然在本质上属于资合性公司,但又兼具人合性特点,一般股东人数较少,股东之间的人身信用程度较高,股东内部关系的稳定对公司有至关重要的意义。当股东将其股权转让给公司外第三人时,虽然股东之间的股权结构没有发生改变,但股东之间和谐稳定、相互信赖的关系却遭到了破坏。因此,为了保证有限责任公司的内部稳定,绝大多数国家及地区的公司法都对股东向股东以外的人转让股权作了严格限制。

我国《公司法》第71条第1款规定:"股东向股东以外的人转让股权,应当经其他股东过半

---

〔2〕 参见柯芳枝:《公司法论》,中国政法大学出版社2004年版,第552~553页。

数同意。股东应就其股权转让事项书面通知其他股东征求同意,其他股东自接到书面通知之日起满三十日未答复的,视为同意转让。其他股东半数以上不同意转让的,不同意的股东应当购买该转让的股权;不购买的,视为同意转让。”关于“经其他股东过半数同意”的具体含义,一种理解认为,有限责任公司的股东原则上每出资一份,不论出资多寡,就有一表决权;另一种理解认为,股东以其出资比例行使表决权,即一般采取资本多数决议制。在我国司法实践及理论界均对此存在不同认识。对此,前引我国台湾地区“公司法”第 111 条第 1 款之规定也采取了类似的模糊规定方式。但我国台湾地区公司法学界认为,“非得其他全体股东过半数之同意”是指应经其他全体股东表决权过半数之同意而言。[3] 原《日本有限公司法》第 19 条第 2 款则明确规定:“股东在将其全部或者部分出资份额转让给非股东的人的情形下,须取得股东会的同意。”[4] 依此,股东将其股权转让于股东外的人,须取得股东会的同意,且按照普通决议事项表决即可。《韩国商法典》第 556 条第 1 款第 1 句则规定:“只有在依第 585 条(特别决议)规定的社会大会的决议时,方可以将其持有的持份的全部或者一部分转让给他人。”[5] 综上,我们认为,我国公司法实践中应采取上述第二种理解。事实上,我国《公司法》第 42 条规定:“股东会会议由股东按照出资比例行使表决权;但是,公司章程另有规定的除外。”依此,在公司法及公司章程均未对股东向股东以外的人转让股权时的表决程序作其他规定的情况下,即应“由股东按照出资比例行使表决权”。不过,我国公司法学界普遍认为,“经其他股东过半数同意”指的是经其他股东人数的过半数同意,即采取的是“一人一票”的表决方式。[6] 我国司法机关往往也采用该说。我国《公司法》关于股权对外转让的规定,其立法原意或许就是上述“一人一票”的观点,但该立场确实有悖于公司法所确立的“一股一票”原则,且与各国家或地区的立法通例或通说相悖,故采上述第二种理解为宜。

依前引我国《公司法》第 71 条第 1 款之规定,征求其他股东同意的方式为“书面通知”。这就意味着转让股权的股东无须通过召开股东会的方式征求其他股东同意,从而绕开了股东会无法或难以召开的难题。与此相配套,我国《公司法》第 37 条关于股东会职权的规定中,删除了“对股东以外的人转让出资作出决议”的职权。

为规范股权转让通知行为,《公司法解释(四)》第 17 条第 2 款规定:“经股东同意转让的股权,其他股东主张转让股东应当向其以书面或者其他能够确认收悉的合理方式通知转让股权的同等条件的,人民法院应当予以支持。”第 21 条第 1 款还对股东未履行通知义务的后果作了以下明确规定:“有限责任公司的股东向股东以外的人转让股权,未就其股权转让事项征求其他股东意见,或者以欺诈、恶意串通等手段,损害其他股东优先购买权,其他股东主张按照同等条件购买该转让股权的,人民法院应当予以支持,但其他股东自知道或者应当知道行使优先购买权的同等条件之日起三十日内没有主张,或者自股权变更登记之日起超过一年的除外。”

需要注意的是,《公司法》关于“视为同意转让”的规定,实际上使股东可以强制转让其股

---

〔3〕 柯芳枝:《公司法论》,中国政法大学出版社 2004 年版,第 551 ~ 552 页。

〔4〕 吴建斌主编:《日本公司法规范》,法律出版社 2003 年版,第 287 页。

〔5〕 《韩国商法》,吴日焕译,中国政法大学出版社 1999 年版,第 150 页。

〔6〕 参见赵旭东主编:《公司法学》(第二版),高等教育出版社 2006 年版,第 335 页;施天涛:《公司法论》(第二版),法律出版社 2006 年版,第 261 页;刘俊海:《新公司法的制度创新:立法争点与解释难点》,法律出版社 2006 年版,第 315 页。

权,因为其他股东要么同意这一股东向股东以外的人转让股权,要么自己购买该转让的股权,但不能绝对否决该股东的转让其股权的请求。

(三)股东优先购买权的行使

我国《公司法》第71条第3款规定:"经股东同意转让的股权,在同等条件下,其他股东有优先购买权。两个以上股东主张行使优先购买权的,协商确定各自的购买比例;协商不成的,按照转让时各自的出资比例行使优先购买权。"该规定从有限责任公司的人合性出发,为维护公司内部信用联系,明确规定了股东优先购买权。这里主要涉及三个方面的问题:(1)只有当某个股东要将其出资转让给股东以外的人时,其他股东才有这种优先权,如果只是股东之间的内部转让,则不存在优先购买权的问题;(2)这种优先权只能是同等条件下的优先权,如果转让给股东以外的人的条件优于本公司的股东,则本公司股东不得以行使优先权为由要求转让给自己;(3)两个以上股东主张行使优先购买权,相互协商不成的,应按照转让时各自的出资比例行使优先购买权。为防止拟对外转让股权的股东与第三人恶意串通,以过高报价阻碍其他股东行使优先购买权,《公司法解释(四)》对不同意转让股权价格的确定作了明确规定。其第18条规定:"人民法院在判断是否符合公司法第七十一条第三款及本规定所称的'同等条件'时,应当考虑转让股权的数量、价格、支付方式及期限等因素。"

二、股权转让的特殊方式

(一)因强制执行程序而发生的股权转让

我国1993年《公司法》对因法院强制执行而发生的股权转让问题未予规定,其他国家和地区公司法也基本上未予规定。我国台湾地区"公司法"第111条第4款则明确规定:"法院依强制执行程序,将股东之出资转让于他人时,应通知公司及其他全体股东,于二十日内,依第一项或第三项之方式,指定受让人;逾期未指定或指定之受让人不依同一条件受让时,视为同意转让,并同意修改章程有关股东及其出资额事项。"该规定的实际价值仅在于,为在此情形下其他股东行使优先购买权设置了一个明确的期限。因此,即便不在公司法中作此明确规定,也完全可依法院裁决解决该问题,通过司法裁决甚至能更灵活地解决该问题。

我国现行《公司法》第72条对此作了类似于我国台湾地区"公司法"第111条第4款的明确规定:"人民法院依照法律规定的强制执行程序转让股东的股权时,应当通知公司及全体股东,其他股东在同等条件下有优先购买权。其他股东自人民法院通知之日起满二十日不行使优先购买权的,视为放弃优先购买权。"实践中,关于该规定的具体含义尚存在不同认识。为此,《公司法解释(四)》第22条第1款规定:"通过拍卖向股东以外的人转让有限责任公司股权的,适用公司法第七十一条第二款、第三款或者第七十二条规定的'书面通知''通知''同等条件'时,根据相关法律、司法解释确定。"同条第2款规定:"在依法设立的产权交易场所转让有限责任公司国有股权的,适用公司法第七十一条第二款、第三款或者第七十二条规定的'书面通知''通知''同等条件'时,可以参照产权交易场所的交易规则。"

(二)因继承、夫妻共有财产分割而发生的股权转让

股东的出资转让给股东以外第三人也可能因继承、夫妻共有财产分割而发生。与一般转让不同的是,这两种行为导致的出资转让并非基于当事人之间的协议而发生。因这两种情况发生的出资转让,是否会使受让人当然取得股东的身份呢?各国公司法大多未就此作具体规

定,因而应适用关于股东向股东以外的人转让出资时的一般规定。我国《公司法》第75条明确规定:“自然人股东死亡后,其合法继承人可以继承股东资格;但是,公司章程另有规定的除外。”《公司法解释(四)》第16条从股东优先购买权角度作了类似规定:“有限责任公司的自然人股东因继承发生变化时,其他股东主张依据公司法第七十一条第三款规定行使优先购买权的,人民法院不予支持,但公司章程另有规定或者全体股东另有约定的除外。”这表明只要公司章程未另作规定,自然人股东死亡后,合法继承人无须其他股东同意即可继承股东资格,且排除了此情形下其他股东的优先购买权。我国现行《公司法》仍未就夫妻共有财产分割而发生的股东的出资转让给股东以外第三人的问题作出明确规定。不过,既然《公司法》未对此设特别规定,则意味着应适用关于股权转让的一般规定。

(三)股东退股

所谓退股,是指有限责任公司股东要求公司购买其所持股权从而完全退出公司投资人行列的一种特殊的股权转让方式。在大陆法系公司法中,无限公司、两合公司都明确规定了股东退股制度。但在有限责任公司及股份有限公司,则基于资本三原则及公司资本信用理念,大多不设股东退股制度,我国台湾地区“公司法”亦然。若股东欲退出公司投资人之行列,则可以转让其股权于其他股东或股东以外的人之方式,达到实质退股之目的。但在形式上各国家及地区大多未确立股东退股制度,仅德国等少数国家以有限责任公司股权回购的方式间接确立股东退股制度。如《德国有限责任公司法》第34条第1款规定:“只有在公司合同准许收回时,才可以收回出资。”[7]我国台湾地区新修正之“公司法”删除了旧法第106条“有限公司不得减少其资本总额”之规定,而修正为“有限公司得经全体股东同意减资”。依此,得以减资之方式解决股东退股问题。这些规定为股东退股提供了间接的渠道,但都必须依赖公司的同意才能进行,而未赋予股东通过强制购买请求权的行使实现股东退股。较为特殊的是,《俄罗斯联邦民法典》明确规定了股东退股制度。该法第94条规定:“有限责任公司的股东有权随时退出公司,而不论公司其他股东是否同意。在这种情况下,应按照有限责任公司法和公司设立文件规定的程序、方式和期限向他支付相当于他在公司注册资本中股份的那部分财产的价值。”[8]与仍相当注重资本三原则及资本信用的大陆法系不同,英美法系赋予了公司极高的自治权限,国家对公司的管制较少,且奉行股东本位、视公司为投资人的工具,因而只要不损害债权人利益,法律对股东退股不予强制干预。其中,尤以美国最为宽松。[9]

根据我国1993年《公司法》第34条“股东在公司登记后,不得抽回出资”之规定,公司股东不能退股。股东依1993年《公司法》第35条规定,通过转让其全部出资的方式间接实现退股。但这显然并非股东退股制度,由于在发生公司僵局时,股东往往难以将其股权转让于他人,因而常常造成股东根本无法退出公司。为解决这一实践中颇为严峻的问题,现行《公司法》明确规定了有限责任公司股东退股制度。该法第74条第1款规定:“有下列情形之一的,对股东会该项决议投反对票的股东可以请求公司按照合理的价格收购其股权:(一)公司连续五年不向

---

[7] 《德国股份法·德国有限责任公司法·德国公司改组法·德国参与决定法》,杜景林、卢谌译,中国政法大学出版社2000年版,第188页。

[8] 《俄罗斯联邦民法典》,黄道秀、李永军、鄢一美译,中国大百科全书出版社1999年版,第49页。

[9] 参见赵旭东等:《公司资本制度改革研究》,法律出版社2004年版,第281页。

股东分配利润,而公司该五年连续盈利,并且符合本法规定的分配利润条件的;(二)公司合并、分立、转让主要财产的;(三)公司章程规定的营业期限届满或者章程规定的其他解散事由出现,股东会会议通过决议修改章程使公司存续的。”同条第2款规定:“自股东会会议决议通过之日起六十日内,股东与公司不能达成股权收购协议的,股东可以自股东会会议决议通过之日起九十日内向人民法院提起诉讼。”由此可见,我国《公司法》确立的有限责任公司股东退股权不同于《俄罗斯联邦民法典》所确立的真正意义上的退股权,实质上是一种异议股东股权收购请求权。因此,该制度还不能完全解决有限责任公司僵局问题,其他情形下的股东退股问题还不能依此获得解决。

三、股权转让中的其他相关问题

(一)股权转让的程序

我国《公司法》未对股权转让的程序作明确规定,根据《公司法》及相关法律、法规的规定,我国有限责任公司的股权转让一般要经过以下程序:

1. 欲转让股权的股东向公司董事会提出股权转让申请,由董事会提交股东会讨论表决,或者由欲转让股权的股东直接向其他股东书面征求意见。这主要是对股东向股东以外的人转让出资的规定,因为股东之间转让出资无须经过股东会表决。不过,依我国《公司法》第71条第2款之规定,欲转让股权的股东可不必提请股东会就股权转让申请予以表决,而直接“就其股权转让事项书面通知其他股东征求同意”。

2. 转让出资中对涉及的国有资产和土地使用权、知识产权、股权、债权等无形资产进行资产评估。

3. 签订转让出资的协议。转让出资的股东与受让出资的股东或股东以外的人按法律的规定并以股东会的表决结果为依据双方签订转让出资的协议;其中对双方转让出资的数额、转让的程序、双方的权利义务等事项作出规定,使其作为有效的法律文书来约束双方,规范双方的行为。

4. 中外合资或中外合作的有限责任公司股东转让出资,要经过中方股东的上级政府部门审批,并报送国务院外经贸部门或其授权的地方政府审批同意方可有效办理转让手续。

5. 收回原股东的出资证明书,给受让人发新的出资证明书,并记载于股东名册。股东依法转让其出资后,由公司将受让人的姓名或者名称、住所以及受让的出资额记载于股东名册,否则,不得对抗公司及公司外的第三人。

6. 召开股东会议,表决修改公司章程;根据股东的提议,必要时变更公司董事会和监事会成员。公司章程对股东的名称及其出资额都有记载,股东转让出资必然引起股东结构及出资发生变化,因此必须召开股东会议,修改公司章程。对原股东出任或委派的董事或监事,受让人作为新股东可提议要求股东会予以更换,可由其出任或委派新的董事或监事。

7. 就公司章程修改、股东及其出资变更、董事会和监事会的变更等向工商行政管理部门申请工商注册登记事项变更。

除以上法定程序外,在必要时还应进行股权转让公告,但这不是法律规定的必经程序。不过,对较大规模的公司来说,股东转让股权后进行公告,有利于增加公司管理的透明度,便于增加社会公众特别是市场交易相对人对公司的信任。

（二）股权转让纠纷案件的当事人

股权转让纠纷可表现为不同股权出让人、股权受让人、公司以及其他股东等不同主体之间的纠纷，在不同情形下，股权转让纠纷案件的当事人不尽相同。在不同诉讼中，公司与股权受让人都仅在自己作为原告或被告的情形下，才必须作为狭义诉讼当事人参加诉讼。而公司与股权受让人的参与，是股权转让纠纷案件正确审理的基本要求。因此，有必要在公司或股权受让人未作为狭义当事人的情形下将其确定为第三人，使其作为广义当事人参加诉讼。对此，2013 年版《公司法解释（四）（征求意见稿）》第 20 条曾规定："股东起诉请求行使优先购买权纠纷案件，可以列转让股东、受让人为被告，公司为第三人。"但是，最终公布的《公司法解释（四）》未对此作出规定。

（三）股权转让的法律效果

1. 股权转让后股东出资义务的履行

股东出资义务是股东必须履行的法定义务，即使在依法转让股权后，也应继续履行该义务。在未履行出资义务的股东转让股权后，若因公司无法清偿债务，债权人仍可依法追究其法律责任。不过，在股权转让后，债权人追究原瑕疵出资股东的法律责任可能有一定难度，且股权受让人对股权的受让属于对权利、义务的整体受让，因此，让股权受让人承担连带责任具有合理性。《公司法解释（三）》第 18 条第 1 款规定："有限责任公司的股东未履行或者未全面履行出资义务即转让股权，受让人对此知道或者应当知道，公司请求该股东履行出资义务、受让人对此承担连带责任的，人民法院应予支持；公司债权人依照本规定第十三条第二款向该股东提起诉讼，同时请求前述受让人对此承担连带责任的，人民法院应予支持。"依此，受让人知道或者应当知道转让股权为瑕疵股权时承担连带责任，其承担责任后可向未履行出资义务的股东追偿。由此可见，瑕疵股权转让后的出资责任原则上由转让股东承担，受让股东仅在非善意的情形下承担不真正连带责任。

然而，瑕疵出资与未届期出资有本质区别，前者属于出资违约，后者可以法定期限利益为抗辩事由；前者的瑕疵具有隐蔽性，而后者在信息披露和登记公示制度健全情况下容易查询。因此，《公司法解释（三）》第 18 条第 1 款不能直接适用于股权转让背景下未届期出资义务的履行责任确认。从解释论上，似乎可根据《公司法》第 3 条第 2 款追究转让股东的出资责任，使其出资义务不得因股权转让而概括移转至受让股东。但该规定作为一般条款，其立法原意应为确认股东有限责任，即股东仅以其认缴的出资额或认购的股份为限对公司承担有限责任，从而与《公司法》第 3 条第 1 款确立的公司独立责任相对应。关于股东出资义务，《公司法》有专门规范予以规制，不必通过《公司法》第 3 条第 2 款的解释寻求裁判规则。不过，在 2013 年修改《公司法》后，因我国改采认缴资本制，股东出资义务的履行发生了根本性变化，导致未届期出资股东的履行责任难以确认。与之相对应，未届期出资股东转让股权后出资义务的确定也陷入无法可依的窘境。于是，求诸《公司法》第 3 条第 2 款，通过法解释寻找裁判规则，似乎不失为一种有效方案。

尽管上述解释论立场有一定现实意义，但缺乏明确的法律依据，且缺乏足够的实践基础。从市场经济实践而言，如果认缴制下股东转让股权却绝对地无法免于缴纳未届期出资义务，无疑将大大限制股权的流动性，且大大加重股东设立公司的法律风险，从而与鼓励投资的立法精神背道而驰。相反，若股东转让出资就绝对地将出资义务概括转移于受让股东，则可能因受让股东缺乏责任财产或责任承担能力而难以保护债权人利益,从而与公司法注重维护交易安全的法律原则相悖。显然,在此问题上,法律适用陷入困境,无法通过法解释得出妥帖的解决方案。就此而言,既然目前无法基于《公司法》及其司法解释的规定以及法律解释的方法,确认未届期出资股东转让股权后应继续履行出资义务的法律依据,姑且回到合同法解释路径,根据合同法规范确认股权转让背景下履行未届期出资义务的主体。不过,该问题因涉及公司资本制度、股东出资义务、债权人保护等若干问题的理论体系与制度体系,可谓牵一发而动全身,相关问题还有很多(如确定未届期出资股权转让后的出资义务主体时,是否需要区分债权形成时间),尚需通过修改《公司法》或制定专门的司法解释才能有效解决。[10]

2. 股权转让后股东权的归属

股权转让后,出让人即丧失了股东资格,相应股东权自应转归受让人行使。不过,在办理股东名册变更登记之前,公司仍应以股东名册登记这一股东资格的形式要件将股权出让人确认为股东,从而使其继续行使股东权。但是,依实质要件,股权受让人此时实际上已取得股东资格,因此,除出让人与受让人另有约定外,股权出让人依形式要件所获得的股东权益属于不当得利,应依法予以返还。

3. 股权转让后修改记载和变更登记

股权转让后,受让人依实质要件,应取得股东资格,但在形式要件变更之前,还不能依法取得股东资格。因此,股权转让后,应及时办理修改记载和变更登记手续。

4. 股权转让后其他股东购买请求权的法律处置

在股权转让中,其他股东可依法行使购买权或优先购买权,但该权利的行使必须按照法律规定的程序、条件和期间进行,否则该请求权将依法灭失。对此,《公司法解释(四)》第 19 条明确规定:“有限责任公司的股东主张优先购买转让股权的,应当在收到通知后,在公司章程规定的行使期间内提出购买请求。公司章程没有规定行使期间或者规定不明确的,以通知确定的期间为准,通知确定的期间短于三十日或者未明确行使期间的,行使期间为三十日。”

四、特殊的股权转让——反对股东股权回购请求权

股权回购,指有限责任公司按照法定条件和程序,将特定股东所持股权予以回购的行为。股权回购是基于有限责任公司的人合属性,为实现股东退出公司而确立的特殊制度安排。股权回购是资本不变原则的例外性制度。之所以作此规定,既是方便反对股东退出公司,也是避免因公司僵局而导致公司解散。股权回购因反对股东行使股权回购请求权而启动。

我国《公司法》第 74 条分两款规定:“有下列情形之一的,对股东会该项决议投反对票的股东可以请求公司按照合理的价格收购其股权:(一)公司连续五年不向股东分配利润,而公司该五年连续盈利,并且符合本法规定的分配利润条件的;(二)公司合并、分立、转让主要财产的;(三)公司章程规定的营业期限届满或者章程规定的其他解散事由出现,股东会会议通过决议修改章程使公司存续的。”(第 1 款)“自股东会会议决议通过之日起六十日内,股东与公司不能达成股权收购协议的,股东可以自股东会会议决议通过之日起九十日内向人民法院提起诉讼。”(第 2 款)依此,有限责任公司股权回购作为例外性制度安排,仅得在《公司法》第 74 条第1

---

〔10〕 参见王建文:《再论股东未届期出资义务的履行》,载《法学》2017 年第 9 期。

款规定的三种情形下，基于对股东会该项决议投反对票的股东的请求而启动。

为解决因股东分歧所导致的公司僵局，2019 年《公司法解释（五）》对反对股东股权回购请求权作了扩张解释。根据该解释第 5 条规定，人民法院审理涉及有限责任公司股东重大分歧案件时，若当事人协商一致以公司回购部分股东股份方式解决分歧，且不违反法律、行政法规的强制性规定的，人民法院应予支持。

第三节　股份有限公司的股份和股票

一、股份的概念和特点

从广义上讲，各类公司的出资人对公司的出资构成了公司的注册资本，这种出资均可以称为股份。如英美法系国家和地区对股东的出资一律称为股份；原日本、韩国也将股东对有限责任公司的出资称为股份，但其股份不得以股票表示。狭义上的股份特指股份有限公司资本的构成单位，即以股票为表现形式的、体现股东权利义务、等额划分的公司资本构成单位。我国公司法是从狭义上使用股份概念，使其成为股份有限公司的一个特定概念。股份具有两种含义：第一，股份是股份有限公司资本的构成单位，即公司的全部资本划分为等额股份，全部股份金额的总和即为公司资本的总额；第二，股份是股东权的基础和计量单位，即股东权的享有以持有一定数额的股份为前提，股东权的大小与持有的股份数额成正比，股份是股东在公司中的法律地位的象征。

有限责任公司的出资与股份有限公司的股份性质上类似，都是组成各自公司资本的单位，但两者存在明显区别。股份区别于其他出资额表现出以下特点：

1. 股份的平等性。股份的基本含义就是公司资本的基本计算单位。所谓的股份平等性，一是体现在股份所代表的资本额相等，同次发行的同种类股份，其发行条件及价格相同。即每股票面金额一律相等，即使是无面值的股份也体现了在资本金中所占的比例相等；二是体现在同一种类的股份每股所包含的股东权利义务的一律平等，即同股同权。

2. 股份的不可分性。股份有限公司的资本划分为等额股份，因此股份是公司资本的最小计算单位，不可以对其再进行分割。股份可以为数人共有，即一个股东权的主体可以为复数。但是，共有人应推选一人行使股东权，既不能分别行使整个股东权，也不能将股份再次分割成若干份由各共有人分别行使。

3. 股份的可转让性。股份有限公司的股份原则上可以自由转让，除非法律有特别规定。股份的自由转让权是公司法赋予股份有限公司股东的一项固有权利，除法律的特别限制外，公司不得以章程或股东会决议予以限制。股份的自由转让使股东可以随时调整自己的投资方向，这是股份有限公司与有限责任公司的主要区别之一。

4. 股份表现为股票，具有可自由转让性。公司成立后，即向股东交付股票，作为股东出资的证明。与有限责任公司股东的出资证明书不同的是，股票作为一种有价证券，具有流通性，股份的持有与转让都是通过股票的持有与转让进行的。因此，股份是股票的价值内容，而股票是股份的存在形式。

5. 股份具有不可撤回性。股东在公司经核准登记后,除非异议股东行使股份收购请求权,原则上不得要求退股。股东只能通过分享股息红利来获得投资收益或者通过转让股份来收回投资。

二、股票的概念和特点

股票是股份有限公司签发的证明股东所持股份的凭证,是股份的表现形式。股东通过购买股份有限公司发行的股份向公司投资,表现为持有一定数额的股票。股东依其持有的股票行使股东权,因此,股票也是股东在公司中的法律地位的证明。股票与股份是形式与内容之间的关系,股票不能脱离股份而独立存在。不过,股票还代表股份的价值运动方式,其本身具有相对独立于股份的性质。股票具有以下特点:

1. 股票是证明股东权的证权证券。所谓证权证券,是指证券所代表的权利原已存在,证券只是起一种权利证书的作用。股票是股份的表现形式,因而也是股东权的表现形式;但股东权的产生并不是因为股票的制作,而是由于股东向公司出资而持有公司的股份,因此股票仅仅是股东权存在的证明及股东行使权利的凭证。

2. 股票是有价证券。所谓有价证券,是指证券所代表的权利是一种具有财产价值的权利,而且证券与权利不可分割。股票所代表的股东权是可以用财产价值来衡量的权利,这是股票得以流通的原因。同时,无记名股票所代表的权利与股票本身不可分离,股票的持有者即为股东权的享有者,股票的转让即为股东权的转让,股票可以自由流通。当然,对记名股票而言,由于其权利的享有与股票的持有并不完全一致,股票的流通要受到一定限制。

3. 股票是流通证券。由于股票代表一定的财产价值,因而股票可以作为买卖的标的,在证券市场上流通。而且,股东对公司的投资具有永久性,只要公司存在,它所发行的股票就会存在。股票的流通性使投资者可以随时调整投资方向,也能使社会资源得到优化配置。

4. 股票是要式证券。所谓要式证券,是指证券的制作及记载事项必须严格按法律规定进行,否则,将导致证券的无效。《公司法》对股票的形式、内容均有严格规定,同时股票制作还必须经国家证券管理部门的批准,任何个人或团体不得擅自印发股票。违反法律规定,或股票记载的内容欠缺或不真实,股票即为无效,公司或责任人将承担相应的法律责任。依我国《公司法》第128条之规定,股票应采用纸面形式或者国务院证券监督管理部门规定的其他形式。股票应当记载下列主要事项:(1)公司名称;(2)公司成立日期;(3)股票种类、票面金额及代表的股份数;(4)股票的编号。股票由法定代表人签名,公司盖章。发起人的股票,应当标明发起人股票字样。从实践中看,我国上市公司上市流通的股票均采用无纸化股票形式,由发行公司代理全体股东与证券登记公司签订托管协议,或者由每一股东分别与证券登记公司直接签订托管协议,由证券登记公司直接对股东出具持股证明("股东账户卡")[11],通过证券交易所的联网电脑进行交易。

5. 股票是风险证券。任何一种投资都具有风险性,而股票投资的风险是各种投资方式中最大的。其主要原因在于不仅公司有经营风险,而且股票还有市场风险。股东购买了公司的股票后,不得要求公司返还本金,而只能通过股票转让收回投资。股东的投资收益与公司的经

---

〔11〕 参见江平主编:《新编公司法教程》(第二版),法律出版社2003年版,第203页。

营状况密切相关。此外,股票价格还受经济、政治、社会等多种因素的影响,经常处于变动状态,投资者一旦选择错误,则可能损失惨重。

由于股票是股份有限公司签发的证明股东所持股份的凭证,公司只有登记注册后才能具有签发股票的主体资格。因此我国《公司法》第 132 条规定,股份有限公司成立后,即向股东正式交付股票;公司成立前不得向股东交付股票。

三、股份的分类

各国公司法对于股份分类的规定大多较为灵活,会根据实际需要而不断设计新的类型。大体而言,依据不同的标准,可以将股份划分为不同的种类。

(一)普通股和特别股

这是依股东所享有的权益及承担的风险大小标准所作的划分。

普通股,是指股东权一律平等,无任何差别待遇的股份。普通股是股份有限公司发行的最重要和最基本的股份。普通股的股息一般不固定,视公司的盈利情况而定。而且,普通股的股利分配和破产清算时剩余财产分配都在优先股之后。因此,普通股是股份有限公司中风险最大的股份。正因为普通股与公司的经营状况密切相关,各国公司法都赋予普通股股东以全面的股东权,既包括股利分配请求权等自益权,又包括在股东大会上行使表决权、参与公司管理等共益权。

特别股,是指股东权由法律和章程作出区别于普通股股权的特殊规定的股份。特别股在股利分配、剩余财产分配、表决权行使方面不同于普通股。特别股依其内容又可以分为优先股与后配股。

优先股,是指股东享有优先权的股份。优先股的内容包括股利分配的优先、剩余财产分配的优先、表决权的优先等。优先股的股息一般是固定的,不受公司经营状况的影响,具有债权的性质。按照权利与义务相一致的原则,优先股在某些方面享有特别权利的同时,其他方面的权利则会受到限制。一般来说,若优先股股东在股利分配、剩余财产分配方面享有优先权,则其表决权会受到限制或不享有表决权;若优先股股东在表决权方面享有优先权,则其在股利分配、剩余财产分配方面的权利就会受到一定限制。根据优先权内容的不同,优先股还可以分为盈余分配优先股、剩余财产分配优先股。在盈余分配优先股中,又有两大类:一是累积优先股和非累积优先股。累积优先股是指公司在本年度未付足红利股息的,应在以后年度分配普通股红利股息前予以补足;非累积优先股则不具有补足的优先权。二是参加分配优先股和不参加分配优先股。参加分配优先股是指在优先取得既定红利股息后,仍能同普通股股东一样参加公司盈余分配;不参加分配优先股则只能取得既定的红利股息。

后配股,又称劣后股,是指在普通股之后参与公司盈余分配和剩余财产分配的股份。由于该类股份地位较低,若公开发行通常乏人问津,因而其多由发起人自认,所以又被不是很确切地称为发起人股。在公司经营状况良好,盈余较多时,多发行此种股份。[12]

在各国立法例上还有一种被称为混合股的特别股。该种股份,其一部分股东权优于普通

---

〔12〕 参见柯芳枝:《公司法论》,中国政法大学出版社 2004 年版,第 175 页;郑玉波:《公司法》,台北,三民书局 1970 年版,第 109 页。

股,另一部分劣于普通股。如关于盈余分配方面,先于优先股而受分配,但在剩余财产分配方面,则后于普通股的股份即属于混合股。[13] 此外,还有一种可赎回的特别股。一般的股份在发行之后即不得赎回,但公司可以发行可赎回的特别股。英国公司法即有可赎回股的规定。[14]

从各国公司法对股份有限公司股份种类的规定看,一般在原则上都允许发行普通股和特别股,但一般以普通股为公司的基本股份,特别股的设置是一种例外情况。我国《公司法》没有关于特别股的明确规定。但《公司法》第 131 条规定:"国务院可以对公司发行本法规定以外的其他种类的股份,另行作出规定。"可见,《公司法》并未禁止公司设置特别股,只不过特别股的发行须遵行国务院的特别规定。[15]

(二)记名股和无记名股

这是依股东名册和股票对股东的姓名或名称的记载状况标准所作的划分。

记名股,是指将股东的姓名或名称记载于股东名册和股票的股份。记名股的权利只能由记名股东本人行使。记名股有利于公司掌握股东状况,及时了解股票的流通情况,有效防止股票投机行为。我国《公司法》规定,公司向发起人、法人发行的股票,应当为记名股票,并应当记载该发起人、法人的名称或者姓名,不得另立户名或者以代表人姓名记名。因此,对社会公众发行的股票,则既可为记名股票,也可为无记名股票。此外,根据有关法规的规定,股份有限公司发行的境内上市外资股,采用记名股票形式,以人民币标明面值,以外币认购、买卖,在境内证券交易所上市交易;股份有限公司向境外投资人募集并在境外上市的股份(境外上市外资股),采用记名股票形式,以人民币标明面值,以外币认购。[16] 公司发行记名股票的,应当置备股东名册,并记载以下法定事项:(1)股东的姓名或者名称及住所;(2)各股东所持股份数;(3)各股东所持股票的编号;(4)各股东取得股份的日期。记名股票被盗、遗失或者灭失,股东可以依照《民事诉讼法》规定的公示催告程序,请求人民法院宣告该股票失效,法院依法宣告后,股东可以向公司申请补发股票。

无记名股,是指无须将股东姓名或者名称记载于股东名册和股票的股份。无记名股便于流通,但不易控制。无记名股与股票不可分离,依法持有股票的人即为股东。无记名股的转让,由股东在依法设立的证券交易场所将该股票交付给受让人后即发生转让的效力。多数国家的公司法都规定股份有限公司既可以发行记名股份,也可以发行无记名股份,实践中多采用无记名股份。我国在 1993 年《公司法》颁布之前一律采用无记名股票形式,《公司法》则规定了记名股票与无记名股票两种形式。股份有限公司向社会公众发行的股份多为无记名股。发行无记名股票的,公司应当记载其股票数量、编号及发行日期。

公司章程可以规定,经股东请求,记名股与无记名股可以相互转换。实践中,无记名股票持有人可以随时请求将无记名股变更为记名股;将记名股变更为无记名股程序则较为烦琐。

(三)表决权股和无表决权股

这是依是否存在表决权标准所作的划分。

---

[13] 参见柯芳枝:《公司法论》,中国政法大学出版社 2004 年版,第 175 页。
[14] 参见赵旭东主编:《公司法学》(第二版),高等教育出版社 2006 年版,第 346 页。
[15] 我国 1993 年《公司法》第 135 条也作了完全相同的规定,但国务院始终未就特别股的发行另作规定。
[16] 参见徐晓松主编:《公司法学》,中国政法大学出版社 1996 年版,第 130 页。

表决权股，是指享有表决权的股份。普通股都为表决权股。表决权股的股东可以通过在股东大会上行使表决权，参与公司重大问题的决策。表决权股还可以进一步细分为三种：普通表决权股、多数表决权股、限制表决权股。普通表决权股，是指每股享有一票表决权的股份。多数表决权股，是指给予特定股东以超过其股份数的表决权的股份，如一股享有两票或十票表决权等，这种特定股东一般都是公司董事或监事会成员。多数表决权股设置的目的是使公司保持对自身的控制权，防止外部的股权控制。但由于其扩大了少数股东的特权，不仅限制其他股东的权利，还易造成少数股东不正当操纵公司，故已较少采用。限制表决权股，是指表决权受到公司章程限制的股份。如股东持有的股份数额超过公司资本一定比例时，对其表决权加以限制。限制表决权股设置的目的是防止拥有大量股份的股东享有的表决权过多，从而控制公司事务。我国《公司法》第 103 条第 1 款规定："股东出席股东大会会议，所持每一股份有一表决权。但是，公司持有的本公司股份没有表决权。"可见，我国《公司法》只认可了普通表决权股。

无表决权股，是指不享有表决权的股份。依据法律或章程，可以剥夺某些股份的表决权。依法被剥夺表决权的股份主要是公司的自有股份。上引《公司法》第 103 条第 1 款"但书"规定即属此。各国公司法大都原则上禁止公司取得自有股份，但同时规定了若干例外情形。我国 1993 年《公司法》规定，公司为减少资本而注销股份或者与持有本公司股票的其他公司合并时可以收购本公司的股票，但必须在 10 日内注销该部分股份。现行《公司法》第 142 条则将公司得收购本公司股份的情形扩大为以下六种：(1)减少公司注册资本；(2)与持有本公司股份的其他公司合并；(3)将股份用于员工持股计划或者股权激励；(4)股东因对股东大会作出的公司合并、分立决议持异议，要求公司收购其股份；(5)将股份用于转换上市公司发行的可转换为股票的公司债券；(6)上市公司为维护公司价值及股东权益所必需。在上述情况下，虽然公司可以拥有自有股份，但为了防止公司经营管理者借机控制公司，损害公司利益或其他股东利益，法律明确规定剥夺公司自有股份的表决权。依据章程被剥夺表决权的股份主要是优先股。以优先分配股利、优先分配剩余财产为内容的优先股，其股东投资的目的是从公司获得物质利益，而不是参与公司的管理。根据权利与义务相一致的原则，既然优先股股东享有了优先权，无须承受投资风险，则其应当放弃表决权。

（四）额面股和无额面股

这是依股份是否以金额表示标准所作的划分。

额面（parvalue）股，是指在股票上记载一定金额的股份。额面股的每股金额必须相同，每股金额与股份总数的乘积即为公司的资本总额。各国公司法均对每股金额的最低限额作了限制。如德国规定股票的最低票面价值为 5 德国马克（自 1999 年 1 月 1 日起改为 1 欧元）。我国《公司法》没有对额面股每股金额的最低限额作出规定，实践中一般以人民币 1 元为限。额面股的发行价格可以按票面金额，也可以超过票面金额，但不得低于票面金额。

无额面（nopar）股，是指并不在股票上记载一定金额，而只是注明其占公司资本总额一定比例的股份。无额面股能清楚表明股东出资在公司资本总额中所占比例，进而表明股东在公司中的法律地位。当公司增加资本时，无须发行新的股份，只在实际上增加每股所代表的资本额即可。但无额面股增加了股份转让和交易的难度。目前仅美国、加拿大、卢森堡等少数国家允许发行无额面股。我国也不允许发行无额面股。

(五)我国特有的股份类型

我国股份有限公司发行的股份分为国有股和无国有股。国有股是国有资产股,包括国家股和国有法人股。国家股,是指有权代表国家投资的机构或部门向股份有限公司出资或依据法定程序取得的股份;国有法人股,是指国有法人单位,包括国有资产比例超过50%的国有控股企业,以其依法占有的法人资产向股份有限公司出资形成或者依据法定程序取得的股份。另外,国有企业、国有控股公司和国家设立的事业团体法人以其依法占有的资产向公司出资或依法取得的股份称为国有法人股,这也被列入国有股的范围。

无国有股包括社会法人股和社会公众股。社会法人股,是指非国有法人资产投资于上市公司形成的股份,具体包括民营企业法人股、外商法人股。社会公众股是指社会个人投资者所认购的股份。在我国公司法实践中,社会公众股包括一般社会公众股和内部职工股。内部职工股是本公司内部职工以个人合法财产投入公司而取得的股份。这是1992年我国企业股份制改造的方式之一,后来在《公司法》中没有规定内部职工股。1994年6月19日国家体改委发布了《关于立即停止审批定向募集股份有限公司并重申停止审批发行内部职工股的通知》。此后,这些改制的企业经过批准转变为社会公开募集公司,内部职工股在新股发行满3年后得以上市流通。但是,还是有一些公司遗留了大量的问题至今未解决。

我国还依认购股份的货币标准将股份划分为A股与B股。社会公众股和社会法人股等作为人民币普通股,限于境内自然人、法人及"合格境外机构投资者"(QFII)买卖,被称为A股。B股,即人民币特种股,是指以人民币标明股票面值,在境内发行和上市,以外汇认购或进行交易的股份。B股市场于1992年建立,2001年2月19日前,仅限外国投资者买卖。2001年2月19日后,B股市场对国内投资者开放。

此外,还存在外资股,即经批准可以向境外特定或非特定的投资者募集的股份。这是在境外发行并上市,以人民币标明面值,以外币认购和买卖的股份,如H股(在香港首次发行的股票)、N股(在纽约首次发行的股票)、S股(在新加坡首次发行的股票)。

在我国,股权分置改革完成之前,上市公司股票被分为流通股与非流通股。流通股通过证券交易所集中竞价系统交易,非流通股则只能通过协议转让实现交易。非流通股协议转让的典型形式为协议收购,但未达到协议收购标准的协议转让也大量存在。但2005年4月29日,经过国务院批准,中国证监会发布了《关于上市公司股权分置改革试点有关问题的通知》,宣布启动股权分置改革试点工作。同年5月9日,正式启动了股权分置改革试点,使试点上市公司非流通的国有股转变为流通股。同年8月23日,证监会、国资委、财政部、中国人民银行、商务部五部门联合发布了《关于上市公司股权分置改革的指导意见》,针对下一步改革可能触及的各类复杂情况,对试点阶段制度安排作了相应的完善。同年9月4日,中国证监会颁布了《上市公司股权分置改革管理办法》,详细规定了相关具体操作。进入2007年后,股权分置改革已基本完成。随着股权分置改革的完成,我国流通股与非流通股的划分不复存在,所有股票均为流通股。

第四节　股份有限公司股份的发行和转让

一、股份发行概述

(一)股份发行的概念

股份发行,是指股份有限公司为募集资金或调整股权结构,依法向投资者以同一条件招募和出售股份的一系列行为。股份发行,包括了股份募集、股份分派、缴纳资金及交付股票等一系列相互关联的完整过程。在此过程中,股份募集是股份发行的起点,是股份发行的重要组成部分。股份发行是证券发行的最基本类型,证券发行制度也以此为中心展开。

由于股份以股票为外在表现形式,所以股份的发行也就是股票的发行。股份发行是证券市场中极为重要的活动,具有基础性作用。由股份发行而形成的市场即为股票发行市场,即股票一级市场或股票初级市场。

(二)股份发行的规制模式

从法律规范的角度看,各国一般都同时用《公司法》和《证券法》对股份的发行进行规范。我国1993年《公司法》对不同阶段的股票发行条件作出了明确规定,但是许多具体的发行方面的规范仍由《证券法》调整。2005年《公司法》《证券法》同时修订,股份发行的具体规范已移入《证券法》之中,《公司法》仅就股份发行作了以下原则性规定:(1)股份有限公司的资本划分为股份,每一股的金额相等。(2)公司的股份采取股票的形式。(3)股票是公司签发的证明股东所持股份的凭证。(4)股份的发行,实行公平、公正的原则,同种类的每一股份应当具有同等权利。同次发行的同种类股票,每股的发行条件和价格应当相同;任何单位或者个人所认购的股份,每股应当支付相同价额。

二、股份发行价格的确定原则

(一)市场定价原则

所谓市场定价,是指基于市场机制,由发行人、承销商及投资者共同参与确定股份发行价格。在市场经济体制下,除少数商品仍存在政府定价或政府指导价外,市场定价乃一般商品定价的基本原则。在我国,长期以来,由于证券市场尚不成熟,证券监管机构会向证券发行人和承销商提出证券发行价格的指导性意见。因证监会的意见必然受到发行人及承销商的高度重视,故股份发行价格的确定实质上要受证券监管机构的影响。这就使股份发行价格的确定,不仅无法全面体现投资者的意见,而且也难以体现发行人与承销商的意见,而是表现出监管机构实际定价的特征。对此,1998年《证券法》第28条规定:“股票发行采取溢价发行的,其发行价格由发行人与承销的证券公司协商确定,报国务院证券监督管理机构核准。”但随着证券发行方式市场化程度的提高,证券发行价格受政府干预的弊端日益凸显,迫切需要将证券发行定价权归还市场。因此,为配合《行政许可法》的实施,2004年修订《证券法》时,将原“报国务院证券监督管理机构核准”的规定予以删除。2005年《证券法》也沿用了该规定,从而使市场定价原则获得了明确的法律依据。在2004年后开始实施的向机构投资者询价的定价方法,即为市场定价原则的体现,这一方法使证券发行人、承销商、投资者共同参与确定证券发行价格。但就我国目前而言,作为询价对象的机构投资者尚不够成熟,还不能有效代表广大投资者,从而使投资者的意见未能得到充分体现。在全流通环境下,随着证券市场及机构投资者的日益成熟,市场定价原则将日益健全、完善。

(二)依法定价原则

在证券发行市场中,证券发行人、承销商、投资者均对证券发行价格有不同的期望,其期望甚至是相互冲突的。因此,股份发行价格在遵循市场定价原则的同时,还应遵循依法定价原则,以平衡各方当事人的利益。对此,我国《公司法》确立了"禁止股票折价发行"与"同次发行、同股同价"的原则。

1. 禁止股票折价发行

股票折价发行,是指以低于面额的价格出售新股,即按面额打一定折扣后发行股票。折价发行时折扣的大小主要取决于发行公司的业绩和承销商的能力。如某种股票的面额为 1 元,如果发行公司与承销商之间达成的协议折扣率为 5%,那么该股票的发行价格为每股 0.95 元。目前,西方国家对股票折价发行已大多不予禁止,但实践中则很少有折价发行的实例。我国《公司法》第 127 条明确规定:"股票发行价格可以按票面金额,也可以超过票面金额,但不得低于票面金额。"依此,我国严禁股票折价发行。

我国奉行禁止股票折价发行原则的主要原因在于,折价发行与我国募集设立股份有限公司所奉行的严格法定资本制相冲突。在严格的法定资本制下,若允许股票折价发行,将导致公司实缴资本低于注册资本。

2. 同次发行、同股同价

同股同权、同股同利作为股份有限公司的基石,体现在股票发行价格上,就是要同股同价。各国在立法或实践中均确立了同次发行、同股同价原则。对此,我国《公司法》第 126 条第 2 款则明确规定:"同次发行的同种类股票,每股的发行条件和价格应当相同;任何单位或者个人所认购的股份,每股应当支付相同价额。"依此,只要是同次发行的同种类股票,无论是国家、地方政府还是有关机构及发行股票的公司经营管理人员,均应以相同价额购买该股票。应注意该规定包含的前提——同次发行的同种类股票,离开了该前提,则不适用同次发行、同股同价原则。"同次"应理解为"同一次发行期间"。因此,非"同次"发行的股票,其"发行条件和价格"就可能完全不同。"同种类股票"则应理解为股东权完全相同的股票。依此,同次发行的普通股与特别股可以不同价格发行。在国外实践中,对这种同次发行的不同类型股票,也普遍采取不同价格发行。

在我国股权分置时期的股票发行实践中,普遍采取了与"同次发行、同股同价"原则相悖的做法,即异价发行。所谓异价发行,是指在同一次发行股票时,有两个以上的发行价格。其基本做法是,发起人(主要是国有股,也包括非国有股)以资产按股票面额折股,即面额发行,而法人股和公开发行的个人股则以高于股票面额的价格认购,即溢价发行。其中,面额发行的为非流通股,溢价发行的为流通股。因此,有人以两种股票分属非流通股与流通股为由,认为这并未违反同次发行、同股同价。但持有两种股票者享有同样的股东权,这种做法显然违背了公平、公正原则。在股权分置改革完成之后,将不存在流通股与非流通股的区分,同次发行、同股同价原则将得到切实维护。

三、股份的转让

股份的转让，即以法律行为移转股份。股份的转让发生股东权移转的效力。股份有限公司的股东原则上可以依法自由转让其持有的股份，此为股份转让自由原则。股份转让自由权不得以章程禁止或限制，有此规定应属无效。[17] 各国家及地区公司法大多有此规定或虽未明确规定，但并未作任何限制，故可推定其可自由转让。对此，我国《公司法》第137条规定："股东持有的股份可以依法转让。"依此，公司章程不得对股份转让作法律规定之外的限制性规定。我国台湾地区"公司法"第163条第1款则明确规定："公司股份之转让，不得以章程禁止或限制之。但非于公司设立登记后，不得转让。"

（一）股份转让的法律限制

股份转让可能影响公司财产的稳定，某一部分股东对股份的处分也有可能损害另一部分股东的利益，股份转让还会带来股票投机。因此，为了保护公司和股东的利益，各国公司法都对股份转让作了必要的限制，以便将股份转让可能产生的弊端限制在尽可能小的范围内。我国《公司法》对股份转让作了如下限制：

1. 对发起人所持股份的转让限制。股份有限公司的发起人发起设立后，发起人即公司的股东。但是，发起人对公司的成立及成立初期的财产稳定和组织管理有重要影响。为了避免发起人借设立公司投机牟利、损害其他股东及社会公众的利益，保证公司成立后一段时期能顺利经营，《公司法》第141条第1款规定："发起人持有的本公司股份，自公司成立之日起一年内不得转让。公司公开发行股份前已发行的股份，自公司股票在证券交易所上市交易之日起一年内不得转让。"

2. 对公司董事、监事、高级管理人员持有本公司股份的转让限制。随着公司制度的进一步发展，各国公司法逐渐取消了董事必须是股东的传统立法原则，允许非股东进入董事会与监事会，并以加重董事、监事、高级管理人员在经营中的个人责任作为对其行为的制约。但是，如果董事、经理持有本公司的股票，为了防止其利用内幕消息炒作本公司股票牟利，法律对董事、监事及高级管理人员选任当时所持有的股份在其任期内的转让进行必要限制。对此，1993年《公司法》第147条第2款规定："公司董事、监事、经理应当向公司申报所持有的本公司的股份，并在任职期间内不得转让。"该规定过于严格，现行《公司法》第141条第2款调整为："公司董事、监事、高级管理人员应当向公司申报所持有的本公司的股份及其变动情况，在任职期间每年转让的股份不得超过其所持有本公司股份总数的百分之二十五；所持本公司股份自公司股票上市交易之日起一年内不得转让。上述人员离职后半年内，不得转让其所持有的本公司股份。公司章程可以对公司董事、监事、高级管理人员转让其所持有的本公司股份作出其他限制性规定。"

鉴于国有股正在试点并即将全部走向流通，2005年《公司法》删除了对国有股转让的限制性规定。

（二）股份转让的方式

依我国《公司法》第138条，股东转让其股份，应当在依法设立的证券交易场所进行或者按照国务院规定的其他方式进行。为使柜台交易等其他证券交易方式获得制度空间，2005年修

---

〔17〕 参见柯芳枝：《公司法论》，中国政法大学出版社2004年版，第184页。

订《公司法》时增加了“或者按照国务院规定的其他方式进行”的规定。

由于记名股票将股东的姓名或名称记入股票和股东名册,所以不能随意转让,必须由原股票持有人盖章以背书的形式出让。西方国家的公司章程一般都规定,记名股票不得转让于对抗公司及第三人的利益。此外,在股东大会或临时股东大会前一定时间内股票不得转让。依我国《公司法》第139条之规定,记名股票,由股东以背书方式或者法律、行政法规规定的其他方式转让;转让后由公司将受让人的姓名或者名称及住所记载于股东名册。同时,《公司法》规定,股东大会召开前20日内或者公司决定分配股利的基准日前5日内,不得进行该股东名册的变更登记;但是,法律对上市公司股东名册变更登记另有规定的,从其规定。

无记名股票因股票票面不记载股东姓名或名称,只要将股票交付给受让人,对方就成为持股人,转让行为即告成立。无记名股票的转让,可按票面价进行,也可按发行价或市价进行,主要由转让方与受让方商定。我国《公司法》第140条规定:“无记名股票的转让,由股东将该股票交付给受让人后即发生转让的效力。”在现代证券市场上,这种转让一般通过证券商(经纪人)在证券交易所发出指令,由电脑系统撮合成交,无须持股人与受让人见面,转让效率比记名股票显然要高。

上市公司的股票,依照有关法律、行政法规及证券交易所交易规则上市交易。

四、特殊的股份转让——股份回购

股份回购,指股份有限公司按照法定条件和程序,购回发行或流通在外的本公司股份的行为。股份回购是国际通行的公司实施并购重组、优化治理结构、稳定股价的重要手段,是资本市场的一项基础性制度安排和金融活动。除资本市场中主动实施的股份回购外,股份回购还可因异议股东行使股份回购请求权而启动。

(一)股份回购制度概况

我国2005年《公司法》第143条规定了公司可以收购本公司股份的四种情形:减少注册资本;与持有本公司股份的其他公司合并;将股份奖励给本公司职工;因对股东大会作出的公司合并、分立决议持异议,股东要求公司收购其股份。除异议股东行使股份回购请求权外,公司在其他情形下回购股份均应经股东大会决议。公司回购股份用于减资的,需于10日内注销;用于公司合并或基于股东异议收购的,需于6个月内转让或者注销;用于奖励职工的,回购股份不得超过已发行股份总额的5%,且应在1年内转让给职工。

上述规定未能充分考虑上市公司回购股份的市场需求,将回购的合法事由限定于四种特定情形,决策程序不够简便,库存股制度缺失,不能有效发挥股份回购的市场功能,无法适应资本市场的发展需要。为回应我国股份回购制度改革的实践需求,《公司法》第142条对公司股份回购制度作了重大修改。其主要内容如下:

1. 补充并完善了允许股份回购的情形。《公司法》第142条第1款规定,公司不得收购本公司股份。但是,有下列情形之一的除外:(1)减少公司注册资本;(2)与持有本公司股份的其他公司合并;(3)将股份用于员工持股计划或者股权激励;(4)股东因对股东大会作出的公司合并、分立决议持异议,要求公司收购其股份;(5)将股份用于转换上市公司发行的可转换为股票的公司债券;(6)上市公司为维护公司价值及股东权益所必需。

2. 适当简化了股份回购的决策程序,提高公司持有本公司股份的数额上限,延长了公司持有所回购股份的期限。对此,《公司法》第 142 条第 2 款规定:“公司因前款第(一)项、第(二)项规定的情形收购本公司股份的,应当经股东大会决议;公司因前款第(三)项、第(五)项、第(六)项规定的情形收购本公司股份的,可以依照公司章程的规定或者股东大会的授权,经三分之二以上董事出席的董事会会议决议。”

3. 提高了回购股份的数额上限,延长了公司持有所回购股份的期限。对此,《公司法》第 142 条第 3 款规定:“公司依照本条第一款规定收购本公司股份后,属于第(一)项情形的,应当自收购之日起十日内注销;属于第(二)项、第(四)项情形的,应当在六个月内转让或者注销;属于第(三)项、第(五)项、第(六)项情形的,公司合计持有的本公司股份数不得超过本公司已发行股份总额的百分之十,并应当在三年内转让或者注销。”

4. 补充了上市公司股份回购的规范要求。为防止上市公司滥用股份回购制度,引发操纵市场、内幕交易等利益输送行为,《公司法》第 142 条第 4 款规定:“上市公司收购本公司股份的,应当依照《中华人民共和国证券法》的规定履行信息披露义务。上市公司因本条第一款第(三)项、第(五)项、第(六)项规定的情形收购本公司股份的,应当通过公开的集中交易方式进行。”

5. 删除了关于公司因奖励职工收购本公司股份,用于收购的资金应当从公司的税后利润中支出的规定。

(二)特殊的股份回购——异议股东股份回购请求权

异议股东股份回购请求权(the appraisal right of dissenters),指对于提交股东大会表决的公司重大变化事项表示异议的股东,在该事项经股东大会通过时有依法定程序要求公司以公平价格回购股票从而退出公司的权利。公司的重大变化事项通常是指公司的合并、资产收购、章程变更和股份交换等。异议股东股份回购请求权是少数股东退出公司的一种机制,对股东而言是一种重要的保护机制。其目的不在于使多数股东承担责任,而是使少数股东以公平的价值退出公司。

异议股东股份回购请求权制度最早源于美国俄亥俄州 1851 年的法律,其产生与公司表决机制的演变密切相关。在 19 世纪美国各州制定公司法或商法典之前,对公司发生重大变化的表决采用“全体一致性”原则。但随着公司数量增多和规模的膨胀,“全体一致性”原则大大阻碍了经济的发展。于是,美国各州创造了“资本多数决”原则取而代之。资本多数决原则构成了公司形成决策的基本原则,但资本多数决极易被滥用,导致股东的地位趋于实质的不平等。在西方国家中,多数股东往往滥用资本多数决,对少数股东进行压迫或侵害,已使得资本多数决的先天不足暴露无遗。因此,为保障股东权益的平等实现,各国纷纷对其予以修正,其结果便是被作为“资本多数决”原则的救济措施和作为“全体一致性”原则替代制度的异议股东股份回购请求权制度。该制度在美国绝大多数州被确立以后,逐步被英国、加拿大、意大利、德国、日本、韩国以及欧盟等国家、地区及国际性组织所采纳。如今,多数国家和地区的公司法中均有异议股东股份回购请求权制度或类似制度。我国 1993 年《公司法》未设异议股东股份回购请求权制度,仅在《上市公司章程指引》和《到境外上市公司章程必备条款》两个文件中对其作了笼统规定。

我国公司实践中股东权益保护仍存在很多问题,股东权益面临来自政府部门、大股东、公司经营者、中介机构等其他各方主体的侵害。董事和经理在公司治理中的透明度、负责性和诚信度普遍较差,大股东滥用其一股独大的控制股东地位侵害公司财产、侵犯中小股东利益现象更是屡见不鲜。因此,与其他国家相比,我国确立异议股东股份回购请求权制度具有更重要的现实意义。基于此,我国现行《公司法》第 142 条确立了异议股东股份回购请求权制度。但该法仅将重大变化事项限定于公司合并、分立,而不包括其他重大事项。

思考题

1. 简述股东出资模式。
2. 简述股权转让的方式与限制。
3. 简述股权转让特殊方式的主要内容。
4. 简述股份发行价格的确定原则。
5. 简述异议股东股份收购请求权制度的内容。

第十二章　公司组织机构

导读

- 由于法律、哲学、历史传统、政治制度及其他条件的不同，适应外在环境的不同，各国公司治理结构的具体模式各有特点，其间"所有者"、经营者及其监督者的角色定位存在一定差异，反映了不同的管理理念。根据公司机关内部分权与制衡模式的不同，可将各国的公司治理结构模式大体上划分为四种模式。
- 各国家及地区公司法一般规定，无论是定期还是特别会议，股东会会议的召集人原则上都是董事会。
- 股东行使表决权的一般原则可以概括为"一股一票"和"资本多数决"。为保证股东会会议的代表性，一些国家在坚持该原则的同时，设立了股东表决权行使的限制性规定。
- 基于股东会决议事项的重要程度不同，法律规定的通过决议的法定多数也有所不同。根据决议事项和多数标准不同，股东会决议可分为普通决议和特别决议。股东会决议必须是在股东会依法召集情况下，依照法定表决方法通过且其内容不违法，才具有法律效力。
- 现代各国公司法都赋予了董事会十分广泛的职权。这些职权可分为两类，即对内的经营管理权和对外的业务代表权。董事有任职资格，包括积极资格与消极资格两个方面的内容。
- "经理"一词，在大陆法系国家和地区的立法、学说与判例中含义相当复杂。在英美法系国家和地区，经理的含义和法律地位都没有获得法律的明确界定，而是被包含于外延极广的"高级管理人员"之中，其具体的法律地位也要经公司章程（一般通过章程细则）才能确定。
- 从公司的运营实践看，监事会设与不设各有利弊。我国公司的监督制度也正经历着理论与实践的双重检讨，仍应进一步积极探寻完善的方案。
- 在英美法系，董事、经理等高级管理人员基于其与公司之间的信托关系而承担"受托义务"。在大陆法系国家公司法，注意义务和忠实义务主要源于民事法律，其他法定义务则主要源于公司法和其他有关法律。

第一节　公司组织机构与公司治理结构

一、公司治理结构的概念

从我国 1994 年 7 月 1 日《公司法》实施以来，有关公司内部组织机构的概念逐渐为人们所熟悉。但是，人们对于这些概念的法律特征、在公司法中的地位以及在公司实践中的作用等则并不十分清晰。在深化改革的过程中,1999 年 9 月中共中央《关于国有企业改革和发展若干重大问题的决定》明确地提出了公司治理结构的法律问题,认为"公司法人治理结构是公司制的核心","要明确股东会、董事会、监事会和经理层的职责,形成各负其责、协调运转、有效制衡的公司法人治理结构"。由此,公司治理结构的研究逐渐成为经久不衰的热点课题。

公司治理结构(corporate governance),亦译公司管制、法人治理结构或公司治理。所谓"结构"应理解为兼具"机构"、"体系"和"控制机制"的多重含义。[1] 公司治理结构概念最早于 20 世纪 80 年代初期出现在经济学文献中。在 20 世纪 70 年代中期已有学者提出了与之较为接近的"治理结构"(governance structure)的概念。公司治理结构就是公司组织机构现代化、法治化问题,其含义有狭义和广义之分。狭义的公司治理解决的是因所有权和控制权相分离而产生的代理问题,它要处理的是公司股东与公司高层管理人员之间的关系问题。广义的公司治理可以理解为关于企业组织方式、控制机制、利益分配的一系列法律、机构、文化和制度安排,它界定的不仅仅是企业与其所有者之间的关系,而且包括企业与其所有利益相关者之间的关系。狭义的公司治理强调解决两权分离情况下股东和经营者之间的代理问题,而广义的公司治理强调公司利益相关者之间的关系问题。当今各国较有影响的经济学家从不同的角度提出了不同的界说:制度安排说、相互作用说、组织结构说、决策机制说,如此等等。[2] 从法学角度讲,公司治理结构就是为维护股东、公司债权人以及社会公共利益,保证公司正常有效的运营,由法律和公司章程规定的有关公司组织机构之间权力分配与制衡的制度体系。可见,公司治理结构是牵涉公司的股东及相关利益者的利益能否实现和公司能否正常运作的重大问题,不仅是公司制的核心,而且对于公司和整个社会的经济健康都具有至关重要的作用。

实际上,自公司产生以来就存在公司治理结构的问题。贝利和米恩斯在 1932 年出版的《现代公司与私有财产》一书中,已经就公司治理结构的核心问题——"两权分离"所引发的代理等问题作了较为系统的分析。不过,虽然现代公司治理结构的理论、政策和实践是一个逐渐演变的过程,但世界各国特别是发达国家的政府和企业,却从来没有像现在这样重视公司治理结构问题。

二、公司法律人格与公司组织机构

对公司法律人格来说,确保其人格独立的要素除了独立的财产之外,还包括独立的意思。财产独立无疑是公司存在的物质基础,正因为有了独立的财产,公司才能以其财产为载体,在股东共同意志的基础上形成有异于股东共同意志的抽象的单个意志,即公司独立的意思,从而具备了作为法律人格所必须具备的独立意志。所谓公司独立的意思,并非股东意志的简单集合,而是体现股东共同意志又不同于股东共同意志的作为独立的法律人格而独立生成的自主意志。因此,必须有一套机制确保公司独立意思的产生,不受股东的个人意志或管理者的个人意志的不当影响或干涉。这种机制便是公司的组织制度或者说公司治理结构。对于公司来说,以严谨而科学的公司治理结构来确保意思的真正独立,还具有更加重要的意义:由于法律赋予公司以独立责任,亦即股东享有有限责任,公司经营过程中保持稳定的一定数量的财产作

---

[1] 参见梁能主编:《公司治理结构:中国的实践与美国的经验》,中国人民大学出版社 2000 年版,第 4 页。

[2] 参见彭群、何玉长:《公司法人治理结构简论》,载《南昌大学学报(哲社版)》1998 年第 2 期。

为公司债务的一般担保,就显得极为重要。需要说明的是,这里所指的财产,指的是公司所拥有的包括股东出资与公司经营过程中积累的全部法人财产。要做到这一点,就必须保证公司不被股东或管理者所利用,能够独立形成不受外界影响的意思。然而,公司作为法律的拟制物,其意思必然要借助于公司机关形成,而公司机关又由自然人组成或担任,因而受到他人的不当影响就难以避免。这样按照相互制衡的原理架构起来的公司法人治理结构就担负起了维持公司意思独立生成的使命。那么,公司治理结构到底能否担负这个使命,以及应当如何构造公司法人治理结构,我们必须研究。

国内的学者将公司治理结构分为两种不同的理论模型:一是以股东主权为基础的单边治理理论,即股东拥有对公司最高的直接控制权,股东与董事之间是一种信托关系,董事会与公司高层经理之间是委托代理关系;二是以利益相关者为基础的多边治理理论,即公司的股东、债权人、职工等利害关系人之间有关公司经营与权利的配置机制。

传统的公司治理结构所要解决的主要问题是所有权和经营权分离条件下的"代理问题"。通过建立一套既分权又能相互制衡的制度来降低代理成本和代理风险,防止经营者对"所有者"的利益的背离,从而达到保护"所有者"的目的。这一制度主要由公司股东大会、董事会、监事会等公司机关所构成,其所建立的基础是公司的权力配置,侧重于公司的内部治理结构方面。但从科学决策的角度来看,公司治理结构远不能解决公司治理的所有问题,建立在决策科学观念上的公司治理不仅需要一套完备有效的公司治理结构,更需要若干具体的超越结构的治理机制。公司的有效运行和决策科学不仅需要通过股东大会、董事会和监事会发挥作用的内部监控机制;而且需要一系列通过证券市场、产品市场和经理市场来发挥作用的外部治理机制,如公司法、证券法、信息披露、会计准则、社会审计和社会舆论等。在1999年《OECD公司治理原则》中,已不单纯强调公司治理结构的概念和内容,而同时涉及许多具体的治理机制。该原则主要包括以下五个方面:(1)股东的权力;(2)对股东的平等待遇;(3)利害相关者的作用;(4)信息披露和透明度;(5)董事会责任。显然,公司治理机制已经成为传统公司治理结构的发展方向。我国在全面推进现代企业制度建设的进程之中,也应当以公司治理结构理论为指导,构建我国的公司治理结构制度。

三、公司治理结构的主要模式

由于法律、哲学、历史传统、政治制度及其他条件的不同,适应外在环境的不同,各国公司治理结构的具体模式各有特点,其间"所有者"、经营者及其监督者的角色定位存在一定差异,反映了不同的管理理念。根据公司机关内部分权与制衡模式的不同,可将各国的公司治理结构模式大体上划分为以下四种模式。

(一)单层委员会制

在英美法系国家,公司治理结构实行单层委员会制(单层制),其特征在于公司的权力集中于资方,强调在资本的流动中提高效率。该模式以美国与英国为代表,故又称英美模式。在此模式下,公司只设有股东会与董事会,后者由前者产生并向前者负责。除股东会为公司的权力机关外,公司重大事项的决策权由股东推选的董事会行使,公司高级管理人员也由董事会聘任,公司通常不设专门的监事会或监察人。

从公司法理论上讲,股东会是公司的权力机关,是公司利益的唯一享有者。依此,公司治理结构的首要特点是股东本位,董事会是股东选任的经营者。然而,股东会的权力事实上仅限于公司法与章程明文列举的部分,未予列举的则全部由董事会行使。因此,在公司治理结构中,董事会事实上处于核心地位。董事会是公司的经营决策机关,对公司日常的经营活动作出决策;同时董事会任命公司的高级管理人员如总裁、副总裁、秘书、司库等执行公司的业务。在董事会中还可以设立各种委员会,其中重要的就是由外部董事组成的审计委员会,代表董事会行使公司业务、财务的监督权。由此可见,这种模式是在董事会内部实行经营权与监督权的分离。就其实质而言,英美模式属于"董事会中心主义"。

(二)双层委员会制

在德国、奥地利、荷兰等大陆法系国家,公司制度实行双层委员会制(双层制),即公司设立具有上下级关系的股东会、监事会和董事会,其特征在于吸收劳方(职工)参与公司管理,强调公司的稳定发展。该模式源于荷兰的东印度公司,但以德国为代表,故又称德国模式。在监事会与董事会的关系上,该模式为双层型,由监事会推选董事组成董事会,负责公司的具体经营管理。在监事会与董事会构成的双层结构中,体现民主管理的监事会居于负责经营管理的董事会之上。股东会下设监事会,监事会向股东会负责并报告工作;监事会下设董事会,董事会向监事会负责并报告工作。

德国公司治理结构的双层委员会制体现了两个方面的含义:一是劳方与资本所有者对公司共同治理;二是监督职责与经营职责的分离。这种结构实际上也是"董事会中心主义",股东大会的权力大为削弱。但是,监事会拥有制约董事会的极大权力,其不仅行使监督权,还有权任免董事及其报酬的决策权,以及重大业务批准权。另外,进入现代社会以后,职工参与公司管理的制度已日益展现出重要的现实意义。

(三)单层二元委员会制

日本公司法在双层委员会制的基础上,创设了董事会与监事会处于并列地位的折中模式。该模式由日本传入中国、韩国,仍为现行中国和韩国公司法所采行。该模式由日本首创,故曾被称为日本模式。[3] 在该模式下,监事会(或监察人)和董事会同由股东会选举产生,二者相互独立并处于并列地位。因此,有学者将该模式称为并列型双层委员会制。[4] 不过,鉴于该模式实际上并未形成监事会与董事会相互隶属的双层结构,而是两者在股东会下处于并列地位,故不能被纳入双层委员会制范畴。为此,我们基于其仅具有单层结构而董事会与监事会又处于并列地位的特征,称之为单层二元委员会制。

我国在建立现代企业制度的过程中,在公司制度中引进了法人治理结构的概念,其基本内容是对企业的所有者、支配者、管理者和监督者之间的权责利关系进行规范,从而解决企业的不同利益主体之间的利益与风险、激励与约束等问题。公司的股东会是权力机构和决策机构,董事会是执行机构和经营机构,监事会是监督机构。显然,该模式属于单层二元委员会制,即三个机构之间相互独立、相互制衡,确保公司各方利益的均衡和合理目标的实现。

(四)限定范围任选制

为使传统的德国式治理结构与美国式治理结构的制度价值都能得到运用,法国公司法开

---

〔3〕 在日本公司法已舍弃了该模式的情况下,就不宜再将该模式称为日本模式了,否则会引人误解。

〔4〕 参见范健主编:《商法》(第三版),高等教育出版社、北京大学出版社 2007 年版,第 171 页。

创性地规定了可任选的公司治理结构模式。在有限责任公司，仍实行单一的治理结构模式，即采取经理管理人与会计监察人相结合的模式，由其分别行使董事会与监事会的职能。在股份有限公司，可由公司章程自由选择不同模式：其一为单层委员会制，即仅设置董事会，而不设置监事会，由董事会中的会计监察人行使监事会的职能；其二为双层委员会制，即分别设置监事会与董事会，并且后者由前者产生、向前者负责。

第二次世界大战以后，日本借鉴英美的董事会制度，在董事会内部实行经营决策与业务执行的分离。此举削弱了监事会的职权，使其监督职权仅剩下财务监督权。日本1993年《关于股份公司监察的商法典特例法》还借鉴独立董事制度，引入了独立监事制度，要求大股份公司的监事应为3人以上，并组成监事会，其中一人为外部监事。不过，经2001年及2002年修订后的《日本商法典》，日本公司治理结构已发生了重大变化，转而借鉴《法国商事公司法》（当时尚未被编入《法国商法典》）之规定，由法律设置两套方案供企业自主选择。其一，沿用监事会制度，但规定监事会中1人须为外部独立监事。其二，选择美国式董事会下设专门委员会制度，允许公司以章程规定不设监事会，而在董事会下分设由3人以上董事组成的审计委员会、提名委员会及薪酬委员会，其中外部独立董事须占各委员会人数的半数以上，原监事会职能由审计委员会承担。[5] 2005年《日本公司法典》也维持了该公司治理结构模式。

法国、日本公司法所实行的治理结构模式，都是在限定范围内，由公司通过公司章程自由选择，故可称为限定范围内的任选制。这一立法模式增加了公司治理结构模式的种类，从而加强了公司治理结构制度的灵活性，值得其他国家借鉴。

应当说明的是，不管各国公司法对公司治理结构作何具体规定，公司法的规定相对于丰富多彩的公司实践而言，都只是提供了最基本的原则性规定，只能确定公司治理结构的基本架构，规范公司治理结构中的普遍性问题，而不可能概括出统一的、最佳的治理模式。因此，在我国《公司法》2005年作较大修订时，也未奢求制定出一个完美的公司治理结构范式，而是将许多具体架构交由公司章程确定，体现公司法之私法自治原则。

第二节 股 东 会

一、股东会的概念和职权

（一）股东会的概念

股东会，也称股东大会，是指由公司全体股东组成的公司最高权力机构，是股东在公司内部行使股东权的法定组织。它泛指有限责任公司的股东会和股份有限公司的股东大会。在公司的治理结构中，股东会作为一种不可或缺的组织机构，具有以下特征：

1. 股东会由全体股东组成。持有任何数额与性质股份的股东均为公司股东会的当然成员，都有权依法出席股东会会议。股东主权原则因此得到了充分体现。自然人和法人均可成

---

〔5〕 参见吴建斌：《日本引进独立董事制度的经验及启示》，载《南京大学学报（哲学·人文科学·社会科学）》2003年第2期。

为股东,法人股东需要委派自然人作为股东代表行使股东权。实践中,我国有的公司尤其是股份有限公司,在股东会之外设立股东代表会(股东代表根据股东拥有股份的数量及股东分布情况确定),作为公司的最高权力机构,并在事实上取代股东会。这种做法虽未必违背股东真实意志,但无疑违反了我国公司法的规定与公司法精神,客观上构成了对部分股东权利的侵犯。

2. 股东会是公司的意思形成机构和最高权力机构。这体现了股东会在公司治理结构中的法律地位。公司的意志只能是全体股东的共同意志,而股东会则是股东表达意愿并将分散的意愿汇集起来形成股东集体意志的机构。这就决定了股东会本身虽非公司对外的代表机构和业务执行机构,但在公司内部却拥有最高的权力。不过,随着经营管理的专门化,为保证经营管理层对公司事务的高效决策,公司董事会的权利逐渐加强并相对独立,股东会的权利则相应地受到了一定限制,使公司治理结构由股东会中心主义向董事会中心主义转变。因此,当代公司法对股东会的权利都明文加以框定,股东会须在法定范围内行使职权,从而为董事会行使权利预留了较大的空间。

3. 股东会是公司法定必备但非常设机构。各国公司立法普遍规定,股东会是公司的必设机构。我国《公司法》明确规定股东会是有限责任公司和股份有限公司的必设机构。不过公司法也允许外商投资类公司不设股东会,而由董事会行使相应的职权。但总体上讲,股东会是公司的必设机构应无异议。关于股东会是否属于常设机构,我国及我国台湾地区学者均有歧见。〔6〕 我们认为,由于股东会权力之行使,必须以召集会议方式方可进行,因而其并非常设机构。

(二)股东会的职权

股东会的职权,是指依法必须经股东会决定的事项。它通常与股东会的地位和作用相适应。从理论上讲,股东会对公司的一切重要事务均有决定权。但股东会决议程序复杂,加上绝大多数股东都基于"搭便车"与投机的心理,对于公司事务并无兴趣,因此现在各国通行做法是,仅在公司法中明确列举必须由股东会行使和可以由公司章程规定须经股东会决议的事项,其他均由董事会行使。当然,尽管多数国家已奉行董事会中心主义,使股东会的职权有所削弱,但无论如何,公司法都必然会为股东会保留对涉及股东利益或公司生存与发展的重大问题的决定权。因此,当代各国公司法对股东会职权的规定大同小异。当然,在公司实践中,股东会实际行使的职权会因公司的规模、股权结构以及股东偏好而有所不同。制度经济学的研究表明,就实际行使的权利而言,有限责任公司股东会比股份有限公司大,股权集中的公司比股权分散的公司大。〔7〕

在我国,股东会的法定权利依然比较广泛。依《公司法》第37条、第99条之规定,有限责任公司和股份有限公司股东会的职权完全一致,具体包括以下内容:(1)决定公司的经营方针和投资计划;(2)选举和更换非由职工代表担任的董事、监事,决定有关董事、监事的报酬事项;(3)审议批准董事会的报告;(4)审议批准监事会或者监事的报告;(5)审议批准公司的年度财务预算方案、决算方案;(6)审议批准公司的利润分配方案和弥补亏损方案;(7)对公司增加或者减少注册资本作出决议;(8)对发行公司债券作出决议;(9)对公司合并、分立、解散、清算或

〔6〕 参见柯芳枝:《公司法论》,中国政法大学出版社2004年版,第206页。
〔7〕 参见范健主编:《商法》(第三版),高等教育出版社、北京大学出版社2007年版,第174页。

者变更公司形式作出决议;(10)修改公司章程;(11)公司章程规定的其他职权。

二、股东会会议

股东会会议是指股东会的工作方式,是股东为行使股东会的职权,就股东会职权范围内的公司待决事项作出决议,而依照法律或公司章程召开的定期或临时会议。

(一)股东会会议的种类

1. 定期股东会议与临时股东会议

这是依股东会会议召集的时间标准所作的划分。两者区别的作用在于股东会议召集权人及召集程序不同。

定期股东会议,性质上属于例会,又称股东常会、股东年会,是指公司按照法律或章程规定必须定期召集的全体股东会议。定期股东会议主要决定股东会职权范围内的例行重大事项。定期股东会议通常是一年一次,有些公司也以章程规定一年召开两次。普通年会一般在上一会计年度结束之后的一定期限内召开。两次定期股东会议的最长间隔期限一般在 13 ~ 15 个月,如英国公司法规定为 15 个月,美国许多州公司法规定为 13 个月。

临时股东会议,又称特别股东会议,是指遇有特定情形,在两次普通年会之间不定期召开的全体股东会议。临时股东会议一般为处置公司的突发重大变故而召开。各国公司法通常规定遇有以下情形应当召开临时股东会议:(1)董事会或监事会按照公司章程的规定,认为必要时决定召开;(2)持有法定比例以上股份(出资)的股东提议或请求召开;(3)法院责令召开。

按照我国《公司法》规定,有限责任公司召开临时股东会议的法定事由为:代表 1/10 以上表决权的股东提议;1/3 以上董事提议;监事会或者不设监事会的公司的监事提议。股份有限公司召开特别会议的法定事由为:董事人数不足法定人数或公司章程所定人数的 2/3;公司未弥补的亏损达实收股本总额的 1/3;单独或者合计持有公司股份 10% 以上的股东请求;董事会认为有必要召开;监事会提议召开;公司章程规定的其他情形。

2. 一般股东会议与特别股股东会议

这是依组成股东会议的股东范围标准所作的划分。

一般股东会议由包括普通股股东及特别股股东在内的全体股东所组成,特别股股东会议则专由特别股股东所组成。后者在修订公司章程会有损于特别股股东利益时召集。显然,此处所谓特别股股东会议并不同于我国学者所使用的"特别股东会议"概念。我国《公司法》对此未作规定。

(二)股东会会议的召集

1. 股东会会议召集人

各国家及地区公司法一般规定,无论是定期还是特别会议,股东会会议的召集人原则上都是董事会。定期股东会议原则上由董事会召集。临时股东会议则可由董事会主动召集或应股东、监事会请求而被动召集。在法定情形下,少数股东、监事会及重整人、清算人亦可召集临时股东会议。如我国台湾地区"公司法"第 173 条、第 245 条、第 220 条、第 310 条、第 326 条对此作了明确规定。

我国现行《公司法》已完善了股东会召集制度。该法第 40 条规定:"有限责任公司设立董事会的,股东会会议由董事会召集,董事长主持;董事长不能履行职务或者不履行职务的,由副董事长主持;副董事长不能履行职务或者不履行职务的,由半数以上董事共同推举一名董事主持。”“有限责任公司不设董事会的,股东会会议由执行董事召集和主持。”“董事会或者执行董事不能履行或者不履行召集股东会会议职责的,由监事会或者不设监事会的公司的监事召集和主持;监事会或者监事不召集和主持的,代表十分之一以上表决权的股东可以自行召集和主持。”该法第 101 条规定:“股东大会会议由董事会召集,董事长主持;董事长不能履行职务或者不履行职务的,由副董事长主持;副董事长不能履行职务或者不履行职务的,由半数以上董事共同推举一名董事主持。”“董事会不能履行或者不履行召集股东大会会议职责的,监事会应当及时召集和主持;监事会不召集和主持的,连续九十日以上单独或者合计持有公司百分之十以上股份的股东可以自行召集和主持。”这些规定使通过股东会行使的股东权获得了法律保障。这两条均未规定自行召集的许可机关,应理解为无须主管机关许可。

2. 股东会会议的召集程序

董事会召集股东会会议,应以书面形式于会议召开的一定期限之前通知全体股东。关于通知的期限,各国公司法的规定不尽相同。由于股份有限公司的股东比较分散,法律对其要求相对严格,通知的期限一般不能迟于会前 20 日,对于持有无记名股票者,还应于一定期限前予以公告。有限责任公司的股东相对集中,相应地,通知的期限则可灵活掌握,多为会前 10 日左右。而且在有些国家,法律对通知的期限以任意性规范加以规定,有限责任公司还可以依章程缩短通知期限,甚至在全体股东同意或全体股东参加场合,可以不经召集程序而径行开会。

通知及公告中应载明会议的日期、地点、议程和提请审议表决的议案。如有特别议案,还需载明议案的要点。对于通知及公告中未载明的议案,虽可临时动议提出,但不应交付表决。

我国公司法规定,有限责任公司股东会定期会议按章程规定时间召集;临时会议应法定人员提议而召集,但未规定具体时间。有限责任公司召开股东会会议应当于会议召开前 15 日以前通知全体股东;但是,公司章程另有规定或者全体股东另有约定的除外。此外,《公司法》第 37 条第 2 款新增规定:“对前款所列事项股东以书面形式一致表示同意的,可以不召开股东会会议,直接作出决定,并由全体股东在决定文件上签名、盖章。”该条款将有限责任公司股东会的决议程序要件大大简化,节省了股东为迎合公司法对股东会的强制性程序要求而不得不举行“表演性会议”所发生的成本,股东会决策可以更便捷。股份有限公司定期会议按章程规定时间召集,但临时会议应在法定事由发生后 2 个月内召集。股份有限公司的股东大会应于会议召开 20 日前通知各股东;临时股东大会应当于会议召开 15 日前通知各股东;发行无记名股票的,应当于会议召开 30 日前公告会议召开的时间、地点和审议事项。股东大会不得对前述通知中未列明的事项作出决议。这里的“公告”应作“发信主义”解释,公告后,不论受公告人是否确实收到,均发生法律效力。其他通知则应以“到达主义”为原则。

三、股东表决权的行使

表决权是股东基于股东资格而享有的、在股东会会议上就议决事项予以表决的权利。申言之,表决权系对股东会的议决事项为表决之意思表示,借以形成公司意思之权利。行使表决权是股东权实现的基本方式。

(一)股东表决权行使的一般原则

股东行使表决权的一般原则可以概括为“一股一票”和“资本多数决”。资本是公司的基础，按照资本平等原则，公司必须以出资为依据在股东间分配权利，实行权利按资分配的平等。因此，在股份有限公司，股份作为资本的计量单位，同时成为计量股东权利的基本单位。对表决权的行使，则实行同股同权、一股一票。在有限责任公司，一般按出资单位或出资比例行使表决权。有些国家或地区的公司法还规定，若公司章程无特别规定，原则上，有限责任公司股东不问出资多少，每一股东均有一表决权。〔8〕

我国公司法规定，股份有限公司股东出席股东大会，所持每一股份有一表决权。有限责任公司股东会会议由股东按照出资比例行使表决权。无记名股票持有人出席股东大会时，应于会议召开5日前至股东大会闭会时将股票交存于公司，以证明其股东身份，并防止因会议期间发生股票转让导致股东不稳定，影响股东大会对所议事项作出决议。记名股票持有人出席股东大会时，股东名册上记载的股东方得行使表决权。如果股份发生转让，受让人姓名或名称未记载于股东名册，其不能行使表决权。

（二）股东表决权行使的特别规定

出席股东会会议，行使表决权对股东权的实现具有决定意义。股东完全按照“一股一票”和“资本多数决”原则行使表决权，虽能使股东会决议反映多数股东的意志，但也可能导致大股东操纵股东会，压制小股东，使小股东的权利形同虚设。为保证股东会会议的代表性，一些国家和地区在坚持“一股一票”和“资本多数决”原则的同时，设立了股东表决权行使的限制性规定。这种限制性规定通常有以下几类：

1. 对表决权量上的限制。一个股东拥有超过一定比例的公司股份，如5%，其超过部分在计算表决权时须打一定折扣，如按八折或八五折计算。

2. 对表决权代理的限制。一个受托人代理的表决权不得超过公司股份总数表决权的一定比例，如3%，超过部分无效。如我国台湾地区“公司法”第177条第2款规定：“除信托事业或经证券主管机关核准之服务代理机构外，一人同时受二人以上股东委托时，其代理之表决权不得超过已发行股份总数表决权之百分之三，超过时其超过之表决权，不予计算。”

3. 公司依法自己持有的股份，其股东权处于停止状态，故无表决权。各国公司法仅允许公司在例外情况下购买自己的股份，并规定不得就该自有股份行使表决权。

4. 相互投资公司行使表决权的限制。公司之间相互持有股份，有些国家明令禁止，有些国家虽不予禁止，但多数规定不享有表决权，如日本、意大利、法国、丹麦。

5. 表决权行使的回避。股东在表决事项上与公司存在利益冲突时，应予回避而不参与表决，以免表决结果损害公司的利益。如我国台湾地区“公司法”第178条规定：“股东对于会议之事项，有自身利害关系致有害于公司利益之虞时，不得加入表决，并不得代理他股东行使其表决权。”不过，台湾地区理论界不少人认为应废除或修正该条规定，因为其他国家和地区多无此规定，原本有此规定的日本也已于1981年删除。

6. 类别表决。提请股东会表决的特定议案必须经特定类别股东同意，方能获得通过。纵使多数表决权同意该议案，只要特定类别股东不同意，则该议案仍不能获得通过。如在日本，关于“董事（监事）仅限于有日本国籍者”的公司章程修正案规定，当公司有外国人股东时，要获

〔8〕　参见柯芳枝：《公司法论》，中国政法大学出版社2004年版，第559页。

得通过,除须取得多数表决权同意外,还需取得外国人股东全体同意。[9]

此外,为维护小股东的利益,增强小股东对公司的控制力,美国公司法创设了累积投票制。即在选举董事或监事场合,每一股拥有与待选董事或监事数目相当的多个表决权时,允许股东把其表决票集中投于一人名下。采用这种投票方法,当中小股东将其表决票集中使用,就能形成足够的影响力,选出自己满意的董事。该表决权行使方法逐渐为各国公司法所继受。

我国1993年《公司法》未就"一股一票"和"资本多数决"原则作出例外规定,仅在《上市公司股东大会规范意见》中规定,股东大会就关联交易进行表决时,涉及关联交易的各股东,不应当参加表决。如有特殊情况关联股东无法回避时,公司在征得主管部门同意后,关联股东可以参加表决,同时,应当对非关联股东的投票情况进行专门统计,并在股东大会决议中作出说明。不过,现行《公司法》第103条第1款对此作了原则规定:"股东出席股东大会会议,所持每一股份有一表决权。但是,公司持有的本公司股份没有表决权。"

(三)股东表决权的行使方式

1. 本人投票制与委托投票制

从各国家和地区相关规定来看,股东行使表决权的方式主要有亲自行使、书面行使及代理行使三种。前两种为本人投票制,第三种为委托投票制。

本人投票制,是指股东亲自出席股东会会议并进行投票。委托投票制,是指股东委托代理人出席股东会会议并进行投票。代理行使表决权已成为股东行使其股东权的重要方式。尤其在股权分散的股份有限公司中,委托代理人出席股东会会议、行使表决权,已成为股东参与公司决策的主要方式。

关于代理人的资格问题,存在两种基本模式。其一为英美法系模式,即股东委托公司的经营者或其他股东为代理人。实践中,多以公司的董事会等"内部人"为代理人。其二为大陆法系模式,即股东将表决权委托给银行等有组织的中间人行使。这种模式的前提是银行、证券、企业融合,银行与公司的关系密切,如银行可为公司的借款人,甚至实行股本参与,直接控制。我国《公司法》虽确认了股东表决权的代理行使机制,但对代理的条件、程序等均无明文规定。在我国,比较可行的做法是扩大代理人的主体范围,规定凡具有完全民事行为能力者,均可接受委托成为代理人。

关于代理行使表决权的控制,实践中,各国家及地区一般从两方面控制表决权代理行使制度的异化。其一为对委托的效力期限实施限制。不少国家和地区的规定均要求股东委托代理人行使表决权,必须在每次股东会会议召开之前单独进行,概括地委托代理人行使表决权无效。其二为对代理人代理的表决权总量实施限制。有些国家和地区的规定对受委托的表决权占股份总数表决权的比例加以限制,对于超过规定比例的表决权表决时不予计算。如我国台湾地区"公司法"第177条第1款规定:"股东得于每次股东会,出具公司印发之委托书,载明授权范围,委托代理人,出席股东会。"同条第2款规定:"除信托事业或经证券主管机关核准之股务代理机构外,一人同时受二人以上股东委托时,其代理之表决权不得超过已发行股份总数表决权之百分之三,超过时其超过之表决权,不予计算。"

关于代理权的招揽,多数国家和地区都对此予以严格限制,因为与其让有偿取得其他股东

---

[9] 刘江永:《日本的股份公司制度》,经济科学出版社1993年版,第94页。

委托的小股东决定公司前途和命运,还不如让持有公司绝大多数股份的股东握有公司的实权。

2. 现场投票制与非现场投票制

传统公司法所确立的股东行使表决权的方式为现场投票制,但随着现代通讯技术的发展,很多国家或地区都通过相关规定或判例承认了利用现代通讯工具进行投票的法律效力。这使股东行使表决权既可以现场投票,也可以通过通讯投票(书面投票)以及网络投票等新的方式行使表决权。例如,2005 年《日本公司法典》第 311 条第 1 款规定:"通过书面行使表决权,为将必要事项记载于表决票,在法务省令规定的时间之前向股份有限公司提交。"该法第 312 条第 1 款规定:"以数据电文方式行使表决权,为依政令规定,经股份有限公司同意,在法务省令规定的时间之前通过数据电文方式向该股份有限公司提供表决票应记载的事项。"[10] 我国台湾地区"公司法"第 177－1 条第 1 款也规定:"公司召开股东会时,得实行以书面或电子方式行使其表决权;其以书面或电子方式行使表决权时,其行使方法应载明于股东会召集通知。"

我国《公司法》未对非现场投票制作明确规定,但如前所述,2002 年《上市公司治理准则》已确立了通讯投票制,《上市公司章程指引》(2019 年修订)则确立了网络投票制等多种投票途径,从而完善了我国上市公司的非现场投票方式。不过,鉴于上市公司仅在股份有限公司中占极低比例,仍有必要在《公司法》中对通讯投票制、网络投票制等其他非现场投票制作明确规定。

3. 直接投票制与累积投票制

由于大股东往往通过其所选举的董事对公司意思的形成实施过度控制和干预,为避免公司董事会成为大股东代言人,并避免简单的资本多数决为大股东所滥用,有必要对大股东的表决权予以限制。限制的方式既可以直接限制大股东的投票权,也可以实施累积投票制。所谓直接投票制,是指在行使表决权时,针对一项议案,股东只能将其表决票数一次性直接投在该议案上。

所谓累积投票(cumulative voting)制,是指公司股东大会选举董事或者监事时,有表决权的每一股份拥有与所选出的董事或者监事人数相同的表决权,股东拥有的表决权已经集中使用。累积投票制源于英国,但在美国得到了重大发展。19 世纪 60 年代,美国伊利诺伊州报界披露了该州某些铁路经营者欺诈小股东的行为,该州遂于 1870 年通过宪法赋予小股东累积投票权:任何股东在法人公司选举董事或经理人的任何场合,均得亲自或通过代理人行使累积投票权,而且此类董事或经理不得以任何其他方式选举。随后,该州《公司法》第 28 条也规定了累积投票制。至 1955 年,美国有 20 个州在其宪法或制定法中规定了累积投票制。[11] 受美国立法态度的影响,日本和中国台湾地区对累积投票制也经历了由强制主义向许可主义的转变。

---

〔10〕《日本公司法典》,吴建斌、刘惠明、李涛译,中国法制出版社 2006 年版,第 159～160 页。

〔11〕不过,美国各州关于累积投票制度的立法例有所差异,主要分为两种类型。其一为强制性累积投票(mandatory cumulative voting)制,如阿肯瑟、加利福尼亚、夏威夷、伊利诺伊等州;其二为许可累积投票(permissive cumulative voting)制。许可累积投票制又分为两种:一是选出式(opt-out election),即除非公司章程作出相反规定,就应实行累积投票制度,如阿拉斯加、明索托、北卡罗来纳、华盛顿等州;二是选入式(opt-in election),即除非公司章程规定了累积投票制度,否则不实行,如密歇根、新泽西、纽约等州。尽管目前在美国有些州还对累积投票制度实行强制主义,但大多数州的公司法已改采许可主义。1950 年美国《商事公司示范法》序言曾要求实行强制主义;1955 年版则将强制主义与许可主义作为两种平行的选择性模式;1959 年版则限定于许可主义中的选出式或选入式两种立法选择;1984 年修订本之后该法即明确改采选入式了。参见刘俊海:《股份有限公司股东权的保护》(修订本),法律出版社 2004 年版,第 374～375 页。

如今,该制度已为发达国家公司法所普遍采用。我国1993年《公司法》未规定累积投票制。但《上市公司治理准则》规定,股东大会在董事选举中应积极推行累积投票制度,控股股东控股比例在30%以上的上市公司,则必须采取累积投票制。由此,我国对存在控股股东的上市公司实行强制性累积投票制,对一般上市公司则实行许可累积投票制。事实上,在实践中,各上市公司大多在公司章程中明确规定了累积投票制。现行《公司法》对累积投票制作了明确规定。该法第105条第1款规定:"股东大会选举董事、监事,可以依照公司章程的规定或者股东大会的决议,实行累积投票制。"同条第2款规定:"本法所称累积投票制,是指股东大会选举董事或者监事时,每一股份拥有与应选董事或者监事人数相同的表决权,股东拥有的表决权可以集中使用。"由此可见,我国采取的累积投票制是一项选择性制度,具体为许可主义之"选入式"。

累积投票制的目的在于防止控制股东利用表决权优势操纵董事或监事的选举,矫正"一股一票"表决制度存在的弊端。在累积投票制下,选举董事或监事时,每一股份代表的表决权数不止一个,而是与待选董事或监事的人数相同。股东在选举董事或监事时拥有的表决权总数,等于其所持有的股份数与待选董事或监事人数的乘积。投票时,股东可以将其表决权集中投给一个或几个董事或监事候选人,通过这种局部集中的投票方法,能够使中小股东选出代表自己利益的董事或监事,避免大股东垄断全部董事或监事的选任。累积投票制度的优点是更加民主化,使少数股东选举出自己心目中的董事或监事成为可能;但其缺点也显而易见,正如学者评论的那样,累积投票"增加了董事会的派系和分歧,对股东来说,更为复杂"。〔12〕另外,累积投票制度使股东获得了与其剩余索取权(包括利润分配权和公司清算或破产后剩余财产分配权)不相称的表决权重,会引发高昂的代理成本。〔13〕因累积投票制度存在的缺陷,各国公司法一般不对累积投票制度的选用进行强制规定,而是授权公司章程选择是否采纳累积投票制度。

四、股东会决议

股东会决议是股东会就提请股东会会议审议的事项依法律或章程规定的程序表决形成的决议,是股东会意思表示的唯一法定形式。

(一)股东会决议的种类

基于股东会决议事项的重要程度不同,法律规定的通过决议的法定多数也有所不同。根据决议事项和多数标准不同,股东会决议可分为普通决议和特别决议。

1. 普通决议。股东会在决议公司的普通事项时,获得简单多数赞成即可通过的决议,为普通决议。所谓"简单多数",在有限责任公司是指代表过半数表决权的股东;在股份有限公司是指代表出席会议股东持有的过半数表决权的股东。对于普通决议适用的事项,法律一般不作强行性规定。在我国除法律明文规定应以特别决议决定的事项外,其他事项多属普通决议。

2. 特别决议。股东会在议决公司的特别事项时,获得绝对多数赞成方可通过的决议,为特别决议。对于何为"绝对多数",各国有不同的理解,有的指2/3以上的表决权(如法国),有的则指3/4以上的表决权(如德国)。特别决议适用的范围,各国均以强行性规定加以框定,内容

〔12〕 施天涛:《公司法论》,法律出版社2006年版,第323页。

〔13〕 罗培新等:《公司法的法律经济学研究》,北京大学出版社2008年版,第110~111页。

上大同小异。我国公司法规定,有限责任公司股东会会议作出修改公司章程、增加或者减少注册资本的决议,以及公司合并、分立、解散或者变更公司形式的决议,必须经代表2/3以上表决权的股东通过。股份有限公司股东大会作出修改公司章程、增加或者减少注册资本的决议,以及公司合并、分立、解散或者变更公司形式的决议,必须经出席股东会会议的股东所持表决权的2/3以上通过。

(二)股东会决议的无效、撤销和不成立

股东会决议必须是在股东会依法召集情况下,依照法定表决方法通过且其内容不违法,才具有法律效力。非依法形成、具有特定瑕疵的股东会决议,虽同样经股东会议决形成,其效力不为法律所确认。公司法依瑕疵的性质,将有瑕疵的股东会决议分为无效的决议和可撤销的决议。由此产生的法律后果即为股东会决议的无效、撤销和不成立。

1. 股东会决议的无效。股东会决议内容违反法律、行政法规或章程,即属无效决议。此种无效属于绝对无效、确定无效、自始无效、当然无效。

2. 股东会决议的撤销。股东会的召集程序或决议方式违反法律、行政法规或章程时,股东在一定期限内,有权请求法院判决撤销因此形成的决议。若属召集程序违法,通常是撤销该次股东会会议所作出的全部决议。若属议决方式违法,则分两种情形:其一,全部事项的议决方式违法,应撤销该次股东会会议所作出的全部决议;其二,仅特定事项的议决方式违法,则只撤销该决议。

3. 股东会决议不成立。股东会决议无效和撤销都以股东会决议客观存在为前提,实践中还有股东会决议根本就不存在或不具备成立要件的情形,此即股东会决议不成立。股东会决议不成立意味着该决议自始不成立,故根本不存在法律效力的判断问题。

理论拓展　股东会决议不成立的制度流变及我国的实践

多数国家和地区公司法都是将股东决议瑕疵的后果分为无效与可撤销。这一分类方法在法律适用上可谓简单明了,但其缺陷在于,决议的撤销或无效,都是以决议成立为前提的,若根本无股东会决议之存在,则无从讨论其是否有效或可撤销。若将本未成立的股东会决议归入股东会决议无效或撤销的范畴,势必产生矛盾。因此,德国学说和判例普遍认为,应将股东会决议不成立确立为一种股东会决议瑕疵的独立后果,从而与民法上法律行为不成立概念相协调。该学说被日本、韩国等国商法及我国台湾地区判例所采纳,从而逐渐成为一项被各国家和地区广泛确认的制度。1981年《日本商法典》修正后,将学说与判例的见解成文化,在第252条增列确认股东会决议不存在的诉讼,从而承认股东会决议不存在为股东大会决议瑕疵法律后果的独立类型。在《日本商法典》的影响下,1984年《韩国商法典》修正时,也在第380条明文规定确认股东大会决议不存在之诉。[14] 2005年《日本公司法典》仍对股东会决议不存在之诉作了明确规定。在我国司法实践中,曾有人以股东会决议根本未成立为由提起股东会决议不存在之诉。因我国《公司法》未对此作明确规定,司法机关往往感到难以适用法律。在此问题上,完全可运用民事诉讼中的确认之诉制度,对确实未成立的所谓股东会决议确认为不存在。事实上,我国台湾地区虽未确

〔14〕 参见钱玉林:《股东大会决议瑕疵研究》,法律出版社2005年版,第274~276页。

立股东会决议不存在制度,但判例中已对此作了确认。

我国《公司法》虽未明确规定股东会决议不成立制度,但早在2007年,作为《最高人民法院公报》案例的股权转让纠纷裁判文书中,虚构的股东会决议就被确认为不成立,[15]从而确立了股东会决议不存在制度。在该案中,南京市玄武区人民法院(一审法院,当事人未上诉)认为:"有限责任公司的股东会议,应当由符合法律规定的召集人依照法律或公司章程规定的程序,召集全体股东出席,并由符合法律规定的主持人主持会议。股东会议需要对相关事项作出决议时,应由股东依照法律、公司章程规定的议事方式、表决程序进行议决,达到法律、公司章程规定的表决权比例时方可形成股东会决议。有限责任公司通过股东会对变更公司章程内容、决定股权转让等事项作出决议,其实质是公司股东通过参加股东会议行使股东权利、决定变更其自身与公司的民事法律关系的过程,因此公司股东实际参与股东会议并作出真实意思表示,是股东会议及其决议有效的必要条件。本案中,虽然被告万华享有被告万华工贸公司的绝对多数的表决权,但并不意味着万华个人利用控制公司的便利作出的个人决策过程就等同于召开了公司股东会议,也不意味着万华个人的意志即可代替股东会决议的效力。根据本案事实,不能认定2004年4月6日万华工贸公司实际召开了股东会,更不能认定就该次会议形成了真实有效的股东会决议。万华工贸公司据以决定办理公司变更登记、股权转让等事项的所谓'股东会决议',是当时该公司的控制人万华所虚构,实际上并不存在,因而当然不能产生法律效力。"此后,不少法院陆续作出了假冒股东签名的股东会决议被确认不成立或无效的判决。例如,北京市第二中级人民法院在(2008)二中民终字第17655号民事判决书中认为:"夏长山、张世安、夏长琴于2007年8月25日签署的《北京福路酒楼有限公司第5届第4次股东会决议》并非夏长山本人签署,张世安、夏长琴对此亦予以认可,故此份股东会决议不是夏长山的真实意思表示,该协议违反了我国法律的强制性规定,应属无效。"又如,上海市第一中级人民法院在(2013)沪一中民四(商)终字第1210号民事判决书中认为:"该次股东会的召集程序不合法,朱某某未出席、未行使其表决权,印某某代朱某某在决议上的签字未得到朱某某的授权和追认,不能代表朱某某的真实意思,该决议并未成立。未成立的股东会决议当然不发生法律效力。现朱某某起诉要求确认该决议无效,系朱某某以行动表示不再追认该决议,故该决议自始无效。"显然,尽管2007年的《最高人民法院公报》案例明确采用了股东会决议不成立的概念,且将其作为判断内容,但多数法院仍是从股东会决议无效的角度作出判决。

当然,也有法院明确区分了股东会决议不成立与无效。例如,浙江省杭州市江干区人民法院在(2015)杭江商初字第271号民事判决书中认为:"原告诉请以被告提供虚假决议变更工商登记,故要求确认股东会于2014年6月11日作出的《杭州中哲投资管理有限公司股东会决议——关于选举公司法定代表人(执行董事)、监事的决定》决议无效。经查明,原告毛成荣与第三人严桂华以委托中介之方式办理工商注册登记,虽实际均未出资,但事后在经营过程中,双方均认可双方各自的股东身份,故原告毛成荣与第三人严桂华的股东身份可以确立,也即双方可按各自登记的股份比例行使股东权。对于实际尚未出资的,可按公司法及相关司法解释的规定承担义务及责任。对于原告以虚假决议为由要求确认无效之请求,因原告主张《关于选举公司法定代表人

---

[15] 参见张艳娟诉江苏万华工贸发展有限公司、万华、吴亮亮、毛建伟股东权纠纷案,载《中华人民共和国最高人民法院公报》2007年第9期。

（执行董事）、监事的决定》决议虚假，该决议中原告签名也非本人签字，被告也未履行通知程序，故股东会决议并未成立，但不属无效范畴。考虑到公司股东在原先办理工商登记及股东身份确认时也未以本人签字的材料向工商部门提供，且事后股东也认可了原先代签的文件签署方式，对工商部门而言，无法核实股东会决议是否均系股东本人签署，因上述股东会决议不成立，故依据事实情形，杭州中哲投资管理有限公司可另行向工商部门办理相关手续。对于原告在庭审中提及公章刻制的问题，因该公章的刻制使用涉及公司股东内部关于公司经营权的争议，事后刻制公章是否可对外使用可由公司股东会决议后由公司作出决定，人民法院对股东内部的具体争议不作判断。同时，原告要求确认公司股东会决议无效，实则要求法院对股东会决议作出司法判断，故本院依法认定上述股东会决议不成立。”

（三）我国公司法关于股东会决议无效、撤销和不成立制度的规定

我国 1993 年《公司法》第 111 条规定：“股东大会、董事会的决议违反法律、行政法规，侵犯股东合法权益的，股东有权向人民法院提起要求停止该违法行为和侵害行为的诉讼。”该规定未明确规定股东会决议的无效和撤销制度，但隐含了其内容。此外，该规定未将违反公司章程作为提起股东会决议无效与撤销诉讼的事由。

现行《公司法》关于股东会决议的无效和撤销制度已作了较为完善的规定。该法第 22 条第 1 款规定：“公司股东会或者股东大会、董事会的决议内容违反法律、行政法规的无效。”同条第 2 款规定：“股东会或者股东大会、董事会的会议召集程序、表决方式违反法律、行政法规或者公司章程，或者决议内容违反公司章程的，股东可以自决议作出之日起六十日内，请求人民法院撤销。”依此，我国《公司法》对股东会决议瑕疵法律后果采取了两分法，即仅确立了决议无效和撤销制度。

我国《民法典》将决议行为确定为民事法律行为的一种，并在第 134 条第 2 款专门针对“决议行为”的成立要件作了明确规定：“法人、非法人组织依照法律或者章程规定的议事方式和表决程序作出决议的，该决议行为成立。”依此，决议行为不符合成立要件的，将构成决议行为不成立。以此为基础，《公司法解释（四）》确立了股东会决议不成立制度。对此，其第 5 条明确规定：“股东会或者股东大会、董事会决议存在下列情形之一，当事人主张决议不成立的，人民法院应当予以支持：（一）公司未召开会议的，但依据公司法第三十七条第二款或者公司章程规定可以不召开股东会或者股东大会而直接作出决定，并由全体股东在决定文件上签名、盖章的除外；（二）会议未对决议事项进行表决的；（三）出席会议的人数或者股东所持表决权不符合公司法或者公司章程规定的；（四）会议的表决结果未达到公司法或者公司章程规定的通过比例的；（五）导致决议不成立的其他情形。”由此，我国公司法对股东会决议瑕疵法律后果由两分法调整为三分法，正式确认了股东会决议不成立制度。

总体来说，我国公司法关于股东会决议无效、撤销和不成立制度的规定具有以下特点：

1. 我国《公司法》将股东会决议瑕疵与董事会决议瑕疵作一并规定，并赋予完全相同的法律效力与救济措施。其他国家和地区则一般仅确立股东会决议的无效与撤销制度，而未规定董事会决议的无效与撤销制度。对董事会决议瑕疵作出了特别规定的我国台湾地区“公司法”，也仅于第 194 条规定：“董事会决议，为违反法令或章程之行为时，继续一年以上持有股份之股东，得请求董事会停止其行为。”显然，董事会决议即便构成实体违法，也不能提起无效与

撤销之诉,而只能请求停止其行为。其他国家则大多不作任何规定。究其原因,便在于董事会决议瑕疵可通过股东代表诉讼制度寻求救济。我国明确规定董事会决议的无效、撤销和不成立制度使董事会决议瑕疵获得更为坚实的救济制度。由于我国对股东会与董事会决议的无效、撤销和不成立制度所作规定完全相同,故本书关于董事会决议的无效、撤销和不成立不作专门论述,需要作特别说明的则在本节特别阐述。

2. 我国《公司法》以决议瑕疵的性质作为决议无效与可撤销的划分依据。具体来说,决议内容违反法律、行政法规的,系违反实体性规范,属于决议实质瑕疵,被赋予无效的法律后果;决议内容违反公司章程的,系对公司内部自治规则的违背,未被纳入决议实质瑕疵范畴,被赋予可撤销的法律后果;会议召集程序、表决方式违反法律、行政法规或者公司章程,系违反程序性规范,属于决议程序瑕疵,被赋予可撤销的法律后果。由此可见,我国《公司法》将决议内容违反公司章程与法律、行政法规作了区分的绝对化处理。这一立法模式与《韩国商法典》第376条、第380条关于股东会决议撤销、无效和不存在制度的规定基本相同。[16] 2005年《日本公司法典》第830条、第831条也对此作了类似但更为细致的规定。[17] 我国台湾地区"公司法"第189条、第191条则分别规定:"股东会之召集程序或其决议方法,违反法令或章程时,股东得自决议之日起三十日内,诉请法院撤销其决议。""股东会决议之内容,违反法令或章程者无效。"显然,我国台湾地区"公司法"将决议内容违反公司章程赋予违反法令相同的效力,而未予区分。

3.《公司法解释(四)》第5条关于股东会决议不成立情形的规定可概括为股东会决议的严重程序瑕疵。这种严重的程序瑕疵不同于导致决议可撤销的程序瑕疵,之所以导致决议不成立,是因为该严重程序瑕疵导致不符合"依照法律或者章程规定的议事方式和表决程序作出决议"的决议行为成立要件。因程序瑕疵既可导致决议不成立,亦可导致决议可撤销,故在司法实践中如何区分程序瑕疵的严重程度将面临考验。为避免股东会轻微的程序瑕疵即导致决议可撤销,《公司法解释(四)》第4条规定:"股东请求撤销股东会或者股东大会、董事会决议,符合公司法第二十二条第二款规定的,人民法院应当予以支持,但会议召集程序或者表决方式仅有轻微瑕疵,且对决议未产生实质影响的,人民法院不予支持。"不过,如何认定轻微瑕疵,尚需通过司法实践的长期积累,才能确定具有可操作性的裁判规则。

(四)股东会决议无效、撤销和不成立之诉

除《公司法》关于股东会决议无效和撤销制度的相关规定外,《公司法解释(四)》还对股东会决议的无效、撤销和不成立之诉作了详细规定。

1. 股东会决议无效、撤销和不成立之诉的原告

我国《公司法》将提起股东会决议撤销之诉的主体限定为股东,但未对提起股东会决议无效之诉的主体作出规定。对此,英美法系国家及中国台湾地区均将股东会决议无效、撤销和不成立之诉的原告限定为股东,德国、日本、韩国等大陆法系国家则大多将原告规定为股东、董事及监事。《公司法解释(四)》第1条明确规定:"公司股东、董事、监事等请求确认股东会或者股东大会、董事会决议无效或者不成立的,人民法院应当依法予以受理。"第2条规定:"依据公司法第二十二条第二款请求撤销股东会或者股东大会、董事会决议的原告,应当在起诉时具有

---

〔16〕 参见《韩国商法》,吴日焕译,中国政法大学出版社1999年版,第82~83页。
〔17〕 参见《日本公司法典》,吴建斌、刘惠明、李涛译,中国法制出版社2006年版,第434~435页。

公司股东资格。”依此，股东会决议无效和不成立之诉的原告包括与股东会决议内容有利害关系的公司股东、董事、监事等人员，股东会决议撤销之诉的原告则仅限于股东，并且该股东应在起诉时具有公司股东资格。

关于何种股东得为适格原告，在股东会决议无效和不成立之诉中，因无效事由是违反法律、行政法规，属于绝对无效、确定无效，不成立则自始不产生法律效力，故理论与司法实践中对此都不存在疑义，即认为所有股东皆适格。但在撤销之诉中，则在各国立法、学说、判例上均对原告股东的资格存在分歧。通说认为，缺席股东大会的股东、无表决权的股东、决议后取得股东资格的股东均不妨碍其为适格原告。关于出席股东会会议但未对股东会的瑕疵决议提出异议的股东是否享有撤销请求权，则存在较大的分歧。对此，《德国股份法》第245条第1项规定，出席股东会会议的股东享有撤销权须“以其已对决议表示异议并作成笔录为限”。〔18〕 美国《商事公司示范法》(2002年)第7.06条〔19〕也有类似规定。理论界认为，该类股东的默示行为可以被推定为放弃撤销请求权。在作出股东会决议时尚不具有股东资格的股东，其前手(出让该股份的股东)在股东会决议时具有股东资格且未放弃撤销请求权，其诉权不因股份的转让而消灭。但如果前手默示放弃撤销请求权，则继受该股份的股东也不能享有撤销请求权。〔20〕 我国《公司法》及《公司法解释(四)》均未对此作明确规定，故仍有待司法解释或司法实践确定。对此，本书认为，应借鉴德国法的规定，作如下处理：只要存在股东会决议撤销的事由，则所有未出席股东会会议的股东均得为适格原告；但若股东出席了股东会会议，则只有其已对决议表示异议并作成笔录，才得为适格原告。

2. 股东会决议无效、撤销和不成立之诉的被告

各国家和地区公司法大多不对股东会决议的无效、撤销和不成立之诉的被告作明确规定，我国《公司法》亦然。但也有一些国家对此作了明确规定。例如，2005年《日本公司法典》第834条明确规定，股东大会等决议无效、不存在和撤销之诉，其被告为公司。〔21〕《德国股份法》第246条第2款规定：“诉讼应指向公司。公司由董事会和监事代表。由董事会或一名董事会成员起诉的，公司由监事会代表；由一名监事会成员起诉的，公司由董事会代表。”〔22〕不过，在未对股东会决议的无效和撤销之诉的被告作明确规定的国家和地区，其司法实践及解释均将被告确定为公司。〔23〕 有学者认为，从理论上来说，被提起无效或撤销之诉的决议系公司股东会所为，而股东会乃公司的权力机关，故只有公司才为股东会决议的无效和撤销之诉的适格被告。〔24〕 为明确该类诉讼的被告，《公司法解释(四)》第3条第1款明确规定：“原告请求确认股东会或者股东大会、董事会决议不成立、无效或者撤销决议的案件，应当列公司为被告。对决议涉及的其他利害关系人，可以依法列为第三人。”依此，股东会决议无效、撤销和不成立之诉

〔18〕 参见《德国股份法·德国有限责任公司法·德国公司改组法·德国参与决定法》，杜景林、卢谌译，中国政法大学出版社2000年版，第110页。

〔19〕 参见《最新美国标准公司法》，沈四宝编译，法律出版社2006年版，第68页。

〔20〕 参见钱玉林：《股东大会决议瑕疵研究》，法律出版社2005年版，第296～301页。

〔21〕 参见《日本公司法典》，吴建斌、刘惠明、李涛译，中国法制出版社2006年版，第437页。

〔22〕《德国股份法·德国有限责任公司法·德国公司改组法·德国参与决定法》，杜景林、卢谌译，中国政法大学出版社2000年版，第110页。

〔23〕 参见［韩］李哲松：《韩国公司法》，吴日焕译，中国政法大学出版社2000年版，第418页。

〔24〕 参见柯芳枝：《公司法论》，中国政法大学出版社2004年版，235页。

的被告原则上为公司,但决议涉及的相对利害关系人可以被列为共同被告或者第三人。

3. 股东会决议无效、撤销和不成立之诉的诉讼费用担保制度

为防止股东恶意提起股东会决议的无效、撤销和不成立之诉,有些国家的公司法确立了诉讼费用担保制度。例如,依《韩国商法典》第 377 条第 1 款及第 380 条之规定,股东提起股东会决议的无效、撤销和不成立之诉时,根据公司的请求,法院可以命令其提供相应的担保;但是,该股东为董事或者监事时除外。〔25〕 依 2005 年《日本公司法典》第 836 条第 1、3 款之规定,公司认为股东提起股东会决议的无效、撤销和不成立之诉为恶意行为时,法院可依其请求,命令原告股东提供相应的担保;但该股东为董事、监事、执行官或清算人的,或股东为设立时董事或设立时监事的除外。〔26〕 此处所谓恶意,是指明知不存在股东会决议无效、撤销和不成立的事由而提起诉讼。通过设定诉讼费用担保,可以使被恶意提起股东会决议的无效、撤销和不成立之诉的公司因此所受损害获得赔偿保障。各国均未对诉讼费用担保的金额作明确规定,实践中以公司可能受到的损害为标准,由法院具体裁决。〔27〕

美国、德国、法国等国家及我国台湾地区均未规定股东会决议的无效、撤销和不成立之诉的诉讼费用担保。对此,德国学者认为,股东提起股东会决议的无效、撤销和不成立之诉,是其基本股东权,不应受到过高限制。如果股东存在滥用诉权的问题,则将导致其诉讼请求被驳回的法律后果。〔28〕

我国《公司法》对股东会决议无效、撤销之诉的诉讼费用担保作了明确规定。该法第 22 条第 3 款规定:“股东依照前款规定提起诉讼的,人民法院可以应公司的请求,要求股东提供相应担保。”虽然《公司法》未对股东会决议不成立之诉作明确规定,但关于股东会决议无效、撤销之诉的诉讼费用担保的规定同样可适用于股东会决议不成立之诉。

4. 股东会决议无效、撤销和不成立之诉的提诉期间

各国公司法大多不对股东会决议无效诉权的行使作特别限制,也不设置提起诉权的期限,故应适用民法一般诉讼时效,我国亦然。不过,也有国家和地区对股东会决议无效之诉的提诉期间作了明确规定。例如,《意大利民法典》第 2379 条第 1 款即将该期间规定为 3 年。〔29〕 但各国大多对股东会决议撤销之诉规定了明确的提诉期间,该期间的性质为除斥期间。该期限一般为 1 ~ 3 个月,如日本规定为 3 个月,韩国、瑞士规定为 2 个月,意大利规定为 90 日,我国台湾地区规定为 30 日。我国《公司法》第 22 条第 2 款将股东会决议撤销之诉的除斥期间明确规定为 60 日。《公司法解释(四)》未对股东会决议不成立之诉的提诉期间作明确规定,故应适用《民法典》关于诉讼时效的一般规定。

5. 股东会决议无效、撤销和不成立之诉裁决的法律效力

关于股东会决议无效、撤销和不成立之诉的法律效力,各国家和地区公司法的规定不尽相同,有的作了明确规定,有的则未予规定。例如,依《德国股份法》第 248 条第 1 款及第 249 条

---

〔25〕 参见《韩国商法》,吴日焕译,中国政法大学出版社 1999 年版,第 82 ~ 83 页。

〔26〕 参见《日本公司法典》,吴建斌、刘惠明、李涛译,中国法制出版社 2006 年版,第 438 页。

〔27〕 参见[韩]李哲松:《韩国公司法》,吴日焕译,中国政法大学出版社 2000 年版,第 428 页。

〔28〕 参见[德]托马斯·莱塞尔、吕笛格·法伊尔:《德国资合公司法》(第 3 版),高旭军等译,法律出版社 2005 年版,第 282 页。

〔29〕 参见《意大利民法典》,费安玲等译,中国政法大学出版社 2004 年版,第 568 页。

第1款之规定,股东会决议无效、撤销和不成立之诉的判决,对全体股东及董事会、监事会的成员均发生效力,即使其为非当事人也不例外。[30]《法国商法典》、《日本公司法典》、《美国商事公司示范法》及我国台湾地区“公司法”均未对此作明确规定,而将该问题留待法院具体裁决。对此,我国《公司法》第22条第4款规定:“公司根据股东会或者股东大会、董事会决议已办理变更登记的,人民法院宣告该决议无效或者撤销该决议后,公司应当向公司登记机关申请撤销变更登记。”依此,我国《公司法》未对股东会决议无效、撤销和不成立之诉的法律效力作直接规定,但该条规定实际上隐含了涉及公司变更登记事项的股东会决议,其无效和撤销裁决具有溯及力。另外,《公司法解释(四)》第6条规定:“股东会或者股东大会、董事会决议被人民法院判决确认无效或者撤销的,公司依据该决议与善意相对人形成的民事法律关系不受影响。”

第三节 董 事 会

一、董事会的概念和职权

(一)董事会的概念

董事会是由股东会选举产生的必设和常设的集体业务执行机关与经营意思决定机关。从法律地位和职责权限的角度看,一些实行双层委员会的国家,如德国、奥地利,公司法中的监事会相当于一般意义上的董事会。在公司治理结构中,董事会这一组织机构,具有以下特征:

1. 董事会由股东会选举产生,向股东会负责,贯彻执行股东会的决议。股东会认为董事会的工作没有竭尽忠诚和勤勉,可以通过法律或章程规定的程序撤换或罢免董事会成员,改组董事会。

2. 董事会是公司的核心领导机关。董事会不仅仅是股东会之下的业务执行机关,它还有独立的权限和责任,在事实和法律上,已成为公司经营决策和领导的核心。除法定的股东会决议事项外,董事会均可作出独立决定。这在英美法系国家表现得尤为突出。

3. 董事会是集体执行公司事务的机关。董事会的权利不能分解于董事个人,任何董事均不能以个人名义行使董事会的权利。董事会行使权利只能通过召开董事会会议,形成表达董事会集体意思的决议。董事会会议实行委员会制,按照少数服从多数的原则确定董事会的意思。因此,各国公司法大多明确规定董事人数应为单数。

4. 董事会是公司的必设和常设机关。董事会通常是必须设置的机构。只有股东人数较少和规模较小的有限责任公司可以不设立董事会,由一名执行董事行使董事会的职权。

(二)董事会的职权

各国公司立法规定董事会职权的方式不尽一致:一为列举法,即法律以列举的方式,明确规定董事会的各种职权;二为排除法,即法律以列举的方式框定股东会的各种职权,排除股东会的职权外,赋予董事会行使公司的一切日常管理、决策权;三为列举加排除法,即法律在以列

---

[30] 参见《德国股份法·德国有限责任公司法·德国公司改组法·德国参与决定法》,杜景林、卢谌译,中国政法大学出版社2000年版,第111页。

举法明确规定董事会职权的同时,规定除法律和公司章程另有规定外,公司的一切权力都应由董事会行使或董事会授权行使。后两种方式与公司治理结构的董事会中心主义相吻合,为多数国家采用。总之,现代各国公司法都赋予了董事会十分广泛的职权。这些职权可分为两类,即对内的经营管理权和对外的业务代表权。

我国公司立法对董事会的职权采用列举法明确规定,较其他国家,尤其是英美法系国家,我国公司董事会的权利范围小、强度弱。根据《公司法》第46条、第108条第4款之规定,在我国的公司治理结构中,董事会享有以下职权:(1)召集股东会会议,并向股东会报告工作;(2)执行股东会的决议;(3)决定公司的经营计划和投资方案;(4)制订公司的年度财务预算方案、决算方案;(5)制订公司的利润分配方案和弥补亏损方案;(6)制订公司增加或减少注册资本的方案以及发行公司债券的方案;(7)制订公司合并、分立、解散或者变更公司形式的方案;(8)决定公司内部管理机构的设置;(9)决定聘任或者解聘公司经理及其报酬事项,并根据经理的提名决定聘任或者解聘公司副经理、财务负责人及其报酬事项;(10)制定公司的基本管理制度;(11)公司章程规定的其他职权。

二、董事会的产生和结构

(一)董事会的产生

董事会是由董事组成的领导集体。董事一般为自然人,但也有国家和地区法律规定法人亦可成为董事。但法人董事必须指定自然人代表行使职务。

1. 董事的任职资格

在公司兴起的早期,各国家及地区一般不对董事人选附加限制条件。但随着公司管理专业化的要求日益突出,各国家及地区都对董事的任职资格规定了限制条件。从世界范围看,法律一般从积极资格与消极资格两个方面规范董事的任职资格。这些条件一般包括以下几项:

(1)身份条件。关于董事人选的身份条件,各国家及地区主要围绕两方面加以规范:其一,董事人选是否必须是公司股东,即董事是否必须持有资格股。对此,有三种立法模式:一是董事必须具有股东身份,如英国、法国;二是不要求董事必须为股东,而且不允许公司禁止非股东充任董事,如美国、日本及中国台湾地区;三是原则上不要求董事必须是股东,但允许公司以章程规定董事必须持有资格股,如德国。我国《公司法》对此未作规定。其二,是否允许法人担任董事。对此,也有三种规范模式:美国、德国、瑞士公司法规定董事必须是自然人,法人不能担任董事。英国、比利时公司法及中国台湾地区“公司法”则规定法人可以担任董事,但须指定一名有行为能力的自然人作为其常任代表。而法国区分公司的不同情况,在采用双层委员会的公司中,法人不能担任董事;在单层委员会的公司中,法人可以出任董事。我国《公司法》对此亦未作规定。

(2)年龄条件。各国公司法均规定,未成年人不能担任公司董事,因此,对董事人选年龄下限的规定基本一致。对年龄上限,多数国家不作限制,但也有少数国家对年龄超过一定限度的人士出任董事附加了一定条件。如英国公司法规定,如果任命一个超过70岁的董事,需要由股东会通过决议对此情况作特别说明。法国公司法规定,70岁以上的董事不能超过董事会成员的1/3,董事长不能超过65岁。我国《公司法》未对董事的年龄条件作明确规定,但关于无民事行为能力人和限制民事行为能力人不能担任公司董事的规定,隐含了未成年人(已满16周岁不满 18 周岁但以自己的劳动收入为主要生活来源的视为完全民事行为能力人除外)不得担任公司董事。

(3)国籍条件。多数国家对董事人选的国籍没有限制,但也有少数国家规定董事人选必须具有特定国籍或居民身份。如瑞士公司法规定,如果公司只有一名董事,该董事必须是居住在瑞士境内的瑞士公民;如果有数名董事,该董事会的多数成员必须是居住在瑞士境内的瑞士公民。丹麦公司法则要求,公司至少一半的董事和全部的经理应居住在丹麦。我国《公司法》未对董事人选的国籍或居民身份作出限制。

(4)能力、品行条件。为避免股东信任的落空,多数国家的公司立法都限制或禁止有不良行为记录或个人资信状况较差的人出任董事。我国《公司法》第 146 条规定,有下列情形之一的,不得担任公司的董事、监事、高级管理人员:无民事行为能力或者限制民事行为能力;因贪污、贿赂、侵占财产、挪用财产或者破坏社会主义市场经济秩序,被判处刑罚,执行期满未逾 5 年,或者因犯罪被剥夺政治权利,执行期满未逾 5 年;担任破产清算的公司、企业的董事或者厂长、经理,对该公司、企业的破产负有个人责任的,自该公司、企业破产清算完结之日起未逾 3 年;担任因违法被吊销营业执照、责令关闭的公司、企业的法定代表人,并负有个人责任的,自该公司、企业被吊销营业执照之日起未逾 3 年;个人所负数额较大的债务到期未清偿。公司违反前款规定选举、委派董事、监事或者聘任高级管理人员的,该选举、委派或者聘任无效。董事、监事、高级管理人员在任职期间出现上述情形的,公司应当解除其职务。[31]

(5)其他条件。为避免董事利用其特殊地位,损害公司利益,有些国家的公司法还规定董事人选的本公司董事角色与其承担的其他特定角色相排斥。这主要有两种情况:一是其他公司的董事或实际管理人不得作为本公司董事人选;二是承担特定社会角色的人不能兼任公司董事。不少国家法律禁止政府官员、公证员、律师兼任民营公司董事。监事亦不得为本公司董事。我国公司法规定,国家公务员不得兼任公司的董事,监事亦不得兼任本公司董事。此外,《律师法》还规定,律师不得出任公司的经营管理职位。由于独立董事并非经营管理职位,故律师可以出任。

2. 董事的选任

董事通常由股东会选任。除此之外,股份有限公司的首届董事,在公司发起设立场合,由发起人选任;在募集设立场合,由创立大会选任。但在一人公司场合,董事则由股东指派。还有个别国家,如德国规定董事由监事会选任,但在这些国家,董事的地位和职权更像经理,而非通常意义上的董事。有限责任公司的董事还可以在章程中指定或由法律直接规定。在由法律直接确定的场合,往往是规定出资额最多的股东为当然的董事。我国公司法规定,董事由股东会选举和更换;但董事会成员中必须有公司职工代表的有限责任公司,其职工代表董事应由职工大会等组织选举产生。

董事选任机关的规定是强制性规定,不得以章程规定,将董事选任权委托给公司其他机关或第三人行使;也不得规定,董事选任机关(一般为股东会)选任董事决议之效力须取决于第三人同意。

---

〔31〕《公司法》关于董事、监事、高级管理人员的能力、品行条件一并规定,故在此也一并说明,此后关于监事、高级管理人员的能力、品行条件就不予赘述了。

在董事选任方式上,现代各国大多规定,董事选任得采累积投票制。有些国家和地区还明确规定,除章程另有规定外,董事选任原则上采累积投票制,如日本公司法及中国台湾地区“公司法”之规定。

3. 董事的任期

董事的任期,各国的规定不同,但大多规定了最长期间,其最长期间短者 1 ~ 2 年,长者 5 ~ 6 年。我国公司法规定,董事任期不得超过 3 年,可连选连任。董事任期的起算,首任董事自公司成立时起算,公司成立后改选的董事,则除股东会决议规定了起讫日期或自上届董事任期届满之日计算外,应自当选之日起算。

董事在任期内,可以单方提出辞职,无须经公司同意,即可解除与公司的关系。但是公司无法找到能够代行其职务的人,董事又无迫不得已的理由,公司有权要求董事赔偿因其辞职给公司造成的损失。

公司也可以随时通过股东会决议解任董事。对此,《公司法解释(五)》第 3 条第 1 款规定:“董事任期届满前被股东会或者股东大会有效决议解除职务,其主张解除不发生法律效力的,人民法院不予支持。”当然,在无董事行为不端、怠慢、明显缺乏能力等正当理由场合,公司有义务赔偿因此给被解任董事造成的损失。对此,《公司法解释(五)》第 3 条第 2 款规定:“董事职务被解除后,因补偿与公司发生纠纷提起诉讼的,人民法院应当依据法律、行政法规、公司章程的规定或者合同的约定,综合考虑解除的原因、剩余任期、董事薪酬等因素,确定是否补偿以及补偿的合理数额。”

(二)董事会的结构

董事会由一定数量的当选董事组成。通常设董事长 1 名,副董事长若干名。董事长对内为股东会、董事会的主席,对外则多为公司的法定代表人。但西方国家公司法均不将董事长作为唯一的法定代表人。

我国《公司法》规定,有限责任公司的董事会由 3 ~ 13 人组成,董事会设董事长一人,可以设副董事长;但股东人数较少或者规模较小的有限责任公司,可以设一名执行董事,不设董事会。董事长、副董事长的产生办法由公司章程规定。董事长可为公司的法定代表人。但两个以上的国有企业或者两个以上的其他国有投资主体投资设立的有限责任公司,其董事会成员中应当有公司职工代表;其他有限责任公司董事会成员中可以有公司职工代表;该职工代表由公司职工通过职工代表大会、职工大会或者其他形式民主选举产生。国有独资公司设董事会的,董事会成员中应当有公司职工代表,该职工代表由公司职工代表大会选举产生。股份有限公司的董事会由 5 ~ 19 人组成,董事会设董事长一人,可以设副董事长。董事长和副董事长由董事会以全体董事的过半数选举产生。董事长可为公司的法定代表人。

三、董事会会议

(一)董事会会议的种类

董事会亦为会议体机构,主要通过参加董事会会议并参与表决的方式行使权利,有定期会议和临时会议之分。

定期会议,亦称例会或常会,是按公司章程规定定期召开的董事会会议。普通会议召开的频率由公司章程或章程细则规定,可以一年一次,也可以半年一次,甚至更多。随着董事会作用的强化,普通会议间隔期限有逐渐缩短的趋势。我国《公司法》规定了股份有限公司普通会议每年召开次数的下限,即董事会会议每年至少召开两次,并删除了旧法关于有限责任公司董事会的召集的相关规定,将其规范制定权交由公司章程。

临时会议,亦称特别会议,是遇有法定事由、不定期召开的董事会会议。我国《公司法》规定,股份有限公司代表 1/10 以上表决权的股东、1/3 以上董事或者监事会,可以提议召开董事会临时会议。董事长应当自接到提议后 10 日内,召集和主持董事会会议。在上市公司,经全体独立董事 1/2 以上同意,独立董事有权提议召开董事会。

(二)董事会会议的召集

董事会会议一般由董事长负责召集并主持。董事长不能召集的,应委托副董事长或其他董事代行其职责。但每届董事会的第一次会议,往往由得票最多的董事召集。

对于董事会的召集期限和程序,实践中,公司的一般做法是,于董事会会议开始的一定时间之前向全体董事发出书面通知。通知的期限以在足够的时间内送达并保证董事能准时到会为原则。遇有紧急情况,可以不受召集时间的限制,随时召集董事会会议。

会议通知仅要求载明会议的召开时间、地点及事由的简要说明。由于董事会会议讨论决定的是直接关系公司经营和发展的重大事项,为保密起见,不必注明会议将要讨论的具体内容。

我国《公司法》规定,董事长召集和主持董事会会议,检查董事会决议的实施情况。副董事长协助董事长工作,董事长不能履行职务或者不履行职务的,由副董事长履行职务;副董事长不能履行职务或者不履行职务的,由半数以上董事共同推举一名董事履行职务。但该规定没有明确该"半数以上"是原董事会构成人员的半数以上还是剩余董事的半数以上,在因董事不足法定人数而需要召开股东大会因而需要召集董事会的情形下,当剩余董事人数不足董事会构成人员的一半,而法条中的"半数以上"又被理解为原董事会构成人员的半数以上时,董事会也可能无法召开。不过,从文句解释上讲,应将其理解为原董事会构成人员的半数以上。

(三)董事会会议的法定人数

董事会会议形成有效决议,必须达到法律规定的出席董事会议的法定人数。为体现民主决策,法定人数应占董事成员的多数。但有的国家公司法规定,法定人数可以低于简单多数,但不得少于董事总数的 1/3。我国《公司法》未规定有限责任公司董事会会议的法定人数,即授权公司章程规定,将股份有限公司董事会会议的法定人数规定为董事会总人数的过半数。

董事不能亲自出席董事会会议时,可以书面委托他人代理出席。我国《公司法》规定了股份有限公司董事职权的代理行使,对有限责任公司则未作规定,应理解为公司法授权公司章程决定。

此外,我国《公司法》还规定,经理、监事可以列席董事会会议,监事可对董事会决议事项提出质询或者建议。

(四)董事会决议

董事会决议是董事会就提请董事会会议审议的事项,依法律或章程规定的程序表决形成的决议,是董事会集体意志的体现。董事会决议与股东会决议不同,其以董事的"人数"为计算出席和决议的标准,而不以董事持有或代表的股份或出资额作为计算标准。

与股东会决议一样,董事会决议也可分为普通决议和特别决议。普通决议用于决定一般事项,只需符合法定人数的出席董事的简单多数同意,即可通过。特别决议则用于决定特别事项,通常需要有2/3董事出席并经过半数或者更多的出席董事同意方能形成。适用特别决议的特别事项,通常由公司章程确定。

董事会表决实行一人一票制,每一名董事对提请董事会审议的事项有一票表决权。按商事惯例及其他国家立法例,就与董事有利害关系的事项表决时,该董事应该回避,不得参加表决。但我国《公司法》未作此规定。

我国《公司法》规定,有限责任公司董事会的决议方式和表决程序由公司章程规定,关于股份有限公司的董事会决议也仅作了原则性规定:"董事会会议应有过半数的董事出席方可举行。董事会作出决议,必须经全体董事的过半数通过。"对此,可理解为《公司法》授权公司章程就董事会特别决议作出特别规定。

第四节　经　　理

一、经理的概念及立法模式

经理,又称经理人,是指由董事会聘任、负责组织日常经营管理活动的公司常设辅助业务执行机关。

"经理"一词,在大陆法系国家和地区的规范、学说与判例中含义相当复杂。采民商分立规范的国家和地区(如德国、日本、韩国和中国澳门特区等),一般在商法典总则中对经理作出规定;而采民商合一规范的国家和地区(如意大利、瑞士和中国台湾地区等),则一般在民法典中对经理作出规定。如《澳门商法典》第64条第1款对经理作了较清晰的界定:"经理系指商业企业主委任以经营企业之人,该委任得按商业习惯以任何职务名称为之。"该规定把握住了经理的实质含义,不因名称而否定具有实质经理地位的人的经理身份。与民商分立规范不同,民商合一规范下,是以民法典从契约角度来界定经理的地位。我国台湾地区在"民法"债编之第2章第11节就"经理人及代办商"作了专节规定。其中第553条第1款规定:"称经理人者,谓由商号之授权,为其管理事务及签名之人。"商法典从主体法角度试图将经理与商人区分开,带有浓厚的主体色彩;民法典则从行为法角度试图解析经理与商主体的关系,以契约关系取代经理的身份关系。这种表述上的差异,隐含着不同的立法价值取向:前者对经理地位的安排更多地侧重于强制性规范,以满足经理的权力保障;而后者将经理置于契约当事人地位,侧重于任意规范,赋予经理以契约上的权利。相对而言,商法典强调了经理的自由决定权和经营判断权,从而使经营更专业、更有效率;而民法典更多地负载了安全理念,使企业主保持了营业控制力,实现了"所有"与控制的紧密结合。[32] 但无论以商法典还是民法典规定,其关于经理的规定都仅属于一般规定,并不能完全适用于公司之经理。因此公司经理的具体职权、地位等还必须首先依公司法之规定处理。目前绝大多数国家和地区的公司法,都将经理的设置及经理权的授予原则上纳入公司自治权范围,立法不作过度干预,即采经理立法任意主义模式。只有德

---

〔32〕 参见王保树、钱玉林:《经理法律地位之比较研究》,载《法学评论》2002年第2期。

国、法国等少数国家仍然规定，经理的设置为法律的强制性规定，经理为公司的必设机关。

在英美法上，“经理”含义在判例法和成文法中具有一定差异。在判例法上，“经理”一词的用语曾被表达为“manager”，意指一个被选任用以经营、指导或管理他人或公司及其分支机构事务的人，他被授予一定的独立经营权。按英美法院的判解，“经理”这一称谓本身就隐含总的权力和允许合理的干预，易言之，被称为经理的雇员有权控制雇主的营业和作出通常的行为。显然，这一解释与大陆法系的规定基本一致。但在英美成文法上，“经理”一词往往被包含在“高级管理人员”（officers）这一概念中。对具体执行董事会的决策，并负责公司的日常经营管理的人员统称为“高级管理人员”。传统的高级管理人员包括总经理（general manage）或总裁（president）、副总经理（vice - general manage）或副总裁（vice - president）、司库或财务主管（treasurer）以及董事会秘书（secretary），但现今还包括董事长、首席顾问、部门经理等。〔33〕 在公司实务中，公司经理层（management）往往被分为首席执行官（chief executive officer/CEO）、首席运营官（chief operation officer/COO）、首席财务官（chief financial officer/CFO）、首席法律顾问（chief legal officer/CLO）等。在具体立法模式上，由于传统公司法中规定的高级管理人员的称谓已远不能包罗现代公司的组织结构和人员编制，所以美国不少州（如特拉华州）的公司法已取消了有关高级管理人员的具体规定，允许公司在章程中自行规定高级管理人员的任何职务称谓。《美国商事公司示范法》第八章第四分章（第8.40～8.44条）虽然对“高级管理人员”作了专章规定，但也未对高级管理人员的职衔作出具体规定。英国公司法则在历次修改中保持原有的特点，依然笼统地使用“高级管理人员”（officers）一词。英美法系这种规定意味着经理及其他高级管理人员的含义可以随环境和立法目的而变化。因此，在英美法系国家和地区，经理的含义和法律地位都没有获得法律的明确界定，而是被包含于外延极广的“高级管理人员”之中，其具体的法律地位也要经公司章程（一般通过章程细则）才能确定。

我国《公司法》将公司经理确立为公司的机关，但又将其界定为公司高级管理人员之一种。不过，公司法除对上市公司的董事会秘书这一高级管理人员作了特别规定外，未对经理外的其他高级管理人员作特别规定。因此，经理外的其他高级管理人员也应适用关于经理的一般规定。

二、经理的法律地位

经理的法律地位，是指经理在公司中所享有的民事权利和承担民事义务的资格。具体表现为经理与公司中其他公司机关之间的权利分配关系和经理的行为对于公司外第三人的法律效力如何。

总的来说，在各国公司法中，经理职位一般非法定必设机关，而由董事会根据公司的经营管理和业务需要的具体情况而设立。经理通常不被看作公司机关，即便是法定机关，也被定位为董事会的辅助执行机关，公司经理只是董事会下属的辅助董事长和董事会管理的机关，它本身不是独立的组织机关，也不是独立的业务执行机关。由此可见，在传统公司治理结构中，经理并不具有独立的法律地位。不过，现代股份有限公司中一般都设有经理之职，在规模较大的公司，还设有总经理、副总经理和部门经理，实行分层管理。

对于经理的法律地位，大陆法系国家较为一致的看法是经理是商业使用人，与公司之间是

---

〔33〕 参见［美］罗伯特·C. 克拉克：《公司法则》，胡平等译，中国工商出版社1999年版，第84页。

委任关系。公司有权根据自身的治理结构决定是否设置经理,法律不应干涉。因此,经理一般为依章程任意设定的辅助业务执行机关。英美法系国家将公司的经营管理权完全委诸董事会。[34] 因此,在英美法系国家和地区,尽管经理的作用越来越普遍地受到重视,但各国公司立法均以任意性规范为主。经理受聘于公司,属于雇员范畴,法律对其是否设立并不作强制性规定。

在中国公司法关于公司组织机构的规定中,最具特色的是公司经理制度。我国 1993 年《公司法》规定,有限责任公司和股份有限公司均需设经理,因而经理成为公司的法定常设机构。现行《公司法》规定,有限责任公司可以设经理,股份有限公司设经理,均由董事会决定聘任或者解聘。我国《公司法》赋予了经理非常广泛的职权,将传统公司法中许多董事会的职权授予了经理行使,但同时又规定了董事会对经理的诸多法律制约,并明确规定公司章程对经理职权另有规定的,从其规定。

依我国《公司法》之规定,公司经理(总经理)的法律地位体现为三个方面:一是公司的代理人,享有《公司法》规定的法定代理权限和公司章程规定的委托代理权限;二是公司高级劳动者,根据劳动合同履行合同义务,并享受劳动法的保护;三是公司日常经营管理事务的总负责人,经公司章程规定,还可为公司的法定代表人。在实践中,由于许多公司经理都由董事会成员甚至董事长兼任,因而经理又获得了极其广泛的职权。

三、公司经理的职权

(一)公司经理职权的概念与立法模式

公司经理的职权,在理论上又被称为公司经理权,是指公司经理基于法律、公司章程或契约所规定的范围内执行公司业务所享有的职权。不过,严格来说,公司经理权与公司经理的职权并不完全相同。公司经理权是一个一般性、抽象化的概念,是基于公司经理这一职位及相应授权而取得的,只要明确了经理地位则必然享有该权利,即便公司章程或股东会决议予以特别限制,也不得对抗第三人,其意义主要在于公司对外关系之调整。而经理职权则是一个具体的概念,系由公司法所明确规定经理得享有之各种具体权利。从其具体内容看,其意义虽包括对外关系之调整,但似乎主要在于公司对内关系之调整。

各国家及地区相关规定基本上都不对公司经理的职权范围作明确规定,而由公司以章程或契约的形式协商确定。[35] 例如,我国台湾地区"公司法"第 31 条第 1 款规定:"公司经理人之职权,除章程规定外,并得依契约之订定。"在英美法系国家和地区,由于经理是外延甚广的"高级管理人员"之一种,而法律并不就高级管理人员设置明确的权限,因而经理的职权概由章程细则或董事会决议确定。

---

〔34〕《美国商事公司示范法》规定,所有公司权力应当由董事会行使或在它的授权下行使,公司经营也应当在它的指导下执行。除非公司章程或内部细则另有规定,董事会可以设立一个或多个委员会并指定其成员进入委员会工作,每个委员会可以有两个或更多的董事参加,他们按董事会意思工作。在董事会规定范围内或章程大纲、章程细则规定范围内,每个委员会可以行使前述规定的董事会的权力。公司高级管理人员得由章程大纲或章程细则规定其权限和责任,也得由董事会或经董事会授权的高级主管规定其权限和责任。可见,是否设置经理取决于公司的治理结构或董事会的工作方式,经理也仅为公司的高级雇员而已。

〔35〕例如,我国台湾地区"公司法"第 31 条第 1 款规定:"公司经理人之职权,除章程规定外,并得依契约之订定。"《法国商事公司法》第 117 条规定:"董事会和董事长协商确定授予总经理权力的范围和期限。"参见《法国商法典》,金邦贵译,中国法制出版社 2000 年版,第 131 ~ 133 页。

（二）公司经理权的授予

获得公司经理身份即当然获得由法律或公司章程确认的经理的职权，当然公司也可以通过与经理签订契约的方式对经理的职权作具体规定。因此，一般来说，公司经理的职权无须特别授予，在公司董事会任命经理之时，即意味着授予其相应的经理职权。如果公司事先没有通过章程或股东会决议等对经理职权予以确认，或者认为应当将既有授权规定予以调整，也可以通过与经理订立契约的方式具体授予经理职权。但该契约应当由董事会或股东会以公司名义订立。对此，前引我国台湾地区“公司法”第 31 条第 1 款即有明确规定。需要说明的是，不管以何种方式授予经理职权，授权主体均为公司。在非以契约特别限定经理职权的情况下，经理委任书同时即为经理职权之授予证明；在以契约特别规定经理职权的情况下，该契约即为经理职权之授予证明，该契约应以书面形式为之。不过，经理职权之特别限定往往仅具有内部效力，在公司对外关系上，为维护交易相对人的利益，只要经理获得任命，即便尚未获得授权或其经理职权受到特别限制，也同样获得“表见代表权”，公司不得以其内部约定对抗善意第三人。因此，虽然经理职权之授予一般应以书面形式为之，但只要有经理职务之任命，则可认为已默示授予经理职权。对此，我国台湾地区“民法”第 553 条第 2 款规定：“前项经理权之授与，得以明示或默示为之。”

（三）公司经理职权的内容

对公司经理职权范围，各国大多委诸公司章程规定或由契约规定。从公司的运营实践看，经理职权大体上包括：执行董事会确定的经营方针、任免公司的职员、对外代表公司签订合同、负责管理公司的日常事务等。但各国家及地区大多规定，对公司经理职权的限制不得对抗善意第三人。例如，我国台湾地区“公司法”第 36 条规定：“公司不得以其所加于经理人职权之限制，对抗善意第三人。”

我国《公司法》赋予了公司经理广泛的职权，规定公司经理行使下列职权：（1）主持公司的生产经营管理活动，组织实施董事会决议；（2）组织实施公司年度经营计划和投资方案；（3）拟订公司内部管理机构设置方案；（4）拟订公司的基本管理制度；（5）制定公司的具体规章；（6）提请聘任或者解聘公司副经理、财务负责人；（7）决定聘任或者解聘除应由董事会决定聘任或者解聘以外的负责管理人员；（8）董事会授予的其他职权。此种做法实际上是把传统公司法上的董事会的权利一分为二，即决策权归董事会，执行权归经理。若对董事会与经理的权利硬性划分，则既可能使董事会沦为虚设，又可能使公司的实际负责人难以确定，使董事长与经理之间的权责发生冲突。对此，我国理论界与实务部门都达成了共识，认为应当在公司法修订时予以变更与完善。因此，我国现行《公司法》补充规定：“公司章程对经理职权另有规定的，从其规定。”这就使公司法关于经理职权的规定成为填补公司章程空白的任意性规定。

第五节 监 事 会

一、监事会的概念和职权

（一）监事会的概念

监事会是由股东会选举的监事和由公司职工民主选举的监事组成的对公司的业务活动进

行监督和检查的法定必设和常设机构。

与公司的其他组织机构相比,各国公司法对公司的业务监督检查机构的称谓差异最大,有的称为监事会,有的称为监察委员会,也有的称为监察人或审计员,理论上则一般统称为监事会。

关于监事会的设置问题,各国家及地区的规定也具有较大差异,且因公司类型而异。在有限责任公司中,监事会一般是公司的任意机关,公司可设一名至数名监察人,也可不设。公司立法对资本数额较小或职工人数较少的小型公司监事会设置与否原则上不加干预,对资本达到一定数额、职工人数达到一定数量的公司则规定必须设置监事会。在股份有限公司中,公司立法对监事会的设置与否的规定也存在很大差别。实行单层委员会制的英、美等国,在股东会下只设董事会而不设监事会,其监督职能由董事会下设专门的审计委员会行使。这个委员会至少有三名成员,成员资格为非执行董事。实行双层委员会制的德国等国,在股东会下同时设有监事会(也有人译为监督委员会、监督董事会)和董事会(也有人译为管理委员会、管理董事会、理事会)两个机构,由监事会对董事会的业务活动进行监督,但此处所谓监事会类似于英美国家的董事会,但不包括意思执行职能。在法国等国,因实行可任选的公司治理结构模式,故其监事会的设置也具有不同模式。在有限责任公司,实行董事会与审计员相结合的模式,该审计员即行使监事会的职能。在股份有限公司,可由公司章程自由选择不同模式:其一为董事会与审计员相结合的模式,其二为经理室与监事会相结合的模式。在前者,审计员行使监事会职能;在后者,则直接设立了监事会这一监督机关。在韩国及中国等国家,公司组织机构由股东会、董事会及监事会构成,监事会与董事会相并列,并为董事会的专门监督机构。监事与董事不同,各自可以构成公司的机关,监事为复数时,也可以单独行使监事的职务权限(独任制)。监事由股东大会选举产生,选任决议的方法为普通决议,不准采用累积投票的方法。一般所谓监事会正是在此意义上而言。依2005年《日本公司法典》,股份有限公司可由公司章程选择适用单层委员会制或双层委员会制。在前者,不设置监事会,监督职能由董事会中的审计委员会行使;在后者,仍设置改过传统公司法上的监事会,即作为韩国监事会蓝本的类型。

我国公司的监事制度基本沿用了大陆法系国家的模式,在监事会的结构上吸取了德国的股东代表和职工代表参加的模式,在监事会的职能方面则更接近于日本的规定。我国《公司法》规定,公司必须设置这一监督制衡董事会的机构;但股东人数较少或者规模较小的有限责任公司,可以设1~2名监事,不设监事会。

从公司的运营实践看,监事会设与不设各有利弊。设置监事会可以有效制衡董事会,遏制其滥用职权,但容易导致公司内部机构臃肿、关系复杂;不设置监事会,可以减少公司经营成本,但董事会若失去必要的制衡,容易导致权力异化。近年来,各国公司治理结构模式出现相互借鉴的趋势。我国公司的监督制度也正经历着理论与实践的双重检讨,仍应进一步积极探寻完善的方案。

(二)监事会的职权

与监事会的设置一样,对监事会的职权,各国公司法的规定也差异明显。权限大者,规定得粗疏宽泛;权限小者,则规定得详细严格。西方国家的公司实践证明:制度健全、权限广泛者,能收到实效;权限较小且规定不严者,则难有监督之实。

要保证有监督之实,监事会应当具备以下基本职权:(1)监督董事会。监事会成员应有权列席董事会会议,听取董事会报告,对董事会的决议提出异议,阻止董事会违反法律和公司章程的行为。(2)监督检查公司的经营状况和财务状况。监事会有权随时检查或要求董事会报告公司的经营状况和财务状况。(3)召集股东会。监事会在遇有法定情形时,有权越过董事会,自行召集股东会。(4)代表公司。监事会在特定情形下,如公司与董事间发生诉讼、董事为自身利益与公司交涉,有权代表公司。

依照我国《公司法》第53条、第54条及第118条之规定,监事会享有以下职权:(1)检查公司的财务;(2)对董事、高级管理人员执行公司职务的行为进行监督,对违反法律、行政法规、公司章程或者股东会决议的董事、高级管理人员提出罢免的建议;(3)当董事、高级管理人员的行为损害公司的利益时,要求董事、高级管理人员予以纠正;(4)提议召开临时股东会会议,在董事会不履行该法规定的召集和主持股东会会议职责时召集和主持股东会会议;(5)向股东会会议提出提案;(6)依法对董事、高级管理人员提起诉讼;(7)公司章程规定的其他职权;(8)监事可以列席董事会会议,并对董事会决议事项提出质询或者建议;(9)监事会、不设监事会的公司的监事发现公司经营情况异常,可以进行调查,必要时,可以聘请会计师事务所等协助其工作,费用由公司承担。

二、监事会的产生

(一)监事的选任

在不实行职工参与制的国家,监事会代表股东利益。监事一般由股东会选任,其选任方式与董事相同。除此之外,股份有限公司在发起设立时,可以由发起人互选;在募集设立时,由创立大会选任。有限责任公司的监事还可以在章程中指定,或者由法院选任。在实行职工参与制的国家,监事会同时代表劳方利益,监事分别由股东会、职工和工会选任。我国公司法规定,监事会中的股东代表,由股东会选任;职工代表由公司职工民主选任。

(二)监事的任职资格

为保证监事会功能的发挥,监事必须具有相应的任职能力。监事人选的资格与董事基本相同,也有法人能否担任监事的问题,此时同样必须任命一个有行为能力的自然人作为其代表。各国公司法都规定,公司的董事、经理及财务负责人不得兼任监事。我国公司法对于监事人选的资格除规定董事、高级管理人员不得兼任监事外,其他与董事、经理的任职资格相同。

(三)监事的任期

对于监事的任期,各国公司法的规定不尽一致,公司的运营实践也没有形成一致的做法。总的来说,各国监事会的任期一般比董事会短。任期较短,可以避免因监事与董事利益协调而失去监督功能,但同时不利于强化监事的责任感;任期过长,有利于增强监事的责任感,但同时容易造成监事与董事利益协调,甚至相互勾结、营私舞弊。但无论如何,都应避免监事与董事的任期一致。我国《公司法》规定,监事的任期与董事相同,每届3年,连选可以连任。这种做法显然不利于监事会功能的发挥,其弊端在实践中已暴露无遗。

在任期内,监事的辞职或被解任的事由与方式和董事基本相同,监事与董事也具有基本相同的损害赔偿请求权。

三、监事会的组成

(一)监事会的人数

监事的人数应视公司的类型、规模和公司的业务管理、经营范围而定。各国公司法一般都不对监事人数的上限作硬性规定,而授权公司根据具体情况以章程确定。我国公司法规定,公司的监督机构原则上采取监事会的模式,监事会的人数不得少于3人。但股东人数较少和规模较小的有限责任公司可不设监事会,仅设1~2名监事行使监事会职权。

(二)监事会的成员结构

在传统公司法中,监事会成员一般是在有行为能力的股东中选任。但进入20世纪后,监事会的成员结构则因公司是否实行职工参与制而有所区别。在不实行职工参与制的公司中,监事均为股东代表;在实行职工参与制的公司中,监事会中有一定比例的职工代表,吸收职工参与企业决策。德国、奥地利、荷兰等国家公司法都规定,监事会成员中应有一定比例的职工代表参与公司的经营监督。这些国家一般规定监事会的1/3成员由职工代表担任,德国2000人以上的大公司中,握有公司实权的监事会中股东代表与职工代表则各占1/2。[36]

我国《公司法》规定,监事会应当包括股东代表和适当比例的公司职工代表,其中职工代表的比例不得低于1/3,具体比例由公司章程规定。监事会中的职工代表由公司职工通过职工代表大会、职工大会或者其他形式民主选举产生。

四、监事会会议的召集与决议

我国《公司法》规定,有限责任公司监事会每年度至少召开一次会议,股份有限公司每6个月至少召开一次会议。监事可以提议召开临时监事会会议。监事会决议应当经半数以上监事通过。监事会应当对所议事项的决定作成会议记录,出席会议的监事应当在会议记录上签名。监事会、不设监事会的公司的监事行使职权所必需的费用,由公司承担。除上述规定外,有限责任公司监事会的议事方式和表决程序,由公司章程规定。

股份有限公司监事会设主席一人,可以设副主席。监事会主席和副主席由全体监事过半数选举产生。监事会主席召集和主持监事会会议;监事会主席不能履行职务或者不履行职务的,由监事会副主席召集和主持监事会会议;监事会副主席不能履行职务或者不履行职务的,由半数以上监事共同推举一名监事召集和主持监事会会议。除此之外的股份有限公司监事会的议事方式和表决程序亦由公司章程规定。

---

〔36〕 此外,中国台湾地区在2001年修订“公司法”时,虽然未将独立监察人(独立监事)作为一项普遍的制度在股份有限公司推行,但我国台湾地区“证券暨期货管理委员会”在2002年年初对此作了修订。依其新规则,初次申请上市(柜)时,监察人至少需有独立监察人一人以上,并且同时还要求董事中至少要有独立董事二人以上。参见王文宇:《台湾公司治理法制回顾与前瞻》,载[日]滨田道代、吴志攀主编:《公司治理与资本市场监管——比较与借鉴》,北京大学出版社2003年版,第19页。

第六节　董事、监事、高级管理人员的义务

一、概说

大陆法系一般以委任关系作为董事、监事、高级管理人员与公司关系的理论基础，英美法系则以信托关系作为理论基础，由此两大法系对董事等的义务与责任的规定存在一定差异。并且，由于存在不同的公司治理模式，即便是在同一法系内部，各国关于公司董事、监事、高级管理人员的地位以及相应的义务与责任的规定，也不尽相同。总的来说，各国公司法均确认了董事、监事、高级管理人员均作为公司高级管理人员的地位并基于此赋予其相应的职责。但大陆法系往往不将这种义务予以明确规定，也未形成统一的理论体系，而英美法系则在立法、判例与理论等不同层面，均形成了较为成熟的体系。

在英美法系国家和地区，董事、经理等高级管理人员基于其与公司之间的信托关系而承担“信义义务”(fiduciary duty)〔37〕。在判例法的基础上，信义义务所涵盖的注意义务(duty of care)与忠实义务(duty of royalty)被逐渐确立为法定义务(statutory duty)，从而使公司高管所应承担的注意义务与忠实义务的内涵得以明确。〔38〕在美国判例法中，还形成了经营判断规则(business judgment rule)这一判断注意义务的重要标准。〔39〕这种规制模式虽根植于英美法系传统，但陆续为不少大陆法系国家和地区所移植。如日本即于 1950 年直接参考美国法引进了忠实义务，中国台湾地区也在 2001 年修订“公司法”时于该法第 23 条第 1 款正式引进了忠实义务，使之与原有的善良管理人的注意义务并列，形成公司负责人之信义义务。〔40〕在大陆法系国家公司法，注意义务和忠实义务主要源于民事法律，其他法定义务则主要源于公司法和其他有关法律。

与各国立法方式不同，我国《公司法》将董事、监事和高级管理人员的义务一并作了规定。对此，我国《公司法》第六章作了详细规定。在学理上，由于我国公司法学界受美国、日本学说的影响较深，往往以英美国家关于董事等的义务与责任规范与理论体系为准，阐述董事、监事和高级管理人员的义务与责任。在英美法系国家和地区，由于没有设立监事制度，大陆法系的监事职能由独立董事承担，而经理作为董事会聘任的高级管理人员，也与董事一样同属公司的高级管理人员(officers)，当然应承担同样的义务与责任。事实上，在大陆法系国家，尽管董事、监事、高级管理人员的职权与地位差异较大，但其作为公司的经营管理人员，所应承担的义务与责任也基本相同。我国《公司法》第 147 条第 1 款则明确规定：“董事、监事、高级管理人员应

---

〔37〕笔者在之前的著述中一般将董事、经理等高级管理人员与公司和股东之间的关系视为信托关系，故将董事、经理等高管人员承担的相应义务称为“受托义务”(fiduciary duties)。在中文文献中，“fiduciary duties”还有多种译法，如“信义义务”“受信义务”“信托义务”“诚信义务”。鉴于学术界近年来越来越多地将“fiduciary duties”译为“信义义务”，故本书也使用“信义义务”这一译法。

〔38〕参见王建文：《论我国构建控制股东信义义务的依据与路径》，载《比较法研究》2020 年第 1 期。

〔39〕经营判断规则又译为商业判断规则、商业判断原则等，美国也有学者以“经营判断法理”(business judgment doctrine)指称之。其含义将于本节第三部分详述。

〔40〕参见王文宇：《公司法论》，中国政法大学出版社 2004 年版，第 26～27 页。

当遵守法律、行政法规和公司章程,对公司负有忠实义务和勤勉义务。”因此,本书也以董事义务为中心,对董事、监事、高级管理人员的义务与责任加以阐述。在这些义务中,董事、高级管理人员的义务基本相同,监事则因其职权的特殊性,不存在有些董事、高级管理人员承担的义务。其中,忠实义务只能在执行公司业务经营管理职权时才有承担的必要,因而该义务主要对董事、高级管理人员设置,监事则非该义务的承担者。我国《公司法》第 148 条关于忠实义务的规定即明确界定为董事、高级管理人员的义务。

二、董事、高级管理人员的忠实义务

(一)董事、高级管理人员的忠实义务的概念

董事、高级管理人员的忠实义务,是指董事、高级管理人员对公司负有忠诚尽力地履行职责并维护公司利益的义务,尤其是不得利用职权为自己或他人牟取私利。董事、高级管理人员的忠实义务是源自英美法系的一项制度。大陆法系民法一般仅规定受任人对于委任人负有善管义务,而不规定受任人的忠实义务,这是由于此种义务往往被视为一种道德义务,而非法律义务。但是,近年来,日本、韩国及中国台湾地区等大陆法系国家和地区相继引入了该制度,并受到越来越多的大陆法系国家和地区的重视。我国《公司法》亦对此作了明确规定。在违反忠实义务所取得的利益归属方面,我国《公司法》第 148 条第 2 款明确规定:“董事、高级管理人员违反前款规定所得的收入应当归公司所有。”

(二)董事、高级管理人员的忠实义务的主要内容

各国关于董事、高级管理人员的忠实义务的表现形式和具体内容不尽相同。以我国《公司法》第 148 条第 1 款之规定为中心,董事、高级管理人员的忠实义务主要表现在以下七个方面。

1. 不得利用职权获取非法利益

董事、高级管理人员享有公司事务管理权和公司业务执行权,如果该种权力被滥用就会损害公司利益而使董事获利。因此,英美判例法严禁董事、高级管理人员获得任何由于其基于职权而取得的非法利益。若董事、高级管理人员从其所任职公司所发行的股票中获利,即便此种获利是善意的亦应就其利益对公司承担说明义务。对此,我国《公司法》第 148 条第 1 款第 1、2 项规定董事、高级管理人员不得挪用公司资金,不得将公司资金以其个人名义或者以其他个人名义开立账户存储。

2. 不得收受贿赂、某种利益或所允诺的其他利益

董事、高级管理人员作为公司的经营管理人员,在对外代表公司进行活动时,不得收受第三人的贿赂、某种利益或所允诺的其他利益。我国《公司法》第 147 条第 2 款规定:“董事、监事、高级管理人员不得利用职权收受贿赂或者其他非法收入,不得侵占公司的财产。”〔41〕该法第 148 条第 6 项还规定,董事、高级管理人员不得接受他人与公司交易的佣金归为己有。董事、监事、高级管理人员如果违反此种义务,为自己谋取利益,不管该利益的表现形式如何,无论是手续费、资格股、现金还是回报、介绍费或物品,均应将其所得返还给公司。如果这些利益是基

---

〔41〕《公司法》特在关于董事、高级管理人员忠实义务的第 149 条之外另设该条规定,是由于监事在特定情形下也可能利用其职权实施收受贿赂或者其他非法收入及侵占公司的财产的行为,故一般意义上的忠实义务是就董事、高级管理人员而言的,但监事也负有不得收受贿赂或者其他非法收入及侵占公司的财产的忠实义务。

于贿赂之目的，在英美法系国家中，董事、高级管理人员仍应将其所得返还给公司，即便其未认识到该行为属于受贿亦然；而在大陆法系国家和我国，董事、监事、高级管理人员收受之贿赂应予以没收，归入国库。但贿赂之外的其他利益则应归公司所有。若基于某种秘密利益的允诺，董事、高级管理人员促使公司为某些交易多支付了价款，公司在此情形下可以基于其合同中一般会约定的“廉政担保”之规定对交易相对人提起诉讼，要求返还由于秘密安排而多付的款项，即使此种秘密利益尚未付给董事亦然。此外，公司还可基于“廉政担保”之规定撤销该合同。

3. 竞业禁止义务

竞业，即竞争营业。我国《公司法》第 148 条第 5 项规定：“董事、高级管理人员不得未经股东会或者股东大会同意，利用职务便利为自己或者他人谋取属于公司的商业机会，自营或者为他人经营与所任职公司同类的业务。”同条第 2 款规定：“从事上述营业或者活动的，所得收入应当归公司所有。”所谓“自营或者为他人经营”，是指以自己或者第三人利益而实施的竞争行为，至于其以何人名义则在所不问。所谓“与所任职公司同类的业务”，既可为完全相同的商品或者服务，亦可为同种或者类似的商品或者服务。竞业的时间既可发生于公司营业阶段，亦可发生于公司准备营业阶段或试营业阶段，还可发生于公司暂时中止营业阶段。而且，董事、高级管理人员应负禁止竞业义务的时间，并非终止于董事、高级管理人员解任或辞任之时。国外成文法虽对董事、高级管理人员禁止竞业的时间界限未作明确规定，但从一些判例法来看，董事、高级管理人员卸任后，仍不得利用其曾任职公司的有关无形资产为自己谋利益。英国法院就认为，董事、高级管理人员虽然辞任，但若其利用了任职时公司的创利信息，则仍视为从事与公司相竞争的活动，应判令董事、高级管理人员将所得利润交公司所有。董事、高级管理人员竞业的方式，既有从事生产和销售活动，又有从事兼职担任与公司有竞争关系的公司的董事长、执行董事或者董事的。因此，各国公司法为维护公司利益，除禁止董事、高级管理人员从事有竞争性的生产和销售活动外，还禁止董事、高级管理人员兼任与有竞争关系的公司之董事。

不过，为保护善意第三人的利益并维护交易安全，各国公司法都规定，董事、高级管理人员违反竞业禁止义务的行为本身并非当然无效。作为公司利益的救济措施，各国公司法大多确认了公司的归入权，即在董事、高级管理人员违反竞业禁止义务的行为不因此失效的情况下，董事、高级管理人员应当将其从事竞业行为的所得收入归入公司，我国亦然。不过，根据两大法系国家的学理，公司法所禁止的并非董事、高级管理人员的任何与公司有竞争性的行为，而是董事、高级管理人员在“未经股东会或者股东大会同意”情况下而实施的对公司具有损害性的竞争性行为。并且，即便是此种行为，如果董事取得了公司某些机构的同意，董事对公司的责任亦可被免除，公司知悉非法竞争行为后的法定期限内不行使归入权，视为同意。

4. 不得与公司从事自我交易

董事、高级管理人员作为公司的代理人，不得同作为本人的公司缔结合同，转让或受让公司的财产，将自己的财产转让给公司，由公司对董事提供贷款或就第三人对董事的贷款或准贷款提供担保。此即自我交易禁止义务。自我交易有三种表现形式：(1) 自我契约，主要是指董事与公司间订立合同，转让或受让公司或董事的财产；(2) 自我贷款或准贷款，主要是指公司对董事提供贷款或准贷款或为董事之贷款或准贷款提供担保；(3) 自我雇佣，是指公司雇佣董事为公司提供劳务服务，如雇佣公司董事为公司的法律顾问、会计师、拍卖师、经纪人等。原则上讲，公司法对自我交易持禁止性态度，主要是担心董事在从事自我交易时利用自己的权力损害公司利益而使自己获取不当利益。我国《公司法》第148条第4项规定,董事、高级管理人员不得违反公司章程的规定或者未经股东会、股东大会同意,与本公司订立合同或者进行交易。该规定仅仅禁止董事、高级管理人员以自己名义与公司订立合同或进行交易,显得过于狭隘,应对其作扩张解释,将董事、高级管理人员及其利害关系人作为一方当事人与公司及公司的子公司之间进行的交易均视为董事、高级管理人员的自我交易。该交易既包括直接交易,即董事、高级管理人员与公司之间的合同行为,又包括间接交易,即董事、高级管理人员的利害关系人与公司之间的合同行为;既包括合同行为,也包括单方的民事法律行为(如债务的免除)。其中,董事、高级管理人员的利害关系人包括与董事、高级管理人员关系密切的亲属、朋友,董事、高级管理人员以及前述人的合伙人,董事、高级管理人员被雇用或担任董事、高级管理人员职务的另一家公司,董事、高级管理人员所监护的被监护人以及其他因董事、高级管理人员在公司中的职务而与公司进行交易的与董事有法律或利益关系的人。上述人员所为自我交易,因系违反公司法的强制性规定,应认定为无效合同。

当然,如果董事与公司之间的合同或交易根本不可能导致公司蒙受不利益,则应作为《公司法》第148条第4项规定适用之例外。此种例外情形如:董事、高级管理人员及其利害关系人与公司签订的定型化合同(如保险合同、运输合同、存款合同、供用电合同);董事、高级管理人员对于公司的赠与合同;以董事、高级管理人员为出借人,公司为借款人的无利息、无担保的借款合同;作为债权人的董事、高级管理人员免除公司债务的行为;作为债权人的董事、高级管理人员主张其债务与公司债务相抵销的行为等。

5. 不得泄露公司秘密

公司秘密关系公司生存和发展,董事、高级管理人员对其掌握的有关公司的秘密,不得泄露给他人,否则,应对公司造成的损害承担法律责任。对此,我国《公司法》第148条第7项规定,董事、高级管理人员不得擅自披露公司秘密。董事、高级管理人员泄露公司秘密如果仍在持续中,公司可以请求法院责令董事、高级管理人员停止实施该种行为;造成公司损害的,应责令董事、高级管理人员和有关的其他人员对公司承担赔偿责任。

6. 篡夺公司机会禁止之义务

公司机会理论(corporate opportunity doctrine),是英美法系公司法中的一个重要理论。公司机会条款作为一项普通法上的原则,是指禁止公司董事、高级管理人员把属于公司的商业机会转归自己利用而从中谋取利益。一般来说,某一机会和信息是否是公司的机会,主要应考虑该种机会是否属于公司的经营范围,是否是提供给公司的,是否是利用公司的物质条件或其他便利条件开发出来的等因素。在英美法系,已有众多判例援引公司机会理论,美国许多州的公司法亦明确承认公司机会理论。大陆法系传统立法及学理均未确立该原则,但随着英美法系董事忠实义务被逐渐引入,在日本等国家和地区,已确立了该原则。不过,在现代美国公司法中,董事对公司信息和机会的利用如果是善意的,董事的此种法律责任可以免除。前引我国《公司法》第148条第5项规定:“董事、高级管理人员不得未经股东会或者股东大会同意利用职务便利为自己或者他人谋取属于公司的商业机会。”依此,我国《公司法》已明确规定了董事篡夺公司机会禁止之义务。

7. 其他忠实义务

我国《公司法》第148条第1款在对董事、高级管理人员的忠实义务作了具体规定的基础上，又于第8项补充规定："董事、高级管理人员不得有违反对公司忠实义务的其他行为。"这一兜底性条款，使未能列举的董事、高级管理人员的忠实义务得以被涵括。

三、董事、监事、高级管理人员的勤勉义务

勤勉义务，在大陆法系往往以民法典规定，被称为"善良管理人的注意义务"，简称善管义务；在英美法系被称为"注意义务"、"勤勉注意和技能义务"（duty of diligence care and skill）、"注意和技能义务"（duty of care and skill）。

董事、监事、高级管理人员的勤勉义务产生的根源是其与公司间的委任关系或信托关系，实质上是一种管理义务（management duty）。其含义是董事、监事、高级管理人员须以一个合理的谨慎的人在相似的情形下所应表现的谨慎、勤勉和技能履行其职责，若其履行职责时未尽合理的谨慎，则应对公司承担赔偿责任。鉴于我国《公司法》对董事、监事、高级管理人员的勤勉义务及其法律责任采取了统一规定的模式，故为表述方便，以下以广义上的"高管"概念指称董事、监事、高级管理人员。

勤勉义务是比较抽象的义务，因而需要对其作合适的界定。对此，标准若界定得过宽，则会虚化该义务，挫伤有良知的高管进一步改善经营并提高经营水平的积极性，从而不利于公司和股东权益的保护。但是，勤勉义务的衡量标准也不能过于苛刻，因为市场风险是客观存在的，根本无法要求高管在经营过程中万无一失。由于公司法很难对勤勉义务作明确、细致且具有可操作性的界定，因而在对高管勤勉义务有明确规定的各国家及地区，很少有对勤勉义务的判断标准作具体界定的规定。例如，《日本公司法典》关于高管勤勉义务规定的第423条仅用了"怠于其职责"这一极为简略的界定。[42]《韩国商法典》第399条所作界定与日本公司法基本相同。[43] 中国台湾地区"公司法"也仅仅作了原则性的规定，其第23条第1款规定："公司负责人应忠实执行业务并尽善良管理人之注意义务，如有违反致公司受有损害者参见，负损害赔偿责任。"德国公司法的规定相对较为详细。对此，《德国股份法》第93条第1款第1句规定："董事会的成员应在其执行业务时，尽通常及认真的业务执行人之注意。"《德国有限责任公司法》第43条第1款则规定："董事在公司的事务上，应尽通常商人之注意。"[44]

与大陆法系不同，英美法系国家和地区大多对勤勉义务确立了较为具体的判断标准。但长期以来，这些判断标准并非以成文法的方式存在，而仅存在于判例法中。直到1974年，《美国商事公司示范法》才首次引入了关于董事勤勉义务的规定。该法现行版本的第8.30条（a）款规定："董事会的所有成员在履行其职责时应：（1）善意；（2）以其合理地相信其行为是为了公司的最佳利益。"[45] 该条（b）款规定："董事会或者委员会成员在行使其决策职能或者监督职

---

〔42〕 参见《日本公司法典》，吴建斌、刘惠明、李涛译，中国法制出版社2006年版，第210页。

〔43〕 参见《韩国商法》，吴日焕译，中国政法大学出版社1999年版，第89页。

〔44〕 《德国股份法·德国有限责任公司法·德国公司改组法·德国参与决定法》，杜景林、卢谌译，中国政法大学出版社2000年版，第42、193页。

〔45〕 其原文为："Each member of the board of directors, when discharging the duties of a director, shall act: (1) in good faith, and (2) in a manner the director reasonably believes to be in the best interests of the corporation."

能时,应尽处于相似位置的普通谨慎人在类似情况下所应尽到的注意。”[46] 截至2007年,美国已有40个州采纳了该规定。英国尽管在19世纪末就已在普通法中确认了董事的勤勉义务,但长期以来都未将其成文法化。为此,英国理论界及立法机关一直极力建议将董事勤勉义务的判断标准成文法化。[47] 这一建议最早在1986年《英国破产法》中得到体现,[48] 其最终成果则表现为《2006年公司法》中关于“谨慎、技能和勤勉的义务”的明确界定。对此,该法第174条第1款规定:“公司董事必须行使合理的谨慎、技能和勤勉。”同条第2款规定:“前款是指具备以下内容的合理勤勉的人将行使的谨慎、技能和勤勉——(a)从一个履行与公司相关之董事所履行的职责的人处可以合理期望的一般知识、技能和经验;(b)董事具有的一般知识、技能和经验。”[49] 该项成文法化获得英国各界的普遍认可,被认为有益于公司的发展。[50]

不过,即使是在对勤勉义务作了较为具体界定的英美法系国家,其具体判断标准仍主要是判例法中发展出的具体规则,而很难由制定法对此作完整界定。尤其是在除对此作了最为详细规定的美国以外的英美法系国家和地区,到目前为止,立法改革为此所做努力还局限于用概括性的语言来规定董事所负的义务。这主要是因为,要详细地列举对董事管理公司业务和事务行为的个人要求标准是非常困难的,尤其是考虑到在现代商业环境中,一个公司事务的复合体会发生相当大的变化。[51] 因此,在各国的司法实践中,因难以对董事违反勤勉义务进行确定的判断,实践中依董事勤勉义务追究其法律责任的案例始终极为罕见。在美国1985年Smith v. Van Gorkom案件之前,董事因违反注意义务而被追究责任的案例几乎可以忽略不计。[52]

在我国司法实践中,应兼顾主客观两个方面对高管勤勉义务加以界定。从主观方面看,高管应依诚实信用原则竭力处理公司事务;从客观方面看,高管应尽到与其具有相同的知识、经验的人所应履行的注意程度。衡量高管勤勉义务的履行状况,既不宜采取单纯的主观标准,也不宜采取单纯的客观标准,而应当采取客观为主的综合标准。单纯的主观标准,虽然突出了高管的诚信义务和高管之间经营能力的差异,但无形中迁就了庸才高管,不利于督促其提高经营

---

〔46〕 其原文为:“The members of the board of directors or a committee of the board, when becoming informed in connection with their decision-making function or devoting attention to their oversight function, shall discharge their duties with the care that a person in a like position would reasonably believe appropriate under similar circumstances.”中文译文另可参见施天涛:《公司法论》(第二版),法律出版社2006年版,第400页;《最新美国标准公司法》,沈四宝编译,法律出版社2006年版,第101~102页。

〔47〕 P. L. Davies, *Gower and Davies' Principles of Modern Company Law*, 7th. ed., Sweet & Maxwell, 2003, p. 371.

〔48〕 S. 214, Insolvency Act 1986.

〔49〕 在英国普通法中,董事勤勉义务的一般定义为:“A director of a company must exercise the care, skill and diligence which would be exercised by a reasonable diligent person with both: a) the knowledge, skill and experience which may reasonably be expected of a director in his position; and b) any additional knowledge, skill and experience which he has.”2006年《英国公司法》在此基础上作了成文法化,其原文为:“(1) A director of a company must exercise reasonable care, skill and diligence. (2) This means the care, skill and diligence that would be exercised by a reasonably diligent person with—a) the general knowledge, skill and experience that may reasonably be expected of a person carrying out the functions carried out by the director in relation to the company, and (b) the general knowledge, skill and experience that the director has.”上引中文译文参见《英国2006年公司法》,葛伟军译,法律出版社2008年版,第106页。

〔50〕 Lord Goldsmith, Lords Grand Committee, 6 February 2006, column 242.

〔51〕 参见[马来西亚]罗修章、王鸣峰:《公司法:权力与责任》,杨飞等译,法律出版社2005年版,第440页。

〔52〕 T. L. Dunn, *The Developing Theory of Good Faith in Director Conduct: Are Delaware Courts Ready to Force Corporate Directors to Go Out-of-Pocket after Disney*, IV 83 Den. University Law Review 544 (2005).

能力。单纯的客观标准,虽然对大多数高管较为公平,但该标准有可能放纵较一般人精明能干但有过错的人。鉴于单纯的客观和主观标准均有缺陷,因此应采取以客观为主的综合性标准。即以普通谨慎的高管在同类公司、同类职务、同类相关情形中所应具有的注意、知识和经验程度作为衡量标准,但若某人的经验知识和资格明显高于此种标准的证明时,应当以其是否诚实地贡献了实际拥有的全部能力作为衡量标准。

根据勤勉义务的要求,高管应遵循的行为规则主要包括:在法律、公司章程允许的公司目的范围之内和其应有的权限内履行职责;出席或列席董事会的各种会议;熟悉公司会计提供的财务会计报表和律师提供的法律咨询;在发现董事会聘任的经营管理人员不能胜任时,及时建议董事会将其解聘;董事就董事会决议的事项有异议时应当将其异议记入董事会会议记录;不能履行勤勉义务时,及时辞任。

为解决高管责任的判断标准问题,美国判例法中发展出了经营判断规则(business judgment rules[53])。美国最早在判例法中发展出了经营判断规则,如今该规则已在美国各州普通法中得到广泛的发展与应用。[54] 因该规则的适用能在很大程度上为董事责任的免除提供依据,故又被称为"避风港规则"(safe harbor rules)。美国特拉华州最高法院对经营判断规则有过经典表述:"我们推定公司董事在作出经营决策时,以充分信息为基础,并真诚地相信其行为符合公司的最佳利益。如果董事没有滥用决策权,其经营判断将受到法院的尊重。想推翻该经营决策的一方负有举证责任。"[55] 可见,董事的行为符合经营判断是一种推定,对董事的行为是否违背勤勉义务并不需要董事"自证清白"。美国法学会《公司治理原则:分析与建议》第4.01条(c)项对该规则作了如下界定:"在下列情况下,以善意作出商业判断的董事或经理即履行了他(她)在本条项下的职责:(1)与商业判断事项没有利害关系;(2)对有关商业判断的事项了解的程度达到董事、经理在相同情况下会合理地相信为适当的程度;(3)合理地相信此项商业判断符合公司的最佳利益"。这段文字被认为是美国公司法上经营判断规则的经典定义。[56] 1999年修订的《美国商事公司示范法》还在题为"董事责任标准"的第8.31条使经营判断规则部分地实现了成文法化。[57] 不过,截至2007年,仅有3个州的公司法采纳了该条规定。[58] 《公司治理原则:分析与建议》《美国商事公司示范法》以及特拉华州的判例共同构成了关于经营判断规则三种典型的界定。[59] 受美国影响,英美法系国家和地区及不少大陆法系国家都纷纷在司法实践中引入了经营判断规则。澳大利亚在2001年公司法修订过程中,也将该

---

〔53〕 我国学界对"business judgment rules"有多种译法,如商业判断规则、经营判断规则、业务判断规则等,本书采纳"经营判断规则"的译法。

〔54〕 S. Samuel Arsht, *The Business Judgment Rule Revisited*, 8 HOFSTRA L. REV. 93, 1979, p. 97 - 100.

〔55〕 Aronson v. Lewis, 473 A. 2d 805 (Del. 1984).

〔56〕 汤欣:《目标公司管理层的行为限制》,载《中外法学》2000年第5期。关于美国法学会《公司治理原则:分析与建议》第4.01条(c)项的翻译,可另参见美国法律研究院:《公司治理原则:分析与建议》(上卷),楼建波等译,法律出版社2006年版,第160页;施天涛:《公司法论》(第二版),法律出版社2006年版,第404页。

〔57〕 Robert W. Hamilton, *The Law of Coporations in a Nutshell*, 5th. ed., 2000, § 14.4, p. 449 - 50.

〔58〕 The three states that have adopted § 8.31 are Idaho, IDAHO CODE ANN. § 30 - 1 - 831 (2006); Iowa, IOWA CODE § 490.831 (2006); and Mississippi, MISS. CODE ANN. § 79 - 4 - 8.31 (2006).

〔59〕 William T. Allen, *Modern Corporate Governance and the Erosion of the Business Judgment Rule in Delaware Corporate Law*, CLPE Research Paper, 06/2008 Vol. 04 No. 02 (2008); R. Franklin Balotti & James J. Hanks, Jr., *Rejudging The Business Judgment Rule*, 48 BUS. LAW. 1337 - 39 (1993).

规则与高管勤勉义务一并规定在该法第180条之中。在大陆法系国家中,对经营判断规则的运用最具代表性的当属日本。在20世纪70年代中后期,日本一些下级法院在审理涉及高管对公司或第三人责任的案件时,就逐步开始了对经营判断规则的运用。[60]

我国《公司法》未对高管勤勉义务的判断标准作任何规定,司法实践中也未明确将经营判断规则作为高管勤勉义务的判断标准。但随着高管违反勤勉义务案件的增加,高管勤勉义务判断标准的确定早已是法院亟待解决的难题。对此,无论是否以司法解释的方式对高管勤勉义务的判断标准作明确规定,在司法实践中,都不妨借鉴英美法系制定法及判例法关于勤勉义务的认定标准。此外,在司法实践中,也应通过经营判断规则来认定高管违反勤勉义务时的法律责任。对此,我国公司法学界普遍持肯定态度。[61]

思考题

1. 如何理解公司治理结构中的限定范围任选制?
2. 股东会会议的召集程序如何?
3. 试析累积投票制的价值。
4. 试析董事会决议的表决方式。
5. 简述董事、高级管理人员的忠实义务的主要内容。

[60] 参见蔡元庆:《经营判断原则在日本的实践及对我国的启示》,载《现代法学》2006年第3期。

[61] 参见甘培忠:《公司控制权的正当行使》,法律出版社2006年版,第219~222页;施天涛:《公司法论》(第二版),法律出版社2006年版,第404页;刘俊海:《新公司法的制度创新:立法争点与解释难点》,法律出版社2006年版,第409~410页;罗培新:《公司法的合同解释》,北京大学出版社2004年版,第306页。

第十三章　公司的合并、分立与组织形式的变更

导　读

- 各国公司法对公司合并有种类限制与不限制之分。就规范公司合并行为的角度而言，以对合并后存续或新设的公司种类加以必要的限制为宜。
- 公司合并必须按照法律规定的程序进行。否则，不仅会导致合并的无效，还会产生相应的法律责任。对公司合并程序的规定，各国公司法大同小异。
- 公司分立有新设分立和派生分立两种形式。公司分立与营业转让（资产转让或资产剥离）具有相似性，即原公司都将一部分资产分离出去，但两者仍具有本质区别。公司分立也必须按照法律规定的程序进行。
- 各国公司法大多都将公司组织形式的变更限于公司法所确认的形态，因而其他的法定或非法定的公司类型之间的转换均不属于此类。总体而言，各国（地区）公司法对公司组织形式变更的规定可分为限制主义与非限制主义两种。

第一节　公司的合并

一、公司合并概述

公司合并，是指两个或两个以上的公司依法达成合意，归并为一个公司或创设一个新的公司的法律行为。

公司合并的形式有两种，即吸收合并和新设合并。吸收合并，是指两个或两个以上的公司合并后，其中有一个公司（吸收方）存续，而其他公司（被吸收方）解散。合并后的公司仍沿用甲公司的名称，乙、丙公司的财产及债权债务都归属于甲公司，其股东亦成为甲公司的股东。新设合并，又称创设合并，是指两个或两个以上的公司合并后，在合并各方均归于消灭的同时，另外创设出一个新的公司。

无论吸收合并，还是新设合并，均具有共同特征：(1)除在吸收合并中吸收公司存续外，其他公司的法人资格均归于消灭；(2)因合并而被消灭了的公司的财产及债权债务，均为存续公司或新设公司所概括承受；(3)因合并而被消灭了的公司的股东，均被存续公司或新设公司所接收。欠缺上述任一特征，都不是公司法意义上的公司合并。

各国公司法对公司合并有种类限制与不限制之分。凡不论合并公司属于何种责任形式，都可以合并的，是种类不限制主义。凡规定只有同类责任形式的公司才可以合并的，是种类限

制主义。种类限制主义又可以细分为两种情况:一是对合并前的公司种类加以限制,即要求合并前的公司都必须是股份有限公司;二是对合并后的公司种类加以限制,合并公司中只要有一方是股份有限公司,合并后存续或新设的公司则必须是股份有限公司。种类限制主义与种类不限制主义各有利弊。种类限制主义使合并手续简便易行,并使合并后公司的内部关系简单清晰,但对公司的合并无疑起到一种掣肘作用;种类不限制主义为公司合并这种法律行为提供了最广泛的余地和可能,然而,不经过清算程序,各不同种类的公司相互合并,在实践中产生的法律关系错综复杂,难以理顺,亦有其不尽合理之处。就规范公司合并行为的角度而言,以对合并后存续或新设的公司种类加以必要的限制为宜。

公司的合并是公司经营中经常发生的行为,参加合并的公司基于不同的动因或目的,常常主动或被动地作出合并的抉择。就合并后存续或新设的公司而言,其合并的动因主要有:(1)希望减少竞争对手或对抗竞争对手;(2)希望产生互相协作、取长补短的效果;(3)希望迅速发展公司的业务,扩大公司的实力。就被合并方而言,参与合并的动因主要有:(1)公司营业不景气,濒临破产的边缘;(2)公司设备陈旧,又无力更换,致使公司营业衰退;(3)希望找一个实力大的公司为靠山,以减少自己的投资风险。可见合并对于被合并方常常是无可奈何的选择。

公司合并具有促进生产要素的合理流动,实现社会资源优化配置,促进产业结构、企业组织结构和产品结构调整等积极作用。同时,也可能产生垄断和妨碍竞争的负效应。因此,在允许公司合并的前提下,也要从立法上解决反垄断问题,这是市场经济体制为经济立法提出的一个新的课题。

二、公司合并的程序

为确保合并行为顺利、有效,切实保护各有关方面的合法利益,公司合并必须按照法律规定的程序进行。否则,不仅会导致合并的无效,还会产生相应的法律责任。对公司合并程序的规定,各国公司法大同小异。根据我国公司法规定,公司合并应依下列程序进行:

1. 提出合并方案。公司合并方案由参与合并公司的董事会或执行董事提出。

2. 签订合并协议。参加合并的各方应当在平等协商的基础上,就合并的有关事项达成合并协议。合并协议的具体内容因公司类型及合并形式的差异而有所区别。对涉及股份有限公司的合并不仅规定必须订立合并协议,而且还规定了合并协议必须记载的事项。根据我国公司合并的实践,合并协议应包括以下内容:(1)合并各方的名称、住所;(2)合并后存续公司或新设公司的名称、住所;(3)合并各方的资产状况及处理办法;(4)合并各方的债权债务的处理办法;(5)存续公司或新设公司因合并而增资所发行的股份总数、种类和数量;(6)合并各方认为需要载明的其他事项。

3. 作出合并决议。公司合并须由股东会作出决议。在公司代表人与合并方达成协议后,要将合并协议提交股东会表决。公司合并的决议属特别决议,必须经出席股东会议的股东所持表决权的2/3以上通过。合并决议是合并协议生效的必备前提条件。股东中不同意合并的,有权根据异议股东股权收购请求权,请求公司按合并时的公正价格收买其持有的股份。

4. 编制资产负债表及财产清单。合并各方应编制资产负债表和财产清单,以供债权人查询。资产负债表应明确公司资产的借贷情况，财产清单应将公司所有的动产、不动产、债权、债务及其他资产分别注明。

5. 通知和公告债权人。为保护公司的债权人利益，各国公司法都在公司合并程序中规定了对债权人的保护措施，即要求在作出公司合并决议后，应及时通知和公告债权人，并明确规定在法定期限内，债权人有权对公司的合并提出异议。公司对在法定期限内提出异议的债权人，必须清偿债务或提供担保。逾期未提出异议者，则视为默认该公司合并。我国公司法明确规定，公司应自行出合并决议之日起 10 日内通知债权人，并于 30 日内在报纸上公告。债权人自接到通知书之日起 30 日内，未接到通知书的自公告之日起 45 日内，有权要求公司清偿债务或者提供相应的担保。不清偿债务或不提供相应担保的，公司不得合并。

6. 进行资本的合并和财产的移转。完成了催告债权的程序后，合并的公司即可进行资本的合并及财产的移转。如果合并后的公司是股份有限公司，参加合并的非股份有限公司就要将其资本分解为股份；如果合并后的公司不是股份有限公司，参加合并的公司也要进行资产评估，确定其在合并后公司中所占的资本比例。在完成资本的融合程序后，合并后存续的公司或合并后新设的公司应召集股东会议，报告合并事宜，变更或订立公司章程。

7. 办理合并登记。在完成上述程序后，合并公司应在法定期限内，在登记主管机关办理合并登记。对此，我国《公司法》第 180 条第 1 款规定："公司合并或者分立，登记事项发生变更的，应当依法向公司登记机关办理变更登记；公司解散的，应当依法办理公司注销登记；设立新公司的，应当依法办理公司设立登记。"合并登记依合并中不同公司的生灭变化而分为三种情况：(1)因合并而存续的公司，须进行变更登记；(2)因合并而消灭的公司，须进行注销登记；(3)因合并而设立的公司，须进行设立登记。应当注意的是，公司设立须由有关政府主管部门审批的，在办理合并登记前，同样须由有关政府主管部门先行审批。办理合并登记是公司合并的最后一道程序。登记后，公司合并程序即告完成。

三、公司合并的法律效力

合法的公司合并，其法律效力主要表现在以下两个方面。

(一)合并公司的变化

合并公司的变化因合并方式的不同而有所区别，概括地说，可导致公司消灭、公司变更和公司设立三种结果。其一，公司消灭。在吸收合并的场合，被吸收合并公司的法人资格消灭；在新设合并的场合，参加合并公司的法人资格均归于消灭。其二，公司变更。在吸收合并时，存续公司的股东、资本等都发生了变化，须修改公司章程并办理变更登记。其三，公司设立。在新设合并时，因合并形成了一个新的公司，须办理设立登记。

(二)权利义务的概括承受

法人权利义务的概括承受，在性质上如同自然人的继承。存续公司和新设公司应不附任何先决条件，继续承担因合并而解散的公司经确认的债权债务，无须就被合并公司的债权债务为个别的让与及承受，且不得就其中权利或义务之一部分以特约除外，即使在合并中作出这种约定，亦不生法律效力，更不得以此对抗第三人。为确保债权人利益不因公司合并受损，因合并而解散的公司不得隐匿债权债务。

第二节 公司的分立

一、公司分立概述

公司分立,又称公司分割,是指一个公司依照法律规定和合同约定分立为两个或两个以上公司的行为。

1966 年《法国商事公司法》首次创立了公司分立制度,其后为许多国家和地区的公司法所采纳。尤其是 1982 年欧共体第六号公司法指令要求各成员国建立公司分立制度后,其他欧共体国家相继建立了公司分立制度。此外,日本、韩国以及中国台湾地区也先后确立了公司分立制度。如今,世界各国家及地区公司法已大多建立了公司分立制度。不过,美国公司法仍未明确规定公司分立制度,但实务中可以利用公司法上有关资产转让以及有关税法规定达到类似于公司分立的目的。[1] 我国 1993 年《公司法》即对公司分立制度作了明确规定,2005 年《公司法》同样作了规定。

公司分立有新设分立和派生分立两种形式。新设分立,是指一个公司将其全部资产分割设立两个或两个以上公司的行为。原公司法人资格因此消灭,并须办理注销登记手续,新设立公司须符合公司法规定的设立条件,并办理设立登记。派生分立,是指一个公司以其部分资产设立另一个公司的法律行为。原公司继续存在,但在股东人数、资本数额及产生规模等方面都发生了变化,应依法办理变更登记;派生的公司则应办理设立登记。

公司分立与营业转让(资产转让或资产剥离)具有相似性,即原公司都将一部分资产分离出去,但两者仍具有本质区别。首先,内容不同。在公司分立中,原公司不因分立而获得对价,也不拥有新设公司的股权,因而其资产总额因此减少,公司资产负债表中的所有者权益(包括股本)也因此减少。在资产转让中,转让方可以因转让资产而获得相应对价,因而其资产总额不变,所有者权益(包括股本)也不因此减少。其次,对股东地位影响不同。公司分立直接影响股东地位。在派生分立中,原公司的股东对原公司的股权减少,相应地获得分立出来的公司的股权;在新设分立中,原公司的股东对原公司的股权因原公司的消灭而消灭,相应地获得分立出来的公司的股权。在资产转让中,因原公司的股权结构与资产并未改变,故不影响原公司的股东地位。最后,法律性质不同。公司分立的本质是公司人格的变化;而资产转让的本质则为买卖合同。[2]

公司分立的主要目的是调整公司的业务经营和进行组织再造。首先,公司分立有利于实现公司经营的专门化并提升公司经营效率。当一家公司形成相当规模时,其经营业务的多元化和组织结构的多极化,必然要求实现公司经营管理的专门化和效率化。公司将部分营业分离出去,以派生分立的方式设立新的公司,即可达到以上目的。其次,公司可作为回避反垄断法管制的手段。当某一公司处于高度垄断地位时,为因应反垄断法的管制,相关主管机关可责令该公司分立为数家互不持股的独立公司,公司自身也可主动采取分立措施。例如,我国先后对电信企业进行的多次分拆行为,即为公司分立行为。最后,公司分立也是一种解决公司僵局

[1] 参见施天涛:《公司法论》(第二版),法律出版社 2006 年版,第 532 页。
[2] 参见赵旭东主编:《公司法学》(第二版),高等教育出版社 2006 年版,第 478 页。

的手段。例如，若公司不同股东之间形成严重分歧，且不同股东所持股权较为接近，则将其分立为不同公司，亦可作为解决公司僵局的一种方式。[3]

二、公司分立的程序

公司分立也必须按照法律规定的程序进行。根据我国公司法的规定，公司分立应依下列程序进行：

1. 提出分立方案。公司分立方案由公司的董事会或执行董事提出。

2. 订立分立协议。我国《公司法》规定了公司合并应当由合并各方签订合并协议，但未规定公司分立时应订立分立协议。实践中，无论是新设分立还是派生分立，在分立之初均需由分立各方签订分立协议。新设分立协议通常被称为分立计划书，派生分立协议通常被称为分立契约，统称为分立协议。

3. 作出分立决议。公司分立须由股东会作出决议。在董事会作出公司分立决议并订立分立协议后，应将其提交股东会表决。公司分立的决议属特别决议，必须经出席股东会议的股东所持表决权的2/3以上通过。分立决议是分立协议生效的必备条件。股东中不同意分立的，有权根据异议股东股权收购请求权，请求公司按分立时的公正价格收买其持有的股份。

4. 编制资产负债表及财产清单。公司分立，应当编制资产负债表及财产清单。资产负债表应明确公司资产的借贷情况，财产清单应将公司所有的动产、不动产、债权、债务及其他资产分别注明。

5. 通知和公告债权人。为保护公司的债权人利益，各国公司法都规定，公司在作出公司分立决议后，应及时通知和公告债权人。我国《公司法》也明确规定，公司应当自作出分立决议之日起10日内通知债权人，并于30日内在报纸上公告。与公司合并不同，我国《公司法》未规定公司分立时债权人事前特别保护程序。也就是说，债权人不能对公司分立提出异议，并要求公司清偿债务或提供担保。实际上各国公司法也大多未规定公司分立时债权人的事前特别保护程序，也主要是通过事后保护机制来实现对债权人的保护。

6. 进行资本的分离和财产的移转。完成了通知和公告债权人的程序后，分立的公司即可进行资本的分离及财产的移转。在完成资本的分离与移转程序后，分立后存续的公司及新设的公司应召集股东会议，报告分立事宜，变更或订立公司章程。

7. 办理分立登记。在完成上述程序后，分立公司应在法定期限内，在登记主管机关办理分立登记。分立登记依分立中不同公司的生灭变化而分为三种情况：(1)因分立而存续的公司，须进行变更登记；(2)因分立而消灭的公司，须进行注销登记；(3)因分立而设立的公司，须进行设立登记。应当注意的是，公司设立须由有关政府主管部门审批的，在办理分立登记前，同样须由有关政府主管部门先行审批。办理分立登记是公司分立的最后一道程序。登记后，公司分立程序即告完成。

三、公司分立的法律效力

合法的公司分立，其法律效力主要表现在以下两个方面。

---

〔3〕　参见施天涛：《公司法论》（第二版），法律出版社2006年版，第533页。

(一)分立公司的变化

分立公司的变化因分立方式的不同而有所区别,概括地说,可导致公司消灭、公司变更和公司设立三种结果。其一,公司消灭。在新设分立的场合,被分立公司的法人资格消灭。其二,公司变更。在派生分立时,存续公司的股东、资本等都发生了变化,需修改公司章程并办理变更登记。其三,公司设立。在新设分立及派生分立时,均形成了新的公司,需办理设立登记。

(二)对分立前的债务承担连带责任

我国《公司法》第178条规定:"公司分立前的债务由分立后的公司承担连带责任。但是,公司在分立前与债权人就债务清偿达成的书面协议另有约定的除外。"依此,我国《公司法》采取的是分立后的公司对分立前的债务承担连带责任的方式的债权人事后保护机制。这一债务承担机制与公司合并的权利、义务概括承受机制不同,原则上分立后的公司应对分立前的公司债务承担连带责任,但"公司在分立前与债权人就债务清偿达成的书面协议另有约定的除外"。

实务问题

A公司股东会作出分立决议,约定由分立为后的B公司承担公司对外甲某的债务,C公司承担公司对乙某的债务。后甲某同意公司分立时的债务履行决议且履行完毕,但乙某反对A公司债务分担的约定,要求分立后的B公司和C公司共同承担债务,B公司以其已经履行完毕对甲某的债务为由,拒绝对乙某的债务承担责任。问:乙某的债务如何清偿?

提示:A公司分立时关于债务清偿的约定对乙某无效,分立后的B公司和C公司应对乙某的债务承担连带清偿责任,B公司再按照与C公司达成的债务清偿方案向C公司主张相应权利。

第三节　公司组织形式的变更

一、公司组织形式变更概述

公司组织形式变更,是指依照公司法之规定,在不改变公司法人资格的前提下,将公司从一种法定形态变更为另一种法定形态的行为。各国公司法对此都作了明确规定。

公司不同组织形式具有不同的优缺点,也具有各自不同的针对性与适应性。各国公司法都允许投资者基于其自身情况作出最符合其自身利益的公司组织形式的选择。但是,这种选择既可能存在事实上的缺陷,在公司运营期间发现属于错误的选择;也可能在公司设立之后,因公司资本结构、规模及业务范围等发生变化,原本合适的组织形式已不符合实际需要。例如,股份有限公司经股份转让,股份集中于少数几个股东手中,为满足股东保守公司经营秘密的需要,就有必要放弃要承担更高信息披露义务的股份有限公司这一组织形式。若有限责任公司经不断吸收投资者,使股东发展到数十人之多,为提高公司经营决策的效力,实现股权自由转让,就有必要将其转换为股份有限公司,从而消除其较为浓厚的人合公司色彩。在此情形下,当然就应当依照现实情况与需要,对公司组织形式作必要的调整。因此,各国公司法都规定，公司可以不经解散原来的公司，而在不中断其营业及法人格的情况下，通过法定程序而达到变更公司组织形式的目的。我国公司法也确认了该制度。

虽然公司组织形式的变更维持了其法律人格的同一性，但由于不同组织形式的公司具有不同的设立要求与条件，因此，必然造成公司章程、注册资本、公司名称、内部组织机构甚至股东责任等方面的相应变更，从而使其内容具有复合性。此外，各国公司法大多都将公司组织形式的变更限于公司法所确认的形态，因而其他的法定或非法定的公司类型之间的转换均不属于此类。较为特别的是，《德国公司改组法》还将下列涉及公司组织形式的变更纳入了调整范围：登记合作社与资合公司之间的变更；有权利能力的社团变更为资合公司与登记合作社；相互保险社变更为股份有限公司；公法团体变更为资合公司。[4]

二、公司组织形式的立法例

总体而言，各国家及地区公司法对公司组织形式变更的规定可分为限制主义与非限制主义两种。

（一）限制主义规范

依限制主义规范，公司组织形式的变更限于性质类似的公司之间。申言之，仅资合公司之间以及人合公司之间才能实现组织形式的变更，而不能在资合公司与人合公司之间实现变更。法律之所以作此限制，是因为资合公司与人合公司之间在资本结构、股东责任、组织机构等方面都具有重大差异，存在法律人格基础上的异质性，其相互之间的转换很难维持法律人格的同一性。目前，日本、韩国及中国台湾地区均采限制主义规范。

（二）非限制主义规范

依非限制主义规范，基于公司自由原则，公司有权自由决定其组织形式的变更，而不将其变更权限于资合公司内部及人合公司内部。目前，德国、法国、葡萄牙、西班牙及中国澳门特区均采非限制主义规范。

（三）我国现行立法

我国 1993 年《公司法》未就公司组织形式变更作明确规定，仅第 98 条、第 99 条、第 100 条对此有所涉及。依其规定，我国仅允许有限责任公司变更为股份有限公司，而未规定股份有限公司变更为有限责任公司，因而应认为法律仅确认了前者而未确认后者。如上所述，我国台湾地区亦作未确认股份有限公司得变更为有限责任公司。但我国台湾地区在 1966 年引进公司变更制度时，原本规定了有限责任公司与股份有限公司之间的相互变更。由于台湾地区家族式小企业数量众多，为鼓励企业大众化和大规模经营，并配合限制有限责任公司设立之立法宗旨，后来才在修订“公司法”时，废除了股份有限公司得变更为有限责任公司的规定。[5] 就我国而言，大多数股份有限公司设立时，之所以选择该组织形式，是因为股份有限公司可以公开发行股份，更为重要的是，可以实现日后上市融资的目的。如果股份有限公司成立后，难以实现上市目标，而股东之间具有相当的信任基础，股份有限公司复杂的运营要求成为一种经营负

---

〔4〕《德国股份法·德国有限责任公司法·德国公司改组法·德国参与决定法》，杜景林、卢谌译，中国政法大学出版社 2000 年版，第 285 ~ 316 页。

〔5〕参见武忆舟：《公司法论》，台北，三民书局 1980 年版，第 124 页。

担,则应允许股东将其变更为更具灵活性与封闭性的有限责任公司。[6] 因此,即便我国《公司法》仍不确立无限公司与两合公司的组织形式,也应当确认股份有限与有限责任公司之间的变更。对此,现行《公司法》第9条分两款明确规定了股份有限与有限责任公司之间可以相互变更:“有限责任公司变更为股份有限公司,应当符合本法规定的股份有限公司的条件。股份有限公司变更为有限责任公司,应当符合本法规定的有限责任公司的条件。”“有限责任公司变更为股份有限公司的,或者股份有限公司变更为有限责任公司的,公司变更前的债权、债务由变更后的公司承继。”

三、公司组织形式变更的要件与程序

公司法就不同类型的公司规定了不同的设立条件,因此,公司成立后要实现法律允许的不同类型之间的转换,首先必须符合新的公司组织形式所要求的法定条件。如果欠缺该要件,同样会导致公司设立瑕疵问题,因而可能使新变更的公司无效或被撤销。不过,虽然各国公司法大多对此未予明确规定,但理论界及判例一般认为,与公司设立无效或撤销不同,公司组织形式变更无效或撤销,并不导致解散和清算,而是复归为公司变更前的公司形式。[7]

各国公司法关于公司组织形式变更差异较大,程序也不一致。在此,我们就我国《公司法》所确认的有限责任变更为股份有限公司的程序加以介绍。依我国《公司法》及相关法规之规定,变更设立股份有限公司的重要程序包括:(1)有限责任公司股东会作出同意变更公司组织形式的决议;(2)有限责任公司的股东签订《股东协议书》约定有关设立股份有限公司的事项及股东的权利义务等;(3)股份有限公司名称预先核准;(4)聘请中介机构包括审计(评估)、律师、券商等;中介机构出具《审计报告》,如包含国有股还须出具《国有股权管理法律意见书》等;(5)如包含国有股,上报国有股权管理方案并取得批复意见;(6)律师出具设立股份有限公司的《法律意见书》;(7)审计机构出具股份有限公司的《验资报告》;(8)筹备并召开股份有限公司第一次股东大会;(9)办理工商注册登记手续。

实际上,上述程序基本上就是股份有限公司的一般设立程序,较为特别的,仅有限责任公司股东会作出同意变更公司组织形式的决议。与此相适应,股份有限公司变更为有限责任公司的程序,也是在股份有限公司股东大会作出同意变更公司组织形式的决议后,按照有限责任公司的一般设立程序处理即可。

思考题

1. 试析合法的公司合并的法律效力。
2. 公司分立的程序如何?
3. 试析公司分立的法律效力。
4. 试析公司组织形式变更的要件与程序。

---

〔6〕 参见冯果:《公司法要论》,武汉大学出版社2003年版,第233页。

〔7〕 参见[韩]李哲松:《韩国公司法》,吴日焕译,中国政法大学出版社2000年版,第105页;[日]末永敏和:《现代日本公司法》,金洪玉译,人民法院出版社2000年版,第263页。

第十四章　公司的解散与清算

导 读

- 对于解散与清算的关系,各国立法规定不同,主要有两种制度:一为“先算后散”;二为“先散后算”。
- 公司解散因其原因或条件不同,可分为任意解散和强制解散。强制解散的事由包括行政解散与司法解散。在我国,一般所谓司法解散都特指判决解散,本书亦然。
- 为避免少数股东滥用司法解散请求权,不少国家和地区的公司法不仅规定了提出解散请求的股东必须在公司资本中占有一定的份额,还规定了持股的持续时间以及原告败诉时的损害赔偿责任。
- 《公司法解释(二)》对公司解散诉讼中的相关问题以及股东或董事在解散事由出现后实施特定行为的法律责任作了具体规定。
- 公司清算由一系列行为构成,并需要遵循相应的法律程序。通过清算,结束解散公司既存的法律关系,分派解散公司的剩余财产,从而最终消灭解散公司的法人资格。

第一节　公司的解散

一、公司解散的概念

公司解散,是指已成立的公司,因发生法律或章程规定的解散事由而停止营业活动,开始处理未了结事务,并逐步终止其法人资格的行为。公司除因合并、分立导致的解散外,必须伴随着公司财产与债权债务清算的终止而丧失其法人资格。

对于解散与清算的关系,各国立法规定不同,主要有两种制度:一为“先算后散”,即规定公司只有在清算后才能解散,如英国公司法;二为“先散后算”,即规定公司应先宣布解散,然后再进行清算,大陆法系公司法多作此规定。在“先算后散”立法例下,宣告公司解散即消灭法人资格,解散是使公司法人资格消灭的法律行为;在“先散后算”立法例下,解散只是法人消灭的原因,只有在清算终结后,才消灭公司的法人资格。因此,在清算终结之前,尽管公司的权利能力受到限制,但公司法人资格仍被视为存续。依据我国《公司法》第十章的规定,在进入清算程序前,应宣告公司解散,然后成立清算组进行清算。由此可见,我国公司法奉行的是大陆法系国家的“先散后算”制度。

二、公司解散的原因

公司解散因其原因或条件不同,可分为任意解散和强制解散。但公司破产一般不被作为公司解散事由,而作为与公司解散相并列的另一种公司终止的原因。我国《公司法》第 180 ~ 182 条对公司解散的原因作了明确规定,其中包括了自愿解散与强制解散,但未将公司破产纳入其中。

(一)自愿解散

自愿解散,又称任意解散,是指基于公司章程的规定或股东会决议而解散公司。自愿解散是基于公司自身的意思而发生,属于自愿行为,而非法律的强制。其事由包括以下三个方面。

1. 公司章程规定的公司存续期间届满或章程规定的其他解散事由出现

尽管现代各国公司法大多放弃了公司存续期间的限制性做法,但西方一些国家(如法国、意大利、比利时、卢森堡等国)的公司法仍然或明确规定公司存续的最高期限,或要求公司章程对其作出规定。在这些国家中,存续期限届满而又未申请延长的,公司即应解散,因而存续期限届满是公司解散最常见的事由。

我国公司法虽未对公司营业期限作出规定,在公司章程中,公司的营业期限也属任意记载事项,但凡在章程中约定有营业期限的,营业期限届满,公司即可解散。在中外合营企业法规中,根据合营企业的不同情况,对合营企业的合营期限作出了不同的规定,即有的行业的合营企业应当约定合营期限;有的行业的合营企业可以约定合营期限,也可以不约定合营期限。约定合营期限的合营企业,合营各方同意延长合营期限的,应在合营期满 6 个月前向审批机关提出延长合营期限的申请。合营合方约定了合营期限,期限届满前又未提出延长申请的,合营期限届满则公司自应解散。

不过,基于企业维持原则,各国公司法均允许公司通过修改章程而使公司存续。我国《公司法》第 181 条也明确规定:公司章程规定的公司存续期间届满或章程规定的其他解散事由出现时,公司可以通过修改公司章程而存续;该修改章程的表决,有限责任公司须经持有 2/3 以上表决权的股东通过,股份有限公司须经出席股东大会会议的股东所持表决权的 2/3 以上通过。

2. 股东会或者股东大会决议解散

股东会或者股东大会有权通过决议解散公司。只要解散公司的动议在股东会或股东大会上能以法定多数通过,公司即可解散。股份有限公司及有限责任公司的解散,一般须以特别决议作出;无限公司和两合公司的解散,则要由全体股东一致同意,如果仅部分股东同意解散,公司可继续存在,主张解散者可以退股。由于我国未确立无限公司和两合公司,故公司解散均须以特别决议作出。

3. 公司因合并或分立而解散

公司吸收合并会导致被吸收方解散,公司新设合并则导致合并各方均归解散。公司新设分立导致原公司解散,公司派生分立则不存在公司解散问题。无论因合并还是分立导致公司解散,都不必履行清算程序。公司合并或分立所导致的解散,属于合并或分立的法定结果,从形式上看,似应将其归入强制解散之中,但其本质上属于公司以股东会或股东大会决议的方式而实施合并或分立的结果,故仍应属于自愿解散。

（二）强制解散

强制解散，又称非自愿解散，是指非因公司自身意思，而是因主管机关决定或法院判决而解散公司。其事由包括以下两个方面。

1. 行政解散

公司成立后，在进行生产经营活动的过程中，如违反国家法律、法规，实施危害社会公共利益的行为，登记主管机关有权命令其解散，吊销其营业执照。

我国《公司法》第 198 条分别规定了公司被撤销登记和被吊销营业执照的情形。《公司登记管理条例》在此基础上还补充规定多种违反公司登记规定得被吊销营业执照的事由。依此，可导致公司被行政解散的违法行为主要有：(1)办理公司登记时虚报注册资本，提交虚假证明文件或者采取其他欺诈手段，情节严重的，撤销公司登记，吊销营业执照；(2)公司成立后无正当理由超过 6 个月未开业的，或者开业后自行停业连续 6 个月以上的，由公司登记机关吊销营业执照；(3)公司登记事项发生变更时，未依法规定办理有关变更登记，其中，变更经营范围涉及法律、行政法规或者国务院决定规定须经批准的项目而未取得批准，擅自从事相关经营活动，情节严重的，吊销营业执照；(4)不按照规定接受年度检验，逾期仍不接受年度检验，以及年度检验中隐瞒真实情况、弄虚作假、情节严重的，吊销营业执照；(5)伪造、涂改、出租、出借、转让营业执照，情节严重的，吊销营业执照；(6)承担资产评估、验资或者验证的机构提供虚假材料的，可以由有关主管部门依法责令该机构停业、吊销直接责任人员的资格证书，吊销营业执照；(7)承担资产评估、验资或者验证的机构因过失提供有重大遗漏的报告的，情节较重的，可以由有关主管部门依法责令该机构停业、吊销直接责任人员的资格证书，吊销营业执照；(8)利用公司名义从事危害国家安全、社会公共利益的严重违法行为的，吊销营业执照。

此外，凡经主管机关批准从事特定行业的公司，当其经营许可被撤销时，公司登记机关要撤销其登记，令其解散。对其中不具备公司条件的，应依法撤销公司登记，取消其法人资格和经营资格。

2. 司法解散

当公司因股东矛盾陷入僵局，公司董事的行为危及公司存亡，或当公司业务遇到显著困难，公司的财产有遭受重大损失之虞时，持有一定比例的出资额或股份的股东，有权请求法院解散公司。法院经审理，可判决公司解散。此即判决解散。

需要注意的是，在将法院作为公司登记主管机构的国家和地区，当公司出现上述命令解散的事由时，也由法院依法行使命令解散权，而该命令解散显然不同于裁判解散。

鉴于判决解散与法院命令解散均由司法机关作出，故可统称为司法解散。在我国，法院非公司登记机关，自然也相应地无命令解散权。因此，在我国，一般所谓司法解散都特指判决解散，本书亦然。

为避免少数股东滥用此项权利，不少国家和地区不仅规定了提出解散请求的股东必须在公司资本中占有一定的份额，还规定了持股的持续时间以及原告败诉时的损害赔偿责任。在《日本商法典》及我国台湾地区“公司法”中，均有类似的规定。此外，《美国商事公司示范法》甚至允许债权人也可以诉请解散公司。

1993 年《公司法》未对法院判决解散公司作出规定，但现行《公司法》第 182 条对此作了明确规定:“公司经营管理发生严重困难,继续存续会使股东利益受到重大损失,通过其他途径不能解决的,持有公司全部股东表决权百分之十以上的股东,可以请求人民法院解散公司。”该规定正式确立了我国公司僵局的司法解散制度。2008 年 5 月 12 日公布的《公司法解释(二)》则对公司僵局的司法解散制度作了较具可操作性的具体规定。依该司法解释第 1 条第 1 款之规定,单独或者合计持有公司全部股东表决权 10% 以上的股东,以下列事由之一提起解散公司诉讼,并符合《公司法》第 182 条规定的,人民法院应予受理:

(1)公司持续 2 年以上无法召开股东会(泛称,含股东大会,下同),公司经营管理发生严重困难的。股东会乃公司最高权力机关与意思机关,是公司治理结构中确保公司形成独立意思的核心要素。股东意志必须通过股东会才能形成公司意志,而股东权利也必须通过股东会才能有效行使,因而股东会的正常运转是公司正常运转的基本前提。如果公司持续无法召开股东会,则意味着股东会已陷入严重僵局,其基本功能已无法发挥,从而也就丧失了维持公司法律人格的基本依据。当然,这种无法召开股东会的僵局必须持续存在一定时间,否则将与企业维持原则相悖。因此,司法解释规定,无法召开股东会僵局必须持续 2 年以上,且公司经营管理出现了严重困难,才能提起解散公司诉讼。应当注意的是,此处所谓“无法召开股东会或者股东大会”是指无法实现依法召开股东会或者股东大会的目的,而非未召开股东会或股东大会。也就是说,必须是依法召集但经努力未能实际召开,或虽召开但未能达到召开股东会的最低要求,才能被视为无法召开。

(2)股东表决时无法达到法定或者公司章程规定的比例,持续 2 年以上不能作出有效的股东会决议,公司经营管理发生严重困难的。股东会作为会议体机构,其职能的发挥既有赖于会议的召开,更有赖于有效决议的作出。股东会作出决议必须达到法定或章程规定的最低表决权数,因而实践中出现公司僵局时,股东会虽经依法召开,但往往无法作出有效决议。如果股东会持续无法作出有效决议,将与股东会无法召开一样,使股东会的功能丧失。因此,司法解释作了本项规定。应当注意的是,必须是虽经表决但不能作出有效决议,而非未予表决从而未作出有效决议。此外,除了符合这一条件外,同样需要公司经营管理发生严重困难,否则仍不能构成提起司法解散的事由。

(3)公司董事长期冲突,且无法通过股东会解决,公司经营管理发生严重困难的。在公司治理结构中,董事会作为意思执行机关与日常经营管理决策机关,其有效运转对公司与股东利益的维护极为重要。若公司董事长期冲突,且无法通过股东会改选董事的方式解决董事之间的冲突,无疑将使公司的利益受到损害。因此,司法解释将本项内容规定为提起解散公司诉讼的事由。应当注意的是,与前两项事由不同,司法解释关于本项事由的规定未要求无法召开或作出有效董事会决议。这主要是因为董事会的运转方式并不限于召开会议并作出决议,董事长及董事可以通过自行行使职权的方式来从事经营管理活动。不过,仅仅董事之间长期存在冲突还不足以构成提起解散公司的事由,还必须该冲突因股东会层面的僵局而无法通过选举新的董事的方式解决,且公司经营管理出现了严重困难。

(4)经营管理发生其他严重困难,公司继续存续会使股东利益受到重大损失的情形。本项规定作为兜底性规定,其内涵需要根据个案具体解释。

为了防止股东滥用司法解散诉权,《公司法解释(二)》第 1 条第 2 款还明确规定:“股东以知情权、利润分配请求权等权益受到损害,或者公司亏损、财产不足以偿还全部债务,以及公司被吊销企业法人营业执照未进行清算等为由，提起解散公司诉讼的，人民法院不予受理。”司法解释规定这些事实不得作为解散公司事由的原因不尽相同。股东知情权、利润分配请求权等权益受到损害，公司法已明确规定了相应的救济途径，应当通过提起相应的诉讼来解决，故不能作为公司解散事由。公司亏损、财产不足以偿还全部债务虽意味着公司经营出现了严重困难，但仍然可以通过各种途径解决这一问题，故不能作为公司解散事由。公司被吊销企业法人营业执照或被撤销登记的解散属于行政解散，即使未依法进行清算，也只能进入清算程序，而不能提起司法解散诉讼。

三、公司解散的法律后果

公司进入解散程序后，即出现以下法律后果：

1. 进入清算程序，成立清算组织。公司解散不论解散程序在清算程序之前，还是解散程序在清算程序之后，都必须依法成立清算组织。成立清算组织后，公司原来的代表及业务执行机关即丧失权利，由清算组取而代之，清算组代表公司为一切行为。公司由此成为清算中的公司。

2. 限制权利能力，停止营业活动。公司宣告解散后，其权利能力即受到法律的特别限制，这种限制系特指解散公司的权利能力，仅局限于清算范围内，除为实现清算目的，由清算组代表公司处理未了结业务外，公司不得开展新的经营活动。对此，《公司法》第 186 条第 3 款明确规定：“清算期间，公司存续，但不得开展与清算无关的经营活动。公司财产在未依照前款规定清偿前，不得分配给股东。”

四、公司解散诉讼

《公司法解释（二）》对公司解散诉讼中的相关问题作了如下具体规定。

（一）公司解散诉讼的管辖和案件受理费

《公司法解释（二）》第 24 条第 1 款规定：“解散公司诉讼案件和公司清算案件由公司住所地人民法院管辖。公司住所地是指公司主要办事机构所在地。公司办事机构所在地不明确的，由其注册地人民法院管辖。”同条第 2 款规定：“基层人民法院管辖县、县级市或者区的公司登记机关核准登记公司的解散诉讼案件和公司清算案件；中级人民法院管辖地区、地级市以上的公司登记机关核准登记公司的解散诉讼案件和公司清算案件。”该规定既解决了公司解散诉讼的专属管辖问题，又解决了级别管辖问题。

（二）公司解散诉讼的当事人

《公司法解释（二）》第 4 条规定：“股东提起解散公司诉讼应当以公司为被告。”“原告以其他股东为被告一并提起诉讼的，人民法院应当告知原告将其他股东变更为第三人；原告坚持不予变更的，人民法院应当驳回原告对其他股东的起诉。”“原告提起解散公司诉讼应当告知其他股东，或者由人民法院通知其参加诉讼。其他股东或者有关利害关系人申请以共同原告或者第三人身份参加诉讼的，人民法院应予准许。”依此，在公司解散诉讼中，被告只能为公司，其他股东不能列为被告，但可以被列为第三人，其他股东或者有关利害关系人可以申请以共同原告或者第三人身份参加诉讼。

实务问题

某公司股东为甲某和乙某,分别持有公司股份的5%和95%。由于该公司长期处于亏损状态,甲某和乙某就公司的日常经营无法达成一致意见,甲某遂将乙某起诉到法院,要求解散公司。问:法院对本案应如何处理?

提示:尽管我国《公司法》第183条与《公司法解释(二)》对司法解散作了明确规定,但认定标准非常严格,司法实践中也采取从严认定的准则,故本案不宜适用司法解散。此外,公司司法解散诉讼应以公司为被告。因此,原则上本案应不予受理,即使受理,法院也应告知甲某将乙某变更为第三人。

(三)公司解散诉讼中当事人清算请求的处理

公司解散必然伴随着公司清算,但若公司解散诉讼中原告败诉,则公司不能进入解散程序,当然更不能进入清算程序。因此,在公司被法院裁判解散之前,法院不能进入公司清算程序。基于此,《公司法解释(二)》第2条规定:"股东提起解散公司诉讼,同时又申请人民法院对公司进行清算的,人民法院对其提出的清算申请不予受理。人民法院可以告知原告,在人民法院判决解散公司后,依据公司法第一百八十三条和本规定第七条的规定,自行组织清算或者另行申请人民法院对公司进行清算。"

(四)公司解散诉讼中当事人财产保全或证据保全请求的处理

在提起公司解散诉讼之前,公司一般早已陷入僵局,并可能对公司财产造成损害,尤其是对原告股东等股东利益造成损害,因此为防止公司财产被实际控制人进一步减损,有必要确立财产保全制度。此外,在公司解散诉讼中,因公司法未规定举证责任倒置制度,故原告股东应承担举证责任。因此,为防止公司或实际控制人毁灭证据,也有必要赋予原告股东请求证据保全的权利。基于此,《公司法解释(二)》第3条规定:"股东提起解散公司诉讼时,向人民法院申请财产保全或者证据保全的,在股东提供担保且不影响公司正常经营的情形下,人民法院可予以保全。"

(五)公司解散诉讼中调解方式的运用

基于企业维持的原则,法律应尽可能维持公司的存续,使其避免在不必要情况下被解散。但在公司陷入僵局的情况下,也应满足原告股东以解散公司的方式谋求退出公司的合理要求。因此,在我国公司解散诉讼实践中,应贯彻我国民事诉讼法所一贯强调的调解原则,积极进行调解。对此,《公司法解释(二)》第5条第1款规定:"人民法院审理解散公司诉讼案件,应当注重调解。当事人协商同意由公司或者股东收购股份,或者以减资等方式使公司存续,且不违反法律、行政法规强制性规定的,人民法院应予支持。当事人不能协商一致使公司存续的,人民法院应当及时判决。"同条第2款规定:"经人民法院调解公司收购原告股份的,公司应当自调解书生效之日起六个月内将股份转让或者注销。股份转让或者注销之前,原告不得以公司收购其股份为由对抗公司债权人。"

(六)公司解散判决的法律效力

人民法院关于解散公司诉讼作出的判决,对公司全体股东具有法律约束力。人民法院判决驳回解散公司诉讼请求后,提起该诉讼的股东或者其他股东又以同一事实和理由提起解散公司诉讼的,人民法院不予受理。[1]

五、公司解散的相关法律责任

《公司法解释(二)》对股东或董事在解散事由出现后实施特定行为的法律责任作了如下具体规定:

1. 有限责任公司的股东、股份有限公司的董事和控股股东未在法定期限内成立清算组开始清算,导致公司财产贬值、流失、毁损或者灭失,债权人主张其在造成损失范围内对公司债务承担赔偿责任的,人民法院应依法予以支持。若上述情形系实际控制人原因造成,债权人主张实际控制人对公司债务承担相应民事责任的,人民法院应依法予以支持。有限责任公司的股东、股份有限公司的董事和控股股东,以及公司的实际控制人为2 人以上的,其中1 人或者数人按照以上规定承担民事责任后,主张其他人员按照过错大小分担责任的,人民法院应依法予以支持。[2]

2. 有限责任公司的股东、股份有限公司的董事和控股股东因怠于履行义务,导致公司主要财产、账册、重要文件等灭失,无法进行清算,债权人主张其对公司债务承担连带清偿责任的,人民法院应依法予以支持。若上述情形系实际控制人原因造成,债权人主张实际控制人对公司债务承担相应民事责任的,人民法院应依法予以支持。有限责任公司的股东、股份有限公司的董事和控股股东,以及公司的实际控制人为2 人以上的,其中1 人或者数人按照以上规定承担民事责任后,主张其他人员按照过错大小分担责任的,人民法院应依法予以支持。[3]

3. 有限责任公司的股东、股份有限公司的董事和控股股东,以及公司的实际控制人在公司解散后,恶意处置公司财产给债权人造成损失,或者未经依法清算,以虚假的清算报告骗取公司登记机关办理法人注销登记,债权人主张其对公司债务承担相应赔偿责任的,人民法院应依法予以支持。[4]

4. 公司解散应当在依法清算完毕后,申请办理注销登记。公司未经清算即办理注销登记,导致公司无法进行清算,债权人主张有限责任公司的股东、股份有限公司的董事和控股股东,以及公司的实际控制人对公司债务承担清偿责任的,人民法院应依法予以支持。有限责任公司的股东、股份有限公司的董事和控股股东,以及公司的实际控制人为2 人以上的,其中1 人或者数人按照以上规定承担民事责任后,主张其他人员按照过错大小分担责任的,人民法院应依法予以支持。[5] 需要说明的是,在公司未经清算即办理注销登记,导致公司无法进行清算情形下,有限责任公司的股东、股份有限公司的董事和控股股东以及公司的实际控制人对公司债务承担的清偿责任属于公司法上的特别责任,法律适用时并不以其存在过错为前提。例如,在温进才、李殷英等与温进才、李殷英等借款合同纠纷申请再审案件中,最高人民法院认为,《公司法解释(二)》第21 条规定隐含了股东不管过错有无、过错大小,对外必须承担股东责任,不能以自己没有过错为由对抗公司债权人的原则。温进才、李殷英虽系代北泰公司持有方圆公司

---

〔1〕 参见《公司法解释(二)》第6 条。

〔2〕 参见《公司法解释(二)》第18 条第1、3 款,第21 条。

〔3〕 参见《公司法解释(二)》第18 条第2、3 款,第21 条。

〔4〕 参见《公司法解释(二)》第19 条。

〔5〕 参见《公司法解释(二)》第20 条第1 款、第21 条。

的股权,但并非被北泰公司冒名登记为股东,代持股是符合其自己的意志和利益的行为,且也并无证据显示南头城公司在向方圆深圳分公司提供借款时知悉并认可温进才、李殷英的代持股人身份及北泰公司的实际出资人地位,故温进才、李殷英应当承担相应的法律责任风险。温进才、李殷英尽管没有签署决定解散方圆公司的股东会文件和清算报告,并称不知道方圆公司已被解散并依据虚假的清算报告办理了注销登记,即未直接实施损害公司债权人利益的行为,但作为方圆公司经登记的股东,上述情形亦属于其怠于行使股东权利和履行股东监管职责及清算义务,导致公司被非法注销而无法清算,损害公司债权人利益。最高人民法院据此认为,该情形符合《公司法解释(二)》第20条第1款规定的承担责任的条件,故本案二审判决依据该条款判令温进才、李殷英对公司债务承担责任,并无不当。[6]

5. 公司未经依法清算即办理注销登记,股东或者第三人在公司登记机关办理注销登记时承诺对公司债务承担责任,债权人主张其对公司债务承担相应民事责任的,人民法院应依法予以支持。[7]

6. 公司解散时,股东尚未缴纳的出资均应作为清算财产。股东尚未缴纳的出资,包括到期应缴未缴的出资,以及依照《公司法》第26条和第80条的规定分期缴纳尚未届满缴纳期限的出资。公司财产不足以清偿债务时,债权人主张未缴出资股东,以及公司设立时的其他股东或者发起人在未缴出资范围内对公司债务承担连带清偿责任的,人民法院应依法予以支持。[8]

第二节　公司的清算

一、公司清算的概念

公司清算,是指公司解散后,依照法定程序处分公司财产,了结各种法律关系,并最终使公司归于消灭的行为。这是基于"先散后算"立法例所作的界定。

公司解散之后,一般会面对清算问题。不过,因合并或分立导致的公司解散,由于在合理或分立过程中,既已发生了被解散公司的债权、债务概括承受的法律效果,故无须在解散后进行清算。此外,正如公司破产不作为公司解散的原因一样,破产清算作为一种特殊的清算,须依破产法程序进行,而不被纳入公司清算的范畴之中。

公司清算由一系列行为构成,并需要遵循相应的法律程序。通过清算,结束解散公司既存的法律关系,分派解散公司的剩余财产,从而最终消灭解散公司的法人资格。由此可见,公司进入清算程序并不导致其法律人格的消灭。这就提出了清算中公司的法律地位的问题。鉴于清算中公司客观上存在处分公司财产并处理公司各种法律关系的需要,因而各国(地区)公司法均确认了清算中公司有限制的法律人格。在清算期间,公司法律人格仍然存续,但其权利能力被限制在与清算有关的事务之中。这种受限的特殊人格被称为清算法人。我国《公司法》也

---

〔6〕 参见最高人民法院(2015)民申字第2509号民事裁定书。

〔7〕 参见《公司法解释(二)》第20条第2款。

〔8〕 参见《公司法解释(二)》第22条。

接受并确认了这一理论与立法模式。例如，该法第186条第3款规定："清算期间，公司存续，但不得开展与清算无关的经营活动。公司财产在未依照前款规定清偿前，不得分配给股东。"由于已进入清算程序，公司原有的治理结构已经解体，因而清算中公司的代表人和业务执行机关都由清算人担任，由其对内执行清算业务，对外代表清算中公司。我国《公司法》第184条所规定的清算组所具有的七项职权，即为清算组地位的反映。

二、公司清算的种类

（一）任意清算与法定清算

根据公司清算所适用的程序与方式的不同，可将公司清算划分为任意清算与法定清算两类。

任意清算，是指按照章程规定或股东决定的清算方法进行的清算。任意清算只能适用于人合公司。但任意清算并非人合公司唯一的清算方式。首先，法律只是赋予人合公司任意清算的权限，而不是要求其必须采取任意清算方式。无论选用何种清算方式，法律均予认可。其次，对于强制解散情形下的清算，各国家和地区公司法往往要求采取法定清算方式，以便使公司清算得到必要的监督。例如，《韩国商法典》第247条第1款规定："被解散的公司的财产处分方法，可以以章程或者全体社员同意决定之。在此情形下，应从出现解散事由之日起两周之内制作财产目录及资产负债表。"同条第2款规定："前款规定，不适用于公司因第227条第3号（社员仅剩为1人时解散）或者因第6号的事由而解散的情形。"该第6号的内容为"法院的命令或者判决"。[9]

法定清算，是指按法律规定的清算程序进行的清算。法定清算适用于任何公司，特别是资合公司只能进行法定清算，不能进行任意清算。我国因只承认有限责任公司和股份有限公司，故公司清算只能实行法定清算。

（二）普通清算与特别清算

各国（地区）公司法均将法定清算分为普通清算与特别清算两种类型。

普通清算，是指由公司依法定程序自行组织清算机构所进行的清算，法院不直接干预其清算事务，仅实行一般监督。此种清算兼顾股东和公司债权人的利益。在公司实践中，普通清算对于自愿解散和强制解散均可适用，但一般适用于那些资产能够抵偿债务，并且公司机关能够自行组织清算工作的公司。对此，我国《公司法》第183条第1句规定："公司因本法第一百八十一条第（一）项、第（二）项、第（四）项、第（五）项规定而解散的，应当在解散事由出现之日起十五日内成立清算组，开始清算。"依此，因公司解散而导致的清算均适用普通清算程序。

特别清算，是指公司解散时不能由公司自身组织清算，或者在进行普通清算时发生显著障碍，由法院介入而强制进行的清算。特别清算是为维护公司债权人的利益，依法院的命令而开始，并在法院严格监督下进行。特别清算是介于普通清算与破产清算之间的一种程序，是一种破产预防制度。因特别清算颇近似于破产程序，其目的又与"公司重整"相同，故各国对特别清算准用公司法中的"重整"程序，亦准用破产法中的清算程序。此外，因特别清算仍为清算程序，公司法中有关普通清算的规定，除另有规定外，特别清算都可适用。对此，我国《公司法》第

[9]《韩国商法》，吴日焕译，中国政法大学出版社1999年版，第47、50～51页。

183 条第 3、4 句规定:“逾期不成立清算组进行清算的,债权人可以申请人民法院指定有关人员组成清算组进行清算。人民法院应当受理该申请,并及时组织清算组进行清算。”《公司法解释(二)》第 7 条第 2 款还进一步规定:“有下列情形之一,债权人申请人民法院指定清算组进行清算的,人民法院应予受理:(一)公司解散逾期不成立清算组进行清算的;(二)虽然成立清算组但故意拖延清算的;(三)违法清算可能严重损害债权人或者股东利益的。”同条第 3 款还规定:“具有本条第二款所列情形,而债权人未提起清算申请,公司股东申请人民法院指定清算组对公司进行清算的,人民法院应予受理。”依此,我国《公司法》明确规定,在普通清算未能正常进行的情况下,应股东、债权人申请,人民法院应启动特别清算程序。

三、公司清算人

(一)清算人的概念

清算人即公司清算事务的执行人。在其他国家或地区公司法中,清算人既可为单一的自然人,也可为由数人组成的集合体,故普遍采用“清算人”概念。我国法律则对清算人有不同称谓,例如,在《合伙企业法》《个人独资企业法》《信托法》中称为“清算人”;在《民法通则》(已废止)和《民事诉讼法》中称为“清算组织”;在《民法典》《公司法》《保险法》中称为“清算组”;在《企业破产法》中则称为“管理人”。这种概念上的区别导致了在采用“清算组织”与“清算组”概念的法律领域,无法将某一自然人指定为清算人,从而与境外立法通例明显不同。尽管清算组概念不如清算人概念合理,但鉴于我国公司法确认的是清算组概念,本书仍直接采用清算组概念。

(二)清算组的组成

各国公司法虽对清算人选任的规定不尽一致,但归纳起来,大致有以下三种做法:一是由公司执行业务股东或执行业务董事担任清算人;二是根据公司章程的规定,由股东或股东会选任清算人;三是由法院指派清算人。在一般情况下,清算人都以第一种或第二种方式产生。只有在特定情形下,如由董事担任清算人不适合时,以及解散公司逾期不成立清算组时,法院才有权指派清算人。

依我国《公司法》第 183 条之规定,有限责任公司的清算组由股东组成,股份有限公司的清算组由股东大会确定其人选;逾期不成立清算组进行清算的,经债权人申请,人民法院应当指定有关人员组成清算组,进行清算。但该法未对清算组的具体组成作明确规定。为此,《公司法解释(二)》第 8 条第 1 款规定:“人民法院受理公司清算案件,应当及时指定有关人员组成清算组。”同条第 2 款规定:“清算组成员可以从下列人员或者机构中产生:(一)公司股东、董事、监事、高级管理人员;(二)依法设立的律师事务所、会计师事务所、破产清算事务所等社会中介机构;(三)依法设立的律师事务所、会计师事务所、破产清算事务所等社会中介机构中具备相关专业知识并取得执业资格的人员。”依此,除公司股东、董事、监事、高级管理人员外,法院还可将律师事务所、会计师事务所、破产清算事务所等社会中介机构以及这些机构中具备相关专业知识并取得执业资格的人员指定为清算组成员,从而有利于公司清算实践中难以指定合适的清算组成员的问题。清算组成员必须具有相应的能力才能开展清算活动,因此,《公司法解释(二)》第 9 条规定:“人民法院指定的清算组成员有下列情形之一的,人民法院可以根据债权人、股东的申请,或者依职权更换清算组成员:(一)有违反法律或者行政法规的行为;(二)丧失执业能力或者民事行为能力；（三）有严重损害公司或者债权人利益的行为。”

（三）清算组的职权与职责

清算组在执行清算业务的范围内，其权利义务有如公司的董事，拥有公司清算范围内的广泛职权。对此，我国《公司法》第 184 条规定，清算人在执行清算过程中行使下列职权：（1）清理公司财产，分别编制资产负债表和财产清单；（2）通知、公告债权人；（3）处理与清算有关的公司未了结的业务；（4）清缴所欠税款；（5）清理债权、债务；（6）处理公司清偿债务后的剩余财产；（7）代表公司参与民事诉讼活动。

清算人作为公司的受托人，应忠于职守，依法履行清算义务，不得隐瞒重要事实，不得利用职权收受贿赂或其他非法收入，不得侵占公司财产。清算组成员因故意或重大过失给公司或债权人造成损失的，除可解任其职务外，还应承担赔偿责任，并可处以罚款。构成犯罪的，依法追究其刑事责任。对此，我国《公司法》第 190 条规定：清算组成员应当忠于职守，依法履行清算义务；清算组成员不得利用职权收受贿赂或者其他非法收入，不得侵占公司财产；清算组成员因故意或者重大过失给公司或者债权人造成损失的，应当承担赔偿责任。《公司法解释（二）》第 23 条对清算组成员的义务与责任作了具体规定：“清算组成员从事清算事务时，违反法律、行政法规或者公司章程给公司或者债权人造成损失，公司或者债权人主张其承担赔偿责任的，人民法院应依法予以支持。”“有限责任公司的股东、股份有限公司连续一百八十日以上单独或者合计持有公司百分之一以上股份的股东，依据公司法第一百五十一条第三款的规定，以清算组成员有前款所述行为为由向人民法院提起诉讼的，人民法院应予受理。”“公司已经清算完毕注销，上述股东参照公司法第一百五十一条第三款的规定，直接以清算组成员为被告、其他股东为第三人向人民法院提起诉讼的，人民法院应予受理。”

四、公司清算的程序

根据我国《公司法》《公司法解释（二）》之规定，并结合公司清算实践，公司清算的程序具体包括以下七个方面。

（一）成立清算组，开始清算

公司因法定原因而解散的，应当在解散事由出现之日起 15 日内成立清算组，开始清算。公司解散后逾期不能组成清算组进行清算，或者成立清算组开始清算后故意拖延清算，或者有其他违法清算、可能严重损害公司债权人或者股东利益行为的，公司股东、债权人申请人民法院对公司进行清算的，人民法院应当受理。但如果公司已经不能清偿到期债务，并且资产不足以清偿全部债务或者明显缺乏清偿能力的，人民法院可以告知其依据《企业破产法》的规定向人民法院申请宣告破产。[10] 我国《民法典》还对清算义务人怠于履行清算义务的赔偿责任作了明确规定。对此，该法第 70 条规定：“法人解散的，除合并或者分立的情形外，清算义务人应当及时组成清算组进行清算。”（第 1 款）“法人的董事、理事等执行机构或者决策机构的成员为清算义务人。法律、行政法规另有规定的，依照其规定。”（第 2 款）“清算义务人未及时履行清算义务，造成损害的，应当承担民事责任；主管机关或者利害关系人可以申请人民法院指定有关人员组成清算组进行清算。”（第 3 款）依此，公司的董事似乎应为清算义务人。但根据《民法

〔10〕 参见我国《公司法》第 183 条。

典》第70条第2款的但书规定,因《公司法》第183条明确规定,有限责任公司的清算组由股东组成,股份有限公司的清算组由股东大会确定其人选,故公司的清算义务人仍为股东或股东大会确定的人选。至于股东大会确定的人选范围,根据最高人民法院2012年9月18日发布的"指导案例9号:上海存亮贸易有限公司诉蒋志东、王卫明等买卖合同纠纷案"提炼的裁判要点,股份有限公司的董事和控股股东,即使不是实际控制人或者未实际参加公司经营管理,同样构成清算义务人。该指导性案例将不是实际控制人或者未实际参加公司经营管理的有限责任公司的小股东也纳入清算义务人范畴,使其同样承担怠于履行清算义务的赔偿责任,其司法立场显得过于严苛,司法实践中不宜严格适用该裁判规则。

清算组成立后,公司清算正式开始。清算开始后,公司的法律人格即进入受限制的清算法人状态。此后,公司权利均由清算组统一行使,清算组应停止与清算无关的活动。

(二)通知、公告债权人

清算组应当自成立之日起10日内将公司解散清算事宜书面通知全体已知债权人,并于60日内根据公司规模和营业地域范围在全国或者公司注册登记地省级有影响的报纸上进行公告。清算组未按照前款规定履行通知和公告义务,导致债权人未及时申报债权而未获清偿,债权人主张清算组成员对因此造成的损失承担赔偿责任的,人民法院应依法予以支持。〔11〕

(三)债权申报和债权登记

债权人应当自接到通知书之日起30日内,未接到通知书的自公告之日起45日内,向清算组申报其债权。债权人申报债权,应当说明债权的有关事项,并提供证明材料。清算组应当对债权进行登记。但在申报债权期间,清算组不得对债权人进行清偿。〔12〕

公司清算时,债权人对清算组核定的债权有异议的,可以要求清算组重新核定。清算组不予重新核定,或者债权人对重新核定的债权仍有异议,债权人以公司为被告向人民法院提起诉讼请求确认的,人民法院应予受理。〔13〕

债权人在规定的期限内未申报债权,在公司清算程序终结前补充申报的,〔14〕清算组应予登记。债权人补充申报的债权,可以在公司尚未分配财产中依法清偿。公司尚未分配财产不能全额清偿,债权人主张股东以其在剩余财产分配中已经取得的财产予以清偿的,人民法院应予支持;但债权人因重大过错未在规定期限内申报债权的除外。〔15〕

(四)清理公司财产、编制资产负债表和财产清单

清算开始后,清算组要全面清理公司财产,并以此为基础,编制资产负债表和财产清单。但在此期间,如果清算组发现公司财产不足以清偿债务的,应当立即向法院申请宣告破产。公司经法院裁定宣告破产后,清算组应当将清算事务移交给法院,自此便进入破产清算程序。〔16〕

(五)制定清算方案,并报股东会、股东大会或者人民法院确认

清算组在清理公司财产、编制资产负债表和财产清单后,应当制定清算方案,并报股东会、

---

〔11〕 参见我国《公司法》第185条第1款;《公司法解释(二)》第11条。

〔12〕 参见我国《公司法》第185条;《公司法解释(二)》第12条。

〔13〕 参见《公司法解释(二)》第12条。

〔14〕 公司清算程序终结,是指清算报告经股东会、股东大会或者人民法院确认完毕。

〔15〕 参见《公司法解释(二)》第13条、第14条第1款。

〔16〕 参见我国《公司法》第186条第1款、第187条。

股东大会或者人民法院确认。[17] 在普通清算情形下，因不涉及法院的司法监督，清算方案报股东会、股东大会确认即可。在特别清算情形下，清算方案应当报人民法院确认。未经确认的清算方案，清算组不得执行。执行未经确认的清算方案给公司或者债权人造成损失，公司、股东或者债权人主张清算组成员承担赔偿责任的，人民法院应依法予以支持。[18]

（六）分配公司清算财产

清算组在制定清算方案并报股东会、股东大会或者人民法院确认后，就进入分配公司清算财产的阶段。我国《公司法》第 186 条第 2 款规定："公司财产在分别支付清算费用、职工的工资、社会保险费用和法定补偿金，缴纳所欠税款，清偿公司债务后的剩余财产，有限责任公司按照股东的出资比例分配，股份有限公司按照股东持有的股份比例分配。"

（七）清算结束

人民法院指定的清算组在清理公司财产、编制资产负债表和财产清单时，发现公司财产不足清偿债务的，可以与债权人协商制作有关债务清偿方案。债务清偿方案经全体债权人确认且不损害其他利害关系人利益的，人民法院可依清算组的申请裁定予以认可。清算组依据该清偿方案清偿债务后，应当向人民法院申请裁定终结清算程序。债权人对债务清偿方案不予确认或者人民法院不予认可的，清算组应当依法向人民法院申请宣告破产。[19]

我国《公司法》第 188 条规定："公司清算结束后，清算组应当制作清算报告，报股东会、股东大会或者人民法院确认，并报送公司登记机关，申请注销公司登记，公告公司终止。"

各国家和地区公司法大多未规定清算程序的期限，我国《公司法》亦然。不过，《公司法解释（二）》第 16 条则对特别清算的期间作了明确规定。该条第 1 款规定："人民法院组织清算的，清算组应当自成立之日起六个月内清算完毕。"该条第 2 款规定："因特殊情况无法在六个月内完成清算的，清算组应当向人民法院申请延长。"

思考题

1. 简述公司解散的原因。
2. 简述公司解散的法律后果。
3. 简述公司解散诉讼的主要内容。
4. 简述公司解散相关法律责任。
5. 简述公司清算人的法律责任。

---

〔17〕 参见我国《公司法》第 186 条第 1 款。

〔18〕 参见《公司法解释（二）》第 15 条。

〔19〕 参见《公司法解释（二）》第 17 条。

第三编　证　券　法

第十五章　证券法的基本问题

导 读

- 按照市场的职能，可将证券市场分为证券发行市场和证券流通市场。按照交易组织形式，可将证券市场分为场内交易市场和场外交易市场。这是对证券流通市场的进一步划分。
- 证券法的调整范围涉及两个层次的问题：一是调整哪些种类的证券；二是调整这些证券的哪些活动。各国（地区）证券法所调整的证券的范围不尽相同，因各国（地区）证券市场成熟程度、金融创新程度、立法者认知程度、金融监管体制以及运用法律手段的灵活程度等因素的不同，有的规定得比较宽泛，有的则规定得比较狭窄。
- 从严格意义上讲，我国证券法的基本原则应为"三公原则"。但其他原则性规定虽然不属于严格意义上的证券法原则，仍有必要一并研究。

第一节　证券与证券市场概述

一、证券概述

一般来说，证券是指以特定的专用纸单或电子记录，借助于文字、图形或电子技术，记载并代表特定权利的书面凭证。证券法意义上的证券属于有价证券。

按照不同标准，可将有价证券划分为不同类型。例如，按照所代表权利的性质不同，可将有价证券分为商品证券与价值证券；按照证券形式与证券权利设定之间的关系，可将有价证券分为设权证券和证权证券；按照证券是否记载持券人的姓名或名称及证券转移的方式不同，可将有价证券分为记名证券与不记名证券；按照证券权利与证券形式的结合程度不同，可将有价证券分为完全证券与不完全证券；按照证券的表现形式，可将有价证券分为实物券式证券与簿记券式证券；按照证券发行主体，可将有价证券分为政府证券、金融证券与公司证券；按照证券的作成方式不同，可将有价证券分为要式证券与不要式证券；按照是否在证券交易所挂牌交易，可将有价证券分为上市证券与非上市证券。

二、证券市场概述

（一）证券市场的概念

证券市场是股票、债券、投资基金份额以及各种证券衍生品种等各种有价证券发行和交易的场所,它是金融市场的重要组成部分。尤其是在发达国家,证券市场的交易覆盖了整个金融市场,是金融市场中极为重要的组成部分。

在最广泛意义上,凡是进行证券发行和交易的空间,都属于证券市场。在现代社会,为实现公开、公平、公正原则,加强证券发行与交易的监管,避免各种违法和违规行为,各国都要求通过中介机构参与证券发行和交易活动,还专门设立了证券交易所进行证券的发行与交易。因此,现代社会虽仍存在各种形式的场外交易市场,但证券市场以证券交易所为主要形式。

作为市场经济中的一种高级组织形态,证券市场是市场经济条件下资源合理配置的重要机制。世界经济发展的历史证明,它不仅可以推动本国经济的迅速发展,而且对国际经济的发展和一体化具有深远影响。因此,世界上不少证券市场已发展成为国际著名的金融中心。

(二)证券市场的产生与发展

证券市场是社会化大生产和商品经济发展的产物。伴随着西方银行业的发展进程,证券交易在16世纪的西欧就已萌芽。当时,在里昂、安特卫普已经出现了以国债为交易标的的证券交易所。到16世纪中叶,股票、公司债券及不动产抵押债券相继成为证券市场的交易标的。早在1611年,就有一些商人在荷兰的阿姆斯特丹买卖海外贸易公司的股票,形成了股票交易所的雏形,此即世界上第一个股票交易所。1773年,英国的第一家证券交易所(现伦敦证券交易所的前身)在位于伦敦柴思胡同的"新乔纳森咖啡馆"成立,并于1802年经英国政府批准正式命名为伦敦证券交易所。1792年,美国著名的"梧桐树协定"签订,纽约证券交易所的前身由此诞生。1817年参与华尔街证券交易的经纪人通过一项正式章程并定名为"纽约证券交易会",1863年正式成立"纽约证券交易所"。在1900年以前,纽约证券交易所的交易方法已基本成熟。随着美国工业化进程中股份制被普遍采用及证券市场大众化程度的提高,纽约证券交易所的交易量急剧增加,至20世纪20年代,纽约证券交易所开始取代伦敦证券交易所成为世界上最大的证券交易所。

20世纪初,资本主义由自由竞争阶段过渡到垄断阶段。在此过程中,证券市场获得了极大发展。1890~1913年,世界证券市场证券发行额增加了近五倍。同时,证券结构也发生了变化,占证券主导地位的已非政府债券,而是股票和公司债券。1929~1933年发生的严重经济危机使证券市场受到严重挫折。第二次世界大战结束后,随着全球经济的恢复与发展,证券市场也迅速获得了恢复和发展。20世纪70年代开始,证券市场呈现出高度繁荣的局面,不仅证券市场的规模更加扩大,证券交易日趋活跃,而且逐渐形成了融资方式证券化、投资主体法人化、证券交易多样化、证券市场自由化、证券市场国际化和证券市场的网络化的全新特征。其中,最具代表性且影响最大的是证券市场国际化与网络化。

证券市场的国际化,是指一国国内证券市场在国际范围内的延伸,也就是消除证券市场交易双方(投资者和筹资者)的国籍界限,在本国或国际证券市场上自由参与各种上市证券的交易活动。证券市场的国际化既包括一国证券在国际市场上市交易,又包括国外证券在该国证券市场上市交易。在此潮流下,世界各国主要的证券交易所相继成为国际性证券交易所,越来越多的股份公司到国外证券市场发行股票、债券,越来越多的投资者也参与到国外证券市场的买卖之中。国际性的证券交易所也在全球范围内加紧对优质公司的争夺。如今,证券市场国际化已成为各国证券市场发展的一个主要趋势。其原因包括以下四个方面:(1)证券交易网络化促使全球证券市场国际化;(2)跨国公司和机构投资者是推动证券市场国际化的主力军;

(3)金融创新活动是证券市场国际化的重要推动力量;(4)各国政府放松证券市场的严格管制,并采取优惠政策促进资本的国际化流动,进一步推动了证券市场的国际化。[1] 证券市场国际化程度的高低,不仅反映一国资本市场的总体发展水平,而且也在一定程度上反映了一国参与国际分工的深度,反映了一国国民经济的总体发展水平,特别是一国经济的国际化程度和开放程度。随着改革开放的不断深入,中国经济的国际化和开放程度日益提高,证券市场国际化的加强也成为中国经济发展的必然选择。

证券市场的网络化,是指证券市场采用电脑、卫星通信和互联网等现代化设施与交易手段将各个交易终端相互联结,形成一个现代化的网络。目前世界上主要的金融中心都已实现网络化。如1970年英国的伦敦证券交易所建成价格显示装置,1971年美国在康涅狄格州的特鲁姆尔建成全国证券商协会自动报价系统,1978年美国纽约证券交易所创设了市场间交易系统等。这些现代化手段的运用,为证券公司和投资者及时掌握信息,提高效率,改变区域分割的状况提供了十分便利的条件。

三、证券市场的分类

(一)证券发行市场与证券流通市场

按照市场的职能,可将证券市场分为证券发行市场和证券流通市场。

证券发行市场,又称"一级市场"或"初级市场",是指发行人以筹集资金为目的,按照法定条件与发行程序,将某种证券首次出售给投资者的市场。证券发行市场一方面为资本的需求者提供筹集资金的渠道,另一方面为资本的供应者提供投资场所。证券发行市场是实现资本职能转化的场所,通过发行股票等证券,将社会闲散资金转化为生产资本。证券发行市场是整个证券市场的起点,没有证券发行也就没有证券交易和证券投资。证券发行市场相对于证券流通市场而言,具有以下主要特征:(1)没有固定场所;(2)没有统一的发行时间;(3)证券发行价格与证券票面价格较为接近。

证券流通市场,又称证券交易市场、"二级市场"或"次级市场",是指已发行的证券通过买卖交易实现流通转让的场所。证券流通市场一方面为证券持有者提供随时变现的机会,另一方面又为新的投资者提供投资机会。与发行市场的一次性行为不同,在流通市场上证券可以不断地进行交易。证券流通市场主要表现为证券交易所,此外还包括场外交易市场。

(二)场内交易市场与场外交易市场

按照交易组织形式,可将证券市场分为场内交易市场与场外交易市场。这是对证券流通市场的进一步划分。

场内交易市场,又称证券交易所市场,是指由证券交易所组织的集中交易市场,有固定的交易场所和交易时间。证券交易所接受和办理符合有关法规与上市规则规定的证券上市买卖,投资者则通过证券商在证券交易所进行证券买卖。有些国家最初的证券交易所是自发产生的,有些则是根据国家的有关法规注册登记设立或经批准设立的。现代证券交易所都有严密的组织、严格的管理,并有进行集中交易的固定场所。场内交易市场是证券交易市场中最重要、最集中的交易市场,在有些国家还是唯一合法的证券交易场所。它不仅为投资者提供公开

---

〔1〕 参见吴晓求主编:《海外证券市场》,中国人民大学出版社2002年版,第306~309页。

交易的场所,也为证券交易双方提供多种服务。

场外交易市场,是指在证券交易所以外的场所进行证券交易的市场。狭义的场外交易市场仅指柜台交易市场,柜台交易市场也是广义的场外交易市场的主要形式。柜台交易市场,又称店头交易市场、第二市场,是指证券交易所以外的各证券交易机构柜台上进行证券交易的市场。在国外,许多证券经营机构都设有专门的证券柜台,通过柜台进行证券买卖。在柜台交易市场中,证券经营机构既是交易的组织者,又是交易的参与者。广义的场外交易市场除包括柜台交易市场外还包括第三市场(在证券交易所与证券经营机构之外直接进行交易)和第四市场(投资者不通过证券商而利用电子计算机网络直接进行大宗证券交易)。目前,世界上多数国家和地区的证券市场中,都有比较完整成熟的柜台交易市场,如美国的场外柜台交易系统(Over The Counter Bulletin Board,OTCBB)、日本及中国台湾地区的柜台交易(OTC)市场。我国股票市场曾经存在柜台交易市场等场外交易市场,但因种种原因被先后取缔了。目前规范意义上的场外交易市场乃"新三板",即全国中小企业股份转让系统(National Equities Exchange and Quotations,NEEQ)。全国中小企业股份转让系统的前身为代办股份转让系统,是经国务院批准设立的全国性证券交易场所,2012 年 9 月 20 日在原国家工商行政管理总局注册成立的全国中小企业股份转让系统有限责任公司为其运营管理机构。2013 年 12 月 13 日发布的《国务院关于全国中小企业股份转让系统有关问题的决定》指出,全国中小企业股份转让系统主要为创新型、创业型、成长型中小微企业发展服务,境内符合条件的股份公司均可通过主办券商申请在此挂牌,公开转让股份,进行股权融资、债权融资、资产重组等。申请挂牌的公司应当业务明确、产权清晰、依法规范经营、公司治理健全,可以尚未盈利,但须履行信息披露义务,所披露的信息应当真实、准确、完整。在全国股份转让系统挂牌的公司,达到股票上市条件的,可以直接向证券交易所申请上市交易。在符合《国务院关于清理整顿各类交易场所切实防范金融风险的决定》(国发〔2011〕38 号)要求的区域性股权转让市场进行股权非公开转让的公司,符合挂牌条件的,可以申请在全国股份转让系统挂牌公开转让股份。至此,全国中小企业股份转让系统成为全国性的非上市股份有限公司股权交易平台,故被形象地称为"新三板"。

除以上分类外,还可基于证券的种类,将证券市场分为股票市场、债券市场、基金市场、证券衍生品种市场。这些证券市场又均可进一步划分为发行市场与交易市场。

四、证券市场参与者

证券市场参与者由证券市场主体、证券市场中介机构、证券市场监管机构与证券市场自律组织四个部分组成。

(一)证券市场主体

1. 证券发行人

证券发行人,是指为筹措资金而发行债券和股票的政府及其部门、金融机构、公司和其他企业。证券发行人是证券市场资金的需求者,没有发行人发行证券的行为,证券交易就无从开展,证券市场也不可能存在。发行人的多少和发行证券数量的多少决定了发行市场的规模和发达程度。

证券发行人是证券权利义务关系的主要当事人,是证券发行后果与责任的主要承担者。因此,为保障社会投资者的利益,维护证券发行市场的秩序,防止各种欺诈舞弊行为的发生,各国证券法都对证券发行人(政府债券除外)的主体资格、净资产额、经营业绩设有条件限制并对发起人责任作了严格规定。

证券发行人可分为债券发行人和股票发行人。债券发行人有发行政府债券的中央政府和地方政府,发行金融债券的金融机构以及发行企业债券的公司、企业等。股票发行人则仅为股份有限公司。

政府是证券市场主要的资金需求者,它在证券市场上发行政府债券。公司、企业作为证券的发行人,发行的证券包括股票和债券。金融机构则在证券市场上发行金融债券,以增加开展各项金融业务的资金来源。

2. 证券投资者

证券投资者是证券市场的资金供给者,他们也是证券市场的交易主体。正是有众多的证券投资者的存在,证券发行才能完成,证券市场的交易才能进行。

证券投资者类型很多,投资目的也各不相同。依投资者的身份,可将证券投资者分为机构投资者与个人投资者。依投资者的国籍或注册地,可将证券投资者分为境内投资者与境外投资者。其中较有意义也最为通常的划分为机构投资者与个人投资者。

(1)机构投资者。从广义上讲,机构投资者,是指用自有资金或者从分散的公众手中筹集的资金专门进行有价证券投资活动的法人机构。在西方国家,以证券收益为其主要收入来源的证券公司、投资公司、保险公司、各种福利基金、养老基金及金融财团等,被统称为机构投资者。其中最典型的机构投资者是专门从事证券投资的证券投资基金。在中国,机构投资者目前主要是具有证券自营业务资格的证券自营机构、符合国家有关政策法规的各类投资基金以及合格境外机构投资者(QFII)等。机构投资者通常具有投资管理专业化、投资结构组合化、投资行为规范化的特点,比较注重理性投资和长期投资,因而是稳定证券市场的重要力量。20世纪70年代以来,西方各国证券市场出现了证券投资主体法人化的趋势,机构投资者已成为证券市场的主要力量。近年来,我国机构投资者获得了较快发展,但与发达国家和地区证券市场相比,我国机构投资者持股市值所占比重仍然偏低。为改变这种投资者结构失衡的状况,我国正采取措施,逐步培育和规范发展机构投资者。

(2)个人投资者。个人投资者,是指从事证券投资的社会公众个人,他们是证券市场最广泛的投资者。个人投资的主要目的是追求盈利,谋求资本的保值和增值,所以个人投资者十分重视本金的安全性和资产的流动性。单个的投资者受资本和投资能力所限,其投资额一般不是很大,但社会公众资金集合总额则非常可观,因而不能轻视个人投资者对证券市场稳定和发展的群体影响力。个人投资者的资金主要来自储蓄。此外,个人投资者还可以从证券公司、商业银行贷款用于证券投资。

(二)证券市场中介机构

证券市场中介机构是连接证券筹资者与投资者的媒介,是证券市场运行的核心。在证券市场起中介作用的实体是证券经营机构和证券服务机构,通常将两者合称为证券市场中介机构。证券市场功能的发挥,很大程度上取决于证券市场中介机构的活动。它们的经营服务活动,不仅沟通了证券需求者与供应者之间的联系,保证了多种证券的发行和交易,而且还起到了维持证券市场秩序的作用。

证券经营机构,又称证券商,是指依法设立的可经营证券业务的具有法人资格的金融机构。我国目前的证券经营机构仅包括证券公司。证券经营机构的主要业务有代理证券发行销售、代理证券买卖或自营证券买卖、提供研究及咨询服务等。证券经营机构根据业务内容可划分为证券承销商、证券经纪商和证券自营商三类。这三类证券商的业务并非完全分离,尤其是随着金融自由化趋势的发展,许多证券经营机构往往经营多种业务。大的证券公司一般有若干业务部门,分别从事证券发行、经纪、自营以及基金管理等业务。但没有承销资格和自营资格的经纪商,则只能代理客户买卖证券。

证券服务机构,是指依法设立的从事证券服务业务的机构。我国目前的证券服务机构主要有:证券登记结算公司、证券投资咨询公司和其他证券服务机构(如律师事务所、会计师事务所、资产评估机构、信用评级机构、证券金融公司、证券信息公司等)。此外,证券公司也可获准从事证券服务业务,从而成为证券服务机构。在我国,证券服务机构从事证券服务业务,必须经国务院证券监督管理机构和有关主管部门批准。

(三)证券市场监管机构与证券市场自律组织

证券市场监管机构与证券市场自律组织是证券市场的重要参与者,没有二者的参与,证券市场的秩序将无法得到保障。它们不得从事证券投资活动,也不得直接承担证券市场的经营及投资风险,其任务主要是通过制定和执行相关规章、规则,来保证证券交易的安全和快捷。

证券监管机构的设置取决于证券法律体系和证券监管模式。各个国家和地区的证券监管机构差异较大,总体上可分为政府监管机构和自律监管机构两类。证券市场自律组织则包括证券行业协会和证券交易所。

第二节 证券法概述

一、证券法的概念

证券法是调整证券发行、交易及证券监管过程中所发生的各种社会关系的法律规范的总称。

广义上的证券法,即实质意义上的证券法,是指与证券有关的一切法律规范的总称,既包括专门的证券法,也包括公司法、票据法、民法、刑法等其他法律中涉及证券内容的部分。狭义上的证券法,即形式意义上的证券法,是指专门对证券发行、证券交易、证券管理及相关行为进行法律调整,并由此形成的法律规范体系。

在证券法的立法模式方面,现代社会已有越来越多的国家和地区制定了形式意义上的证券法。但在该立法例中,又存在立法名称及立法模式上的差异。多数国家和地区将证券法与证券交易法合并制定,但有的命名为证券交易法,如原《日本证券交易法》、《韩国证券交易法》;有的命名为证券法,如1936年《菲律宾证券法》、1966年《加拿大证券法》;有的命名为证券业法,如1986年《新加坡证券业法》、澳大利亚(4个州)《统一证券业法》。[2] 也有少数国家和地区分别针对证券发行与证券交易制定证券法与证券交易法,如1933年《美国证券法》、1934年

〔2〕 参见叶林主编:《证券法教程》,法律出版社2005年版,第8页。

《美国证券交易法》。随着金融商品及交易方式的不断创新，一些国家还采取了涵括有价证券与其他金融商品交易的立法模式。例如，英国于 1986 年制定了《金融服务法》(Financial Services Act, FSA)，并于 2000 年制定了《金融服务与市场法》(Financial Services and Markets Act, FSMA)。日本于 2006 年 6 月 14 日通过了《金融商品交易法》，该法将《证券交易法》《金融期货交易法》《投资顾问业法》等法律融合于其中，从而将大部分的金融商品进行一揽子、整合性的规范，以便对相关投资者进行一体保护。该法于 2007 年 9 月 30 日开始实施。日本还计划制定日本版《金融服务与市场法》，将存款、保险商品纳入同一部法律中，实现横向规制的最终目标。[3] 韩国也于 2007 年制定了《资本市场统合法》，经过 1 年零 6 个月的保留期后，该法已于 2009 年 2 月 4 日正式生效。该法将证券、资产运营、期货、信托等多板块的资本市场整合为一(大型投资银行例外)，旨在消除各行业间障碍，放宽金融规定限制和加强保护投资者利益。

尽管越来越多的国家都制定了形式意义上的证券法，但还有不少国家和地区没有颁布形式意义上的证券法，仅存在实质意义上的证券法。在相当长一段时期内，该类国家都数量极大，多数大陆法系国家及英联邦国家均属此例。传统上，大陆法系国家和地区不制定专门的证券法，其内容由公司法、证券交易所法、银行法中的相关规范构成。法国等部分欧洲大陆国家与拉丁美洲国家以及部分亚洲国家持该立法模式。以英国为代表的英联邦国家，传统上也不制定专门的证券法，但如今多数已拥有形式意义上的证券法。总的来说，不制定形式意义上的证券法的国家和地区已逐渐减少，采取制定形式意义上的证券法立法例则成为一种主导方向与发展趋势。

我国制定了形式意义上的《证券法》，还在《公司法》中规定了相关证券规范，尤其是制定了数量庞大的证券行政法规与部门规章，这些规范共同构成了我国实质意义上的证券法。不过，就证券法学而言，则一般不涉及票据法、民法、刑法等其他法律中涉及证券内容的规范，仅在形式意义上的证券法及公司法、证券行政法规、部门规章等范畴内予以研究，因而其研究对象既非最广义上的证券法，也非最狭义上的证券法。本书亦然。

二、证券法的调整对象与证券范围

(一)证券法的调整对象概述

证券法学是就实质意义上的证券法而言，在此意义上的证券法的调整对象都同样为证券法律关系。一般认为，它包括证券发行关系、证券交易关系、证券监管关系。至于在证券发行、交易过程中所伴随发生的各种相关证券服务关系，则既可视为各证券法律关系的组成部分，从而不必将其确立为一种独立的证券法律关系；也可基于其明显区别于证券发行与证券交易行为而独立运行的客观事实，而将其确立为一种与证券发行关系、证券交易关系、证券监管关系并列的证券法律关系。

证券法的调整范围涉及两个层次的问题：一是调整哪些种类的证券；二是调整这些证券的哪些活动。[4] 证券法律关系的内涵与外延由证券法所调整的证券范围及证券行为的范围所共同决定。因此，形式意义上的证券法适用范围的法律界定，应同时限定证券范围与证券行为的

---

〔3〕 参见杨东:《论金融法制的横向规制趋势》，载《法学家》2009 年第 2 期。

〔4〕 参见李飞:《关于如何确定证券法的调整范围问题》，载《中国法学》1999 年第 2 期。

范围。不同类型的证券都存在发行、交易与监管的问题,从而都会形成相应的证券发行、交易与监管关系,但证券外延的不同则使这些证券法律关系的内涵具有实质性差异。至于证券发行、交易与监管关系的具体内涵,本身即为证券法的主要内容,在相关章节中作了详细规定。因此,在证券法学中,证券法的调整对象的研究应立足于证券法所调整的证券范围的界定。总而言之,从形式上看,证券法的调整对象解决的是证券法律关系外延的问题,但从实质上看,真正决定证券法调整对象的则为其所调整的证券的范围。在此意义上,既可将各种证券行为所指向的证券的范围直接称为证券法的调整对象,也可将其直接称为证券法的适用范围。但这两种称谓都只能存在于该特定语境之中,本身并非严格的法律界定。基于此,我们认为还是将该特定含义上的"证券法的调整对象"界定为"证券法调整的证券范围"为宜。

(二)证券法调整的证券范围

各国家和地区证券法所调整的证券的范围不尽相同,因各国家和地区证券市场成熟程度、金融创新程度、立法者认知程度、金融监管体制以及运用法律手段的灵活程度等因素的不同,有的规定得比较宽泛,有的则规定得比较狭窄。总体而言,发达国家和地区的证券法所调整的证券范围比较宽泛,发展中国家和地区尤其是证券市场尚不发达的国家和地区的证券法所调整的证券范围则比较狭窄。

关于我国证券法调整对象的范围,理论界历来存在较大争议。尤其是形式意义上的证券法(我国《证券法》)的调整范围问题,在《证券法》制定及修订过程中都始终是一个焦点问题。最终,立法机关决定,证券法调整的证券仅限于我国已有一定经验的股票、公司债券等资本证券。但为给证券市场的发展留有余地,该法将"国务院依法认定的其他证券"也规定为证券法的调整范围。在修订该法的过程中,明确扩大该法调整的证券范围的呼声一直很高。我国《证券法》仍未对证券作出明确定义,但实际上已将所有证券纳入该法的调整范围之内。对此,《证券法》第2条第1~3款分别规定:"在中华人民共和国境内,股票、公司债券、存托凭证和国务院依法认定的其他证券的发行和交易,适用本法;本法未规定的,适用《中华人民共和国公司法》和其他法律、行政法规的规定。""政府债券、证券投资基金份额的上市交易,适用本法;其他法律、行政法规另有规定的,适用其规定。""资产支持证券、资产管理产品发行、交易的管理办法,由国务院依照本法的原则规定。"

(三)中国证券法调整的证券的典型类型

1. 股票

股票是股份有限公司签发的证明股东所持股份的凭证,是股份的表现形式。股东通过购买股份有限公司发行的股份向公司投资,表现为持有一定数额的股票。股东依其持有的股票行使股东权,因此,股票也是股东在公司中的法律地位的证明。股票与股份是形式与内容之间的关系,股票不能脱离股份而独立存在。不过,股票还代表着股份的价值运动方式,其本身具有相对独立于股份的性质。

2. 债券

债券是指政府、金融机构、公司(企业)及国际组织直接向社会筹措资金时,依照法定程序发行的、约定在一定期限还本付息的有价证券。债券的种类名目繁多,按不同的标准可划分出许多类别的债券。[5] 最为典型的分类是，根据发行主体的不同，将债券分为政府债券、金融债券和公司债券（含其他企业债券）。证券法意义上的债券即特指政府债券、金融债券和公司债券。

（1）政府债券。政府债券，又称公债券，是指政府为筹措财政资金和建设资金，凭其信用，采用信用方式，按照一定程序向投资者出具的有价证券。因发行债券的政府级别不同，政府债券又分为中央政府债券和地方政府债券。中央政府债券一般称为国家债券、国家公债，简称国债，它是指中央政府为筹措资金，而向购买者出具的承诺在一定时期内还本付息的债务凭证。它占政府债券中的绝大部分。地方政府债券，一般称为地方债券，也可称为地方公债或地方债，它是指地方政府为弥补地方财政资金的不足或地方兴建大型项目，向购买者出具的承诺在一定时期内还本付息的债务凭证。除中央政府发行债券之外，许多国家都允许发行地方政府债权，但长期以来，我国都不允许地方政府发行债权。但是，为应对始于 2007 年的全球金融危机，实施积极的财政政策，增强地方安排配套资金和扩大政府投资的能力，我国逐步推进发行地方债券的举措。政府财政高层第一次公开表态发行地方债券是在 2007 年 9 月，时任财政部部长金人庆在亚太经合组织（APEC）财政部长会议提交的报告中表示，中国政府正考虑授权地方政府发行债券。2009 年 2 月 17 日，在北京举行的十一届全国人大常委会第十八次委员长会议听取了《国务院关于安排发行 2009 年地方政府债券的报告》有关情况的汇报。国务院于 2009 年同意地方政府发行 2000 亿元债券，由财政部代理发行，列入省级预算管理。作为首期地方政府债券，2009 年新疆维吾尔自治区政府债券（一期）于 2009 年 3 月 30 日至 4 月 1 日在上海证券交易所发行，并于 2009 年 4 月 3 日上市。2014 年 5 月 19 日，财政部印发《2014 年地方政府债券自发自还试点办法》的通知，载明经国务院批准，2014 年上海、浙江、广东、深圳、江苏、山东、北京、江西、宁夏、青岛试点地方政府债券自发自还。

（2）金融债券。它是指由银行和非银行金融机构发行的债券。在欧美等西方国家，金融机构发行的债券归类于公司债券。在日本和中国，金融机构发行的债券则被称为金融债券。中国人民银行 2005 年 4 月 27 日发布的《全国银行间债券市场金融债券发行管理办法》第 2 条规定："本办法所称金融债券，是指依法在中华人民共和国境内设立的金融机构法人在全国银行间债券市场发行的、按约定还本付息的有价证券。本办法所称金融机构法人，包括政策性银行、商业银行、企业集团财务公司及其他金融机构。"我国《证券法》虽未明确规定金融债券属于其调整范围，但金融债券可归入国务院依法认定的其他证券，因而应纳入《证券法》调整的证券范畴。

（3）公司债券。依《公司法》第 153 条第 1 款之规定，公司债券是指公司依照法定程序发行、约定在一定期限还本付息的有价证券。在西方国家，由于只有股份有限公司才能发行企业债券，因而并不存在我国所谓企业债券的概念，其企业债券即公司债券。在中国，企业债券则泛指各种法人企业发行的债券（金融债券和外币债券除外）。但我国《证券法》《公司法》仅明确规定了公司债券，实践中企业债券也已基本上表现为公司债券，因而不必将企业债券替代公司债券作为证券法的调整对象。至于非公司企业债券，在尚未完全归入公司债券之前，则可归入国务院依法认定的其他证券的范围，同样可纳入《证券法》调整的证券范畴。

---

[5] 详见曹凤岐、刘力、姚长辉编著：《证券投资学》（第二版），北京大学出版社 2000 年版，第 22～28 页。

3. 存托凭证

存托凭证(Depository Receipts,DR),又称存券收据或存股证,是指在一国证券市场流通的代表外国公司有价证券的可转让凭证。它是由存托人签发,以境外证券为基础并在境内发行,代表境外基础证券权益的证券。存托凭证的基础证券一般是公司股票,但也包括债券。存托凭证的当事人,在本地有证券发行公司、保管机构,在国外有存托银行、证券承销商及投资人。存托凭证是由存托银行所发行的可转让股票凭证,证明一定数额的某外国公司股票已寄存在该银行在外国的保管机构,而凭证的持有人实际上是寄存股票或债券的所有人,其享有的权利与原股票或债券持有人相同。

根据发行或交易地点的不同,存托凭证被冠以不同的名称,如美国存托凭证(American Depository Receipt,ADR)、欧洲存托凭证(European Depository Receipt,EDR)、全球存托凭证(Global Depository Receipts,GDR)、中国存托凭证(Chinese Depository Receipt,CDR)等。中国存托凭证,是指在境外(包含中国香港特区)上市公司将部分已发行上市的股票托管在当地保管银行,由中国境内的存托银行发行、在境内A股市场上市、以人民币交易结算、供国内投资者买卖的投资凭证,从而实现股票的异地买卖。2018年3月30日,经国务院同意,国务院办公厅转发证监会《关于开展创新企业境内发行股票或存托凭证试点的若干意见》,正式推出存托凭证这一新的证券品种,并对发行存托凭证的基础制度作出安排。2018年6月6日,证监会发布《存托凭证发行与交易管理办法(试行)》,对中国存托凭证发行与交易作了具体规定。

4. 证券投资基金份额

证券投资基金份额,又称证券投资基金单位,其证券形式为证券投资基金券。我国2005年《证券法》就明确将其纳入该法的调整范围之中。证券投资基金,是指通过发行基金份额募集资金形成独立的基金财产,由基金管理人管理,基金托管人托管,基金份额持有人按其所持份额享受收益和承担风险,专业从事证券投资的资本集合体。证券投资基金在国际上有多种称谓:美国称为“共同基金”或“互惠基金”,英国和中国香港特区称为“单位信托”,日本和中国台湾地区称为“证券投资信托基金”。

5. 资产支持证券

资产支持证券(Asset - backed Securities,ABS),是指由银行业金融机构作为发起机构,将信贷资产信托给受托机构,由受托机构发行的,以该财产所产生的现金支付其收益的收益证券。易言之,资产支持证券就是由特定目的的信托受托机构发行的、代表特定目的的信托的信托收益权份额。信托机构以信托财产为限向投资机构承担支付资产支持证券收益的义务。资产支持证券项下的资产通常是金融资产,如贷款或信用卡应收款。资产支持证券支付本金的时间常依赖于其基础资产本金回收的时间。这种基础资产本金回收的时间和相应的资产支持证券相关本金支付时间所固有的不可预见性,是资产支持证券区别于其他债券的主要特征。资产支持证券基础资产分为两类:现存的资产或应收款以及将来发生的资产或应收款。基于前者的证券化称为“现有资产的证券化”,基于后者的证券化称为“将来现金流的证券化”。资产支持证券最初采用的基础资产为住房抵押贷款,随着证券化技术的不断提高和金融市场的日益成熟,用于支持发行的基础资产类型也不断丰富。

资产支持证券是在西方国家融资证券化、直接化的金融大环境下应运而生的,最早出现在20世纪70年代的美国金融市场,随后被众多成熟市场经济国家接受和采用,近年来又在很多新兴市场国家加以推行,其对提高资产流动性、分散信用风险、推动金融市场发展起到了积极作用。目前,美国和欧洲的资产支持证券市场规模较大,其他国家和地区相对较小。

我国资产支持证券业务起步未久,但发展迅速。中国人民银行和当时的中国银监会于2005年4月20日发布《信贷资产证券化试点管理办法》,正式开展资产支持证券业务试点。当时的中国银监会于2005年11月7日发布《金融机构信贷资产证券化试点监督管理办法》。2005年12月8日,国家开发银行和中国建设银行在银行间市场发行了首批资产支持证券,总量为71.94亿元。近年来,沪深交易所秉持市场发展与监管风控并重的原则,推动资产证券化市场改革创新和规范发展,资产支持证券发行和挂牌金额持续增加。为进一步完善资产证券化市场规则体系,提升资产支持证券信息披露质量,强化存续期信用风险管理,切实维护投资者合法权益,沪深交易所在积极总结一线监管经验、广泛听取市场机构意见的基础上,于2018年5月11日分别发布了资产支持证券风险管理和定期报告指引。

6. 资产管理产品

资产管理产品,是指获得监管机构批准的公募基金管理公司或证券公司,向特定客户募集资金或者接受特定客户财产委托担任资产管理人,由托管机构担任资产托管人,为资产委托人的利益,运用委托财产进行投资的一种标准化金融产品。目前,资管业务用来发行固定收益类信托产品是证监会提倡的金融创新的结果,未来基金资管和券商资管用来分拆信托或发起类信托产品是一种趋势。基金资管是中国证监会监管的产品之一,中国证监会监管产品统一要求资金托管某一指定银行,基金资管及券商不能接触客户资金,以保证资金安全。资管产品的运营范围包括公开募集证券投资基金、特定客户资产管理计划、集合资产管理计划、定向资产管理计划、私募投资基金、债权投资计划、股权投资计划、股债结合型投资计划、资产支持计划、组合类保险资产管理产品、养老保障管理产品等。2018年10月22日,中国证监会发布《证券期货经营机构私募资产管理业务管理办法》,对资产管理产品业务作了具体规定。

7. 国务院依法认定的其他证券

国务院依法认定的其他证券,是指股票、公司债券、存托凭证以外的国务院根据《证券法》或者其他有关法律通过一定形式认可的可以适用《证券法》的有价证券。我国2005年《证券法》明确将证券衍生品种纳入证券法的调整范围,但采取了授权国务院依照该法的原则另行制定管理办法的立法模式。证券衍生品种分为证券型(如认股权证等)和契约型(如股指期货、期权等)两大类,在国外已发展出极为丰富的品种,而且具体品种随着证券市场发展还会不断增加。不同证券衍生品种在发行、交易及信息披露等方面都有其特殊性。我国《证券法》主要规范的是传统的股票、公司债券、存托凭证等,其规定难以适用于各种证券衍生品种。因此,证券衍生品种实际上属于"国务院依法认定的其他证券"。基于此,2019年《证券法》删除了证券衍生品种的规定。

三、证券法的基本原则

证券法的基本原则,是指证券法所特有的,集中体现证券法的性质和宗旨,反映证券市场客观发展规律,对各种证券法律关系具有普遍适用意义与司法指导意义,对全部证券法律规范体系具有统领作用的基本法律规则。我国《证券法》第3~8条是关于证券发行、交易与监管的原则性规定,分别为:"三公"原则,平等、自愿、有偿、诚实信用的原则,证券活动依法进行的原则,分业经营、分业管理原则,国家统一监管和审计监督相结合的原则。这些原则性规定是否皆为基本原则,我国理论界存在较大争议。从严格意义上讲,我国证券法的基本原则应为“三公”原则。其他原则性规定虽然不属于严格意义上的证券法原则,但仍有必要一并研究。为称谓上的便利,我们也将其一并称为“原则”。

(一)公开、公平、公正原则

我国《证券法》第3条规定:“证券的发行、交易活动,必须遵循公开、公平、公正的原则。”该“三公”原则是证券法最典型也是最基本的原则,它们最能反映证券法的特性,是证券市场正常运行的基本条件。

公开原则,又称信息公开原则,是指证券发行者在证券发行前或发行后根据法定的要求和程序向证券监督管理机构和证券投资者提供规定的有关能够影响证券价格的信息资料。其目的在于保障投资者利益、防范企业不法行为、完善投资环境、维护证券市场的稳定并便于证券监管。公开原则有着丰富的内涵和特有的实现方式。证券交易中,证券价格受到多种因素的影响,持有该信息的人都应当依法公开该信息,因而证券市场参与者都承担着信息公开义务。证券法将公开原则渗透到证券的发行、上市、交易和管理等各个环节,具体而明确地规定了发行人、大股东、收购人及有关业务机构和监管机构的信息公开义务。

公平原则,是指证券发行、交易活动的当事人具有平等的法律地位,其合法权益应得到公平保护。其具体含义包括:证券市场应建立起公平竞争的市场秩序和价格形成机制,建立起透明、公开和合理的交易规则,使证券法律关系主体参加证券市场活动的机会均等;证券法律关系主体在权利、义务的享有和承担上对等;证券法律关系主体在承担责任上要合理。公平原则要求证券法律关系主体做到:平等、自愿、等价有偿、诚实守信,并且不得实施法律所禁止的欺诈、内幕交易和操纵证券市场的行为。

公正原则,是指证券监督管理机构应对证券市场参与者给予公正待遇。公正原则与公开原则是一脉相承的,公开本身就意味着公正,因为公开原则对市场主体一视同仁,不公开则无公正可言。公正原则和公开原则的目的都是实现公平原则。

(二)证券活动依法进行的原则

我国《证券法》第5条规定:“证券的发行、交易活动,必须遵守法律、行政法规;禁止欺诈、内幕交易和操纵证券市场的行为。”该规定可概括为证券活动依法进行的原则。该原则因其内容上的丰富性,又被称为守法原则、遵守法律和禁止欺诈的原则、“三禁原则”、守法原则与“三禁原则”等。《证券法》第5条是从正、反两个方面规定的证券市场行为准则。从正面讲,“证券的发行、交易活动,必须遵守法律、行政法规”;从反面讲,“禁止欺诈、内幕交易和操纵证券市场的行为”。但实际上,证券活动依法进行的原则的正面规定,乃民法基本原则的重复,在此并无特殊价值,因为所有活动都必须依法进行;其证券法上的价值体现在反面的禁止性规定上。从性质上讲,“禁止欺诈、内幕交易和操纵证券市场的行为”是证券法公平原则的具体体现,不足以成为一项证券法基本原则。但该原则性规定有证券法上的特殊内涵,并且对证券发行与交易都具有原则性指导作用,因而在证券法中仍具有重要地位。

(三)分业经营、分业管理原则

我国《证券法》第6条规定:“证券业和银行业、信托业、保险业实行分业经营、分业管理,证券公司与银行、信托、保险业务机构分别设立。国家另有规定的除外。”此即关于分业经营、分类管理的原则的规定。该规定与1998年《证券法》第6条之规定相比，增加了“国家另有规定的除外”这一但书规定。该规定体现了立法者对我国现有金融混业经营初步实践的认可，也为我国金融改革留下了制度空间，便于我国培育强大的金融机构参与国际竞争。因此，在我国《证券法》中，分业经营、分类管理的原则已非一项绝对性原则，而是明确留下了制度背离的空间。经2006年修订的我国台湾地区“证券交易法”第45条也作了类似调整。

（四）国家统一监管和审计监督相结合的原则

我国《证券法》第7～8条分别规定：“国务院证券监督管理机构依法对全国证券市场实行集中统一监督管理”（第7条第1款）；“国务院证券监督管理机构根据需要可以设立派出机构，按照授权履行监督管理职责”（第7条第2款）；“国家审计机关依法对证券交易场所、证券公司、证券登记结算机构、证券监督管理机构进行审计监督”（第8条）。这两条规定表明，我国确立了“国家统一监管和审计监督相结合”的证券监管体制。该监管体制实际上是“三公”原则在证券监管领域的体现。

在世界范围内，按照监管主体的地位不同，证券监管体制可分为政府主导型、自律型和中间型三种类型。这三种监管模式都各有优缺点，国际证券监管制度安排上呈现三种监管模式互相融合、取长补短的趋势，各自的界限日益模糊。总体来说，各国都注重兼顾政府监管与自律监管相结合，只不过各有侧重而已。

审计就其性质来说，是一种具有独立性的经济监督活动。在我国，审计监督同国家计划、财政、税务、银行、工商行政管理等部门的经济监督构成国民经济监督体系。审计监督的内容，比其他经济监督的内容更为广泛，它可以对财政、税务、银行等机构的财政监督、税务监督、银行监督等进行再监督，使国民经济监督体系有效地运行。证券市场当然应当纳入审计监督的范围之内。因此，我国确立了国家统一监管和审计监督相结合的原则。

思考题

1. 试析中国证券法调整的证券的典型类型。
2. 试析证券法中的公开、公平、公正原则。
3. 简述证券法调整的证券范围。
4. 简述你对分业经营、分业管理原则的理解。

第十六章　证券发行制度

导读

- 证券发行是证券市场中极为重要的活动,具有基础性作用。由证券发行而形成的市场即为证券发行市场,即证券一级市场或证券初级市场。
- 由于各国证券管理体制及监管机构的理念不同,证券发行审核主要存在注册制与核准制这两种。
- 我国《证券法》对"设立股份有限公司公开发行股票"、"公司公开发行新股"以及"公开发行公司债券"的条件与程序作了明确规定。
- 证券承销商必须具备法律规定的证券承销主体资格。凡是经证监会批准,可以经营证券承销与保荐业务的证券公司,均拥有证券承销的资格。根据承销商与发行人之间法律关系性质的不同,证券承销可分为证券包销与证券代销。
- 在承销商所应履行的义务方面,除应履行尽力销售等基本义务外,法律还对其予以特殊规制,从而形成一些特殊义务。
- 我国保荐制度针对主板市场设计,同时可适用于创业板市场。此外,我国保荐制度不仅适用于证券上市阶段,还适用于证券公开发行阶段。而国外保荐制度则仅适用于证券上市阶段,在证券公开发行阶段,主要依赖承销商所承担的审慎尽职调查义务,来保障相关信息披露的质量。

第一节　证券发行概述

一、证券发行的概念

一般认为,证券发行,是指证券的发行人为募集资金或调整股权结构,依法向投资者以同一条件招募和出售证券的一系列行为。这一广义上的证券发行,包括了证券募集、证券分派、缴纳资金及交付证券等一系列相互关联的完整过程。在此过程中,证券募集是证券发行的起点,是证券发行的重要组成部分。我国证券法即在此意义上使用证券发行概念,本书亦然。

狭义上的证券发行特指证券发行人在募集证券后,制作并交付证券或以账簿划拨方式交付证券的行为。该概念产生于将广义上的证券发行划分为证券募集与证券发行两个阶段的立法例。对此,我国台湾地区"证券交易法"第 8 条第 1 款规定:"本法所称发行,谓发行人于募集后制作并交付,或以账簿划拨方式交付有价证券之行为。"我国一些学者有时也从狭义上使用证券发行概念。在此狭义情形下,则证券募集与证券发行是时间上连续的独立行为,募集是发行的前提,发行只能在募集的基础上进行。

在证券发行过程中,证券募集行为一般被作为一项单独的行为。证券发行的基本程序是发行人实施募集行为,然后按照时间优先原则或比例原则实施证券分派行为,最后发行人收取出资并将证券交付于投资者。证券募集是证券发行人发行证券前,向不特定的社会公众(包括机构和个人)公开招募购买其所发行证券的行为。[1] 证券募集行为仅系募集人(发行人)单方面的意思表示,是募集人向投资者作出的购买证券的一种劝导行为,并不意味着投资者必然会接受该劝导。发行人无论以何种方式进行劝导,凡是旨在引起投资者投资兴趣的意思表示,都构成证券募集。

在证券发行人按照时间优先原则或比例原则确认了投资者所认购的证券数额后,证券发行合意既已达成,投资者即应按照确认的认购数额及认购价格向发行人缴纳资金。若投资者未按规定缴纳相应资金,即构成违约。从理论上讲,此时证券发行人可向投资者提起追缴投资的诉讼,但在实践中,因证券发行时效性较强且通过设有预防措施,故未缴款的认购证券通常由证券承销商承担,而不予追究投资者的违约责任。[2]

在投资者缴纳资金后,证券发行人应将制作好的证券交付于投资者。在采无纸化的簿记券式证券的情况下,交付证券表现为将投资者认购的证券记载于投资者账户。至此,证券发行的全过程结束。

证券发行是证券市场中极为重要的活动,具有基础性作用。由证券发行而形成的市场即为证券发行市场,亦即证券一级市场或证券初级市场。

二、证券发行的分类

(一)股票发行、债券发行、存托凭证发行与证券投资基金券发行

按照发行证券种类的不同,可将证券发行分为股票发行、债券发行、存托凭证发行和证券投资基金券发行。

股票发行,是指股份有限公司为筹集资金或调整股权结构,依照法定程序向不特定的投资者出售股票的行为。这是证券发行的最基本类型,证券发行制度也以此为中心展开。依是否以设立公司为目的,股票发行又分为设立发行与增资发行。

债券发行,是指发行人以筹集资金为目的,依照法定程序向不特定的投资者出售代表一定债权和支付条件的债券的行为。依发行主体不同,债券发行又分为公司债券发行、金融机构债券发行和政府债券发行。

存托凭证发行,是指由存托人签发,以境外证券为基础在境内发行,代表境外基础证券权益的证券的行为。

证券投资基金券发行,是指证券投资基金发起人或基金管理人为筹集资金,依照法定程序

---

〔1〕 不管立法还是学理上,一般都是从证券发行的通常形式——公开募集意义上界定证券发行与募集的概念。在私募发行场合,则作特别规定与特别说明。本书的概念界定也依此进行。因此,从某一具体概念来看,若将私募发行方式纳入考察视野,则并不准确。但为避免行文拖沓,本书仍遵循此行文规则。

〔2〕 参见叶林主编:《证券法教程》,法律出版社 2005 年版,第 115 页。

向不特定投资者出售代表一定信托受益权的基金券的行为。

(二)公司发行、金融机构发行与政府发行

按照发行人的不同,可将证券发行分为公司发行、金融机构发行与政府发行。

公司发行、金融机构发行,是指公司、金融机构发行股票和债券的发行方式。在我国,公司发行应作广义理解,除公司发行外,还包括发行企业债券的企业发行。

政府发行,是指中央政府或地方政府发行国债、地方政府债券的发行方式。目前我国政府发行仅指中央政府发行,仍不存在地方政府发行。

(三)公募发行与私募发行

按照发行对象范围的不同,可将证券发行分为公募发行与私募发行。我国采公开发行和非公开发行的概念,也有法律文件将其划分为公开发行与定向发行。

公募发行,又称公开发行,是指发行人通过中介机构向不特定的社会公众公开募集发行证券的发行方式。在公募发行情况下,所有合法的社会投资者都可以参加认购。为了保障广大投资者的利益,各国对公募发行都有严格的要求,如发行人要有较高的信用,并符合证券主管部门规定的各项发行条件,经批准后方可发行。

私募发行,又称不公开发行、内部发行、定向发行或"私人配售",是指面向少数特定的投资者发行证券的发行方式。私募发行的"特定对象"主要是自我保护能力较强的投资者,大致有两类:一类是个人投资者,如公司内部董事、监事及高管人员与具备相当财经专业知识、投资经验的个人投资者;另一类是机构投资者,如大的金融机构、产业投资基金以及与发行人关系密切的企业等。私募发行的主要优点为,有确定的投资者,发行手续简单,可以节省发行时间和费用。它是引入战略投资者、实现整体上市以及上市公司重组的有效方法。私募发行的主要缺点为,投资者数量有限,证券受到转售方面的法律限制,流通性较差,不利于提高发行人的社会信誉。

总体而言,公募发行和私募发行各有优缺点。一般来说,公募发行是证券发行中最基本、最常用的方式。然而在西方成熟的证券市场中,随着养老基金、共同基金和保险公司等机构投资者的迅速增长,私募发行近年来呈现日益增长的趋势,私募发行市场已成为证券市场的重要组成部分。国际上发售股票往往采用部分全球私募和部分上市地公募相结合的方式进行,尤其是在发行规模庞大的情况下,还必须如此才能顺利实现发行目标。目前,我国境内上市外资股(B股)的发行几乎全部采用私募方式进行,在A股再次发行市场中,缺乏明确法律依据的私募发行(定向增发新股)也有多次实践。

(四)设立发行与增资发行

按照发行目的的不同,可将证券发行分为设立发行与增资发行。这种分类限于股票发行。

设立发行,是指公司在设立过程中,为筹集股本而首次发行股份的发行方式。它分为发起设立发行与募集设立发行两种。

增资发行,又称增资扩股,是指已成立的股份有限公司为追加资本而发行股份的发行方式。它分为有偿增资发行、无偿增资发行("送红股")及有偿无偿混合增资发行。

由于各国公司法资本制度不同,有的实行法定资本制,有的实行授权资本制,还有的实行折中资本制,因而在设立发行和增资发行方式上有较大差异。

（五）初次发行与再次发行

按照证券发行时间的不同，可将证券发行分为初次发行与再次发行。

初次发行与再次发行均以同一种证券为基础。对于股票发行而言，初次发行、再次发行的分类与设立发行、增资发行的分类是一致的。对于债券发行而言，不同时间的发行则表现为前者而非后者。

在具体发行条件上，一般而言，再次发行要受到比初次发行更严格的限制。比如，再次发行必须于初次发行结束后的一定期限内才能进行；初次发行若未达到预期发行目标，或初次发行所筹资金在使用上超出了核定的使用范围，则都将直接影响到同一种证券的再次发行。

（六）直接发行与间接发行

按照发行是否借助证券中介机构的不同，可将证券发行分为直接发行与间接发行。

直接发行，是指证券发行人不通过证券承销机构，而是由自己承担发行风险，直接与证券投资者签订认购合同，自行办理发行事宜的发行方式。

间接发行，是指证券发行人并不直接与投资者发生关系，而是委托证券承销机构发行证券的发行方式。间接发行包括代销、余额包销和包销三种形式。

我国《证券法》在确认了非公开发行方式的背景下，也确认了股票直接发行方式。该法第26条第1款规定："发行人向不特定对象发行的证券，法律、行政法规规定应当由证券公司承销的，发行人应当同证券公司签订承销协议。证券承销业务采取代销或者包销方式。"

（七）平价发行、溢价发行与折价发行

根据发行价格与证券票面金额或贴现金额的关系，可将证券发行分为平价发行、溢价发行与折价发行。股票有许多不同的价值表现形式，票面面额和发行价格是其中最主要的两种。票面面额是印刷在股票票面上的金额，表示每一单位股份所代表的资本额；发行价格则是公司发行股票时向投资者收取的价格。股票的发行价格与票面面额通常是不相等的。发行价格的制定要考虑多种因素，如发行人业绩增长性、股票的股利分配、市场利率以及证券市场的供求关系等。

平价发行，又称面值发行（面额发行）、等价发行（等额发行），是指证券发行价格与票面金额相同的发行方式。由于股票上市后的交易价格通常要高于面额，平价发行能使投资者得到交易价幅高于发行价格时所产生的额外收益，因此绝大多数投资者都乐于认购。平价发行方式较为简单易行，但其主要缺陷是发行人筹集资金量较少。目前，平价发行在发达证券市场中用得很少，多在证券市场不发达的国家和地区采用。我国最初发行股票时，就曾采用过平价发行。

溢价发行，是指证券发行价格高于票面金额的发行方式。溢价发行可使公司用较少的股份筹集到较多的资金，同时还可降低筹资成本。溢价发行又可分为时价发行和中间价发行两种方式。时价发行，也称市价发行，是指以同种或同类股票的流通价格为基准来确定股票发行价格。股票发行通常采取这种形式。在发达证券市场中，公司首次发行股票时通常会根据同类公司（产业相同，经营状况相似）股票在流通市场上的价格表现来确定自己的发行价格；而当一家公司增发新股时，则会按已发行股票在流通市场上的价格水平来确定发行价格。中间价发行，是指以介于面额和时价之间的价格来发行股票。我国股份公司对老股东配股时，基本上都采用中间价发行。

折价发行,是指证券发行价格低于票面金额的发行方式。折扣的大小主要取决于发行公司的业绩和承销商的能力。西方国家大多不禁止折价发行方式,不过目前西方国家的股份公司很少有按折价发行股票的。我国《证券法》未对证券发行的折价发行方式作禁止性规定,但《公司法》仍维持了禁止股票折价发行的规定,故在我国可采取折价发行方式的证券仅包括债券、基金券。

(八)议价发行与招标发行

按照发行条件之确定方式的不同,可将证券发行分为议价发行与招标发行。

议价发行,又称非招标发行或协议发行,是指由证券发行人与承销人通过协商发行条件,向社会公众或股东发行证券的方式。我国《证券法》第32条规定:“股票发行采取溢价发行的,其发行价格由发行人与承销的证券公司协商确定。”该规定表明,议价发行已成为我国股票发行的基本方式。

招标发行,又称公开发行,是指证券发行人与证券承销商之间以公开招标方式确定发行条件的发行方式。这种方式一般适用于债券发行。招标一般又分为价格招标、缴款期招标和收益率招标。

(九)国内发行与国外发行

按照发行地点的不同,可将证券发行分为国内发行与国外发行。

国内发行,是指证券发行人在国内证券市场发行证券的发行方式,如国库券、保值公债以及人民币普通股(A股)的发行。

国外发行,是指证券发行人在国外证券市场发行证券的发行方式,如N股、H股的发行。

此外,根据不同标准证券发行还有许多分类,如按照发行地点的不同,可分为国内发行和国外发行;按照发行的担保类型的不同,可分为信用担保发行、实物担保发行、证券担保发行和产品担保发行;按照发行购买方式的不同,可分为认购抽签发行、无限量申请抽签发行和专项存单抽签发行等。

三、证券发行的审核制度

由于证券发行尤其是公开发行,往往涉及数量众多的社会投资者,进而影响一国甚至世界范围内的经济秩序,因而各国都对证券发行进行监管,以防范证券发行中的欺诈行为,减轻其负面效应。由于各国证券管理体制及监管机构的理念不同,证券发行审核主要存在两种制度:注册制与核准制。证券发行审核制度主要是就股票发行而言,但不限于股票,各国都是就证券法所调整的证券作统一规定。

注册制,又称申报制、登记制、公开主义或形式主义,是指发行人在发行证券时,应当且只需依法全面、准确地将投资者作出决策所需重要信息资料予以充分完全地披露,向证券监管机构申报;证券监管机构不负实质审查义务,不对证券自身的价值作出任何判断,而仅审查信息资料的全面性、真实性、准确性和及时性;发行人公开和申报有关信息材料后,证券监管机构未提出补充或修订意见或未以停止命令阻止注册生效者,即视为已依法注册,发行人即可发行证券。注册制的制度基础是高度发达的自治自律的市场经济,其理论依据是:证券发行只受信息公开制度的约束,投资者根据公开的信息作出选择,风险自负;但如果发行人违反信息公开义务和注册制度,投资者有权要求发行人承担法律责任。

核准制，又称实质审查主义或实质管理原则，是指发行人不仅要依法全面、准确、及时地将投资者作出投资决策所需重要信息予以充分披露，而且必须符合法律、法规规定的实质条件，证券发行人只有在得到证券监管机构的核准后，才能发行证券；证券监管机构不仅审查发行人公开信息的真实性、准确性和完整性，而且对证券的投资价值进行实质性审查，发行人必须符合法定条件（如股本结构、股本规模、产业结构等），否则发行申请将被否决。核准制的理论依据是：投资者并非完全理性，而证券发行涉及公共利益和社会安全，因此需要证券监管机构除进行注册制所要求的形式审查外，还对发行人的营业性质、财力、素质、发展前景、发行数量和发行价格等条件进行实质审查，并据此作出发行人是否符合发行条件的价值判断和是否核准申请的决定。

相对而言，注册制比较符合效率原则，核准制比较符合安全原则，但各有利弊。注册制提高了新股发行的市场化，核准制加强了监管部门的监管。一般来说，坚持政府较少干预经济的国家往往实行注册制；坚持政府应维护市场秩序、干预经济运行的国家往往实行核准制。目前，多数国家和地区都采取注册制，美国、英国、日本、德国、法国、意大利、澳大利亚、加拿大、荷兰、巴西、新加坡、菲律宾等国均采注册制，其中美国是典型代表。我国台湾地区 1988 年修订“证券交易法”时确立了兼采核准制与注册制的制度，2006 年修订时则进一步修正为注册制。[3]

随着我国市场经济的发展，尤其是证券市场的发展，我国证券发行审核制度经历了从计划模式的审批制到市场化的核准制的演变。1998 年《证券法》改变了我国实施了多年的审批制，转而根据发行证券的种类分别采核准制与审批制的双轨制。具体来说，股票发行采核准制；公司（含金融机构）债券发行采审批制。但此后新股的发行审核制度仍以计划审批制为主，实行的是审批制和核准制相结合的综合制度。2000 年 3 月 16 日，《中国证监会股票发行核准程序》（现已废止）颁布实施，标志着“核准制”在我国正式确立。2006 年 1 月 1 日，即 2005 年修订的《证券法》生效后，尤其是自 2006 年 5 月 8 日《上市公司证券发行管理办法》施行后，我国证券发行审核制度转变为较为市场化的核准制，并且使核准制同样适用于公司股票与公司债券。

2013 年 11 月，党的十八届三中全会审议通过的《中共中央关于全面深化改革若干重大问题的决定》中明确提出，“推进股票发行注册制改革”。这是注册制第一次写进党的文件。随后，证监会等各方开始努力推动注册制改革。2015 年，政府工作报告将“实施股票发行注册制改革”确定为当年工作部署。2015 年 4 月《证券法》修订草案一审时，明确取消股票发行审核委员会制度，规定公开发行股票并拟在证券交易所上市交易的，由证券交易所负责对注册文件的齐备性、一致性、可理解性进行审核。但其后因为 2015 年股市异常波动等内外部条件变化，监管层和市场各方认识到，注册制改革并不是越快越好，而是需要稳步推进。此后的 2016 年、2017 年政府工作报告中，都没有提及注册制。2017 年，《证券法》二审稿中也没有关于注册制的相关表述。

为避免《证券法》对注册制的推行造成制度障碍，全国人大常委会于 2015 年 12 月 27 日表决通过了《关于授权国务院在实施股票发行注册制改革中调整适用〈中华人民共和国证券法〉有关规定的决定》。该决定自 2016 年 3 月 1 日起施行，实施期限为 2 年。根据其表述，自 2016

---

〔3〕 参见赖英照：《股市游戏规则：最新证券交易法解析》，中国政法大学出版社 2006 年版，第 26 页。

年3月1日起的2年内,股票发行注册制都可以实施。然而,我国证券发行注册制改革并不顺利,已超出此前预计的时间。为此,2018年2月24日,第十二届全国人民代表大会常务委员会第33次会议通过《全国人民代表大会常务委员会关于延长授权国务院在实施股票发行注册制改革中调整适用〈中华人民共和国证券法〉有关规定期限的决定》,将注册制改革的授权期限延长2年至2020年2月29日。2018年11月5日,国家主席习近平出席首届中国国际进口博览会开幕式并发表主旨演讲,宣布在上海证券交易所设立科创板并试点注册制。2019年1月30日,中国证监会就《科创板首次公开发行股票注册管理办法(试行)》公开征求意见。2019年3月1日,中国证监会正式发布了《科创板首次公开发行股票注册管理办法(试行)》,明确了科创板试点注册制的总体原则,规定股票发行适用注册制。以科创板试点注册制的成功经验为基础,2019年12月28日第十三届全国人民代表大会常务委员会第15次会议四审通过的《证券法》正式确定了注册制。

不过,鉴于注册制的实施不会立即全面推行,未来相当长一段时间内,核准制仍将继续实施,因而《上市公司证券发行管理办法》(2020年修正)仍规定的是发行核准规范。鉴于我国证券市场股权结构及投资者结构的特殊性,且证券交易所并不具备足够的独立性,因而注册制实施后,中国证监会的证券发行审核职能只是转变运行方式,而不是弱化其职能。

第二节 证券发行规则

我国《证券法》对"设立股份有限公司公开发行股票""公司首次公开发行新股""上市公司发行新股""公开发行存托凭证""公开发行公司债券"的条件与程序作了明确规定。中国证监会《上市公司证券发行管理办法》(2020年修订)、《创业板上市公司证券发行管理暂行办法》(2020年修订)、《上市公司非公开发行股票实施细则》(2020年修订)、《首次公开发行股票并上市管理办法》(2015年修订)、《首次公开发行股票并在创业板上市管理办法》(2015年修订)则在此基础上作了明确、具体的规定。2020年修订的三个规章系2020年2月14日发布并自发布之日起施行,其修订的主要内容包括取消创业板非公开发行股票连续2年盈利的条件、优化非公开制度安排、支持上市公司引入战略投资者、将再融资批文有效期从6个月延长至12个月等。限于篇幅,本节主要根据《证券法》的规定加以阐述。

一、股票的发行

(一)设立发行

设立发行包括两种类型:发起设立与募集设立方式下的发行。由于发起设立不涉及向发起人之外的其他人发行股票,因而其股票发行条件即《公司法》所规定的公司设立条件,不包含在证券法意义上的股票发行范畴之内。因此,设立发行特指募集设立方式下的股票发行。募集设立包括公开募集设立和定向募集设立两种,但我国《证券法》仅对公开募集设立方式下的发行作了规定。

设立股份有限公司公开发行股票,应当符合《公司法》规定的条件和经国务院批准的国务院证券监督管理机构规定的其他条件,向国务院证券监督管理机构报送募股申请和下列文件:(1)公司章程;(2)发起人协议;(3)发起人姓名或者名称,发起人认购的股份数、出资种类及验资证明;(4)招股说明书;(5)代收股款银行的名称及地址;(6)承销机构名称及有关的协议。依照《证券法》规定聘请保荐人的,还应当报送保荐人出具的发行保荐书。法律、行政法规规定设立公司必须报经批准的,还应当提交相应的批准文件。[4]

(二)新股发行

公司公开发行新股,应当符合下列条件:(1)具备健全且运行良好的组织机构;(2)具有持续经营能力;(3)最近3年财务会计报告被出具无保留意见审计报告;(4)发行人及其控股股东、实际控制人最近3年不存在贪污、贿赂、侵占财产、挪用财产或者破坏社会主义市场经济秩序的刑事犯罪;(5)经国务院批准的国务院证券监督管理机构规定的其他条件。上市公司发行新股,应当符合经国务院批准的国务院证券监督管理机构规定的条件,具体管理办法由国务院证券监督管理机构规定。公开发行存托凭证的,应当符合首次公开发行新股的条件以及国务院证券监督管理机构规定的其他条件。[5]《上市公司证券发行管理办法》从"特定对象""发行条件""禁止发行"三个方面,对上市公司非公开发行股票的条件作了明确规定。

公司公开发行新股,应当报送募股申请和下列文件:(1)公司营业执照;(2)公司章程;(3)股东大会决议;(4)招股说明书或者其他公开发行募集文件;(5)财务会计报告;(6)代收股款银行的名称及地址。依照《证券法》规定聘请保荐人的,还应当报送保荐人出具的发行保荐书。依照《证券法》规定实行承销的,还应当报送承销机构名称及有关的协议。[6]

(三)募集资金的使用

公司对公开发行股票所募集资金,必须按照招股说明书或者其他公开发行募集文件所列资金用途使用;改变资金用途,必须经股东大会作出决议。擅自改变用途,未作纠正的,或者未经股东大会认可的,不得公开发行新股。[7]

二、公司债券的发行

(一)普通公司债券的发行

公开发行公司债券,应当符合下列条件:(1)具备健全且运行良好的组织机构;(2)最近3年平均可分配利润足以支付公司债券1年的利息;(3)国务院规定的其他条件。公开发行公司债券筹集的资金,必须按照公司债券募集办法所列资金用途使用;改变资金用途,必须经债券持有人会议作出决议。公开发行公司债券筹集的资金,不得用于弥补亏损和非生产性支出。[8]

依《证券法》第17条之规定,有下列情形之一的,不得再次公开发行公司债券:(1)对已公开发行的公司债券或者其他债务有违约或者延迟支付本息的事实,仍处于继续状态;(2)违反《证券法》规定,改变公开发行公司债券所募资金的用途。

依《证券法》第16条之规定,申请公开发行公司债券,应当向国务院授权的部门或者国务

---

〔4〕 参见我国《证券法》第12条。
〔5〕 参见我国《证券法》第12条。
〔6〕 参见我国《证券法》第13条。
〔7〕 参见我国《证券法》第14条。
〔8〕 参见我国《证券法》第15条第1、2款。

院证券监督管理机构报送下列文件:(1)公司营业执照;(2)公司章程;(3)公司债券募集办法;(4)国务院授权的部门或者国务院证券监督管理机构规定的其他文件。依照《证券法》规定聘请保荐人的,还应当报送保荐人出具的发行保荐书。

(二)可转换公司债券的发行

可转换公司债券,是指发行公司依法发行,在一定期间内依据约定的条件可以转换成股份的公司债券。《证券法》第15条第3款规定:"上市公司发行可转换为股票的公司债券,除应当符合第一款规定的条件外,还应当遵守本法第十二条第二款的规定。但是,按照公司债券募集办法,上市公司通过收购本公司股份的方式进行公司债券转换的除外。"鉴于该规定较为原则,《上市公司证券发行管理办法》对上市公司可转换公司债券的发行条件作了详细规定。其具体内容此处不赘。

三、证券发行的申请与注册

(一)证券发行的申请

1. 申请文件的格式、报送方式。《证券法》第18条规定:"发行人依法申请公开发行证券所报送的申请文件的格式、报送方式,由依法负责注册的机构或者部门规定。"对此,证监会制定了一系列相关规则,应予具体适用。

2. 申请文件的制作要求。发行人报送的证券发行申请文件,应当充分披露投资者作出价值判断和投资决策所必需的信息,内容应当真实、准确、完整。为证券发行出具有关文件的证券服务机构和人员,必须严格履行法定职责,保证所出具文件的真实性、准确性和完整性。[9]

3. 申请文件的预先披露。《证券法》第20条规定:"发行人申请首次公开发行股票的,在提交申请文件后,应当按照国务院证券监督管理机构的规定预先披露有关申请文件。"

(二)证券发行的注册

1. 注册机构。根据《证券法》第21条第1~2款的规定,国务院证券监督管理机构或者国务院授权的部门依照法定条件负责证券发行申请的注册;按照国务院的规定,证券交易所等可以审核公开发行证券申请,判断发行人是否符合发行条件、信息披露要求,督促发行人完善信息披露内容。据此,中国证监会是负责证券发行申请的注册机构,证券交易所是注册制下证券发行上市审核机构。为规范注册与审核行为,《证券法》第21条第3款规定,依照前两款规定参与证券发行申请注册的人员,不得与发行申请人有利害关系,不得直接或者间接接受发行申请人的馈赠,不得持有所注册的发行申请的证券,不得私下与发行申请人进行接触。

2. 注册程序。证券发行的注册主要经过两个阶段:第一个阶段是证券交易所的发行上市审核阶段,第二个阶段是证监会的注册阶段。在证券交易所发行上市审核阶段,交易所主要通过问询,要求发行人回答问题,来推进整个审核工作,对发行人是否符合发行上市条件和信息披露要求作出判断。证券交易所依法进行审核以后,就应当形成同意或者不同意发行人首次公开发行股票的意见。若证券交易所同意发行人证券发行申请,则将审核意见以及发行人的

---

〔9〕 参见我国《证券法》第19条。

注册申请文件一并提交到证监会,履行下一步程序;若不同意,可以直接作出终止审查的决定。在证监会注册阶段,证监会主要是依据法律规定履行注册程序,对注册申请文件进行适当审阅。根据目前科创板试点注册制的经验,发行注册过程当中,主要关注三方面的问题:一是交易所发行上市审核中,审核的内容是否有遗漏;二是交易所的审核程序是否符合规范;三是发行人的信息披露和发行条件的重大方面是否符合相关规定。当然,这只是目前科创板试点注册制的经验,证券公开发行注册的具体办法需由国务院专门规定。

3. 注册时间。国务院证券监督管理机构或者国务院授权的部门应当自受理证券发行申请文件之日起 3 个月内,依照法定条件和法定程序作出予以注册或者不予注册的决定,发行人根据要求补充、修改发行申请文件的时间不计算在内。不予注册的,应当说明理由。[10]

4. 公告。证券发行申请经注册后,发行人应当依照法律、行政法规的规定,在证券公开发行前公告公开发行募集文件,并将该文件置备于指定场所供公众查阅。发行证券的信息依法公开前,任何知情人不得公开或者泄露该信息。发行人不得在公告公开发行募集文件前发行证券。[11]

5. 错误纠正及法律责任。国务院证券监督管理机构或者国务院授权的部门对已作出的证券发行注册的决定,发现不符合法定条件或者法定程序,尚未发行证券的,应当予以撤销,停止发行。已经发行尚未上市的,撤销发行注册决定,发行人应当按照发行价并加算银行同期存款利息返还证券持有人;发行人的控股股东、实际控制人以及保荐人,应当与发行人承担连带责任,但是能够证明自己没有过错的除外。股票的发行人在招股说明书等证券发行文件中隐瞒重要事实或者编造重大虚假内容,已经发行并上市的,国务院证券监督管理机构可以责令发行人回购证券,或者责令负有责任的控股股东、实际控制人买回证券。[12]

第三节 证券承销与保荐制度

一、证券承销制度概述

证券承销,是指证券经营机构根据其与发行人签订的证券承销协议,向证投资者销售、促成销售或代为销售拟发行证券,并因此收取一定比例的承销费用的行为。此时,证券经营机构称为承销商,证券发行人称为被承销人。

证券承销商必须具备法律规定的证券承销主体资格。只要经中国证监会批准,可以经营证券承销与保荐业务的证券公司,均拥有证券承销的资格。

(一)证券承销的方式

根据承销商与发行人之间法律关系性质的不同,证券承销可分为证券代销与证券包销。我国《证券法》第 26 条第 1 款即明确规定了“证券承销业务采取代销或者包销方式”。

---

〔10〕 参见我国《证券法》第 22 条。

〔11〕 参见我国《证券法》第 23 条。

〔12〕 参见我国《证券法》第 24 条。

1. 证券代销

证券代销,又称代理发行,是指承销商代发行人发售证券,在承销期结束时,将未售出的证券全部退还给发行人的承销方式。[13] 发行人与承销商之间建立的是一种委托代理关系。承销商作为发行人的推销者,不垫付资金,对未能售完的证券不负任何责任。证券发行的风险基本上由发行人自己承担。因此,发行人为降低发行风险,往往会在代销合同中特别约定,承销商应采取各种必要措施,促使证券发行获得最大认购数量。由于在证券代销中,承销商不能保证使发行人及时全部获得所需款项,故代销方式只有那些知名度高或信用等级高、市场信息充分并相信证券能在短期内顺利售出的发行人才会选择。

证券代销是国外证券私募发行中广泛采用的承销方式,但在整个证券承销制度中居于次要地位。在我国,证券代销主要用于公司债券的发行,股票公开发行中很少采用该证券承销方式。但《证券发行与承销管理办法》(2018 年修订)第 23 条第 2 句明确规定:"上市公司非公开发行股票未采用自行销售方式或者上市公司配股的,应当采用代销方式。"该办法第 24 条还规定:"股票发行采用代销方式的,应当在发行公告(或认购邀请书)中披露发行失败后的处理措施。股票发行失败后,主承销商应当协助发行人按照发行价并加算银行同期存款利息返还股票认购人"。

2. 证券包销

证券包销,是指承销商将发行人的证券按照协议全部购入或者在承销期结束时将售后剩余证券全部自行购入的承销方式。[14] 在证券包销中,承销商与发行人商定发行底价签订包销协议书,然后组织力量在证券市场以某种方式进行销售。采用这种方式,当实际招募额达不到预定发行额时,剩余部分由承销商全部承购下来,并由承销商承担证券发行风险。由于证券包销能将证券发行失败的主要风险转移于承销商,从而最大限度地降低发行人的发行风险,因而该承销方式已成为各国证券市场上公开发行证券时适用最广泛的证券承销方式。我国公开股票时基本上都采取的是证券包销方式。不过,法律未对此作强制性规定。对此,《证券发行与承销管理办法》(2018 年修订)第 23 条第 1 句规定:"证券公司承销证券,应当依照《证券法》第二十八条的规定采用包销或者代销方式。"[15]

对于发行人来说,证券包销的弊端在于发行费用高昂,且发行人不能独占溢价发行的"溢价"。对承销商来说,包销一般获利丰厚,但风险很大。包销不仅要求承销商在证券定价研究和投资人询价机制上非常成熟,而且要求承销商必须具有非常发达的营销网络。因此,在拟发行证券数额较大时,一般由几家承销商组成承销团进行包销。在国际证券市场中,银团包销方式也最为常见。证券包销可分为三种方式:全额包销、余额包销与定额包销。但我国《证券法》仅确认了前两种。

全额包销,是指承销商以自有资金一次性全额购买发行人所发行的全部证券,然后再以自己的名义向投资者出售其所购证券的承销方式。发行人与承销商之间属于买卖关系。全额包销的承销商承担全部发行风险,可以保证发行人及时得到所需资金,且不必承担市场风险。但

---

[13] 参见我国《证券法》第 26 条第 2 款。

[14] 参见我国《证券法》第 26 条第 3 款。

[15] 现行《证券法》对应条款见第 26 条。

承销商承担了较大风险，因而要求发行人支付较高的承销费用。承销商之所以愿意采取全额包销方式，主要原因在于其对成功发行证券有良好预期，且自身拥有较好的支付能力和风险承担能力。此外，在面临激烈竞争的证券承销市场上，受高额承销收益驱使，承销商有时也会不得不冒一定的市场风险。

余额包销，也称助销，是指承销商按照承销协议，在约定的承销期满后，对剩余证券以自有资金一次性购买的承销方式。在承销期内，承销商处于代理人的地位，应尽为发行人利益而尽力销售的义务；在承销期满后对余额一次性购买时，发行人与承销商之间则转为买卖关系。在余额包销中，承销商主要承担的是经纪职能，但仍要承担部分发行风险。因此，余额包销的费用高于代销但低于全额包销。在美国等成熟证券市场，余额包销曾长期是证券承销的主要方式，但全额包销已逐渐占据了主导地位。在我国，首次公开发行股票与增发新股时，余额包销形式常被采用，配股则基本上都采取的是余额包销的形式。

定额包销，是指承销商承购发行人发行的确定份额的证券，承销商未包销的部分，则通过协议由承销商代销。在定额包销方式下，市场风险由发行人和承销商分担。我国《证券法》未规定该承销方式。

（二）承销团承销

承销团承销，又称联合承销，是指两个以上的证券承销商共同接受发行人的委托，向投资者发售某一证券的承销方式。承销团至少由两个以上的承销商组成，至于究竟需要几家承销商组成承销团，要取决于证券发行规模、发行地区。承销团适用于数量特别巨大的证券发行，如国债或者大宗股票的发行。此时，一个承销商往往不愿或不能单独承担发行风险，就组织一个承销团，由一个或数个承销商为主承销商（major bracket），联合多个金融机构共同完成发行任务，共同分担发行风险，并分摊发行费用。

承销团承销既可适用于证券代销，也可适用于证券包销。在承销团中起主要作用的承销商是主承销商。主承销商是代表承销团与发行人签订承销协议的实力雄厚的大承销商，一般由竞标或协商的方式确定，其任务主要是负责组建承销团，代表承销团与发行者签订承销协议等文件，决定承销团成员的承销份额等。在一般项目中，主承销商多由单一承销商担任，但在大型项目中则多由数个承销商组成联合主承销商。对此，《证券发行与承销管理办法》（2018年修订）第22条第2款第2句明确规定："证券发行由两家以上证券公司联合主承销的，所有担任主承销商的证券公司应当共同承担主承销责任，履行相关义务。"例如，备受世界投资银行界关注的中国工商银行香港上市，即由美林集团等5家投资银行组成该行的IPO联合主承销商。承销团成员确定后，主承销商应负责与其他承销商签订分销协议，明确承销团各成员的权利和义务，包括各成员推销证券的数量和获得的报酬、承销团及其合同的终止期限等。

我国2014年《证券法》第32条规定："向不特定对象发行的证券票面总值超过人民币五千万元的，应当由承销团承销。承销团应当由主承销和参与承销的证券公司组成。"该规定确立了强制性承销团制度。此外，发行人也可经与承销商协商，自行决定采取承销团的承销方式。《证券发行与承销管理办法》（2018年修订）第22条第2款第1句也明确规定："证券发行依照法律、行政法规的规定应由承销团承销的，组成承销团的承销商应当签订承销团协议，由主承销商负责组织承销工作。"

二、证券承销商的特殊义务

在承销商所应履行的义务方面,除应履行尽力销售等基本义务外,法律还对其予以特殊规制,从而形成一些特殊义务。

(一)禁止不正当竞争

证券发行人有权依法自主选择合适的承销商,承销商也有权自主决定是否接受承销委托。证券发行人与承销商建立承销关系的途径有协商与招标投标两种方式。受巨额证券承销收益驱使,在面临激烈市场竞争的背景下,承销商常常会采取一些不正当竞争手段承揽承销业务。尤其是在我国证券市场中,因种种原因证券承销在获取巨额收益的同时,实际上几乎无须承担任何风险,所以种种不正当竞争现象时有发生。实践中,证券公司采取的招揽证券承销业务的不正当竞争手段主要包括以下形式:(1)迎合或鼓励发行人不合理地高溢价发行证券;(2)贬损同行;(3)向发行人承诺在证券上市后维持其市场价格;(4)利用行政手段干预发行人自主选择承销商;(5)给有关当事人回扣;(6)违反规定降低承销费用或者免费承销。

对于证券承销过程中出现的种种不正当竞争行为,各国法律大多予以禁止。对此,我国《证券法》第 29 条第 2 款规定:"证券公司承销证券,不得有下列行为:(一)进行虚假的或者误导投资者的广告宣传或者其他宣传推介活动;(二)以不正当竞争手段招揽承销业务;(三)其他违反证券承销业务规定的行为。"同条第 3 款规定:"证券公司有前款所列行为,给其他证券承销机构或者投资者造成损失的,应当依法承担赔偿责任。"

(二)发行文件核查义务

公开发行证券必须依法向证券监管部门报送相应公开发行募集文件,并依照信息披露规则向社会公众披露。这些文件都是在承销商主持下完成的,且承销商应当掌握发行人的真实情况,因而法律要求证券承销商对募集文件的真实性、准确性和完整性进行核查,以防止和避免公开发行文件存在虚假记载、误导性陈述和重大遗漏。对此,我国《证券法》第 29 条第 1 款明确规定:"证券公司承销证券,应当对公开发行募集文件的真实性、准确性、完整性进行核查。发现有虚假记载、误导性陈述或者重大遗漏的,不得进行销售活动;已经销售的,必须立即停止销售活动,并采取纠正措施。"依此,证券公司必须在审慎调查的基础上对相关文件认真核实,且该核查工作应贯穿承销的全过程,若发现问题应予及时纠正,已经销售的也应停止销售,在采取相应纠正措施并获准重新销售后再恢复销售。

(三)禁止为本公司预留承销的证券

证券承销商在承销证券过程中,应尽力销售,维护投资者的公平认购权。若允许承销商借助其特权预留证券,将为其带来巨额非法收益,并损害投资者的利益,影响市场的健康发展。以往实践中,因采取认购申请表认购方式,还出现了限制认购申请表发放数量的预留证券情形。这些在采取认购申请表认购时经常发生的现象,在目前广泛采取的"上网发行"及"法人配售"过程中仍会以各种变换形态重新显现。2005 年《证券法》扩大了证券公开发行的范围,增加了网下发行方式。在此背景下,更增加了承销商预留证券的机会。对此,我国《证券法》第 31 条第 2 款规定:"证券公司在代销、包销期内,对所代销、包销的证券应当保证先行出售给认购人,证券公司不得为本公司预留所代销的证券和预先购入并留存所包销的证券。"证券公司预先购入并留存所包销的证券,一般表现为以自己的名义和账户予以购买。实践中,有些证券公司通过另立账户或借用他人账户方式购买其所包销的证券，还有的通过关联企业认购达到预留证券的目的。这些行为也应纳入承销商预留承销证券的范畴。

三、证券发行方式与发行价格

（一）证券发行方式

证券发行方式，是指自证券发行人披露证券公开募集文件后，确认有效申购人与有效认购数额的行为方式。证券发行方式及相关规则是证券发行市场的基础，决定着投资者的行为模式和证券市场的形态。证券发行方式相关制度均以股票发行为中心，故仅就股票公开发行方式加以阐述。

我国自20世纪90年代初期证券市场建立至今，股票发行方式始终处于变革之中。改革基本上围绕证券市场进行，目的在于充分利用证券市场的电子交易系统，以求更快捷、更方便、更公平和成本更低。目前，我国股票发行实行资金申购上网定价发行与网下配售相结合的方式。

2006年5月20日，经中国证监会批准，1996年《关于股票发行与认购方式的暂行规定》停止执行，从而使该规定确认的上网定价方式、全额预缴款方式以及与储蓄存款挂钩方式失去法律依据。同日，经中国证监会批准，上海证券交易所、深圳证券交易所分别与中国证券登记结算有限责任公司联合发布了资金申购上网定价发行的规定：《沪市股票上网发行资金申购实施办法》与《资金申购上网定价公开发行股票实施办法》。依其规定，通过沪、深证券交易所交易系统采用资金申购方式上网定价公开发行股票分别适用该两部办法。证监会虽未明确废止市值配售方式，但资金申购上网定价公开发行股票方式的采用，必然使无法与其兼容的市值配售方式无法执行。

《证券发行与承销管理办法》（2018年修订）第14条第1款规定："首次公开发行股票数量在4亿股以上的，可以向战略投资者配售。发行人应当与战略投资者事先签署配售协议。"这意味着，首次公开发行股票数量在4亿股以上的，除应采取资金申购上网定价发行股票方式外，还可以同时采取网下配售的发行方式。但发行人应当与战略投资者事先签署配售协议，并报中国证监会备案。发行人及其主承销商还应当在发行公告中披露战略投资者的选择标准、向战略投资者配售的股票总量、占本次发行股票的比例，以及持有期限制等。2006年9月18日，为与2006年《证券发行与承销管理办法》相配套，上海证券交易所、深圳证券交易所分别紧急发布了《关于沪市股票上网发行资金申购的补充通知》与《关于深市新股资金申购上网发行的补充通知》，对新股发行网上申购的流程进行了修改：新股资金申购上网发行与网下配售股票同时进行，且上网申购新股时间由一般规定的4天缩短为3天。

（二）证券发行价格的确定方法

鉴于证券发行价格的确定方法以股票发行为中心，故在此仅就股票发行价格的确定方法加以阐述。

在国际证券市场上，股票的发行价格一般来说受到以下几方面的影响：净资产、公司经营业绩、公司发展潜力、发行数量、行业特点、股市状况。目前，我国股票发行定价方法主要为市场询价法。

市场询价法，是指发行人与承销商根据向投资者询价得到的反馈意见商定证券发行价格的方法。中国证监会于2000年8月21日发布的《法人配售发行方式指引》（已废止）初步确立了市场询价法。《证券发行与承销管理办法》(2018 年修订)则对市场询价法作了全面规定。2014 年《证券发行与承销管理办法》则对市场询价法作了进一步完善。依其规定,首次公开发行股票可以通过向询价对象询价的方式确定股票发行价格,也可以通过发行人与主承销商自主协商直接定价等其他合法可行的方式确定发行价格,发行人应在发行公告中说明本次发行股票的定价方式。这就使得市场询价法成为我国股票发行定价的基本方法。

股票作为一种特殊商品,在境外成熟资本市场,股票发行价格通常是通过向机构投资者询价形成的。由于机构投资者拥有一批专业的投资研究和分析人员,能够对发行人销售的股票提出反映市场需求的报价,其报价对新股发行价格的确定有着较强的约束作用。境外资本市场多年的实践证明,通过询价、报价形成价格是股票发行市场化定价的有效形式。

我国证券市场由于建立时间短,机构投资者及成熟的个人投资者队伍需要一段时间的培育和形成,同时市场上长期以来存在申购新股无风险的状况,导致绝大多数新股发行都能获得较高的超额认购,市场对发行人约束作用不强。随着我国证券市场的发展,这种状况已发生明显变化。目前证券投资基金等机构投资者实力显著增加,个人投资者也日益成熟,投资者的定价分析能力和参与确定新股发行价格的意愿不断增强,在市场中的地位和作用日益突出。在首次公开发行股票中引入向机构投资者及个人投资者等其他投资者询价机制的条件基本成熟。为了完善新股发行定价机制,根据市场发展的要求,中国证监会于 2012 年 4 月 28 日公布了《关于进一步深化新股发行体制改革的指导意见》,确立了首次公开发行股票向机构投资者及个人投资者等其他投资者询价的制度,主要依靠市场机制形成新股发行价格。通过询价、报价,证券投资基金等机构投资者及个人投资者等其他投资者可以参与新股发行定价过程,市场供需双方直接协商,按企业质量、市场状况定价,并将部分股票配售给参与询价的机构,将其利益与风险同发行价格直接挂钩,防止随意报价,使新股发行价格能够准确反映企业的价值和市场的实际需求,达到维护广大公众投资者利益的目的。《证券发行与承销管理办法》(2018 年修订)也对此作了明确规定。

四、证券发行上市保荐制度概述

保荐(sponsoring)制度,又称保荐人(sponsor)制度,是指由具有保荐资格的保荐人负责公开发行和上市证券的推荐和辅导,并对所推荐的发行人披露的信息质量和所作承诺依法进行审慎核查并承担信用担保责任,以督导发行人规范运作的制度。保荐人兼具证券发行人的推荐人与担保人的身份,承担着法定的推荐责任和连带担保责任,从而构建了对发行人的持续性监督机制。

(一)保荐制度的形成与发展

在国外,保荐制度最早产生于创业板市场,及至 21 世纪初才被逐渐引入主办市场,但仍主要适用于创业板市场。创业板上市公司往往存在经营规模小、营运时间短、前景不明、风险较高的问题。为降低创业板上市公司的创业风险,增强投资者信心,英国伦敦证券交易所率先在其所属"衍生投资市场"(Alternative Investment Market,AIM)实行了上市保荐制度。其具体保荐规则由伦敦证券交易所制定。在英国影响下,加拿大、爱尔兰、新加坡、马来西亚等国家及中国香港特区都纷纷在创业板市场实行了保荐人制度。英国还在 21 世纪初,将保荐人制度引入到主板市场。受此影响,加拿大、爱尔兰及中国香港特区也相继在主板市场引入了保荐人制度。美国、澳大利亚等国虽然没有专门的保荐人制度规定,但其证券监管体系中有类似于保荐人制度的规定。

(二)我国保荐制度的确立

中国证监会经过广泛的市场调研,充分听取各方意见后,于2003年12月28日发布了《证券发行上市保荐制度暂行办法》(已废止)。该办法在我国尚未确立创业板市场的背景下直接将保荐制度引入到主板市场。证券发行上市保荐制度是我国证券发行制度的一次重大变革,它是中国证监会旨在进一步保护投资者特别是公众投资者的合法权益、提高上市公司质量的重要举措。实施保荐人制度是中国证监会旨在建立证券发行市场约束机制、完善证券发行核准制的一项重要制度探索。

我国《证券法》确认了保荐制度。该法第10条第1款明确规定:"发行人申请公开发行股票、可转换为股票的公司债券,依法采取承销方式的,或者公开发行法律、行政法规规定实行保荐制度的其他证券的,应当聘请证券公司担任保荐人。"

不过,长期以来,在我国证券市场中,保荐制度并未充分发挥其应有作用。实践中,保荐机构和保荐代表人不仅存在勤勉不足的问题,而且存在保荐代表人职业素养不高、责任意识淡薄的问题,其根本原因则为保荐制度中相关处罚措施缺位等问题。因此,在2005年《证券法》颁布后,证监会即着手准备《证券发行上市保荐制度暂行办法》的修订工作。该办法经修订后被重新命名为《证券发行上市保荐业务管理办法》,于2008年10月17日发布,并历经多次修订,最近一次修订时间为2020年6月1日,于6月12日发布。

我国保荐制度主要是针对主板市场而设计,同时适用于创业板市场。此外,我国保荐制度不仅适用于证券上市阶段,而且适用于证券公开发行阶段。国外保荐制度则适用于证券上市阶段,而在证券公开发行阶段,主要依赖承销商所承担的审慎尽职调查义务,来保障相关信息披露的质量。

(三)保荐制度与承销制度的关系

在确立保荐制度之前,我国证券发行和上市的推荐职责由承销商承担,从而使承销商全面承担了与证券发行上市有关的各项工作。《证券发行上市保荐制度暂行办法》(已废止)将保荐职责与承销职责作了初步划分,但在2005年《证券法》颁布之前的理论与实践中,该划分都处于较为模糊的状态。2005年《证券法》已对此作了较为清晰的划分。2019年《证券法》第10条第2款明确规定:"保荐人应当遵守业务规则和行业规范,诚实守信,勤勉尽责,对发行人的申请文件和信息披露资料进行审慎核查,督导发行人规范运作。"依此,证券发行保荐是为了确保证券发行符合法定发行条件,保证相关信息披露真实、正确、完整,从而保证所发行证券的品质。而依《证券法》第26条关于证券承销内涵的规定,证券承销仅解决证券的具体募集与销售问题,其目的在于获得证券发行的最佳经营效果。

从理论上讲,证券承销商与证券保荐人可由不同证券公司分别担任,但各国一般都将二者合而为一。我国《证券发行上市保荐业务管理办法》(2020年修订)第7条第3款规定:"证券发行的主承销商可以由该保荐机构担任,也可以由其他具有保荐业务资格的证券公司与该保荐机构共同担任。"依此,保荐人可兼任主承销商,但明确允许主承销商"由其他具有保荐机构资格的证券公司与该保荐机构共同担任"。

(四)证券发行保荐与上市保荐

长期以来,我国证券法将保荐制度分别适用于证券发行与证券上市,从而形成了证券发行保荐制度与证券上市保荐制度的区别。但两者之间的主要区别仅在于,保荐机构提交保荐意见及相关文件的机构分别为证监会和证券交易所,其具体内容基本一致。因此,基于证券公开发行与上市必然关联,《证券发行上市保荐制度暂行办法》(已废止)将证券发行保荐与上市保荐合称为证券发行上市保荐,而未对两者作任何区分。2005 年《证券法》则从形式上将证券发行保荐与上市保荐区分开来,但同时规定证券发行保荐基本规范适用于上市保荐。对此,2005 年《证券法》第 49 条第 1 款规定:“申请股票、可转换为股票的公司债券或者法律、行政法规规定实行保荐制度的其他证券上市交易,应当聘请具有保荐资格的机构担任保荐人。”同条第 2 款则规定:“本法第十一条第二款、第三款的规定适用于上市保荐人。”依此,证券发行保荐与上市保荐的基本规范相同,保荐人的资格、职责等相关规定则统一适用证监会的规定,即《证券发行上市保荐业务管理办法》。与 2005 年《证券法》从形式上将证券发行保荐与上市保荐区分开来的做法相适应,《证券发行上市保荐业务管理办法》(2017 年修订)也在某些条款中将证券发行保荐与上市保荐予以区分,但基本上仍采取统一规定的方式。鉴于发行保荐与上市保荐之间存在密切联系,《证券发行上市保荐业务管理办法》(2020 年修订)第 7 条第 1 款中还明确规定:“同次发行的证券,其发行保荐和上市保荐应当由同一保荐机构承担……”

在我国,之所以长期以来将证券发行保荐与上市保荐作明确区分,是因为在证券发行核准制下,证券发行与证券上市确实是前后衔接却泾渭分明的两个阶段。在注册制下,发行与上市已浑然一体,且证券交易所承担了对证券发行申请进行审核的职能,在发行人获得证券监管机构或国务院授权的部门注册后,再由证券交易所完成上市程序。因此,注册制下证券发行与上市程序呈现相互交错的状态。就此而言,我国实行注册制后不必将保荐业务区分为发行保荐与上市保荐。不过,试行注册制的科创板仍沿用了发行保荐与上市保荐分离的做法。对此,中国证监会 2019 年 3 月 1 日发布的《科创板首次公开发行股票注册管理办法(试行)》第 58 条规定:“保荐人应当按照中国证监会和交易所的规定制作、报送和披露发行保荐书、上市保荐书、回复意见及其他发行上市相关文件,遵守交易所和中国证监会的发行上市审核及发行注册程序,配合交易所和中国证监会的发行上市审核及发行注册工作,并承担相应工作。”

思考题

1. 试析不同证券发行审核制度的优缺点。
2. 试析证券发行的核准规则。
3. 试析证券承销商的特殊义务。
4. 简述保荐制度与承销制度的关系。

第十七章　证券交易制度

导读

- 证券交易一般发生于投资者之间,但并不以投资者为要素。在特殊情况下,证券发行人亦可充当特殊的交易主体。
- 各国法律均对证券持有与交易作严格限制。我国《证券法》也对证券持有、交易的限制规则作了集中、明确的规定。此外,还在信息披露制度等相关内容中作了限制性规定。
- 证券上市是连接证券发行市场与证券交易市场的桥梁,对于投资者和证券发行人而言,都具有十分重要的意义。各国证券法律、法规仅对证券上市制度作原则性规定,具体规范均由证券交易所规定。
- 申请股票、可转换为股票的公司债券或者法律、行政法规规定实行保荐制度的其他证券上市交易,应当聘请具有保荐资格的机构担任保荐人;而证券发行保荐制度适用于证券上市保荐人。
- 信息披露制度包括证券发行的信息披露制度和持续信息披露制度。对公开发行证券的公司实行信息披露制度是现代证券市场的核心内容,贯穿于证券发行、流通的全过程。它是证券市场的灵魂,是证券法公开原则的具体体现。信息披露的基本要求为:真实性、准确性、完整性、及时性与公平性。
- 上市公司收购有多种分类,其中主要类型包括要约收购、协议收购及其他合法方式的收购。我国现行法律未就要约收购作出明确的定义。各国证券立法基本上都以要约收购为其规制中心,很少涉及协议收购甚至根本不涉及协议收购制度。

第一节　证券交易的方式

证券交易,是指当事人之间在法定交易场所,按照特定交易规则,对依法发行并交付的证券进行买卖的行为。证券交易一般发生于投资者之间,但并不以投资者为要素。在特殊情况下,证券发行人亦可充当特殊的交易主体。

一、集中竞价

集中竞价包括集合竞价与连续竞价两种方式。我国上海、深圳证券交易所发布的证券交易规则,均规定了电脑集合竞价与连续竞价两种集中竞价方式。每一个交易日中,任何一个证券的竞价均分为集合竞价与连续竞价两部分(债券只有连续竞价而无集合竞价),集合竞价对所有有效委托进行集中处理,连续竞价则对有效委托进行逐笔处理。

证券竞价交易按价格优先、时间优先的原则撮合成交。成交时价格优先的原则为:较高价格买入申报优先于较低价格买入申报,较低价格卖出申报优先于较高价格卖出申报。成交时时间优先的原则为:买卖方向、价格相同的,先申报者优先于后申报者。先后顺序按交易主机接受申报的时间确定。

集合竞价,是指对一段时间内接受的买卖申报一次性集中撮合的竞价方式。集合竞价分为开盘集合竞价与收盘集合竞价。我国上海证券交易所仅确认了前者,深圳证券交易所则对两者都予以确认。《深圳证券交易所交易规则》(2019 年修订)规定,14:57 ~ 15:00 为收盘集合竞价时间。

连续竞价,是指对买卖申报逐笔连续撮合的竞价方式。开盘集合竞价期间未成交的买卖申报,自动进入连续竞价。连续竞价期间未成交的买卖申报,自动进入收盘集合竞价。上海证券交易所每个交易日 9:30 ~ 11:30 与 13:00 ~ 15:00 为连续竞价时间,深圳证券交易所每个交易日 9:30 ~ 11:30 与 13:00 ~ 14:57 为连续竞价时间。

二、协议转让

协议转让,又称协商交易、私下谈判交易,是指投资者不借助证券集中竞价交易系统,而通过私下协商的方式,达成证券交易的方式。它是国际证券市场上与集中竞价交易方式并存的交易方式。

在我国,股权分置改革完成之前,上市公司股票被分为流通股与非流通股。流通股通过证券交易所集中竞价系统交易,非流通股则只能通过协议转让实现交易。非流通股协议转让的典型形式为协议收购,但未达到协议收购标准的协议转让也大量存在。随着股权分置改革的完成,我国流通股与非流通股的划分不复存在,所有股票均为流通股。因此,流通股的协议转让问题需要证券监管部门作专门规定。2006 年 8 月 14 日上海证券交易所、深圳证券交易所和中国证券登记结算有限责任公司联合发布、实施了《上市公司流通股协议转让业务办理暂行规则》,使协议转让具备了必要规则。

三、大宗交易

大宗交易,是指证券单笔买卖申报达到交易所规定的数额规模时,交易所采用的与通常交易方式不同的交易方式。所谓与通常交易方式不同的交易方式,即在证券交易过程中,不采用价格优先、时间优先的集中竞价交易原则,而以协商一致作为达成大宗交易的手段。这是我国目前的证券交易制度所界定的大宗交易方式。这表明,我国证券市场对大宗交易的判断标准是证券单笔买卖申报达到交易所规定的数额规模。这与国际上通行的大宗交易界定标准是一致的。[1]

我国大宗交易制度确立于 2001 年,并于 2002 年与 2003 年先后于深圳证券交易所与上海证券交易所实际启动了大宗交易业务。《上海证券交易所交易规则》(2020 年修订)与《深圳证

---

〔1〕 参见李明良:《证券市场热点法律问题研究》,商务印书馆 2004 年版,第 221 页。

券交易所交易规则》(2019 年修订)都对大宗交易制度作了详细规定。

四、证券做市交易

所谓证券做市交易,又称做市商交易、双边报价、报价驱动交易,是指在证券市场上,由具备一定实力和信誉的独立证券经营公司作为特许交易商,不断向投资者报出某些特定证券的买卖价格(双向报价),并在该价位上接受投资者的买卖要求,以其自有资金和证券与投资者进行的证券交易,而投资者的买卖请求并不直接配对成交。在证券做市交易中,买卖双方无须等待交易对手出现,只要有做市商出面承担交易对手方即可达成交易。开展该项业务的证券公司被称为做市商。我国 2019 年《证券法》第 120 条对证券做市交易作了明确规定,从而正式确立了证券做市交易制度。相对于集中竞价交易来说,证券做市交易中,投资者无论买进还是卖出证券,都只是与做市商交易,而不是买卖双方直接交易。

证券做市交易起源于 20 世纪 60 年代美国证券柜台交易市场。随着 20 世纪 70 年代初电子化做市商即时报价系统的引进,传统的柜台交易制度演变为规范的证券做市交易制度。如今,证券做市交易制度已发展成为国际证券市场上较为流行和被普遍认同的一种证券交易方式。证券做市交易制度不仅是海外一些主要证券交易所(如纳斯达克市场)的主导交易制度,而且在各国近年来先后设立的创业板市场中也得到普遍采用。在我国,证券做市交易制度已在新三板实行。2019 年 3 月 1 日发布的《上海证券交易所科创板股票交易特别规定》第 12 条第 1 款规定:“科创板股票交易实行竞价交易,条件成熟时引入做市商机制,做市商可以为科创板股票提供双边报价服务。”

五、回购交易

证券回购交易,是指证券买卖双方在成交同时,约定于未来某一时间以某一价格双方再行反向成交的交易方式。证券回购交易是对一种证券现实的购买或出售及其后一笔相反交易的组合,其实质是以证券作为质物进行的资金融通业务。资金融入方(正回购方)将证券出质给资金融出方(逆回购方)融入资金的同时,双方约定交易到期日由正回购方按约定的回购利率向逆回购方支付利息及返还本金,逆回购方则返售出质的证券。

一笔回购交易涉及两个交易主体、二次交易行为。两个交易主体即以券融资方(资金融入方、正回购方)、以资融券方(资金融出方、逆回购方)。二次交易行为即开始时的初始交易及回购期满时的回购交易。回购交易时一般无须申报账号,成交后的资金结算和证券管理均直接在证券经营机构申报席位的自营账户内自动进行。

第二节　证券持有、交易的限制规则

各国法律均对证券持有与交易作严格限制。我国《证券法》也对证券持有、交易的限制规则作了集中、明确的规定。此外,还在信息披露制度等相关内容中作了限制性规定。本节主要就其集中规定部分的限制规则加以阐述。

我国《证券法》第35条第1款规定:“证券交易当事人依法买卖的证券,必须是依法发行并交付的证券。”同条第2款规定:“非依法发行的证券,不得买卖。”第39条规定:“证券交易当事人买卖的证券可以采用纸面形式或者国务院证券监督管理机构规定的其他形式。”依此,交易证券必须具备合法性,即必须是依法发行并交付的形式合法的证券。这是对证券交易的标的所作的最基本限制。

一、限定期内禁止或限制转让

我国《证券法》第36条第1款规定:“依法发行的证券,《中华人民共和国公司法》和其他法律对其转让期限有限制性规定的,在限定的期限内不得转让。”同条第2款规定:“上市公司持有百分之五以上股份的股东、实际控制人、董事、监事、高级管理人员,以及其他持有发行人首次公开发行前发行的股份或者上市公司向特定对象发行的股份的股东,转让其持有的本公司股份的,不得违反法律、行政法规和国务院证券监督管理机构关于持有期限、卖出时间、卖出数量、卖出方式、信息披露等规定,并应当遵守证券交易所的业务规则。”据此,限定期内禁止或限制转让主要包括以下两种类型。

(一)发起人限定期内禁止转让

股份有限公司的发起人发起设立后,发起人即公司的股东。但是,发起人对公司的成立及成立初期的财产稳定和组织管理有重要影响。为了避免发起人借设立公司投机牟利、损害其他股东及社会公众的利益,保证公司成立后一段时期能顺利经营,《公司法》第141条第1款规定:“发起人持有的本公司股份,自公司成立之日起一年内不得转让。公司公开发行股份前已发行的股份,自公司股票在证券交易所上市交易之日起一年内不得转让。”

(二)其他特定人员限定期内禁止或限制转让

随着公司制度的进一步发展,各国公司法逐渐取消了董事必须是股东的传统立法原则,允许非股东进入董事会与监事会,并以加重董事、监事、高级管理人员在经营中的个人责任作为对其行为的制约。但是,如果董事、监事、高级管理人员持有本公司的股票,为了防止其利用内幕信息炒作本公司股票牟利,法律对董事、监事及高级管理人员选任当时所持有的股份在其任期内的转让进行了必要限制。对此,我国《公司法》第141条第2款规定:“公司董事、监事、高级管理人员应当向公司申报所持有的本公司的股份及其变动情况,在任职期间每年转让的股份不得超过其所持有本公司股份总数的百分之二十五;所持本公司股份自公司股票上市交易之日起一年内不得转让。上述人员离职后半年内,不得转让其所持有的本公司股份。公司章程可以对公司董事、监事、高级管理人员转让其所持有的本公司股份作出其他限制性规定。”鉴于需要限定期内禁止或限制转让的人员不限于公司董事、监事、高级管理人员,上市公司持有5%以上股份的股东、实际控制人以及其他持有发行人首次公开发行前发行的股份或者上市公司向特定对象发行的股份的股东,都应纳入限定期内禁止或限制转让人员的范围,故2019年《证券法》第36条第2款新增了上述规定。未来《公司法》修订可能也会在第141条第2款规定的基础上扩大限定期内禁止或限制转让的人员范围。

二、特定人员禁止持有和买卖股票或者其他具有股权性质的证券

我国《证券法》第40条第1款规定:“证券交易场所、证券公司和证券登记结算机构的从业

人员，证券监督管理机构的工作人员以及法律、行政法规规定禁止参与股票交易的其他人员，在任期或者法定限期内，不得直接或者以化名、借他人名义持有、买卖股票或者其他具有股权性质的证券，也不得收受他人赠送的股票或者其他具有股权性质的证券。”同条第2款规定：“任何人在成为前款所列人员时，其原已持有的股票或者其他具有股权性质的证券，必须依法转让。”依此，禁止参与股票交易的人员禁止持有和买卖股票或者其他具有股权性质的证券的规则包括以下内容：

（一）禁止持有和买卖股票或者其他具有股权性质的证券人员的范围

笼统地讲，禁止持有和买卖股票或者其他具有股权性质的证券的人员即禁止参与股票交易或者其他具有股权性质的证券的人员，具体包括以下三种类型：

1. 证券交易所、证券公司和证券登记结算机构的从业人员。

2. 证券监督管理机构的工作人员，包括中国证监会与中国证券业协会的工作人员。

3. 法律、行政法规禁止参与股票交易的其他人员。该规定系兜底性规定，具体范围也因相关法律、法规的颁布与修订而随时调整。例如，我国曾禁止公务员买卖股票，但现已废止该规定。

（二）禁止持有和买卖股票或者其他具有股权性质的证券的行为类型

1. 禁止直接持有、买卖股票或者其他具有股权性质的证券。直接持有、买卖即以自己的名义持有、买卖，其来源在所不问，既包括有偿取得，也包括受赠取得。为防止直接持有、买卖股票，我国证券法禁止上述人员开立股票账户。

2. 禁止间接持有、买卖股票或者其他具有股权性质的证券。间接持有、买卖即以化名、借他人名义持有、买卖。2019年《证券法》还明确规定上述特定人员“不得收受他人赠送的股票或者其他具有股权性质的证券”。该“他人”为义务人之外的一切其他人，包括其配偶及其他家庭成员；化名则为虚拟的姓名，即使与现实生活中的某人恰好同名，但因非实际利用其身份，故仍不能纳入借用他人姓名范畴。

3. 禁止原合法持有状态的非法延续。禁止持有和买卖股票或者其他具有股权性质的证券的人员在任职前合法持有的股票或者其他具有股权性质的证券必须在任职时依法转让，否则将构成非法持有。不过，鉴于证券公司本身可能为上市公司，若其依法实施股权激励计划或者员工持股计划，则证券公司的从业人员可依法持有相应股份。因此，2019年《证券法》第40条第3款新增规定：“实施股权激励计划或者员工持股计划的证券公司的从业人员，可以按照国务院证券监督管理机构的规定持有、卖出本公司股票或者其他具有股权性质的证券。”

（三）禁止持有和买卖股票或者其他具有股权性质的证券的期间

禁止参与股票或者其他具有股权性质的证券交易的人员的义务期间为其任期或者法定限期内。法定期限由相关法律、法规及行政规章具体规定，一般为离职后一定时间。

实务问题

从2007年4月至5月，某证券公司分析师宋某某连续发布4篇关于某药业公司的研究报告。宋某某的报告发布后，该药业公司股价出现异动，药业公司先后四次发布澄清公告。而经监管机构调查，宋某某通过本人的证券账户在4月12日至30日参与了“某药业”的股票交易。问：宋某某的行为,是否符合法律规定?

提示:法律规定,证券公司的从业人员,在任期或者法定限期内,不得直接或者以化名、借他人名义持有、买卖股票。宋某某利用职务之便,通过发布研究报告影响公司股价,同时自己参与交易谋取利益的行为,违反了法律的禁止性规定。

三、特定证券服务机构和人员买卖证券的限制

证券服务机构和人员不属于禁止持有和买卖股票的人员,一般来说,拥有股票交易的自由权。但为特定股票发行出具专业文件的证券服务机构和人员,因其掌握或容易掌握普通投资者所难以掌握的内幕信息,故应对其买卖该股票加以限制。对此,我国《证券法》第 42 条第 1 款规定:“为证券发行出具审计报告或者法律意见书等文件的证券服务机构和人员,在该证券承销期内和期满后六个月内,不得买卖该证券。”同条第 2 款规定:“除前款规定外,为发行人及其控股股东、实际控制人,或者收购人、重大资产交易方出具审计报告或者法律意见书等文件的证券服务机构和人员,自接受委托之日起至上述文件公开后五日内,不得买卖该证券。实际开展上述有关工作之日早于接受委托之日的,自实际开展上述有关工作之日起至上述文件公开后五日内,不得买卖该证券。”依此,特定证券服务机构和人员买卖证券的限制规则包括以下内容:

(一)特定证券服务机构和人员的范围

证券服务机构有广义和狭义之分,一般是就狭义而言,不包括证券交易所、证券公司等证券中介机构。不过,即使从狭义而言,证券服务机构的外延也很宽泛,包括证券登记结算公司、证券投资咨询公司和其他证券服务机构(如律师事务所、会计师事务所、资产评估机构、信用评级机构、证券金融公司、证券信息公司等)。为股票发行和上市公司出具专业文件的证券服务机构,显然不包括上述全部证券服务机构。上引我国《证券法》第 42 条的规定,则将其限定为“出具审计报告或者法律意见书等文件的证券服务机构”,除会计师事务所、律师事务所能够明确外,其具体外延则并不明确。

在对受到限制的特定证券服务机构作具体界定时,应注意该限制的立法目的,在于防止因参与证券服务而获取内幕信息从事内幕交易。因此,应对此作扩大解释,不仅所有为证券发行及上市公司出具审计报告、资产评估报告或者法律意见书等文件的证券服务机构都在受到限制的义务人之列,而且所有参与证券发行及准备活动以及为上市公司提供证券专业服务的证券服务机构都应在义务人之列,即使相关机构不具备相应专业资质,亦然。

受到限制的特定证券服务人员的外延,《证券法》的规定也不明确。一般来说,证券服务人员即证券服务机构的人员。依此,则证券服务人员特指受到限制的特定证券服务机构的工作人员。但在实践中,这种绝对对应关系存在例外,即在为股票发行及上市公司提供专业服务时,有时存在非特定证券服务机构(未与拟发行股票公司及上市公司有合同关系的其他机构)的人员参与进来共同实施专业服务行为的现象。在此情形下,该参与进来的人员也应纳入受到限制的特定证券服务人员的范畴。或许,这正是《证券法》第 42 条未使用“证券服务机构及其人员”的表述方式的重要原因。此外,受到限制的特定证券服务人员也应作广义解释,而不限于具有特定证券从业资格的人员。

(二)证券服务机构和人员的买卖证券限制因服务对象而不同

为证券发行提供专业服务的证券服务机构和人员,在该证券发行承销期内和期满后 6 个月内,不得买卖该证券。为发行人及其控股股东、实际控制人,或者收购人、重大资产交易方出具审计报告或者法律意见书等文件的证券服务机构和人员,自接受委托之日起至上述文件公开后 5 日内,不得买卖该证券;实际开展上述有关工作之日早于接受委托之日的,自实际开展上述有关工作之日起至上述文件公开后 5 日内,不得买卖该证券。

四、保守客户账户秘密

在我国,证券投资客户账户主要分为证券账户与资金账户。前者在证券登记结算机构或其代理机构开立,主要用于记录投资者持有证券的余额及其变动情况;后者在证券公司或其分支机构开立,主要用于记录投资者的资金余额及其变动情况。我国证券交易实行实名制,法人、个人参与证券投资时,必须以其真实名称或姓名开立账户,办理开户手续,签署相应协议,并需出示其真实、合法的证件。因此,客户认购和参与证券交易的信息数据,证券公司、证券登记结算机构都能掌握。证券交易所不与证券投资者直接接触,但其作为证券交易服务的提供者,通过证券登记结算机构能够合法掌握证券投资客户账户的信息。为了保护投资者的合法权益,我国《证券法》第 41 条第 1 款规定:"证券交易场所、证券公司、证券登记结算机构、证券服务机构及其工作人员应当依法为投资者的信息保密,不得非法买卖、提供或者公开投资者的信息。"同条第 2 款规定:"证券交易场所、证券公司、证券登记结算机构、证券服务机构及其工作人员不得泄露所知悉的商业秘密。"这就使得上述机构及其工作人员保守客户账户秘密的义务成为法定义务。不过,应当注意的是,这种法定保密义务不能对抗司法机关及证券监管机构依法行使职权时上述机构所应履行的协助义务。

五、合理收费规则

我国《证券法》第 43 条规定:"证券交易的收费必须合理,并公开收费项目、收费标准和管理办法。"该条规定确立了证券交易合理收费规则。

证券交易的收费,对投资者来说就是证券交易费用,它是指投资者在委托买卖证券时应支付的各种税收和费用的总和,通常包括印花税、佣金、过户费、其他费用等内容。

(一)印花税

印花税,是指根据国家税法规定,在股票(包括 A 股和 B 股)成交后对投资者按照规定的税率征收的税金。印花税的缴纳是由证券公司在同投资者交割中代为扣收,然后在证券公司同证券交易所或登记结算机构的清算交割中集中结算,最后由登记结算机构统一向征税机关缴纳。其收费标准是按 A 股、B 股成交金额的 1‰计收,并实行单边征税,即仅对出让方征税。基金、权证、债券等其他证券交易均免征印花税。

(二)佣金

佣金,是指投资者在委托买卖证券成交之后按成交金额的一定比例支付给证券公司的费用。此项费用一般由证券公司的经纪佣金、证券交易所交易经手费及管理机构的监管费等构成。

从世界各国证券交易所实行的佣金制度来看,大致可分为以下五种:(1)单一的固定佣金制;(2)差别佣金制,对大宗交易和小额交易进行划分,然后规定不同的佣金费率;(3)按交易额的大小递减收费;(4)浮动佣金制,即设定最高、最低或者中间的佣金比例,允许在此基础以下、以上或上下区间浮动;(5)佣金完全自由化。随着全球经济一体化和金融自由化的发展,为刺激本国证券市场发展、提高其国际竞争力,全球范围的佣金制度发生了重大调整,主要的趋势是自由化、差别化和下降化。

各国在证券市场发展初期采用的都是固定佣金制。20世纪90年代以来,越来越多的国家放弃了固定佣金制。如今,世界主要证券交易所,绝大部分都已对佣金的收取采用自由协商制,其中大部分实行完全的佣金自由协商制。实行完全的单一固定佣金制的国家已很少,主要是一些发展中国家,如巴基斯坦证券交易所规定其经纪佣金为5‰。

中国证券监督管理委员会、国家计委、国家税务总局2002年4月4日发布并于同年5月1日起执行的《关于调整证券交易佣金收取标准的通知》,对证券交易佣金规定作了重大调整。

(三)过户费

过户费,是指投资者委托买卖的证券成交后买卖双方为变更股权登记所支付的费用。过户费属于证券登记结算机构的收入,由证券公司在同投资者清算交割时代为扣收。

(四)其他费用

其他费用,是指投资者在委托买卖证券时,向证券营业部缴纳的委托费(通讯费)、撤单费、查询费、开户费、磁卡费以及电话委托、自助委托的刷卡费、超时费等。这些费用主要用于通讯、设备、单证制作等方面的开支,其中委托费在一般情况下,投资者在上海、深圳本地买卖沪、深证券交易所的证券时,向证券公司缴纳1元委托费,异地缴纳5元委托费。其他费用由券商根据需要酌情收取,一般没有明确的收费标准,只要其收费得到当地物价部门批准即可,目前有相当多的证券公司出于竞争的考虑而减免部分或全部此类费用。

(五)我国当前证券交易费用一览表

我国当前证券交易费用见表1至表3:

表1 股票交易费用

收费项目	上海A股	深圳A股	上海B股	深圳B股
印花税	1‰	1‰	1‰	1‰
佣金	小于或等于3‰ 起点:5元	小于或等于3‰ 起点:5元	3‰ 起点:1美元	3‰
过户费	0.3‰(按股数计算) 起点:1元	无	无	无
经手费*	0.0696‰(按交易额计算)	0.0696‰(按交易额计算)	0.0696‰(按交易额计算)	0.0696‰(按交易额计算)
委托费	5元(按每笔收费)	无	无	无
结算费	无	无	0.5‰	0.5‰(上限500港元)

*经手费是证券公司在证券交易所的场内交易成交后,按实际成交金额计算的一定比例向证券交易所交纳的交易费用。经手费和佣金在性质上均属于交易费用,但也存在明显的区别。经手费是券商交给交易所的费用,佣金则是投资者交给券商的费用,佣金中包括了券商的收入和券商须交给交易所的经手费。

表 2　基金、债券和权证交易费用

收费项目	封闭式基金、权证	可转换债券	国债	企业债券
印花税	无	无	无	无
佣金	小于或等于 3‰ 起点:5 元	1‰	1‰	1‰
过户费	无	无	无	无
委托费	无	无	无	无
结算费	无	无	无	无

表 3　交易所其他费用

收费项目	上海 A 股	深圳 A 股	上海 B 股	深圳 B 股
开户费	个人:40 元 机构:400 元	个人:50 元 机构:500 元	个人:19 美元 机构:85 美元	个人:120 港元 机构:580 港元
转托管费	无	30 元	无	100 港元

六、短线交易归入权制度

短线交易有不同含义,在证券投资实践中,短线交易概念一般特指与长线投资(俗称长线交易)相对的短线投资。证券法意义上的短线交易则特指,上市公司内部人在法定期间内对该上市公司的证券为相匹配的反向交易的行为。公司内部人实施短线交易时既可能利用了内幕信息,也可能没有利用内幕信息,若利用了内幕信息,则构成了短线交易与内幕交易的竞合。

依《证券法》第 44 条第 1 款之规定,短线交易,是指上市公司、股票在国务院批准的其他全国性证券交易场所交易的公司持有 5% 以上股份的股东、董事、监事、高级管理人员,在法定期间内(我国规定为 6 个月),将其持有的该公司的股票或者其他具有股权性质的证券在买入后卖出,或者在卖出后内又买入的行为。同条第 2 款规定:“前款所称董事、监事、高级管理人员、自然人股东持有的股票或者其他具有股权性质的证券,包括其配偶、父母、子女持有的及利用他人账户持有的股票或者其他具有股权性质的证券。”

归入权,是指上市公司将非法从事短线交易所获短线收益收归公司所有的权利。归入权制度发源于美国,如今已成为各国证券法中普遍规定的一项重要制度。归入权具有私权的属性,但也构成国家实现证券监管目标的辅助手段。归入权制度旨在防止内部人滥用信息优势通过短线交易非法获利,借以维护一般投资者对证券市场的公平、公正性的信赖。因此,归入权制度实际上是借助私人的执行来实现管制的目的,以私益为诱因来追求公益的实现,而绝非单纯为了使公司的利益损失得到补偿。依此,归入权的性质不同于一般私权,它对公司来说兼具权利和义务的双重性,不得通过公司章程予以放弃。

各国家及地区均将归入权的权利主体界定为作为短线交易对象的证券的发行人,即公司。我国《证券法》第 44 条第 1 款也明确规定,“由此所得收益归该公司所有,公司董事会应当收回其所得收益”。在公司自身主张归入权的具体方式上,当然应由董事会代表公司行使权利。这就依赖于董事会是否能够形成与短线交易人作斗争的独立意志与积极性。对此,美国式完备的独立董事制度,因董事会内部有专门由独立董事组成的审计委员会,对董事、经理人以及大股东的行为进行调查、审核,较好地解决了一些利益冲突问题,从而能够避免公司董事会与短线交易人达成交易而不予主张归入权。各国家和地区均规定,若董事会怠于或拒绝行使归入权,股东有权要求董事会在法定期间(美国为 60 日,中国台湾地区为 30 日)内执行,若该期间届满董事会仍拒绝行使归入权,则可由股东提起股东代表诉讼(股东派生诉讼)。对此,我国《证券法》第 44 条第 3 款规定:“公司董事会不按照第一款规定执行的,股东有权要求董事会在三十日内执行。公司董事会未在上述期限内执行的,股东有权为了公司的利益以自己的名义直接向人民法院提起诉讼。”

我国《证券法》为促使公司董事会行使短线交易归入权,于第 44 条第 4 款规定:“公司董事会不按照第一款的规定执行的,负有责任的董事依法承担连带责任。”依此,若董事会拒绝行使归入权,则负有责任的董事依法承担连带责任。该规定也视为对董事怠于履行忠实义务与勤勉义务的法律责任,但这一超越各立法例的规定却显得过于严格。此外,所谓“负有责任的董事”,也存在内涵与外延上的不确定性。从解释上看,应认为是对导致“公司董事会不按照第一款的规定执行”负有责任的董事,而不应解释为对短线交易负有责任。

从各国家和地区立法来看,对于短线交易行为追究责任的方式都是赋予公司归入权,将交易人通过短线交易所得收益全部归入公司。在各国司法实践中,大都采用低入高出的惩罚性计算方法,即将法定期间内最高卖出价同最低买入价相匹配,次高卖出价和次高买入价相匹配,如此直至全部匹配完成。我国《证券法》对短线交易收益的计算方法未作规定,迄今也无任何司法实践。鉴于《证券法》第 44 条第 1 款的规定为“由此所得收益归该公司所有,公司董事会应当收回其所得收益”,在相关立法解释或司法解释发布之前,从学理上应将其解释为因短线交易实际获得的收益。

第三节 证券上市制度

一、证券上市的概念

证券上市,是指经证券交易所审核,已公开发行的证券获准在证券交易所挂牌交易。证券上市的内涵与外延因各国家或地区不同规定而不同,在中国及中国台湾地区,均特指在证券交易所挂牌上市。在有些国家和地区,证券上市还包括在场外交易市场挂牌交易。不过,一般所指证券上市系就狭义而言,即本书所界定的在证券交易所挂牌交易;在场外交易市场挂牌交易则被称为证券上柜(中国台湾地区)或店头市场登记(日本)。

证券上市以股票上市为核心与典型,但获准上市的证券,即上市证券,不仅包括股票,还包括债券、存托凭证、证券衍生品种。因股票上市的核心地位,上市股票的发行人被称为上市公司,而其他上市证券的发行人则不能称为上市公司。

证券上市以证券发行为前提,证券发行后,要实现在证券交易所挂牌交易的目标,就必须借助于证券上市。因此,证券上市是连接证券发行市场与证券交易市场的桥梁,对于投资者和证券发行人而言,都具有十分重要的意义。对于投资者来说,证券上市方便投资者进行证券投资，更好地进行投资决策，而且有利于减少投资风险，降低投资成本。对于证券发行人而言，证券上市显著增强了其流动性，从而极大地提高了再次发行增强的能力。尤其是对上市公司而言，证券上市有利于提高其信誉和知名度，促进上市公司改善经营管理水平，增强上市公司的筹资能力。此外，证券上市还有利于证券监管机构对证券交易市场及上市公司的监管，以保障广大投资者合法权益，促进证券市场的健康发展。

除实行安排上市的政府债券上市外，证券上市时，证券发行人与证券交易所之间必须签署上市协议。依该协议，证券交易所与证券发行人之间形成了证券发行服务合同关系和持续监管与服务合同关系。在证券发行过程中，证券发行人往往需要借助证券交易所的交易系统，整个发行过程都是在证券交易所的协助下完成。在证券上市后，根据上市协议，证券交易所应履行对证券发行人的持续监管义务，若证券发行人违反证券交易所的有关规则，证券交易所有权依据上市协议和上市规则作出处理，情节严重的，证券交易所还可以终止其证券上市。〔2〕

各国证券法律、法规仅对证券上市制度作原则性规定，具体规范均由证券交易所规定。因此，与各国证券市场发展水平相适应，且为在国际证券市场中提高竞争力，各国证券法尤其是证券交易所规定的上市制度差异较大。不同证券交易所形成了不同的证券发行人选择偏好，如有的大量吸收国际证券上市，从而使其成为国际化色彩浓厚的证券市场；有的则主要吸纳本国或本地区证券上市，从而具有较强的区域性；有的则主要吸收大型企业发行的证券上市，从而形成明显的主板色彩；有的则大量吸收高科技企业发行的证券上市，从而形成明显的创业板色彩。在上市的审批与条件方面，各证券交易所的规定也具有较大差异，有的较为严格，有的则较为宽松。

二、证券上市的条件

各国证券法大多仅就证券上市条件作原则性规定，具体上市条件则由证券交易所规定。在证券交易所与证券发行人达成证券上市协议前，证券发行人必须经证券交易所审查达到其规定的上市条件，双方才能签署证券上市协议，形成证券上市服务与持续监管合同关系。

我国 2005 年《证券法》对证券上市审核机制及上市条件均作了重大调整，赋予了证券交易所上市条件和程序的规则制定权，从而使证券上市的私法行为属性得以回归。《证券法》第 46 条第 1 款明确规定，由证券交易所执行证券上市审核权。2005 年《证券法》第 50 条对股票上市条件的最低标准明确规定，并授权证券交易所有权制定高于法定最低上市条件的具体条件。为配合注册制改革，2019 年《证券法》未对证券上市条件作具体规定，而是授权证券交易所通过上市规则予以具体规定。对此，该法第 47 条第 1 款规定："申请证券上市交易，应当符合证券交易所上市规则规定的上市条件。"同条第 2 款规定："证券交易所上市规则规定的上市条件，应当对发行人的经营年限、财务状况、最低公开发行比例和公司治理、诚信记录等提出要求。"

（一）股票和可转换公司债券上市的条件

《上海证券交易所股票上市规则》（2019 年修订）与《深圳证券交易所股票上市规则》（2018 年修订），对首次公开发行股票的上市条件、上市公司发行股票和可转换公司债券的上市条件作了基本相同的规定。

---

〔2〕 参见叶林：《证券法》（第三版），中国人民大学出版社 2008 年版，第 222～224 页。

《证券法》第225条规定:“境内公司股票以外币认购和交易的,具体办法由国务院另行规定。”依此,关于境内上市外资股(B股)的上市条件,若国务院有特别规定应执行其规定,若无特别规定,则应执行证券法关于股票上市条件的一般规定。“国务院另行规定”的文件为1995年11月2日发布、实施的《关于股份有限公司境内上市外资股的规定》与国务院原证券委员会于1996年5月3日发布、实施的《股份有限公司境内上市外资股规定的实施细则》。但这两部法规均系证券上市审核权由证监会移交证券交易所之前制定的,其上市条件是以发行条件为中心的发行与上市条件。而依照《证券法》将上市审核权下放给证券交易所的精神,B股股票的上市条件应可由证券交易所作更高标准的具体规定。因此,上述关于B股发行与交易的法规应作相应修订。不过,在其修订之前,仍应执行其规定,即执行国务院的特别规定。

(二)公司债券上市的条件

《上海证券交易所公司债券上市规则》(2018年修订)与《深圳证券交易所公司债券上市规则》(2018年修订)均对公司债券上市申请作了大体相同的详细规定,此处不再赘述。

三、证券上市的程序

我国《证券法》第46条第1款规定:“申请证券上市交易,应当向证券交易所提出申请,由证券交易所依法审核同意,并由双方签订上市协议。”依此,证券上市的程序包括证券上市申请、证券交易所依法审核、签订上市协议等程序,此外,还要经过上市公告和挂牌交易程序。

(一)证券上市申请

2019年《证券法》取消了关于股票上市申请和公司债券上市申请所需报送文件的规定。对此,《上海证券交易所股票上市规则》(2019年修订)与《深圳证券交易所股票上市规则》(2020年修订)对股票上市申请应向证券交易所报送的文件作了明确规定,《上海证券交易所公司债券上市规则》(2018年修订)与《深圳证券交易所公司债券上市规则》(2018年修订)对公司债券上市申请应向证券交易所报送的文件作了明确规定。

(二)证券交易所依法审核

证券交易所依法行使证券上市审核职权。我国两大证券交易所分别发布的《上海证券交易所证券上市审核实施细则》与《深圳证券交易所上市委员会工作细则》对证券上市审核规则作了具体规定。

我国两大证券交易所均设立了上市委员会,对证券上市等进行审核;证券交易所则根据上市委员会的审核意见,作出审核决定。上市委员会通过上市委员会工作会议履行职责,具体可以采用召开审核会议、直接进行通讯表决或者其他方式进行。

(三)签订上市协议

证券上市申请经证券交易所审核同意后,证券发行人应与证券交易所在上市前签订上市协议,明确双方的权利、义务和有关事项。上市协议既是证券交易所与证券发行人之间形成的证券交易服务关系的依据,也是证券交易所对证券发行人行使自律监管的依据。根据上市协议,上市证券获得在证券交易所交易系统交易的资格,证券交易所应为其提供完善、有效、安全的交易设施和条件,证券发行人则须向证券交易所缴纳规定的上市费用。上市协议中均会规定,证券发行人应履行证券交易所相关规则所确定的义务,证券交易则所有权依照法律、法规及证券交易所相关规则对证券发行人进行监管，从而为证券交易所进行自律监管提供了法律依据。

（四）上市公告

上市公告，是指证券发行人按照国家有关法律、法规、规章、政策和证券交易所业务规则的要求，于其证券上市前，就其公司及证券上市的有关事宜，通过指定的报刊向社会公众所作的信息披露。上市公告所作信息披露文件即为上市公告文件。

（五）挂牌交易

证券获准上市并依法履行上市公告手续后，即可在证券交易所指定的日期挂牌交易，从而真正完成证券上市程序。

四、上市证券的交易程序

由于集中竞价交易是最主要也是最典型的交易形式，故以其交易程序为中心加以阐述。

（一）名册登记与开立账户

1. 名册登记

名册登记是投资者在集中竞价系统进行证券买卖的前提。名册登记分为个人名册登记和法人名册登记两种。个人名册登记应载明登记日期和委托人的基本情况、联系方式，并留存印鉴或签名式样；如有委托代理人，委托人须留存其书面授权书。法人名册登记应提供法人证明，并载明法定代表人及证券交易执行人的基本情况和留存法定代表人授权证券交易执行人的书面授权书。

根据我国相关法规规定，属于下列情况之一者，不予办理个人名册登记：（1）证券从业人员；（2）因违反证券法，经中国证监会认定为市场禁入者〔3〕；（3）未成年人未经法定监护人的代理或允许者。

2. 开立账户

开立账户是投资者进行证券买卖的基本条件。每个投资者必须开立证券账户与资金账户这两个账户。只有两种账户均开齐了才能进行证券的买卖。

（1）开立证券账户。我国《证券法》第 157 条第 1 款规定："投资者委托证券公司进行证券交易，应当通过证券公司申请在证券登记结算机构开立证券账户。证券登记结算机构应当按照规定为投资者开立证券账户。"投资者通过证券账户持有证券，证券账户用于记录投资者持有证券的余额及其变动情况。〔4〕

（2）开立资金账户。资金账户主要用于存储投资者的存款和卖出股票时的价金。在证券交易完成时，只需在证券账户与资金账户中相应划拨，即增减证券账户的证券数额与资金账户的资金数额，而不必实际支付或提取证券或现金。资金账户中的资金由证券公司代为转存银行，利息自动划入该专户，委托人持有资金账户磁卡。对此，我国《证券法》第 131 条第 1 款规

〔3〕 市场禁入是指下列人员因进行证券欺诈活动或者有其他严重违反证券法律、法规、规章以及中国证监会发布的有关规定的行为，被中国证监会认定为市场禁入者，在一定时期内或者永久性不得担任上市公司高级管理人员或者不得从事证券业务的制度。中国证监会《证券市场禁入规定》（2015 年修订）对市场禁入制度作了详细规定。

〔4〕 参见中国证监会《证券登记结算管理办法》（2017 年修订）。

定:“证券公司客户的交易结算资金应当存放在商业银行,以每个客户的名义单独立户管理。”

(二)证券交易之委托指令

进入证券交易所参与集中竞价交易的,必须是具有证券交易所会员资格的证券公司。一般投资者买卖证券均需通过委托其开户的证券公司,故须与证券公司建立委托买卖合同关系。证券公司收到投资者委托指令后,应按照指定交易协议(沪市)或证券交易委托协议(深市)以及法律、法规、交易规则的规定,对委托人身份、委托内容、委托卖出的实际证券数量及委托买入的实际资金余额进行审查,经审查符合要求后,才能接受委托。委托指令的审查主要包括对其合法性、真实性与同一性的审查。证券公司接受委托时,具体委托交易合同正式成立。当事人双方均受该委托合同的约束。证券公司受理委托后,应立即通知驻场交易员在场内买卖。

(三)委托指令的竞价与成交

投资者在完成开户与委托代理手续后,在资金账户上存入资金的次日,即可下达委托指令,进行证券交易。委托指令的竞价,按照价格优先、时间优先的竞价原则进行。所有报价均通过证券交易所电脑系统自动撮合成交来完成买卖。客户可以撤销委托的未成交部分。被撤销和失效的委托,会员应当在确认后及时向客户返还相应的资金或证券。

(四)证券交易结算

证券交易结算,是指证券买卖成交后,买卖双方通过证券交易清算系统进行资金和证券的交付与收讫的过程,分为清算与交收两个步骤。清算,是指按照确定的规则计算证券和资金的应收应付数额的行为。交收,是指根据确定的清算结果,通过转移证券和资金履行相关债权债务的行为。

(五)证券交易过户登记

证券交易过户登记,是指证券买卖双方在证券登记结算机构参与下进行的证券的卖方向买方移转有关证券全部权利的记录活动。中国证券登记结算有限责任公司设立电子化证券登记簿记系统,根据证券账户的记录,办理证券持有人名册的登记。证券交易所集中交易的证券,证券登记结算机构根据证券交易的交收结果,由其电脑系统自动办理集中交易过户登记,[5]并应提供交割单。依此,证券交易所集中交易的证券过户,在证券交收的同时即自动完成,无须证券持有人另行办理手续。

五、终止上市

我国《证券法》对终止上市作了明确规定。上市交易的证券,有证券交易所规定的终止上市情形的,由证券交易所按照业务规则终止其上市交易。证券交易所决定终止证券上市交易的,应当及时公告,并报国务院证券监督管理机构备案。对证券交易所作出的终止上市交易决定不服的,可以向证券交易所设立的复核机构申请复核。

---

〔5〕 参见《中国证券登记结算有限责任公司证券登记规则》(2019年修订)第15条。

第四节　信息披露制度

一、信息披露制度的含义

信息披露制度，又称信息公开制度，是指公开发行证券的公司在证券发行与交易诸环节中，依法将有关信息资料，真实、准确、完整、及时地披露，以供证券投资者作出投资判断的法律制度。

信息披露制度包括证券发行信息披露制度和持续信息披露制度。对公开发行证券的公司实行信息披露制度是现代证券市场的核心内容，贯穿于证券发行、流通的全过程。它是证券市场的灵魂，是证券法公开原则的具体体现。

根据信息披露时间与目的的不同，可将其分为发行信息披露与持续信息披露。两者在披露目的、披露主体、披露文件及披露程序等方面均存在明显差异。在立法与学理上对信息披露所作分类大多采此标准。鉴于发行信息披露相关规则散见于证监会不同具体规则之中，而《证券法》又以持续信息披露制度为中心，故本节内容亦未将发行信息披露制度的具体规则包含在内。根据信息披露内容的不同，可将其分为描述性信息披露、评价性信息披露与预测性信息披露。这种分类主要体现于立法与学理上对披露方式的具体规制上。此外，还根据所披露文件的名称和记载事项、信息披露是否系强制性规定所要求、信息披露的主体及证券种类等不同标准进行分类。

信息披露制度源于1844年《英国公司法》关于公司章程的披露以及招股说明书所载内容披露的规定，其目的在于使投资者在购买股票之前能充分了解发行公司的有关信息，然后自行决定是否购买。英国公司法的披露制度为1933年《美国证券法》与1934年《美国证券交易法》所采纳并完善，并正式确立了信息披露制度。其核心为强制性信息披露制度，故1934年《美国证券交易法》被称为“披露法令”。信息披露制度在美国得到日益完善，并迅速为世界各国公司法、证券法所接受，从而逐渐成为各国证券法的基本制度。

我国自发展证券市场伊始，就非常重视信息披露制度的建立。1993年《股票发行与交易管理暂行条例》不仅明确规定公司发行股票时应披露的文件，还设专章规定了“上市公司的信息披露”。1993年6月，中国证监会发布了《公开发行股票公司信息披露实施细则（试行）》，对我国公开发行股票公司必须公开披露的信息内容、标准、披露方式及时间作了详细规定，从而使该细则成为规范信息披露的“蓝本”；同时，中国证监会还制定了各种信息披露文件规范的格式与内容。我国1998年《证券法》、2005年《证券法》及2019年《证券法》均对信息披露制度作了专门规定。除此之外，中国证监会发布的大量规章〔6〕及证券交易所、证券业协会发布的相关自律性规则，则为我国信息披露制度构建了较为完整的规范体系。

---

〔6〕 主要有中国证监会2007年发布并于2021年修订后再次发布的《上市公司信息披露管理办法》、2007年发布的《关于规范上市公司信息披露及相关各方行为的通知》。

尽管信息披露制度从其诞生之日起,就一直受到理论界的质疑,[7]但绝大多数学者仍对其持肯定态度,其作为证券市场基石的地位仍不容忽视。一般认为,信息披露制度主要有以下作用:

1. 有利于证券市场上发行与交易价格的合理形成。证券价格的影响因素多种多样,公司组织及股权结构、财务状况、经营管理状况等都对证券价格产生直接影响。公司所处行业、社会经济环境、宏观经济政策等方面的变化,也都会对证券价格产生间接影响。因此,证券发行公司必须将这些对证券价格具有重要影响的信息依法披露,使投资者在全面了解情况的基础上作出合理判断,从而促使证券市场依供求关系形成合理的证券价格。

2. 有利于维护广大投资者的利益。保护投资者利益乃证券法的宗旨,但各国在具体方式上则各有侧重。总体而言,采证券发行核准制的国家注重对证券发行的事先核准,采证券发行注册制的国家则强调强制信息披露。这种强制披露被认为在增强市场信心及保护投资者尤其是未成熟的投资者方面具有重要作用。[8] 事实上,无论采取何种证券发行核准制度,信息披露均为其制度基础,均确立了狭义上的信息披露制度。[9] 信息披露制度可以促使广大投资者能够平等获取证券信息,从而有利于扼制虚假陈述、内幕交易、证券欺诈等不当行为。

3. 有利于促使证券发行公司改善经营管理水平。信息披露的基本内容包括了最基本的公司信息,如公司的财务状况、经营状况等,在证券发行公司尤其是上市公司必然受到社会高度关注的情况下,信息披露制度必然会促使公司尽力提高其经营管理水平,从而促使公司财务状况、经营状况得到改善。

4. 为证券监管提供了便利。信息披露制度被认为是证券监管的主导性制度创新,使监管机构能够在促进证券市场的自由竞争的同时,在无须政府直接干预的情况下保障交易的公正性。[10]

二、信息披露的基本要求

我国《证券法》第 78 条第 1 款规定:"发行人及法律、行政法规和国务院证券监督管理机构规定的其他信息披露义务人,应当及时依法履行信息披露义务。"其第 2 款规定:"信息披露义务人披露的信息,应当真实、准确、完整,简明清晰,通俗易懂,不得有虚假记载、误导性陈述或者重大遗漏。"其第 3 款规定:"证券同时在境内境外公开发行、交易的,其信息披露义务人在境外披露的信息,应当在境内同时披露。"该规定所确立的信息披露的基本要求可概括为:真实性、准确性、完整性。《证券法》第 80 条第 1 款规定:"发生可能对上市公司、股票在国务院批准的其他全国性证券交易场所交易的公司的股票交易价格产生较大影响的重大事件,投资者尚未得知时,公司应当立即将有关该重大事件的情况向国务院证券监督管理机构和证券交易场所报送临时报告,并予公告,说明事件的起因、目前的状态和可能产生的法律后果。"该规定可概括为信息披露及时性的要求。综上,信息披露的基本要求为:真实性、准确性、完整性与及时

---

〔7〕 参见曹荣湘主编:《强制披露与证券立法》,中国社会科学文献出版社 2005 年版,第 81 页。

〔8〕 参见曹荣湘主编:《强制披露与证券立法》,中国社会科学文献出版社 2005 年版,第 161 ~ 163 页。

〔9〕 参见曾宛如:《证券交易法原理》(2006 年修订版),台北,元照出版有限公司 2006 年版,第 31 ~ 32 页。

〔10〕 参见齐斌:《证券市场信息披露法律监管》,法律出版社 2000 年版,第 22 页。

性。《上市公司信息披露管理办法》第 3 条第 1 款规定:"信息披露义务人应当及时依法履行信息披露义务,披露的信息应当真实、准确、完整,简明清晰、通俗易懂,不得有虚假记载、误导性陈述或者重大遗漏。"依此,简明清晰、通俗易懂成为信息披露的原则性要求。不过,该项要求实为推进公平披露原则的具体形式,尚不足以成为独立的信息披露基本要求。《上市公司信息披露管理办法》第 4 条规定:"上市公司的董事、监事、高级管理人员应当忠实、勤勉地履行职责,保证披露信息的真实、准确、完整,信息披露及时、公平。"依此,公平披露被确定为上市公司的董事、监事、高级管理人员信息披露的要求。不过,公平性与公正性一样,都属于证券法"公开、公平、公正"原则的基本要求,不宜与真实性等要求并列。

(一)真实性

信息披露的真实性是信息披露制度最根本、最重要的要求,它体现了信息披露制度的初衷——使投资者获得可资依赖的投资信息,可谓信息披露制度价值得以发挥的基本前提。

信息披露的真实性要求披露的信息必须具有客观性、一致性和规范性,不得作虚假陈述。无论通过何种渠道、借助何种方式,披露的信息应当是以客观事实或具有客观事实基础的判断和意见为基础的、未被扭曲或修饰的方式再现或反映的真实状况。为使披露的信息能够达到客观性与一致性要求,就必须采用为法律所确定或确认的披露方式,即实现信息披露的规范性。尤其是在进行预测性信息披露时,因作出预测的客观基础会发生变化,可能导致披露内容与事实间的较大差异,故特别需要严格遵循规范的披露方式。此外,由于披露者主观认知的局限性以及语言固有的不精确性,真实性要求往往不易得到完全满足。因此,为实现信息披露的真实性,各国相继建立了强制性的信息披露制度。这具体表现为证券监管机构对证券发行申报材料的审核制度以及信息披露不实的法律责任制度。

(二)准确性

信息披露的准确性要求信息披露人在进行信息披露时,必须采用精确的表述方式以确切表明其含义,不得有误导性陈述。误导性陈述通常有两大基本特征:第一,多解性,即对披露的信息有多种合理的理解与解释;第二,非显见性,即披露的信息在内容上的不准确并非显而易见。

为确保信息披露的准确性,应具体遵循以下准则:(1)在对公开披露信息的准确性理解与解释上应当以一般投资者的判断能力为标准;(2)公开披露的信息应具有易解性;(3)披露文件应当使用事实描述性语言,保证其内容简明扼要、通俗易懂,突出事件实质,不得含有任何宣传、广告、恭维或者诋毁等性质的词句;(4)保持正式信息和非正式信息之间的一致性;(5)财务计算的方式、依据应保持统一,不得随意改动。[11]

(三)完整性

信息披露的完整性要求所有可能影响投资者决策的信息均应得到披露,在披露某一具体信息时,必须对其所有方面进行全面、充分的揭示,不得有所侧重、故意隐瞒或有重大遗漏。但法律、法规予以保护并允许不予披露的商业秘密、证券监管机构在调查违法行为过程中获得的非公开信息及依法可以不披露的其他信息除外。

在完整信息披露制度下,具体的制度设计中仍为证券发行人规定了一定的保留空间。这

---

〔11〕 参见郭俊秀、蒋进:《证券法》,厦门大学出版社 2004 年版,第 67 页。

在上市公司中表现得尤为明显。这种保留有两种措施:一是不予披露;二是保密性披露。

信息披露的完整性要求公开披露的信息易为一般公众投资者所获取,即公开披露的信息应具有易得性。信息披露人应将披露的信息通过证监会指定的媒体及相关机构的网站予以披露,或将招股说明书、上市公告书等文件备置于证券监管机构、证券交易所、证券公司等指定场所供公众阅览。

(四)及时性

信息披露的及时性要求义务人必须在合理的时间内尽可能迅速地披露其应公开的信息,不得有迟延。公司应当保证所有披露信息的最新状态,不应给公众过时陈旧的信息。可见,信息披露的及时性要求赋予的是持续性义务,即从公开发行到上市的持续经营活动期间,向投资者披露的应当始终是最新的、及时的信息。各国法律对信息产生与公开之间的时间差都有规定,要求每种时间差不能超过法定期限。该原则的意义在于市场行情据最新信息作出及时调整,投资者也可以及时作出理性的选择,并且通过缩短时间差可以减少内幕交易的可能性。

法律确定了具体的规范来实现信息披露的及时性要求,主要体现为:对于定期披露的报告,必须在法律规定的期限内制作并公布;对于临时发生且不可预见的重大事件,法律规定应当立即披露,并在规定时间内编制书面报告向证券监管机构及证券交易所报告;当公司已经披露在外的信息由于客观因素不再具有真实性、准确性、完整性的时候,法律规定公司有义务及时发布相关信息修改、更正或者澄清这些信息。[12]

三、持续信息披露的含义

持续信息披露,又称继续信息公开、持续信息公开,是指在证券进入证券交易所上市交易之后,证券发行人及法律、行政法规和国务院证券监督管理机构规定的其他信息披露义务人依法向社会投资者披露对投资者投资决策有重大影响的信息。其信息披露义务人为上市证券发行人,即上市公司或公司债券上市交易的公司。现代各国普遍确立了持续信息披露制度,我国《证券法》也对此作了明确规定。

持续信息披露是发行信息披露的继续,两者相互联系又相互独立。从时间上看,持续信息披露是发行信息披露的继续,是在证券发行完成之后进入证券交易阶段的义务。此外,发行信息披露与持续信息披露同样作为信息披露基本方式,均须遵循信息披露的基本要求。

我国《证券法》明确规定了定期报告、中期报告、临时报告等持续信息披露形式。中国证监会发布的系列《公开发行证券的公司信息披露内容与格式准则》与我国两大证券交易所的“股票上市规则”也均将定期报告细化为年度报告、半年度报告(中期报告)和季度报告,此外还规定了临时报告及“持续披露有关重大事件的进展情况”的信息披露义务。本节下文亦依此分别阐述。

四、持续信息披露的方式

(一)定期报告

定期报告是上市公司和公司债券上市交易的公司在法定期限内制作并公告的公司文件。

---

〔12〕 参见齐斌:《证券市场信息披露法律监管》,法律出版社2000年版,第118~119页。

其中,年度报告与中期报告统一适用于上市公司和公司债券上市交易的公司,季度报告则仅适用于上市公司。定期报告的编制应具有连续性,即前次定期报告应与本次定期报告之间存在合理连续,使之具有可比性。如上一年度报告的期末数应与本次年度报告的期初数一致,并应就当年年初数与年末数间的差异作出解释和说明。[13]

1. 年度报告

依《证券法》第 79 条之规定,上市公司、公司债券上市交易的公司、股票在国务院批准的其他全国性证券交易场所交易的公司,应当按照国务院证券监督管理机构和证券交易场所规定的内容和格式编制定期报告,并在每一会计年度结束之日起 4 个月内,报送并公告年度报告,其中的年度财务会计报告应当经符合《证券法》规定的会计师事务所审计。

中国证监会《公开发行证券的公司信息披露内容与格式准则第 2 号——年度报告的内容与格式》(2017 年修订)对年度报告的内容与格式作了详细规定。

2. 中期报告

依《证券法》第 79 条之规定,上市公司、公司债券上市交易的公司、股票在国务院批准的其他全国性证券交易场所交易的公司,应当按照国务院证券监督管理机构和证券交易场所规定的内容和格式编制定期报告,并在每一会计年度的上半年结束之日起 2 个月内,报送并公告中期报告。证监会《公开发行证券的公司信息披露内容与格式准则第 3 号——半年度报告的内容与格式》(2017 年修订)对半年度报告的内容与格式作了详细规定。

3. 季度报告

季度报告,又称简式中期报告,是在每个会计年度的前 3 个月、9 个月结束后,由上市公司依法制作并提交的,反映公司季度基本经营状况、财务状况等重大信息的文件。季度报告也是中期报告的重要形式。

我国《证券法》和 2021 年修订的《上市公司信息披露管理办法》均未对季度报告作规定。不过,2007 年《上市公司信息披露管理办法》对季度报告内容作了原则性规定,证监会《公开发行证券的公司信息披露编报规则第 13 号——季度报告内容与格式》(2016 年修订)对季度报告的内容与格式作了详细规定。2021 年第一季度报告的编制和披露继续适用 2007 年《上市公司信息披露管理办法》和《公开发行证券的公司信息披露编报规则第 13 号——季度报告内容与格式》(2016 年修订)。但鉴于《公开发行证券的公司信息披露编报规则第 13 号——季度报告内容与格式》(2016 年修订)已被废止,后续上市公司季度报告的内容与格式的规范由沪深证券交易所业务规则层面安排。

(二)临时报告

临时报告,又称重大事件临时报告,是指上市公司、股票在国务院批准的其他全国性证券交易场所交易的公司就发生的可能对上市公司股票交易价格产生较大影响的重大事件,投资者尚未得知时,为说明事件的起因、目前的状态和可能产生的法律后果而出具的临时报告。我国《证券法》第 80 条第 2 款将该“重大事件”明确界定为以下 12 种类型:(1)公司的经营方针和经营范围的重大变化;(2)公司的重大投资行为,公司在 1 年内购买、出售重大资产超过公司资产总额 30%,或者公司营业用主要资产的抵押、质押、出售或者报废一次超过该资产的 30%;

---

[13] 参见叶林:《证券法》(第三版),中国人民大学出版社 2008 年版,第 274 页。

(3)公司订立重要合同、提供重大担保或者从事关联交易,可能对公司的资产、负债、权益和经营成果产生重要影响;(4)公司发生重大债务和未能清偿到期重大债务的违约情况;(5)公司发生重大亏损或者重大损失;(6)公司生产经营的外部条件发生的重大变化;(7)公司的董事、1/3以上监事或者经理发生变动,董事长或者经理无法履行职责;(8)持有公司5%以上股份的股东或者实际控制人持有股份或者控制公司的情况发生较大变化,公司的实际控制人及其控制的其他企业从事与公司相同或者相似业务的情况发生较大变化;(9)公司分配股利、增资的计划,公司股权结构的重要变化,公司减资、合并、分立、解散及申请破产的决定,或者依法进入破产程序、被责令关闭;(10)涉及公司的重大诉讼、仲裁,股东大会、董事会决议被依法撤销或者宣告无效;(11)公司涉嫌犯罪被依法立案调查,公司的控股股东、实际控制人、董事、监事、高级管理人员涉嫌犯罪被依法采取强制措施;(12)国务院证券监督管理机构规定的其他事项。

根据《上市公司信息披露管理办法》第22条第2款的规定,除《证券法》第80条第2款规定的情形外,重大事件还包括以下情形:(1)公司发生大额赔偿责任;(2)公司计提大额资产减值准备;(3)公司出现股东权益为负值;(4)公司主要债务人出现资不抵债或者进入破产程序,公司对相应债权未提取足额坏账准备;(5)新公布的法律、行政法规、规章、行业政策可能对公司产生重大影响;(6)公司开展股权激励、回购股份、重大资产重组、资产分拆上市或者挂牌;(7)法院裁决禁止控股股东转让其所持股份;任一股东所持公司百分之五以上股份被质押、冻结、司法拍卖、托管、设定信托或者被依法限制表决权等,或者出现被强制过户风险;(8)主要资产被查封、扣押或者冻结;主要银行账户被冻结;(9)上市公司预计经营业绩发生亏损或者发生大幅变动;(10)主要或者全部业务陷入停顿;(11)获得对当期损益产生重大影响的额外收益,可能对公司的资产、负债、权益或者经营成果产生重要影响;(12)聘任或者解聘为公司审计的会计师事务所;(13)会计政策、会计估计重大自主变更;(14)因前期已披露的信息存在差错、未按规定披露或者虚假记载,被有关机关责令改正或者经董事会决定进行更正;(15)公司或者其控股股东、实际控制人、董事、监事、高级管理人员受到刑事处罚,涉嫌违法违规被中国证监会立案调查或者受到中国证监会行政处罚,或者受到其他有权机关重大行政处罚;(16)公司的控股股东、实际控制人、董事、监事、高级管理人员涉嫌严重违纪违法或者职务犯罪被纪检监察机关采取留置措施且影响其履行职责;(17)除董事长或者经理外的公司其他董事、监事、高级管理人员因身体、工作安排等原因无法正常履行职责达到或者预计达到3个月以上,或者因涉嫌违法违规被有权机关采取强制措施且影响其履行职责;(18)中国证监会规定的其他事项。

思考题

1. 简述证券做市交易制度的含义。
2. 试析证券转让期限的限制。
3. 试析禁止持有和买卖股票的行为类型。
4. 简述特定证券服务机构和人员买卖股票的限制。
5. 简述短线交易归入权制度的基本内容。
6. 简述信息披露的基本要求。

第十八章　上市公司收购制度

导读

- 上市公司收购作为一种基本的资本运作方式在许多国家都得到了较为普遍的运用，并有较为完备的法律规范，但无论是大陆法系国家还是英美法系国家，都罕有在相关法律中就上市公司收购作出明确的法律界定。
- 各国证券法基本上都不对收购人主体类型作出特殊限制，因而在解释上，无论自然人或法人，无论是否为与目标公司有特定关系之人，如该公司之股东、董事、监事或经理人等，皆可为收购人。
- 各国证券法在界定上市公司收购（或公开收购）时并不涉及主观要素。我国证券法也仅从客观方面对收购人的持股比例予以规定。
- 按照不同标准，可对上市公司收购作不同分类，主要包括：要约收购、协议收购及其他合法方式的收购；部分收购与全面收购；自愿收购与强制收购；直接收购与间接收购；善意要约收购与敌意要约收购；现金收购、易券收购与混合收购。
- 要约收购，是指收购人通过向目标公司全体股东发出收购要约的方式就同类股票以相同价格购买部分或全部发行在外股票的收购。其核心为收购要约，法律也以收购要约为其规制中心。
- 各国证券立法基本上都以要约收购为其规制中心，很少涉及协议收购甚至根本不涉及协议收购制度。在我国，虽然协议收购一直是上市公司收购最基本的方式，但《证券法》关于协议收购的规定极为原则、抽象，《上市公司收购管理办法》也将其置于要约收购之后，使其回归到非主导性上市公司收购方式的地位。

第一节　上市公司收购概述

一、上市公司收购的概念

上市公司收购，是指收购人（投资者及其一致行动人）拥有权益的股份（包括登记在其名下的股份和虽未登记在其名下但该投资者可以实际支配表决权的股份）达到或者超过一个上市公司已发行股份的法定比例，导致其获得或可能获得以及巩固对该公司的实际控制权的行为。

上市公司收购作为一种基本的资本运作方式在许多国家都得到了较为普遍的运用，并有较为完备的法律规范，但无论是大陆法系国家还是英美法系国家，都罕有在相关法律中就上市公司收购作出明确的法律界定,大多是定下若干条标准,凡符合该标准者即纳入相关法律规范规制。之所以如此,固然有立法传统等方面的原因,但上市公司收购在内涵与外延上的不确定性,使极难对其予以准确定义,[1]当属原因之一。

2002年《上市公司收购管理办法》(已废止)第2条对上市公司收购作了明确的法律界定,从而使其成为一个具有明确定义的法定概念。该条规定:"本办法所称上市公司收购,是指收购人通过在证券交易所的股份转让活动持有一个上市公司的股份达到一定比例、通过证券交易所股份转让活动以外的其他合法途径控制一个上市公司的股份达到一定程度,导致其获得或者可能获得对该公司的实际控制权的行为。"该法律界定基本上采取了理论界的主流观点,但没有强调上市公司收购的主观目的性,而是强调"导致其获得或者可能获得对该公司的实际控制权"这一后果。依此,不管是否以取得目标公司的实际控制权为目的,只要事实上购买特定上市公司股份的行为达到足以"导致其获得或者可能获得对该公司的实际控制权"这一后果,即可纳入上市公司收购范畴。此外,该规定并未将"通过证券交易场所"作为上市公司收购的特征或要件。这样,一切通过"合法途径"实施的收购行为均可纳入上市公司收购范畴。

我国《证券法》第62条规定:"投资者可以采取要约收购、协议收购及其他合法方式收购上市公司。"依此,上市公司收购的具体方式并不局限于要约收购、协议收购。但关于"其他合法方式"的具体内涵,该法则未作明确规定。

2006年修订的《上市公司收购管理办法》删除了2002年版本第2条关于上市公司收购定义的规定。但通过相关具体规定,《上市公司收购管理办法》(2006年修订)仍为上市公司收购的内涵提供了较为明确的界定。该办法第5条第1款规定:"收购人可以通过取得股份的方式成为一个上市公司的控股股东,可以通过投资关系、协议、其他安排的途径成为一个上市公司的实际控制人,也可以同时采取上述方式和途径取得上市公司控制权。"《上市公司收购管理办法》(2020年修订)仍维持了该规定。依此,上市公司收购并不限于股份转让,依其他方式取得股份以及通过其他途径成为上市公司的实际控制人,均可认定为上市公司收购。由此,《证券法》未予明确规定的"其他合法方式"得以明确。显然,与2002年《上市公司收购管理办法》(已废止)第2条之界定相比,上市公司收购的内涵已发生了重大变化,使其内涵与外延均更加丰富。

二、上市公司收购的法律特征

(一)上市公司收购的主体

上市公司收购这一法律行为的当事人包括收购人与收购相对人(目标公司股东)。上市公司收购目标公司股东无特别限定,但依《公司法》《证券法》及相关规定,所持股份转让受到限制的股东,应排除于收购相对人的范畴。上市公司收购还涉及目标公司及其高级管理人员,法律也赋予其相应的权利与义务,但他们不是上市公司收购的主体。

在上市公司收购当事人中,证券法主要调整的是上市公司收购主体——收购人,包括投资者及其一致行动人。依《上市公司收购管理办法》(2020年修订)第83条之规定,在上市公司的收购及相关股份权益变动活动中有一致行动情形的投资者,互为一致行动人。如无相反证

---

[1] 参见何美欢:《公众公司及其股权证券》(中册),北京大学出版社1999年版,第777页。

据，投资者有下列情形之一的，为一致行动人：(1)投资者之间有股权控制关系；(2)投资者受同一主体控制；(3)投资者的董事、监事或者高级管理人员中的主要成员，同时在另一个投资者担任董事、监事或者高级管理人员；(4)投资者参股另一投资者，可以对参股公司的重大决策产生重大影响；(5)银行以外的其他法人、其他组织和自然人为投资者取得相关股份提供融资安排；(6)投资者之间存在合伙、合作、联营等其他经济利益关系；(7)持有投资者30%以上股份的自然人，与投资者持有同一上市公司股份；(8)在投资者任职的董事、监事及高级管理人员，与投资者持有同一上市公司股份；(9)持有投资者30%以上股份的自然人和在投资者任职的董事、监事及高级管理人员，其父母、配偶、子女及其配偶、配偶的父母、兄弟姐妹及其配偶、配偶的兄弟姐妹及其配偶等亲属，与投资者持有同一上市公司股份；(10)在上市公司任职的董事、监事、高级管理人员及其前项所述亲属同时持有本公司股份的，或者与其自己或者其前项所述亲属直接或者间接控制的企业同时持有本公司股份；(11)上市公司董事、监事、高级管理人员和员工与其所控制或者委托的法人或者其他组织持有本公司股份；(12)投资者之间具有其他关联关系。

《上市公司收购管理办法》(2020年修订)所称一致行动，是指投资者通过协议、其他安排，与其他投资者共同扩大其所能够支配的一个上市公司股份表决权数量的行为或者事实。一致行动人应当合并计算其所持有的股份。投资者计算其所持有的股份，应当包括登记在其名下的股份，也包括登记在其一致行动人名下的股份。投资者认为其与他人不应被视为一致行动人的，可以向中国证监会提供相反证据。

各国证券法基本上都不对收购人主体类型作出特殊限制，因而在解释上，无论自然人或法人，无论是否为与目标公司有特定关系之人，如该公司之股东、董事、监事或经理人等，皆可为收购人。[2] 我国《上市公司收购管理办法》(2020年修订)则对收购人的消极主体资格作了明确规定。该办法第6条规定："任何人不得利用上市公司的收购损害被收购公司及其股东的合法权益。有下列情形之一的，不得收购上市公司：(一)收购人负有数额较大债务，到期未清偿，且处于持续状态；(二)收购人最近3年有重大违法行为或者涉嫌有重大违法行为；(三)收购人最近3年有严重的证券市场失信行为；(四)收购人为自然人的，存在《公司法》第一百四十六条规定情形；(五)法律、行政法规规定以及中国证监会认定的不得收购上市公司的其他情形。"

(二)上市公司收购的客体

在2005年《证券法》颁布前，我国相关上市公司收购法律、法规及行政规章均直接或间接地将上市公司已发行股份作为上市公司收购的客体。绝大多数学者也是依此确定上市公司收购的客体。根据现行《证券法》及《上市公司收购管理办法》(2020年修订)的规定，上市公司收购的客体已不限于上市公司已发行股份，而且还包括通过股东投票权委托征集、股东投票权信托等非股份转让方式获得的投票权。2019年《证券法》明确将存托凭证作为有表决权股份的特殊形式，却未将其将确定为上市公司收购的客体。因此，依解释论视角，应将存托凭证视为上市公司股票，从而直接纳入上市公司收购的客体范畴。显然，鉴于2019年《证券法》已对证券形式作重大修改，《上市公司收购管理办法》后续进一步修订时，可考虑借鉴我国台湾地区相关规定，将上市公司收购的客体笼统规定为上市公司公开发行之证券(当然始终无表决权者除

---

〔2〕 参见林国全：《证券交易法研究》，中国政法大学出版社2002年版，第67页。

外)。就现阶段而言,应纳入上市公司收购客体的其他证券包括可转换公司债券与认股权证。但应注意的是,有表决权的股份之外的其他证券,不应作为判断构成上市公司收购的持股比例的依据,而仅作为其继续收购的对象加以规制。就此而言,可将有表决权之外的其他证券作为上市公司收购的特殊客体。

(三)上市公司收购的主观特征

一般来说,大量购买特定上市公司已发行股份达到一定比例的投资者大多系以获得该公司控制权为目的。因此,我国不少学者都曾将"以控制上市公司为目的"作为上市公司收购的主观特征。〔3〕但这种将投资者主观目的作为判定上市公司收购要素的做法并不可行。不管收购人的主观目的如何,随着上市公司收购行为的不断延伸,都将客观上导致取得或巩固目标公司控制权的后果。因此,对于有些不以获取上市公司控制权为目的的机构投资者来说,只要其购买特定上市公司已发行股票达到一定比例,为了保护其他股东的合法权益,法律都将确认其收购行为系上市公司收购,从而使其受到较为严格的上市公司收购的法律规制。〔4〕因此,各国证券法在界定上市公司收购(或公开收购)时并不涉及主观要素。我国证券法也仅从客观方面对收购人的持股比例予以规定。如今,我国理论界也大多改变了原以获取公司控制权为目的的观点,而认为收购人的主观存在多元性。

(四)上市公司收购的客观特征

投资者及其一致行动人拥有权益的股份比例,为适用上市公司收购程序的临界点。各国大多将该临界点规定为投资者及其一致行动人拥有权益的股份达到公司股份总额的5%,我国台湾地区则规定为10%。达到该临界点后,收购人须依法履行报告义务与公告义务。收购人持有拥有权益的股份达到公司股份总额的更高的法定比例(一般为30%)后,继续进行收购的,在确立了强制要约收购制度的国家,还应发出全面收购要约。不过,我国2005年《证券法》规定,可由收购人选择发出全面收购要约或部分收购要约。

(五)上市公司收购的场所

上市公司收购既包括对股票等证券的收购,也包括对表决权的征集或收购。其实现途径则既包括证券交易所的股份转让活动,也包括证券交易所股份转让活动以外的其他合法途径。因此,我国有些学者认为,上市公司收购必须借助证券交易所才能完成,〔5〕实际上是一种误解。依我国《证券法》第63条第1款之规定,上市公司收购既可"通过证券交易所的证券交易"实现,也可"通过协议、其他安排"实现。在日本与中国台湾地区相关规定中,为了突出公开收购不同于证券交易所的股份转让活动,还特别强调公开收购系发生于证券交易场所之外的收购行为。然而,就我国现状而言,证券监管机构并不允许在证券交易所之外的其他场所(如各地的产权交易所或产权交易中心)进行上市公司的股权转让,而一律要求通过证券交易所开展。2001年9月30日证监会发布的《关于加强对上市公司非流通股协议转让活动规范管理的通

---

〔3〕 参见赵万一主编:《证券法学》,中国法制出版社1999年版,第147页;叶林:《证券法》,中国人民大学出版社2000年版,第179页;范健主编:《商法》(第二版),高等教育出版社、北京大学出版社2002年版,第446页;赵旭东主编:《商法学教程》,中国政法大学出版社2004年版,第386页;郭俊秀、蒋进:《证券法》,厦门大学出版社2004年版,第79页。

〔4〕 参见王建文:《上市公司收购内涵解读》,载《甘肃政法学院学报》2005年第6期。

〔5〕 参见叶林:《证券法》(第三版),中国人民大学出版社2008年版,第330页。

知》中即明确规定:“经国务院批准设立的证券交易所,是上市公司股份转让的唯一合法场所。上市公司非流通股的协议转让,必须遵循上述法律规定,在证券交易所和证券登记结算公司的管理下,在有证券经纪业务资格和证券交易所会员资格的证券公司的参与下有序进行。需要采用公开征集方式确定协议转让价格和受让人的,由证券交易所和证券登记结算公司统一组织安排。”由深圳证券交易所、上海证券交易所和中国证券登记结算有限责任公司于2004年共同发布的《上市公司非流通股股份转让业务办理规则》,则明确将一切股份转让行为限定于证券交易所之内。该规则第2条规定:“上市公司股份转让必须在证券交易所进行,由深圳证券交易所、上海证券交易所(以下统一简称‘证券交易所’)和中国证券登记结算有限责任公司(以下简称‘结算公司’)集中统一办理。严禁进行场外非法股票交易活动。”这些规定表明,尽管从法律规范及法理上讲,上市公司收购并无特定场所要素,但我国目前的政策(基本上也限于政策)还要求上市公司收购必须通过证券交易所这一特定的股权转让场所。因此,从这种意义上讲或者就目前政策而言,上市公司收购仍然具有场所要素。〔6〕 当然,这种收购场所的限定是在不允许委托书收购等非证券收购的背景下规定的,而委托书收购等非证券收购也不可能通过证券交易所进行。

三、上市公司收购的分类

(一)要约收购、协议收购及其他合法方式的收购

按照收购方式的不同,可将上市公司收购分为要约收购、协议收购及其他合法方式的收购。这是我国《证券法》明确规定的上市公司收购分类。该法第62条规定:“投资者可以采取要约收购、协议收购及其他合法方式收购上市公司。”要约收购与协议收购的内涵将于下文详述,其他合法方式的收购则主要包括公开市场收购、委托书收购,其内涵也将于下文详述。

(二)部分收购与全面收购

按照收购人收购目标公司股份数量的不同,可将上市公司收购分为部分收购与全面收购。这是要约收购的基本法律分类。

部分收购,又称控股收购,是指收购人以确定的取得目标公司股份的最高数额或比例收购目标公司部分股份,以达到控股目标公司目的的收购方式。全面收购,又称全部收购,是指收购人以取得目标公司100%股份为目的的收购方式。部分收购和全面收购都要向目标公司的全体股东发出要约。在部分收购中,收购人计划收购的是占目标公司股份总数一定比例的股份,在受要约人承诺售出的股份数量超过收购人计划购买数量时,收购人对受要约人的应约股份必须按比例接纳。在全面收购中,收购人计划收购的是目标公司的全部股份。全面收购一般由收购人自主安排,但在确立了全面强制要约收购制度的国家或地区,持有目标公司股份达一定比例即有义务发出全面收购的要约。其内涵将于下文详述。

(三)自愿收购与强制收购

按照收购是否出于法律义务,或者更确切地说,依其是否受到法律强制因素的介入,可将上市公司收购分为自愿收购与强制收购。这也是要约收购的基本法律分类。

---

〔6〕 参见王建文:《上市公司收购内涵解读》,载《甘肃政法学院学报》2005年第6期。

自愿收购,是指收购人基于其自主意愿而进行的收购。强制收购,是指收购人持有目标公司一定数量或比例的股份时,法律要求收购人必须向该公司其余股东发出部分要约收购或全面要约收购。在未实行强制要约收购制度的国家或地区,可依自愿收购实施部分收购或全面收购。在实行强制要约收购制度的国家或地区,只要收购人持有上市公司股票的比例达到了一定程度(通常是30%或35%),就必须向全体股东发出部分收购或全面收购的要约。其内涵将于下文详述。

(四)直接收购与间接收购

按照收购人是否通过直接取得某上市公司股份而取得控制权,可将上市公司收购分为直接收购与间接收购。这既是上市公司的学理分类,也是我国《上市公司收购管理办法》(2020年修订)所明确规定的分类。

直接收购,是指收购人通过直接取得某上市公司股份达到法定比例的方式实施的收购方式。间接收购,是指收购人不直接取得上市公司的股份从而成为其股东,而是通过投资关系、协议、其他安排导致其拥有权益的股份达到或者超过一个上市公司已发行股份的法定比例的收购方式。我国《上市公司收购管理办法》(2020年修订)第五章对间接收购作了专门规定。

(五)善意收购与敌意收购

按照目标公司管理层与收购人合作与否,可将上市公司收购分为善意收购与敌意收购。这是上市公司收购学理上的分类。

善意收购,也称友好收购,是指目标公司管理层对收购采取合作态度,收购人与目标公司管理层往往就收购事项达成一致意见,或者在目标公司管理层不提出反对意见的前提下而进行的收购。在善意收购中,收购人与目标公司管理层往往会就收购条件、价格、付款方式等事项达成一致后再展开收购。在收购人采取要约收购情况下,目标公司管理层还会积极劝其股东接受要约,出售股票,因而这种收购方式的成功率较高。敌意收购,也称强迫接管,是指收购人在未与目标公司管理层协商或未达成共识,面临着目标公司管理层反对甚至采取反收购措施的情况下而进行的收购。发生敌意收购时,收购人为达到收购目的也会采取一些手段强迫目标公司就范。

(六)现金收购、易券收购与混合收购

按照上市公司收购的支付方式的不同,可将上市公司收购分为现金收购、易券收购与混合收购。这是上市公司收购学理上的分类。

现金收购是收购人以现金作为支付对价的收购。易券收购是收购人以有价证券作为支付对价的收购。混合收购是收购人以现金和有价证券作为支付对价的收购。我国1998年《证券法》仅仅确认了现金收购,现行《证券法》未对易券收购与混合收购作明确规定,但未排除该收购形式。《上市公司收购管理办法》(2020年修订)则确认了现金收购、易券收购与混合收购。该办法第36条第1款规定,收购人可以采用现金、证券、现金与证券相结合等合法方式支付收购上市公司的价款。收购人以证券支付收购价款的,应当提供该证券的发行人最近3年经审计的财务会计报告、证券估值报告,并配合被收购公司聘请的独立财务顾问的尽职调查工作。收购人以在证券交易所上市的债券支付收购价款的,该债券的可上市交易时间应当不少于1个月。收购人以未在证券交易所上市交易的证券支付收购价款的,必须同时提供现金方式供被收购公司的股东选择,并详细披露相关证券的保管、送达被收购公司股东的方式和程序安排。

四、持股预警披露制度

（一）持股预警披露制度的含义

持股预警披露制度，是指投资者及其一致行动人拥有权益的股份达到一个上市公司已发行股份的法定比例或达到此比例后，拥有权益的股份发生法定的增减变化时，必须依法将其拥有权益的股份予以披露并在继续收购时遵循“爬坡规则”的制度。

我国理论界所谓公开市场收购，即为持股预警披露制度的重要内容。在立法模式上，也极少有对公开市场收购作集中性规定的立法例，而是包含于信息披露制度之中。我国《证券法》及《上市公司收购管理办法》（2020 年修订）也是将其作为持股预警披露制度的组成部分。

（二）持股预警披露制度的基本内容

1. 持股预警披露的临界点

《证券法》第 63 条第 1 款规定：“通过证券交易所的证券交易，投资者持有或者通过协议、其他安排与他人共同持有一个上市公司已发行的有表决权股份达到百分之五时，应当在该事实发生之日起三日内，向国务院证券监督管理机构、证券交易所作出书面报告，通知该上市公司，并予公告，在上述期限内不得再行买卖该上市公司的股票，但国务院证券监督管理机构规定的情形除外。”《上市公司收购管理办法》（2020 年修订）第 13 条第 1 款作了基本相同的规定，但将“投资者持有或者通过协议、其他安排与他人共同持有一个上市公司已发行的股份”替换为“投资者及其一致行动人拥有权益的股份”，从而明确了持股比例的计算依据。该规定表明，我国证券法将持股预警披露的临界点确定为“拥有权益的股份达到一个上市公司已发行股份的 5%”。除通过证券交易所的证券交易（公开市场收购）使投资者“拥有权益的股份达到一个上市公司已发行股份的 5%”时需要履行持股预警披露义务外，依其他合法方式“拥有权益的股份达到一个上市公司已发行股份的 5%”的，同样应履行持股预警披露义务。

2. 持股预警披露制度的“爬坡规则”

“爬坡规则”，又称“慢走规则”，是指投资者及其一致行动人拥有权益的股份达到一个上市公司已发行股份的法定比例后，其拥有权益的股份占该上市公司已发行股份的比例每增加或者减少法定比例（一般为 5%）时，应依法履行报告和公告义务，并在法定期限内不得再行买卖该上市公司的股票。对此，《证券法》第 63 条第 2 款规定：“投资者持有或者通过协议、其他安排与他人共同持有一个上市公司已发行的有表决权股份达到百分之五后，其所持该上市公司已发行的有表决权股份比例每增加或者减少百分之五，应当依照前款规定进行报告和公告，在该事实发生之日起至公告后三日内，不得再行买卖该上市公司的股票，但国务院证券监督管理机构规定的情形除外。”同条第 3 款规定：“投资者持有或者通过协议、其他安排与他人共同持有一个上市公司已发行的有表决权股份达到百分之五后，其所持该上市公司已发行的有表决权股份比例每增加或者减少百分之一，应当在该事实发生的次日通知该上市公司，并予公告。”“爬坡规则”使投资者大量买卖上市公司股票的节奏受到限制，有利于使中小股东、其他投资者及上市公司本身作出相应反应，从而维护其权益。

3. 持股预警披露的程序与内容

（1）持股预警披露的程序。我国证券法对持股预警披露的程序作了明确规定。依《证券法》第 63 条第 1 款之规定，在发生应履行持股预警披露义务的情形时，投资者及其一致行动人应在该事实发生之日起 3 日内，向国务院证券监督管理机构、证券交易所作出书面报告，通知该上市公司,并予公告。

(2)持股预警披露的内容。我国《证券法》第 64 条对持股预警披露的内容作了较为简单的规定:"依照前条规定所作的公告,应当包括下列内容:(一)持股人的名称、住所;(二)持有的股票的名称、数额;(三)持股达到法定比例或者持股增减变化达到法定比例的日期、增持股份的资金来源;(四)在上市公司中拥有有表决权的股份变动的时间及方式。"

4. 违反持股预警披露制度的后果

尽管持股预警披露制度乃强制性规范,但因证券交易的特殊性导致违反持股预警披露制度增持股票的行为不能因此无效,故最现实可行的后果就是使其失去表决权。对此,我国《证券法》第 63 条第 4 款规定:"违反第一款、第二款规定买入上市公司有表决权的股份的,在买入后的三十六个月内,对该超过规定比例部分的股份不得行使表决权。"

实务问题

张某系具备完全民事行为能力的成年公民,1999 年与朋友一起开办公司,但因经营不善,公司欠下巨额债务。2000 年 4 月,张某所开办的公司因未依法申请年检,被工商行政管理机关吊销营业执照。因出资严重不实且低于法定注册资本最低比例,2003 年 3 月,某省法院终审判决张某等人对公司债权人承担连带清偿责任,负有数额高达 1.5 亿元的巨额债务。2005 年 3 月,张某通过向其父亲借款 1 亿元,在二级市场上增持某股份有限公司股票。该公司股权结构高度分散,在收购达到 16% 的时候,张某已经成为该股份有限公司的前 10 名股东之一。鉴于股价持续上涨,张某决定继续增持该股份有限公司股份,以便在合适的时候转手,以偿还其银行债务。问:张某是否具备上市公司收购的主体资格?其收购活动是否合法?

提示:(1)根据有关规定,张某个人负有数额较大的债务,到期不能清偿且呈现持续状态,且其公司曾经因违法而被吊销营业执照,自执照被吊销之日起未逾 3 年,不具备收购上市公司的主体资格。(2)根据上市公司收购信息披露的"爬坡规则",张某在持股首次达到 5%,以及其后每增持达 5% 的情况下,应当依法停止收购,履行信息披露义务。

第二节 要约收购制度

一、要约收购的概念

要约收购,是指收购人通过向目标公司全体股东发出收购要约的方式就同类股票以相同价格购买部分或全部发行在外股票的收购。其核心为收购要约,法律也以收购要约为其规制中心。收购要约,是指收购人向被收购公司股东公开发出的、愿意按照要约条件购买其所持有的被收购公司股份的意思表示。[7]

要约收购并无一个统一的概念,在不同国家或地区的规定中往往有不同的称谓,即使是在

〔7〕 参见 2002 年《上市公司收购管理办法》第 62 条第 1 款。该规定已被删除,但其定义仍有参照意义。

同一法系且同一语种的国家或地区也往往如此。关于要约收购的含义，英美等国既未在立法中作出定义，学理上也极少有人对其予以界定。日本、中国台湾地区及中国香港特区则在相关规定中作了界定。我国除台湾地区、香港特区之外的现行法律均未就要约收购作出明确的定义。

二、要约收购的具体规则

（一）收购要约的时间要求

由于要约收购往往会对证券市场产生较大影响，为了减少使内幕交易得以发生的时间空隙并避免证券市场产生波动，各国收购立法都要求收购要约的公布要"及时"。我国《证券法》第65条第1款规定："通过证券交易所的证券交易，投资者持有或者通过协议、其他安排与他人共同持有一个上市公司已发行的有表决权股份达到百分之三十时，继续进行收购的，应当依法向该上市公司所有股东发出收购上市公司全部或者部分股份的要约。"同条第2款规定："收购上市公司部分股份的要约应当约定，被收购公司股东承诺出售的股份数额超过预定收购的股份数额的，收购人按比例进行收购。"该规定未对收购要约的发出时间作明确规定，应视为要求及时发出。《上市公司收购管理办法》（2020年修订）第30条第1款规定："收购人按照本办法第四十七条拟收购上市公司股份超过30%，须改以要约方式进行收购的，收购人应当在达成收购协议或者做出类似安排后的3日内对要约收购报告书摘要作出提示性公告，并按照本办法第二十八条、第二十九条的规定履行公告义务，同时免于编制、公告上市公司收购报告书；依法应当取得批准的，应当在公告中特别提示本次要约须取得相关批准方可进行。"同条第2款规定："未取得批准的，收购人应当在收到通知之日起2个工作日内，公告取消收购计划，并通知被收购公司。"

（二）收购要约的有效期间

收购要约的有效期间，是指收购要约从生效之日起至要约规定的某个结束日止的一段期间。收购要约只要按法定的方式和程序发出，便对要约人发生拘束力，这对保护受要约人的权益，限制要约人的行为，以及稳定证券市场，都具有重要的意义。

关于收购要约的有效期到底应该有多长，各国规定不尽相同。多数国家和地区的收购立法都既规定收购要约有效期的下限，又规定收购要约有效期的上限。我国《证券法》第67条规定："收购要约约定的收购期限不得少于三十日，并不得超过六十日。"《上市公司收购管理办法》（2020年修订）对出现竞争要约时的收购要约的有效期间作了例外规定，但因《证券法》未作例外规定且未授权证监会作例外规定，故《上市公司收购管理办法》的例外规定应予停止适用。

（三）收购要约的价格与支付方式

我国《证券法》未对要约收购的价格与支付方式作具体规定。《上市公司收购管理办法》则对此作了较为详细的规定。收购人可以采用现金、证券、现金与证券相结合等合法方式支付收购上市公司的价款。收购人以证券支付收购价款的，应当提供该证券的发行人最近3年经审计的财务会计报告、证券估值报告，并配合被收购公司聘请的独立财务顾问的尽职调查工作。收购人以在证券交易所上市的债券支付收购价款的，该债券的可上市交易时间应当不少于1个月。收购人以未在证券交易所上市交易的证券支付收购价款的，必须同时提供现金方式供被收购公司的股东选择,并详细披露相关证券的保管、送达被收购公司股东的方式和程序安排。

不过,收购人为终止上市公司的上市地位而发出全面要约的,或者因不符合《上市公司收购管理办法》(2020 年修订)关于"免除发出要约"的规定而发出全面要约的,应当以现金支付收购价款;以证券支付收购价款的,应当同时提供现金方式供被收购公司股东选择。

(四)被收购公司董事会及董事的特别义务

我国《证券法》未对被收购公司董事会及董事的特别义务作明确规定,《上市公司收购管理办法》(2020 年修订)第 32 ~ 34 条则对此作了具体规定,其内容如下:

被收购公司董事会应当对收购人的主体资格、资信情况及收购意图进行调查,对要约条件进行分析,对股东是否接受要约提出建议,并聘请独立财务顾问提出专业意见。在收购人公告要约收购报告书后 20 日内,被收购公司董事会应当公告被收购公司董事会报告书与独立财务顾问的专业意见。

收购人对收购要约条件作出重大变更的,被收购公司董事会应当在 3 个工作日内提交董事会及独立财务顾问就要约条件的变更情况所出具的补充意见,并予以报告、公告。

收购人作出提示性公告后至要约收购完成前,被收购公司除继续从事正常的经营活动或者执行股东大会已经作出的决议外,未经股东大会批准,被收购公司董事会不得通过处置公司资产、对外投资、调整公司主要业务、担保、贷款等方式,对公司的资产、负债、权益或者经营成果造成重大影响。

在要约收购期间,被收购公司董事不得辞职。

(五)收购要约的变更与撤销

1. 收购要约的变更

收购要约的变更,是指收购要约生效后,要约人对要约条件进行修改的行为。收购要约一经公布即发生法律效力。从维护目标公司股东权益和贯彻股东平等原则出发,收购要约的变更则应该受到严格的限制。综观英国、美国、日本及中国香港特区等国家及地区的相关规定,收购要约的变更往往要受到时间、内容及程序上的限制。《证券法》第 68 条规定:"在收购要约确定的承诺期限内,收购人不得撤销其收购要约。收购人需要变更收购要约的,应当及时公告,载明具体变更事项,且不得存在下列情形:(一)降低收购价格;(二)减少预定收购股份数额;(三)缩短收购期限;(四)国务院证券监督管理机构规定的其他情形。"《上市公司收购管理办法》(2020 年修订)第 39 条第 3 款作了相同规定。

2. 收购要约的撤销

收购要约的撤销,是指收购要约生效后,受要约人作出承诺前,要约人欲使收购要约丧失法律效力而将其取消的行为。由于撤销已生效的收购要约往往会危及目标公司股东的利益,使其在证券市场上错失良机,并且很容易发生收购人以收购为名实施操纵证券市场的虚假收购行为从而给证券市场秩序造成冲击与损害,因而已生效的收购要约一般来说是严禁被撤销的。但各国家和地区的收购立法大多允许收购人在特定的情况下撤销要约。

前引我国《证券法》第 68 条规定:"在收购要约确定的承诺期限内,收购人不得撤销其收购要约。"《上市公司收购管理办法》(2020 年修订)第 37 条第 2 款也作了相同的规定。我们认为,收购要约的撤销应当坚持灵活性与原则性相结合的原则,规定特殊情况下可以撤销要约,但为加强监管，可要求只有报证券监管部门批准后才能实施。在立法上，还应当对可撤销要约的具体情况、时间、方式以及要约人应履行的公告义务等作明确规定，以便相关人员提供相应指导。

（六）收购要约的承诺

收购要约的承诺，是指受要约人同意以收购要约的全部条件向收购要约人卖出其所持有的股份的意思表示。依要约与承诺的一般法理，承诺应当在要约的有效期间内作出，在承诺到达要约人时生效。由于收购实践中受要约人是以向要约人或其代理人送交要约接纳书或直接交付股票的方式进行，一经承诺即时生效，因而不存在撤回的问题。为了切实保护目标公司股东的合法权益，各国收购立法中大多规定了特定情况下股东有撤销其承诺的权利。

我国《证券法》对收购要约的承诺撤销权未作规定。《上市公司收购管理办法》（2020 年修订）第 42 条第 2 款规定："前款所称预受，是指被收购公司股东同意接受要约的初步意思表示，在要约收购期限内不可撤回之前不构成承诺。在要约收购期限届满 3 个交易日前，预受股东可以委托证券公司办理撤回预受要约的手续，证券登记结算机构根据预受要约股东的撤回申请解除对预受要约股票的临时保管。在要约收购期限届满前 3 个交易日内，预受股东不得撤回其对要约的接受。在要约收购期限内，收购人应当每日在证券交易所网站上公告已预受收购要约的股份数量。"依此，我国法律为赋予受要约人在整个要约期内充分的自由决定权，规定了预受制度。显然，立法者是为了使目标公司股东能够在不承担任何法律责任的前提下自由解除其承诺的权利。从法律效果上讲，我国收购法规关于预受制度的规定实际上与其他国家关于收购要约承诺撤销权的规定毫无差异，因而从这个意义上讲，该规定尚属适当。不过，对目标公司股东给予承诺撤销权的特权即可，而不必创设出一个不够规范的"预受"制度。

（七）收购人要约收购外禁止买卖证券义务

要约收购外禁止买卖证券义务，是指收购人在公告其收购要约后，在预定要约期限内，不得以要约收购以外的形式买入或卖出目标公司的股票。

我国《证券法》第 70 条规定："采取要约收购方式的，收购人在收购期限内，不得卖出被收购公司的股票，也不得采取要约规定以外的形式和超出要约的条件买入被收购公司的股票。"该规定不仅就要约以外的股票买卖行为作了禁止，而且还就超出要约的条件的股票买入行为作了禁止。实际上，只要禁止了前者，也自然就禁止了后者。

（八）竞争要约规则

竞争要约，是指由另一收购人就同一目标公司发出的意在夺得目标公司控股权的收购要约。因其与原已存在的收购要约形成竞争之势，故称其为竞争要约。它往往导致原有要约的受约股东有权撤回其对原有要约的预受，亦有可能致使原有要约人变更或撤销其原有要约。竞争要约与原有要约的同时进行，其根本目的在于使目标公司股东接受对他们最为有利的要约。我国《上市公司收购管理办法》（2020 年修订）对存在竞争要约时原有要约的相应处置作了规定，但未对竞争要约的具体规则作出规定，应可解释为适用收购要约的一般规定。

（九）收购要约的履行

1. 按比例收购或购买预受的全部股份。对此，《证券法》第 65 条第 2 款规定："收购上市公司部分股份的要约应当约定，被收购公司股东承诺出售的股份数额超过预定收购的股份数额的，收购人按比例进行收购。"《上市公司收购管理办法》（2020 年修订）第 43 条第 1 款规定：

“收购期限届满,发出部分要约的收购人应当按照收购要约约定的条件购买被收购公司股东预受的股份,预受要约股份的数量超过预定收购数量时,收购人应当按照同等比例收购预受要约的股份;以终止被收购公司上市地位为目的的,收购人应当按照收购要约约定的条件购买被收购公司股东预受的全部股份;因不符合本办法第六章的规定而发出全面要约的收购人应当购买被收购公司股东预受的全部股份。”

2. 强制出售与强制收购。所谓强制出售,是指当要约期满,要约收购人持有的股票达到目标公司股票总数的绝对优势比例(一般为90%)时,其余目标公司股东有权以同等条件向收购要约人强制出售其股票。所谓强制收购,是指当收购人发出的收购要约为目标公司达到法定比例(一般为90%)的投票权股份的股东所接受时,收购人有权以要约同等条件购买余下不接受股东的股票。显然,强制出售与强制收购,实际上是一个问题的两个方面,均意在给予中小股东最后选择的权利,以此显示法律的公平,并保护中小持股者利益。对此,我国《证券法》第74条第1款规定:“收购期限届满,被收购公司股权分布不符合证券交易所规定的上市交易要求的,该上市公司的股票应当由证券交易所依法终止上市交易;其余仍持有被收购公司股票的股东,有权向收购人以收购要约的同等条件出售其股票,收购人应当收购。”《上市公司收购管理办法》(2020年修订)第44条对此作了类似规定。

3. 目标公司的变更。若目标公司为收购人全面收购成功时,其性质显然已不再具备上市公司的条件,必须依法“摘牌”,不仅会丧失上市公司资格,而且还因不具备股份有限公司条件而应依法变更企业形式。对此,我国《证券法》第74条第2款规定:“收购行为完成后,被收购公司不再具备股份有限公司条件的,应当依法变更企业形式。”

4. 收购人的股份转让限制。为防止收购假借要约收购实施操纵证券市场的行为,法律特地对收购人在收购完成后一定时间内的股份转让行为加以限制。对此,我国《证券法》第75条规定:“在上市公司收购中,收购人持有的被收购的上市公司的股票,在收购行为完成后的十八个月内不得转让。”

三、强制要约收购制度

(一)强制要约收购制度的发展与现状

强制要约收购制度源于英国。为了使少数股东免受新的控制股东的排挤,1948年公司法规定新的控股人在取得了公司90%的售股承诺时,必须将剩余的未受承诺股票全部买下来,即确立了强制收购与强制出售制度。1968年颁布的《英国城市法典》,特别规定了收购人的强制要约收购义务,即规定持有一个上市公司30%以上股权的股东必须向所有其余股东发出购买其余所有股票的强制性收购要约。《英国城市法典》所确立的强制要约收购制度对欧洲其他国家产生了极大的影响,随后法国、西班牙、比利时也都根据《英国城市法典》的精神建立了自己的强制要约收购制度。1990年发布的欧共体公司法第13号指令也对强制要约收购作了规定。这样,强制要约收购制度作为上市公司要约收购制度的一项重要内容,就在不少国家的要约收购立法中得到了体现。

我国的上市公司收购法律制度虽系综合借鉴英国、美国及我国香港特区制度的产物,但还是更多地受到了英国法与香港法的影响。在我国,从1993年颁布的《股票发行与交易管理暂行条例》开始就已确定了强制要约收购制度。2005年《证券法》与2002年《上市公司收购管理办法》也均确定了这一制度。不过,我国 2019 年《证券法》与《上市公司收购管理办法》(2020 年修订)对全面强制要约收购制度作了重大修订。根据 2019 年《证券法》第 65 条第 1 款的规定,收购人拥有权益的股份达到强制要约收购触发点且继续收购的,收购人应发出收购上市公司全部或者部分股份的要约。根据《证券法》第 73 条第 1 款的规定,采取协议收购方式的,收购人收购或者通过协议、其他安排与他人共同收购一个上市公司已发行的有表决权股份达到 30% 时,继续进行收购的,应当依法向该上市公司所有股东发出收购上市公司全部或者部分股份的要约,但按照国务院证券监督管理机构的规定免除发出要约的除外。显然,2019 年《证券法》废除了全面强制要约收购制度,即便达到强制要约收购触发点,仍可自由选择发出全面要约或部分要约。

应当承认,尽管强制要约收购制度因其特殊的制度价值,为不少国家所采纳,但强制要约收购立法确实尚未形成一种国际性的证券立法潮流,大多数国家都没有采纳该制度。[8] 德国、荷兰、澳大利亚、韩国等国都没有规定强制要约收购制度。不过,日本在 2006 年将《证券交易法》修改为《金融商品交易法》(2007 年 9 月 30 日起实施)时,引入了强制要约收购制度。

(二)强制要约收购制度的基本内容与适用

由于各国在市场结构、股权分布以及证券市场收购活动的实际情况等方面各不相同,以及各国政府在证券市场的监管政策上的差异,对于强制要约收购触发点以及收购要约的具体内容和要求,各国的规定并不相同。一般来说,如果股权较分散,公众持股比例较高,证券市场发达,标准就会比较低,反之亦然。我国《证券法》及《上市公司收购管理办法》规定强制要约收购触发点为 30%。

对收购人课以强制要约收购义务的前提是收购人取得对目标公司的控制权,因而计算触发点比例时的股份应该是目标公司具有表决权的股份。对此,《欧盟要约收购指令》规定强制要约收购义务不适用于在普通股东大会上取得的无表决权的股票。[9] 我国《上市公司收购管理办法》(2020 年修订)对此未予规定,但依 2019 年《证券法》第 65 条、第 73 条之规定,计算触发点比例时的股份限定于目标公司已发行的有表决权股份。

由于强制要约收购制度同时也构成了上市公司收购的一大约束性障碍,而上市公司收购又是具有重要经济价值的市场行为,因而为推动经济发展尤其是通过上市公司收购行为促进资源优化配置及经济结构的优化与调整,各国法律与政策都不希望强制要约收购制度成为实现这一经济目标的制度性障碍。基于此,各立法例在规定强制要约收购制度的同时,还设立了多项豁免条款,使具有特定豁免条件的上市公司收购不致因强制要约收购义务的存在而难以进行。我国《证券法》对强制要约收购义务的豁免作了规定,但未明确规定何种条件下或范围内收购人强制要约收购义务可得到豁免,而豁免的程序也缺乏相关规定,容易导致“暗箱操作”,损害中小股东权益。为此,《上市公司收购管理办法》(2020 年修订)第六章就“免除发出要约”作了非常详细的规定,其内容包括:(1)要约收购豁免申请的一般规定;(2)要约收购豁免申请的简易程序;(3)要约收购豁免的适用。

---

〔8〕 参见张冰:《我国证券法中的上市公司要约收购制度探析》,载徐学鹿主编:《商法研究》(第四辑),人民法院出版社 2001 年版,第 311 页。

〔9〕 参见马其家:《欧盟证券强制要约收购规则及其启示》,载《河北法学》2008 年第 1 期。

我国上市公司强制要约收购制度演进呈现不断降低制度刚性的状态,从创造性地进行强制要约收购义务的豁免,到降低要约收购的定价标准,再到允许以依法可以转让的证券作为支付手段,最终将全面强制要约收购制度调整为全面要约收购与部分要约收购自由选择的制度模式。由此,我国强制要约收购制度的义务已大幅降低,收购方的风险和可能支付的财务成本也随之大幅降低,体现了鼓励收购、追求效率的理念。[10]

第三节 协议收购制度

一、协议收购概述

协议收购,是指收购人不通过证券市场集中交易系统,而直接同目标公司股东达成股份转让协议的方式,从目标公司股东处取得上市公司股份的行为。

各个国家或地区证券相关规定基本上都以要约收购为其规制中心,很少涉及协议收购甚至根本不涉及协议收购制度。有些国家或地区虽允许通过私下协商收购股份有限公司股份,但仍限定上市公司必须在证券集中交易市场完成股份转让,从而禁止协议收购。例如,依我国台湾地区"证券交易法"第150条之规定,私人间直接转让上市证券仅限于不超过一个成交单位(如股票的1000股)。不过,美国、英国、澳大利亚、意大利等少数证券市场完备、监管措施完备的国家还是承认在要约收购及公开市场收购等上市公司收购形式之外,股东之间通过私人间协议的方式实现股权甚至控制权的转让,也就是说允许协议收购的存在。[11] 但这一股权转让方式往往只是作为一种例外情形或者辅助手段而存在。

在我国,长期以来,协议收购一直是上市公司收购最基本的方式。在经历了长期实践运作之后,1998年《证券法》第一次对协议收购作了明确规定,使协议收购方式有了明确的法律依据,为此后的上市公司收购提供了更多的操作工具,开辟了更大的制度空间。现行《证券法》也对协议收购作了明确规定,但内容极为抽象。

2002年《上市公司收购管理办法》对协议收购作了较为详细的规定,并且在顺序上被置于要约收购制度之前,体现了立法者对协议收购制度的重视。经2006年、2014年、2020年修订的《上市公司收购管理办法》也对协议收购作了详细规定,但将其置于要约收购之后,使其回归到非主导性上市公司收购方式的地位。

二、协议收购的具体规则

(一)协议收购的基本程序

根据我国《证券法》、《上市公司收购管理办法》(2020年修订)的相关规定,上市公司协议收购应按以下基本程序进行:

1. 目标公司特定大股东作出转让股份的决定,有的还需要特定主管部门的批准。对此,

---

〔10〕 参见蔡伟:《强制要约收购制度的再审视——效率视角下的实证分析》,载《中外法学》2013年第4期。

〔11〕 参见郭棋湧:《证券投资法律须知》,台北,永然文化出版社股份有限公司1990年版,第14~15页。

《上市公司收购管理办法》第4条第2款规定："上市公司的收购及相关股份权益变动活动涉及国家产业政策、行业准入、国有股份转让等事项，需要取得国家相关部门批准的，应当在取得批准后进行。"同条第3款规定："外国投资者进行上市公司的收购及相关股份权益变动活动的，应当取得国家相关部门的批准，适用中国法律，服从中国的司法、仲裁管辖。"这些规定系对上市公司收购的统一规定，当然也适用于协议收购。

2. 委托证券登记结算机构临时保管拟转让的股票，并将用于支付的现金存放于证券登记结算机构指定的银行。对此，《证券法》第72条规定："采取协议收购方式的，协议双方可以临时委托证券登记结算机构保管协议转让的股票，并将资金存放于指定的银行。"但该条采用了"可以"一词，使这种实践中属于强制性要求的规定并不具有强制性法律效力，从而使法律规定与制度实践产生冲突。《上市公司收购管理办法》(2020年修订)第54条作了类似规定。不过，依《上市公司收购管理办法》(2020年修订)第55条第1款之规定，当事人必须凭全部转让款项存放于双方认可的银行账户的证明，才能向证券登记结算机构申请解除拟协议转让股票的临时保管，并办理过户登记手续。由此可见，将用于支付的现金存放于证券登记结算机构指定的银行，仍为协议收购的强制性要求。

3. 协议收购双方签订股份转让协议。这是协议收购中最基本的环节，协议收购的基本内容都要在此环节中确定。对此，《证券法》第71条第1款规定："采取协议收购方式的，收购人可以依照法律、行政法规的规定同被收购公司的股东以协议方式进行股份转让。"

4. 收购人公告上市公司收购报告书，履行收购协议，办理股份转让过户手续。以协议方式收购上市公司时，达成协议后，收购人必须在3日内将该收购协议向国务院证券监督管理机构及证券交易所作出书面报告，并予公告。在公告前不得履行收购协议。[12] 收购报告书公告后，相关当事人应当按照证券交易所和证券登记结算机构的业务规则，在证券交易所就本次股份转让予以确认后，凭全部转让款项存放于双方认可的银行账户的证明，向证券登记结算机构申请解除拟协议转让股票的临时保管，并办理过户登记手续。

5. 收购人提交收购完成情况的报告，并予以公告。对此，《证券法》第76条第2款条明确规定："收购行为完成后，收购人应当在十五日内将收购情况报告国务院证券监督管理机构和证券交易所，并予公告。"至此，协议收购就宣告完成。

(二)协议收购信息披露制度

协议收购虽系私人间的协议安排，无须在实施收购前进行公开的信息披露，但仍需履行一定的信息披露义务。与要约收购不同，协议收购的信息披露主要为向证券监管机构的报告义务，只是在实施收购之后才将收购报告书予以公告，并在收购结束后将收购完成情况予以报告和公告。《上市公司收购管理办法》(2020年修订)对收购人免除发出要约的信息披露规则作了详细规定。

(三)对收购人的特别限制

1. 股份转让限制。《证券法》第75条规定："在上市公司收购中，收购人持有的被收购的上市公司的股票，在收购行为完成后的十八个月内不得转让。"该限制不仅存在于协议收购，而且是一项普遍规则。通过对收购人股份转让的限制，有利于防止收购人利用上市公司收购套取

---

〔12〕 参见我国《证券法》第71条第2、3款。

非法利益。

2. 改选董事会的限制。依《上市公司收购管理办法》(2020 年修订)第 52 条之规定,以协议方式进行上市公司收购的,自签订收购协议起至相关股份完成过户的期间为上市公司收购过渡期。在该过渡期内,收购人不得通过控股股东提议改选上市公司董事会,确有充分理由改选董事会的,来自收购人的董事不得超过董事会成员的 1/3。这种限制收购人改选董事会的规定,也是为了维护上市公司的利益,防止收购人通过上市公司收购并改选董事会侵害上市公司及中小股东的权益。

思考题

1. 简述上市公司收购的法律特征。
2. 简述上市公司收购的分类。
3. 简述持股预警披露制度。
4. 简述要约收购的具体规则。
5. 简述强制要约收购制度的含义与价值。
6. 简述协议收购的具体规则。

第十九章　证券中介服务机构

导读

- 各国均对证券交易所的设立予以管制，其设立必须符合法定条件。会员制与公司制证券交易所的组织机构不尽相同。
- 证券交易所作为主要的自律监管机构，拥有广泛的自律监管职权，包括对证券交易的监管、对证券公司的监管、对上市公司的监管等内容。为有效行使监管职权，证券法还赋予其业务规则制定权。
- 由于各国证券制度各异，证券市场的发育程度不同，因而各国证券商的具体组织形式不尽相同。证券公司作为从事证券业务的特殊商主体，其业务范围仍受法律的严格限制，具体业务范围须经证券监管机构核准。我国《证券法》以证券公司经纪业务规则为中心，对证券公司的主要业务规则作了框架性规定。
- 在多数国家和地区，证券登记、存管及清算职能分别由不同机构担任，因而应对证券登记结算机构的设立模式分别考察。无论证券登记机制采用分散模式还是集中模式，各国证券市场都普遍实行证券集中存管机制，并且证券存管机构都兼具证券清算机构职能。
- 证券投资咨询机构、财务顾问机构、资信评级机构必须遵循法定业务规则，其从事证券服务业务的人员应具备法定从业资质。

第一节　证券交易所

一、证券交易所概述

（一）证券交易所的概念

证券交易所是为证券集中交易提供场所和设施，组织和监督证券交易，实行自律管理的法人。[1] 我国现行《证券法》将证券交易所的性质明确规定为“法人”，1998 年《证券法》则将其规定为“以营利为目的的法人”。这一修订使证券交易所不必限定于传统的非营利法人，从而为证券交易所采取公司制等非互助化改制预留了必要的制度空间。

证券交易所既属于证券自律监管机构，又属于为证券交易提供中介服务的广义上的证券

〔1〕 参见《证券法》第 96 条第 1 款。

中介机构。从证券交易所公司化的发展趋势来看,其中介机构的色彩日益加强。

(二)证券交易所的基本类型

证券交易所一般被分为会员制与公司制两种类型。其划分主要标准为交易所的出资者构成与治理结构。

会员制证券交易所,是指出资者、使用人与控制人均会员的非营利性社团法人的证券交易所。传统意义上的证券交易所基本上都采取的是会员制,如今会员制证券交易所仍占主导地位。会员制证券交易所属于商业互助组织。但我国实行的会员制证券交易所不同于西方国家,它不是由会员自愿出资设立,且实行由中国证监会直接管理的体制。因此,严格来说,我国证券交易所并非一般意义上的会员制证券交易所。

公司制证券交易所,是指由股东出资设立,以营利为目的,由分散股东控制的采取公司组织形式的证券交易所。公司制证券交易所允许客户之外的市场参与者和非市场参与者对企业有投票权,也允许非会员成为其客户。公司制证券交易所主要是在证券交易所非互助化改制过程中产生的,如今世界主要证券交易所大多已实现了公司化改制。不过,也有不少国家和地区在证券交易所设立时,就直接采取公司制的组织形式。

(三)证券交易所公司化(非互助化)

1993 年,瑞典斯德哥尔摩证券交易所由会员制改制为公司制,开启了证券交易所公司化改制的先河。此后,各大证券交易所纷纷放弃传统的互助组织形式,转而改组为公司制,并迅速成为一股势不可当的浪潮。1998 年,澳大利亚证券交易所改制为公司制交易所并在本交易所上市,成为全球第一家公司制上市证券交易所。在此后不到 3 年的时间内,新加坡(1999 年)、香港(2000 年)、伦敦(2000 年改制,2001 年上市)、巴黎(2000 年)、德国(2001 年)等亚太和欧洲区内主要的交易所先后在自己的交易所公开上市。一直处于是否公司化改制争论中的纽约证券交易所,也终于在 2006 年 3 月 8 日,结束了其长达 214 年的非营利组织属性,转变为公开交易公司,并在自己的证券交易所上市。[2] 在与泛欧证券交易所(Euronext N. V.)合并后,新组建的纽交所——泛欧证交所(NYSE Euronext)也于 2007 年 4 月 4 日分别在纽约与巴黎上市。

公司制改革带来的最突出变化是,证券交易所改变了会员制下仅仅是会员利益延伸的传统定位,彻底摆脱了会员利益对证券交易所发展的制约,获得了服务于股东利益的独立地位,表现出更加积极进取的发展趋势,在技术投资、产品创新、市场营销等各个方面都得到了印证。[3]

二、证券交易所的设立和解散

(一)证券交易所的设立条件

各国均对证券交易所的设立予以管制,其设立必须符合法定条件。依我国证券法及境外立法例的相关规定,设立证券交易所,一般应符合下列条件:(1)有自己的名称。证券交易所的名称,必须标明"证券交易所"字样。对此,我国《证券法》第 100 条规定:"证券交易所必须在其

---

〔2〕 参见曾宛如:《证券交易法原理》(2006 年修订版),台北,元照出版有限公司 2006 年版,第 276 页。

〔3〕 参见杨大楷、刘伟:《论我国证券交易所的公司化战略》,载《财经研究》2003 年第 11 期。

名称中标明证券交易所字样。其他任何单位或者个人不得使用证券交易所或者近似的名称。”(2)有自己的章程。证券交易所作为法人组织，自应有其独立章程。(3)有一定数量的会员或资本金。各国证券法大多不对此作明确规定，而适应相关规定。我国证券法亦然。(4)有自己的组织机构。我国《证券法》第102条规定，实行会员制的证券交易所设理事会、监事会；证券交易所设总经理一人，由国务院证券监督管理机构任免。《证券交易所管理办法》(2020年修订)则规定，证券交易所设会员大会、理事会和专门委员会。

(二)证券交易所的设立程序

我国证券法对证券交易所的设立程序仅作了原则性规定。对此，《证券法》第96条第2款规定：“证券交易所、国务院批准的其他全国性证券交易场所的设立、变更和解散由国务院决定。”《证券交易所管理办法》(2001年修订)原本对此有具体规定，但2017年修订时删除了该规定。

(三)证券交易所的章程

证券交易所作为拥有自律监管权的特殊组织体，应制定较为完备的章程。对此，我国《证券法》第99条第2款规定：“设立证券交易所必须制定章程。证券交易所章程的制定和修改，必须经国务院证券监督管理机构批准。”《证券交易所管理办法》(2001年修订)第8条对证券交易所章程应当包括的11项内容作了明确规定，但2017年修订时删除了该规定。

(四)证券交易所的解散

《证券法》第96条第2款原则性地规定了证券交易所、国务院批准的其他全国性证券交易场所的解散由国务院决定，而未规定具体解散事由。《证券交易所管理办法》(2020年修订)对此未作规定。

三、证券交易所的组织机构

会员制与公司制证券交易所的组织机构不尽相同，我国台湾地区“证券交易法”则分别对此作了不同规定。本书仅依我国证券法关于会员制证券交易所组织机构的相关规定加以阐述。

(一)会员大会

我国《证券法》第105条规定：“进入实行会员制的证券交易所参与集中交易的，必须是证券交易所的会员。证券交易所不得允许非会员直接参与股票的集中交易。”该法未对会员资格作明确规定，但依该法第106～108条之规定，会员实际上被限定为证券公司。《证券交易所管理办法》(2020年修订)第50条第1款规定：“证券交易所接纳的会员应当是经批准设立并具有法人地位的境内证券经营机构。”该办法第50条第2款还规定：“境外证券经营机构设立的驻华代表处，经申请可以成为证券交易所的特别会员。”依此，证券交易所会员被限定于境内证券经营机构，从而将境外证券经营机构排除在外。但境外证券经营机构设立的驻华代表处可以成为特别会员。

(二)理事会

关于证券交易所理事会，我国《证券法》仅于第102条第1款规定，实行会员制的证券交易所设理事会。《证券交易所管理办法》(2020年修订)规定，证券交易所理事会由7～13人组成,其中非会员理事人数不少于理事会成员总数的1/3,不超过理事会成员总数的1/2。理事每届任期3年。会员理事由会员大会选举产生,非会员理事由中国证监会委派。理事会设理事长1人,副理事长1～2人。总经理应当是理事会成员。理事长是证券交易所的法定代表人。[4]

(三)总经理及其他人员

1. 证券交易所总经理。我国《证券法》第102条第2款规定:"证券交易所设总经理一人,由国务院证券监督管理机构任免。"证券交易所设总经理1人,副总经理1～3人。总经理、副总经理由证监会任免,但不得由国家公务员兼任。总经理、副总经理任期3年。总经理应为理事会成员,但不得由理事长兼任,且其连续任职不得超过2届。总经理在理事会领导下负责证券交易所的日常管理工作,为证券交易所的法定代表人。总经理因故临时不能履行职责时,由总经理指定的副总经理代其履行职责。[5]

2. 证券交易所负责人。《证券交易所管理办法》(2020年修订)第25条第2款明确规定:"理事长是证券交易所的法定代表人。"依我国《证券法》第103条之规定,有《公司法》第146条规定的情形或者下列情形之一的,不得担任证券交易所的负责人:(1)因违法行为或者违纪行为被解除职务的证券交易所、证券登记结算机构的负责人或者证券公司的董事、监事、高级管理人员,自被解除职务之日起未逾5年;(2)因违法行为或者违纪行为被吊销执业证书或者被取消资格的律师、注册会计师或者其他证券服务机构的专业人员,自被取消资格之日起未逾5年。

3. 证券交易所的从业人员。《证券法》第104条规定:"因违法行为或者违纪行为被开除的证券交易场所、证券公司、证券登记结算机构、证券服务机构的从业人员和被开除的国家机关工作人员,不得招聘为证券交易所的从业人员。"

四、证券交易所的监管职权

证券交易所作为主要的自律监管机构,拥有广泛的自律监管职权,包括对证券交易的监管、对证券公司的监管、对上市公司的监管等内容。为有效行使监管职权,证券法还赋予其业务规则制定权。

(一)依法制定业务规则

《证券法》第115条第1款规定:"证券交易所依照法律、行政法规和国务院证券监督管理机构的规定,制定上市规则、交易规则、会员管理规则和其他有关业务规则,并报国务院证券监督管理机构批准。"同条第2款规定:"在证券交易所从事证券交易,应当遵守证券交易所依法制定的业务规则。违反业务规则的,由证券交易所给予纪律处分或者采取其他自律管理措施。"依此,证券交易所拥有规则制定权。《证券交易所管理办法》(2020年修正)第11条规定:"证券交易所制定的业务规则对证券交易业务活动的各参与主体具有约束力。对违反业务规则的行为,证券交易所给予纪律处分或者采取其他自律管理措施。"证券交易所的业务规则包括上市规则、交易规则、会员管理规则及其他与证券交易活动有关的规则。

---

[4] 参见《证券交易所管理办法》(2020年修订)第23条、第25条。

[5] 参见《证券交易所管理办法》(2020年修订)第27条。

（二）对证券交易的监管

1. 对证券交易实行实时监控

证券价格随时变化，因而证券投资风险始终存在。为了能够对证券交易市场进行有效的监督管理，维护证券市场秩序，以保障其合法运行，有必要对证券交易实行实时监控。对此，我国《证券法》第 112 条第 1 款规定："证券交易所对证券交易实行实时监控，并按照国务院证券监督管理机构的要求，对异常的交易情况提出报告。"依此，证券交易所应当建立符合证券市场监督管理和实时监控要求的技术系统，并设立负责证券市场监管工作的专门机构。证券交易所应当保障交易系统、通信系统及相关信息技术系统的安全、稳定和持续运行。通过计算机程序自动生成或者下达交易指令进行程序化交易的，应当符合中国证监会的规定，并向证券交易所报告，不得影响证券交易所系统安全或者正常交易秩序。[6]

2. 公开证券交易信息

证券交易所必须向社会公开与证券交易有关的各种信息，以促使公平合理的证券价格的形成。《证券法》第 109 条第 1 款规定："证券交易所应当为组织公平的集中交易提供保障，实时公布证券交易即时行情，并按交易日制作证券市场行情表，予以公布。"即时行情，又称实时行情，是指与证券交易所集中交易市场所显示行情同步或基本同步且连续的市场行情。

3. 技术性停牌和临时停市

《证券法》第 111 条第 1 款规定："因不可抗力、意外事件、重大技术故障、重大人为差错等突发性事件而影响证券交易正常进行时，为维护证券交易正常秩序和市场公平，证券交易所可以按照业务规则采取技术性停牌、临时停市等处置措施，并应当及时向国务院证券监督管理机构报告。"技术性停牌，是指因突发性事件而影响证券交易的正常进行时，证券交易所采取的临时中止某种证券交易的手段。技术性停牌是临时停牌的一种方式，此外还包括例行停牌。例行停牌，是指因上市公司公布年度报告、召开股东大会或者公布临时报告涉及特定事项以及出现其他规定事项时，依证券交易规则所采取的停牌措施。例行停牌制度存在的必要性长期被质疑，其停牌原因也一再被缩减。继 2004 年将季报排除于停牌原因之后，2006 年修订的两市股票上市规则中又将半年报告排除于停牌原因。现行《证券法》也未对例行停牌作出规定。两市现行股票上市规则与交易规则已取消了例行停牌制度。

所谓临时停市，是指证券交易所在其例行交易时间内临时性停止所有证券交易的行为。除节假日正常休市外，因不可抗力的突发性事件或者为维护证券交易的正常秩序，证券交易所也可以决定临时停市。我国实践中发生的临时停市，大多因通讯系统发生异常，导致无法进行正常交易而实施。

4. 限制交易、强制停牌

我国《证券法》第 113 条第 1 款规定："证券交易所应当加强对证券交易的风险监测，出现重大异常波动的，证券交易所可以按照业务规则采取限制交易、强制停牌等处置措施，并向国务院证券监督管理机构报告；严重影响证券市场稳定的，证券交易所可以按照业务规则采取临时停市等处置措施并公告。"同条第 2 款规定："证券交易所对其依照本条规定采取措施造成的损失，不承担民事赔偿责任，但存在重大过错的除外。"

---

〔6〕　参见《证券交易所管理办法》（2020 年修订）第 47～48 条。

(三)对证券公司的监管

我国《证券法》对证券公司的监管作了原则性规定,《证券交易所管理办法》(2020年修订)第五章对"证券交易所对会员监管"作了详细规定。

(四)对证券上市交易公司的监管

2005年《证券法》第115条第2款规定:"证券交易所应当对上市公司及相关信息披露义务人披露信息进行监督,督促其依法及时、准确地披露信息。"鉴于该规定隐含于《证券法》第五章信息披露制度之中,故2019年《证券法》删除了该规定。《证券交易所管理办法》(2020年修订)第六章对此作了详细规定,可资适用。

五、对证券交易所的监管

为使证券交易所妥善行使自律监管职权,《证券法》为其规定了以下特殊义务:

1. 不得分配共有积累。证券交易所可以自行支配的各项费用收入,应当首先用于保证其证券交易场所和设施的正常运行并逐步改善。实行会员制的证券交易所的财产积累归会员所有,其权益由会员共同享有,在其存续期间,不得将其财产积累分配给会员。〔7〕

2. 设立风险基金。证券交易所应当从其收取的交易费用和会员费、席位费中提取一定比例的金额设立风险基金。风险基金由证券交易所理事会管理。风险基金提取的具体比例和使用办法,由国务院证券监督管理机构会同国务院财政部门规定。证券交易所应当将收存的风险基金存入开户银行专门账户,不得擅自使用。〔8〕

3. 从业人员的回避义务。证券交易所的负责人和其他从业人员在执行与证券交易有关的职务时,与其本人或者其亲属有利害关系的,应当回避。〔9〕

4. 依法处理证券交易义务。按照依法制定的交易规则进行的交易,不得改变其交易结果。对交易中违规交易者应负的民事责任不得免除;在违规交易中所获利益,依照有关规定处理。〔10〕

5. 报告与报批义务。证券交易所在行使监管职权过程中所采取的措施必须及时向证券监管机构报告,其制定的监管规则应报请证券监管机构批准后实施。如《证券法》第112条第2款规定:"证券交易所根据需要,可以按照业务规则对出现重大异常交易情况的证券账户的投资者限制交易,并及时报告国务院证券监督管理机构。"

第二节　证 券 公 司

一、证券公司概述

(一)证券公司的概念

证券公司,是指依照公司法和证券法规定的设立条件,经证券监管机构批准并公司登记机

---

〔7〕参见我国《证券法》第101条。

〔8〕参见我国《证券法》第114条。

〔9〕参见我国《证券法》第116条。

〔10〕参见我国《证券法》第117条。

关登记设立的，经营证券业务的有限责任公司或者股份有限公司。这是依我国《证券法》第118条之规定所下的定义。

在境外，证券公司等证券经营机构一般被称为证券商。在我国证券法律实践中，人们也常常将证券公司称为“证券商”或“券商”。由于各国证券制度相异，证券市场的发育程度不同，因而各国证券商的具体组织形式不尽相同。在日本、韩国以及东南亚一些国家，证券商均为证券公司。在西欧一些国家，如比利时、丹麦，允许采用法人、独资（个人）及合伙形式。英国、爱尔兰的证券商不得为个人，但可以采用法人、合伙形式。[11] 在美国，证券商包括综合经纪商、场内经纪商、自营商等多种类型，其组织形式包括法人、合伙，特定证券商资格还可以个人名义取得。[12] 我国《证券法》仅确认了证券公司作为证券商的组织形式。

世界各国对证券商的分类差异较大。我国《证券法》将证券公司的组织形式分为有限责任公司与股份有限公司两种。我国1998年《证券法》将证券公司分为综合类证券公司与经纪类证券公司，2005年《证券法》取消了关于证券公司实行分类管理的规定，但仍对证券公司的业务范围的不同类型作了明确规定。2019年《证券法》维持了该规定。经国务院证券监督管理机构核准，所有证券公司均可经营法定部分或者全部业务。

（二）证券公司的业务范围

证券公司作为从事证券业务的特殊商主体，其业务范围仍受法律的严格限制，具体业务范围须经证券监管机构核准。依我国《证券法》第120条之规定，经国务院证券监督管理机构核准，证券公司可以经营下列部分或者全部业务。国务院证券监督管理机构应当自受理证券业务事项申请之日起3个月内，依照法定条件和程序进行审查，作出核准或者不予核准的决定，并通知申请人；不予核准的，应当说明理由。

1. 证券经纪业务

证券经纪业务，是指证券公司通过其设立的证券营业部，接受客户委托，按照客户的要求，代理客户买卖证券并收取佣金作为报酬的业务。我国《证券法》第106条规定：“投资者应当与证券公司签订证券交易委托协议，并在证券公司实名开立账户，以书面、电话、自助终端、网络等方式，委托该证券公司代其买卖证券。”该法第108条规定：“证券公司根据投资者的委托，按照证券交易规则提出交易申报，参与证券交易所场内的集中交易，并根据成交结果承担相应的清算交收责任。证券登记结算机构根据成交结果，按照清算交收规则，与证券公司进行证券和资金的清算交收，并为证券公司客户办理证券的登记过户手续。”除证券公司外，任何单位和个人不得从事证券经纪业务。

2. 证券投资咨询业务

证券投资咨询业务，是指取得证券监管机构颁发的相关资格的机构及其咨询人员为证券投资者或客户提供证券投资的相关信息、分析、预测或建议，并直接或间接收取服务费用的活动。

3. 与证券交易、证券投资活动有关的财务顾问业务

广义的财务顾问（financial consultant, FC）业务，是指专业财务咨询公司以专业知识、行业

[11] 参见顾功耘主编：《金融市场运行与法律监管》，世界图书出版公司1999年版，第196～197页。

[12] 参见王京、腾必焱编著：《证券法比较研究》，中国人民公安大学出版社2004年版，第323～324页。

经验和信息资源为基础,为客户提供在公司财务、项目融资、资本运作及其相关领域的专业咨询服务。目前,我国财务顾问业务已涉及企业的日常经营活动和资本运营活动的各个方面,表现为根据客户的需求,编写各类财务分析报告、项目可行性报告、商业计划书、调查报告等,为企业的管理层及外部机构提供有效信息。《上市公司收购管理办法》(2020 年修订)对财务顾问制度作了明确规定。依其规定,任何一起上市公司收购,在不同的环节、不同的购并中,都需要有财务顾问的参与。中国证监会于 2008 年 6 月 3 日发布了《上市公司并购重组财务顾问业务管理办法》,对上市公司并购重组财务顾问业务作了系统规定。

4. 证券承销与保荐业务

证券承销与保荐业务是证券公司最为核心的投资银行业务,可谓证券公司的核心竞争力所在。除证券公司外,任何单位和个人不得从事证券承销与保荐业务。

5. 证券融资融券业务

证券融资融券业务,是指在证券交易所或者国务院批准的其他证券交易场所进行的证券交易中,证券公司向客户出借资金供其买入证券或者出借证券供其卖出,并由客户交存相应担保物的经营活动。证券公司从事证券融资融券业务,应当采取措施,严格防范和控制风险,不得违反规定向客户出借资金或者证券。除证券公司外,任何单位和个人不得从事证券融资融券业务。

6. 证券做市交易业务

所谓证券做市交易,是指在证券市场上,由具备一定实力和信誉的独立证券经营公司作为特许交易商,不断向公众投资者报出某些特定证券的买卖价格(双向报价),并在该价位上接受公众投资者的买卖要求,以其自有资金和证券与投资者进行的证券交易。在证券做事交易中,买卖双方不需等待交易对手出现,只要有做市商出面承担交易对手方,即可达成交易。证券做市交易业务是证券公司的一项重要业务,开展该项业务的证券公司被称为做市商。做市商通过做市制度来维持市场的流动性,满足公众投资者的投资需求。做市商通过买卖报价的适当差额来补偿所提供服务的成本费用,并实现一定利润。

7. 证券自营业务

证券自营业务,是指证券公司以自己的名义与自主支配的资金或证券,通过证券市场从事买卖证券并获取利润的经营行为。证券公司的自营业务按业务场所一般分为两类:场外(如柜台)自营买卖和场内(交易所)自营买卖。场外自营买卖,是指证券经营机构通过柜台交易等方式,由客户和证券公司直接洽谈成交的证券交易。场内自营买卖,是指证券公司在证券交易所自营买卖证券。在我国,证券自营业务一般是指场内自营买卖业务。

8. 其他证券业务

除上述典型证券业务外,随着证券市场的发展与金融创新的推进,将有新的证券业务不断涌现。因此,证券法不能将证券公司的业务范围作封闭性规定,而必须为证券公司基于金融创新的需要而拓展的其他证券业务留下必要的制度空间,故我国《证券法》在列举的证券业务范围中规定了“其他证券业务”。当然,其他证券业务必须经中国证监会批准后才能开展。证券资产管理业务即为该类业务。证券资产管理业务是资产管理业务之一种,它是指证券公司依法与客户签订资产管理合同,根据合同约定的方式、条件、要求及限制,对客户资产进行经营运作,为客户提供证券及其他金融产品的投资管理服务。证券资产管理业务是证券公司在传统业务基础上发展的新型业务。证券公司经营证券资产管理业务的，应当符合《证券投资基金法》等法律、行政法规的规定。

二、证券公司的设立

（一）证券公司的设立程序

各个国家及地区证券公司的设立程序一般都包括前置注册或许可程序与公司设立登记程序。在我国，证券公司的设立除须履行公司法规定的设立登记程序外，还须履行证券法规定的前置审批程序与设立后营业许可程序。

1. 前置审批程序

我国《证券法》第 119 条第 1 款规定："国务院证券监督管理机构应当自受理证券公司设立申请之日起六个月内，依照法定条件和法定程序并根据审慎监管原则进行审查，作出批准或者不予批准的决定，并通知申请人；不予批准的，应当说明理由。"该规定确立了我国证券公司设立的前置审批程序及其要求。

由于证券业务涉及证券投资者的利益并与证券市场的稳定关系密切，故对证券公司设立申请的审批应特别严格、慎重。因此，与一般行政许可期限不同，我国《证券法》将证券公司设立申请的审批期限规定为 6 个月。对于审批结果，则不论是否批准，均须通知申请人，对不予批准的，还应说明理由。

2. 公司设立登记程序

我国《证券法》第 119 条第 2 款规定："证券公司设立申请获得批准的，申请人应当在规定的期限内向公司登记机关申请设立登记，领取营业执照。"关于"规定的期限"，《证券法》与《公司法》均未作明确规定，故应适用《公司登记管理条例》的规定。我国台湾地区"证券交易法"第 50 条则明确规定，证券公司的设立期限为自其金融监督管理机构许可之日起 6 个月。

3. 设立后营业许可程序

我国《证券法》第 119 条第 3 款规定："证券公司应当自领取营业执照之日起十五日内，向国务院证券监督管理机构申请经营证券业务许可证。未取得经营证券业务许可证，证券公司不得经营证券业务。"依此，在证券公司依法设立之后，还必须取得经营证券业务许可证才能经营证券业务。

（二）证券公司的设立条件

各国证券法大多对证券公司的设立条件作明确规定。依我国《证券法》第 118 条与相关条款及其他相关规范之规定，在我国，设立证券公司，应当具备下列条件：

1. 公司章程条件。设立证券公司，应有符合法律、行政法规规定的公司章程。

2. 主要股东的资格条件。设立证券公司，主要股东及公司的实际控制人具有良好的财务状况和诚信记录，最近 3 年无重大违法违规记录。依《证券公司监督管理条例》（2014 年修订）第 10 条之规定，有下列情形之一的单位或者个人，不得成为持有证券公司 5% 以上股权的股东、实际控制人：(1)因故意犯罪被判处刑罚，刑罚执行完毕未逾 3 年；(2)净资产低于实收资本的 50%，或者或有负债达到净资产的 50%；(3)不能清偿到期债务；(4)国务院证券监督管理机构认定的其他情形。

3. 注册资本条件。设立证券公司，必须有符合《证券法》规定的注册资本。依《证券法》第

121 条之规定,其具体要求为:(1)证券公司经营证券经纪、证券投资咨询以及与证券交易、证券投资活动有关的财务顾问业务的,注册资本最低限额为人民币 5000 万元;(2)经营证券承销与保荐、证券融资融券、证券做市交易、证券自营及其他证券业务之一的,注册资本最低限额为人民币 1 亿元;(3)经营证券承销与保荐、证券融资融券、证券做市交易、证券自营及其他证券业务中两项以上的,注册资本最低限额为人民币 5 亿元。

4. 任职资格条件。设立证券公司,董事、监事、高级管理人员应具备任职资格,从业人员应具有证券从业资格。依我国《证券法》第 124 条之规定,证券公司的董事、监事、高级管理人员,应当正直诚实、品行良好,熟悉证券法律、行政法规,具有履行职责所需的经营管理能力。证券公司任免董事、监事、高级管理人员,应当报国务院证券监督管理机构备案。有《公司法》第 146 条规定的情形或者下列情形之一的,不得担任证券公司的董事、监事、高级管理人员:(1)因违法行为或者违纪行为被解除职务的证券交易场所、证券登记结算机构的负责人或者证券公司的董事、监事、高级管理人员,自被解除职务之日起未逾 5 年;(2)因违法行为或者违纪行为被吊销执业证书或者被取消资格的律师、注册会计师或者其他证券服务机构的专业人员,自被吊销执业证书或者被取消资格之日起未逾 5 年。《证券公司董事、监事和高级管理人员任职资格监管办法》(2012 年修订)还对证券公司董事、监事、高级管理人员的任职资格作了具体规定。

5. 风险管理与内部控制条件。设立证券公司,必须有完善的风险管理与内部控制制度。对此,我国《证券法》第 128 条规定,证券公司应当建立健全内部控制制度,采取有效隔离措施,防范公司与客户之间、不同客户之间的利益冲突;证券公司必须将其证券经纪业务、证券承销业务、证券自营业务、证券做市业务和证券资产管理业务分开办理,不得混合操作。

6. 经营场所和业务设施条件。设立证券公司,必须有合格的经营场所、业务设施和信息技术系统。

7. 其他条件。设立证券公司,还必须符合法律、行政法规规定的和经国务院批准的国务院证券监督管理机构规定的其他条件。这是一项兜底性规定,可根据具体情况予以规定。

三、证券公司的风险管理与内部控制制度

我国《证券法》将“有完善的风险管理与内部控制制度”作为证券公司的设立条件之一,并以多个条款对此作了较为系统的规定。

(一)证券公司风险管理制度

1. 资产负债管理制度

我国《证券法》第 123 条第 1 款规定:“国务院证券监督管理机构应当对证券公司净资本和其他风险控制指标作出规定。”依此,我国《证券法》正式确立了以净资本为核心风险控制指标的监控体系,从而与《证券公司管理办法》(2014 年修订)及《证券公司风险控制指标管理办法》(2016 年修订)的规定相一致。该风险监控模式也为美国、欧盟立法所普遍采行。此外,《证券法》第 123 条第 2 款还规定:“证券公司除依照规定为其客户提供融资融券外,不得为其股东或者股东的关联人提供融资或者担保。”

2. 经营风险管理制度

(1)风险准备金制度。我国《证券法》第 127 条规定:“证券公司从每年的业务收入中提取交易风险准备金,用于弥补证券交易的损失,其提取的具体比例由国务院证券监督管理机构会

同国务院财政部门规定。”为降低证券交易风险，保护投资者的利益，各国证券法均确立了风险准备金制度。

(2)客户资金管理制度。我国《证券法》第131条第1款规定：“证券公司客户的交易结算资金应当存放在商业银行，以每个客户的名义单独立户管理。”为进一步保障客户资金管理安全，同条第2款还规定：“证券公司不得将客户的交易结算资金和证券归入其自有财产。禁止任何单位或者个人以任何形式挪用客户的交易结算资金和证券。证券公司破产或者清算时，客户的交易结算资金和证券不属于其破产财产或者清算财产。非因客户本身的债务或者法律规定的其他情形，不得查封、冻结、扣划或者强制执行客户的交易结算资金和证券。”

(3)投资者保护基金制度。为保护投资者的合法权益，各国纷纷建立了证券投资者保护基金。我国《证券法》第126条规定：“国家设立证券投资者保护基金。证券投资者保护基金由证券公司缴纳的资金及其他依法筹集的资金组成，其规模以及筹集、管理和使用的具体办法由国务院规定。”该规定确立了我国证券投资者保护基金制度。

(二)证券公司内部控制制度

证券公司应根据证券公司经营目标和运营状况，结合证券公司自身的环境条件，建立有效的内部控制机制和内部控制制度。证券公司应当定期评价内部控制的有效性，并根据市场、技术、法律环境的变化适时调整和完善。证券公司内部控制应当贯彻健全、合理、制衡、独立的原则，确保内部控制有效。

我国《证券法》对证券公司内部控制制度仅作了较为简单的规定，主要表现为风险隔离制度。该制度乃内部控制制度的核心内容。《证券法》第128条第1款规定：“证券公司应当建立健全内部控制制度，采取有效隔离措施，防范公司与客户之间、不同客户之间的利益冲突。”依此，证券公司建立的内部控制制度包括公司与客户之间以及不同客户之间的隔离。这些隔离措施主要包括证券公司经营与管理中的授权与审批、复核与查证、业务规程与操作程序、岗位权限与职责分工、相互独立与制衡、应急与预防等措施，以防止证券公司与客户之间以及不同客户之间的利益冲突。

《证券法》第128条第2款规定：“证券公司必须将其证券经纪业务、证券承销业务、证券自营业务、证券做市业务和证券资产管理业务分开办理，不得混合操作。”该规定确立了禁止混合操作规则。这是证券公司建立健全内部控制制度的最主要的要求。这里所说的分开办理，是指证券公司应当分别开立自有资金账户、客户资金账户和证券账户，分别存储其自有资金、客户的交易结算资金和证券。[13] 为禁止混合操作，不仅应将不同证券业务分开办理，而且还应将从事不同业务的人员分开，并使其分别在相互独立的场所办公。

四、证券公司的业务规则

我国《证券法》以证券公司经纪业务规则为中心，对证券公司的主要业务规则作了框架性规定。关于证券公司的具体业务规则，则由证监会的相关规章予以规定。

(一)证券公司经纪业务规则

我国《证券法》对证券公司经纪业务规则作了较为详细的规定，主要包括：

---

[13] 参见《证券法释义》编写组：《中华人民共和国证券法释义》，中国法制出版社2005年版，第216页。

1. 证券买卖委托管理规则。《证券法》第 132 条规定:“证券公司办理经纪业务,应当置备统一制定的证券买卖委托书,供委托人使用。采取其他委托方式的,必须作出委托记录。客户的证券买卖委托,不论是否成交,其委托记录应当按照规定的期限,保存于证券公司。”

2. 证券买卖委托执行规则。《证券法》第 133 条规定:“证券公司接受证券买卖的委托,应当根据委托书载明的证券名称、买卖数量、出价方式、价格幅度等,按照交易规则代理买卖证券,如实进行交易记录;买卖成交后,应当按照规定制作买卖成交报告单交付客户。证券交易中确认交易行为及其交易结果的对账单必须真实,保证账面证券余额与实际持有的证券相一致。”

3. 禁止接受客户的全权委托规则。《证券法》第 134 条第 1 款规定:“证券公司办理经纪业务,不得接受客户的全权委托而决定证券买卖、选择证券种类、决定买卖数量或者买卖价格。”

4. 禁止证券公司承诺证券交易后果规则。《证券法》第 135 条规定:“证券公司不得对客户证券买卖的收益或者赔偿证券买卖的损失作出承诺。”

5. 禁止私下接受客户委托规则。《证券法》第 136 条第 2 款规定:“证券公司的从业人员不得私下接受客户委托买卖证券。”

实务问题

原告陈某某诉称,其是 A 证券公司的老股民,多年来 A 证券公司操盘必读等信息完善、准确,从未有过差错,使其养成了每日必看 A 证券公司信息进行操作的习惯。2007 年 5 月 11 日,其买进近 10000 元代码为 580992 的雅戈尔权证。2007 年 5 月 14 日,A 证券公司《专业 I 版操盘必读》上没有公布 580992 雅戈尔权证是最后一天交易日的信息,导致其在收盘前两分钟还全仓买进。由于 A 证券公司信息披露失误造成其操作错误,因而要求 A 证券公司赔偿权证股票损失 30000 元。被告主张,其与原告之间只是委托代理关系,并无信息披露义务。法院经审理以后认为,权证交易的风险应当由投资者自行承担,遂判决驳回起诉。问:(1)陈某某与证券公司之间,是否存在委托代理关系?(2)证券公司是否负有信息披露义务?

提示:(1)投资者与证券公司之间,不符合委托代理关系之法理,应当认定为行纪合同关系。(2)作为从事证券经纪业务的专业行纪商,对委托人负有善良管理人的注意义务,应当保证其向委托人披露信息的真实、完整和准确。

(二)证券公司自营业务规则

《证券法》第 129 条第 1 款规定:“证券公司的自营业务必须以自己的名义进行,不得假借他人名义或者以个人名义进行。”同条第 3 款规定:“证券公司不得将其自营账户借给他人使用。”依此,为确保证券公司与客户之间有效隔离,证券公司自营业务应遵循实名制规则。

《证券法》第 129 条第 2 款规定:“证券公司的自营业务必须使用自有资金和依法筹集的资金。”此即自营业务应使用自有资金规则,其主旨是确保证券公司自营业务资金来源的合法性。

(三)证券资产管理业务规则

《证券法》未对证券资产管理业务规则作具体规定,2008 年《证券公司监督管理条例》则对此作了详细规定。

（四）融资融券业务规则

我国《证券法》第 120 条将融资融券业务确定为需要经国务院证券监督管理机构核准并取得经营证券业务许可证的证券业务类型。显然，与 1998 年《证券法》采取禁止信用交易的立法态度不同，现行《证券法》允许信用交易，但采取了限制态度，即要求应当按照国务院的规定并经国务院证券监督管理机构批准。《证券公司监督管理条例》（2014 年修订）对融资融券业务规则作了具体规定。

五、证券公司的监管规则

（一）证券公司监管规则的主要内容

《证券法》在对证券公司主要业务规则作出明文规定之外，另于第 136～139 条对证券公司的监管规则作了原则性规定。

1. 证券公司承担其从业人员违规责任的义务。《证券法》第 136 条第 1 款规定："证券公司的从业人员在证券交易活动中，执行所属的证券公司的指令或者利用职务违反交易规则的，由所属的证券公司承担全部责任。"该规定有利于对客户利益的保护和对证券公司严格公司纪律，以及促进对其从业人员的教育和监管。

2. 证券公司应依法保存有关资料的义务。《证券法》第 137 条第 2 款规定："证券公司应当妥善保存客户开户资料、委托记录、交易记录和与内部管理、业务经营有关的各项信息，任何人不得隐匿、伪造、篡改或者毁损。上述信息的保存期限不得少于二十年。"

3. 证券公司应依法报送或提供有关信息、资料的义务。《证券法》第 138 条规定："证券公司应当按照规定向国务院证券监督管理机构报送业务、财务等经营管理信息和资料。国务院证券监督管理机构有权要求证券公司及其主要股东、实际控制人在指定的期限内提供有关信息、资料。证券公司及其主要股东、实际控制人向国务院证券监督管理机构报送或者提供的信息、资料，必须真实、准确、完整。"

4. 证券监管机构有权对证券公司审计或评估的规则。《证券法》第 139 条规定："国务院证券监督管理机构认为有必要时，可以委托会计师事务所、资产评估机构对证券公司的财务状况、内部控制状况、资产价值进行审计或者评估。具体办法由国务院证券监督管理机构会同有关主管部门制定。"

（二）对证券公司违规操作的监管措施

1. 对不符合风险控制指标的监管措施。依《证券法》第 140 条之规定，证券公司的治理结构、合规管理、风险控制指标不符合规定的，国务院证券监督管理机构应当责令其限期改正；逾期未改正，或者其行为严重危及该证券公司的稳健运行、损害客户合法权益的，国务院证券监督管理机构可以区别情形，对其采取下列措施：（1）限制业务活动，责令暂停部分业务，停止核准新业务；（2）限制分配红利，限制向董事、监事、高级管理人员支付报酬、提供福利；（3）限制转让财产或者在财产上设定其他权利；（4）责令更换董事、监事、高级管理人员或者限制其权利；（5）撤销有关业务许可；（6）认定负有责任的董事、监事、高级管理人员为不适当人选；（7）责令负有责任的股东转让股权，限制负有责任的股东行使股东权利。

证券公司整改后，应当向国务院证券监督管理机构提交报告。国务院证券监督管理机构经验收，治理结构、合规管理、风险控制指标符合规定的，应当自验收完毕之日起 3 日内解除对其采取的前述规定的有关限制措施。

2. 对虚假出资、抽逃出资的股东采取的监管措施。《证券法》第141条规定:"证券公司的股东有虚假出资、抽逃出资行为的,国务院证券监督管理机构应当责令其限期改正,并可责令其转让所持证券公司的股权。在前款规定的股东按照要求改正违法行为、转让所持证券公司的股权前,国务院证券监督管理机构可以限制其股东权利。"

3. 法定情形下对证券公司管理层采取的监管措施。《证券法》第142条规定:"证券公司的董事、监事、高级管理人员未能勤勉尽责,致使证券公司存在重大违法违规行为或者重大风险的,国务院证券监督管理机构可以责令证券公司予以更换。"

4. 对证券公司违法经营或出现重大风险时的监管措施。证券公司违法经营或者出现重大风险,严重危害证券市场秩序、损害投资者利益的,国务院证券监督管理机构可以对该证券公司采取责令停业整顿、指定其他机构托管、接管或者撤销等监管措施。在证券公司被责令停业整顿、被依法指定托管、接管或者清算期间,或者出现重大风险时,经国务院证券监督管理机构批准,可以对该证券公司直接负责的董事、监事、高级管理人员和其他直接责任人员采取以下措施:(1)通知出境管理机关依法阻止其出境;(2)申请司法机关禁止其转移、转让或者以其他方式处分财产,或者在财产上设定其他权利。[14]

第三节 证券登记结算机构

一、证券登记结算机构概述

依《证券法》第145条之规定,证券登记结算机构,是指为证券交易提供集中登记、存管与结算服务,不以营利为目的的法人。在我国,设立证券登记结算机构必须经国务院证券监督管理机构批准。

证券交易达成后,需要办理款项和证券的交收,以使买者得其券、卖者得其钱。而要使款项和证券交收得以安全、高效地进行,需要由专业机构提供相关服务,主要是存管、清算和登记等。

在多数国家和地区,证券登记、存管及清算职能分别由不同机构担任,因而应对证券登记结算机构的设立模式分别考察。证券登记机制包括分散登记模式和集中登记模式。美国、英国、日本的证券市场都采取的是分散登记模式,澳大利亚和法国都实行较为典型的证券集中登记模式。证券市场采用分散登记模式还是集中登记模式,与该市场的无纸化程度有关:较为彻底地建立了证券无纸化体系的国家和地区一般采取前一种模式,而无纸化证券与纸质证券并存的证券市场则采取后一种模式。在分散登记模式下,分散的证券登记机构既可为证券经纪商,也可为过户代理机构或者信托银行等。在集中登记的模式下,同一证券市场仅有一个中央证券登记机构,该机构往往同时承担中央证券存管机构(Central Securities Depository,简称CSD)的职能。

---

〔14〕 参见《证券法》第143条、第144条。

无论证券登记机制采用分散模式还是集中模式，各国证券市场都普遍实行证券集中存管机制，并且证券存管机构都兼具证券清算机构职能。[15]

20 世纪 90 年代以来，证券登记、存管与清算的统一化成为证券登记结算机构的发展趋势，许多国家和地区已陆续将其分散的证券登记机构与证券存管机构合并为中央证券登记机构与中央证券存管机构。

我国证券登记结算机构原为分散模式，由两大证券交易所设立的原上海证券中央登记结算公司和深圳证券登记结算公司负责各自证券登记结算业务。为统一证券登记结算业务，2001 年 3 月 31 日，中国证券登记结算有限责任公司在北京成立。

我国《证券法》第 148 条第 1 款明确规定："在证券交易所和国务院批准的其他全国性证券交易场所交易的证券的登记结算，应当采取全国集中统一的运营方式。"依此，中国证券登记结算有限责任公司为我国中央统一登记结算机构。它提供沪深两个证券交易所上市证券的存管、清算和登记服务，在不同服务中扮演了不同的角色。在提供存管服务时，扮演的是中央证券存管机构的角色；在提供清算服务时，扮演的是清算机构的角色；提供登记服务时，扮演的是证券登记机构的角色。

依《证券法》第 146 条之规定，证券登记结算机构的名称中应当标明证券登记结算字样，其设立条件包括：(1)自有资金不少于人民币 2 亿元；(2)具有证券登记、存管和结算服务所必需的场所和设施；(3)国务院证券监督管理机构规定的其他条件。

我国证券法对证券登记结算机构的职能作了明确规定，证券登记结算机构不得超越法律规定从事其他活动。依《证券法》第 147 条之规定，证券登记结算机构履行下列职能：(1)证券账户、结算账户的设立；(2)证券的存管和过户；(3)证券持有人名册登记；(4)证券交易的清算和交收；(5)受发行人的委托派发证券权益；(6)办理与上述业务有关的查询、信息服务；(7)国务院证券监督管理机构批准的其他业务。

二、证券登记结算机构业务规则

证券登记结算机构业务规则，是指证券登记结算机构的证券账户管理、证券登记、证券托管与存管、证券结算、结算参与人管理等与证券登记结算业务有关的业务规则。除《证券法》的相关规定外，《证券登记结算管理办法》(2018 年修订)对此作了详细规定。限于篇幅，本书仅就《证券法》第 150～159 条之规定加以阐述。

(一)存管证券

在证券交易所或者国务院批准的其他全国性证券交易场所交易的证券，应当全部存管在证券登记结算机构。证券登记结算机构不得挪用客户的证券。

(二)证券资料的提供

证券登记结算机构应当向证券发行人提供证券持有人名册及其有关资料。证券登记结算机构应当根据证券登记结算的结果，确认证券持有人持有证券的事实，提供证券持有人登记资

---

[15] 例如，在美国，证券存管和清算业务都由证券托管结算公司(the Depository Trust & Clearing Corporation，简称 DTCC)承担。参见王建文：《论证券无纸化条件下证券资产安全的法律维护机制》，载《社会科学》2009 年第 3 期；李东方主编：《证券法》，清华大学出版社 2008 年版，第 210 页。

料。证券登记结算机构应当保证证券持有人名册和登记过户记录真实、准确、完整,不得隐匿、伪造、篡改或者毁损。

(三)业务保障措施

证券登记结算机构应当采取下列措施保证业务的正常进行:(1)具有必备的服务设备和完善的数据安全保护措施;(2)建立完善的业务、财务和安全防范等管理制度;(3)建立完善的风险管理系统。

(四)原始凭证及有关文件、资料的保存

证券登记结算机构应当妥善保存登记、存管和结算的原始凭证及有关文件和资料。其保存期限不得少于20年。

(五)证券结算风险基金的设立与运作

证券登记结算机构应当设立结算风险基金,用于垫付或者弥补因违约交收、技术故障、操作失误、不可抗力造成的证券登记结算机构的损失。证券结算风险基金从证券登记结算机构的业务收入和收益中提取,并可以由结算参与人按照证券交易业务量的一定比例缴纳。证券结算风险基金的筹集、管理办法,由国务院证券监督管理机构会同国务院财政部门规定。

证券结算风险基金应当存入指定银行的专门账户,实行专项管理。证券登记结算机构以风险基金赔偿后,应当向有关责任人追偿。

(六)结算原则

证券登记结算机构作为中央对手方提供证券结算服务的,是结算参与人共同的清算交收对手,进行净额结算,为证券交易提供集中履约保障。证券登记结算机构为证券交易提供净额结算服务时,应当要求结算参与人按照货银对付的原则,足额交付证券和资金,并提供交收担保。在交收完成之前,任何人不得动用用于交收的证券、资金和担保物。结算参与人未按时履行交收义务的,证券登记结算机构有权按照业务规则处理上述财产。

多边净额结算,是指证券登记结算机构将每个结算参与人所有达成交易的应收应付证券或资金予以冲抵轧差,计算出相对每个结算参与人的应收应付证券或资金的净额,再按照应收应付证券或资金的净额与每个结算参与人进行交收。证券登记结算机构采取多边净额结算方式的,应当根据业务规则作为结算参与人的共同对手方,按照货银对付的原则,以结算参与人为结算单位办理清算交收。货银对付(delivery versus payment,DVP)原则,又称钱货两清原则、款券两讫原则,是指证券登记结算机构与结算参与人在交收过程中,当且仅当资金交付时给付证券、证券交付时给付资金。目前英国、德国、美国、中国香港特区等很多国家及地区的证券结算系统和国际清算机构都已实现了即时的、最终性的、不可撤销的银货对付。我国《证券法》也基于该立法通例对此作了明确规定。

(七)结算资金与证券的存放与特定用途

证券登记结算机构按照业务规则收取的各类结算资金和证券,必须存放于专门的清算交收账户,只能按业务规则用于已成交的证券交易的清算交收,不得被强制执行。

第四节　证券服务机构

一、证券服务机构概述

证券服务机构，是指依法设立的从事证券服务业务的机构。我国《证券法》规定的证券服务机构包括：投资咨询机构、财务顾问机构、资信评级机构、资产评估机构、会计师事务所及律师事务所。此即狭义上的证券服务机构，广义上的证券服务机构还包括证券登记结算机构。一般所指证券服务机构是从狭义而言，本书亦然。

在我国，证券服务机构从事证券服务业务，“必须经国务院证券监督管理机构和有关主管部门批准”。但律师事务所从事证券服务业务，无须经证券监管机构和有关主管部门批准，而是自动获得执业资格。会计师事务所、律师事务所以及从事证券投资咨询、资产评估、资信评级、财务顾问、信息技术系统服务的证券服务机构，应当勤勉尽责、恪尽职守，按照相关业务规则为证券的交易及相关活动提供服务。

从事证券投资咨询服务业务，应当经国务院证券监督管理机构核准；未经核准，不得为证券的交易及相关活动提供服务。从事其他证券服务业务，应当报国务院证券监督管理机构和国务院有关主管部门备案。

二、证券投资咨询业务规则

依《证券法》第 161 条第 1 款之规定，证券投资咨询机构及其从业人员从事证券服务业务不得有下列行为：(1)代理委托人从事证券投资；(2)与委托人约定分享证券投资收益或者分担证券投资损失；(3)买卖本证券投资咨询机构提供服务的证券；(4)法律、行政法规禁止的其他行为。

《证券法》第 161 条第 2 款还明确规定：“有前款所列行为之一，给投资者造成损失的，应当依法承担赔偿责任。”依此，证券投资咨询机构及其从业人员实施上述行为，给投资者造成损失的，依法承担赔偿责任。但该规定未明确二者应如何承担责任，本书认为应理解为二者承担连带责任。

三、证券服务机构的义务与责任

(一)证券服务机构的基本义务

证券服务机构应当妥善保存客户委托文件、核查和验证资料、工作底稿以及与质量控制、内部管理、业务经营有关的信息和资料，任何人不得泄露、隐匿、伪造、篡改或者毁损。上述信息和资料的保存期限不得少于 10 年，自业务委托结束之日起算。

《证券法》第 163 条第 1 句规定：“证券服务机构为证券的发行、上市、交易等证券业务活动制作、出具审计报告及其他鉴证报告、资产评估报告、财务顾问报告、资信评级报告或者法律意见书等文件，应当勤勉尽责，对所依据的文件资料内容的真实性、准确性、完整性进行核查和验证。”此处所谓“勤勉尽责”，其含义为证券服务机构负有勤勉义务，忠实义务则不包括在内。

《证券法》将律师事务所确定为特殊服务机构,无须经证券监管机构批准即可自动取得从业资格,但同样需要承担证券服务机构的勤勉义务。为了加强对律师事务所从事证券法律业务活动的监督管理,规范律师在证券发行、上市和交易等活动中的执业行为,完善法律风险防范机制,维护证券市场秩序,保护投资者的合法权益,中国证监会于2007年3月9日发布了《律师事务所从事证券法律业务管理办法》。依其规定,证券法律业务,是指律师事务所接受当事人委托,为其证券发行、上市和交易等证券业务活动,提供的制作、出具法律意见书等文件的法律服务。律师事务所及其指派的律师从事证券法律业务,应当遵守法律、行政法规及相关规定,遵循诚实、守信、独立、勤勉、尽责的原则,恪守律师职业道德和执业纪律,严格履行法定职责,保证其所出具文件的真实性、准确性、完整性。

(二)证券服务机构的民事责任

《证券法》第163条第2句规定:"其制作、出具的文件有虚假记载、误导性陈述或者重大遗漏,给他人造成损失的,应当与委托人承担连带赔偿责任,但是能够证明自己没有过错的除外。"依此,证券服务机构违背勤勉义务要求,制作、出具的文件有虚假记载、误导性陈述或者重大遗漏,给他人造成损失的,应承担民事赔偿责任。但该民事责任具有以下三方面的特点:

1. 归责原则为过错推定责任。《证券法》明确规定,但是能够证明自己没有过错的除外。依此,证券服务机构所承担的民事责任归责原则为过错推定责任。

2. 责任形式为连带赔偿责任。该连带责任被明确限定为与委托人承担连带赔偿责任,证券服务机构之间则不承担连带赔偿责任。

3. 向证券服务机构主张民事赔偿责任的权利人为相关证券投资者。

(三)行政责任

《证券法》还在法律责任部分对证券服务机构违反勤勉义务所应承担的行政责任作了明确规定。对此,该法第213条第3款规定:"证券服务机构违反本法第一百六十三条的规定,未勤勉尽责,所制作、出具的文件有虚假记载、误导性陈述或者重大遗漏的,责令改正,没收业务收入,并处以业务收入一倍以上十倍以下的罚款,没有业务收入或者业务收入不足五十万元的,处以五十万元以上五百万元以下的罚款;情节严重的,并处暂停或者禁止从事证券服务业务。对直接负责的主管人员和其他直接责任人员给予警告,并处以二十万元以上二百万元以下的罚款。"

思考题

1. 简述证券交易所的监管职权。
2. 简述证券公司的业务规则。
3. 简述证券登记结算机构业务规则。
4. 简述证券服务机构的基本义务。

第二十章　证券监管制度

导读

- 按不同标准,可对证券监管体制作不同分类。理论界通常按照政府监管与证券市场自律的关系,将证券监管体制划分为三种类型:政府主导型监管模式、自律型监管模式、中间型监管模式。我国的证券监管制度经历了一个从地方监管到中央监管、从分散监管到集中监管的过程。
- 依《证券法》规定,国务院证券监督管理机构不仅拥有行政监管权,还拥有规章制定权。它可采取的监管措施非常广泛,但法律同样对其监管权设置了制约性规定。
- 禁止市场操纵规则已为世界各国证券法所确认。按照不同标准,可以将操纵市场行为划分为不同类型。在我国,操纵市场的行为包括:连续交易操纵、相对委托、冲洗买卖、其他操纵市场行为。
- 我国证券法正式确立了欺诈客户民事赔偿责任。但证券公司所应承担的赔偿责任究竟属于违约责任还是侵权责任,理论界有不同认识。对此,应认为欺诈客户损害赔偿责任构成违约责任与侵权责任的竞合。

第一节　证券监管制度概述

一、证券监管的概念

证券监管是证券监督管理的简称,它是指证券监督管理机构依据法律、法规和规章,对证券市场主体与证券中介市场机构的证券业务及其在证券发行、上市、交易、登记、存管、结算活动中的行为进行监督管理的总称。广义上的证券监管还包括其他国家主管机关对证券市场进行的监管(如审计监督)与自律组织进行的自律监管。一般所谓证券监管均是从狭义来说,特指证券监管机构实施的监管。

在我国,理论界往往将证券自律监管纳入证券监管体系之中。因此,一般所谓证券监管系指国务院证券监管机构实施的证券监管,在此意义上使用时,常被称为政府监管;有时则还包括自律组织实施的自律监管。

二、证券监管体制

证券监管体制,是指一个国家或地区通过立法或认可的对该国(地区)证券市场进行监督、管理、控制与协调的整个体系与职责权限划分的制度。它包括组织机构体系、目标体系、功能体系以及运行机制。从组织体系上看,既包括国家授权监管机构,也包括自律组织。[1]

按照不同标准,可对证券监管体制作不同分类。理论界通常按照政府监管与证券市场自律的关系,将证券监管体制划分为三种类型:政府主导型监管模式、自律型监管模式、中间型监管模式。

政府主导型监管模式,又称集中型监管模式,它是指在专门的证券法调整下,由政府设立专门的证券监管机构对全国证券市场进行集中统一的监管,行业自律仅在政府监管机构的指导下发挥作用。美国、日本、中国均属于该模式。由于证券市场的监管是个相当复杂而艰巨的任务,涉及面广,单靠全国性的证券监管机构而没有证券交易所和证券业协会的配合,难以实现有效监管与适度监管的平衡,因而实行政府主导型监管模式的国家已日益注重证券交易所和证券业协会的自律管理,以充分发挥证券交易所作为第一道防线的职能。

自律型监管模式,是指政府不设立专门的证券监管机构,主要由行业协会自律组织进行证券监管。英国为该模式的典型代表。采取自律型监管模式的国家没有统一的证券立法,也没有统一的证券监管机构,政府对证券市场干预较少,而是以市场机制为基础,主要发挥自律组织的作用。该模式具有灵活、及时、准确等政府主导型模式所不及的优点,政府在监管过程中扮演宏观调控、创造良好市场环境的角色。

中间型监管模式,即政府监管型和自律型相结合的模式,是指介于政府监管型和自律型之间的一种证券监管模式。由于政府主导型和自律型监管模式均存在一定缺陷,因而有些国家将两者结合起来,综合运用政府主导和行业自律的各自优势并弥补其不足与缺陷,从而达到取长补短的目的。该模式以德国、法国等欧洲大陆国家为代表。在中间型监管模式下,监管主体松散,不设专门的、独立的监管机构,而是由政府有关部门及多个自律组织共同管理证券市场。

以上三种监管模式都各有优缺点,国际证券监管制度安排上呈现三种监管模式互相融合、取长补短的趋势,各自的界限日益模糊。

三、我国证券监管体制

我国的证券监管制度经历了一个从地方监管到中央监管、从分散监管到集中监管的过程。1997年11月,经国务院批准修改的《证券交易所管理办法》,明确规定对证券交易所的管理由地方政府转为中国证监会。国务院自1998年4月起决定对证券监督管理体制进一步改革。1998年9月30日,国务院办公厅发布《中国证券监督管理委员会职能配置、内设机构和人员编制规定》,将国务院证券委的职能及中国人民银行履行的证券业监管职能划入中国证监会,明确规定由中国证监会对全国证券期货市场实行集中统一监管。这标志着由政府实施集中统一监管的体制基本形成。1998年通过的《证券法》明确规定,我国在证券市场上实行政府集中监管与自律管理相结合的证券监管模式。现行《证券法》继续肯定了该证券监管模式。

《证券法》在法律制度上确立了国务院证券监管机构在证券监管中的主导地位。国务院证券监管机构不仅作为监管规则的执行者在监管体系中处于中心,而且拥有对自律监管机构的监管权与证券规章制定权。与政府监管处于主导地位相适应,在我国,自律监管处于从属地

---

〔1〕 参见赵旭东主编:《证券法教程》,中国政法大学出版社2004年版,第421页。

位。《证券法》明确规定了以政府监管为主、自律监管为辅的证券监管模式。但现行《证券法》已大大加强了自律监管的重要性，使自律监管机构成为承担一线监管职责的重要监管机构。

第二节　国务院证券监管机构

一、国务院证券监管机构的性质与职权

（一）国务院证券监管机构的性质

1998年《中国证券监督管理委员会职能配置、内设机构和人员编制规定》（以下简称“中国证监会三定方案”）规定，中国证券监督管理委员会为国务院直属事业单位，是全国证券期货市场的主管部门。因“中国证监会三定方案”先于《证券法》颁布，不可能明确指定中国证监会就是《证券法》规定的国务院证券监督管理机构。但从我国证券市场实际情况来看，我国《证券法》规定的“国务院证券监督管理机构”，即中国证监会。

依《证券法》关于国务院证券监督管理机构的职权的规定，国务院证券监督管理机构不仅拥有行政监管权，而且拥有规章制定权。我国《宪法》仅赋予国务院各部、各委员会的规章制定权。《立法法》则将规章制定权主体扩大为国务院各部、委员会、中国人民银行、审计署和具有行政管理职能的直属机构。其中，“具有行政管理职能的直属机构”，是指按照国务院的规定在特定领域行使行政管理职能的国务院的直属机构，包括直属事业单位如中国地震局、中国气象局、中国证监会等。依此，中国证监会作为“具有行政管理职能的直属机构”即可直接作为拥有规章制定权的行政主体，而不必将其解释为法律、法规授权组织。

（二）国务院证券监管机构的职权

依我国《证券法》第169条之规定，国务院证券监督管理机构在对证券市场实施监督管理中履行下列职责：（1）依法制定有关证券市场监督管理的规章、规则，并依法进行审批、核准、注册，办理备案；（2）依法对证券的发行、上市、交易、登记、存管、结算等行为，进行监督管理；（3）依法对证券发行人、证券公司、证券服务机构、证券交易场所、证券登记结算机构的证券业务活动，进行监督管理；（4）依法制定从事证券业务人员的行为准则，并监督实施；（5）依法监督检查证券发行、上市、交易的信息披露；（6）依法对证券业协会的自律管理活动进行指导和监督；（7）依法监测并防范、处置证券市场风险；（8）依法开展投资者教育；（9）依法对证券违法行为进行查处；（10）法律、行政法规规定的其他职责。

二、国务院证券监管机构监管权的行使

（一）国务院证券监管机构可采取的监管措施

依《证券法》第170条之规定，国务院证券监督管理机构依法履行职责，有权采取下列措施：（1）对证券发行人、证券公司、证券服务机构、证券交易场所、证券登记结算机构进行现场检查；（2）进入涉嫌违法行为发生场所调查取证；（3）询问当事人和与被调查事件有关的单位和个人，要求其对与被调查事件有关的事项作出说明；或者要求其按照指定的方式报送与被调查事

件有关的文件和资料;(4)查阅、复制与被调查事件有关的财产权登记、通讯记录等文件和资料;(5)查阅、复制当事人和与被调查事件有关的单位和个人的证券交易记录、登记过户记录、财务会计资料及其他相关文件和资料;对可能被转移、隐匿或者毁损的文件和资料,可以予以封存、扣押;(6)查询当事人和与被调查事件有关的单位和个人的资金账户、证券账户、银行账户以及其他具有支付、托管、结算等功能的账户信息,可以对有关文件和资料进行复制;对有证据证明已经或者可能转移或者隐匿违法资金、证券等涉案财产或者隐匿、伪造、毁损重要证据的,经国务院证券监督管理机构主要负责人或者其授权的其他负责人批准,可以冻结或者查封,期限为6个月;因特殊原因需要延长的,每次延长期限不得超过3个月,冻结、查封期限最长不得超过2年;(7)在调查操纵证券市场、内幕交易等重大证券违法行为时,经国务院证券监督管理机构主要负责人或者其授权的其他负责人批准,可以限制被调查的当事人的证券买卖,但限制的期限不得超过3个月;案情复杂的,可以延长3个月;(8)通知出境入境管理机关依法阻止涉嫌违法人员、涉嫌违法单位的主管人员和其他直接责任人员出境。

为落实上述第七项监管措施,中国证监会还于2007年5月18日发布了《中国证券监督管理委员会限制证券买卖实施办法》,对限制证券买卖作了具体规定。依其规定,限制证券买卖的受限账户包括被调查事件当事人及其实际控制的资金账户、证券账户和与当事人有关的其他账户。与当事人有关的其他账户包括:(1)有资金往来的;(2)资金存取人为相同人员或机构的;(3)交易代理人为相同人员或机构的;(4)有转托管或交叉指定关系的;(5)有抵押关系的;(6)受同一监管协议控制的;(7)下挂同一个或多个股东账户的;(8)属同一控制人控制的;(9)调查部门通过调查认定的其他情况。限制证券买卖措施包括:(1)不得买入指定交易品种,但允许卖出;(2)不得卖出指定交易品种,但允许买入;(3)不得买入和卖出指定交易品种;(4)不得办理转托管或撤销指定交易;(5)调查部门认为应采取的其他限制措施。

(二)对证券监管机构监管权的制约

1. 监管过程中应承担的义务

(1)监管行为须符合程序要件。《证券法》第172条规定,国务院证券监督管理机构依法履行职责,进行监督检查或者调查,其监督检查、调查的人员不得少于2人,并应当出示合法证件和监督检查、调查通知书或者其他执法文书。监督检查、调查的人员少于2人或者未出示合法证件和监督检查、调查通知书或者其他执法文书的,被检查、调查的单位和个人有权拒绝。

(2)证券监管机构工作人员所负义务。《证券法》第179条第1款规定:"国务院证券监督管理机构工作人员必须忠于职守、依法办事、公正廉洁,不得利用职务便利牟取不正当利益,不得泄露所知悉的有关单位和个人的商业秘密。"

(3)证券监管机构工作人员兼职禁止义务。《证券法》第179条第2款规定:"国务院证券监督管理机构工作人员在任职期间,或者离职后在《中华人民共和国公务员法》规定的期限内,不得到与原工作业务直接相关的企业或者其他营利性组织任职,不得从事与原工作业务直接相关的营利性活动。"

2. 将涉嫌犯罪案件移送司法机关的义务

《证券法》第178条规定:"国务院证券监督管理机构依法履行职责,发现证券违法行为涉嫌犯罪的,应当依法将案件移送司法机关处理;发现公职人员涉嫌职务违法或者职务犯罪的,应当依法移送监察机关处理。"

3. 监管公开的义务

《证券法》第174条第1款规定:“国务院证券监督管理机构制定的规章、规则和监督管理工作制度应当依法公开。”其第2款规定:“国务院证券监督管理机构依据调查结果,对证券违法行为作出的处罚决定,应当公开。”依此,证券监管机构负有监管公开的义务。

(三)证券监管机构监管权的保障

1. 被监管人的配合义务

《证券法》第173条规定:“国务院证券监督管理机构依法履行职责,被检查、调查的单位和个人应当配合,如实提供有关文件和资料,不得拒绝、阻碍和隐瞒。”该规定确立了被监管人的配合义务。为保障该义务的履行,《证券法》对违反该义务的行为明确规定了行政责任与刑事责任。该法第218条规定:“拒绝、阻碍证券监督管理机构及其工作人员依法行使监督检查、调查职权,由证券监督管理机构责令改正,处以十万元以上一百万元以下的罚款,并由公安机关依法给予治安管理处罚。”该法第219条规定:“违反本法规定,构成犯罪的,依法追究刑事责任。”

2. 信息共享机制

《证券法》第175条第1款规定:“国务院证券监督管理机构应当与国务院其他金融监督管理机构建立监督管理信息共享机制。”该规定确立了信息共享机制。

3. 有关部门配合检查或调查的义务

《证券法》第175条第2款规定:“国务院证券监督管理机构依法履行职责,进行监督检查或者调查时,有关部门应当予以配合。”证券监管机构在进行监督检查或调查时,可能会牵涉相关部门,需要得到这些部门的配合与协助,才能切实执行监管职权。

4. 跨境监管合作机制

《证券法》第177条第1款规定:“国务院证券监督管理机构可以和其他国家或者地区的证券监督管理机构建立监督管理合作机制,实施跨境监督管理。”其第2款规定:“境外证券监督管理机构不得在中华人民共和国境内直接进行调查取证等活动。未经国务院证券监督管理机构和国务院有关主管部门同意,任何单位和个人不得擅自向境外提供与证券业务活动有关的文件和资料。”在证券市场日益国际化的背景下,各国普遍高度重视跨境监管合作。中国证监会于1995年7月加入了证监会国际组织(IOSCO),是亚太地区委员会的正式会员。自1998年以来,中国证监会连续当选为执行委员会的成员,并于2009年2月被批准加入技术委员会。

第三节 证券业协会

一、证券业协会的概念和地位

证券业协会,是指依法设立的旨在对证券业进行自律性管理的具有法人资格的非政府组织。该机构在各个国家及地区的称谓不尽相同,如美国、韩国称证券商协会,英国称证券业理事会,法国称证券经纪人协会,中国台湾地区称证券业同业公会,中国、日本称证券业协会。

《证券法》第164条第2款规定:“证券公司应当加入证券业协会。”依此,证券业协会是任何证券公司均须加入的法定组织。这样,既能减轻国家证券监管机构的工作总量与负担,降低行政成本,又能促使证券公司由消极被动接受管理转向积极主动地进行自我约束与规范。[2]

我国《证券法》在设计证券监管体制时,充分肯定了证券市场的自律性功能,体现了充分发挥市场自我调控功能的立法宗旨。该法第164条第1款规定:“证券业协会是证券业的自律性组织,是社会团体法人。”《中国证券业协会章程》第1条则明确规定,中国证券业协会是依据《中华人民共和国证券法》和《社会团体登记管理条例》的有关规定设立的证券业自律性组织,是非营利性社会团体法人。这些规定肯定了1990年以来试行的以证券交易所和证券经营机构组织——证券业协会为核心的证券市场自律性监管体系,[3]奠定了我国证券业协会的自律型监管组织的主体地位。

中国证券业协会成立于1991年8月28日。1999年,按照《证券法》的要求,协会进行了改组,在行业自律方面开始了初步探索。2002年7月,为适应市场发展和证券行业的要求,协会召开了第三次会员大会,修订并完善了章程等一系列自律规则,初步建立起行业自律的框架。

二、证券业协会的职责

依《证券法》第166条之规定,证券业协会履行下列职责:

1. 教育和组织会员及其从业人员遵守证券法律、行政法规,组织开展证券行业诚信建设,督促证券行业履行社会责任。此即法制教育职责。证券业协会一般通过举办各种形式的学习讲座来进行法制教育。

2. 依法维护会员的合法权益,向证券监督管理机构反映会员的建议和要求。

3. 督促会员开展投资者教育和保护活动,维护投资者合法权益。

4. 制定和实施证券行业自律规则,监督、检查会员及其从业人员行为,对违反法律、行政法规、自律规则或者协会章程的,按照规定给予纪律处分或者实施其他自律管理措施。

5. 制定证券行业业务规范,组织从业人员的业务培训。

6. 组织会员就证券行业的发展、运作及有关内容进行研究,收集整理、发布证券相关信息,提供会员服务,组织行业交流,引导行业创新发展。

7. 对会员之间、会员与客户之间发生的证券业务纠纷进行调解。该调解属于民间调解,若当事人对调解不满意,可依法提起诉讼或仲裁。

8. 证券业协会章程规定的其他职责。

思考题

1. 简述证券监管体制的类型。
2. 简述国务院证券监管机构的性质。

---

〔2〕 参见罗培新、卢文道等:《最新证券法解读》,北京大学出版社2006年版,第312页。

〔3〕 参见刘鸿儒:《中国证监会成立前后》,载范永进、强纪英主编:《回眸中国股市:1984—2000年》,上海人民出版社2001年版,第5页。

3. 简述国务院证券监管机构可采取的监管措施。
4. 简述对证券监管机构监管权的制约措施。
5. 简述对证券监管机构监管权的保障措施。
6. 简述证券业协会的职责。

第二十一章　证券法律责任制度

导读

- 在证券发行、交易及其相关证券活动中，相关主体的违法行为，直接给他人造成损失的，应负民事责任。证券民事责任包括证券违约责任与证券侵权责任。在证券市场中，证券违法行为主要表现为虚假陈述、内幕交易、操纵市场、欺诈客户，这些行为被统称为证券欺诈行为，其民事责任承担方式主要为损害赔偿。
- 我国证券法对不同的虚假陈述行为人的民事责任归责原则与责任承担方式作了不同规定：发行人、上市公司承担无过错责任；发行人、上市公司的董事、监事、高级管理人员和其他直接责任人员承担过错推定责任下的连带责任；保荐人、承销的证券公司承担过错推定责任下的连带责任；发行人、上市公司的控股股东、实际控制人承担过错责任下的连带责任。
- 内幕交易已成为各国证券法所普遍规制的重要内容。不过，有些国家严格管制内幕交易，不但扩大其含义与适用范围，更对内幕交易人施加严厉的法律责任；有些国家则采取相对宽松的态度，对内幕交易的含义及范围加以适当限定，从而使各国内幕交易制度表现出不同特点。
- 1934 年《美国证券交易法》开启了禁止市场操纵的立法先河后，禁止市场操纵规则逐渐为世界各国证券法所确认。按照不同标准，可以对操纵市场行为划分为不同类型。依我国《证券法》第 55 条第 1 款之规定，操纵市场的行为包括以下四种类型：连续交易操纵、相对委托、冲洗买卖、其他操纵市场行为。
- 我国证券法正式确立了欺诈客户民事赔偿责任。但证券公司所应承担赔偿责任究竟属于违约责任还是侵权责任，理论界有不同认识。对此，应认为欺诈客户损害赔偿责任构成违约责任与侵权责任的竞合。

第一节　证券法律责任制度概述

一、证券法律责任体系概述

民事责任、行政责任与刑事责任是法律责任的三种基本形式。证券法律责任也包括这三种基本责任形式。在对证券违法行为的处置中，民事责任、行政责任和刑事责任各自起着不可或缺的作用。只有这三种责任形式相互配合，构成完整、严密的证券法律责任体系，才能有效调整证券法律关系、防范证券违法行为、维护证券市场秩序、保护投资者合法权益。

在证券发行、交易、监督、管理及其他相关活动中，违反证券法律法规规范的规定，但未构成犯罪的，一般应当追究行政责任，给予行政处罚。行政责任是对违反证券市场管理秩序行为的惩戒，重在纠正行为人的不当行为，恢复正常的交易环境。各国证券法大多都对证券违法行为的行政责任作明确规定，且行政责任基本上覆盖所有证券违法行为，在证券法律责任体系中处于核心地位。我国《证券法》的法律责任体系也以行政责任为中心，对各种证券违法行为的行政责任作了具体细致的规定。不过，《证券法》改变了行政责任、刑事责任一并规定的做法，大大增强了行政责任，相应增强了民事责任，同时将刑事责任统一留给《刑法》规定，在责任体系上保持了较为合理的平衡。

我国《证券法》在“法律责任”一章中对证券违法行为的行政处罚和行政处分措施作了具体细致的规定。其具体形式有：责令停止发行、退还所募资金和加算银行同期存款利息；警告；取消从业资格；取缔违法公开发行证券的合同；吊销营业执照；责令关闭；责令改正；没收违法所得；罚款；不得行使表决权；撤销任职资格；暂停或者撤销业务许可；责令依法处理非法持有的股票；限制股东权利；通知出境管理机关依法阻止违法人员出境；等等。

在证券发行、交易及其相关活动中，违反证券法律规定的行为，给社会秩序、证券市场造成严重危害，给社会公众造成严重损害，构成犯罪的，应当依法追究刑事责任。刑事责任重在打击和遏制证券犯罪行为，剥夺其进一步实施犯罪的条件。对此，《证券法》第 219 条规定：“违反本法规定，构成犯罪的，依法追究刑事责任。”《刑法》则对相关证券犯罪作了较为全面的规定，从而健全了证券市场的法律责任体系，对一些社会危害性极大的违法行为，形成了事前预防、事中制约、事后制裁相结合，民事、行政、刑事责任相衔接的全方面、多层次、立体化的法律控制机制。

在证券法律责任体系中，证券民事责任是直接保护投资者利益的法律制度，因而在证券法教科书中往往仅就证券民事责任加以阐述。本书亦如此。

二、证券民事责任的概念与性质

在证券发行、交易及其相关证券活动中，相关主体的违法行为，直接给他人造成损失的，应负民事责任。证券民事责任重在消除证券违法行为的损害后果，使侵害人与受害人之间已经失衡的利益关系得以恢复原状，使投资者的利益得到救济。证券民事责任包括证券违约责任与证券侵权责任。

合同关系是证券发行、证券交易及相关证券服务中的基本民事法律关系，主要包括证券保荐合同关系、证券承销合同关系、证券交易委托合同关系、证券上市合同关系、证券服务合同关系等。对证券合同的违背，即构成证券违约责任。我国《证券法》在相关条款中对违反证券合同的违约责任作了规定，本书也在相关章节作了阐述。鉴于一般意义上的证券民事责任系指证券欺诈民事责任，且违反证券合同（不包括存在证券合同关系的证券欺诈行为）的民事责任的法律关系较为明确，故本书以下部分对此不予展开。

在证券市场中，证券违法行为主要表现为虚假陈述、内幕交易、操纵市场、欺诈客户，这些行为被统称为证券欺诈行为，其民事责任承担方式主要为损害赔偿。关于证券欺诈民事责任的性质，法学界主要有以下三种观点：

1. 侵权责任说。该说认为，证券欺诈行为的民事责任为侵权损害赔偿责任。这是目前理论界与实务界的通说。[1] 在相关规定上,多数国家和地区虽未明确将证券欺诈民事责任界定为侵权责任,但显然是基于侵权责任而作规定。我国台湾地区"证券交易法"也基本上是以侵权责任作为证券欺诈责任的基础。[2] 我国《证券法》及2002年1月15日发布的最高人民法院《关于受理证券市场因虚假陈述引发的民事侵权纠纷案件有关问题的通知》也均以侵权责任为基础。[3] 在采取违约责任与侵权责任竞合模式的英美法系国家,也表现出明显的以侵权法模式替代合同法模式的趋势,因为这更能威慑侵权人,实现净化市场和保护投资者的功能。[4]

2. 特定情形下违约责任与侵权责任竞合说。该说认为,证券欺诈民事责任在一定条件下是侵权责任与违约责任的竞合,而大多数情况下只是一种侵权责任。我国民法关于责任竞合的规定赋予当事人选择诉由的权利。在证券发行的欺诈行为,即证券发行人、承销人和其他中介机构基于过错违反证券发行规则,在公开披露的证券招募说明书及其他法定披露文件中的虚假陈述,或者基于内幕信息而认购证券的行为,就构成被英美法系国家视为"最高诚信合同"的招募说明书的违背,从而构成违约责任。[5] 该证券欺诈行为同时构成对证券法法定义务的违反,故应构成违约责任与侵权责任的竞合。在此情形下,可依我国民法之规定,赋予投资者如下诉由选择权:(1)主张发行人欺诈而撤销合同,而后主张缔约过失责任;(2)提起基于发行人不适当履行义务的违约之诉;(3)提起基于欺诈的侵权之诉。[6] 因此,在证券发行市场中基于对合同的违反而承担的法律责任完全可以直接适用违约责任,只有在证券交易市场中的欺诈行为,因投资者与欺诈行为人不发生直接的合同关系,才应将责任性质限定于侵权责任。因此,总的来说,证券欺诈民事责任主要表现为侵权责任,但在当事人之间存在合同关系的情况下,则存在侵权责任与合同责任竞合的问题。[7] 依此,可解释欺诈客户的法律责任为违约责任与侵权责任相竞合的观点。

3. 法定责任说。除以上两种主导观点外,还有学者将美国证券法关于虚假陈述的民事责任界定为法定责任。该学者认为,从一般意义上讲,民事责任就其本质而言均为法定责任,但此处所谓法定责任具有特定含义,即通过立法的方式明确规定虚假陈述民事责任的具体制度与适用,而不再通过合同法或侵权责任法进行推导。由于合同法和侵权责任法中,民事责任的产生必须依照合同法或侵权责任法的一般责任规则进行推导,在此过程中必须证明诸如信赖关系、因果关系、主观心理状态等要素的存在,将导致证券欺诈民事责任的适用成本极高。法定责任则可以在相当程度上超越现有救济方法的一般规定,通过减轻举证责任,在合理范围内扩张民事救济的适用。而在合同法和侵权责任法一般规则下,这种较为容易实现的救济却很

---

〔1〕 参见周友苏主编:《新证券法论》,法律出版社2007年版,第626~633页;李东方主编:《证券法学》,中国政法大学出版社2007年版,第402~407页;郭俊秀、蒋进:《证券法》,厦门大学出版社2004年版,第153页;王利明:《论证券法中民事责任制度的完善》,载《法学研究》2001年第4期;赵万一主编:《证券法学》,中国法制出版社1999年版,第426页。

〔2〕 参见曾宛如:《证券交易法原理》(2006年修订版),台北,元照出版有限公司2006年版,第236页。

〔3〕 有学者认为,欺诈客户的法律责任属于违约责任与侵权责任的竞合。参见叶林:《证券法》(第二版),中国人民大学出版社2006年版,第313页。

〔4〕 参见陈洁:《证券民事赔偿制度的法律经济分析》,中国法制出版社2004年版,第37~38页。

〔5〕 参见于莹:《证券法中的民事责任》,中国法制出版社2004年版,第36页。

〔6〕 参见陈洁:《证券民事赔偿制度的法律经济分析》,中国法制出版社2004年版,第42页。

〔7〕 参见于莹:《证券法中的民事责任》,中国法制出版社2004年版,第45页;陈洁:《证券欺诈侵权损害赔偿研究》,北京大学出版社2002年版,第39~40页。

难实现。可以说，法定民事责任的产生，才使信息披露民事责任制度真正具备了提供损害赔偿救济的现实基础。美国证券法的发展过程，就呈现明显的法定责任扩张趋势。[8] 不过，就法律责任性质的划分而言，将证券欺诈民事责任称为法定责任，仅在英美法系国家具有意义。

事实上，在大陆法系国家，民事责任分为违约责任、侵权责任与缔约过失责任，所谓具有归责原则与举证责任分配规则上特殊性的法定责任，只不过是一种存在违约责任与侵权责任相竞合且具有特殊规则的特殊侵权责任而已，并不能成为一种独立的法律责任。至于侵权责任说与特定情形下违约责任与侵权责任竞合说，两者之间实际上仅存在分析视角上的差异，前者是基于证券法所明确规定的模式所作分析，后者则将民法的一般规则加以运用。从司法实践来看，各国大多倾向于以侵权责任寻求证券欺诈的救济，但并不排除在存在合同的情况下，由当事人自由选择诉由的权利。因此，在此意义上讲，侵权责任说与特定情形下违约责任与侵权责任竞合说，没有本质差异。就我国而言，《证券法》固然基本上是以侵权责任作为证券欺诈责任的基础模式，但也在欺诈客户的民事责任的规定中包含了对违约责任的认可。即使《证券法》未作此规定，也不能排除违约责任的适用问题，因为民法的一般规定理所当然地应适用于当事人之间具有合同关系的证券欺诈行为。令人遗憾的是，2002 年最高人民法院《关于受理证券市场因虚假陈述引发的民事侵权纠纷案件有关问题的通知》却仅规定了侵权责任，似乎将违约责任排除了。不过，从理论上讲，这不应构成对我国证券欺诈民事责任性质认定的障碍。

第二节　证券欺诈行为的法律责任

一、虚假陈述的法律责任

（一）虚假陈述的含义

证券市场虚假陈述，也称不实陈述，是指信息披露义务人违反证券法律规定，在证券发行或者交易过程中，对重大事件作出违背事实真相的虚假记载、误导性陈述，或者在披露信息时发生重大遗漏、不正当披露信息的行为。[9] 对于重大事件，应当结合《证券法》相关规定的内容认定。《证券法》第 80 条、第 81 条均有关于重大事件的规定。各国立法例也采取类似模式，均以“重大信息”（或“有关信息”“主要内容”等概念）作为判断虚假陈述的主要依据。其含义为理性投资者进行投资判断时有重大影响的信息或事件。重大性主要是指对证券价格影响的重大性。凡是对证券价格有重大影响的事件、事项或信息，都具有重大性。

虚假陈述的行为人为证券信息披露义务人，包括证券发行人、上市公司、证券承销商、证券上市保荐人、会计师事务所、律师事务所、资产评估机构等专业中介服务机构以及其他机构。对证券信息披露质量起关键作用的相关组织或个人，也负有确保信息披露真实、准确、完整的义务，他们虽非直接的信息披露义务人，但应对虚假陈述承担法律责任。如《证券法》第 85 条规定：“信息披露义务人未按照规定披露信息，或者公告的证券发行文件、定期报告、临时报告

---

〔8〕 参见齐斌：《证券市场信息披露法律监管》，法律出版社 2000 年版，第 265 ~ 271 页。

〔9〕 参见 2003 年 1 月 9 日发布的《虚假陈述规定》第 17 条第 1 款。

及其他信息披露资料存在虚假记载、误导性陈述或者重大遗漏,致使投资者在证券交易中遭受损失的,信息披露义务人应当承担赔偿责任;发行人的控股股东、实际控制人、董事、监事、高级管理人员和其他直接责任人员以及保荐人、承销的证券公司及其直接责任人员,应当与发行人承担连带赔偿责任,但是能够证明自己没有过错的除外。”因此,虚假陈述责任人不仅包括信息披露义务人,还包括对信息披露承担法律责任的其他主体。此外,虽不负有证券法上的信息披露义务,但实际实施了虚假陈述的相关机构或个人,也应作为虚假陈述行为人而承担虚假陈述法律责任。依 2003 年《虚假陈述规定》第 7 条之规定,虚假陈述证券民事赔偿案件的被告,应当是虚假陈述行为人,包括以下类型:(1)发起人、控股股东等实际控制人;(2)发行人或者上市公司;(3)证券承销商;(4)证券上市保荐人(原规定为上市推荐人);(5)会计师事务所、律师事务所、资产评估机构等专业中介服务机构;(6)上述第(2)(3)(4)项所涉单位中负有责任的董事、监事和经理等高级管理人员以及第(5)项中直接责任人;(7)其他作出虚假陈述的机构或者自然人。

(二)虚假陈述的归责原则与责任承担方式

我国证券法对不同的虚假陈述行为人的民事责任归责原则与责任承担方式作了不同规定。

1. 信息披露义务人承担无过错责任。依我国《证券法》第 85 条之规定,信息披露义务人应对虚假陈述民事赔偿责任承担无过错责任。根据《证券法》第 78 条第 1 款之规定,此处所谓信息披露义务人,指的是发行人及法律、行政法规和国务院证券监督管理机构规定的其他信息披露义务人。根据 2003 年《虚假陈述规定》第 21 条第 1 款的规定,信息披露义务人包括发行人的发起人。[10] 美国、日本以及我国台湾地区也都规定发行人(含上市公司)承担严格责任(无过错责任)。英国、德国则规定,发行人与其他虚假陈述行为人一样,都承担过错推定责任。[11]

2. 发行人的控股股东、实际控制人、董事、监事、高级管理人员和其他直接责任人员以及保荐人、承销的证券公司及其直接责任人员,承担过错推定责任下的连带责任。

二、内幕交易的法律责任

(一)内幕交易概述

内幕交易(insider trading/insider dealing),又称内部人交易、知情人交易,是指证券交易内幕信息的知情人和非法获取内幕信息的人利用内幕信息从事证券交易以获取利益或减少损失的行为。各国立法与理论界均未形成较为统一的内幕交易定义。[12]

内幕交易的历史几乎可追溯到证券交易的伊始,但直到 1934 年《美国证券交易法》首开禁止包括内幕交易在内的各种证券欺诈行为的立法先河以后,其规制内幕交易的价值才逐渐获得各国监管机构的重视。如今,内幕交易已成为各国证券法所普遍规制的重要内容。[13] 不过,有些国家严格管制内幕交易,不但扩大其含义与适用范围,更对内幕交易人施加严厉的法律责任;有些国家则采取相对宽松的态度,对内幕交易的含义及范围加以适当限定,从而使各国内

---

〔10〕 2003 年《虚假陈述规定》第 21 条第 1 款规定:“发起人、发行人或者上市公司对其虚假陈述给投资人造成的损失承担民事赔偿责任。”

〔11〕 参见李国光、贾纬编著:《证券市场虚假陈述民事赔偿制度》,法律出版社 2003 年版,第 73 ~ 74、148 页。

〔12〕 参见于莹:《证券法中的民事责任》,中国法制出版社 2004 年版,第 203 页。

〔13〕 参见郑顺炎:《证券内幕交易规制的本土化研究》,北京大学出版社 2002 年版,第 29 ~ 37 页。

幕交易制度表现出不同特点。

我国自证券市场启动之初,就非常注重对内幕交易行为的规制。为了保证证券投资者依赖同样的已公开信息进行证券投资,无论是 1993 年《股票发行与交易管理暂行条例》、1993 年《禁止证券欺诈行为暂行办法》(已失效),还是《证券法》,都将内幕交易作为禁止的交易行为。

(二)内幕信息的范围

内幕信息,是指证券交易活动中,涉及发行人的经营、财务或者对该发行人证券的市场价格有重大影响的尚未公开的信息。[14]

我国《证券法》第 52 条第 2 款规定:"本法第八十条第二款、第八十一条第二款所列重大事件属于内幕信息。"依此,内幕信息包括以下两种类型:

1. 可能对股票的交易价格产生重大影响的内幕信息。依《证券法》第 80 条第 2 款之规定,可能对股票的交易价格产生重大影响的内幕信息包括:(1)公司的经营方针和经营范围的重大变化;(2)公司的重大投资行为,公司在 1 年内购买、出售重大资产超过公司资产总额 30%,或者公司营业用主要资产的抵押、质押、出售或者报废一次超过该资产的 30%;(3)公司订立重要合同、提供重大担保或者从事关联交易,可能对公司的资产、负债、权益和经营成果产生重要影响;(4)公司发生重大债务和未能清偿到期重大债务的违约情况;(5)公司发生重大亏损或者重大损失;(6)公司生产经营的外部条件发生重大变化;(7)公司的董事、1/3 以上监事或者经理发生变动,董事长或者经理无法履行职责;(8)持有公司 5% 以上股份的股东或者实际控制人持有股份或者控制公司的情况发生较大变化,公司的实际控制人及其控制的其他企业从事与公司相同或者相似业务的情况发生较大变化;(9)公司分配股利、增资的计划,公司股权结构的重要变化,公司减资、合并、分立、解散及申请破产的决定,或者依法进入破产程序、被责令关闭;(10)涉及公司的重大诉讼、仲裁,股东大会、董事会决议被依法撤销或者宣告无效;(11)公司涉嫌犯罪被依法立案调查,公司的控股股东、实际控制人、董事、监事、高级管理人员涉嫌犯罪被依法采取强制措施;(12)国务院证券监督管理机构规定的其他事项。

2. 可能对上市交易的公司债券的交易价格产生重大影响的内幕信息。依《证券法》第 81 条第 2 款之规定,可能对上市交易的公司债券的交易价格产生重大影响的内幕信息包括:(1)公司股权结构或者生产经营状况发生重大变化;(2)公司债券信用评级发生变化;(3)公司重大资产抵押、质押、出售、转让、报废;(4)公司发生未能清偿到期债务的情况;(5)公司新增借款或者对外提供担保超过上年末净资产的 20%;(6)公司放弃债权或者财产超过上年末净资产的 10%;(7)公司发生超过上年末净资产 10% 的重大损失;(8)公司分配股利,作出减资、合并、分立、解散及申请破产的决定,或者依法进入破产程序、被责令关闭;(9)涉及公司的重大诉讼、仲裁;(10)公司涉嫌犯罪被依法立案调查,公司的控股股东、实际控制人、董事、监事、高级管理人员涉嫌犯罪被依法采取强制措施;(11)国务院证券监督管理机构规定的其他事项。

(三)内幕交易民事责任主体

内幕交易民事责任主体即内幕交易民事诉讼中的被告。各个国家和地区对此有不同称谓,有的称为内幕人(insider),有的称为内部人。但在法律上,内幕交易民事责任主体并不限于狭义上的内幕人,而是将其扩展到知悉内幕信息的外部人。因此,内幕交易民事责任主体意义

---

〔14〕 参见我国《证券法》第 52 条第 1 款。

上的内幕人指的是广义上的内幕人,即内幕信息公开前直接或者间接获取内幕信息的人,包括自然人和单位。

从理论上讲,知情人应当包括所有知悉内幕信息的人,而不论其身份与获取信息的途径,从而使所有内幕交易民事责任主体均可直接纳入该概念外延之中。依我国《证券法》第 50 条之规定,内幕交易民事责任主体包括“内幕信息的知情人和非法获取内幕信息的人”。显然,该法未将非法获取内幕信息的人纳入知情人范畴,因而知情人概念无法与内幕人概念构成对应关系。因此,在理论与实践中,为方便起见,不妨将“内幕信息的知情人和非法获取内幕信息的人”统称为内幕人。事实上,中国证监会 2007 年于系统内部印发的《证券市场内幕交易行为认定指引(试行)》[15]就采用了内幕人概念。

依我国《证券法》第 51 条之规定,证券交易内幕信息的知情人包括:(1)发行人及其董事、监事、高级管理人员;(2)持有公司 5% 以上股份的股东及其董事、监事、高级管理人员,公司的实际控制人及其董事、监事、高级管理人员;(3)发行人控股或者实际控制的公司及其董事、监事、高级管理人员;(4)由于所任公司职务或者因与公司业务往来可以获取公司有关内幕信息的人员;(5)上市公司收购人或者重大资产交易方及其控股股东、实际控制人、董事、监事和高级管理人员;(6)因职务、工作可以获取内幕信息的证券交易场所、证券公司、证券登记结算机构、证券服务机构的有关人员;(7)因职责、工作可以获取内幕信息的证券监督管理机构工作人员;(8)因法定职责对证券的发行、交易或者对上市公司及其收购、重大资产交易进行管理可以获取内幕信息的有关主管部门、监管机构的工作人员;(9)国务院证券监督管理机构规定的可以获取内幕信息的其他人员。

《证券法》还对内幕人的法定义务作了明确规定。该法第 53 条第 1 款规定:“证券交易内幕信息的知情人和非法获取内幕信息的人,在内幕信息公开前,不得买卖该公司的证券,或者泄露该信息,或者建议他人买卖该证券。”

实务问题

李某自 2004 年 3 月起,担任某股份有限公司董事会秘书。2005 年 11 月起,李某负责该公司收购集团相关资产的工作。在该重大关联交易信息公布之前,李某为获得非法利益,要求其妻以其朋友邓某某、孙某某、刘某某的名义,在某证券公司营业部开立多个资金账户,以网上交易的方式,累计买入该股份有限公司股票 300 万股,涉及金额 2500 万元。待股份公司信息披露后,其妻再按照李某指示,将所有该公司股票卖出,获得人民币 200 余万元。此外,李某还受某企业咨询有限公司委托,凭借其知晓内幕信息的优势,采同样手法低吸高抛,获利 50 余万元。问:李某的行为,是否构成内幕交易?

提示:李某和其妻子都是证券法意义上的内幕人,其利用职务便利获得的公司重大关联交易信息,属于内幕信息。内幕人利用内幕信息从事证券交易以获取利益或减少损失的行为,属于法律禁止的内幕交易,依法应当承担相应的责任。

---

〔15〕 该指引是证券行政执法的指导性文件,仅供中国证监会使用。

（四）内幕交易民事责任的法律适用

1. 内幕交易民事诉讼原告资格的认定

我国证券法未对内幕交易原告资格作出规定，司法实践中也未出现任何内幕交易民事赔偿案例，因而只能从理论上加以分析。对此，可以认为内幕交易民事赔偿原告必须是因内幕交易而直接受到损害的投资者。为确定直接受到损害的投资者，我国应引入“同时交易规则”，并借鉴我国台湾地区相关规定，将原告确定为善意地、同时从事相反买卖的投资者。

2. 内幕交易民事责任因果关系的认定

在内幕交易中，受害人很难证明其损害与内幕交易之间存在因果关系，因此与虚假陈述民事赔偿责任因果关系的认定规则相同，各国大多确立了内幕交易民事责任因果关系推定原则。只要投资者在内幕交易的同时作出反向投资并由此在价格上表现出受到损失，即可推定其损失与内幕交易之间存在因果关系，无须投资者对此证明。当然，如果内幕交易人能够证明投资者的损失确实不是由内幕交易而是由其他原因所导致，则应认定两者之间不存在因果关系。表现在举证责任上，就是“举证责任倒置”。我国应通过司法解释的方式，对内幕交易民事责任因果关系及举证责任作类似于虚假陈述民事责任的规定。

3. 内幕交易损害赔偿的范围与计算方法

我国《证券法》仅对内幕交易损害赔偿作了原则性规定，而未对损害赔偿的范围与计算方法作出规定。该法第 53 条第 3 款规定：“内幕交易行为给投资者造成损失的，应当依法承担赔偿责任。”关于内幕交易损害赔偿的范围与计算方法，可准用关于虚假陈述民事赔偿司法解释的规定。内幕交易民事赔偿责任的范围，以投资者因内幕交易而实际发生的损失为限。投资者实际损失包括：(1)投资差额损失；(2)投资差额损失部分的佣金和印花税。所涉资金利息，自买入至卖出证券日或者基准日，按银行同期活期存款利率计算。

（五）内幕交易的行政责任

我国《证券法》第 191 条对内幕交易的行政责任作了明确规定。依其规定，证券交易内幕信息的知情人或者非法获取内幕信息的人从事内幕交易的，责令依法处理非法持有的证券，没收违法所得，并处以违法所得 1 倍以上 10 倍以下的罚款；没有违法所得或者违法所得不足 50 万元的，处以 50 万元以上 500 万元以下的罚款。单位从事内幕交易的，还应当对直接负责的主管人员和其他直接责任人员给予警告，并处以 20 万元以上 200 万元以下的罚款。国务院证券监督管理机构工作人员从事内幕交易的，从重处罚。

《证券市场内幕交易行为认定指引（试行）》对内幕交易的违法所得及其计算方法作了规定。依其规定，内幕交易的违法所得是指行为人实施内幕交易行为获取的不正当利益，即行为人买卖证券获得的收益或规避的损失。其不正当利益，既可以表现为持有的现金，也可以表现为持有的证券。此处所称持有的证券，是指行为人实际控制的账户所持有的证券。违法所得的计算，应以内幕交易行为终止日、内幕信息公开日、行政调查终结日或其他适当时点为基准日期。违法所得数额的计算，可参考下列公式或专家委员会建议的其他公式：违法所得（获得的收益）= 基准日持有证券市值 + 累计卖出金额 + 累计派现金额 − 累计买入金额 − 配股金额 − 交易费用；违法所得（规避的损失）= 累计卖出金额 − 卖出证券在基准日的虚拟市值 − 交易费用。此处所称交易费用，是指已向国家交纳的税费、向证券公司交付的交易佣金、登记过户费及交易中其他合理的手续费等。

三、操纵市场的法律责任

(一)操纵市场的概念

操纵市场,是指行为人利用其资金、信息等优势或滥用职权,操纵市场,影响或试图影响证券市场价格或证券交易量,制造证券市场假象,诱导或致使投资者在不了解事实真相的情况下作出证券投资,扰乱证券市场秩序的行为。各国立法往往不对操纵市场的定义作出规定,而是明确规定一些行为属于操纵市场的同时,又将其具体判断留给证券监管机构与法院,从而使其成为一个开放的范畴。我国《证券法》也未对操纵市场作明确界定。

操作市场人为地扭曲了证券市场的正常价格,破坏了证券市场的公平竞争秩序。在美国《1934 年证券交易法》开启了禁止市场操纵的立法先河后,禁止市场操纵规则逐渐为世界各国证券法所确认。我国 1993 年《禁止证券欺诈行为暂行办法》(已失效)第 7 条、第 8 条和《证券法》第 55 条都规定了禁止操纵市场行为。为便于对市场操纵行为的监管,中国证监会于 2007 年在内部试行的《证券市场操纵行为认定指引(试行)》,对市场操纵的认定标准作了具体规定。

一般认为,操纵市场具有主观上的故意,过失不构成操纵市场。关于操纵市场的主观目的,美、英、德等主要发达国家均已放弃了对市场操纵必须以谋取利益为目的的要求,我国《证券法》在 2005 年修订时也删除了旧法所规定的"获取不正当利益或者转嫁风险"。在我国证券实践中,一些在市场上造成恶劣影响的操纵市场案件就是因为行为人转移了利润,制造了账面亏损而无法认定其"以谋取不正当利益或转嫁风险为目的",最终无法认定构成操纵市场行为。因此,我国现行《证券法》删除了关于操纵市场行为的主观目的要件。但操纵市场行为作为证券欺诈行为之一种,行为人仍应具备诱导或致使投资者在不了解事实真相的情况下做出证券投资的主观意图。

在客观方面,操纵市场行为主要通过证券交易手段实施,也直接作用于证券交易市场,但操纵市场本身并不限于证券交易行为,还包括影响证券交易外的制造与证券市场有关的虚假现象的行为。对此,我国《证券法》第 55 条未对此作明确规定,但"操纵证券市场的其他手段"以兜底规定的方式解决了这一问题。

(二)操纵市场的行为类型

按照不同标准,可以对操纵市场行为划分为不同类型。依我国《证券法》第 55 条第 1 款之规定,操纵市场的行为包括以下四种类型。

1. 连续交易操纵

连续交易操纵,又称连续买卖,是指行为人单独或者通过合谋,集中资金优势、持股优势或者利用信息优势联合或者连续买卖,操纵证券交易价格或者证券交易量的行为。连续交易操纵发生证券权利移转,属于真实买卖。其构成要件如下:

(1)利用优势。证券交易中的优势包括资金优势、持股优势及信息优势。利用资金优势与持股优势是连续交易的常态,利用信息优势则发生与内幕交易竞合的问题。《证券市场操纵行为认定指引(试行)》对资金优势、持股优势及信息优势的具体认定标准作了明确规定。

(2)连续交易。连续交易操纵所要求的连续交易的次数,各个国家及地区多不作明确规定,理论上与实践中均有差异。美国证交会认为有三次交易记录即构成连续交易,中国台湾地区理论与实务中均认为两次交易记录即可构成交易的连续性。连续交易并不限于同一日进行,也不论是否有第三人之交易介入,只要在社会通常观念上认为其具有连续性即可。[16]

(3)操纵证券交易价格或者证券交易量的程度。美、日等国证券法以连续交易造成对证券交易价格的影响或证券交易活跃的假象作为构成连续交易操纵的要件。一般认为,应衡量各种情况后加以综合判断。至于证券交易价格波动的确认标准则较为明确,即因连续交易造成市场价格产生了变动即可,并无刚性的波动幅度要求。但在实践中,被认定为构成连续交易操纵的,其所操纵的证券价格波动幅度一般都比较大。[17] 我国1998年《证券法》仅规定"操纵证券交易价格"构成连续交易操纵,现行《证券法》则将其修订为"操纵证券交易价格或者证券交易量"。

2. 相对委托

相对委托,又称对敲、约定交易操纵,是指行为人与他人串通,以事先约定的时间、价格和方式相互进行证券交易,影响证券交易价格或者证券交易量的行为。依此,相对委托构成要件如下:

(1)必须存在两方以上相互串通的行为人。如果行为人之间没有相互串通的意思联络,客观上偶然形成的构成对应关系的证券买卖,不能构成相对委托。

(2)必须是同种证券的相互买卖。若证券品种不同,将无法构成对交易价格或交易数量的实质影响。

(3)必须是交易时间与交易价格具有相似性的反向交易。只有相互串通的行为人的反向交易在交易时间与交易价格上具有相似性,才可能构成使各自权利不发生实质性变动的相对委托。美国证券法力图简化客观要素,不考虑价格上的一致性,仅时间上相近即可,中国台湾地区"证券交易法"则要求具有时间与价格上的相似性。《证券市场操纵行为认定指引(试行)》也对此作了具体规定。依其规定,约定的时间,是指2个以上行为人约定的进行交易的时间。买入申报和卖出申报在时间上相近,就可以构成约定交易的时间要件的充分条件;约定的价格,是指2个以上行为人约定的进行交易的申报价格。买入申报和卖出申报在价格上相近,就可以构成约定交易的价格要件的充分条件;约定的方式,是指2个以上行为人约定的进行交易的申报数量和买卖申报方向。买入申报和卖出申报在数量上相近,就可以构成约定交易的申报数量要件和买卖申报方向要件的充分条件。

3. 冲洗买卖

冲洗买卖,又称洗售、自买自卖操纵,是指行为人在自己实际控制的账户之间进行证券交易,影响证券交易价格或者证券交易量的行为。依《证券市场操纵行为认定指引(试行)》之规定,自己实际控制的账户,是指行为人具有管理、使用或处分权益的账户,主要包括下列账户:(1)行为人以自己名义开设的实名账户;(2)行为人以他人名义开设的账户;(3)行为人虽然不是账户的名义持有人,但通过投资关系、协议或者其他安排,能够实际管理、使用或处分的他人账户。在实际操作上,冲洗买卖通常由同一行为人同时委托两家证券公司作同一证券的价格相同、数量相同、方向相反的买卖。

应将冲洗买卖与操作方式相似的其他证券交易行为区别开来。证券公司将不同投资者对

---

〔16〕 参见陈洁:《证券欺诈侵权损害赔偿研究》,北京大学出版社2002年版,第191页。

〔17〕 参见于莹:《证券法中的民事责任》,中国法制出版社2004年版,第272页。

同一证券的买进和卖出委托同时向证券交易所申报,并使证券正常成交与交割,属于交叉委托,并不违法,当然也不属于冲洗买卖。证券公司将相反委托不经证券交易所而私自撮合成交,称为“对冲”,虽系违法行为,但不构成冲洗买卖。证券公司对投资者的委托自己作出相反交易,称为混合操作,属于欺诈客户。[18]

4. 其他操纵市场行为

其他操纵市场行为,是证券法对操纵市场行为类型的兜底性规定,一般是指通过散布不实信息操纵市场的行为。依《证券市场操纵行为认定指引(试行)》之规定,其他操纵市场行为主要包括以下五种类型:[19](1)蛊惑交易操纵,是指操纵市场的行为人故意编造、传播、散布虚假重大信息,误导投资者的投资决策,使市场出现预期中的变动而自己获利。(2)抢先交易操纵,是指行为人对相关证券或其发行人、上市公司公开作出评价、预测或者投资建议,自己或建议他人抢先买卖相关证券,以便从预期的市场变动中直接或者间接获取利益的行为。(3)虚假申报操纵,是指行为人持有或者买卖证券时,进行不以成交为目的的频繁申报和撤销申报,制造虚假买卖信息,误导其他投资者,以便从期待的交易中直接或间接获取利益的行为。(4)特定价格操纵,是指行为人通过拉抬、打压或者锁定手段,致使相关证券的价格达到一定水平的行为。(5)特定时段交易操纵,具体分为尾市交易操纵和开盘价格操纵。尾市交易操纵,是指在收市阶段,通过拉抬、打压或者锁定等手段,操纵证券收市价格的行为。开盘价格操纵,是指在集合竞价时段,通过抬高、压低或者锁定等手段,操纵开盘价的行为。

应当注意的是,操作市场行为的行为人必须具备诱导或致使投资者在不了解事实真相的情况下做出证券投资的主观意图,因此在缺乏该主观意图的情况下,编造、传播虚假信息或作出信息误导的行为不能视为“以其他手段操纵证券市场”。依此,《证券法》第 56 条应理解为对“禁止的交易行为”的特别规定。[20] 从法律条款的安排上看,该条既未纳入虚假陈述的范畴,也未纳入操纵市场的范畴,而是作为一种与操纵市场较为接近的禁止行为在关于操纵市场的规范之后予以规定。该法也未对违背该规定的行为规定民事赔偿责任,显然表现出完全不同于证券欺诈行为的立法态度。

(三)操纵市场民事责任的法律适用

我国《证券法》仅对操纵市场民事责任作了原则性规定,而未对其具体适用规则作出规定。该法第 55 条第 2 款规定:“操纵证券市场行为给投资者造成损失的,应当依法承担赔偿责任。”从理论上讲,关于操纵市场民事责任的法律适用规则,可准用关于虚假陈述民事赔偿司法解释的规定。2007 年《全国民商事审判工作会议纪要》也已解决了该问题。

(四)操纵市场的行政责任

我国《证券法》第 192 条对操纵市场的行政责任作了明确规定。依其规定,违反证券法规定,操纵证券市场的,责令依法处理其非法持有的证券,没收违法所得,并处以违法所得 1 倍以

〔18〕 参见于莹:《证券法中的民事责任》,中国法制出版社 2004 年版,第 260 页。

〔19〕 参见邵刚、冯勉:《证监会定义连续交易操纵等市场操纵八宗罪》,载《上海证券报》2007 年 9 月 7 日。

〔20〕 该条第 1 ~ 3 款规定:“禁止任何单位和个人编造、传播虚假信息或者误导性信息,扰乱证券市场。禁止证券交易场所、证券公司、证券登记结算机构、证券服务机构及其从业人员,证券业协会、证券监督管理机构及其工作人员,在证券交易活动中作出虚假陈述或者信息误导。各种传播媒介传播证券市场信息必须真实、客观,禁止误导。传播媒介及其从事证券市场信息报道的工作人员不得从事与其工作职责发生利益冲突的证券买卖。”

上10倍以下的罚款；没有违法所得或者违法所得不足100万元的，处以100万元以上1000万元以下的罚款。单位操纵证券市场的，还应当对直接负责的主管人员和其他直接责任人员给予警告，并处以50万元以上500万元以下的罚款。

四、欺诈客户的法律责任

（一）欺诈客户的概念

依我国《证券法》第57条第1款之规定，禁止证券公司及其从业人员从事下列损害客户利益的欺诈行为：(1)违背客户的委托为其买卖证券；(2)不在规定时间内向客户提供交易的确认文件；(3)未经客户的委托，擅自为客户买卖证券，或者假借客户的名义买卖证券；(4)为牟取佣金收入，诱使客户进行不必要的证券买卖；(5)其他违背客户真实意思表示，损害客户利益的行为。

（二）欺诈客户民事责任的法律适用

我国《证券法》第57条第2款规定："违反前款规定给客户造成损失的，应当依法承担赔偿责任。"依此，我国证券法正式确立了欺诈客户民事赔偿责任。但证券公司所应承担赔偿责任究竟属于违约责任还是侵权责任，理论界有不同认识。对此，应认为，因欺诈客户行为客观上违反了证券公司所负合同义务，故应构成违约责任；但鉴于欺诈客户行为系证券法所明令禁止的行为，欺诈客户本身也应构成违反法定义务，故同样构成侵权责任。因此，应认为欺诈客户损害赔偿责任构成违约责任与侵权责任的竞合。在实践中，2007年《全国民商事审判工作会议纪要》也为法院对欺诈客户损害赔偿案件的立案扫清了障碍。

（二）欺诈客户的行政责任

我国《证券法》第194条对欺诈客户的行政责任作了明确规定。依其规定，证券公司及其从业人员违反证券法关于欺诈客户的规定，有损害客户利益的行为的，给予警告，没收违法所得，并处以违法所得1倍以上10倍以下的罚款；没有违法所得或者违法所得不足10万元的，处以10万元以上100万元以下的罚款；情节严重的，暂停或者撤销相关业务许可。

思考题

1. 试析证券欺诈民事责任的性质。
2. 简述虚假陈述的归责原则与责任承担方式。
3. 简述内幕交易损害赔偿的范围与计算方法。
4. 简述操纵市场的行为类型。
5. 简述欺诈客户民事责任的法律适用。

第四编　破　产　法

第二十二章　破产法概述

导读

- 现代意义上的破产包括破产清算程序、破产和解程序与破产重整程序。
- 破产法律制度的作用也正是破产法的立法目的所在。破产法的立法目的可概括为以下四个方面:规范破产程序、公平清理债权债务、保护债权人和债务人的合法权益、维护市场经济秩序。
- 各国破产法在适用范围、破产程序的启动、破产原因的立法模式、破产财产的构成、破产宣告的效力等方面采用了不同的立法准则,因而呈现不同的立法体例。其主要分类包括:按照破产法适用范围的不同,可将破产法的立法体例分为商人破产主义、一般破产主义与折中主义;按照破产程序启动方式的不同,可将破产法的立法体例分为职权主义与申请主义;按照破产程序目的的不同,可将破产法的立法体例分为清算主义与再建主义。

第一节　破产与破产法的概念及立法目的

一、破产的概念

破产的概念在不同语境中有不同含义。在日常生活中,破产常被用于指称债务人不能清偿其到期债务的事实状态,而不论是否因此进入破产法律程序。一般所谓破产,是指法律意义上的破产,具体包括狭义和广义两种含义。狭义上的破产,特指清算型破产,它是指当债务人不能清偿到期债务时,由法院根据债权人或债务人的申请,依法宣告债务人破产,并将其全部财产公平分配给全体债权人的清算程序。广义上的破产,则指预防型破产,它是指当债务人不能清偿到期债务时,由法院根据当事人的申请,对债务人实施的挽救性程序以及就债务人的全部财产实行的概括性清算程序的统称。它是由破产清算程序与破产和解、破产重整等预防性程序共同构成的一个统一的破产法律制度体系。清算型破产以破产清算为唯一目的,预防型破产则以破产预防为主要目的,以破产清算为次要目的。传统意义上的破产系就狭义而已,现代意义上的破产则系就广义而言,二者以1886年比利时的《预防破产之和解制度》为时间上的分界线。[1] 除非另有说明,本书也是从广义上使用破产概念。

就制度源流而言,破产制度源于古代欧洲,但理论界对其具体时间有不同认识。有人认

〔1〕 参见汤维建:《破产概念新说》,载《中外法学》1995年第3期。

为,它源于古罗马的《十二铜表法》,有人认为它源于古巴比伦王国的《汉穆拉比法典》。作为一项较完整的破产制度,可认为是以罗马法为摇篮的。然而,《十二铜表法》与《汉穆拉比法典》中虽有类似于破产清算的规定,但既未确立"破产"的概念,也未形成严格意义上的破产制度。即使到古罗马晚期,其"概括执行"(cessio bonorum)制度,与现代破产制度较为接近,但仍未称之为"破产"。所以,在罗马法时期,"破产"概念尚未出现。我国学者曾普遍认为,"破产"一词乃源于拉丁语"falletux",意思为"失败"(failure)。[2] 这种语焉不详的所谓"考证",在学者中间长期地被相沿不疑。西方国家的学者则普遍认为,在词源上,"破产"(bankruptcy)一词源于14世纪意大利语"banca rotta",直译为"被砸烂的板凳"(broken bench),意译为"摊位被毁"。该词源于中世纪后期(14世纪)意大利商业城市的商人习惯法。当时,商人们在市中心交易市场各有象征交易席位的板凳(banca)。当某个商人不能偿付到期债务时,其债权人就按照惯例砸烂其板凳,以明示其资不抵债。这一商人习惯法逐渐发展成为破产法律制度。[3] 该观点逐渐为我国学者所接受,如今也已成为我国法学界的通说。

在我国,经济意义上的"破产"也古已有之,但法律意义上的"破产"则在近代以后才由西方传播而来。

随着破产制度从单一的传统的破产清算程序发展为现代破产制度,即包括破产清算程序与破产和解、破产重整等预防性程序的统一的破产法律制度体系,在国外立法中,破产概念也发生了变化。在英美法系国家,"bankruptcy"一词仍被保留,但仅指传统的破产清算程序,广义上的"破产"概念则由"insolvency"(支付不能)表示。[4] 1877年《德国破产法》经1994年重大修订后,原法的"破产"一词也由"Konkurs"替换为"Insolvenz"(支付不能),[5]在内容上也在破产清算程序的基础上增加了重整程序与余债免除制度。[6] 在日本法上,为区分狭义与广义上的破产概念,分别采用了"破产"与"倒产"的概念。[7] 联合国国际贸易法委员会(United Nations Commission on International Trade Law,UNCITRAL)于2004年6月25日通过的《破产法立法指南》(Legislative Guide on Insolvency Law)也采用了"insolvency"概念。[8] 我国2006年《企业破产法》则在该法的名称及某些概念上直接在广义上使用"破产"概念的同时,又在某些概念上将"破产"概念限定于破产清算程序之中。

---

〔2〕 参见柴发邦主编:《破产法教程》,法律出版社1990年版,第1页。

〔3〕 参见汤维建:《破产概念新说》,载《中外法学》1995年第3期。

〔4〕 See Bryan A. Garner, *Black's Law Dictionary*, West Publishing Co. 1999, Seventh Edition., p. 141, 799.

〔5〕 参见《德国支付不能法》,杜景林、卢谌译,法律出版社2002年版,译者前言,第1~2页。

〔6〕 参见李飞主编:《当代外国破产法》,中国法制出版社2006年版,第5~6页。

〔7〕 参见韩长印主编:《破产法学》,中国政法大学出版社2007年版,第2页。

〔8〕 《破产法立法指南》旨在帮助确立高效和有效的法律框架,以处理债务人的财务困难,意在由国家当局和立法机构在拟订新法律规章或审查现有法律规章是否适当时用作参考。《破产法立法指南》中提供的建议希望在以下两者之间实现平衡:一方面是需要尽量迅速和高效地处理债务人的财务困难;另一方面是财务困难直接涉及的各当事方和债务人业务中所涉及债权人和其他当事方的利益以及公共政策方面的关切。《破产法立法指南》处理有效和高效的破产法核心问题,帮助读者评估可以采用的不同立法,并选择最适合本国或当地情况的立法。参见联合国国际贸易法委员会编著:《破产法立法指南》,载联合国国际贸易法委员会官方网站(http://www.uncitral.org),最后访问日期:2008年5月8日。

二、破产法的概念

与破产概念存在狭义与广义上的区别相适应，破产法也有狭义与广义之分。狭义上的破产法，是指在债务人出现破产原因时，宣告其破产并对债务人的全部财产进行清算的法律制度的总称；广义上的破产法，则是指在债务人出现破产原因时，宣告其破产并对债务人的全部财产进行清算或者为避免债务人进入破产清算程序所建立起来的破产预防法律制度的总称。因此，一般所谓破产法，是就实质意义上的破产法而言，而不仅仅限于形式意义上的破产法（如我国《企业破产法》）。

1886年比利时的《预防破产之和解制度》在破产法中所确立的以避免破产为目的的和解制度，对传统破产法构成了具有深远历史意义的变革。从此以后，破产制度的保障本位，开始由单纯的债权人利益向兼顾债务人利益方面转变，破产法的功能也由消极走向积极，由一元走向多元。

破产和解制度产生约50年后，随着社会化生产程度的日渐提高，英美等西方国家开始不满意它，认为破产和解仅是对破产债务的减额或者延期清偿，充其量仅有利于债务人清偿能力的恢复，而没有触及债务人的生产经营能力。这样实际上是“治标不治本”，不能从根本上解决问题，故应扩大破产预防的内涵，融进深入企业生产经营内部的整理制度。基于此，英国率先建立了公司整理（arrangement）制度。该项制度继而传入美国，在美国形成了公司重整（reorganization）制度。第二次世界大战后，日本借鉴英美立法经验，制定了较完善的《公司更生法》，建立了公司更生制度。公司重整制度的引入，可谓对传统破产法的第二次革命，现代破产法的基本面貌由此确立。破产法发展至此，其保障本位发生了深刻的变化：越过了债权人和债务人的个体利益，转而成为以社会经济秩序的稳定和社会经济结构的优化为本位的社会利益。[9]

三、破产法的立法目的

破产制度的产生首先是为了满足债权人公平受偿的需求，因而具有对债权人利益提供终极保护的功能；此外，破产制度还在客观上具有对债务人进行必要挽救与救济的功能，从而形成了健康的财务危机处理机制和有序的市场主体退出机制。[10]

破产法律制度的作用也正是破产法的立法目的所在。不过，从不同的认识角度出发，可对此作不同描述。对此，我国《企业破产法》第1条明确规定：“为规范企业破产程序，公平清理债权债务，保护债权人和债务人的合法权益，维护社会主义市场经济秩序，制定本法。”依此，可将破产法的立法目的概括为以下四个方面。

（一）规范破产程序

破产程序乃关系债权人、债务人及其职工（在破产人为企业时）等广大主体利益的重要制度，需要制定相应法律，以便对其进行规范。为此，现代各国已大多制定了各种形式的破产法律。我国早在市场经济还未完全建立的1986年就颁布了《企业破产法（试行）》。该法的施行，为企业破产程序提供了基本的法律规范，但仅适用于全民所有制企业。为此，1991年在修订《民事诉讼法》时规定了“企业法人破产还债程序”，从而使全民所有制企业以外的企业法人的

---

〔9〕 参见汤维建：《破产概念新说》，载《中外法学》1995年第3期。

〔10〕 参见韩长印主编：《破产法学》，中国政法大学出版社2007年版，第10～13页。

破产程序也具备了基本的法律规范。随着我国市场经济体制的确立和国有企业改革的深化,上述企业破产法律制度已远远落后于市场经济实践的要求,迫切需要制定统一、健全的破产法。因此,第十届全国人大常委会第二十三次会议审议通过了《企业破产法》,为企业破产程序提供了统一的规范。为与此协调,2007 年 10 月 28 日修订的《民事诉讼法》,已将"企业法人破产还债程序"删除,从而使企业破产程序均统一适用《企业破产法》。

(二)公平清理债权债务

破产清算程序的首要目的就在于使债权人的债权公平受偿,这就要求对债务人的全部财产进行清算。在对债务人的全部财产进行清理以及对其全部债务进行清偿的过程中,必须坚持公平原则。为此,破产法设置了一系列规定,使债务人不能违背公平原则,对其债权债务作出不当处分与清偿。例如,各国破产法均规定,若债务人实施欺诈破产行为与个别清偿行为,则破产管理人将可通过行使撤销权与追回权,对债务人不当处置其财产的行为予以纠正。通过破产程序,可使债权人就债务人的财产获得公平受偿。

(三)保护债权人和债务人的合法权益

破产立法的原始出发点,就在于对债权人的债权予以公平清偿和最大限度的满足,从而债权人的合法权益得到充分保护。但对债权人权益的保护,并不限于通过破产清算程序使债权人得到公平受偿,还包括通过破产和解制度、破产重整制度,使债务人走出困境、恢复清偿能力,从而使债权人得到更充分的受偿。这就意味着对债务人合法权益的保护,不仅不与保护债权人合法权益的立法目的相冲突,而且还成为保护债权人合法权益的重要手段。因此,现代破产法已普遍包含了破产和解与破产重整制度。对此,联合国国际贸易法委员会《破产法立法指南》指出,破产法立法目标中包括"在清算与重整之间求得平衡",并认为实现这一平衡可能还对于其他社会政策的考虑具有重要意义,如鼓励扶持企业家阶层和保护就业等。[11]

(四)维护市场经济秩序

破产法的制定与实施,可以使社会资源、财富的配置有序化,规范市场退出秩序,让丧失经营能力的市场主体及时退出市场。通过破产程序对破产财产的妥善处理,可以使债权人及职工等利益相关者的合法权益得到必要保护,从而减少对社会的消极影响。因此,破产法将维护市场经济秩序作为其立法目的之一。联合国国际贸易法委员会《破产法立法指南》所建议的破产法立法目标中也包括类似内容:(1)为市场提供确定性以促进经济稳定和增长;(2)资产价值最大化。[12]

第二节 破产法的立法体例

各国破产法在适用范围、破产程序的启动、破产原因的立法模式、破产财产的构成、破产宣

---

〔11〕 参见联合国国际贸易法委员会编著:《破产法立法指南》,第 11 页,载联合国国际贸易法委员会官方网站(http://www.uncitral.org),最后访问日期:2008 年 5 月 8 日。

〔12〕 参见联合国国际贸易法委员会编著:《破产法立法指南》,第 13 页,载联合国国际贸易法委员会官方网站(http://www.uncitral.org),最后访问日期:2008 年 5 月 8 日。

告的效力等方面采用了不同的立法准则,因而呈现不同的立法体例。可从理论上将其大致概括为以下立法体例。

一、商人破产主义、一般破产主义与折中主义

按照破产法适用范围的不同,可将破产法的立法体例分为商人破产主义、一般破产主义与折中主义。

商人破产主义,是指破产法只适用于商人,非商人则仍适用民事强制执行程序。采此立法例的国家,大多不制定独立的破产法,而将破产制度规定于商法典之中。商人破产主义形成于中世纪意大利沿海商业城市。1865 年《意大利王国破产法》和 1883 年《意大利商法典》均以法典的形式正式确立了商人破产主义。在 1942 年改采民商合一立法模式后,意大利破产法仍采商人破产主义。1673 年《法国陆上商事条例》对破产制度作了明确规定,该法仅适用于以商人为主体的商事关系,故其破产制度也仅适用于商人。1807 年《法国商法典》仍维持了商人破产主义。法国法系的其他国家(如比利时、卢森堡等),也大多采取了商人破产主义。[13]

一般破产主义,是指破产法统一适用于商人与非商人。该立法例多以破产法为独立法典。13 世纪下半叶西班牙制定了破产法《七章律》,率先抛弃了意大利的商人破产主义,实行一般人破产主义。受其影响,德国、奥地利等国的破产法均采用了一般破产主义。从 17 世纪开始,德意志各邦的破产立法就普遍采取一般破产主义。德国于 1871 年统一后,以 1855 年《普鲁士破产法》为蓝本,制定的统一的《德国破产法典》,仍沿用了一般破产主义。德国法系的各国制定或修订的破产法基本上都采取了一般破产主义。英美法系国家破产法均采用一般破产主义。美国自 1800 年第一部破产法以来,就一直采取一般破产主义;英国则直到 1986 年才将公司破产与自然人破产的立法统一起来,在此之前则分别适用公司法上的破产清算程序和破产法。

折中主义,是指商人与非商人均得适用破产法,但分别适应不同的破产程序。17 世纪西班牙破产法确立了分别适用于商人与非商人的两种破产程序,1829 年《西班牙商法典》仍奉行这种折中主义立法例。普鲁士、奥地利、苏联、丹麦、挪威等国都曾采取折中主义立法例,但如今仅葡萄牙、巴西、阿根廷等少数国家仍采该立法例。

在现代社会,从事商品生产经营活动的主体已不限于传统商法典意义上的商人,而是扩展到包括一般自然人在内的一切民事主体,故 20 世纪后,不仅各国新制定的破产法不再采用商人破产主义,而且原采用商人破产主义与折中主义的国家也纷纷改采一般破产主义。例如,法国在 1967 年 7 月 13 日将原商法典中破产法规范独立出来,颁布独立的破产法时,即摒弃了商人破产主义,而改采用一般破产主义。1985 年《法国司法重整与司法清算法》即确立了一般破产主义。[14] 2001 年,法国将相关破产法规统一编入《法国商法典》作为该法典的第六卷后,仍维持了一般破产主义。对此,该法第 620 - 2 条第 1 款明确规定:"司法重整和司法清算适用于所有商人、手工业者、农业生产者以及所有私法法人。"[15] 日本的破产法最初受法国影响,采商

---

〔13〕 参见覃有土主编:《商法学》(修订三版),中国政法大学出版社 2007 年版,第 164 页。

〔14〕 参见《法国商法典》,金邦贵译,中国法制出版社 2000 年版,第 71、293 页。

〔15〕 李飞主编:《当代外国破产法》,中国法制出版社 2006 年版,第 358 页。

人破产主义。1922年重新制定破产法时,日本也转而以德国法为蓝本,改采一般破产主义。该立法体例已在世界范围内取得普遍优势并且有日益扩大的趋势。

我国1986年《企业破产法(试行)》及《民事诉讼法》实行的既不是商人破产主义与一般破产主义,也不是折中破产主义,而是特殊的企业法人破产主义。理论界普遍认为其适用范围过于狭隘,应予扩大。但究竟应如何扩大,则引起了理论界与实务部门的普遍关注,并展开了激烈的争论。一种观点认为,我国目前社会信用普遍缺乏,实行一般破产主义的时机不成熟,而包括商自然人在内的各种商主体发展迅速,为保护不同商主体的债权人的利益,目前应取商人破产主义为宜。另一种观点认为,我国破产法应采取一般破产主义,扩大主体的适用范围,使破产法适用于包括个人在内的一切市场主体。还有一种观点认为,我国破产法的适用范围仍应限于企业法人。[16] 最终,我国2006年《企业破产法》规定,其直接适用范围仅限于企业法人,但其他法律规定企业法人以外的组织的清算,属于破产清算的,参照适用该法规定的程序。[17] 依此,我国破产法仍基本沿用了原有的特殊的企业法人破产主义的立法体例,但同时允许经其他法律规定了破产清算程序的其他组织参照适用该法规定的程序。例如,我国2006年《合伙企业法》第92条第1款规定:"合伙企业不能清偿到期债务的,债权人可以依法向人民法院提出破产清算申请,也可以要求普通合伙人清偿。"依此,合伙企业即可参照《企业破产法》适用破产清算程序。

二、职权主义与申请主义

按照破产程序启动方式的不同,可将破产法的规制体例分为职权主义与申请主义。

职权主义,是指只要债务人具备破产原因,在法律规定的情况下,法院可以依职权受理破产案件,作出破产宣告,而不以当事人的申请为要件。在破产法律制度发展的早期,人们将破产看成是一种刑事犯罪行为,故一些国家在破产宣告上均采取职权主义,由法院依职权直接对有破产原因的债务人作出破产宣告。

申请主义,是指破产程序的开始须由当事人提出申请,法院始得受理破产案件,从而进入破产重整、破产清算程序或作出破产宣告。各国家及地区现行破产法基本上都采取的是申请主义。

晚近立法观念均视破产为私权关系的特别处置,国家并无干预的必要,故原采用职权主义的国家大多已改采用申请主义。不过,也有国家或地区的相关规定制定者认为,仅采用申请主义,在债务人丧失清偿能力而又无人对其提出破产申请时,法律若不加干预,便无法保障对全体债权人的公平清偿。因此,一些国家或地区的破产相关规定对破产程序的启动采用"以申请主义为主,职权主义为辅"的原则,即在可能纠正清偿不公的最后控制阶段——诉讼与执行过程中,法院发现债务人有依法应宣告破产的情况时,可依职权启动破产程序。[18] 例如,我国台湾地区"破产法"第60条规定:"在民事诉讼程序或民事执行程序进行中,法院查悉债务人不能

---

〔16〕 参见韩长印:《中国破产法的发展状况及法学论题》,载《法学杂志》2004年第5期;常敏、邹海林:《中华人民共和国破产法的重新制定》,载《法学研究》1995年第2期。

〔17〕 参见我国《企业破产法》第2条、第135条。

〔18〕 参见王欣新:《破产法专题研究》,法律出版社2002年版,第35页。

清偿债务时,得依职权宣告债务人破产。”

我国理论界对1986年《企业破产法(试行)》中是否包含了职权主义的因素存在不同观点。该法规定,当债务人在整顿期间进行法律规定的严重损害债权人利益的违法行为时,人民法院一经查明,无须债权人申请,即可裁定终结整顿,宣告债务人破产;整顿期满,债务人不能按照和解协议清偿债务的,人民法院可依职权作出破产宣告。依此,一些学者认为,该法包含了职权主义因素,从而表现出一种折中主义的立法体例,即以申请主义为原则,以职权主义为例外。另有学者则认为,这种认识不妥。上述人民法院依职权作出破产宣告的情形,实际上与职权主义存在本质区别。在此情形下,法院依职权所作破产宣告是以当事人此前的破产申请被受理为前提的,故不同于职权主义下法院对破产程序的主动启动。总之,申请主义与职权主义的关键区别在于,当法院发现债务人存在破产原因时,能够在当事人未申请的情况下,自行依职权受理破产案件,宣告债务人破产。[19] 2006年《企业破产法》仍有特定情形下法院得自行宣告破产的规定。例如,该法第99条规定:“和解协议草案经债权人会议表决未获得通过,或者已经债权人会议通过的和解协议未获得人民法院认可的,人民法院应当裁定终止和解程序,并宣告债务人破产。”对此,我国仍有个别学者认为该法仍采取的是“以申请主义为原则,以职权主义为例外”的立法体例。[20] 但依上述分析,2006年《企业破产法》显然仍采取的是申请主义。

三、清算主义与再建主义

按照破产程序目的的不同,可将破产法的立法体例分为清算主义与再建主义。

清算主义,是指将破产程序的目的定位于对债务人的全部财产对债权人进行公平清偿。早期的破产法大多奉行清算主义,强调对债权人的保护,而忽略债务人的重整。

再建主义,是指在保全债务人资产和营业的基础上,通过一定的偿债安排,使债务人企业得以拯救与复兴,并使债权人得到清偿。

清算主义与再建主义的区分是在20世纪70年代以后的全球性破产法改革运动中被提出的。当今破产法改革的趋势是强调再建主义,但并不否定清算程序。各国在再建程序(如和解、重整)和清算程序的适用顺序问题上,有前置主义和并列主义两种体例。前者将再建程序置于优先适用的地位,只有当再建程序不能奏效或根本不能进行时才启动清算程序。后者则将两类程序并列,当事人对适用何种程序有权自由选择。英国是前置主义的代表。《法国商法典》也在原则上采取前置主义,但并不绝对。对此,该法第620-1条第3款规定:“企业已停止一切活动或者重整已明显不可能时,可以不经观察期宣布进行司法清算。”[21] 当前多数国家的破产立法实行并列主义,允许当事人自行选择适用再建程序或者清算程序。我国破产法亦属此例。

四、惩戒主义与非惩戒主义

按照破产程序的适用是否对破产人的人身权利给予惩戒的不同,可将破产法的立法体例

〔19〕 参见王欣新:《破产法专题研究》,法律出版社2002年版,第37页。
〔20〕 参见李永军主编:《商法学》(修订版),中国政法大学出版社2007年版,第468页。
〔21〕 李飞主编:《当代外国破产法》,中国法制出版社2006年版,第358页。

分为惩戒主义与非惩戒主义。该分类仅适用于规定有自然人破产的立法例中。

惩戒主义,是指以限制或剥夺破产人的人身自由和具有人身性质的权利(如出任公职或企业高级管理职位)为破产事件的必然结果。破产人被限制或剥夺的自由和权利,在破产程序终结以后,也只有在具备法定条件时才能依照法定复权条件予以恢复,故破产具有惩戒的因素。

非惩戒主义,是指破产程序仅针对债务人的财产进行,不以破产人人身自由的拘束为破产程序的结果,或者仅以这种拘束为破产程序的辅助条件,其目的在于保证破产程序的进行,而破产程序一经完成即自行解除,并无惩戒之意。

在古代,对破产人施以刑罚,具有浓厚的惩戒主义色彩。在古希腊、古罗马时代,"破产"对债务人而言不仅意味着倾家荡产,而且意味着其政治生命、社会生命乃至自然生命的消灭。近代以来的大陆法系国家也大多采取限制破产人人身权的惩戒主义。但随着文明的进步,各国法律普遍转向非惩戒主义。现代各国破产法在自然人破产问题上的基本政策是给予债务人重新开始的机会,故一般采用非惩戒主义。不过,有些国家规定,可以类似于惩戒主义下的惩戒替代个人破产的宣告,因而仍在一定程度上保留了惩戒主义的因素。〔22〕

五、免责主义与不免责主义

按照破产程序终结后是否免除破产人的债务清偿责任的不同,可将破产法的立法体例分为免责主义与不免责主义。该分类同样仅适用于规定有自然人破产的立法例。

免责主义,是指破产程序终结后免除债务人在破产程序中无法清偿的债务,使其得以解脱。

不免责主义,是指在破产程序终结后,债务未清偿的部分依然存续,债务人于日后恢复偿债能力时,仍须负清偿之责。不免责主义注重对债权人的保护,但对债务人过于严酷。使债务人长期甚至终身陷于债务牢笼的政策,既不人道,也不利于经济发展和社会安宁。

早期的破产法均采不免责主义。免责主义源于英国,进而扩展到英美法系国家,最后扩及大陆法系国家,现已为各国破产法所普遍采用。〔23〕

六、固定主义与膨胀主义

按照破产财产范围的确定方法的不同,可将破产法的立法体例分为固定主义与膨胀主义。

固定主义,是指破产财产的构成仅以破产宣告时债务人所拥有的财产为限,破产宣告后债务人取得的财产不属于破产财产而划归自由财产或豁免财产。德国、美国、日本等国采该立法例。主张固定主义的理论依据为:(1)破产宣告时破产财产范围即已确定,有利于破产诉讼程序迅速进行;(2)可鼓励破产人在破产程序进行中便开展新的经济活动,减少社会负担,增加社会财富;(3)因破产宣告后新得财产不用于破产分配,故在破产人具备取得新得财产能力时,可

〔22〕 例如,《法国商法典》第625-8条规定:"在第625-3条至第625-6条规定的情况下,法庭可以宣告禁止直接或者间接领导、经营、管理或者监督任何商业或者手工业企业,任何农业经营企业及任何法人,或者禁止直接或者间接领导、经营、管理或者监督其中一个或者几个企业或者法人,以取代宣告个人破产。"参见李飞主编:《当代外国破产法》,中国法制出版社2006年版,第424页。

〔23〕 例如,日本于1952年改不免责主义为免责主义。法国(1985年)和德国(1994年)也都相继抛弃了以往的不免责主义,转而采取免责主义。

促使债权人与其达成和解协议，避免破产清算；(4)以破产宣告前的财产清偿破产宣告前的债权，以破产宣告后的新得财产清偿破产宣告后的债权，可使破产人的债务与责任财产相互对应，从而公平维护新旧债权人的权益。其缺陷则在于破产财产范围较小，对破产债权人清偿不足，还可能出现破产人得到新财产后，有钱却不还债的不合理现象。此外，破产人以新得财产进行经济活动，可能出现第二次破产的情况，使破产程序复杂化。

膨胀主义，是指破产财产的构成不以破产宣告当时破产人的财产为限，凡于破产程序终结前归属于破产人的所有财产均属于破产财产。法国、英国、比利时、瑞士等国采此立法例，我国破产法亦然。膨胀主义的理论依据是：(1)使破产财产增加，使破产债权人多获清偿，防止出现破产人实际上有钱不还债的不公平现象；(2)因新得财产亦属破产财产，可避免二次破产现象的发生。其不足之处在于破产程序较复杂，不利于破产人早日正常开展经济活动。一般仅在破产人为自然人时膨胀主义才有实际意义，因自然人在破产宣告后仍将作为民事主体存续，并可能因继承、新的生产经营等活动而新得财产，从而有必要明确该财产的归属。在破产人为法人或为遗产破产时，因破产宣告后破产人民事主体资格消灭，通常不再存在新得财产问题。主要适用于企业法人的我国《企业破产法》采取的也是膨胀主义。

七、属地主义与普及主义

按照破产程序是否具有域外效力的不同，可将破产法的立法体例分为属地主义与普及主义。

属地主义，又称地域性原则、复合破产理论，是指一国法院所进行的破产程序，其效力仅及于破产人在该国领土内的财产，位于其他国家的财产不应受到影响，它们仍应保留于破产人手中，除非它们被财产所在国的债权人扣押或财产所在国再次开始破产程序。属地主义旨在保护本国债权人利益，维护本国经济秩序。在各国的破产立法中，属地主义一直是主导性的立法指导思想。日本、韩国等国仍坚持采取属地主义的立法原则。

普及主义，又称普遍性原则、单一破产理论，是指在一国法院提起的破产程序应及于债务人的所有财产，不管它是位于该国国内还是国外，其他国家应当协助破产管理人收集当地的破产财产，制止个别债权人的优先受偿。普及主义在理论上较为合理，不会出现一人数破产的现象。但坚持这一原则须以承认和执行外国破产程序的域外效力为前提，而这导致承认了外国法院的“长臂管辖”，传统上为大多数国家所拒绝接受。采用普及主义，无论债务人财产分布在几个国家，在国际上只需作一次破产宣告即可解决全部债务清偿问题，故又称为一人一破产主义。

普及主义主张承认域内破产程序的域外效力和域外破产程序的域内效力，以便使债权人得到更充分的保护。传统上，只有少数国家有处理跨国界破产的普及主义法律框架。进入20世纪以后，各国之间的经济交往日益频繁，尤其是第二次世界大战后跨国公司的迅速发展使许多破产案件中涉及的债权、债务清算已不再局限于一国境内，债权人、债务人或者破产财产往往位于不同的国家，这就迫使世界各国不得不重新审视破产程序的域外效力这一问题。不少发达国家基于对外投资较多的考虑，为了能使本国债权人的利益得到保护，力图将债务人位于国外的财产纳入“破产财产”中去。这就必须要求其突破传统属地主义的藩篱，转而采用普及主义或对等的普及主义。如今，英国、美国、德国、法国、意大利、比利时、荷兰、挪威等国都采取普及主义。近年来，国际上推动各国破产法转向普及主义的潮流正变得越来越强劲。

思考题

1. 简述破产法的立法目的。
2. 试述商人破产主义、一般破产主义与折中主义的含义及其发展趋势。
3. 试述职权主义与申请主义的含义及其发展趋势。
4. 简述破产法立法体例中普及主义的含义及其价值。

第二十三章　破产程序的启动与运行

导读

- 我国学者一般仅从破产能力与破产原因两个方面对破产要件进行分析。限于篇幅，本书亦仅从破产能力与破产原因两个方面考察破产要件。就破产能力问题，各国传统立法上存在商人破产主义、一般破产主义与折中主义的区别。但在各国大多改行一般破产主义的立法趋势下，这一破产能力区别已不再突出。
- 在衡量债务人究竟是否具有破产原因时，主要存在三种立法模式与判断标准：列举主义、概括主义及折中主义。我国破产法在破产原因上采取的是概括主义立法模式，对所有破产主体的破产原因作了统一规定。
- 破产程序从何时开始，各国立法规定不同。我国《企业破产法》规定，破产程序的开始，以破产案件的受理而不是以破产宣告为标志。法院受理破产申请，仍要进行一系列活动后才决定是否宣告债务人破产。因此，破产申请与受理，便构成破产程序中的独立阶段。
- 各国破产法往往对拥有破产申请权的债权人设置了一定的法律限制。我国《企业破产法》未对此作具体规定，但相关规定实际上隐含了相应的法律限制。因此，应从理论上对我国《企业破产法》关于债权人的破产申请权的内涵作具体阐释。
- 各国破产法通常规定，以债务人住所地作为破产案件确定法院地域管辖的标准。对破产案件的级别管辖，各国立法不尽相同。例如，德国、日本等国规定由地方法院管辖；加拿大规定由高等法院管辖；英国破产法原规定破产案件由高等法院管辖，后改为由郡法院管辖。
- 为维护债权人的公平受偿利益，确保破产程序的顺利进行，各国破产法均明确规定了破产程序开始后所产生的效力。
- 在各国破产立法中，对破产管理人制度均有相应规定。破产管理人是破产程序中最重要的一个机构，它具体管理破产中的各项事务，破产程序进行中的其他机关或组织仅起监督或辅助作用。
- 破产债权的申报应遵循法定规则。由于各国破产立法体例不同，对债权人会议的地位、作用认识不同，因而形成了不同的债权人会议制度。

第一节 破产程序开始的要件

一、破产程序开始的要件概说

破产程序开始的要件,简称破产要件,是指启动或者进入一项破产程序所必须具备的条件。广义上的破产程序开始的要件通常可分为破产程序要件和破产实体要件。破产程序要件,又称破产形式要件,是指启动破产程序必须具备的程序上的条件,主要包括破产申请的提出、破产申请人适格、缴纳破产费用、法院有管辖权、法院受理等。破产实体要件,又称破产实质要件,是指启动破产程序的实体性条件,否则就不能启动破产程序。狭义上的破产程序开始的要件,仅指破产实体要件。一般所谓破产要件都是就此而言,本书亦然。

在国外破产法理论中,有关破产程序开始的实体要件一直存在争议,主要有以下四种学说:(1)二要件说。该说认为,破产要件仅包括破产能力与破产原因两项。(2)三要件说。该说认为,除破产能力与破产原因外,破产要件还包括无破产障碍。(3)四要件说。该说认为,除了前三项要件外,破产要件还应包括复数债权人的条件,即只有在债权人人数超过 2 人时,才能启动破产程序。[1] (4)五要件说。该说认为,除四要件说所包括的四项要件外,破产要件还包括财产要件,即要求被宣告破产的人应拥有一定的积极财产以供债权人之间的分配,否则破产程序即无启动必要。[2] 以上四种学说均认同破产能力与破产原因为破产程序要件,区别在于是否将无破产障碍等其他因素界定为破产要件。[3] 我国学者一般仅从破产能力与破产原因两个方面对破产要件进行分析。限于篇幅,本书亦仅从破产能力与破产原因两个方面考察破产要件。

二、破产能力

破产能力,是指债务人能够适用破产程序解决债务清偿问题的资格,亦即民事主体得被宣告破产的资格。

一般来说,具有民事权利能力是具有破产能力的前提,但两者的范围有所不同。一方面,各国出于社会政策和历史文化背景的不同,在破产法中往往规定某些具有民事权利能力的特定主体不具有破产能力,不允许其适用破产程序解决债务清偿问题。另一方面,为保护债权人的利益、维护社会公平,又将破产程序适用于不具有民事权利能力的主体。例如,许多国家的破产法规定,遗产也具有破产能力。[4]

就破产能力问题,各国传统立法上存在商人破产主义、一般破产主义与折中主义的区别。

---

〔1〕 参见王欣新:《破产法学》,中国人民大学出版社 2004 年版,第 37 页。

〔2〕 参见顾功耘主编:《商法教程》(第二版),上海人民出版社、北京大学出版社 2006 年版,第 573 页。

〔3〕 参见韩长印主编:《破产法学》,中国政法大学出版社 2007 年版,第 20 ~ 22 页。

〔4〕 遗产破产,是指被继承人死亡后,若其遗产不足以清偿所欠债务,并且无继承人继承遗产,或者虽有继承人,但继承人仅为限定继承或全体抛弃继承,或者未抛弃继承的继承人本人均有破产原因,经债权人、继承人、遗产管理人及对遗产有管理权的遗嘱执行人的申请,由法院针对遗产所宣告的破产。

但在各国大多改行一般破产主义的立法趋势下，这一破产能力区别已不再突出。如今，破产能力涉及的范围主要包括：(1)法人的破产能力问题；(2)特殊行业以及特殊企业，如商业银行、保险公司等金融企业和公用企业的破产能力问题；(3)合伙企业的破产能力问题；(4)自然人的破产能力问题；(5)外国人的破产能力问题。其具体内容综述如下。

(一)法人的破产能力问题

对法人的破产能力，各国立法往往根据其设立目的分别加以规定。少数国家破产立法规定，所有法人不区分其性质均有破产能力，如日本。多数国家则根据本国国情与社会政策，对法人破产能力的范围依法人不同的性质加以确定。一般采用的原则是，除公法人外，对其他法人的破产能力普遍予以承认，同时又根据具体情况，个别地予以适当限制或排除。但也有个别国家(如英国)，其破产法规定只适用于自然人和合伙，公司丧失债务清偿能力时依公司法规定的特别清算程序处理。

1. 公法人的破产能力

公法人是以行使社会公共管理职能为目的而设立的国家机关。因此，各国立法及理论界一般认为，允许公法人破产，必然会导致社会管理职能瘫痪，社会秩序混乱，甚至发生政治危机与动荡。此外，公法人的经费由国家财政负担，若公法人存在不能清偿到期债务的情形，尽可利用国家权力使债权人得到清偿，无适用破产程序的必要，故各级政府与国库均无破产能力。[5] 因此，各国立法通常规定公法人不适用破产程序。[6]

不过，对公法人的概念、范围与破产能力，各国的理解与执行不太一致。例如，政府机关破产通常是不允许的。但在美国，一些地方的市、县政府机构是依照公司法注册成立的，法律便允许其具有破产能力。[7] 日本学术界也普遍认为，一些公共性弱的公法人，也可具有破产能力。[8]

2. 公益法人的破产能力

公益法人属非营利性的社会组织，如政治党团、工会、商会、消费者协会、慈善组织等。对公益法人是否具有破产能力，在立法上存在两种观点。

一种观点认为，公益法人虽不以营利为日的活动，但其性质仍属私法人，破产法亦具私法性质，故公益法人应受破产法调整，当其不能清偿债务时亦应适用破产程序。[9] 对此，日本法律规定，学校法人、宗教法人、商工会议所等公益法人均具有破产能力。另一种观点认为，公益法人是非营利性质的组织，其活动宗旨是为社会公益，与企业不同，不宜适用破产程序解决债务问题。各国的立法主义不同，对公益法人的破产能力规定也有所不同。大多数国家规定，公益法人有破产能力，同时又通过对公益法人的特别立法，对某些类型的公益法人的破产能力加

[5] 参见陈荣宗：《破产法》，台北，三民书局1986年版，第40页。

[6] 如《德国破产法》第12条。参见李飞主编：《当代外国破产法》，中国法制出版社2006年版，第17页。

[7] 例如，洛杉矶市的奥兰治县政府曾申请破产保护，并适用了破产重整程序。《美国破产法典》第九章即为专门适用于市政当局债务调整的规定。参见王欣新：《破产法》(第二版)，中国人民大学出版社2007年版，第35页。

[8] 参见[日]石川明：《日本破产法》，何勤华、周桂秋译，中国法制出版社2000年版，第33页。

[9] 参见陈荣宗：《破产法》，台北，三民书局1986年版，第40页；[日]伊腾真：《破产法》，刘荣军、鲍荣振译，中国社会科学出版社1995年版，第31页。

以限制或排除,以适应其社会政策。[10]《俄罗斯联邦无支付能力(破产)法》第2条关于破产能力的规定中,即明确排除了国有企业、机关、政党和宗教组织的破产能力。[11]

在我国现行立法中,不属于企业的公益法人不具有破产能力。但是,随着社会经济的发展,原来不以营利为目的的公益法人也出现了分化,主要是以营利为目的设立的私立学校、医院及各种社会中介机构等非企业社会组织日益增多。因此,是否赋予这些组织以破产能力,就成为我国的一项立法选择。对此,有学者认为,由于事业单位法人、社会团体法人适用破产制度,可能会不同程度地造成某些社会功能的缺失,因而对这类组织的破产能力,立法应当更加慎重。[12] 我们认为,尽管因这些组织所具有的特殊性而应对其破产能力保持慎重态度,但这并不妨碍将这些社会组织纳入破产法的调整范围。

3. 营利性法人的破产能力

各国破产立法均承认营利性法人的破产能力,但有些国家出于社会政策需要,对于特别行业如电信、铁路交通、金融、城市公共交通等公用事业行业的企业法人的破产能力,往往在破产法或相应的特别法中予以限制或排除,而对其规定特别的破产救济程序。[13] 我国破产法明确规定了企业法人的破产能力。我国《商业银行法》《保险法》《证券法》等法律也明确规定相关行业的企业具有破产能力,但需要制定一些特殊的破产程序规范。例如,《商业银行法》第71条规定:"商业银行不能支付到期债务,经国务院银行业监督管理机构同意,由人民法院依法宣告其破产。商业银行被宣告破产的,由人民法院组织国务院银行业监督管理机构等有关部门和有关人员成立清算组,进行清算。商业银行破产清算时,在支付清算费用、所欠职工工资和劳动保险费用后,应当优先支付个人储蓄存款的本金和利息。"我国《企业破产法》第134条第2款也明确规定:"金融机构实施破产的,国务院可以依据本法和其他有关法律的规定制定实施办法。"为解决金融机构破产问题,国务院正在起草金融机构破产条例。不过对各类机构究竟出台统一的破产规则,还是分类制定,目前还未形成统一认识,尚面临模式选择之争。

(二)自然人的破产能力问题

自然人破产是破产制度的基础和起点,此后才逐渐发展出其他主体的破产制度。早期的商人破产主义立法的核心亦为商自然人破产制度。在一般破产主义立法例及折中主义立法例下,自然人的破产能力均被法律确认。如今,世界各国大多确立了自然人的破产能力。

自然人应否纳入破产法调整是我国《企业破产法》制定过程中争议的焦点。对此,主要有以下四种观点:(1)对自然人均适用破产制度,消费者丧失清偿能力也适用破产法调整;(2)仅对从事营利活动的商自然人即个人独资企业的出资人、合伙企业的合伙人和个体工商户适用破产制度,对消费者则不适用破产法调整;(3)适用破产制度的自然人仅限于合伙企业等其他组织的出资人;(4)破产制度只扩大适用到自然人企业等营利性的经济组织,不包括其出资人。依《企业破产法(草案)》(一次审议稿)第2条之规定,自然人中仅合伙企业的合伙人、个人独资企业的出资人被纳入法律调整范围。

---

〔10〕 参见王欣新:《破产法》(第二版),中国人民大学出版社2007年版,第36页。

〔11〕 参见李飞主编:《当代外国破产法》,中国法制出版社2006年版,第142页。

〔12〕 参见韩长印主编:《破产法学》,中国政法大学出版社2007年版,第25页。

〔13〕 例如,美国破产法规定,保险公司、银行、作为公共承运人的铁路公司等不能适用破产清算程序。参见王欣新:《破产法》(第二版),中国人民大学出版社2007年版,第36页。

不主张将自然人都纳入破产法调整的观点认为，目前我国的信用体系尚不健全，个人财产的登记公示制度也未建立，尚无有效手段防止借破产之机隐匿财产、逃避债务，因而将自然人纳入破产法调整时机尚不成熟。反对意见则认为，将自然人纳入破产法调整范围，不仅有利于保护债权人的利益，而且因对诚实的个人投资者与消费者予以破产免责，故同样有利于保护投资者与消费者的利益。破产法上的撤销权制度、严格的免责制度以及法律责任制度等，可以有效地制止缺乏法律调整的猖獗的逃债欺诈行为，有助于推动个人信用等制度的建立，促进整个社会信用体系的完善。

尽管不少学者主张应确认自然人的破产能力，但最终立法机关经研究认为，鉴于对自然人破产应如何规范，还缺乏必要的实践经验，各方面的意见也不一致，其立法条件尚不成熟，故未予确立自然人的破产能力。〔14〕 但近年来，企业家经营失败而导致背负沉重债务的事件频繁发生，〔15〕不少全国人大代表和全国政协委员多次提交了确立我国个人破产制度的提案，引发了广泛的社会关注。例如，全国政协委员汤维建在 2019 年全国政协会议上继续提交了关于制定我国个人破产法、优化法治化营商环境的提案。他认为，制定个人破产法是切实解决“执行难”的需要，因我国缺乏个人破产法，大量的个人陷入“执行难”的案件难以化解，“执行难”无法彻底解决。〔16〕

(三)其他组织的破产能力问题

各国破产法大多确认了其他组织的破产能力。在我国《企业破产法》的制定过程中，理论界也有不少人主张应确认所有企业的破产能力。在提交全国人大常委会审议的《企业破产法(草案)》(一次审议稿)中也明确规定了合伙企业、个人独资企业以及其他依法设立的营利性组织的破产能力。其他组织因不具备独立的责任能力，其破产必然延伸至其出资人，从而体现为出资人的个人破产。但鉴于自然人破产能力未获确认，故立法机关也未对其他组织的破产能力作明确规定。最终，《企业破产法》仅明确规定了企业法人的破产能力。由于其他组织的破产宣告具有直接及于全体出资人的法律效力，有利于降低破产成本，故立法者仍为其破产能力预留了制度空间。对此，该法第 135 条规定：“其他法律规定企业法人以外的组织的清算，属于破产清算的，参照适用本法规定的程序。”依此，在条件成熟时，《合伙企业法》等相关法律可以对合伙企业等其他组织适用破产清算程序作出规定，从而使其破产能力得以确认。2006 年《合伙企业法》第 92 条即规定：“合伙企业不能清偿到期债务的，债权人可以依法向人民法院提出破产清算申请，也可以要求普通合伙人清偿。”“合伙企业依法被宣告破产的，普通合伙人对合伙企业债务仍应承担无限连带责任。”依此，合伙企业应具有破产能力。但该法未对合伙企业主动提出破产申请作出规定，这将使合伙企业的破产能力受到限制。

三、破产原因

破产原因，是指认定债务人丧失债务清偿能力，法院据以启动破产程序、宣告债务人破产

---

〔14〕 参见本书编写组编著：《〈中华人民共和国企业破产法〉释义及实用指南》，中国民主法制出版社 2006 年版，第 38～39 页。

〔15〕 在有限责任保护下，股东原本仅在其认缴出资额范围内承担出资义务，但正因如此，一些金融机构及处于强势地位的债权人往往要求民营企业大股东及其家人提供连带责任担保，故导致股东有限责任的保护常常落空。

〔16〕 李卓谦：《汤维建：制定个人破产法是时代的需要》，载《民主与法制时报》2019 年 3 月 28 日。

的法律标准,即引起破产程序发生的原因。由于它是衡量债务人是否陷入破产的界限,故又称为破产界限。在衡量债务人究竟是否具有破产原因时,主要存在三种立法模式与判断标准:列举主义、概括主义及折中主义。

(一)列举主义立法模式

列举主义,是在法律中明确规定若干种表明债务人丧失清偿能力的具体行为,凡实施行为之一者便认定为具有破产原因。因而,这些作为认定为破产原因的行为被称为破产行为。该立法模式主要为英美法系国家和地区所采用,如英国、加拿大、澳大利亚、新西兰、印度等国及中国香港特区。

破产原因列举主义为英国所首创。1914 年《英国破产法》规定了八种破产行为,作为宣告债务人破产的标准。1898 年《美国破产法》也采用了列举主义立法模式,其第 3 条第 1 项列举了五种破产行为。

列举主义立法模式受早期破产犯罪立法思想的影响,将着眼点放在债务人具体实施的不当行为上,故采用列举的方式逐项加以规定。该模式的优点在于法律规定具体明确,便于当事人举证和法院认定。但其缺点也很明显:法律规定过于僵化,难以涵括日益复杂的破产原因。因此,1979 年《美国破产法典》及 1986 年《英国破产法》均已改采概括主义,其他英美法系国家和地区也大多改采概括主义立法模式。

(二)概括主义立法模式

概括主义,是对破产原因作抽象性规定,它着眼于破产发生的一般原因,而不是具体行为。该立法模式的优点在于适用范围广,法院的自由裁量权较大,比较灵活。其缺点则在于因较原则、抽象,在实践中会带来不便操作的问题,且若无有效的制约机制,易发生擅权行为。大陆法系国家大多采用概括主义立法模式,如德国、法国、意大利、日本等国。在改行概括主义的趋势下,目前各国大多都采取该立法模式。

在采用概括主义立法模式的国家,大多以“不能清偿”“停止支付”“债务超过”等标准来判断破产原因。各国根据其具体国情,有的采用单一标准,有的则兼采多项标准,分别适用于不同情况。一般来说,“不能清偿”是判断破产原因的主要标准,“停止支付”是判断“不能清偿”的辅助标准,“债务超过”则为一种独立的破产原因。英美法系国家在判断债务人构成不能清偿时,通常使用“现金流量”标准或者“资产负债”标准。[17] 本书仅就大陆法系破产原因的判断标准加以阐述。

1. 不能清偿

所谓不能清偿,又称支付不能或无力清偿,是指债务人对于已届清偿期而受请求的债务不能实施清偿的客观状态。不能清偿的着眼点是债务关系能否正常维系。一般认为,不能清偿包括以下要件:

(1)债务人丧失清偿能力。债务人的清偿能力由其财务状况、信用等多种因素决定,故债务人是否丧失清偿能力,应结合相关因素综合判断。支付货币为通常的债务清偿方法,债务人还可通过财产的变价或折价来实现清偿。债务人还可以信用方法清偿债务,即债务人通过借新债还旧债等信用方法实现清偿债务。此外,在取得债权人同意的情况下,债务人还可通过提

---

〔17〕 参见范健主编:《商法》(第三版),高等教育出版社、北京大学出版社 2007 年版,第 329 页。

供劳务、技能服务等折抵货币清偿。只有当丧失了所有清偿债务的能力时,才能认定其丧失清偿能力。因此,丧失清偿能力是就债务人的客观财产状况而言,不取决于其主观认识或表示,而应由法院依法认定。

实践中,对债务人不能清偿的债务,有时还存在其他义务人,如连带责任人、保证人等。但对债务人丧失清偿能力的认定,不以其他义务人也丧失清偿能力为条件。其他对债务人的负债负有清偿义务的人的清偿能力,不能视为债务人本人清偿能力的延伸,也不属于债务人的信用清偿能力。〔18〕 对此,最高人民法院《关于佛山市中级人民法院受理经济合同纠纷案件与青岛市中级人民法院受理破产案件工作协调问题的复函》(1990 年 10 月 6 日)中指出:"依照《中华人民共和国企业破产法(试行)》第三条之规定,确定企业是否达到破产界限,并不以'连带清偿责任人清偿后仍资不抵债'为前提条件……破产程序终结后,佛山市石湾区对外贸易公司可向依法应当承担连带责任的保证人追偿其未得到清偿的债权部分。"尽管该司法解释形成于旧破产法时期,但仍应适用于现行破产法的解释。依此,就合伙企业丧失清偿能力的认定而言,也不以所有合伙人均丧失清偿能力为前提。

(2)债务人不能清偿的是到期债务。到期债务既可能是按照法律规定或当事人约定清偿期限已届满的债务,也可能是根据债务的性质推定履行期已届满的债务。若债务清偿期限未届满,即使债权人认为债务人在清偿期届满后将无力清偿,也不能视为不能清偿到期债务。〔19〕 此外,应当注意的是,债务人不能清偿到期债务与债务人未清偿到期债务的性质不同,在债务清偿期限届满后,若债权人未对债务人提出清偿请求,也不能视为债务人不能清偿到期债务。

(3)债务不限于金钱债务,但必须能以货币估价。使债务人构成不能清偿的破产原因的债务,必须是能够通过破产程序得到清偿的债务,否则即无适用破产程序的意义。因此,该债务虽不必直接表现为金钱债务,但必须能以货币估价,即能够转换金钱债务或以其他财产清偿的债务。

(4)债务人不能清偿债务处于持续状态。破产法意义上的不能清偿,必须是债务人不能清偿到期债务的状态持续存在。因此,若债务人因种种原因而暂时性地不能清偿债务,则不能认定为破产法意义上的不能清偿。

2. 停止支付

所谓停止支付,又称支付停止,是指债务人对于债权人表示不能支付一般金钱债务意旨之行为。〔20〕 它往往作为推定的破产原因加以适用,即停止支付即可认定为不能清偿。对此,《日本破产法》第 15 条第 2 款明确规定:"债务人停止支付时,推定为无法清偿到期债务。"〔21〕我国于 1991 年 11 月发布的最高人民法院《关于贯彻执行〈中华人民共和国企业破产法(试行)〉若干问题的意见》第 8 条第 2 款规定:"债务人停止支付到期债务并呈连续状态,如无相反证据,可推定为'不能清偿到期债务'。"不过,此处所谓"债务人停止支付到期债务并呈连续状态"应

〔18〕 参见王欣新:《破产法》(第二版),中国人民大学出版社 2007 年版,第 47 ~ 48 页。

〔19〕 不过,《德国破产法》2004 年修改时新增加的第 18 条明确规定,由债务人申请开始破产程序时,即将无支付能力也构成破产开始原因。该规定可能代表了一种合理的立法动向,但目前还属于特殊的立法例。参见李飞主编:《当代外国破产法》,中国法制出版社 2006 年版,第 19 页。

〔20〕 参见我国台湾地区"九十二年度台抗字第八九号""最高法院"民事裁定。

〔21〕 参见李飞主编:《当代外国破产法》,中国法制出版社 2006 年版,第 721 页。

当是指不能清偿要件中的“债务人不能清偿债务处于持续状态”,与大陆法系国家和地区所界定的“停止支付”的含义不同。前者事实上是指债务人停止了清偿债务的客观状态,后者则指的是债务人作出不能支付的主观意思。停止支付具有以下特征:

(1)停止支付是债务人对其到期债务作出不能支付一般金钱债务的意思表示,其深层次原因一般是债务人丧失了清偿能力,也可能是债务人有清偿能力但主观上拒绝履行。因此,停止支付与不能清偿不同,后者要求债务人客观上丧失了清偿能力,而前者只要求债务人作出停止履行其到期债务的意思表示即可,即使仅因其主观上拒绝履行亦可。

(2)停止支付的意思表示可以表现为积极的或消极的、明示的或默示的等多种方式。债务人以书面或口头方式明确宣布无力清偿固然属于停止支付,债务人出具的票据被拒付,欠债不还却将营业转让或倒闭、停业关店或逃亡、隐匿等,同样属于停止支付行为。〔22〕

(3)停止支付的债务限于一般金钱债务。对非金钱债务合同的不履行属于停止履行,只有在非金钱债务已转化为金钱债务时,才属于停止支付。

(4)停止支付的意思表示对个别债权人作出即可,不以对全部债权人停止支付为必要。〔23〕

3. 资不抵债

所谓资不抵债,又称债务超过,是指债务人的资产不足以清偿全部债务,即债务人的负债总额超过其积极财产总额的状态。在境外,一般采取债务超过的概念。资不抵债的着眼点是资产、负债比例关系,考察债务人的偿还能力仅以其实有财产为限,而不考虑其信用等可能的偿还因素。在适用资不抵债这一破产原因时,债务数额的计算不管是否到期,均纳入债务总额之中。〔24〕

资不抵债通常是作为补充性破产原因,适用于资合法人、解散后处于清算中的法人以及遗产破产的情况。因为这些债务人的债务清偿基础仅为实有资产,无人承担个人责任。一旦资不抵债,该类债务人就可能丧失清偿能力。因此,为防止其债务膨胀,损害债权人利益,一些国家破产法规定,该类债务人资不抵债即构成破产原因。

在实践中,由于债权人对债务人的资产负债情况很难作出完整、正确的评价并提供相应的证据,故资不抵债主要适用于债务人主动申请破产的破产原因。有些国家和地区为防止债务人恶意膨胀,还立法规定股份有限公司及有限责任公司的董事、清算人以及继承人、受遗赠人、遗嘱执行人、继承财产的管理人等,在债务超过的法定情况下,负有提出破产申请的义务,否则将承担法律责任。我国《公司法》第 187 条第 1 款也规定:“清算组在清理公司财产、编制资产负债表和财产清单后,发现公司财产不足清偿债务的,应当依法向人民法院申请宣告破产。”

(三)折中主义立法模式

上述两种立法模式各有优缺点。列举主义立法模式的优缺点已如前所述。概括主义立法模式因涵盖面广,赋予了法官较多的自由裁量权和当事人较大的判断空间,从而克服了列举主义立法模式缺乏弹性、涵盖面窄的缺陷。但因其抽象、概括,不易为当事人和法官掌握和运用。一些国家在立法上既作概括性的规定,又作列举性的规定,如瑞士、葡萄牙、智利、巴西等国。

〔22〕 参见王欣新:《破产法》(第二版),中国人民大学出版社 2007 年版,第 52 页。

〔23〕 参见我国台湾地区“九十二年度台抗字第八九号”“最高法院”民事裁定。

〔24〕 参见王欣新:《破产法》(第二版),中国人民大学出版社 2007 年版,第 49 页。

对此，可称之为折中主义立法模式。

（四）我国破产法关于破产原因的规定

我国破产法在破产原因上采取的是概括主义立法模式，对所有破产主体的破产原因作了统一规定。《企业破产法》第 2 条规定："企业法人不能清偿到期债务，并且资产不足以清偿全部债务或者明显缺乏清偿能力的，依照本法规定清理债务。""企业法人有前款规定情形，或者有明显丧失清偿能力可能的，可以依照本法规定进行重整。"

上述破产原因的规定明显系为刻意尊重不同意见的折中性立法表述，因未能取消破产原因中对资不抵债的增加内容，故采用了在其后又补充规定"或者明显缺乏清偿能力"的方法，从而达到排除对"资不抵债"概念不适当使用的目的，也算是以曲线方式解决了立法规定与实践适用上的难题。〔25〕

（五）《企业破产法》关于破产原因规定的合理解读

由于我国破产法总体上采纳了广义的破产概念，而破产程序区分为破产清算程序与破产重整程序、破产和解程序，且不同破产程序的破产原因不尽相同，故应分层次界定我国破产法上的破产原因。依《企业破产法》第 2 条及第 7 条之规定，破产原因应具体区分为以下四个层次：

1. 债权人对债务人提出破产重整申请或者破产清算申请的，实质意义上的破产原因为"不能清偿"，即债务人"不能清偿到期债务"。《企业破产法》第 7 条的规定表明，尽管依该法第 2 条之规定，"资产不足以清偿全部债务或者明显缺乏清偿能力"是与"债务人不能清偿到期债务"相并列的破产原因，但在债权人提出破产重整申请或者破产清算申请的情况下，实际上仅将"不能清偿"作为实质意义上的破产原因。立法者之所以作此规定，是考虑到对债权人申请债务人破产的条件不应过于苛刻。若要求债权人对债务人的资产状况予以证明，则显然对债权人有失公平，不利于对其合法权益的保护。〔26〕 因此，该规定在一定程度上降低了我国破产法关于破产原因规定的不合理性，使债权人得以无须证明债务人存在"资产不足以清偿全部债务或者明显缺乏清偿能力"的情形即可提出破产申请。只要债权人提出申请时证明债务人不能清偿其到期债务，且债务人未能依据《企业破产法》第 10 条第 1 款的规定及时举证证明其既非资产不足以清偿全部债务，也没有明显缺乏清偿能力的，人民法院即可推定债务人出现了破产原因。为解决这一结论与《企业破产法》第 2 条规定所存在的表面上的逻辑矛盾，最高人民法院民二庭认为，在债权人申请债务人破产清算的情形下，不能清偿到期债务既是债权人提出破产申请的条件，也是债务人存在破产原因的推定依据。〔27〕 此外，还应注意的是，尽管《企业破产法》第 2 条第 2 款将"债务人有明显丧失清偿能力的可能"规定为破产重整的补充性破产原因，但依该法第 7 条之规定，实际上该破产原因仅适用于债务人提出破产重整申请的情形。

2. 债务人自身提出破产清算与破产和解申请的，破产原因为"不能清偿"且"资不抵债"或"明显缺乏清偿能力"。具体来说，债务人申请破产和解或者破产清算的破产原因为：债务人不

〔25〕　参见王新欣：《〈破产法司法解释（一）〉深度解读》，载《人民法院报》2012 年 2 月 11 日及 15 日。

〔26〕　参见本书编写组编著：《〈中华人民共和国企业破产法〉释义及实用指南》，中国民主法制出版社 2006 年版，第 49 页。

〔27〕　参见《最高人民法院民二庭负责人就〈破产法司法解释（一）〉答记者问》，载《人民法院报》2011 年 9 月 26 日。

能清偿到期债务,并且资产不足以清偿全部债务或者明显缺乏清偿能力。依此,“资不抵债”或“明显缺乏清偿能力”作为“不能清偿”的补充性破产原因,实际上仅适用于债务人自身提出破产清算与破产和解申请的情形。

3. 债务人自身提出破产重整申请的,破产原因为“不能清偿”且“资不抵债”或“明显缺乏清偿能力”或者“有明显丧失清偿能力可能”。具体来说,债务人申请破产重整的破产原因为:(1)债务人不能清偿到期债务,并且资产不足以清偿全部债务或者明显缺乏清偿能力;(2)有明显丧失清偿能力可能。

4. 解散后企业法人的破产清算,破产原因表现为“资不抵债”标准。具体来说,企业法人已解散但未清算或者未清算完毕,依法负有清算责任的人申请破产清算的破产原因为:资产不足以清偿债务。在适用该项破产原因时,若债务人在法定异议期限内举证证明其未出现破产原因外,则破产清算申请将不被受理。

综上所述,我国破产法是通过“不能清偿”和“资不抵债”或“明显缺乏清偿能力”等标准来界定与判断破产原因的。对此,有学者提出了批评意见,认为该规定在理论上不够准确,也有悖于各国破产立法惯例。首先,要求“不能清偿”与“资不抵债”必须同时具备的规定不仅未见先例,而且漏洞百出,难以适用。其次,“明显缺乏清偿能力”也是破产法理论上未曾使用过的模糊概念。因此,该学者认为,将来在修改破产法时,仍应恢复原破产法起草工作组对破产原因的规定,并采取与实践需要相适应的规范化立法用语。此外,该学者还提出,将来在我国经济体制改革基本完成、企业经营机制完善之后,为更好地保护债权人的利益,破产立法应将“资不抵债”规定为法人型企业普遍适用的特殊破产原因。[28] 我们对此持赞同态度。

(六)《企业破产法》关于破产原因的法律适用

人民法院在审查当事人的申请并决定是否受理破产申请,或者决定是否开始破产和解、破产重整、破产清算程序之前,应当根据以上多层次的破产原因标准进行衡量,在防止当事人滥用破产申请权同时,保障当事人提起破产申请的诉权。2011 年 9 月 9 日,最高人民法院颁布了《破产法解释(一)》,对破产原因的司法适用作了详细规定。

1. 债务人清偿能力独立界定

《破产法解释(一)》第 1 条第 2 款规定:“相关当事人以对债务人的债务负有连带责任的人未丧失清偿能力为由,主张债务人不具备破产原因的,人民法院应不予支持。”依此,债务人是否存在破产原因必须对其自身清偿能力与财产等情况独立评估,债务连带责任人的存在并不影响债务人破产原因的认定。

2. 不能清偿的裁判标准

不能清偿到期债务,强调的是债务人不能清偿债务的外部客观行为,而不是债务人的财产客观状况。根据《破产法解释(一)》第 2 条的规定,认定不能清偿到期债务应当同时具备三个方面的要件:第一,债权债务关系依法成立。例如,债务人不否认或者无正当理由否认债权债务关系,或者债务已经生效法律文书确定,即可推定债权债务关系依法成立。这样规定的主要目的是防止债务人拖延破产程序启动。第二,债务人不能清偿的是已到偿还期限的债务。破产程序本质上属于概括执行程序,债务尚未到期的,债务人不负有立即履行的义务,故不应受

[28] 参见王欣新:《破产法》(第二版),中国人民大学出版社 2007 年版,第 57 页。

执行程序的约束。第三,债务人未清偿债务的状态客观存在。无论债务人的客观经济状况如何,只要其未完全清偿到期债务,均构成不能清偿到期债务。[29]

3. 资不抵债的裁判标准

"资不抵债"的着眼点是资债比例关系,考察债务人的偿还能力仅以实有财产为限,不考虑信用、能力等可能影响债务人清偿能力的因素,计算债务数额时,不考虑是否到期,均纳入债务总额之内。通常用来判断债务人是否资不抵债的标准为资产负债表,其反映了企业资产、负债、所有者权益的总体规模和结构,以此判断债务人的资产状况具有明确性和客观性。但考虑到资产负债表反映的企业资产价值具有期限性和不确定性,在其由企业自行制定的情况下甚至可能存在严重的虚假情况,因此,《破产法解释(一)》第 3 条同时规定,审计报告或者资产评估报告等也可作为判断债务人资产总额是否资不抵债的依据。资不抵债是对债务人客观偿债能力的判断,故应以债务人的真实财产数额为基础,若当事人认为债务人的资产负债表,或者审计报告、资产评估报告等记载的资产状况与实际状况不符,则允许当事人提交相应证据予以证明,以便推翻资产负债表、审计报告或者资产评估报告的结论。[30]

4. 明显缺乏清偿能力的裁判标准

"明显缺乏清偿能力"是各国破产立法和破产法理论上没有的新概念,其着眼点为债务关系能否正常了结,与资不抵债的着眼点为资债比例关系不同。《企业破产法》将"债务人不能清偿到期债务并且明显缺乏清偿能力"作为破产原因之一,目的在于涵盖"债务人不能清偿到期债务并且资产不足以清偿全部债务"之外的其他情形,以适度缓和破产程序适用标准,弱化破产原因中关于资不抵债的要求。由于《企业破产法》关于"明显缺乏清偿能力"的规定过于抽象,导致实践中的认定困难,影响了该项标准的适用效果,故《破产法解释(一)》对此作了具体规定。[31] 对此,该解释第 4 条规定:"债务人账面资产虽大于负债,但存在下列情形之一的,人民法院应当认定其明显缺乏清偿能力:(一)因资金严重不足或者财产不能变现等原因,无法清偿债务;(二)法定代表人下落不明且无其他人员负责管理财产,无法清偿债务;(三)经人民法院强制执行,无法清偿债务;(四)长期亏损且经营扭亏困难,无法清偿债务;(五)导致债务人丧失清偿能力的其他情形。"

实务问题

中国汽车工业销售总公司建立之初的生产经营活动主要依靠国家计划调配和其上级主管部门中国汽车工业总公司履行行业管理职能过程中提供给该公司的一些业务。随着中国汽车工业总公司行业管理职能的取消和市场经济的深入,该公司原有的经营模式无法适应市场竞争,企业生存受到严重影响。由于该公司不能适应市场经济和经济体制改革要求,不良资产大量产生,经营举步维艰,亏损日益严重,不能清偿到期债务,扭亏无望,向北京市第一中级人民法院(以下简称北京市一中院)申请宣告破产。

[29] 参见《最高人民法院民二庭负责人就〈破产法司法解释(一)〉答记者问》,载《人民法院报》2011 年 9 月 26 日。
[30] 参见《最高人民法院民二庭负责人就〈破产法司法解释(一)〉答记者问》,载《人民法院报》2011 年 9 月 26 日。
[31] 参见《最高人民法院民二庭负责人就〈破产法司法解释(一)〉答记者问》,载《人民法院报》2011 年 9 月 26 日。

北京市一中院根据中国汽车工业销售总公司的破产申请,依法进行了相关审查工作。经审理查明,中国汽车工业销售总公司成立于1992年,原隶属于中国汽车工业总公司,为全民所有制企业,注册资金5588万元。2006年4月19日,全国企业兼并破产和职工就业工作领导小组办公室下达[2006]4号《关于下达新疆有色金属工业公司等55户企业破产项目的通知》表明,中国汽车工业销售总公司破产项目已经国务院同意。截至2007年6月30日,经中准会计师事务所有限责任公司审计,中国汽车工业销售总公司资产总额为6803.23万元,负债总额为3.9亿元,所有者权益为-32329.65万元,资产负债率为575.21%。问:北京市一中院能否裁定宣告中国汽车工业销售总公司破产?其法理及法律依据是什么?

提示:中国汽车工业销售总公司亏损严重,不能清偿债务,无法继续进行经营,应予宣告破产。据此,北京市一中院依照《企业破产法》第107条第1款、第133条关于破产宣告、国有企业实施破产的规定,裁定宣告中国汽车工业销售总公司破产。

第二节 破产申请与受理

破产程序从何时开始,各国立法规定不同。以英国为代表的一些英美法系国家破产法规定,以破产案件的受理为破产程序的开始。以法国、德国为代表的一些大陆法系国家破产法则规定,以破产宣告为破产程序的开始。在这些国家,破产申请的提出与法院的职权调查,仅是破产程序的预备阶段,法院如决定受理破产申请,便立即作出破产宣告的裁定,破产程序自破产宣告时正式开始。我国《企业破产法》规定,破产程序的开始,以破产案件的受理而非破产宣告为标志。法院受理破产申请,须进行一系列活动后才决定是否宣告债务人破产。因此,破产申请与受理,便构成破产程序中的独立阶段。

一、破产申请

破产申请,是破产申请人依法向法院提出请求,要求宣告债务人破产以清偿债务的请求。依我国破产法规定,无破产申请,法院不得启动破产程序,受理破产案件。

(一)破产申请人

破产申请人,是指有权向法院提出破产申请的人。从各国破产立法看,破产申请人通常包括债权人、债务人、准债务人(如清算人、遗产管理人)。有的国家还赋予特定国家机关、公职人员、债务人公司的股东提出破产申请的权利。例如,英国1967年公司法规定,贸易部、官方接管人享有申请权;意大利1942年破产法规定,检察官享有申请权。依我国《企业破产法》第7条之规定,债权人、债务人以及依法负有清算责任的人享有提出破产申请的权利。此外,依我国《企业破产法》第134条之规定,商业银行、证券公司、保险公司等金融机构出现破产原因的,国务院金融监督管理机构可以向人民法院提出对该金融机构进行重整或者破产清算的申请。一些学者还认为,为体现人民检察院的司法监督职能,对涉及社会重大利益的破产案件,也应授予人民检察院有提出破产申请的权力。不过,我国相关法律对此未予确认。

（二）破产申请的提出

依《企业破产法》第 7 条及第 134 条之规定，破产申请的提出分为以下四种情形：

1. 债务人提出破产申请。债务人有《企业破产法》第 2 条规定的情形，可以向人民法院提出重整、和解或者破产清算申请。向法院申请破产，是债务人作为民事权利主体处分其全部财产以及集中清理其债务的一项权利。赋予债务人以破产申请权有利于债务人尽早从沉重的债务包袱中解脱出来。

2. 债权人提出破产申请。债务人不能清偿到期债务，债权人可以向人民法院提出对债务人进行重整或者破产清算的申请。债权人向法院申请债务人破产，是债务人请求人民法院保护其债权的救济措施。债权人提出破产申请时，仅要求债务人不能清偿到期债务即可，而不要求债务人资产不足以清偿全部债务或者明显缺乏清偿能力。该规定实际上使《企业破产法》所确立的破产原因回归到西方国家破产法的立法通例上，因为债权人提出破产申请乃启动破产程序的主要原因。不过，我国破产法未将资不抵债确立为适用于公司法人的独立破产原因，从而使公司法人破产原因的范围被大大缩小。此外，应当注意的是，破产法未赋予债权人提出和解申请的权利。作此规定的原因在于和解申请对债权人而言毫无意义，其制度价值完全被更为直接、高效的破产清算与重整程序所涵括。各国破产法往往对拥有破产申请权的债权人设置了一定的法律限制。我国《企业破产法》未对此作具体规定，但相关规定实际上隐含了相应的法律限制。因此，应从理论上对我国《企业破产法》关于债权人的破产申请权作如下理解：(1)鉴于司法实践中恶意申请破产的行为日益增多，我国不妨在破产法司法解释中对债权人的人数及债权数额作明确限制；(2)我国《企业破产法》采用了承认别除权人有破产申请权的原则；(3)未附条件、附期限的债权人在所附条件成就或所附期限届满前，债务人对其所负债务并不属于到期债务，故其不具备破产申请权；(4)由于破产申请属于特殊的强制执行程序，而自然债权的债权人丧失了的法律的强制力保护，因而当然不能享有破产申请权；(5)基于债务人依法承担的税收、社会保险费等法定义务以及因违反法律、法规而由相关机关依法决定或裁决的罚款、罚金而成立的公法上债权的债权人同样享有破产申请权；(6)职工债权人属于债权人之一种，也应享有破产申请权。

3. 依法负有清算责任的人提出破产申请。企业法人已解散但未清算或者未清算完毕，资产不足以清偿债务的，依法负有清算责任的人应当向人民法院申请破产清算。企业法人解散时，按照法律规定应当成立清算组，依法进行清算。对此，我国《公司法》第 187 条第 1 款规定："清算组在清理公司财产、编制资产负债表和财产清单后，发现公司财产不足清偿债务的，应当依法向人民法院申请宣告破产。"由此可见，企业法人清算组提出破产申请，既是其权利更是其义务。

4. 国务院金融监督管理机构提出破产申请。商业银行、证券公司、保险公司等金融机构有《企业破产法》第 2 条规定情形的，国务院金融监督管理机构可以向人民法院提出对该金融机构进行重整或者破产清算的申请。金融机构实施破产的，国务院可以依据《企业破产法》和其他有关法律的规定制定实施办法。

（三）破产申请的形式

依我国《企业破产法》第 8 条之规定，向人民法院提出破产申请，应当提交破产申请书和有关证据。破产申请书应当载明下列事项：(1)申请人、被申请人的基本情况；(2)申请目的；

(3)申请的事实和理由;(4)人民法院认为应当载明的其他事项。向人民法院提出破产申请,除了要提交破产申请书外,还应当提交有关证据。如果申请人是债权人,则债权人应当提交能够证明债权清偿期限已经届满,债权人已经提出过清偿要求,债务人明显缺乏清偿能力或者停止支付呈连续状态的证据。债务人提出申请的,还应当向人民法院提交财产状况说明、债务清册、债权清册、有关财务会计报告、职工安置预案以及职工工资的支付和社会保险费用的缴纳情况。由于债务人对本企业的情况非常了解,要求债务人提交较为详细的资料,有利于人民法院审查,从而决定是否受理。

(四)破产申请的撤回

我国《企业破产法》第9条规定:"人民法院受理破产申请前,申请人可以请求撤回申请。"撤回破产申请是申请人处分自己权利的一种体现。法律规定申请人可以在人民法院受理破产申请以前撤回申请,主要是因为我国采取破产受理主义,法院收到破产申请后,破产程序并未开始,法院受理破产申请后,破产程序才开始。允许申请人在法院受理破产申请前撤回申请,与《民事诉讼法》规定的法院在受理案件前允许撤诉的规定相似。

二、破产案件的管辖

(一)破产案件的管辖概述

破产案件的管辖,是指各级人民法院及同级人民法院之间受理破产案件的分工权限。关于破产案件的管辖,国外立法有的设立专门的破产法院,并配有专门的破产法官,也有的是由普通法院管辖。我国未设置专门的破产法院,破产案件由普通法院管辖,有些地方法院设有专门的破产法庭集中审理破产案件,还有的地方对破产案件采用了集中管辖的做法。

由于破产案件的程序复杂烦琐,并具有相当的专业性和特殊性,所以,突破常规的民事诉讼运作程序在普通法院设立专门的破产审判庭处理破产案件,具有一定的合理性。对此,我国《人民法院组织法》第24条规定,中级人民法院根据需要可以设其他审判庭。因此,设立专门的破产审判庭具有实践必要性与法律依据。

(二)破产案件的地域管辖

各国破产法通常规定,以债务人住所地作为破产案件确定法院地域管辖的标准。除这种统一规定模式外,也有国家赋予当事人一定的选择权,如美国法律规定,当事人申请破产时,可任意选择由债务人住所地、主营业所所在地或主要财产所在地的法院为管辖法院。

我国《企业破产法》第3条明确规定:"破产案件由债务人住所地人民法院管辖。"债务人住所地指债务人的主要办事机构所在地。债务人无办事机构的,由其注册地人民法院管辖。

将破产案件的地域管辖确定为债务人住所地,其主要原因在于:其一,破产案件一律由债务人住所地法院管辖,便于对债务人财产的清理、变价和分配;其二,破产案件中的债权人通常人数众多,无法确定由某一债权人所在地法院管辖。

(三)破产案件的级别管辖

对破产案件的级别管辖,各国立法不尽相同。例如,德国、日本等国规定由地方法院管辖;加拿大规定由高等法院管辖;英国破产法原规定破产案件由高等法院管辖,后改为由郡法院管辖。

我国《企业破产法》、《破产法解释(一)》及2013年9月5日发布的《破产法解释(二)》均未对破产案件的级别管辖作出规定。根据最高人民法院2002年《破产案件规定》第2条规定,基层人民法院一般管辖县、县级市或区的工商行政管理机关核准登记企业的破产案件;中级人民法院一般管辖地区、地级市(含本级)以上工商行政管理机关核准登记企业的破产案件;纳入国家计划调整的企业破产案件,由中级人民法院管辖。依此,我国破产案件的级别管辖主要是以企业核准登记的工商行政管理机关的等级高低来划定的,但最高人民法院和各省、市、自治区高级人民法院对破产案件一般不享有管辖权。本书认为,我国2002年《破产案件规定》所确立的破产案件级别管辖确定标准基本上仍可继续执行。但是,鉴于2008年4月1日以来,各高级人民法院的一审民商事案件受案范围已被极大压缩,而基层人民法院的受案范围则大大扩大,因而我国应进一步明确规定,仅基层人民法院与中级人民法院有破产案件管辖权,且以基层人民法院管辖为原则、以中级人民法院管辖为例外。具体来说,将中级人民法院一般管辖范围所对应的工商行政管理机关级别从“地区、地级市(含本级)以上”上调为“省、自治区、直辖市以上”,并在维持“纳入国家计划调整的企业破产案件”由中级人民法院管辖的同时,明确规定金融机构、上市公司的破产案件由中级人民法院管辖。

(四)破产案件管辖权的转移

破产案件的级别管辖同样可适用一般民商事案件管辖权转移的相关规定,即上级人民法院有权审理下级人民法院管辖的第一审民事案件,也可以把本院管辖的第一审民事案件交下级人民法院审理。下级人民法院对它所管辖的第一审民事案件,认为需要由上级人民法院审理的,可以报请上级人民法院审理。

一般民事案件管辖权的转移限于上下级法院之间,即只能用来突破级别管辖的规则。但依2002年《破产案件规定》第3条之规定,破产案件管辖权的移转也可突破地域管辖的规则,即省、自治区、直辖市范围内因特殊情况可对个别企业破产案件的地域管辖作调整,但须经共同上级人民法院批准。

三、破产申请的受理

(一)破产申请受理的程序

破产程序的开始不以破产申请的提出为标志,破产申请只有经人民法院受理后,才正式启动破产程序。

债权人提出破产申请的,人民法院应当自收到申请之日起5日内通知债务人。债务人对申请有异议的,应当自收到人民法院的通知之日起7日内向人民法院提出。人民法院应当自异议期满之日起10日内裁定是否受理。债务人对申请提出异议的,人民法院应当自收到破产申请之日起15日内裁定是否受理。特殊情况需要延长裁定受理的期限的,经上一级人民法院批准,可以延长15日。

为防止法院拒不接受破产申请,或收到破产申请及所附证据后拒不出具书面凭证,使申请人无法起算法定受理期间,《破产法解释(一)》第7条第1款规定:“人民法院收到破产申请,应当向申请人出具收到申请及所附证据的书面凭证。”依此,书面凭证做出日期即为判断人民法院受理行为合法性的依据,并成为计算相关受理破产申请法定期限的起始日期。《破产法解释(一)》第7条第2款及第3款还分别规定:“人民法院收到破产申请后应当及时对申请人的主体资格、债务人的主体资格和破产原因,以及有关材料和证据等进行审查,并依据企业破产法第十条的规定作出是否受理的裁定。”“人民法院认为申请人应当补充、补正相关材料的,应当自收到破产申请之日起五日内告知申请人。当事人补充、补正相关材料的期间不计入企业破产法第十条规定的期限。”

人民法院受理破产申请的,应当自裁定作出之日起 5 日内送达申请人。债权人提出申请的,人民法院应当自裁定作出之日起 5 日内送达债务人。债务人应当自裁定送达之日起 15 日内,向人民法院提交财产状况说明、债务清册、债权清册、有关财务会计报告以及职工工资的支付和社会保险费用的缴纳情况。

人民法院裁定不受理破产申请的,应当自裁定作出之日起 5 日内送达申请人并说明理由。关于是否可对法院受理破产申请的裁定上诉,各国家和地区破产法大多未作明确规定,但也有个别国家破产法赋予了破产申请受理裁定的可诉性。例如,《日本破产法》第 33 条第 1 款规定:“对于涉及破产程序开始的申请的裁判,可以提出上诉。”[32] 我国《企业破产法》对此也未作出规定,从解释上应认为该裁定不可诉。但为加强上级法院对下级法院的监督,督促下级法院对于当事人提出的破产申请依法作出是否受理的裁定,《破产法解释(一)》作了类似于允许上诉的变通处理。对此,该解释第 9 条分三款规定:“申请人向人民法院提出破产申请,人民法院未接收其申请,或者未按本规定第七条执行的,申请人可以向上一级人民法院提出破产申请。”“上一级人民法院接到破产申请后,应当责令下级法院依法审查并及时作出是否受理的裁定;下级法院仍不作出是否受理裁定的,上一级人民法院可以径行作出裁定。”“上一级人民法院裁定受理破产申请的,可以同时指令下级人民法院审理该案件。”

人民法院应当自裁定受理破产申请之日起 25 日内通知已知债权人,并予以公告。通知和公告应当载明下列事项:(1)申请人、被申请人的名称或者姓名;(2)人民法院受理破产申请的时间;(3)申报债权的期限、地点和注意事项;(4)管理人的名称或者姓名及其处理事务的地址;(5)债务人的债务人或者财产持有人应当向管理人清偿债务或者交付财产的要求;(6)第一次债权人会议召开的时间和地点;(7)人民法院认为应当通知和公告的其他事项。

如前所述,由于法院对破产申请的审查仅为初步审查,可能存在不应受理而予受理的情形,因而破产申请受理后若发现确实不具备法定破产原因,仍应驳回破产申请。对此,我国《企业破产法》第 12 条第 2 款规定:“人民法院受理破产申请后至破产宣告前,经审查发现债务人不符合本法第二条规定情形的,可以裁定驳回申请。申请人对裁定不服的,可以自裁定送达之日起十日内向上一级人民法院提起上诉。”依此,尽管破产案件本身不存在二审问题,但破产法还是赋予了破产申请人对裁定驳回破产申请的上诉权。这就使当事人依法启动破产程序的诉权得到了法律保障。

(二)破产申请受理的法律效力

为维护债权人的公平受偿利益,确保破产程序的顺利进行,各国破产法均明确规定了破产程序开始后所产生的效力。我国破产法采取的是破产程序受理开始主义,破产程序在破产申请受理后即正式启动,并产生相应的法律效力。

1. 债务人的有关人员应当承担法定义务。自人民法院受理破产申请的裁定送达债务人之

---

〔32〕 李飞主编:《当代外国破产法》,中国法制出版社 2006 年版,第 731 页。

日起至破产程序终结之日,债务人的有关人员应当承担一系列的法定义务。债务人的有关人员,是指企业的法定代表人;经人民法院决定,可以包括企业的财务管理人员和其他经营管理人员。对债务人的有关人员课以法定义务,有利于保护债权人的合法权益和职工的正当利益,保证破产程序的顺利进行。依《企业破产法》第15条之规定,债务人的有关人员应当承担的义务主要有:(1)妥善保管其占有和管理的财产、印章和账簿、文书等资料;(2)根据人民法院、管理人的要求进行工作,并如实回答询问;(3)列席债权人会议并如实回答债权人的询问;(4)未经人民法院许可,不得离开住所地;(5)不得新任其他企业的董事、监事、高级管理人员。

2. 债务人对个别债权人的债务清偿无效。破产程序的原则是对所有债权人的公平清偿,债务人对于个别债权人的清偿侵害了同一顺序上的其他债权人的合法权益。因此,《企业破产法》第16条规定:“人民法院受理破产申请后,债务人对个别债权人的债务清偿无效。”在确认债务人对个别债权人的清偿行为无效后,便可追回债务人作出的不当清偿,将其纳入债务人的财产中,以保全债务人的财产,维护全体债权人的利益。

3. 债务人的债务人或者财产持有人应当向管理人清偿债务或者交付财产。依《企业破产法》第13条、第25条之规定,人民法院裁定受理破产申请,应当同时指定管理人;管理人负责接管债务人的财产。因此,在人民法院受理破产申请后,除重整程序中债务人经人民法院许可自行管理财产和营业事务的情形外,债务人被依法剥夺了管理和处分财产的权利。这就要求在人民法院受理破产申请后,债务人的债务人或者财产持有人应当向管理人清偿债务或者交付财产,以便防止一些债务人利用各种手段隐匿和转移财产。对此,《企业破产法》第17条规定:“人民法院受理破产申请后,债务人的债务人或者财产持有人应当向管理人清偿债务或者交付财产。”“债务人的债务人或者财产持有人故意违反前款规定向债务人清偿债务或者交付财产,使债权人受到损失的,不免除其清偿债务或者交付财产的义务。”如果债务人的债务人或者财产持有人对于管理人要求清偿或者交付财产的通知有异议的,可以向法院提出诉讼;既不提出异议,又不能清偿债务或者交付财产的,管理人可以申请法院裁定后强制执行。

4. 管理人有权决定解除或者继续履行债务人和对方当事人均未履行完毕的合同。人民法院受理破产申请后,管理人对破产申请受理前成立而债务人和对方当事人均未履行完毕的合同有权决定解除或者继续履行,并通知对方当事人。管理人自破产申请受理之日起2个月内未通知对方当事人,或者自收到对方当事人催告之日起30日内未答复的,视为解除合同。管理人决定继续履行合同的,对方当事人应当履行;但是,对方当事人有权要求管理人提供担保。管理人不提供担保的,视为解除合同。[33]

5. 有关债务人财产的保全措施应当解除,执行程序应当中止。人民法院受理破产申请后,有关债务人财产的促使措施和执行程序如何处理,直接关系到债务人财产的归属。如果允许有关债务人财产的保全措施继续存续,那么已经采取了查封、扣押等保全措施的财产将无法并入债务人财产,纳入重整计划、和解协议调整的范围或者依据破产分配方案分配给债权人。因此,《企业破产法》第19条规定:“人民法院受理破产申请后,有关债务人财产的保全措施应当解除,执行程序应当中止。”

6. 已经开始而尚未终结的有关债务人的民事诉讼或者仲裁应当中止。为防止债务人对其

[33] 参见我国《企业破产法》第18条。

涉诉或仲裁财产不当处分,各国破产法均要求破产程序开始后中止相应诉讼或仲裁程序。《企业破产法》第20条规定:“人民法院受理破产申请后,已经开始而尚未终结的有关债务人的民事诉讼或者仲裁应当中止;在管理人接管债务人的财产后,该诉讼或者仲裁继续进行。”在管理人接管债务人的财产后,该诉讼或者仲裁继续进行,但处分权人相应地调整为破产管理人。

7. 受理破产的人民法院对于有关债务人的民事诉讼进行专属管辖。专属管辖,是指法律强制规定某类案件只能由特定法院管辖,其他法院无管辖权,当事人也不能协议变更的管辖。在破产程序中,为了提高破产程序的效率,便利破产案件的审理,对有关债务人民事诉讼的管辖作出了不同于一般民事案件的规定。对此,《企业破产法》第21条规定:“人民法院受理破产申请后,有关债务人的民事诉讼,只能向受理破产申请的人民法院提起。”

第三节 破产管理人

一、破产管理人的概念与地位

(一)破产管理人的概念

破产管理人,是指依照破产法规定,在破产重整、破产和解和破产清算程序中负责债务人财产管理和其他事项的专门机构。

为了对债务人的财产实行有效的管理以避免债务人对财产的恶意处分,在破产程序开始后,应当由一个专门机构来管理和处分。这一专门机构在大陆法系许多国家被称为破产管理人或破产财产管理人。在各国破产立法中,对破产管理人制度均有相应规定。破产管理人是破产程序中最重要的一个机构,它具体管理破产中的各项事务,破产程序进行中的其他机关或组织仅起监督或辅助作用。破产程序能否在公正、公平和高效的基础上顺利进行和顺利终结,与破产管理人关系至为重大。

在我国《企业破产法》通过以前的破产立法中,未规定破产管理人的概念,而采用的是清算组概念。《企业破产法》未直接采用破产管理人概念,而采用的是“管理人”概念。立法者作此规定的原因在于,破产程序启动后并不必然进入破产清算程序,而可能仅进入和解或重整程序,故为免于混淆,不将统一适用于不同破产程序的管理人称为破产管理人。事实上,这种顾虑是多余,因为破产法上的破产原本是就广义而言,同样包括和解程序与重整程序。就此而言,和解与重整也不妨称为破产和解与破产重整。

(二)破产管理人的法律地位

破产管理人在法律上的地位,关系到破产法上的诸多制度设计,如破产管理人的产生方式、职权的行使等。对此,理论界存在多种观点。

1. 代理说。该说认为,破产管理人是以他人名义行使破产程序中的职务权限的,是一种代理行为。其主要依据是,破产程序本质上属于清偿程序,在此阶段债务人并未丧失所有人地位,故可将其事务委托破产管理人代为行使。但该说与法律规定相矛盾:(1)破产管理人非由债务人委任,而由法院或债权人会议委任;(2)破产管理人是以自己的名义而不以债务人的名义进行法律行为;(3)破产管理人对债务人的恶意行为拥有否认权,并不受制于债务人。

2. 职务说。该说认为，破产程序在法律性质上是全体债权人对债务人进行的强制执行程序，因此，可将破产管理人视为国家强制执行机关的工作人员，其行为属于职务行为。该说与各国破产法关于破产管理人作为私权主体的定位与相关规定相矛盾，故未获得理论界的普遍认同。

3. 代表说。该说还可进一步区分为破产财团代表说与破产社团代表说。破产财团代表说认为，债务人财产因破产程序的开始或者破产宣告裁定的作出而成为以破产预防或破产清算为目的而独立存在的财产，这些财产整体人格化而形成破产财团，破产管理人是这种人格化财产的代表机关。该说为英美法系国家理论界所广泛支持，《美国联邦破产法典》也采取了这一立场。近年来，大陆法系国家和地区破产法理论界也普遍接受了破产财团代表说。破产社团代表说认为，债务人与债权人都以调整相互之间的财产关系为其共同目的，故双方事实上共同构成了一个具有权利能力的社团，而破产管理人即为该社团的代表机构。但这种社团仅为理论上的一种虚拟，故破产社团代表说未获得广泛支持。

4. 清算机构说。该说认为，破产清算前的企业与破产宣告后的企业为同一人格，但破产宣告后，企业的权利范围和组织机构均发生变化，破产管理人代替原管理机构成为破产企业在清算阶段的代表机构。该说主要为我国理论界所主张，相对而言，较符合我国立法，也较接近于我国司法实践。[34]

二、破产管理人的选任

（一）破产管理人的选任方式

关于破产管理人的选任方式，各国立法规定不尽相同。有由法院选任的，如日本；有由债权人会议选任的，如英国、美国；也有以法院选任为原则，而允许债权人会议另行选任的，如德国。

我国1986年《企业破产法（试行）》在破产清算组成员的产生方式和身份要求上曾采取了以政府官员为主导的做法。具体做法是：清算组成员由人民法院商同同级人民政府从企业上级主管部门、政府财政、工商行政管理、计委、审计、税务、物价、劳动、人事等部门和有关专业人员中用公函指定。这一做法在理论上和实务中遇到了许多难题，故《企业破产法》对此作了调整。该法第22条规定，破产管理人由人民法院指定；债权人会议认为管理人不能依法、公正执行职务或者有其他不能胜任职务情形的，可以申请人民法院予以更换。

（二）破产管理人的选任范围与任职资格

我国破产管理人的范围可以是清算组或者相应的社会中介机构，也可以是自然人。对此，《企业破产法》第24条第1款和第2款规定：破产管理人可以由有关部门、机构的人员组成的清算组或者依法设立的律师事务所、会计师事务所、破产清算事务所等社会中介机构担任；人民法院根据债务人的实际情况，可以在征询有关社会中介机构的意见后，指定该机构具备相关专业知识并取得执业资格的人员担任管理人。但个人担任破产管理人的，应当参加执业责任保险。

《企业破产法》第24条第3款规定，具有下列情形之一的自然人、清算组织或者社会中介

---

〔34〕 参见顾功耘主编：《商法教程》（第二版），上海人民出版社、北京大学出版社2006年版，第614页。

机构,不得担任破产管理人:(1)因故意犯罪受过刑事处罚;(2)曾被吊销相关专业执业证书;(3)与本案有利害关系;(4)人民法院认为不宜担任管理人的其他情形。

为促进破产管理人制度的完善和发展,2006 年 4 月 12 日发布的最高人民法院《关于审理企业破产案件指定管理人的规定》还以司法解释的方式对以下问题作了详细规定:(1)破产管理人名册的编制;(2)破产管理人的指定;(3)破产管理人的更换。

三、破产管理人的职责与监督

(一)破产管理人的职责

为便于破产管理人履行职责时对其行为能力的范围有所判断和遵循,同时便于相关利害关系人的制约和监督,各国家及地区相关规定都或简或繁地对其职责范围作了列举。例如,我国台湾地区"破产法"就按照破产管理人就任后工作阶段的先后,分别对其职责作了详细的规定,包括因占有破产财产而生的职责、因管理破产财产而生的职责、因变价分配破产财产而生的职责等方面,具体的列举多达十余项。

我国《企业破产法》第 25 条围绕破产财产的保管、清理、估价、处理和分配等对破产管理人的职责作了明确规定:(1)接管债务人的财产、印章和账簿、文书等资料;(2)调查债务人财产状况,制作财产状况报告;(3)决定债务人的内部管理事务;(4)决定债务人的日常开支和其他必要开支;(5)在第一次债权人会议召开之前,决定继续或者停止债务人的营业;(6)管理和处分债务人的财产;(7)代表债务人参加诉讼、仲裁或者其他法律程序;(8)提议召开债权人会议;(9)人民法院认为管理人应当履行的其他职责。

依《企业破产法》第 26 条及第 69 条之规定,在第一次债权人会议召开之前,破产管理人决定继续或者停止债务人的营业或者实施下列行为之一的,应当经人民法院许可:(1)涉及土地、房屋等不动产权益的转让;(2)探矿权、采矿权、知识产权等财产权的转让;(3)全部库存或者营业的转让;(4)借款;(5)设定财产担保;(6)债权和有价证券的转让;(7)履行债务人和对方当事人均未履行完毕的合同;(8)放弃权利;(9)担保物的取回;(10)对债权人利益有重大影响的其他财产处分行为。

债权人会议设立债权人委员会的,破产管理人实施上述行为应得到债权人委员会的许可。

(二)破产管理人的权利与义务

我国《企业破产法》第 27 条、第 29 条规定:破产管理人应当勤勉尽责,忠实执行职务;破产管理人没有正当理由不得辞去职务;破产管理人辞去职务应当经人民法院许可。

为便于履行职责,破产管理人应有权聘用工作人员。为此,我国《企业破产法》第 28 条第 1 款规定:"管理人经人民法院许可,可以聘用必要的工作人员。"

由于破产事务的处理耗时费力,责任重大,加之破产管理人有负担财产责任的风险,因而,各国家及地区多规定破产管理人享有取得报酬的权利。报酬的数额,德国、日本及中国台湾地区都规定由法院决定,法院核定时,应斟酌破产案件的繁简、破产财产的规模、破产分配的比例、破产管理人耗费之时间精力及其努力程度、同业标准等因素。对此,我国《企业破产法》第 28 条第 2 款规定:"管理人的报酬由人民法院确定。债权人会议对管理人的报酬有异议的,有权向人民法院提出。"为解决破产管理人的报酬确定准则,2006 年 4 月 12 日发布的最高人民法院《关于审理企业破产案件确定管理人报酬的规定》还以司法解释的方式对此作了详细规定。

（三）对破产管理人的监督

破产程序同时兼具清算与执行的特征，破产程序往往涉及众多利害关系人的利益，故有必要建立破产监督机制。鉴于破产案件的处理有繁简难易之分，具体到特定的案件，并非皆须设立专门的破产监督机构，因而国外立法多以债权人会议意定，即由债权人会议根据案件处理的繁简程度、时间长短等来决定是否设立破产监督机构。原则上，不论是否进行和解和整顿，债权人会议应在第一次会议上决定破产监督人的设置，但也不妨于破产程序进行中随时决定嗣后设置。

对于破产管理人的一般监督，《企业破产法》第 23 条第 1 款规定："管理人依照本法规定执行职务，向人民法院报告工作，并接受债权人会议和债权人委员会的监督。"第 2 款规定："管理人应当列席债权人会议，向债权人会议报告职务执行情况，并回答询问。"该法第 61 条还明确将"监督管理人"列为债权人会议的职权之一。为更有效地实现对破产管理人以及破产管理事务的监督，《企业破产法》还规定了"债权人委员会"制度，由债权人委员会行使监督职权。

第四节　破产债权的申报

一、债权申报的概念与特征

债权申报，是指债权人在人民法院受理破产申请后，依照法定程序主张并证明其债权的存在，以便参加破产程序的法律行为。债权申报具有以下特征：

1. 债权申报是债权人的单方意思表示。在破产程序中，债权人是否主张自己的债权，是否决定参加破产程序，完全凭自己的意愿。债权人依法定程序和形式申报债权后，该意思表示即告完成，并产生相应的法律效力。

2. 债权申报以债权人主张自己的债权为主要内容。债权人申报债权，主要是向管理人证明自己对债务人合法债权的存在，他向法院提出其他权利主张的，不能得到支持。

3. 债权申报是债权人参加破产程序的必要条件。债权人要参加破产程序，必须依法申报债权成为债权人会议的成员。没有申报债权的债权人，不得参加债权人会议。

4. 债权申报必须符合法定的期限要求。未在法律规定的期限内申报债权的，管理人不予受理。

二、债权申报规则

（一）破产程序中的债权人与债权申报的受理主体

破产债权人，是指在人民法院受理破产申请或者破产宣告时对债务人享有债权的人。可见，破产债权人所享有的债权必须是在人民法院受理破产申请前产生的，在人民法院受理破产申请之后所产生的债权除非法律有特别的规定，均不属于破产债权。在人民法院受理破产申请时对债务人享有债权的债权人，有权依照法律的规定行使权利，包括依法申报债权、参加债权人会议等。

依我国《企业破产法》第 48 条第 1 款之规定，债权申报的受理主体是破产管理人。

(二)债权的申报期限

债权的申报期限,是法律规定的债权人向破产管理人申报自己对债务人债权的期限。债权人申报债权,应当遵守法律规定的期限。债权人未在法律规定的期限申报债权,虽不意味着其债权的消灭,但只能依补充申报程序行使权利。若债权人未如期申报债权且未补充申报债权,则不能依破产法规定的程序行使权利。[35]

债权申报期间的长短确定不外乎涉及两方面相互矛盾的价值选择:一为债权的保护程度;二为案件处理的效率。确定较长的申报期间无疑对债权的保护更为有利,但有可能延误破产程序的正常进行。关于申报期间的确定方式,各国立法大多采用立法限定基础上的法院酌定主义模式,即债权申报期间的长短,由受理案件的法院在法律限定性规定的基础上根据案件的实际情况予以确定。

我国《企业破产法》第 45 条规定,人民法院受理破产申请后,应当确定债权人申报债权的期限。债权申报期限自人民法院发布受理破产申请公告之日起计算,最短不得少于 30 日,最长不得超过 3 个月。依此,债权申报期限的确定主体为人民法院,从人民法院受理破产申请公告的次日起计算,具体时间为 30 日以上,不得超过 3 个月。

(三)特殊债权的处理

1. 未到期的债权。它是指债务履行期限尚未届满的债权。未到期的债权,在破产申请受理时视为到期。

2. 附利息的债权。它是指债务人在清偿债务时,不仅要清偿债务的本金,还得依照法定或约定的利率支付利息的债权。附利息的债权自破产申请受理时起停止计息。

3. 附条件、附期限的债权。附条件的债权,是指债权的发生或者消灭,取决于将来不确定的事实的债权;附期限的债权,是指债权的发生或者消灭,基于一定期限的经过的债权。对于附条件、附期限的债权,尽管具有不确定性,但只要存在,不论条件是否成就,期限是否届满,债权人都可以向破产管理人申报。

4. 诉讼、仲裁未决的债权。诉讼、仲裁未决的债权,是指当事人之间有关该债权争议尚未得到法院的判决或者仲裁机构的裁决,债权的真实性、数额等要素尚不明确的债权。对于这种债权,尽管也存在不确定性,但债权人可以依据其向法院或者仲裁机构主张保护的债权数额来申报债权。[36]

5. 职工债权。为了保护破产企业职工的合法权益,同时也为了防止破产企业管理人员在破产程序中弄虚作假来牟取私利,《企业破产法》对职工债权的处理作了特别规定。依该法第 48 条第 2 款之规定,债务人所欠职工的工资和医疗、伤残补助、抚恤费用,所欠的应当划入职工个人账户的基本养老保险、基本医疗保险费用,以及法律、行政法规规定应当支付给职工的补偿金,不必申报,由破产管理人调查后列出清单并予以公示。职工对清单记载有异议的,可以要求破产管理人更正;破产管理人不予更正的,职工可以向人民法院提起诉讼。

(四)债权申报的要求

依《企业破产法》第 49 条之规定,一般情况下,债权人在申报债权时应当符合以下要求:

---

〔35〕 参见我国《企业破产法》第 56 条第 2 款。

〔36〕 以上四项规则参见我国《企业破产法》第 46 条、第 47 条、第 48 条第 1 款。

1. 应当说明债权的数额和有无财产担保的情况。债权的数额决定着将来破产财产的分配以及债权人在破产程序中债权人会议中所享有的权利大小，债权有无财产担保对将来债权的清偿顺序以及债权人在债权人会议上的表决权影响较大，因此均须向破产管理人说明。

2. 申报债权必须以书面形式提出。债权人向破产管理人申报债权不能以口头形式或者随意性的信件等形式提出，而应当以债权申报书的形式提出。

3. 债权人申报债权应当提交有关证据。债权人在申报债权时，不仅要在债权申报书中说明其所享有债权的具体情况，还要提交证明其债权存在及债权的具体情况的证据。

4. 申报的债权是连带债权的，应当说明。对于连带债权，债务人向连带债权人之一进行了清偿的，则为完全履行债务。为防止在多个连带债权人向债务人主张债权的情况下，其所得到的清偿数额超过连带债权的数额，法律要求连带债权人在申报债权时，应当向破产管理人说明债权的连带性质。

（五）特殊债权的申报方法

1. 连带债权人申报债权。《企业破产法》第50条规定："连带债权人可以由其中一人代表全体连带债权人申报债权，也可以共同申报债权。"

2. 债务人的保证人或其他连带债务人申报债权。在保证法律关系中，保证人在承担保证责任后，有权向债务人追偿。在连带债务法律关系中，某一债务人在清偿了全部债务后，也有权就超过自己应当承担的债务的部分向其他债务人进行追偿。在债务人进入破产程序后，保证人和清偿了连带债务的连带债务人的这种追偿权在破产程序中要通过债权申报的方式来最终参与破产财产的分配。因此，债务人的保证人或者其他连带债务人已经代替债务人清偿债务的，以其对债务人的求偿权申报债权。对此，《企业破产法》第51条规定："债务人的保证人或者其他连带债务人已经代替债务人清偿债务的，以其对债务人的求偿权申报债权。""债务人的保证人或者其他连带债务人尚未代替债务人清偿债务的，以其对债务人的将来求偿权申报债权。但是，债权人已经向管理人申报全部债权的除外。"

3. 连带债务人的债权人申报债权。连带债务人的债权人是每一名连带债务人的债权人，因此，连带债务人数人被裁定适用破产程序的，其债权人有权就全部债权分别在各破产案件中申报债权。[37] 鉴于保证关系中，保证人与债务人未必是连带债务人，故保证人破产时的债权申报需要特别规定。为此，最高人民法院2019年3月27日发布的《破产法解释（三）》对此作了特别规定。该解释第4条分三款规定："保证人被裁定进入破产程序的，债权人有权申报其对保证人的保证债权。"（第1款）"主债务未到期的，保证债权在保证人破产申请受理时视为到期。一般保证的保证人主张行使先诉抗辩权的，人民法院不予支持，但债权人在一般保证人破产程序中的分配额应予提存，待一般保证人应承担的保证责任确定后再按照破产清偿比例予以分配。"（第2款）"保证人被确定应当承担保证责任的，保证人的管理人可以就保证人实际承担的清偿额向主债务人或其他债务人行使求偿权。"（第3款）该解释第5条第1款规定："债务人、保证人均被裁定进入破产程序的，债权人有权向债务人、保证人分别申报债权。"

4. 解除合同的损害赔偿请求权的申报。对于破产案件受理前已经成立而尚未履行完毕的合同，破产管理人有权决定解除或者继续履行；在重整期间，债务人经人民法院批准自行管理

---

〔37〕 参见我国《企业破产法》第52条。

财产和营业事务的,债务人可以解除或者决定继续履行合同。如果破产管理人或者债务人解除合同,对合同相对方造成了损失,则合同相对方可以向破产管理人或者债务人请求赔偿损失。但这种损害赔偿之债并不是产生于人民法院受理破产申请之前,所以破产法应当对这种债权的申报作出规定。对此,《企业破产法》第53条规定:“管理人或者债务人依照本法规定解除合同的,对方当事人以因合同解除所产生的损害赔偿请求权申报债权。”

5.委托合同中受托人请求权的申报。《企业破产法》第54条规定:“债务人是委托合同的委托人,被裁定适用本法规定的程序,受托人不知该事实,继续处理委托事务的,受托人以由此产生的请求权申报债权。”

6.票据关系中付款人请求权的申报。在票据活动中,当付款人向收款人承兑或者付款后,有权向出票人行使追索权。因此,《企业破产法》第55条规定:“债务人是票据的出票人,被裁定适用本法规定的程序,该票据的付款人继续付款或者承兑的,付款人以由此产生的请求权申报债权。”

(六)债权的补充申报

债权人未在规定的期限内申报债权的,法律仍应对其债权予以妥善保护,故破产法设置了债权的补充申报规则。对此,《企业破产法》第56条第1款规定:“在人民法院确定的债权申报期限内,债权人未申报债权的,可以在破产财产最后分配前补充申报;但是,此前已进行的分配,不再对其补充分配。为审查和确认补充申报债权的费用,由补充申报人承担。”

三、债权表的编制与核查

(一)债权表的编制

破产管理人收到债权申报材料后,应当登记造册,对申报的债权的真实性进行初步审查,并编制债权表。债权表和债权申报材料由管理人保存,供利害关系人查阅。[38]《破产法解释(三)》第6条第1款规定:“管理人应当依照企业破产法第五十七条的规定对所申报的债权进行登记造册,详尽记载申报人的姓名、单位、代理人、申报债权额、担保情况、证据、联系方式等事项,形成债权申报登记册。”

(二)债权表的核查

破产管理人在编制债权表过程中应尽审查义务。对此,《破产法解释(三)》第6条第2款规定:“管理人应当依照企业破产法第五十七条的规定对债权的性质、数额、担保财产、是否超过诉讼时效期间、是否超过强制执行期间等情况进行审查、编制债权表并提交债权人会议核查。”当然,破产管理人对债权申报的真实性的审查仅为初步审查,即主要审查债权证明材料的真实性以及判断债权申报是否具备法律所规定的实体要件和形式要件等,但既无权利也无能力对债权的真实性进行实质审查。为此,《企业破产法》第58条规定:“依照本法第五十七条规定编制的债权表,应当提交第一次债权人会议核查。”“债务人、债权人对债权表记载的债权无异议的,由人民法院裁定确认。”“债务人、债权人对债权表记载的债权有异议的,可以向受理破产申请的人民法院提起诉讼。”

---

〔38〕 参见我国《企业破产法》第57条。

第五节　债权人会议

一、债权人会议制度概述

（一）债权人会议的概念

债权人会议，是在破产程序进行中，为便于全体债权人参与破产程序以实现其破产程序参与权，维护全体债权人的共同利益而由全体登记在册的债权人组成的表达债权人意志和统一债权人行动的议事机构。债权人会议是对内协调和形成全体债权人的共同意思，对外通过对破产程序的参与和监督，来实现全体债权人破产参与权的机构。

从某种意义上讲，破产程序是在债务人破产的偶然原因下形成的共同诉讼的一种特殊形式。在破产程序中，因债权人数量众多、利益相关且可能存在冲突，故不能单独行使权利，而需要设立债权人会议这样一个临时性机构，就破产事项协调意见，并决定采取何种行为。概括而言，债权人会议的设立原因主要有：第一，是统一债权人意志和行动，保证破产程序有序化的需要；第二，是公平保护全体债权人利益的需要；第三，是实现破产案件处理程序的经济性目标的需要。

（二）债权人会议制度的立法例

由于各国破产立法体例不同，对债权人会议的地位、作用认识不同，因而形成了不同的债权人会议制度，主要有以下三种立法例：

1. 既规定债权人会议作为全体债权人的议事机构，又设立类似债权人委员会的常设机构，代表全体债权人行使对破产程序的参与权和监督权。目前，大多数国家和地区均采此立法例，如我国及德、日、英、美等国均采此立法例。

2. 不设立由全体债权人组成的债权人会议，仅设立由部分债权人组成的债权人委员会，意大利破产法采此体例。

3. 不设立由债权人组成的任何机构，而是由法院在律师、会计师、审计师等社会专业中介组织或专业人员中选定债权人代表，由其代表债权人参与破产程序。法国 1995 年新破产法采用此体例。

二、债权人会议的组成与运行

（一）债权人会议的组成

依法申报债权的债权人为债权人会议的成员，有权参加债权人会议，享有表决权。债权尚未确定的债权人，除人民法院能够为其行使表决权而临时确定债权额的外，不得行使表决权。对债务人的特定财产享有担保权的债权人，未放弃优先受偿权利的，对于以下事项不享有表决权：(1)通过和解协议；(2)通过破产财产的分配方案。

债权人可以委托代理人出席债权人会议，行使表决权。代理人出席债权人会议，应当向人民法院或者债权人会议主席提交债权人的授权委托书。债权人会议应当有债务人的职工和工会的代表参加，对有关事项发表意见。

债权人会议设主席一人,由人民法院从有表决权的债权人中指定。债权人会议主席主持债权人会议。[39]

债权人会议可设列席人员。列席人员是指会议正式成员之外的,不享有表决权的参会人员。按照规定,自人民法院受理破产申请的裁定送达债务人之日起至破产程序终结之日止,债务人的法定代表人以及人民法院决定的企业的财务管理人员和其他经营管理人员,有义务列席债权人会议并如实回答债权人的询问;破产管理人应当列席债权人会议,向债权人会议报告职务执行情况,并回答询问;债务人的出资人代表可以列席讨论重整计划草案的债权人会议。

依我国《企业破产法》第126条之规定,有义务列席债权人会议的债务人的有关人员,经人民法院传唤,无正当理由拒不列席债权人会议的,人民法院可以拘传,并依法处以罚款。债务人的有关人员违反《企业破产法》规定,拒不陈述、回答,或者作虚假陈述、回答的,人民法院可以依法处以罚款。

(二)债权人会议的职权

关于债权人会议的职权,各国立法并不相同。

依我国《企业破产法》第61条之规定,债权人会议行使下列职权:(1)核查债权;(2)申请人民法院更换管理人,审查管理人的费用和报酬;(3)监督管理人;(4)选任和更换债权人委员会成员;(5)决定继续或者停止债务人的营业;(6)通过重整计划;(7)通过和解协议;(8)通过债务人财产的管理方案;(9)通过破产财产的变价方案;(10)通过破产财产的分配方案;(11)人民法院认为应当由债权人会议行使的其他职权。

债权人会议应当对所议事项的决议作成会议记录。

(三)债权人会议的召集与主持

我国《企业破产法》第62条规定,第一次债权人会议由人民法院召集,自债权申报期限届满之日起15日内召开;以后的债权人会议,在人民法院认为必要时,或者破产管理人、债权人委员会、占债权总额1/4以上的债权人向债权人会议主席提议时召开。

债权人会议由债权人会议主席主持。召开债权人会议,破产管理人应当提前15日通知已知的债权人。[40]

(四)债权人会议的决议规则及决议效力

1. 债权人会议的决议规则

关于债权人会议的决议规则,理论上分析有三类划分:(1)以同意的债权人所代表的债权额的多数或者绝对多数可决;(2)以人数和债权额双重多数为标准;(3)以出席会议的人数的多数同意为已足。显然,采用人数和债权额双重标准进行表决对保护债权人的全体利益更为周全,因为单采人数标准,虽能保障多数债权人的利益却未必符合少数大额债权人的利益;而单采债权额标准则又反过来可能损害多数小额债权人的利益。

需要指出的是,人数的计算应以出席会议的债权人人数为准,债权人未亲自出席而有代理人出席的,视为债权人已出席,一个债权人或者代理人代理数家债权人的,按代理的总人数计

---

〔39〕 参见我国《企业破产法》第59条、第60条。

〔40〕 参见我国《企业破产法》第63条。

算，而一家债权人享有数项债权的，则仅能以一家债权人计算。[41]

债权人会议的决议分为一般决议和特殊决议。对于一般决议，由出席会议的有表决权的债权人过半数通过，并且其所代表的债权额占无财产担保债权总额的 1/2 以上。[42] 特殊决议主要是指《企业破产法》第 97 条规定的通过和解协议的决议。由于和解协议在相当程度上取决于债权人的让步，债权可能被延期或者减免，直接影响所有债权人的利益，使债权人承担更大的风险。因此，法律对通过和解协议规定了更为严格的要求，这样既可以照顾债权额多的债权人的利益，又可兼顾债权额少的债权人的利益。债权人会议通过和解协议的决议，由出席会议的有表决权的债权人过半数同意，并且其所代表的债权额占无财产担保债权总额的 2/3 以上。

2. 被债权人会议决议损害利益的债权人的司法救济

依我国《企业破产法》第 64 条第 2 款之规定，债权人认为债权人会议的决议违反法律规定，损害其利益的，可以自债权人会议作出决议之日起 15 日内，请求人民法院裁定撤销该决议，责令债权人会议依法重新作出决议。《破产法解释(三)》第 12 条对此作了详细规定。该条第 1 款规定："债权人会议的决议具有以下情形之一，损害债权人利益，债权人申请撤销的，人民法院应予支持：(一)债权人会议的召开违反法定程序；(二)债权人会议的表决违反法定程序；(三)债权人会议的决议内容违法；(四)债权人会议的决议超出债权人会议的职权范围。"该条第 2 款规定："人民法院可以裁定撤销全部或者部分事项决议，责令债权人会议依法重新作出决议。"该条第 3 款规定："债权人申请撤销债权人会议决议的，应当提出书面申请。债权人会议采取通信、网络投票等非现场方式进行表决的，债权人申请撤销的期限自债权人收到通知之日起算。"

3. 债权人会议决议的效力

债权人会议的决议是债权人团体进行共同意思表示的结果，不论债权人是否出席会议，也不论债权人是否享有表决权，或者放弃表决权，或者表决时保留意见，更不论债权人是赞成决议还是反对决议，均受债权人会议决议的约束。对此，我国《企业破产法》第 64 条第 3 款明确规定："债权人会议的决议，对于全体债权人均有约束力。"

(五)人民法院对债权人会议不能决议事项的裁定

对债务人财产的管理方案和破产财产的变价方案，能否在债权人会议上表决通过，关系到破产程序能否顺利进行。因此，对这两项事项，经债权人会议表决未通过的，应由人民法院裁定。而为了保证破产程序的顺利进行、切实保障债权人利益、提高破产案件的审判效率，对破产财产的分配方案，债权人会议经两次表决仍不能通过的，亦应由人民法院裁定。对于上述裁定，人民法院既可以在债权人会议上宣布，也可以另行通知债权人。[43]

债权人对人民法院作出的债务人财产的管理方案和破产财产的变价方案的裁定不服的，可以自裁定宣布之日或者收到通知之日起 15 日内向该人民法院申请复议。债权额占无财产担保债权总额 1/2 以上的债权人对人民法院作出的对破产财产的分配方案的裁定不服的，也可以自裁定宣布之日或者收到通知之日起 15 日内向该人民法院申请复议。复议期间不停止

---

〔41〕 参见范健主编：《商法》(第三版)，高等教育出版社、北京大学出版社 2007 年版，第 349 页。

〔42〕 参见我国《企业破产法》第 64 条第 1 款。

〔43〕 参见我国《企业破产法》第 65 条。

裁定的执行。[44]

三、债权人委员会

(一)债权人委员会设立的必要性

在破产程序中,法院对破产案件负有总体监督的职责,但无法对破产程序进行日常监督。债权人会议作为破产程序的监督机构,可起到对法院监督职能不足的重要补充作用,但因其非常设机构,也无法充分实施日常监督。因此,为充分实施对破产程序的监督,各国破产法普遍允许债权人委员会自行设立常设监督机构。该常设机构一般表现为债权人委员会。对此,我国《企业破产法》第 67 条明确规定"债权人会议可以决定设立债权人委员会"。

(二)债权人委员会的组成与职权

债权人委员会由债权人会议选任的债权人代表和 1 名债务人的职工代表或者工会代表组成。债权人委员会成员不得超过 9 人。债权人委员会成员应当经人民法院书面决定认可。

债权人委员会行使下列职权:(1)监督债务人财产的管理和处分;(2)监督破产财产分配;(3)提议召开债权人会议;(4)债权人会议委托的其他职权。为规范债权人会议委托授权,《破产法解释(三)》第 13 条规定:"债权人会议可以依照企业破产法第六十八条第一款第四项的规定,委托债权人委员会行使企业破产法第六十一条第一款第二、三、五项规定的债权人会议职权。债权人会议不得作出概括性授权,委托其行使债权人会议所有职权。"

债权人委员会执行职务时,有权要求破产管理人、债务人的有关人员对其职权范围内的事务作出说明或者提供有关文件。破产管理人、债务人的有关人员违反《企业破产法》规定拒绝接受监督的,债权人委员会有权就监督事项请求人民法院作出决定;人民法院应当在 5 日内作出决定。

破产管理人实施下列行为,应当及时报告债权人委员会:(1)涉及土地、房屋等不动产权益的转让;(2)探矿权、采矿权、知识产权等财产权的转让;(3)全部库存或者营业的转让;(4)借款;(5)设定财产担保;(6)债权和有价证券的转让;(7)履行债务人和对方当事人均未履行完毕的合同;(8)放弃权利;(9)担保物的取回;(10)对债权人利益有重大影响的其他财产处分行为。未设立债权人委员会的,破产管理人实施上述行为应当及时报告人民法院。[45]

为规范债权人委员会行使职权,《破产法解释(三)》第 14 条第 1 款规定:"债权人委员会决定所议事项应获得全体成员过半数通过,并作成议事记录。债权人委员会成员对所议事项的决议有不同意见的,应当在记录中载明。"第 2 款规定:"债权人委员会行使职权应当接受债权人会议的监督,以适当的方式向债权人会议及时汇报工作,并接受人民法院的指导。"

---

〔44〕 参见我国《企业破产法》第 66 条。

〔45〕 参见我国《企业破产法》第 67 ~ 69 条。

思考题

1. 试析公益法人的破产能力。
2. 应如何理解自然人的破产能力问题?
3. 试述概括主义立法模式的优点。
4. 试述不能清偿的判断标准。
5. 试述法律对债权人破产申请权的限制。
6. 试述破产申请受理的法律效力。
7. 简述债权申报规则中特殊债权的处理方法。
8. 试述债权人会议的决议规则及决议效力。

第二十四章　破产财产的清理

|导读|

- 本书所谓“破产财产”系就广义而言。关于破产财产的性质，国内外破产法理论界主要有两种观点，即“权利客体说”与“权利主体说”。大陆法系破产法理论通常依照破产财团构成范围的不同，将破产财产分为法定财产、现实财产和分配财产三种类型。
- 破产费用是英美法系国家破产法中使用的概念，在大陆法系国家和地区有不同称谓。这体现了各国家和地区关于破产费用与共益债务立法模式上的区别。我国现行《企业破产法》对破产费用与共益债务作了区别规定。
- 破产别除权是破产法上的一种特殊权利，各国家和地区破产法均对其予以承认和保护。破产别除权的权利基础为物的担保。我国《企业破产法》未对破产别除权权利基础的具体范围作明确规定，而仅将其规定为对破产人的特定财产享有的担保权，故需作具体分析。
- 由于我国2006年《企业破产法》对破产撤销权作了明确规定，并将其作为破产管理人行使追回权的一种事由，故我国法学界已对破产撤销权形成了较为统一的认识。我国《企业破产法》还赋予了破产管理人对债务人财产的追回权。
- 对破产取回权作了明确规定，是各国家和地区破产法的通例。破产取回权实际上是民法上物上返还请求权在破产程序中的一种表现形式，是为了消除或者纠正破产管理人占有管理的现实财产，同法定分配财产之间的不一致现象而设立的权利制度。
- 大多数国家的破产法都对破产抵销权作了明确规定，我国亦然。与民法中的抵销权相比，破产抵销权对当事人具有更为重要的意义。

第一节　破产财产制度概述

一、破产财产的概念与性质

（一）破产财产的概念

为区分和解、重整与破产清算等不同破产程序，我国《企业破产法》确立了“债务人财产”概念。依该法第30条之规定，债务人财产，是指破产申请受理时属于债务人的全部财产，以及破产申请受理后至破产程序终结前债务人取得的财产。此外，该法第107条第2款规定：“债务人被宣告破产后，债务人称为破产人，债务人财产称为破产财产，人民法院受理破产申请时对债务人享有的债权称为破产债权。”由此可见，债务人财产是破产财产的上位概念，它是指广义的破产程序启动时属于债务人的全部财产，以及破产申请受理后至破产程序终结前债务人取得的财产，具体包括破产和解、破产重整与破产清算程序进行中债务人所拥有及取得的财产。事实上，由于我国破产法采取的是广义的破产概念，将不同破产程序中债务人的财产统称为破产财产并无问题，因而采取广义上的破产财产概念并不会导致概念混淆。此外，统一适用于各个破产阶段的“债务人财产”与仅适用于破产清算阶段的“破产财产”，除存在适用阶段上人为设定的区别外，并不存在任何区别。因此，上述概念的区分不仅无实际意义，而且还会导致概念上的自相矛盾。例如，上引《企业破产法》第 107 条第 2 款在对债务人财产与破产财产予以区分的同时，却未对不同破产阶段的破产债权予以区分。正因如此，我国多数学者仍采取了广义上的破产财产概念。[1] 其他国家或地区的相关规定中，大多将债务人财产称为破产财团或破产财产，如美国、日本及中国台湾地区。我们认为，还是应从理论上采用统一的破产财产概念，一则不致造成内部概念体系上的矛盾，二则与境外破产法立法与理论的通用概念相衔接。

（二）破产财产的性质

破产程序启动后，债务人就丧失了对其财产的管理与处分权，全部财产脱离债务人支配而转置于破产管理人的支配之下。关于破产财产的性质，国内外破产法理论界的认识不同，主要有两种观点：其一为“权利客体说”，认为破产程序启动后，债务人虽丧失对其财产的管理与处分权，但仍拥有财产的所有权，故破产财产仍为债务人的权利客体；其二为“权利主体说”，认为破产财产构成权利主体，其作为财团法人，具有民事主体的资格。[2]

我们认为，基于“清算机构说”，破产财产的性质应被界定为清算中企业的财产，即该人格得以延续的清算中企业的客体。我国《企业破产法（试行）》及现行《企业破产法》均未对破产财产的法律性质作明文规定。不过，尽管我国理论界多数学者都持“破产财团代表说”，在破产财产的性质上，似应因之采“权利主体说”，但事实上破产法学界多数学者都采“权利客体说”。[3] 也就是说，在这一点上，本书的观点与多数学者的观点是一致的。

二、破产财产的分类及构成

（一）境外破产法对破产财团的一般分类

境外破产法通常依照破产财团构成范围的不同，将破产财团分为法定财团、实在财团和分配财团三种存在形态。

1. 法定财团。法定财团，又称当然财团，是指在破产程序进行中归属于破产人的，依法应当由破产管理人掌握和管理的破产财产的集合。它一般包括破产程序启动时属于破产人的财产以及应由破产人将来行使的财产请求权，加上破产宣告后破产人新取得的财产。属于法定财团的财产无论为破产人持有抑或为他人持有，破产管理人均应收回并置于其支配之下。

---

〔1〕 参见范健主编：《商法》（第三版），高等教育出版社、北京大学出版社 2007 年版，第 341 页；韩长印主编：《破产法学》，中国政法大学出版社 2007 年版，第 65 页；齐树洁主编：《破产法》，厦门大学出版社 2007 年版，第 193 页；顾功耘主编：《商法教程》（第二版），上海人民出版社、北京大学出版社 2006 年版，第 619 页。

〔2〕 参见王欣新：《破产法》（第二版），中国人民大学出版社 2007 年版，第 151～152 页。

〔3〕 参见王欣新：《破产法》（第二版），中国人民大学出版社 2007 年版，第 152 页；齐树洁主编：《破产法》，厦门大学出版社 2007 年版，第 198～199 页；汤维建：《破产程序与破产立法研究》，人民法院出版社 2001 年版，第 258～261 页。

2. 实在财团。实在财团,又称现有财团,是指破产程序启动后为破产管理人实际占有和支配的并且计入破产财产目录的财产。从理论上讲,实在财团应当与法定财团相一致,但实际上往往并非如此。例如,有应归破产财团所有而尚未被破产管理人收回的财产;有不属于破产财产但为破产管理人占有和管理的财产。因此,实在财团在破产法中并无实际意义。

3. 分配财团。分配财团,是指在破产程序进行中,经过破产管理人对财产的整理所形成的可供一般破产债权人分配的财产。破产管理人的任务包括,通过诸如返还不属于破产财团的财产、收回应属于破产财团的财产等管理行为,使法定财团和实在财团趋于一致,最后形成分配财团。

(二)我国破产法关于破产财产范围的立法原则

境外破产法关于破产财产范围的立法原则有固定主义和膨胀主义之分,而后者的实质价值主要存在于自然人破产制度之中。我国《企业破产法》虽未确立自然人破产制度,但采取了膨胀主义立法原则。从形式上看,这一立法原则看似无实际价值,但事实上仍具有合理性。首先,膨胀主义更适合于我国实际情况。由于我国社会信用体系尚未完全建立并被有效使用,破产企业的财产不仅可能被不法隐匿,而且可能因种种原因无法为破产企业的债务人及破产管理人所知悉,故企业法人破产后仍有可能取得财产。因此,实行膨胀主义有利于维护债权人的合法权益,防止出现法律调整空档。其次,因法人破产后即告消灭,无须采用固定主义来鼓励其开展新的经济活动,企业职工在破产宣告之后由国家安置就业或自谋职业,也不存在因新得财产归属而影响社会财富或负担增减的问题。最后,若将来破产制度扩大适用于个人独资企业及自然人,则膨胀主义即可取得实质性适用空间。不过,从长远来看,随着我国信用体系的完善,即便是将来确立了自然人破产制度,也不妨追随由膨胀主义向固定主义转变的世界破产法立法潮流,采取固定主义的立法原则。当然,如果我国将来的破产立法对自然人破产采用按破产清算程序终结时债权人实际获得分配的比例,来确定免责期限的做法,则会在相当程度上淡化固定主义与膨胀主义的差异。

三、破产财产的范围

(一)属于破产财产的范围

依《企业破产法》第 30 条之规定,破产财产的范围包括以下两个部分:

1. 破产申请受理时属于债务人的全部财产。我国《企业破产法》仍未对破产程序启动时的破产财产作明确界定,而使用了含义不够明晰的"属于"一词。该词与《企业破产法(试行)》所采用的"经营管理的"概念相比,已明确了破产财产的归属关系,表明立法者已基本上接受了法人财产权理论。但考虑到我国理论界对国有企业财产的性质仍存在一定争议,故立法者采取了规避定性的方法。基于此,破产申请受理时属于债务人的全部财产,应包括债务人在破产申请受理时所有的或者经营管理的全部财产。债务人所有的财产,是指非国有企业法人享有所有权的财产;债务人经营管理的财产,则是针对国有企业法人而言,其外延与非国有企业法人享有所有权的财产并无实质区别,但理论界不少人认为国有企业仅对其拥有经营管理权,其所有权仍归属于国家。

2. 破产申请受理后至破产程序终结前债务人取得的财产。此即破产法理论中的"新得财产"。因我国破产法采取膨胀主义立法原则,故将"新得财产"纳入破产财产的范围。所谓"取得”,是指新的财产权利的获得,包括所有权、债权、知识产权等多种形式权利的获得。而行使已有的财产权利(如债权)所得到的具体财产,则不能称为“取得”,因为其并非新得到的财产,只不过是权利人使其原有的财产权利变换了一种存在形式。基于此,所谓新得财产,是指债务人在破产申请受理时并不享有,而在破产程序进行过程中新取得的财产,主要包括:(1)债务人投资的收益,如公司的分红;(2)破产财产的孳息,如债务人的房租收入、银行存款利息、有价证券的收益等;(3)破产程序开始后至破产程序终结前债务人继续经营的收益,如果管理人或者债权人会议决定允许债务人在破产期间继续营业,则继续营业期间所取得的收益为债务人的财产;(4)基于其他合法原因取得的财产。

(二)不属于破产财产的范围

我国《企业破产法》未对不属于破产财产的范围作明确规定,但可比照 2002 年《破产案件规定》第 71 条关于不属于破产财产的范围的规定予以确定。依此,不属于破产财产的范围包括:(1)债务人基于仓储、保管、加工承揽、委托交易、代销、借用、寄存、租赁等法律关系占有、使用的他人财产;(2)抵押物、留置物、出质物,但权利人放弃优先受偿权或者优先偿付被担保债权剩余的部分除外;(3)担保物灭失后产生的保险金、补偿金、赔偿金等代位物;(4)依照法律规定存在优先权的财产,但权利人放弃优先受偿权或者优先偿付特定债权剩余的部分除外;(5)特定物买卖中,尚未转移占有但相对人已完全支付对价的特定物;(6)尚未办理产权证或者产权过户手续但已向买方交付的财产;(7)债务人在所有权保留买卖中尚未取得所有权的财产;(8)所有权属于国家且不得转让的财产,如矿产资源、河流、铁路、军事设施、通讯设施等,但法律允许转让的,在履行转让手续后作为破产财产;(9)破产企业工会所有的财产。

第二节 破产债权、破产费用与共益债务

一、破产债权

(一)破产债权的概念与特征

破产债权,是指人民法院受理破产申请时对债务人享有的依法申报并获得确认的,债务人进入破产清算程序之后有权参与分配的债权。破产债权是破产宣告后对一般无担保债权的习惯称谓,是破产程序中最普遍也是最主要的债权。破产制度也主要是为满足破产债权人的公平分配而设置,因而有关破产债权的构成要件、范围、分配方法等规定十分重要。破产债权具有的以下法律特征,同时亦为其构成要件:

1. 须为基于破产程序开始前的原因成立。破产宣告之前成立的债权,包括未到期的债权、附条件的债权、担保之债权等,虽然这些债权成立的全部要件尚未完备,但均属破产债权。破产申请受理后,破产管理人为破产财产的管理、变卖、分配及从事必要法律等活动中形成的债权,属于破产费用与共益债务,优先从破产财产中拨付,不在破产债权之列。

2. 须为财产上的请求权。在债务人破产之后,诸多债务已不可能实际履行,只能以货币形式对债权人给予清偿。因此,破产债权必须是财产上的请求权,即可表现为货币形式的债权。非货币形式的债权,应以破产申请受理时的价格标准折合为货币,或将因债不能履行造成的损

害赔偿额作为破产债权。凡是不能折合为货币形式的债权,便不能作为破产债权。例如,某些以债务人作为或不作为为目的的请求权,具有不可替代性,若不能转换为损害赔偿请求权,便不能作为破产债权。其他具有人身性质的权利,如赔礼道歉、恢复名誉等请求权,同样如此。

3.须为可以强制执行的债权。从债权人角度来讲,破产程序可谓在债务人不能清偿到期债务情况下,对其财产实施的一种强制执行程序。因此,破产债权的性质必须具有可强制执行性。可以强制执行是指债权受司法机关诉讼保护,依法允许强制执行。依此,已超过诉讼时效、失去胜诉权的自然债权,或因走私、赌博等违法行为形成的非法债权,因不受司法保护,不得强制执行,自然也就不属破产债权的范围。

4.须为经依法申报并获确认、有权在破产财产中受偿的债权。债权人必须在破产程序开始后,依照法定期限向法院申报债权。债权人申报的债权,要经债权人会议审查,确认其债权的存在与数额。只有得到确认的债权才最终具备破产债权的资格。

(二)破产债权的范围

对破产债权的具体范围,各国破产法通常均以明文规定。我国的破产立法并没有将破产债权的具体范围进行明确的列举,而是在《企业破产法》第107条对破产债权进行了一般性的规定,然后通过第93条、第104条、第107条、第110条、第113条、第124条等条文,分别对重整和和解中破产债权的处理、破产债权在整个清偿中的顺序、破产终结后未清偿的破产债权的处理等问题进行了单独的规定。此外,《企业破产法》在第50~55条对保证、连带债权人、债务人和保证人和其他连带债务人、因解除合同而产生的债权、因委托合同而产生的债权、因票据关系而产生的债权等特殊的债权作出了规定。

根据相关规定,可将破产债权的范围概括为以下八项:(1)无财产担保的债权、有财产担保但放弃优先权的债权以及数额超过担保标的物的价值而不能受清偿的那部分债权;(2)附条件债权、附期限但破产受理时条件尚未成就或者尚未到期的债权;(3)被保证人破产时保证人享有的债权;(4)保证人破产时债权人享有的债权;(5)保证人与被保证人同时破产时债权人享有的债权;(6)破产管理人或者债务人在破产受理后解除未履行的双务合同以及收回投资给他人造成损害的,其损害赔偿额作为破产债权;(7)票据(含汇票、本票、支票)的出票人破产时,付款人或承兑人不知其事实而付款或承兑所产生的债权;(8)委托人破产时,受托人不知该事实,继续处理委托事务而产生的请求权。

国外破产立法和法学理论中,有所谓"除斥债权"或"劣后债权"制度。某些债权虽然符合一般破产债权的构成要件,但因债务人处于破产状态这一特定事实,法律例外规定这些债权不得参加破产程序获得分配或者仅能后于一般破产债权获得分配的债权,前者被称为"除斥债权",后者被称为"劣后债权"。

除斥债权与劣后债权的范围基本相同,理论上一般认为,它们包括:(1)债权人因参加破产程序而支出的费用;(2)破产申请受理后的利息;(3)因破产申请受理后的债务不履行行为而产生的违约金;(4)破产程序开始后逾期未申报的债权;(5)超过诉讼时效的债权;(6)破产申请受理后产生的罚金、罚款、滞纳金等。我国《企业破产法》对此未作规定。[4] 不过,《破产法解

---

〔4〕 参见范健主编:《商法》(第三版),高等教育出版社、北京大学出版社2007年版,第358~359页。

释(三)》第 3 条规定:"破产申请受理后,债务人欠缴款项产生的滞纳金,包括债务人未履行生效法律文书应当加倍支付的迟延利息和劳动保险金的滞纳金,债权人作为破产债权申报的,人民法院不予确认。"依此,我国法院对"除斥债权"与"劣后债权"的法律保护持否定态度。

二、破产费用

破产费用,是指法院在受理破产案件时收取的案件受理费以及破产程序进行中为全体债权人利益和程序进行所必需而支付的各项费用的总称。由此可见,破产费用是在破产程序期间发生的,这是破产费用的时间条件;破产费用的实质条件是为全体债权人的共同利益而支出;破产费用的目的是保障破产程序的顺利进行,这是破产费用的目的条件。依《企业破产法》第 41 条之规定,破产费用的范围包括:

1. 破产案件的诉讼费用。破产案件的诉讼费用包括案件受理费和其他诉讼费用。根据最高人民法院于 1999 年 7 月 28 日颁布的《人民法院诉讼收费办法补充规定》,破产案件,按照破产企业财产总值依照财产案件收费标准计算,减半交纳,但最高不超过 10 万元。但于 2006 年 12 月 8 日发布,并于 2007 年 4 月 1 日起实施的国务院《诉讼费用交纳办法》第 14 条第 6 项规定:"破产案件依据破产财产总额计算,按照财产案件受理费标准减半交纳,但是,最高不超过 30 万元。"

2. 债务人财产的管理、变价和分配所需费用。这些费用具体包括:(1)债务人财产保管费用;(2)债务人财产保养、维修费用;(3)债务人财产保险费;(4)债务人财产评估费用;(5)债务人财产的拍卖费用;(6)债务人财产变更权属过程应当支付的费用;(7)购买有关财务和支付票证费用;(8)债务人财产运输费用。

3. 破产管理人执行职务的费用、报酬和聘用工作人员的费用。破产管理人有接管债务人财产、调查债务人财产状况的职责,履行这些职责需要支出一定的费用,这些费用应当作为破产费用的一部分。同时,破产管理人自己在履行职责时可以获取一定的报酬,确定报酬的具体办法由最高人民法院指定,应得的报酬数额由审理破产案件的人民法院确定。此外,破产管理人经人民法院许可,可以聘用必要的工作人员。破产管理人执行职务的报酬和聘用工作人员的费用也应当纳入破产费用的范围。

三、共益债务

共益债务,是指在破产程序开始后,为了全体债权人的共同利益以及破产程序的顺利进行而负担的债务。依《企业破产法》第 42 条之规定,共益债务的范围具体包括:

1. 因破产管理人或者债务人请求对方当事人履行双方均未履行完毕的合同所产生的债务。人民法院在受理破产申请后,对于破产申请受理前成立而债务人和对方当事人均未履行完毕的合同,破产管理人有权决定解除或者继续履行。破产管理人决定继续履行的,对方当事人应当履行,由此可能会产生新的债务,这种新的债务应当成为共益债务。

2. 债务人财产受无因管理所产生的债务。在人民法院受理破产申请后,清偿因债务人财产受无因管理而产生的债务有助于维护全体债权人的最大利益,故这部分费用应作为共益费用。

3. 因债务人不当得利所产生的债务。因清偿债务人不当得利所产生的债务,同样是为了维护全体债务人的最大利益,故亦属共益债务。

4. 为债务人的继续营业而应支付的劳动报酬和社会保险费用以及由此产生的其他债务。从语义上看,该项内容可作两种解释:其一,对“由此产生的其他债务”作文义解释,将“此”解释为“应支付的劳动报酬和社会保险费用”,故不包括为继续营业的破产受理后借款;其二,对“由此产生的其他债务”作扩大解释,将“此”解释为“为债务人的继续营业”,故包括为继续营业的破产受理后借款。《破产法解释(三)》采取了折中方案。该解释第 2 条第 1 款规定:“破产申请受理后,经债权人会议决议通过,或者第一次债权人会议召开前经人民法院许可,管理人或者自行管理的债务人可以为债务人继续营业而借款。提供借款的债权人主张参照企业破产法第四十二条第四项的规定优先于普通破产债权清偿的,人民法院应予支持,但其主张优先于此前已就债务人特定财产享有担保的债权清偿的,人民法院不予支持。”由此可见,《破产法解释(三)》将为继续营业的破产受理后借款界定为“为债务人的继续营业而应支付的……其他债务”,但同时将其清偿顺序作了特殊处理,即不同于一般共益债务,其仅可优先于普通破产债权清偿,而不得优先于此前已就债务人特定财产享有担保的债权清偿。

5. 破产管理人或者相关人员执行职务致人损害所产生的债务。在破产程序中,破产管理人执行职务致人损害,依法应当承担相应的赔偿责任。经人民法院许可后聘用的工作人员执行职务,其所产生的法律后果应由破产管理人承担。因此破产管理人或者相关人员执行职务致人损害所产生的债务也应纳入共益债务的范围。

6. 债务人财产致人损害所产生的债务。债务人财产致人损害,无论是人身伤害还是财产损失,债务人都应承担相应的赔偿责任,这种赔偿之债也是共益债务的一部分。

四、破产费用和共益债务的拨付和清偿规则

破产费用和共益债务的拨付与清偿应遵循以下规则:

1. 破产费用和共益债务由债务人财产随时清偿。在破产程序中,破产费用和共益债务是随时发生的,为保证破产程序的顺利进行,这些破产费用和共益债务应当由债务人财产随时予以清偿。

2. 破产费用优先清偿。与共益费用相比,破产费用是破产程序本身所产生的费用,绝大多数情况下如果破产费用无法支付,则破产程序就很难继续进行。而很多情况下债务人财产不足以支付共益债务并不必然导致破产程序的终止。因此,当债务人财产不足以清偿破产费用和共益债务的情况下,应当优先清偿破产费用。

3. 按比例清偿。当债务人财产不足以清偿破产费用的,按照未清偿费用的数额比例予以清偿;而当债务人的财产足以清偿破产费用,但是不足以清偿共益债务的,将清偿完破产费用后剩余的债务人财产再按照未清偿的共益债务的数额比例对共益债务进行清偿。

4. 债务人财产不足以支付破产费用时破产程序的处理。在债务人财产不足以支付破产费用时,管理人应当提请人民法院终结破产程序;人民法院应当自收到请求之日起 15 日内裁定终结破产程序,并予以公告。

第三节　破产程序中的别除权、撤销权、追回权、取回权、抵销权

一、破产别除权

（一）破产别除权的概念与特征

破产别除权，是指债权人不依破产清算程序，就属于破产人的特定财产个别优先受偿的权利。

破产别除权是大陆法上的概念，英美法所使用的是“担保债权”一词。我国台湾地区“破产法”第108条规定：“在破产宣告前，对于债务人之财产有质权、抵押权或留置权者，就其财产有别除权。有别除权之债权人，不依破产程序而行使其权利。”其第109条规定：“有别除权之债权人，得以行使别除权后未能受清偿之债权为破产债权而行使其权利。”我国《企业破产法》未采用别除权的概念，但第109条对此作了规定：“对破产人的特定财产享有担保权的权利人，对该特定财产享有优先受偿的权利。”

破产别除权是破产法上的一种特殊权利，其基本特征如下：

1. 破产别除权通常以担保物权为基础。在一般的民事强制执行程序中，设定了担保物权的债权人依“物权优先于债权”的法则具有就担保物的优先受偿权。在破产这一特殊的强制执行程序中，设定了担保物权的债权即演变为破产别除权。

2. 破产别除权是针对债务人设定担保之特定财产行使的权利。根据我国《企业破产法》的规定，债务人已设定担保之财产不属于破产财产。因此，即便是在破产财产不足以支付破产费用的情况下，也不得从担保财产中拨付，别除权人的权利不受影响。只有在担保财产清偿担保债权后尚有余额的情况下，才可用于对破产费用的拨付和破产债权的清偿。不过，由于有财产担保债权人的优先受偿权限定于担保物的范围之内，因而若担保物在其行使权利前灭失，优先受偿权利也随之消失，债权人的债权只能作为破产债权受偿。但第三人对担保物灭失负有赔偿责任的，在赔偿范围内，债权人对赔偿金额仍享有优先受偿权。

3. 作为破产别除权成立基础的担保权，必须在破产宣告之前的一定期间已经合法成立。依我国《企业破产法》第31条之规定，人民法院受理破产申请前1年内，债务人对没有财产担保的债务提供财产担保的，破产管理人有权请求人民法院予以撤销。因此，违反上述时间限制设定的财产担保，其债权不能作为别除权而优先受偿。

4. 破产别除权是不依破产程序而行使的权利。破产别除权的行使同样须在破产程序中由破产管理人进行清偿，但不依破产清算程序而个别优先受偿。

（二）破产别除权权利人依照破产清算程序行使其权利

别除权权利人在债务人进行破产清算时，可以就破产财产中作为别除权标的物的特定财产优先受偿，不必依照破产清算程序按照破产财产分配方案的规定接受清偿。但是在有些情况下，破产别除权权利人通过行使别除权无法获得完全清偿或者放弃了别除权，此时就需要对这种情况下的债权的行使作出规定。依我国《企业破产法》第110条之规定，别除权权利人依

照破产清算程序行使其权利的情况包括以下两种：

1. 破产别除权权利人行使破产别除权未能完全受偿。当破产别除权权利人的债权额超过了破产别除权标的物的价值时，其通过行使破产别除权就无法使其债权获得完全清偿。这时破产别除权权利人就其行使破产别除权未能受偿的部分作为破产债权，以普通债权人的身份参加破产清算程序，申报债权，依照债权人会议通过的破产财产分配方案的规定接受清偿。

2. 破产别除权权利人放弃了优先受偿的权利。破产别除权是一项特殊的民事权利，权利人可以主张和行使该权利，亦可放弃该权利。当破产别除权权利人放弃别除权时，就丧失了对破产别除权标的物优先受偿的权利。此时，破产别除权权利人放弃优先受偿权利的债权额，就成为一般破产债权；破产别除权权利人将作为普通的破产债权人，参加破产清算程序，同其他普通破产债权人一起，就破产财产接受比例清偿。

二、破产撤销权

（一）破产撤销权的概念与性质

破产撤销权，是指破产管理人拥有的，对于债务人在临近破产程序开始的期间内实施的有害于债权人利益的行为，于破产程序开始后予以撤销并将撤销利益归于破产财产的权利。

破产撤销权的适用，往往涉及破产撤销权理论上的构成要件问题。由于撤销权适用的行为的种类、内容与后果各有不同，适用要件上往往难以划一定论。例如，对于有诈害性质或诈害倾向的行为，往往不应与具有偏颇性质的行为设定同样的适用要件。因而撤销权的构成要件应区分不同性质的行为而定。对所有可撤销的行为可大致确定如下共同要件：(1)破产受理前破产人的行为致财产关系发生变动；(2)有害于破产债权人的行为；(3)第三人因而受益；(4)可撤销行为的发生临近于破产程序的开始。

（二）破产撤销权的适用范围

破产撤销权的适用范围，是指法律规定的能在破产程序中予以撤销的行为种类。依《企业破产法》第 31 条、第 32 条之规定，破产撤销权的适用范围主要有以下行为：

1. 无偿转让财产。无偿转让财产，是指债务人将其财产的所有权无偿地转让或者赠与他人。这种行为会给破产财产带来损害或减少破产财产的价值，威胁到债权人受偿利益的实现，应当由管理人行使撤销权予以否认，并予以追回，并入破产财产。

2. 以明显不合理的低价转让财产。债务人以明显不合理的低价转让其财产，同样会减少破产财产的价值，侵害债权人的受偿利益，对这种行为也应当予以撤销。撤销后破产财产即恢复原状，买受人支付的价金应予退还；不能退还的，买受人可依共益债务请求优先拨付。

3. 对原来没有财产担保的债务提供财产担保。有财产担保的破产债权因别除权效力而能够优先受偿。如果在人民法院受理破产案件前 1 年内，破产人为原本无财产担保的债务提供担保，则无论其动机如何，均应当予以撤销。

4. 对未到期的债务提前清偿。债务人提前清偿部分债权实际上是给予一部分债权以优先于普通债权的地位，势必会影响其他债权人的合法权益。因此，对于人民法院受理破产案件前 1 年内的提前清偿行为应当予以撤销。

5. 放弃债权。债务人在面临破产前的一定期限内放弃自己的债权，实质上是放弃债权人的可受清偿的利益。因此，在人民法院受理破产案件前 1 年内，破产人放弃自己的债权，无论债权的性质，也无论其放弃的债权是否附有条件或期限，均应当予以撤销。

6. 在人民法院受理破产申请前6个月，债务人在具备破产原因时仍对个别债权人进行清偿的，除非个别清偿使债务人财产受益，管理人有权请求人民法院对该个别清偿行为予以撤销。[5]

（三）破产撤销权的行使

破产撤销权的行使，将使已经发生法律效力的行为失去效力，造成第三人现有利益的减损，并在一定程度上影响破产债权人利益的实现，故应遵循破产撤销权的行使方式依法进行。

从各国立法例看，多数国家破产法规定破产撤销权的行使必须通过诉讼方式进行，德国、日本、美国、英国均属此例。我国《企业破产法》未对破产撤销权的行使方式作明确规定，但依该法第31条、第32条之规定，应认为，破产撤销权的行使亦须以诉讼方式进行。

关于破产撤销权诉讼中被告的抗辩，各国破产法大多仅规定被告拥有该项抗辩权，而未对具体抗辩事由作明确规定。对此作出详细规定的代表为《美国破产法典》。我国《企业破产法》未对此作出规定，但依民事诉讼法的一般原理，被告当然具有抗辩权。至于抗辩事由，则可理解为破产撤销权构成要件的反向规定。

为使破产撤销权涉及交易相对人的交易行为的法律效力及时摆脱不确定状态，各国家和地区破产法大多对破产撤销权的行使期间作了限定。我国《企业破产法》未对破产撤销权的行使期间作明确规定，从解释上讲，无疑应适用民法关于诉讼时效的一般规定。鉴于有的破产程序是由行政清理程序或强制清算程序转入的，《破产法解释（二）》对程序转入情形下撤销行为的起算点作了规定。对此，该解释第10条第1款规定："债务人经过行政清理程序转入破产程序的，企业破产法第三十一条和第三十二条规定的可撤销行为的起算点，为行政监管机构作出撤销决定之日。"该条第2款还规定："债务人经过强制清算程序转入破产程序的，企业破产法第三十一条和第三十二条规定的可撤销行为的起算点，为人民法院裁定受理强制清算申请之日。"

我国《企业破产法》对破产撤销权的行使后果仅规定，破产管理人有权对可撤销行为的相对人因该行为而取得的债务人的财产行使追回权，其他法律后果则均未作明确规定。为避免出现法律适用上的混乱，司法解释应对此作明确规定。为解决实践中法律适用不统一问题，《破产法解释（二）》第13条第1款规定："破产申请受理后，管理人未依据企业破产法第三十一条的规定请求撤销债务人无偿转让财产、以明显不合理价格交易、放弃债权行为的，债权人依据合同法第七十四条等规定提起诉讼，请求撤销债务人上述行为并将因此追回的财产归入债

[5] 不过，破产程序中某些个别清偿并不违法，不应予以撤销。为统一适用法律，《破产法解释（二）》对此作了明确规定。该解释第14条规定："债务人对以自有财产设定担保物权的债权进行的个别清偿，管理人依据企业破产法第三十二条的规定请求撤销的，人民法院不予支持。但是，债务清偿时担保财产的价值低于债权额的除外。"该解释第15条规定："债务人经诉讼、仲裁、执行程序对债权人进行的个别清偿，管理人依据企业破产法第三十二条的规定请求撤销的，人民法院不予支持。但是，债务人与债权人恶意串通损害其他债权人利益的除外。"该解释第16条规定："债务人对债权人进行的以下个别清偿，管理人依据企业破产法第三十二条的规定请求撤销的，人民法院不予支持：（一）债务人为维系基本生产需要而支付水费、电费等的；（二）债务人支付劳动报酬、人身损害赔偿金的；（三）使债务人财产受益的其他个别清偿。"

务人财产的,人民法院应予受理。”该条第2款还规定:“相对人以债权人行使撤销权的范围超出债权人的债权抗辩的,人民法院不予支持。”

三、破产追回权

(一)破产追回权的概念

破产追回权,是指在破产程序中,破产管理人对于其行使撤销权与主张债务人实施行为无效而取得的债务人的财产以及其他应归属于债务人的财产予以追回的权利。在我国2006年《企业破产法》制定之前,曾有一些学者将破产撤销权称为破产追回权,或者将破产追回权作为行使破产撤销权或行使破产撤销权与主张破产程序中行为无效的法律后果。该法颁布后,破产追回权概念则基本上被破产法学界所放弃了。

事实上,除以上两种情形外,破产追回权还包括破产管理人行使追回应归属于债务人的其他财产的权利。鉴于此,我国破产法学界仍有个别学者在此特定意义上使用“破产追回权”概念。[6] 我们也在使用了破产撤销权概念的同时,还继续使用了破产追回权概念。[7] 我们认为,由于我国《企业破产法》将破产程序中的无效行为制度排除在破产撤销权制度之外,并且对破产管理人可依法行使追回债务人财产的权利作了明确规定,因而在使用破产撤销权概念的同时,使用破产追回权概念,既能解决单一的破产撤销权概念涵盖不充分的问题,又能在避免使用容易引人误解的“破产无效行为”概念的情况下,[8]将破产管理人依法追回法定的债务人财产的权利作明确界定。

(二)我国《企业破产法》对破产追回权的规定

在破产程序中,要保障债权人利益得以实现就要保证债务人财产的完整性,任何导致债务人财产减少的行为都需要纠正,即便是些许债务人财产的减少也应当如数追回。为防止债务人、债务人企业的出资人、董事、管理人员的不当行为使债务人财产受到损害,我国《企业破产法》赋予了破产管理人对债务人财产的追回权。追回权的行使,既是破产管理人的权利也是其义务。破产管理人通过行使追回权,使债务人财产增加,从而实现债权人利益的最大化。

依我国《企业破产法》第33~36条之规定,破产追回权存在于以下情形:

1. 破产管理人行使破产撤销权而应取得的债务人的财产。这是行使破产撤销权的当然后果,否则破产撤销权的行使将无意义。

2. 破产管理人主张债务人实施的行为无效而应取得的债务人的财产。对此,我国《企业破产法》第33条规定:“涉及债务人财产的下列行为无效:(一)为逃避债务而隐匿、转移财产的;(二)虚构债务或者承认不真实的债务的。”

3. 人民法院受理破产申请后,债务人的出资人尚未完全履行出资义务的,破产管理人应当要求该出资人缴纳所认缴的出资,而不受出资期限的限制。

4. 债务人的董事、监事和高级管理人员利用职权从企业获取的非正常收入和侵占的企业

---

〔6〕 参见李曙光:《破产程序中的追回权》,载《法制日报》2007年8月26日。

〔7〕 参见范健、王建文:《破产法》,法律出版社2009年版,第156页。

〔8〕 关于我国《企业破产法》明确规定的债务人实施的无效行为制度,有的学者回避了对该问题的界定(如韩长印主编的《破产法学》),有的学者则将“破产无效行为”作为破产撤销权的并列性制度[参见王欣新:《破产法》(第二版),中国人民大学出版社2007年版,第183页;齐树洁主编:《破产法》,厦门大学出版社2007年版,第285页]。

财产,管理人应当追回。

(1)对非正常收入的追回。此处所谓非正常收入,主要指董事、经理或者其他负责人通过控制、操纵公司的董事会以及利用公司规则漏洞或模糊之处,给自己过高的薪酬、奖金或者期权计划等,目的是攫取企业财产。该行为的特点为,在形式上其收入是合法收入,但实际上是以合法形式掩盖对公司财产的侵害。这种侵害在企业正常经营的情况下,是对股东利益的侵害,但在企业进入破产程序之后,则构成对债权人利益的侵害。因此,破产管理人作为债权人利益的总代表,有权对这部分财产予以追回。

对于是否属于非正常收入,应从以下几个标准出发予以认定:其一,同行标准,即参考同行业、同等规模企业同等职位的收入和待遇标准,来认定董事、经理和其他负责人的收入是否过高。其二,企业经营标准,即根据企业的经营状况,认定董事、经理和其他负责人的收入是否过高。其三,职工收入标准,即参考本企业职工收入标准来确定管理层的收入是否过高。企业的管理层其报酬一般较普通雇员为高,但这种差距不能过分悬殊。在企业濒临破产的情况下,超出平均收入的部分可被认定为"非正常收入"。

(2)对被侵占的企业财产的追回。侵占企业财产是企业管理层有关人员利用职务之便将原属于企业的财产据为己有的行为,是指企业的董事、经理、监事、会计等利用自己在职务上主管或者管理、经手本单位财务的方便条件,侵占企业财产的行为。此处所谓侵占的企业财产,不仅包括企业登记在册的财产,也包括企业隐匿的财产(如"小金库")以及交易收取尚未入库等账外财产。[9]

四、破产取回权

(一)破产取回权的概念与特征

破产取回权,是指在破产程序中,对于不属于债务人的财产,其所有人或者其他权利人不依照破产程序,通过破产管理人将该财产予以取回的权利。我国《企业破产法》第 38 条规定:"人民法院受理破产申请后,债务人占有的不属于债务人的财产,该财产的权利人可以通过管理人取回。但是,本法另有规定的除外。"破产取回权实际上是民法上物的返还请求权在破产程序中的一种表现形式,具有以下特征:

1. 破产取回权的行使具有绝对性和无条件性。一般民法理论认为,只有在非法占有或者无因占有的情形下,权利人方可行使财产返还请求权。如果在占有人合法占有期间,该请求权则无从产生。破产取回权与此不同,只要占有人已受破产宣告,则无论其占有财产合法与否,或者期限是否届满,取回权人均可行使其取回权。

2. 破产取回权的标的物是破产人占有的不属于破产人所有的财产。破产取回权的标的物不属于破产人所有,但为破产人所占有。这种占有既可以是现在占有,也可以是曾经占有,还可以是即将占有。

3. 破产取回权人对取回权的标的物享有所有权或者支配权。破产取回权也是基于民事法律规定产生的,而并非破产法所创设,只是因其在破产程序中的行使特点,而称之为破产取回权。破产财产的范围应以破产人的财产为限,将他人财产划入破产财产,是对权利人的侵害。

---

[9] 参见李曙光:《破产程序中的追回权》,载《法制日报》2007 年 8 月 26 日。

依《民法通则》(已废止)之规定,在此情形下,权利人有权要求返还原物。破产法上的取回权即依此产生。这一点与破产别除权的权利基础显然不同。

4. 破产取回权的行使不依破产程序,但必须以破产管理人为相对人。取回权人在行使取回权时,破产取回权的标的物实际上已经被列入了破产财产,由破产管理人行使管理处分权,对破产财产的任何处置,均得通过破产管理人。取回权人如果以非诉方式行使其权利,破产管理人则是私法上请求权的相对人;如果以诉讼方式行使其权利,破产管理人则是司法救济权的被告人。对此,《破产法解释(二)》第27条第1款规定:"权利人依据企业破产法第三十八条的规定向管理人主张取回相关财产,管理人不予认可,权利人以债务人为被告向人民法院提起诉讼请求行使取回权的,人民法院应予受理。"

(二)破产取回权的种类

依标的物的占有情形不同,可将破产取回权分为一般取回权和特殊取回权。一般取回权发生于标的物被债务人或管理人实际占有;特殊取回权包括出卖人取回权和行纪人取回权,适用于标的物即将为破产人所占有但尚未占有的场合。

1. 一般取回权

一般取回权,是指不属于破产财产法定范围内的财产,已经为破产管理人所实际占有,取回权人所享有的不依破产程序即可取回的请求权。这种取回权以破产人或者破产管理人现在占有取回权标的物为特征。根据《企业破产法》第38条的规定,人民法院受理破产申请后,债务人占有的不属于债务人的财产,该财产的权利人可以通过破产管理人取回。《破产法解释(二)》第40条规定:"债务人重整期间,权利人要求取回债务人合法占有的权利人的财产,不符合双方事先约定条件的,人民法院不予支持。但是,因管理人或者自行管理的债务人违反约定,可能导致取回物被转让、毁损、灭失或者价值明显减少的除外。"

一般取回权成立的基础既可能是所有权,也可能是特定的用益物权或担保物权(如地上权、质押权、留置权等,由于抵押权不转移抵押物的占有,故不产生取回权);还可能是特定的合同关系,如租赁、承揽、保管等。列举起来,下述情况下大多发生取回权:(1)接受定作物的加工承揽人破产;(2)接受货物的承运人破产;(3)承租人破产;(4)保管人破产;(5)质权人破产;(6)遗失物或失散物的拾得人破产;(7)商品的代销人破产;(8)占有委托购买物的行纪人破产等。[10]

2. 特殊取回权

特殊取回权,通常是指出卖人取回权、行纪人取回权和代偿取回权。其中,具有典型意义的是出卖人取回权。代偿取回权,是将一般取回权行使权利的范围扩大到取回物的替代形式。行纪人取回权与出卖人取回权相比,只是在行使权利的主体范围略加扩大,性质则并无区别。我国《企业破产法》仅规定了出卖人取回权。

依《企业破产法》第39条之规定,出卖人取回权,是指人民法院受理破产申请时,出卖人已将买卖标的物向作为买受人的债务人发运,债务人尚未收到且未付清全部价款的,出卖人可以取回在运途中的标的物。但是,破产管理人可以支付全部价款,请求出卖人交付标的物。出卖人取回权包括以下构成要件:(1)卖主已经发送货物并且货物尚在途中;(2)买主尚未受领货物

---

〔10〕 参见范健主编:《商法》(第三版),高等教育出版社、北京大学出版社2007年版,第362页。

时被申请破产且被受理;(3)买主未付或未付清全部价款。《破产法解释(二)》第 39 条规定,出卖人依据《企业破产法》第 39 条的规定,通过通知承运人或者实际占有人中止运输、返还货物、变更到达地,或者将货物交给其他收货人等方式,对在运途中标的物主张了取回权但未能实现,或者在货物未达管理人前已向破产管理人主张取回在运途中标的物,在买卖标的物到达破产管理人后,出卖人向破产管理人主张取回的,破产管理人应予准许;出卖人对在运途中标的物未及时行使取回权,在买卖标的物到达管理人后向破产管理人行使在运途中标的物取回权的,破产管理人不应准许。

行纪人取回权,是指行纪人受委托人的委托购入货物且将货物发往委托人,委托人在未付清货款且未收到货物的情况下进入破产程序,行纪人享有就已发运的财产准照出卖人取回权行使取回的权利。行纪人取回权发生在行纪人接受委托代委托人购入货物之时,其与出卖人取回权的机理完全相同,所不同者是行纪人以自己名义购入货物后,相对于委托人取代了卖主的地位和身份。我国《企业破产法》未对此作明确规定,实践中应可比照出卖人取回权处理。

代偿取回权,是指当取回权的标的财产被非法转让时,该财产的权利人有权取回转让所得的对待给付财产。代偿取回权,是一般取回权的变种,是将一般取回权行使权利的范围扩大到取回物的替代形式的结果。其理论基础可解释为民法上物权的追及效力及物上代位权在破产程序中的体现。

五、破产抵销权

(一)破产抵销权的概念与特征

破产抵销权,是指债权人在破产案件受理前对债务人负有债务的,无论其债权与所负债务种类是否相同,也不论是否该债权债务是否附有期限或条件,均可以用该债权抵销其对债务人所负债务的权利。对此,我国《企业破产法》第 40 条第 1 句规定:“债权人在破产申请受理前对债务人负有债务的,可以向管理人主张抵销。”《破产法解释(二)》还对抵销权的行使作了具体规定。

抵销权原属民法上的权利,但它在破产诉讼中的行使有一定的特殊性。民法上的抵销权,要求相互抵销的债务必须均已到清偿期限,且给付种类必须相同,履行劳务的债不能与履行金钱的债抵销。破产法中的抵销权则无此限制,因为在破产程序中,未到期的债权一律视为到期,不同种类的债权也要一律折合为货币形式方可加以清偿,债权债务没有履行期限与给付种类的区别,故均可加以抵销。不过,民法上的抵销权对债权债务成立的期间并无限制,无论何时成立的均可抵销;而破产法上的抵销权则仅允许破产程序开始前成立的债权债务关系抵销,有时间上的限制,目的在于保证权利的正确行使。

与民法中的抵销权相比,破产抵销权对当事人具有更为重要的意义。在正常的民事活动中,当事人双方均有支付能力,抵销权只是为双方节省结算时间和费用。在破产程序中如无抵销权,破产债权人对破产人享有的债权,因破产人无力清偿,一般只能从破产财产中得到不完全的偿还;但债权人对破产人所负的债务,却必须完全清偿,从而使双方债权处于不平等的清偿地位,有失公平。因此,破产法设立了破产抵销权制度,以保障破产债权人的权益。但也有一些国家的破产法不允许进行破产抵销,如法国及拉美的一些国家。主张禁止破产抵销权的观点主要是认为,抵销的作用在于使享有抵销权的债权人实际上达到了担保其债权实现的目的,破产抵销权违背了按比例分配债务人财产的原则,因为享有破产抵销权的债权人通过抵销得到了其债权的充分偿付(在允许抵销的数额范围内),这使抵销类似于一种未公开的担保权,对其他债权人而言是不公平的。[11] 所以在这些国家,原则上是禁止破产抵销权的。

(二)破产抵销权的禁止

破产抵销权使债权人的债权与其对债务人所负债务同归消灭,导致实际上债权获得完全的清偿,从而避免了和其他债权人一样接受破产财产分配获得比例清偿的损失。这样,享有破产抵销权的债权人在破产程序中就拥有比其他债权人更为优越的地位。但在破产案件实践中,经常有债权人通过各种手段人为增加对债务人负担的债务,或者债务人的债务人通过各种手段低价收购对债务人的债权,以供抵销。为防止破产抵销权利为当事人所滥用,损害他人利益,许多国家的破产法对抵销权的行使均规定有禁止条款,违法抵销的行为无效。我国《企业破产法》也对此作了明确规定。依该法第 40 条之规定,有下列情形之一的,不得抵销:

1. 债务人的债务人在破产案件受理后取得他人对债务人的债权的。

2. 债权人已知债务人有不能清偿到期债务或者破产申请的事实,对债务人负担债务的;但是,债权人因为法律规定或者有破产申请 1 年前所发生的原因而负担债务的除外。

3. 债务人的债务人已知债务人有不能清偿到期债务或者破产申请的事实,对债务人取得债权的;但是,债务人的债务人因为法律规定或者有破产申请 1 年前所发生的原因而取得债权的除外。

当然,即使存在破产抵销权的禁止事由,若抵销的债权原本就有优先受偿权,也不必禁止行使破产抵销权。对此,《破产法解释(二)》第 45 条规定:“企业破产法第四十条所列不得抵销情形的债权人,主张以其对债务人特定财产享有优先受偿权的债权,与债务人对其不享有优先受偿权的债权抵销,债务人管理人以抵销存在企业破产法第四十条规定的情形提出异议的,人民法院不予支持。但是,用以抵销的债权大于债权人享有优先受偿权财产价值的除外。”

《破产法解释(二)》还对债务人的股东行使抵销权的禁止事项作了特别规定。该解释第 46 条规定:“债务人的股东主张以下列债务与债务人对其负有的债务抵销,债务人管理人提出异议的,人民法院应予支持:(一)债务人股东因欠缴债务人的出资或者抽逃出资对债务人所负的债务;(二)债务人股东滥用股东权利或者关联关系损害公司利益对债务人所负的债务。”

思考题

1. 如何理解“新得财产”属于破产财产范围?
2. 试析自然人破产制度中的自由财产制度。
3. 试析破产费用和共益债务的拨付与清偿应遵循的规则。
4. 试析所有权保留是否可构成破产别除权的权利基础。

---

[11] 参见石静遐:《跨国破产的法律问题研究》,武汉大学出版社 1999 年版,第 300 ~ 301 页。

5. 试析让与担保是否可构成破产别除权的权利基础。
6. 试述大陆法系破产撤销权适用范围的立法模式。
7. 试述我国《企业破产法》对破产追回权的规定。
8. 试析我国破产法上一般取回权的权利基础。
9. 试析破产抵销权的行使程序和方式。

第二十五章　破产重整、破产和解与破产清算制度

| 导 读 |

- 世界各国家和地区的破产法基本上都规定，破产重整程序因申请权人的申请而启动。破产重整申请受理即意味着重整程序开始，会产生一系列的法律效力。重整程序可依法终止与转换。
- 各国家和地区破产法都对重整计划的内容作了明确规定，并要求将重整计划提交债权人会议等特定机构予以表决。各国家和地区破产法大多对重整计划的表决采取分组表决的方式。
- 依和解是否为破产清算的必经程序，破产和解的规制模式可分为和解前置主义与和解分离主义两种类型。因模式之不同，各国家和地区对破产和解申请提出时间的规定也不同。为使法院对破产和解程序的申请进行审查，当事人在提出申请时应符合法定形式要件要求。债务人提出破产和解申请后，法院应通过审查，作出是否受理和解申请的裁定。
- 和解协议法律效力的发生并不依赖于债权人会议的决议，而取决于法院的认可。在法院经审查，认可了和解协议后，和解协议正式生效，并产生程序上的效力与实体上的效力。
- 破产清算程序的启动标志应被界定为破产申请的受理。破产清算程序受理后，仍可被转换为其他破产程序并可能因破产宣告障碍而被裁定终结，破产宣告后则确定性地进入破产清算阶段。

第一节　破产重整制度

一、破产重整制度的概念与特征

破产重整制度，是指经由利害关系人的申请，在法院的主持和利害关系人的参与下，对具有重整原因和重整能力的债务人进行生产经营上的整顿和债权债务关系上的清理，以使其摆脱财务困境，重获经营能力的破产预防制度。这一制度首创于英国，源于英国铁路公司法，称为公司整理制度。《美国破产法典》第十一章规定了重整制度。日本则于 1952 年制定了专门的《公司更生法》。破产重整制度具有以下基本特征：

1. 重整的原因比较宽泛。与破产清算的原因相比，重整的原因要宽泛得多，在债务人发生破产原因时或者有可能发生破产原因时，即可申请开始进行。

2. 程序的启动更多地体现了私法自治的色彩。破产程序的启动有申请主义与职权主义之分，但重整程序只有经利害关系人的申请才能启动，法院不依职权主义发动重整程序。

3. 担保物权受到限制。重整制度的目的不仅仅是满足债权人的债权清偿需要，更重要的是使企业获得重生的机会。因此，公司的股东、普通债权人及有担保的债权人等利害关系人均参加重整程序，有担保债权人的权利也受到限制。这体现了重整程序将社会利益放在首位，而将债权人利益及其他因素放在次要位置的价值取向。[1] 对此，我国《企业破产法》第 75 条第 1 款第 1 句规定："在重整期间，对债务人的特定财产享有的担保权暂停行使。"

4. 目标的多元化与重整措施的多样化。重整制度不仅要清理债务人的对外债务，更重要的是从根本上恢复企业的生产经营能力，同时还注重企业劳动者利益的维护。这种目标的多元化要求重整措施的多样化，重整的措施不仅包括债权人和债务人的妥协让步，还包括企业转让、租赁、发行新的股份、将债权转化为股份等多种形式。

二、重整程序的启动

（一）重整申请的提出

依我国《企业破产法》第 70 条之规定，有权提出重整申请的人包括债务人、债权人以及债务人的出资人。

1. 债务人申请重整。债务人在以下两种情形下可提出重整申请：（1）当债务人不能清偿到期债务并且资产不足以清偿全部债务或者明显缺乏清偿能力，或者有明显丧失清偿能力的，可以向人民法院申请进行重整；（2）债权人申请对债务人进行破产清算的，在人民法院受理破产案件后、宣告债务人破产前，债务人为了避免破产倒闭，可以向人民法院申请进行重整。

2. 债权人申请重整。当债务人不能清偿对债权人的到期债务时，债权人即可直接向人民法院提出对债务人进行重整的申请。

3. 债务人的出资人申请重整。债务人的出资人申请对债务人进行重整，须符合两个条件：（1）申请的时期必须是在债权人申请对债务人进行破产清算的，在人民法院受理破产案件后、宣告债务人破产前；（2）必须是占债务人注册资本 1/10 以上的出资人才有资格向人民法院申请对债务人进行重整。

（二）重整申请的受理

人民法院经审查认为重整申请符合《企业破产法》规定的，应当裁定债务人重整，并予以公告。自人民法院裁定债务人重整之日起至重整程序终止之日止，为重整期间。重整期间在国外立法例中也称为"冻结期间"，其目的在于防止债权人在重整期间对债务人及其财产采取诉讼或者其他行动，保护债务人财产不致被个别清偿，同时也对债务人的股东、董事和高级管理人员加以限制，以增加重整成功的可能性。[2]

（三）重整程序的效力

重整程序开始后，会产生一系列的法律效力，主要体现在以下五个方面：

1. 在重整期间，经债务人申请，人民法院批准，债务人可以在管理人的监督下自行管理财产和营业事务。已接管债务人财产和营业事务的管理人应当向债务人移交财产和营业事务，管理人的职权由债务人行使。

---

〔1〕 参见李永军：《破产法律制度》，中国法制出版社 2000 年版，第 390 页。

〔2〕 参见我国《企业破产法》第 71 条、第 72 条。

2. 破产管理人负责管理财产和营业事务的,可以聘任债务人的经营管理人员负责营业事务。

3. 在重整期间,对债务人的特定财产享有的担保权暂停行使。但是,担保物有损坏或者价值明显减少的可能,足以危害担保权人权利的,担保权人可以向人民法院请求恢复行使担保权。债务人或者管理人为继续营业而借款的,可以为该借款设定担保。

4. 债务人合法占有的他人财产,该财产的权利人在重整期间要求取回的,应当符合事先约定的条件。

5. 在重整期间,债务人的出资人不得请求投资收益分配。在重整期间,债务人的董事、监事、高级管理人员不得向第三人转让其持有的债务人的股权;但是,经人民法院同意的除外。[3]

三、重整程序的终止与转换

(一)重整程序的终止

依我国《企业破产法》的相关规定,重整程序的终止情形包括以下四种:

1. 在重整期间,有下列情形之一的,经破产管理人或者利害关系人请求,人民法院应当裁定终止重整程序,并宣告债务人破产:(1)债务人的经营状况和财产状况继续恶化,缺乏挽救的可能性;(2)债务人有欺诈、恶意减少债务人财产或者其他显著不利于债权人的行为;(3)由于债务人的行为致使管理人无法执行职务。[4]

2. 债务人或者破产管理人未按期提出重整计划草案的,人民法院应当裁定终止重整程序,并宣告债务人破产。[5]

3. 重整计划草案未获得通过且未依照《企业破产法》第87条的规定获得批准,或者已通过的重整计划未获得批准的,人民法院应当裁定终止重整程序,并宣告债务人破产。[6]

4. 债务人不能执行或者不执行重整计划的,人民法院经管理人或者利害关系人请求,应当裁定终止重整计划的执行,并宣告债务人破产。[7]

(二)破产程序的转换[8]

由于不同破产程序之间的转换需要成本,因而有学者提出应对不同破产程序之间的相互转换作必要限制,特别是破产和解程序与破产重整程序之间的转换;并认为,如果破产和解协议已经由债权人会议通过,且经法院认可,则不应许可当事人提出破产重整申请。[9] 对此,我们认为,法院在处理当事人提出的破产重整申请时,为节约司法成本并降低破产成本,确实有必要慎重对待破产程序进行过程中的破产重整申请。但不能以需要慎重对待为由,排除法律授予相关当事人请求转换破产程序的权利。

由于多数国家和地区的破产法均未对破产程序之间的转换时间作明确规定,因而很难对不同破产程序之间的转换制度作比较研究。不过,《美国破产法典》对此作了明确规定,并对破

---

〔3〕 参见我国《企业破产法》第73~77条。

〔4〕 参见我国《企业破产法》第78条。

〔5〕 参见我国《企业破产法》第79条第3款。

〔6〕 参见我国《企业破产法》第88条。

〔7〕 参见我国《企业破产法》第93条第1款。

〔8〕 为行文方便,此处一并对各种破产程序之间的转换予以阐释,而不限于重整程序的转换。

〔9〕 参见李永祥、丁文联主编:《破产程序运作实务》,法律出版社2007年版,第278~279页。

产重整程序与和解程序之间的转换作了明确限制。[10] 由此可见，在美国，破产清算程序可自由转换为破产重整程序与破产和解程序，但若破产清算程序是从破产重整程序或破产和解程序转换而来则不适用该规则；破产重整程序与破产和解程序也可自由转换为破产清算程序，但二者之间则不能相互转换。

就我国来说，尽管法律未对破产程序之间的转换作明确规定，但基于不同破产程序所具有的特殊制度价值以及《企业破产法》的规定，可对不同破产程序之间的转换作如下理解：

1. 在破产清算程序进行过程中，相关申请权人可申请将破产清算程序转换为破产重整程序或破产和解程序。不过，应当借鉴美国破产法的规定，通过司法解释对这种转换权予以限制，即转换权只能行使一次，若破产清算程序原本就是从破产重整程序或破产和解程序转换而来，则不能再将其转换为重整程序或和解程序。

2. 在破产和解程序进行过程中，重整申请权人不能申请将和解程序转换为重整程序。我国《企业破产法》将提出重整申请的时间明确限定为“宣告债务人破产前”，事实上已排除了破产和解协议生效后申请重整的权利，因为和解协议生效将导致破产清算程序终结，从而无从将破产清算程序转换为破产重整程序。至于破产和解程序启动后和解协议生效前能否将破产程序转换为破产重整程序，尽管缺乏《企业破产法》的明确规定，但鉴于破产和解程序与破产重整程序的基本功能相同且前者已被受理，故仍应排除重整程序的适用。美国破产法也未赋予当事人在和解程序中的重整程序转换请求权。

3. 在破产重整程序进行过程中，和解申请权人也不能申请将重整程序转换为和解程序。我国《企业破产法》未对此作明确规定，但由于重整程序一般具有优先适用效力，且二者具有基本相同的制度价值，而在当事人的申请下法院已受理了重整程序，故应排除和解程序的适用。美国破产法也未赋予当事人在重整程序中的和解程序转换请求权。

4. 在破产清算程序中，若债务人已被宣告破产，则不能将破产程序转换为破产重整程序或破产和解程序。这是因为在宣告破产后，将随即对破产财产进行变价和分配，已不具备将破产程序转换为破产重整程序或破产和解程序的条件。对此，《美国破产法典》未作类似限定，但因我国破产法已作明确规定且该规定具有实务上的合理性，故应遵循该规定。

四、重整计划的制订、表决与批准

重整计划，是指由重整人制订的，以维持债务人继续营业、谋求债务人复兴为目的，以清理债权债务关系为内容的多方协议。重整程序涉及各方主体的利益，参与重整过程的各方对实现重整目标的方案所持有的看法各不相同，因而重整人有必要同全部或者部分债权人协商，拟订重整计划，以平衡各方面的利益。

---

〔10〕 其具体内容如下：(1)根据该法第706条(a)款的规定，如果一个案件尚未依据该法第1112条、第1208条或第1307条被转换，债务人有权在任何时候将一个适用破产清算程序的案件转换为适用破产重整程序与破产和解程序规定的案件；(2)根据该法第1112条(a)款及第1208条(a)款的规定，除法定情形外，债务人可以将处于重整程序的案件转换为破产清算程序；(3)根据该法第1307条(a)款的规定，债务人可以在任何时候将处于破产和解程序案件转换为破产清算程序，任何放弃该权利的规定均无效。参见李飞主编：《当代外国破产法》，中国法制出版社2006年版，第598、646、685、699页。

(一)重整计划的制订

1. 重整计划的提交期限。关于重整计划的提交期限,我国《企业破产法》第 79 条第 1、2 款规定,债务人或者破产管理人应当自人民法院裁定债务人重整之日起 6 个月内,同时向人民法院和债权人会议提交重整计划草案;如果 6 个月的期限届满,经债务人或者破产管理人请求,有正当理由的,人民法院可以裁定延期 3 个月。

2. 重整计划草案的提交者和提交对象。对于重整计划草案的制定者或者提交者,我国采取了一元化的做法,即制定和提交重整计划的主体只能是债务人或者破产管理人。债务人自行管理财产和营业事务的,由债务人制作重整计划草案;破产管理人负责管理财产和营业事务的,由破产管理人制作重整计划草案。关于重整计划草案的提交对象,重整人应当向人民法院和债权人会议同时提交。[11]

3. 重整计划草案的内容。为给重整计划的制订提供必要的约束与指导,我国《企业破产法》对此作了明确规定。该法第 81 条规定,重整计划草案应当包括下列内容:(1)债务人的经营方案;(2)债权分类;(3)债权调整方案;(4)债权受偿方案;(5)重整计划的执行期限;(6)重整计划执行的监督期限;(7)有利于债务人重整的其他方案。不过,应当注意的是,与公司法对公司章程记载事项的规定性质相似,上述规定虽使用了"应当"字样,但其内容并非都是绝对必要记载事项。[12]

(二)重整计划的表决

按照国外的通常做法,重整程序中的表决机关是关系人会议,采取分组表决的方式。分组表决,是指将债权人和股东等按不同标准分为若干小组,各小组的表决采取人数和债权额或股权额的双重计算标准,或表决权额的单一标准。各组表决的结果符合法律规定的条件时,重整计划即获通过。未获通过的重整计划草案,经修改后,可以再次召开关系人会议进行表决。

我国《企业破产法》采强制性分组标准,将重整债权分为 4 个表决组。依该法第 82 条、第 83 条之规定,下列各类债权的债权人参加讨论重整计划草案的债权人会议,依照下列债权分类,分组对重整计划草案进行表决:(1)对债务人的特定财产享有担保权的债权。(2)债务人所欠职工的工资和医疗、伤残补助、抚恤费用,所欠的应当划入职工个人账户的基本养老保险、基本医疗保险费用,以及法律、行政法规规定应当支付给职工的补偿金。但重整计划不得规定减免债务人欠缴的上述费用以外的社会保险费用;该项费用的债权人不参加重整计划草案的表决。(3)债务人所欠税款。(4)普通债权。人民法院在必要时可以决定在普通债权组中设小额债权组对重整计划草案进行表决。

关于重整计划草案的表决,《企业破产法》第 84 条规定,人民法院应当自收到重整计划草案之日起 30 日内召开债权人会议,对重整计划草案进行表决。出席会议的同一表决组的债权人过半数同意重整计划草案,并且其所代表的债权额占该组债权总额的 2/3 以上的,即为该组通过重整计划草案。各表决组均通过重整计划草案时,重整计划即为通过。

债务人或者破产管理人应当向债权人会议就重整计划草案作出说明,并回答询问。债务人的出资人代表可以列席讨论重整计划草案的债权人会议。

---

〔11〕 参见我国《企业破产法》第 79 条第 1、2 款与第 80 条。

〔12〕 参见范健、王建文:《公司法》(第二版),法律出版社 2008 年版,第 196 ~ 198 页。

重整计划草案涉及出资人权益调整事项的，应当设出资人组，对该事项进行表决。

部分表决组未通过重整计划草案的，债务人或者破产管理人可以同未通过重整计划草案的表决组协商。该表决组可以在协商后再表决一次。双方协商的结果不得损害其他表决组的利益。各表决组均通过重整计划草案时，重整计划即为通过。〔13〕

（三）重整计划的批准

重整计划的批准就是指法院对经过债权人会议表决通过的重整计划予以批准，从而赋予重整计划以法律效力的行为。一般来说，法院对重整计划的批准是其获得法律效力的必要条件。但并非所有国家都要求已由债权人表决通过的重整计划必须由法院批准。在这些国家，重整计划生效的全部要求是其获得必要多数的债权人的同意，而持异议的债权人将根据破产法而受重整计划的约束。〔14〕

自重整计划通过之日起 10 日内，债务人或者破产管理人应当向人民法院提出批准重整计划的申请。人民法院经审查认为符合法律规定的，应当自收到申请之日起 30 日内裁定批准，终止重整程序，并予以公告。〔15〕

在破产重整程序中，法院还可以对重整计划进行强制批准。依我国《企业破产法》第 87 条第 2 款之规定，未通过重整计划草案的表决组拒绝再次表决或者再次表决仍未通过重整计划草案，但重整计划草案符合下列条件的，债务人或者破产管理人可以申请人民法院批准重整计划草案：（1）按照重整计划草案，《企业破产法》第 82 条第 1 款第 1 项所列债权就该特定财产将获得全额清偿，其因延期清偿所受的损失将得到公平补偿，并且其担保权未受到实质性损害，或者该表决组已经通过重整计划草案；（2）按照重整计划草案，《企业破产法》第 82 条第 1 款第 2 项、第 3 项所列债权将获得全额清偿，或者相应表决组已经通过重整计划草案；（3）按照重整计划草案，普通债权所获得的清偿比例，不低于其在重整计划草案被提请批准时依照破产清算程序所能获得的清偿比例，或者该表决组已经通过重整计划草案；（4）重整计划草案对出资人权益的调整公平、公正，或者出资人组已经通过重整计划草案；（5）重整计划草案公平对待同一表决组的成员，并且所规定的债权清偿顺序不违反《企业破产法》第 113 条的规定；（6）债务人的经营方案具有可行性。人民法院经审查认为重整计划草案符合上述规定的，应当自收到申请之日起 30 日内裁定批准，终止重整程序，并予以公告。

五、重整计划的执行与效力

（一）重整计划的执行

重整计划的执行，是对破产重整计划的具体实施，是实现重整目的的最后一个环节。

各国破产法均将重整计划的执行人规定为债务人，因为债务人比债权人、破产管理人更为熟悉企业的业务，由其充当重整执行人，可以驾轻就熟，提高重整效率。我国《企业破产法》第 89 条也明确规定：重整计划由债务人负责执行；人民法院裁定批准重整计划后，已接管财产和

〔13〕 参见我国《企业破产法》第 84 条、第 85 条、第 86 条第 1 款及第 87 条第 1 款。

〔14〕 参见联合国国际贸易法委员会编著：《破产法立法指南》，第 202 页，载联合国国际贸易法委员会官方网站（http://www.uncitral.org），最后访问日期：2008 年 5 月 8 日。

〔15〕 参见我国《企业破产法》第 86 条第 2 款。

营业事务的破产管理人应当向债务人移交财产和营业事务。

为维护债权人的利益,有必要对重整计划的执行进行全面监督。自人民法院裁定批准重整计划之日起,在重整计划规定的监督期内,由破产管理人监督重整计划的执行。在监督期内,债务人应当向破产管理人报告重整计划执行情况和债务人财务状况。监督期届满时,破产管理人应当向人民法院提交监督报告。自监督报告提交之日起,破产管理人的监督职责终止。破产管理人向人民法院提交的监督报告,重整计划的利害关系人有权查阅。经破产管理人申请,人民法院可以裁定延长重整计划执行的监督期限。[16]

(二)重整计划的效力

经人民法院裁定批准的重整计划,对债务人和全体债权人均有约束力。债权人未依照《企业破产法》规定申报债权的,在重整计划执行期间不得行使权利;在重整计划执行完毕后,可以按照重整计划规定的同类债权的清偿条件行使权利。债权人对债务人的保证人和其他连带债务人所享有的权利,不受重整计划的影响。[17]

(三)法院裁定终止重整计划执行的后果

重整计划对债权债务关系作了调整,如果法院裁定终止重整计划执行,该调整则失去效力。但若重整计划已经部分执行,则法律应对债权人已受偿部分的效力作出规定。依我国《企业破产法》第 93 条第 2、3、4 款之规定,人民法院裁定终止重整计划执行的后果包括:

1. 人民法院裁定终止重整计划执行的,债权人在重整计划中作出的债权调整的承诺失去效力。债权人因执行重整计划所受的清偿仍然有效,债权未受清偿的部分作为破产债权。

2. 第 93 条第 2 款规定的债权人,只有在其他同顺位债权人同自己所受的清偿达到同一比例时,才能继续接受分配。

3. 有第 93 条第 1 款规定情形的,为重整计划的执行提供的担保继续有效。

(四)重整计划执行完毕免除债务人的清偿责任

重整计划执行完毕,是重整程序的圆满结局,企业得以再生。为了使债务人经过重整后能够减轻负担,重新恢复经营能力,自重整计划执行完毕时起,按照重整计划减免的债务,债务人不再承担清偿责任。对此,我国《企业破产法》第 94 条明确规定:"按照重整计划减免的债务,自重整计划执行完毕时起,债务人不再承担清偿责任。"

第二节　破产和解制度

一、破产和解制度概述

(一)破产和解制度的概念与特征

破产和解制度,是指破产程序开始后,经由债务人与债权人会议达成协议,就债务人延期清偿债务、减免债务等事项达成协议,以中止破产程序,挽救复苏企业的法律制度。破产和解

---

〔16〕 参见我国《企业破产法》第 90 条、第 91 条。

〔17〕 参见我国《企业破产法》第 92 条。

制度最早出现于1673年的法国《陆上商事条例》,但作为预防破产的和解制度则首创于1883年的英国。1883年,英国通过立法正式将和解制度引入破产程序,规定债权人与债务人达成和解协议后,可不受破产清算宣告,并规定当事人在申请开始破产清算程序之前,必须进行和解。1886年,比利时率先颁布了以预防破产为目的的《预防破产之和解制度》。其后,各国纷纷制定分别受英国与比利时影响的不同模式的和解法。[18] 破产和解制度具有以下法律特征:

1. 破产和解适用于已具备破产原因的债务人,并且是以避免破产清算为目的的。传统的破产制度是以债权人为中心的强制偿债制度,强调的是债权人利益的绝对维护,未能顾及债务人的利益和破产所带来的社会影响。而破产和解制度则给予了债务人以复苏的机会,能够减少破产给社会带来的不利影响。

2. 破产和解的内容一般是延期、分期偿还债务,以及免除或者部分免除债务。通过债权人的让步,不仅使债务人获得了拯救的机会,而且往往能够使债权人获得比在破产清算时更多的清偿。

3. 破产和解须由债务人与债权人会议之间达成协议。和解协议草案应由债务人提出,经由债权人会议表决通过,达成和解协议。

4. 破产和解具有强制性。即和解协议一经债权人会议表决通过,该和解协议即对全体债权人具有约束力。

(二)破产和解的规制模式

依和解是否为破产清算的必经程序,破产和解的规制模式可分为和解前置主义与和解分离主义两种类型。

和解前置主义,是指破产申请提出后,双方首先必须进行和解,只有在和解不能成立时,才适用破产清算程序。该规制模式由英国首创,曾为英美法系国家和地区所普遍采纳,但现在包括英国在内的各国基本上都已放弃了该模式。

和解分离主义,是指和解并非破产清算的必经程序,当事人可自行选择是进行和解,还是直接进行破产清算。该规制模式由比利时首创,为大陆法系国家和地区所普遍采用,如德国、法国、日本、中国及中国台湾地区。此外,原采和解前置主义的英美法系国家和地区也已基本改采了和解分离主义规制模式。[19]

---

〔18〕 参见安建、吴高盛主编:《企业破产法实用教程》,中国法制出版社2006年版,第106页。

〔19〕 例如,在英国影响下,1874年美国在修改破产法时增加了和解前置主义的破产和解制度,但由于该和解制度有违其宪法的规定而于1879年被废止。(根据《美国宪法》第1条的规定,无论何州,不得通过公权剥夺令、溯及既往的法律或损害合同义务的法律。在破产和解程序中,债权人会议可以多数决的方式使和解协议约束少数债权人,因而被认为违宪。参见李永军:《破产法律制度》,中国法制出版社2000年版,第397页。)美国破产法在将破产和解制度改造为破产重整制度后,只有《美国破产法典》第十三章关于"有固定年收入的债务调整"制度仍可谓破产和解制度,但该制度实际上仍与破产重整制度无本质差异,故被美国学者称为"有固定收入的个人重整"。在制度运行方面,该制度也并非破产清算程序的前置程序,而是一项可供选择的制度。对此,《美国破产法典》第706条(a)款规定:"如果一个案件尚未依据本篇第1112、1208、1307条被转换,债务人有权在任何时候将一个适用本章规定的案件转换为适用第11、12、13章规定的案件。任何放弃转换的权利都是无效的。"中国香港特区《破产条例》也仅将提出和解方案或调协计划作为可供债务人选择的一项权利。对此,该法第20条第1款规定:"债务人如欲提出和解方案以清偿债项或对于事务拟提出调协计划者,得在递呈事务说明书后四日内或在破产事务官指定之日期内,拟具和解方案或调协计划书,亲笔签押,并列明一切条件及担保人详细事项,送呈破产事务官,供债权人之考虑。"参见[美]大卫·G.爱泼斯坦、史蒂夫·H.尼克勒斯、詹姆斯·J.怀特:《美国破产法》,韩长印等译,中国政法大学出版社2003年版,第651页;李飞主编:《当代外国破产法》,中国法制出版社2006年版,第598页。

二、破产和解的申请与审查

(一)破产和解申请的提出

破产和解申请,是债务人向法院请求同债权人会议进行和解的意思表示。各国破产法规定,破产和解申请的主体为债务人。关于破产和解申请的提出时间,各国因采取不同立法原则而不尽相同。对此,我国《企业破产法》第 95 条第 1 款规定:"债务人可以依照本法规定,直接向人民法院申请和解;也可以在人民法院受理破产申请后、宣告债务人破产前,向人民法院申请和解。"

为使破产和解能顺利进行,《企业破产法》第 95 条第 2 款还规定:"债务人申请和解,应当提出和解协议草案。"所谓和解协议草案,是指债务人向法院提交的、供债权人会议讨论的具体和解方案。在司法实践中,和解协议草案一般包括以下内容:

1. 债务人财产状况说明。债务人在和解协议草案中,应当简明真实地陈述其所拥有的财产状况及所面临的问题。财产状况的说明,是债权人采纳债务人和解的条件。

2. 债务承认。债务人在和解协议草案中,应当无争议地列明其所负担的债务总额、债权性质、债权清偿期限、方式等确定全体债权的必要事项。对于有争议的债权,债务人应当单独列明争议债权额、争议的性质、原因等。

3. 债务清偿的方式和期限。债务人在和解协议中,应当拟出清偿债务的具体办法,并明确地保证各债权人能够获得清偿的债务比例。另外,债务人在和解协议草案中,应当规定清偿债务的期限。

4. 确保执行和解协议的措施。债务人在和解协议草案中,应当说明其已经采取的确保和解协议执行的措施,或者在和解协议达成后将采取的措施。如债务人取得银行贷款允诺的,说明贷款的数额、贷款条件等事项。

和解协议草案,只是债务人申请和解时提交的供债权人会议讨论、评价的各项和解条件,并不妨碍债务人于债权人会议期间对和解协议草案予以适当的变更,以使和解协议草案的内容更加完善。[20]

(二)破产和解申请的审查

债务人提出破产和解申请后,法院应通过审查,作出是否受理和解申请的裁定。对此,我国《企业破产法》第 96 条第 1 款规定:"人民法院经审查认为和解申请符合本法规定的,应当裁定和解,予以公告,并召集债权人会议讨论和解协议草案。"由债务人提出的破产和解不应对享有破产别除权的债权人行使权利构成障碍,但在法院审查和解申请的期间,应暂时冻结别除权权利人的权利。对此,我国《企业破产法》未作明确规定,但隐含了这一立法精神。该法第 96 条第 2 款规定:"对债务人的特定财产享有担保权的权利人,自人民法院裁定和解之日起可以行使权利。"依此,在破产和解申请被裁定受理之后,别除权权利人即可主张针对其享有的担保权优先受偿。

---

〔20〕 参见本书编写组编著:《〈中华人民共和国企业破产法〉释义及实用指南》,中国民主法制出版社 2006 年版,第 252 ~ 253 页。

三、和解协议的表决与效力

（一）和解协议的表决

人民法院裁定受理和解申请后，应发布公告，将债权人会议召开的时间和地点通知债权人，召集债权人会议讨论和解协议草案。

在债权人会议讨论和解协议草案的内容时，所有依法申报债权的债权人均可出席，并对和解协议草案的内容发表意见。债务人的有关人员应当列席债权人会议，听取债权人意见，及时、准确、真实地回答债权人的提问。债权人和债务人除对债务人原来提议的和解条件进行具体磋商外，还可以提出新的和解条件以供债务人和其他债权人考虑。

和解协议对债权人债权的实现关系重大，尤其是对于普通破产债权人而言，和解协议将可能使其权利收到减损，因而应获得该类债权人的绝对多数同意。为此，我国《企业破产法》第97条对和解协议的议决采取了双重表决权的原则，即债权人会议通过和解协议的决议，由出席会议的有表决权的债权人过半数同意，并且其所代表的债权额占无财产担保债权总额的2/3以上。

（二）和解协议的效力

和解协议法律效力的发生并不依赖于债权人会议的决议，而取决于法院的确认。在法院经审查，认可了和解协议后，和解协议正式生效，并产生相应的法律效力。我国《企业破产法》对此作了详细规定，其内容如下：[21]

债权人会议通过和解协议的，由人民法院裁定认可，终止和解程序，并予以公告。破产管理人应当向债务人移交财产和营业事务，并向人民法院提交执行职务的报告。和解协议草案经债权人会议表决未获得通过，或者已经债权人会议通过的和解协议未获得人民法院认可的，人民法院应当裁定终止和解程序，并宣告债务人破产。

经人民法院裁定认可的和解协议，对债务人和全体和解债权人均有约束力。和解债权人，是指人民法院受理破产申请时对债务人享有无财产担保债权的人。和解债权人未依照《企业破产法》规定申报债权的，在和解协议执行期间不得行使权利；在和解协议执行完毕后，可以按照和解协议规定的清偿条件行使权利。但和解债权人对债务人的保证人和其他连带债务人所享有的权利，不受和解协议的影响。债务人应当按照和解协议规定的条件清偿债务。

因债务人的欺诈或者其他违法行为而成立的和解协议，人民法院应当裁定无效，并宣告债务人破产。有该情形的，和解债权人因执行和解协议所受的清偿，在其他债权人所受清偿同等比例的范围内，不予返还。

债务人不能执行或者不执行和解协议的，人民法院经和解债权人请求，应当裁定终止和解协议的执行，并宣告债务人破产。但在此情形下，为和解协议的执行提供的担保仍继续有效。人民法院裁定终止和解协议执行的，和解债权人在和解协议中作出的债权调整的承诺失去效力。和解债权人因执行和解协议所受的清偿仍然有效，和解债权未受清偿的部分作为破产债权。因执行和解协议获得部分清偿的和解债权人，只有在其他债权人同自己所受的清偿达到同一比例时，才能继续接受分配。

---

〔21〕　参见我国《企业破产法》第98～106条。

人民法院受理破产申请后,债务人与全体债权人就债权债务的处理自行达成协议的,可以请求人民法院裁定认可,并终结破产程序。按照和解协议减免的债务,自和解协议执行完毕时起,债务人不再承担清偿责任。

第三节 破产清算制度

一、破产清算制度概述

(一)破产清算制度的概念

破产清算制度,是指当债务人不能清偿到期债务时,由法院根据债权人或债务人的申请,依法宣告债务人破产,并将其全部财产公平分配给全体债权人的法律制度。与广义上的破产程序不同,破产清算程序特指清算型破产程序与狭义上的破产程序,而不包含破产重整与破产和解这两项预防性破产程序。

(二)破产重整、破产和解与破产清算的关系

破产重整、破产和解与破产清算是破产法的三大破产程序,三者共同构成破产程序的制度体系。破产重整、破产和解与破产清算之间具有紧密联系:进入破产程序后,破产和解程序优于破产清算程序,破产重整程序又优于和解程序;进入破产重整程序后,正在进行的破产和解程序或者破产清算程序应当中止;如果破产清算、和解、重整三种申请同时出现,人民法院应当优先受理破产重整申请;当重整失败或者和解不能时,最终还要通过破产程序清理债务。但这三项破产程序作为功能各异的制度,仍具有以下区别:

1. 法律功能不同。破产重整赋予了债务人以再生的机会,具有预防破产的制度价值。破产和解向债权人提供了一种简便、高效的受偿手段,并具有预防破产的制度价值。破产清算是直接实现债权人的公平受偿要求的特殊强制执行程序。

2. 申请人不同。破产重整程序的申请人比较广泛,包括债务人、债权人和债务人的出资人。破产和解程序的申请人限于债务人。破产清算程序的申请人则为债权人与债务人。

3. 有担保权的债权的法律地位不同。在破产和解与破产清算程序中,有担保权的债权(别除权)的权利人有不依破产程序独立实现的优越性。而在破产重整程序中,有担保权的债权的行使一般会同样受到限制。

二、破产清算程序的启动标志

(一)境外破产清算程序启动标志的立法例

关于破产程序开始的立法例,主要有破产受理开始主义与破产宣告开始主义两种类型。德国、日本旧破产法都采取的是破产宣告开始主义立法例。受此影响,许多大陆法系国家和地区都采取了破产宣告开始主义立法例。不过,在英美法系国家所采取的破产申请受理开始主义立法例的影响下,为顺应破产当事人主义的立法潮流,大陆法系国家和地区已纷纷改采破产受理开始主义。

在破产受理开始主义立法例下,破产宣告就失去了原有的启动破产程序的意义,因而多数

国家的破产法都废除了破产宣告的规定。例如，1994 年《德国破产法》、2004 年《日本破产法》都已删除了破产宣告的规定，破产程序从破产申请被法院受理之时起正式启动；法国是以判决的方式对进入司法重整程序或直接进入司法清算程序予以确认；俄罗斯则在以受理破产申请裁定的方式启动破产程序后，再由仲裁法院以裁定或判决的方式确定进入“调查”、“优化财务状况”、“外部调整”以及“破产诉讼程序”，其中前 3 个程序适用“裁定”，第 4 个程序适用“判决”。在这些国家，由于破产清算程序与破产重整程序等其他破产程序之间的关系不尽相同，因而破产清算程序的具体启动时间也不尽相同。在德国、日本等国，破产申请即为破产清算申请，故受理破产申请的时间即为破产清算程序启动的时间。在法国，原则上应首先引入司法重整程序，即一般司法重整程序启动在前、司法清算程序启动在后，但法定条件下也可直接启动司法清算程序，司法清算程序的启动标志则均为法院作出判决。在俄罗斯，法院最初作出的受理破产申请的裁定并未明确具体适用何种破产程序，破产清算程序则以专门的判决予以启动。

在仍采取破产宣告开始主义的大陆法系国家和地区，破产程序特指破产清算程序，故破产宣告即为破产清算程序开始的宣告。基于此，采此规制模式的我国台湾地区“破产法”将和解程序划分为破产宣告前的和解与破产宣告后的和解，前者称为“和解”，后者称为“调协”。作此区分的原因在于一般意义上的“和解”程序乃一般意义上的“破产”程序之外的独立程序。

在英美法系国家和地区，破产法一般采取法典的形式，除设置了统一适用于不同破产程序的“总则性规范”外，还分别对不同破产程序作了具体规定。在破产程序的启动方面，当事人仍须具体提出适用不同破产程序的申请，而破产清算程序乃独立于破产重整程序与破产和解程序的破产程序，因而破产清算程序仍以法院作出破产申请受理的裁定为启动标志。

（二）我国《企业破产法》关于破产清算程序启动标志的规定

我国 1986 年《企业破产法（试行）》将法院受理破产申请作为破产清算程序启动的标志，破产宣告则为确认债务人无可挽回地进入实质性清算程序的标志。在此立法例下，由于破产重整（整顿）与破产和解均非完全独立的程序，而必须依赖于破产清算程序的启动才能适用，因而破产清算程序的启动标志不致引起误解。但 2006 年《企业破产法》在设置了统一适用于不同破产程序的“总则性规范”的同时，又将破产重整程序、破产和解程序与破产清算程序分别规定为可以单独适用的破产程序，从而使人容易对破产清算程序的启动标志产生误解。对此，我国破产法学界基本上对此不予置评或存在误解，[22] 故需作明确说明。

有学者认为，破产程序的启动标志为破产申请的受理，而破产清算程序的启动标志为破产宣告。[23] 这种观点将破产宣告作为破产清算程序的启动标志，显然受到了我国《企业破产法》编排体例的影响。该法第八、九、十章分别规定了“重整”、“和解”与“破产清算”制度，并且在关于重整与和解的章节中明确规定了法院裁定重整与裁定和解为相应程序启动的标志，而关

---

〔22〕 以下破产法或商法（有破产法内容）教科书中均未对破产清算的启动标志及破产宣告对破产程序的意义作任何说明：高在敏主编：《商法》，法律出版社 2006 年版；齐树洁主编：《破产法》，厦门大学出版社 2007 年版；王欣新：《破产法》（第二版），中国人民大学出版社 2007 年版；李永军主编：《商法学》（修订版），中国政法大学出版社 2007 年版；范健主编：《商法》（第三版），高等教育出版社、北京大学出版社 2007 年版。

〔23〕 参见韩长印主编：《破产法学》，中国政法大学出版社 2007 年版，第 46、196 页；覃有土主编：《商法学》（修订三版），中国政法大学出版社 2007 年版，第 185、242 页；顾功耘主编：《商法教程》（第二版），上海人民出版社、北京大学出版社 2006 年版，第 584、611～612 页。

于“破产清算”的第十章则以“破产宣告”为开篇性规定。至于将破产程序启动标志与破产清算程序启动标志区别开来的原因,上述学者均未在相应著作中予以说明。但也有个别学者对此作了说明。例如,有学者认为,破产案件的受理并不意味着已经进入了破产清算程序,因为在破产案件受理之后,并不一定必然要走破产清算程序,债权人和债务人完全有可能通过和解程序来进行;另外,在法院受理破产案件之后,一些特殊事由的出现也有可能使法院并不对债务人进行破产宣告,而是终结破产程序。〔24〕

另有学者虽未对破产清算程序的启动标志及破产宣告的意义作明确说明,但明确提出,破产申请的受理乃破产程序启动的标志。〔25〕 这种关于破产申请的受理乃破产程序的启动标志的认识无疑是正确的,但因未论及破产程序与破产清算程序启动是否有区别尤其是区别何在,故无助于破产清算程序启动标志及破产宣告对破产程序的意义的理解。

综上,我国破产法学界基本上对破产申请的受理为破产程序启动标志予以确认,但有的学者明确提出破产清算启动标志为破产宣告,有的学者则对破产清算的启动标志未予说明。如果分别将破产申请的受理与破产宣告作为破产程序与破产清算程序的启动标志,则意味着在破产重整、破产和解与破产清算程序之上另设立一个抽象的破产程序,各破产程序都是在该抽象的破产程序基础上展开的。在上述破产清算程序启动标志的立法例分析中,我们发现,仅俄罗斯的破产法规定可作为这一观点的立法例支撑。我们认为,这种认识是错误的。

关于破产清算程序的启动标志,我们也曾提出较为模糊甚至自相矛盾的观点:一方面认为,破产申请的受理与破产宣告分别为破产程序与破产清算程序的启动标志;另一方面又认为,破产清算程序可转换为破产重整程序,这就意味着破产清算程序必须启动于破产宣告之前。〔26〕 经过深入研究,我们认为,尽管因我国《企业破产法》未对于破产清算程序的启动时间作明确规定,但基于对该法相关规定的分析,仍可得出以下结论:破产程序固然以破产申请的受理为启动标志,但破产清算程序同样以破产申请的受理为启动标志,破产宣告则为进入实质性破产清算阶段的标志。从形式上看,我国《企业破产法》似乎是将重整程序、和解程序与破产清算程序作为破产程序的下位概念,该法第一章到第七章的规定似乎均为关于抽象的破产程序的规定。事实上,我国《企业破产法》并未创设作为重整程序、和解程序与破产清算程序的上位概念,之所以采用“受理破产申请”等概念,是因为这些规定基本上要统一适用于各个破产程序。例如,我国《企业破产法》第 70 条第 1 款规定:“债务人或者债权人可以依照本法规定,直接向人民法院申请对债务人进行重整。”同条第 2 款规定:“债权人申请对债务人进行破产清算的,在人民法院受理破产申请后、宣告债务人破产前,债务人或者出资额占债务人注册资本十分之一以上的出资人,可以向人民法院申请重整。”依此,破产重整程序的适用包括两种情形:(1)直接提出债务人重整申请;(2)在债务人已被提出破产清算申请,且时间在法院受理后、宣告破产前。这一规定还有以下两点含义:(1)债权人或债务人希望适用破产重整程序,就必须直接提出重整申请,而不存在作为重整程序上位概念的破产程序;(2)在破产宣告前,破产清算

〔24〕 参见李曙光:《破产清算程序的启动》,载《法制日报》2008 年 1 月 27 日。

〔25〕 齐树洁主编:《破产法》,厦门大学出版社 2007 年版,第 64 页;王欣新:《破产法》(第二版),中国人民大学出版社 2007 年版,第 72 ~ 75 页;李永军主编:《商法学》(修订版),中国政法大学出版社 2007 年版,第 486 页;范健主编:《商法》(第三版),高等教育出版社、北京大学出版社 2007 年版,第 332 页。

〔26〕 参见范健、王建文:《商法学》,法律出版社 2007 年版,第 382、417 页。

程序就已启动，其启动标志为“法院受理破产申请”。由此可见，将破产清算程序的启动标志界定为破产申请的受理，不仅具有上述境外多数立法例的支持，而且只有如此才能使我国《企业破产法》的相关规定得以协调一致。以破产程序的转换为例，如果将破产宣告作为启动破产清算程序的标志，则意味着破产清算程序无法转换为破产重整程序与破产和解程序。这显然既有悖于现代破产法立法精神与境外立法例，也与我国《企业破产法》的规定相矛盾。这一结论还意味着，当事人提出破产申请时，必须针对某一具体的破产程序提出，法院则须针对具体破产程序的要件予以审查。若当事人仅笼统地提出破产申请，则法院应基于释明权，[27]对当事人进行必要说明并要求其提出具体的破产程序申请，否则应驳回其申请或视为破产清算申请。

在确定了破产清算程序的启动标志后，还应对破产宣告的法律意义予以确认。对此，我们认为，破产清算申请受理后，我国破产法之所以还规定破产宣告程序，主要有两方面的原因：一方面，我国破产法一直规定了破产宣告制度，而该规定又为大陆法系的传统立法（现已被许多大陆法系国家所舍弃）；另一方面，法院对破产清算申请的受理，实际上相对于法院在民事诉讼中对案件的受理，并未进行实体审理，因而仍需要在对破产清算案件经过实体审理后作出确定性的裁判。因此，可将破产清算申请的受理视为破产清算程序启动的初步标志，而将破产宣告视为破产清算程序启动的确定性标志。易言之，破产清算程序受理后，仍可被转换为其他破产程序并可能因破产宣告障碍而被裁定终结，破产宣告后则确定性地进入破产清算阶段，破产人将不可避免地面临破产分配。

三、破产宣告的作出

破产宣告，是指受理破产案件的法院审查并宣告债务人破产，并使债务人进入破产清算程序的司法裁判行为。破产宣告即意味着直接进入破产清算程序或间接进入破产清算程序，使债务人不可挽回地走向破产清算，破产企业还将因此被注销。

除《企业破产法》第7条规定的破产清算原因外，因破产重整与破产和解程序的终止也将导致被人民法院宣告破产并进入破产清算程序。但在破产程序后、破产宣告前，若债务人已恢复了债务清偿能力或已清偿了全部到期债务，将使其破产原因消失，从而应终结破产程序。这就是破产宣告障碍。对此，我国《企业破产法》第108条规定：“破产宣告前，有下列情形之的，人民法院应当裁定终结破产程序，并予以公告：（一）第三人为债务人提供足额担保或者为债务人清偿全部到期债务的；（二）债务人已清偿全部到期债务的。”

人民法院宣告债务人破产的，应当自裁定作出之日起5日内送达债务人和破产管理人，自裁定作出之日起10日内通知已知债权人，并予以公告。债务人被宣告破产后，债务人称为破产人，债务人财产称为破产财产，人民法院受理破产申请时对债务人享有的债权称为破产债权。[28]

四、破产财产的变价

破产财产的变价，是指破产管理人将非货币的破产财产，通过合法方式加以出让，使之转

---

〔27〕 一般认为，释明权是法院专属的、在法律规定的范围和以法定的形式行使的、旨在维护当事人的平等诉权的诉讼指挥权。释明权作为法院的一项职权，其本质属性为义务而非可选择是否行使的权利。

〔28〕 参见我国《企业破产法》第107条。

化为货币形态,以便进行破产财产分配的过程。

(一)破产财产的变价方案

破产财产的变价方案,是指由破产管理人准备、制定,并提交债权人会议讨论通过的,将非货币的破产财产以依法出让的方式转化为货币形态的具体方案。破产管理人作为破产人的机关,负责拟订破产财产的变价方案。但由于破产财产的变价方案将对破产财产的价值产生重大影响,从而影响债权人破产债权的实现,因而破产财产的变价方案应由债权人会议决定。

债权人会议通过破产财产变价方案,应当由出席会议有表决权的债权人的过半数通过,并且其所代表的债权额应当占无财产担保的债权额的1/2以上。如果债权人会议未能通过破产财产变价方案,则由人民法院作出裁定。由债权人会议通过或者人民法院裁定的破产财产变价方案,由破产管理人来执行。[29]

(二)破产财产的变价方式

破产管理人在执行破产财产变价方案时,应当按照破产财产的性质和市场的具体情况,本着破产财产价值最大化的原则,以最合理的方式对破产财产进行变价,以防止破产财产的价值贬损。依我国《企业破产法》第112条之规定,破产财产的变价方式主要有以下三种:

1. 拍卖。以拍卖的方式对破产财产进行变价,不但可以实现破产财产价值的最大化,还可以保证变价过程的公开与公平。因此,破产财产的变价原则上应当通过拍卖的方式进行。但是,若债权人会议作出不以拍卖方式变价的决议的,则不采取拍卖方式。依照公开变卖的原则,债权人会议可依法决定采取招标出售等方式其他变价方式。

2. 对破产企业进行全部或者部分变价出售。破产企业的整体或者部分变卖,是对破产企业包括各种生产力要素在内的变卖,不仅包括破产企业的生产设备、厂房、知识产权,还可以包括破产企业的营销网络等无形资产,甚至还包括破产企业的研发人员、营销人员等人力资源。这种整体或者部分变卖不但可以提高破产财产的变卖价格,还可以维持破产企业的整体经营或者某一独立经营项目的部分经营,减少破产企业因解散给社会秩序带来的冲击。[30]

3. 依照国家规定不能拍卖或者限制转让的财产,应当依照国家规定的方式处理。并非所有的破产企业的破产财产都可以公开变价,各国法律明确规定了限制流通物与禁止流通物。例如,我国文物法规规定,文物属于禁止流通物,只能由国家指定的文物部门收购。如果破产财产中有这些限制流通物或禁止流通物,则只能依照有关法规规定的方式处理。

五、破产财产的分配

破产财产的分配,是指基于债权人公平受偿的原则,将破产财产按各债权人的应受偿顺序和应受偿比例在债权人之间进行的清偿程序。

(一)破产财产的清偿顺序

一般来说,债务人进入破产清算程序后,其财产已不足以支付全部破产债权,故破产财产的清偿顺序将直接决定债权人的受偿程度。因此,破产财产按照什么样的顺序来清偿破产债

---

〔29〕 参见我国《企业破产法》第111条。

〔30〕 参见本书编写组编著:《〈中华人民共和国企业破产法〉释义及实用指南》,中国民主法制出版社2006年版,第288~289页。

权，对维护债权人的利益和整个社会秩序的稳定非常重要。根据国际上的通行做法，并考虑到我国政治和经济发展的实际情况，我国《企业破产法》第 113 条规定，破产财产在优先清偿破产费用和共益债务后，依照下列顺序清偿：

1. 破产人所欠职工的工资和医疗、伤残补助、抚恤费用，所欠的应当划入职工个人账户的基本养老保险、基本医疗保险，以及法律、行政法规规定应当支付给职工的补偿金。破产人所欠职工工资和社会保险费用的偿付，关系劳动者的切身利益，也是为维护劳动者生计所必需的。对这种劳动债权的优先偿付，也是国际上的通行做法。

2. 破产人欠缴的除前项规定以外的社会保险费用和破产人所欠税款。这些费用包括基本养老保险和基本医疗保险应当纳入统筹基金的部分以及失业保险、工伤保险、生育保险所拖欠的保险费，以及拖欠的税款。

3. 其他的普通债权。若破产财产不足以清偿同一顺序的清偿要求，则按照比例分配。但鉴于企业的董事、监事和高级管理人员的工资比普通工人的工资要高，而他们对企业的破产往往负有一定责任，故法律对其工资计算标准作了明确限定。对此，我国《企业破产法》第 113 条第 3 款规定："破产企业的董事、监事和高级管理人员的工资按照该企业职工的平均工资计算。"

（二）破产财产的分配方式

在我国司法实践中，破产财产的分配主要包括货币分配、实物分配与债权分配三种方式。其中，以货币分配方式为主，实物分配与债权分配主要适用于破产财产不易或不能变价转化为货币的情形，或者依债权人会议作出将破产财产直接分配于债权人的决议的情形。对此，我国《企业破产法》第 114 条规定："破产财产的分配应当以货币分配方式进行。但是，债权人会议另有决议的除外。"

破产财产分配可采取一次分配或多次分配的方式。一次分配只能在破产程序终结时进行，故只能采取最后分配的方式。最后分配，是指全部破产财产变价之后不留剩余地对一般破产债权人进行的分配，分配完毕后，破产程序终结。多次分配是将破产财产根据变现情况，在多个特定集中的时间内分配给债权人。除最后分配外，多次分配还采取中间分配的方式。中间分配，是指在最后分配之前，就可分配财产所进行的分配。我国《企业破产法》对多次分配、最后分配均作了明确规定。

（三）破产财产分配方案

破产财产分配方案是由破产管理人制定的，供债权人会议讨论，就如何依据法律的规定将破产财产分配给每一个债权人，具体指导破产财产分配的文件，是执行破产分配的依据。破产财产分配方案应由破产管理人拟订，并由债权人会议审议通过。破产财产分配方案应当载明的事项有：（1）参加破产财产分配的债权人名称或者姓名、住所；（2）参加破产财产分配的债权额；（3）可供分配的破产财产数额；（4）破产财产分配的顺序、比例及数额；（5）实施破产财产分配的方法。债权人会议的决议，由出席会议的有表决权的债权人过半数通过，并且其所代表的债权额占无财产担保债权总额的 1/2 以上。破产财产分配方案经债权人会议通过后，由管理人提请人民法院裁定认可。若破产财产分配方案经债权人会议二次表决仍未通过，则由人民法院裁定。[31]

(四)破产财产的分配

1. 破产财产分配方案的执行。破产财产分配方案经人民法院裁定认可后,由破产管理人执行。破产管理人按照破产财产分配方案实施多次分配的,应当公告本次分配的财产额和债权额。破产管理人实施最后分配的,应当在公告中指明,并载明下引《企业破产法》第117条第2款规定的事项。对于附生效条件或者解除条件的债权所提存的分配额,在最后分配公告之日,停止条件未成就或者解除条件成就的,附条件的债权应当接受的清偿应当分配给其他债权人;在最后分配之日,停止条件成就或者解除条件未成就的,应当对附条件的债权人进行清偿。

2. 对附条件债权的分配。附条件债权不同于一般破产债权,具有不确定性,对这种债权的破产分配就不同于一般破产债权的破产分配。对此,我国《企业破产法》第117条第1款规定:"对于附生效条件或者解除条件的债权,管理人应当将其分配额提存。"同条第2款规定:"管理人依照前款规定提存的分配额,在最后分配公告日,生效条件未成就或者解除条件成就的,应当分配给其他债权人;在最后分配公告日,生效条件成就或者解除条件未成就的,应当交付给债权人。"

3. 对未受领的破产财产分配额的处理。在进行破产财产分配时,若债权人在指定期限内不领取其分配额,则意味着破产管理人必须保存并管理该分配额,使破产费用增加,并导致破产程序的延长,从而有损全体债权人利益。因此有必要对债权人不受领破产财产分配进行限制。对此,我国《企业破产法》第118条规定:"债权人未受领的破产财产分配额,管理人应当提存。债权人自最后分配公告之日起满二个月仍不领取的,视为放弃受领分配的权利,管理人或者人民法院应当将提存的分配额分配给其他债权人。"

4. 对诉讼或者仲裁未决债权的处理。由于诉讼或者仲裁未决的债权具有不确定性,诉讼或者仲裁的结果有可能使这些债权的债权人丧失其债权人身份,故有必要对这种债权的处理作出不同于一般破产债权的规定。对此,我国《企业破产法》第119条规定:"破产财产分配时,对于诉讼或者仲裁未决的债权,管理人应当将其分配额提存。自破产程序终结之日起满二年仍不能受领分配的,人民法院应当将提存的分配额分配给其他债权人。"

六、破产程序的终结

破产程序的终结,是指在破产程序进行中,发生法律规定的应当终结破产程序的原因时,由法院裁定结束破产程序。

(一)破产程序终结的原因

破产程序终结的原因,是指引起破产程序终结的法律事实。由于债务人自身情况、破产财产的状况和破产预防程序的法律构造不同,各国破产立法对破产程序终结的原因的规定也有所不同。但总体而言,破产程序可因以下事实的发生而终结:(1)和解整顿程序的终结;(2)破产财产不足以支付破产费用;(3)债权人同意废止,即破产人取得破产债权人同意时,依法申请法院废止破产程序,从而导致破产案件的终结;(4)破产财产分配完毕。[32] 根据我国《企业破产法》的规定,破产程序终结的原因主要如下:

[31] 参见我国《企业破产法》第61条、第64条、第65条、第115条。

[32] 参见汤维建主编:《企业破产法新旧专题比较与案例应用》,中国法制出版社2006年版,第451~454页。

1. 因财产不足以支付破产费用而终结。如果债务人的财产不足以支付破产费用,债权人就不可能再从债务人财产中得到任何分配,此时破产程序已无实际意义,且会造成破产费用的增加。因此《企业破产法》第43条第4款规定,债务人财产不足以清偿破产费用的,破产管理人应当提请人民法院终结破产程序。人民法院应当自收到请求之日起15日内裁定终结破产程序,并予以公告。

2. 因全体债权人同意而终结。根据《企业破产法》第105条的规定,人民法院受理破产申请后,债务人与全体债权人就债权债务的处理自行达成协议的,可以请求人民法院裁定认可,并终结破产程序。

3. 因出现破产宣告障碍而终结。此即我国《企业破产法》第108条规定的两种情形:(1)第三人为债务人提供足额担保或者为债务人清偿全部到期债务的;(2)债务人已清偿全部到期债务。

4. 因没有财产可供分配而终结。如果债务人没有财产可供分配,破产程序也就没有进行下去的必要。因此,依我国《企业破产法》第120条第1、3款之规定,破产人无财产可供分配的,破产管理人应当请求人民法院裁定终结破产程序。人民法院应当自收到破产管理人终结破产程序的请求之日起15日内作出是否终结破产程序的裁定。裁定终结的,应当予以公告。

5. 因破产财产分配完毕而终结。破产财产已通过破产分配的方式分配完毕,则破产程序已失去存在价值,故必须终结。因此,依我国《企业破产法》第120条第2、3款之规定,破产管理人在最后分配完结后,应当及时向人民法院提交破产财产分配报告,并提请人民法院裁定终结破产程序。人民法院应当自收到破产管理人终结破产程序的请求之日起15日内作出是否终结破产程序的裁定。裁定终结的,应当予以公告。

(二)破产程序终结的效力

1. 对破产人的效力。自法院对企业法人破产程序终结的裁定生效之日起,破产程序终结,其法人主体资格则在破产管理人依法办理注销登记后消灭,其所负债务也当然免除。在自然人破产场合,因破产程序终结后并不影响破产人主体资格的存续,因而现代各国家和地区破产法普遍规定了破产免责制度。

2. 对破产债权人的效力。由于破产终结后破产企业的主体资格消灭,债权人未得到分配的债权,于破产终结裁定作出后视为消灭。破产债权人不能于程序结束后向债务人另行主张权利。但债权人对破产企业的保证人、连带债务人等享有的权利,原则上不受影响,债权人依破产程序未受全额清偿时,可以就不足部分向保证人主张权利。

3. 对破产管理人的效力。企业法人是依法登记成立的,企业法人破产也应当办理注销登记。人民法院作出破产程序终结以后,对破产人作注销登记是破产管理人的一项法定义务。对此,我国《企业破产法》第121条规定:"管理人应当自破产程序终结之日起十日内,持人民法院终结破产程序的裁定,向破产人的原登记机关办理注销登记。"管理人办理完破产企业的注销登记后,如果没有诉讼或者仲裁未决的情况,其作为破产管理人的职责即履行完毕。对此,我国《企业破产法》第122条规定:"管理人于办理注销登记完毕的次日终止执行职务。但是,存在诉讼或者仲裁未决情况的除外。"

4. 追加分配。追加分配,又称追回分配、追补分配、补充分配,是指在最后分配结束或破产程序终结之后,又发现可分配的破产财产,债权人请求法院按照破产财产分配方案而进行的分配。我国《企业破产法》第123条对追加分配作了明确规定。依其规定,有下列情形之一的,债权人可以请求人民法院按照破产财产分配方案进行追加分配:

(1)依照《企业破产法》第31~33条、第36条规定应当追回的财产。具体包括:其一,人民法院受理破产申请前1年内,债务人有应当予以撤销的行为所涉及的债务人财产;其二,人民法院受理破产申请前6个月,债务人不能清偿到期债务,并且资产不足以清偿全部债务或者明显缺乏清偿能力,仍对个别债务人进行清偿而转移的财产,但个别清偿使债务人财产受益的除外;其三,债务人的无效行为所涉及的财产;其四,债务人的董事、监事和高级管理人员利用职权从企业获取的非正常收入和侵占的企业财产。

(2)破产人有应当供分配的其他财产。依2002年《破产案件规定》第98条之规定,破产人有应当供分配的其他财产具体包括:其一,破产程序中因纠正错误支出而收回的款项;其二,因权利被承认而追回的财产;其三,债权人放弃的财产;其四,破产程序终结后实现的财产权利;其五,破产程序终结后发现的可以被分配的债务人的其他财产。

如果有应当追回的财产,但财产数量不足以支付为实施追加分配所产生的费用的,就没有再进行追加分配的必要,由人民法院将其上交国库。

5. 对破产人的保证人和其他连带债务人的效力。企业法人因破产程序终结而终止,债务因其法人资格的消灭而不再清偿,但是债务人的破产并不完全导致其债权人的债权的消灭。债权仍然可以从债务人的保证人和其他连带债务人处得到清偿。对此,我国《企业破产法》第124条规定:"破产人的保证人和其他连带债务人,在破产程序终结后,对债权人依照破产清算程序未受清偿的债权,依法继续承担清偿责任。"

思考题

1. 试述我国《企业破产法》关于破产重整申请权人的规定。
2. 如何理解我国《企业破产法》关于不同破产程序之间转换的规定?
3. 试述和解程序的运作形式。
4. 试述和解协议程序上的效力。
5. 试析和解协议瑕疵的法律后果。
6. 如何理解我国《企业破产法》关于破产清算程序启动标志的规定?
7. 试述破产程序终结的效力。

第五编　票　据　法

第二十六章　票据与票据法概述

导读

- 票据是具有无因性的完全有价证券与要式证券。商品经济的产生和发展导致票据制度的出现和完善，反过来，票据制度的建立、健全又促进了商品经济的繁荣和发展。依照不同的标准，可以将票据作不同的分类。
- 票据法属于商法范畴，是以规范票据关系为对象的特别商法。相对于票据的基础关系即实质关系而言，票据法律关系是一种形式关系。根据票据法律关系的形成是否依据票据本身而产生，可将其分为票据关系和非票据关系。
- 根据票据行为的性质划分，票据行为分为基本票据行为和附属票据行为，或称主票据行为和从票据行为。基本票据行为是能够引起票据法律关系的行为，如出票；附属票据行为是指出票行为以外的其他票据行为，如背书、保证、承兑、付款等。
- 票据行为与一般法律行为相比，具有要式性、文义性、无因性、独立性、连带性等特征。
- 票据行为的实质要件，适用民法上关于民事法律行为成立要件的规定，具体包括行为人的票据行为能力和票据意思表示两方面。前者要求票据当事人必须具有民事行为能力，后者要求票据当事人的意思表示真实。形式要件是票据行为要式性的具体表现，包括书面、记载事项、签章和交付四项。
- 票据权利的取得方式分为原始取得和继受取得。在票据法理论上，票据抗辩分为物的抗辩与人的抗辩。票据法限制票据债务人对非直接当事人主张这些抗辩事由。
- 各国票据立法均将“手续欠缺”作为票据偿还请求权的依据之一，我国《票据法》则规定为“票据记载事项欠缺”。利益偿还请求权的权利主体是丧失票据权利的持票人，其义务主体则为出票人或承兑人。

第一节　票据概述

一、票据的概念

“票据”一词有广义和狭义之分。广义的票据，是指商业活动中的一切票证，包括各种有价证券和凭证，如股票、债券、本票、提货单、车船票、借据等。狭义的票据，是指出票人依票据法签发，由本人或委托他人在见票时或票载日期无条件支付确定的金额给收款人或持票人的一种有价证券。“出票人”是指签发或发行票据之人，可以是银行，也可以是一般企业与个人。

“由本人”,即由出票人自己来支付其所签发的票据款项,这种票据绝大多数是本票。“委托他人”,即出票人对其签发的票据不负直接付款的责任,而在票据上载明第三人为付款人,表明出票人与该人之间具有委托付款关系。“见票时”,意味着持票人可以随时请求付款,持票人提示票据请求付款时即为见票时。“票载日期”,意味着持票人不能随时请求付款,而必须在票载日期到来之后的法定时间内方可。

我国《票据法》第2条第2款规定:“本法所称票据,是指汇票、本票和支票。”可见,我国《票据法》所指的票据系指狭义的票据。

二、票据的特征

票据与其他有价证券相比,具有以下性质和特征:

1. 票据是完全有价证券。根据权利与证券的结合程度不同,有价证券可以分为完全有价证券和不完全有价证券。完全有价证券,是指权利证券化,权利的产生、存在、移转与行使,均与证券不可分离。相反,权利可与证券分离的即为不完全有价证券。票据与一定的财产权利或价值结合在一起,并以一定货币金额表示其价值。票据的权利与票据不可分离。票据的权利随票据的制作而发生,随票据的出让而转移,票据权利的行使以提示票据与交回票据为必要。占有票据,即占有票据的价值;不占有票据,就不能主张票据权利。由此可见,票据是完全有价证券,该属性还派生出票据的提示性、交付性与返还性等基本属性。

2. 票据是要式证券。与其他有价证券相比,法律对票据的形式要件有更为严格的要求,必须根据法律规定的必要形式制作,票据才能有效。我国《票据法》规定了汇票、本票、支票必须记载的事项,未记载规定事项的,票据无效。

3. 票据是无因证券。所谓无因证券,又称不要因证券,是指证券效力与作成证券的原因完全分离,证券权利的存在和行使,不以作成证券的原因为要件的证券。票据的持票人行使票据权利时,无须说明其取得票据的原因,只要占有票据就可以行使票据权利。至于取得票据的原因,持票人无说明的义务,债务人也无审查的权利,即使取得票据的原因关系无效,对票据关系也不发生影响。此外,凡在票据上签名的人,不管出于何种原因,原则上都要依照票据上所载文义负担票据债务。票据的无因性,有利于保障持票人的权利和票据的顺利流通。

4. 票据是流通证券。票据在到期前,可以通过背书或者交付票据的方式自由地转让。票据的流通性是票据的基本特征。票据若不能流通,就不能成其为票据。

5. 票据是文义证券。票据上的权利义务必须以票据上的文字记载为准。有关票据债权人或票据债务人,均应当对票据上所记载的文义负责,不得以任何方式或理由变更票据上文字记载的意义。

6. 票据是设权证券。依制作和交付证券结果的不同,有价证券可以分为设权证券和证权证券。凡因依法制作和交付证券,导致某项权利产生的,称为设权证券。证权证券则不依赖于证券的制作与交付,而是在作成证券之前就已存在,作成证券仅具有证明权利存在的证据。票据的创设虽多系出于某种基础关系,但票据一经作成,票据上的权利便随之确立,独立地对票据关系产生法律效力。因此,票据属于设权证券。

7. 票据是金钱债权证券。票据是一种可以代替现金支付和流通的工具。票据给付的标的是一定数额的货币，而不是货币以外的其他财产或利益，所以票据是金钱证券。票据所创设的权利是金钱债权，票据持有人，可以对票据记载的一定数额的金钱向票据的特定债务人行使请求付款权。因此票据是一种金钱债权证券。

8. 票据是提示证券。票据债权人以占有票据为必要条件，票据持有人行使票据权利，请求票据债务人履行票据债务时，必须提示票据，以证明其占有票据的事实。因此票据是提示证券。

9. 票据是返还证券。当持票人向票据债务人提示付款并收到票据金额的全部给付时，必须将此票据交还付款人，以示票据上债权债务关系的消灭。如果票据债权人不交还票据，票据债务人可以拒付票据金额而不负票据责任。因此，票据是返还证券。

三、票据的功能

商品经济的产生和发展导致票据制度的出现和完善，反过来，票据制度的建立、健全又促进了商品经济的繁荣和发展。概括起来，票据具有以下主要经济功能。

（一）汇兑功能

汇兑即异地支付，通常由汇款人将款项交存银行，由银行作为出票人将签发的汇票寄往异地或交给持票人寄往异地，持票人向异地银行兑取现金或凭此办理转账结算。这比使用现金汇兑方便、安全、节省费用。在经济贸易和其他日常事务中，往往需要将一笔款项由某地送往另一地，因而现金输送的空间障碍经常存在。这样，票据的汇兑功能就发挥了重要作用。这一功能在汇票上体现得最为明显。如今，在两地送款方式上，已出现了“电汇”“划拨”“电子货币”等新的形式，使票据的汇兑功能在一国内不如从前重要。但在国际贸易中，汇票的汇兑功能仍很明显。

（二）支付与结算功能

票据最早是作为支付工具出现的。汇票和支票是委托他人付款，本票则是出票人自己付款。这是票据最原始、最简单的功能。它代替现金的使用，既可以达到安全、迅速、准确的目的；又可以加速资金的周转，提高资金的使用效益。结算功能，亦称债务抵销功能，是指在经济交往中，当双方当事人互为债权人与债务人时，可运用票据进行结算，以抵销债务。这样做既手续简便，又迅速、安全。

（三）融资功能

融资即筹集、融通或调度资金。持票人可以在票据到期日前通过法定程序和条件得到资金，以解决只能用现金方能解决的问题。票据的融资功能主要是通过票据贴现、转贴现和再贴现来实现的。所谓票据贴现，是指未到期票据的买卖行为，持有未到期票据的人通过卖出票据得到现款。

（四）信用功能

这是票据的核心功能。信用功能主要表现在汇票和本票上。当事人进行贸易时，可以使用票据进行结算，并约定一定期限付款。这种交易结算方式就是信用交易。在票据债权债务关系中，出票人、背书人等票据债务人利用了票据债权人所提供的信用，把将来才能取得的金钱作为现在可用的金钱加以使用。在票据到期之前，票据的持有人可以利用出票人和承兑人的信用取得一定时期的信用利益:他既可以向银行办理票据贴现,从而融通资金获取银行信用,也可以通过背书将票据转让他人,还可以将票据设定质押,取得第三人的信用。对于信用欠佳的当事人,还可以利用信用较好的当事人所签发、承兑或保证付款的票据进行支付,使其经济活动得以开展。

四、票据的种类

依照不同的标准,可以将票据作不同的分类。

(一)票据法上的分类

各国票据立法对票据的种类均采法定主义,即票据法对票据的种类作出明文规定,不允许有法律规定以外的票据类型存在。不过,不同国家票据法对票据的范围有不同的规定。《美国统一商法典》将票据分为汇票、支票、存款单和本票四种,但在习惯上,支票仍被作为一种特殊形式的汇票看待。德国、法国、日本、瑞士的票据法(或债法)以及《日内瓦统一汇票本票法》则将票据仅分为汇票和本票,不包括支票,支票由专门制定的支票法规范。我国《票据法》第2条第2款规定:"本法所称票据,是指汇票、本票和支票。"

汇票是出票人签发的,委托付款人在见票时或者在指定日期无条件支付确定的金额给收款人或者持票人的票据。

本票是出票人签发的,承诺自己在见票时无条件支付确定的金额给收款人或者持票人票据。

支票是出票人签发的,委托办理支票存款业务的银行或者其他金融机构在见票时无条件支付确定的给收款人或者持票人的票据。

(二)票据法理论上的分类

在票据法理论上,可依据不同的标准,对票据作不同的分类。

1. 依出票人是否直接对票据付款,可将票据分为委付票据和自付票据。凡是出票人自己不是付款人,而是委托他人支付票据金额的票据,即为委付票据,如汇票、支票。凡是出票人约定自己在一定时间内支付票据金额的票据即为自付票据,如本票。

2. 依票据的功能,可将票据分为支付票据与信用票据。支付票据,是指其功能仅限于见票即付,并且只能由银行或其他金融机构充当付款人的票据,如支票。信用票据,是指票据金额在出票日后的指定到期日才能支付的票据,如汇票和本票即为基于出票人的信用签发的。

3. 依票据对权利人的不同记载方式,可将票据分为记名式、无记名式和指示式三种。记名式票据,是指在票据上记明特定的人为权利人的票据。记名式票据只能以背书交付方式转让。无记名式票据,是指票据上不记载权利人的姓名或名称,或者将权利人记作"持票人"或"来人"等的票据。无记名式票据以单纯交付的方式转让。指示式票据,是指在票据上记载"特定人或其指定的人"为权利人的票据。这种票据应以背书方式转让,出票人、背书人不得作"禁止转让"的记载。

第二节　票据法概述

一、票据法的概念与特征

(一)票据法的概念

票据法,是指调整票据关系以及与票据关系有关的其他社会关系的法律规范的总称。票据法有广义和狭义之分。广义的票据法,是指各种法律中有关票据规定的总和,如民法中有关法律行为、代理等规定;刑法中关于伪造有价证券罪的规定;民事诉讼法中关于票据诉讼及公示催告制度的规定,破产法中关于票据当事人受破产宣告的规定,税法中关于票据印花税的规定等。狭义的票据法,是指关于票据的专门立法。它既可以是以“票据法”为名称的单行法,也可以是民法典或商法典中以“票据”为名称的编、章或节。一般所说的票据法,主要是指狭义的票据法。本书亦然。

由于票据最初只通行于商人之间,票据行为是一种商行为,因此以前许多国家都是在商法典中规定票据的,票据法因而成为商法的一个组成部分。在现代,许多国家将票据从商法典中独立出来,制定了专门的票据法,票据法在立法上取得了独立的地位。在现代社会中,虽然票据的使用范围已不限于商人或企业,但是商人和企业在商事交易中使用票据仍然属于最普遍的情形,因此本书认为,票据法属于商法范畴,是以规范票据关系为对象的特别商法。

(二)票据法的特征

票据法具有以下法律特征:

1. 票据法具有强制性。票据法虽属私法,允许当事人自主设定票据义务;但票据关系的设定、变更或消灭,均以法律规定为行为准则。票据的内容由法律直接规定,不依当事人的愿意变更。如票据的种类、格式,票据行为,票据当事人的权利、义务等内容,大多是强制性规范,少有任意性规范,使当事人难以有任意而为的机会。

2. 票据法具有技术性。票据法的规定多数是出自商业交易活动的需要,为保证票据使用的方便与安全可靠,根据票据本身的特点和内在本质规律,专门设计出来并加以规定的。因此,票据法具有极强的技术性,不同于刑法等道德性规范。当然,票据法也包含一定的道德因素,如各国票据法都确认的“票据利益偿还请求权”制度,便是依民法诚实信用原则而确立。

3. 票据法具有国际统一性。票据法是为商品经济和国际贸易服务的,随着商品经济和国际贸易的发展,不同地区不同国家的票据法日趋统一。如《日内瓦统一汇票本票法》和《日内瓦统一支票法》,就是适应国际贸易的要求,而为许多国家所接受。它体现了票据法的国际统一性趋势。现行的德国票据法和支票法同日本的票据法和支票法几乎逐条相同,因为这些法都是以日内瓦统一票据法为蓝本的。票据法已成为国际上统一程度最高的一种法律。

二、票据法律关系

票据法律关系,又称票据上法律关系,是指票据当事人之间基于票据行为所发生的票据权利义务关系。相对于票据的基础关系即实质关系而言,它是一种形式关系。根据票据法律关系的形成是否依据票据本身而产生,票据法律关系可分为票据关系和非票据关系。

(一)票据关系

票据关系,是指依票据法的规定,基于票据当事人的票据行为而发生于票据当事人之间的,以票据金额的给付为标的的金钱上债权债务关系。主要包括付款请求权关系和追索权关系。由于票据行为包括出票、背书、承兑、保证、付款等,票据关系也就可以具体分为出票关系、背书关系、承兑关系、保证关系、付款关系等多种票据关系。

票据关系的当事人,是指享有票据权利,承担票据义务的法律关系主体。根据《票据法》的规定,票据当事人是指在票据上签章并承担责任的人和享有票据权利的人,包括出票人、收款人、持票人、承兑人、背书人、保证人、付款人及其代理付款人等。在这些票据法律关系的主体中,他们既可以是个人,也可以是法人,还可以是国家。

票据当事人可分为基本当事人和非基本当事人。基本当事人是随出票行为而出现的当事人。如汇票与支票的基本当事人有出票人、付款人与收款人,本票基本当事人有出票人与收款人。基本当事人是构成票据关系的必要主体,这种主体不存在或不完全,票据上的法律关系就不能成立,票据也就无效。非基本当事人是在票据签发之后通过其他票据行为而参加到票据关系中的当事人,如承兑人、保证人、背书人等。

(二)非票据关系

非票据关系,亦称票据的基础关系,是指票据产生后,相对于票据关系而言的一种法律关系,这种关系与票据有联系,但非票据行为本身所产生的,而是因法律规定发生的。例如,因票据时效期满或手续欠缺而丧失票据上权利的持票人,对于出票人或承兑人有利益偿还请求权。这一权利与票据有联系,但并非票据行为所产生,而是基于法律的规定产生的。票据法之所以要设立这样一种关系,目的是保护票据债权人的利益,当债权人在某种原因下丧失票据上的权利时,法律对债权人的权利予以补救。

根据产生的法律基础不同,非票据关系又分为票据法上的非票据关系与民法上的非票据关系。票据法上的非票据关系是由票据法直接规定的,与票据行为相联系,但又不是由票据行为本身所发生的权利义务关系,如对于因恶意或重大过失而取得票据的持票人,真正权利人向其行使票据返还请求权的关系。民法上的非票据关系是作为票据法律关系的事实和前提条件而存在的法律关系,被称为票据的基础关系或实质关系。它是基于产生和接受票据的原因或实质而形成的关系,不属于票据关系的范围,也不属于票据法规范的对象。这类关系是由民法来调整的,因而也称为民法上的非票据关系。

票据关系与票据基础关系存在既相分离又相联系的双重关系。一方面,票据关系与票据基础关系相分离,即票据关系一经成立,便与基础关系相脱离,不受基础关系的影响。另一方面,票据关系与票据基础关系仍有相联系的地方,这主要表现在票据的原因关系中。一种情况是,当原因关系与票据关系存在于同一当事人之间时,债务人可用原因关系对抗票据关系;另一种情况是,当持票人取得票据无对价或无相当对价时,不能享有优于其前手的权利。

第三节　票据行为

一、票据行为的概念

票据行为有广义和狭义之分。广义的票据行为，是指以产生、变更和消灭票据上权利义务关系为目的的法律行为。狭义的票据行为，则仅指承担票据债务的要式法律行为。

根据票据行为的性质划分，票据行为分为基本票据行为和附属票据行为，或称主票据行为和从票据行为。基本票据行为是能够引起票据法律关系的行为，如出票；附属票据行为是指出票行为以外的其他票据行为，如背书、保证、承兑、付款等。

根据我国《票据法》的规定，票据行为包括出票、背书、承兑、保证、付款。其中出票是基本票据行为；其余均为附属票据行为。

二、票据行为的特征

票据行为与一般的法律行为相比，具有以下特征。

(一)要式性

要式性，是指票据行为是一种严格的书面行为，应当依据票据法的规定，在票据上记载法定事项，票据行为人必须在票据上签章，其票据行为才能产生法律效力。票据行为的要式性有利于票据的安全流通。票据法对票据行为规定严格的要式性的原因在于，一方面为了使票据行为简单化、统一化，使票据的款式明确、便于票据的授受，加快其流通；另一方面，由于票据行为的无因性，使票据的效力与其之所以产生的基础原因关系相脱离，人们不能从签发和授受票据的动机及原因上确定票据的效力，这样，票据的形式就成为判断票据行为以及票据效力的外在的可观察的标准。在一般情况下，人们可以仅凭票据行为的外在形式，来确认票据行为是否真实、有效。

(二)文义性

文义性，是指票据行为的内容均依票据上所载的文义而定。票据债务的具体内容完全以票据上记载的文义为准，即使该记载与实际情况不符，也不允许当事人以票据以外的证明方法加以变更或补充。这是票据要式性的具体表现。票据文义直接决定票据权利和票据义务的范围和最高限度。

实务问题

A 公司向 B 公司购买原料，总价款为 20 万元。A 公司决定向 B 公司签发一张 20 万元的支票。但 A 公司经办人小王签发时，因大意将 20 万元写为 200 万元。B 公司拿到该票据后，立即向银行请求支付，银行对该支票形式进行了审查，没有发现不当之处，遂通过转账支付给 B 公司。A 公司发现后，立即要求 B 公司返还不应支付的 180 万元，但 B 公司迟迟不予返还。A 公司遂向法院起诉，要求 B 公司返还。并同时将支付行列为被告，认为其应当对此承担连带责任。问：支付行是否应为A公司的该180万元损失承担连带责任?为什么?

提示:(1)票据是要式证券、文义证券,其只要符合法定形式,相应权利的判断只看其文字记载。即使当事人因某种问题错误记载,只要该错误记载不影响票据的要式性和文义性,相应票据权利以记载为准。(2)在本案中,银行按照票据法规定进行了形式审查,其没有过错,故A公司不能要求银行偿还。但B公司显然是恶意,A公司可以通过不当得利之诉要求返还。

(三)无因性

无因性,又称抽象性或无色性,是指票据行为与作为其发生前提的基础关系(又称实质关系)相分离,从而使票据行为的效力不再受基础关系存在与否及效力瑕疵的影响。票据行为的无因性体现了票据法的技术性。票据行为的无因性是为了保障票据的流通性和安全性,而适应商品经济活动的需要,是由票据法特别加以规定的。它是典型的法技术的产物。票据行为的这一特征,为票据的流通和使用安全带来了极大的便利。票据行为的无因性包括内在无因性和外在无因性。票据行为的内在无因性是指产生票据关系、引起票据行为的实质原因从票据行为中抽离,不构成票据行为的自身内容,当形成票据债权债务时,票据债务人不得以基础关系所生的抗辩事由对抗票据债权的行使。票据行为的外在无因性就是指票据行为所引起的法律效果,具体体现在:(1)票据行为的效力独立存在;(2)持票人不负证明给付原因的责任。[1]

实务问题

A公司因购买货物而向B公司出具一支票,B随之将该支票背书转让于C公司。A公司接到B公司交付的货物后发现,该批货物质量低劣,严重不符合合同规定,遂通知支付行停止支付支票所载货款。问:(1)假如B公司还没有将该支票转让,B公司是否会因其供货物不合格而丧失票据权利?(2)C公司有无票据权利?

提示:(1)基于票据行为的无因性,在B公司获得具有合法形式的支票后,即享有票据权利,该票据权利并不因其所供货物不合格而丧失,但这时其权利可能要受其前手的抗辩。(2)C公司享有票据权利是确定无疑的。

(四)独立性

独立性,是指在同一票据上所作的各种票据行为互不影响,各自独立发生其法律效力。如无行为能力人的出票行为无效,但有行为能力人已在票据上背书、承兑,则背书、承兑有效;被保证的债务无效,保证人的保证行为只要要式具备便有效;票据本身或票据上的签字是被伪造的,真正在票据上的签名而完成的票据行为有效。许多国家的票据法都确立了票据行为的独立原则,目的是保证票据的流通和社会交易的安全。

(五)连带性

连带性,是指同一票据上的各种票据行为人均对持票人承担连带责任。由于票据行为具

---

〔1〕 参见于莹:《票据法》,高等教育出版社2004年版,第29~31页。

有独立性和无因性,这就使持票人的权利实现受到影响,因此票据法规定了连带原则,以保护持票人的票据债权。《票据法》第 68 条第 1 款规定:“汇票的出票人、背书人、承兑人和保证人对持票人承担连带责任。”

三、票据行为要件

票据行为属于民事法律行为,因此必须具备一般民事法律行为应具备的要件。同时,票据行为又是一种特殊的、要式的民事法律行为,因此还必须具备票据法规定的特别要件。前者为票据行为的实质要件,后者为票据行为的形式要件。

票据行为的实质要件,适用民法上关于民事法律行为成立要件的规定,具体包括行为人的票据行为能力和票据意思表示两方面。前者要求票据当事人必须具有民事行为能力,后者要求票据当事人的意思表示真实。

形式要件是票据行为要式性的具体表现,包括书面、签章、记载事项和交付四项。

1. 书面。票据行为是产生票据权利的法律行为,因而法律要求票据行为必须以书面方式作出。由于票据是法定流通证券,其在形式上的意义远远超出其在实质原因关系方面的意义。各国均要求,出票、背书、承兑、保证等各种票据行为均须以书面为之。对此,我国《票据法》第 108 条规定:汇票本票支票的格式应当统一;票据凭证的格式和印制管理办法,由中国人民银行规定。基于此,中国人民银行于 1997 年颁布了《票据管理实施办法》和《支付结算办法》,对票据格式的法律要求作了具体规定。

2. 签章。大多数国家的票据法仅要求签名,我国票据法则要求签章。签名是票据应记载的事项之一,也是票据行为人承担票据责任的必要表示方法。各国票据法都规定,任何一种票据行为均应由行为人在票据上签名。签名分自然人签名和法人签名。自然人签名必须是行为人在票据上亲自书写自己的姓名。我国《票据法》规定,票据上自然人的签名应为当事人的本名。而国外对此规定较为宽松,可以用笔名、艺名雅号等,亦可只签姓或只签名,只要能表明是签名人自己的文字记载就产生签名的效力。不过,在使用支票时,由于使用支票的人必须在银行预留印鉴,故支票上的签名必须与预留签名一致,否则将导致银行拒付支票款项。关于法人的签章,一般认为,须由法人的代表人签名或盖章并且记载法人的名称和代表法人的意旨方可。

我国《票据法》第 7 条规定,票据上的签章,为签名、盖章或者签名加盖章;法人和其他使用票据的单位在票据上的签章,为该法人或者该单位的盖章加其法定代表人或者其授权的代理人的签章;在票据上的签名,应当为该当事人的本名。

3. 记载事项。根据记载事项的效力不同,可分为必要记载事项、任意记载事项、禁止记载事项和不产生票据法效力的记载事项。必要记载事项,是指依票据法规定必须记载的事项。根据记载后的效力,又分为绝对必要记载事项和相对必要记载事项。

绝对必要记载事项是指依票据法规定必须记载,如不记载,票据即归无效的事项。综合各国票据法的规定,这类事项主要包括四项:表明票据种类的文句、确定的金额、无条件付款的委托文句或无条件支付的承诺文句、出票日期。我国票据法将汇票的绝对必要记载事项规定为七项,除前述四项外,还有收款人名称、付款人名称和出票人签章。本票和支票则规定为六项。除前述四项外,本票还有收款人名称和出票人签章,支票有付款人名称和出票人签章。

相对必要记载事项是指票据法规定必须记载,如未记载,则以票据法的规定为准。我国《票据法》第 23 条规定,汇票的付款日期、付款地、出票地为相对必要记载事项;汇票未记载付款日期的,为见票即付;未记载付款地和出票地的,以付款人和出票人的营业场所、住所或居住地为付款地和出票地。

任意记载事项,是指记载与否由票据当事人决定,若不记载,票据仍然有效,若记载,也发生票据法上的效力。从立法体例来看,各国票据法一般是将这类事项规定在汇票、本票及支票分则中。例如,汇票发票人可以记载预备付款人、禁止背书等。我国《票据法》第 27 条第 2 款规定,出票人在汇票上记载“不得转让”字样的,汇票不得转让。

禁止记载事项,又称不得记载事项,即记载于票据上,使记载本身或票据归于无效的事项。根据记载所导致的效力不同,可将禁止记载事项分为记载无效的事项与使票据无效的事项。记载无效的事项,又称记载无益事项,是指虽被记载于票据但该记载本身无效的事项。该事项在票据法上视为未记载,但并不影响票据的效力。例如,我国《票据法》第 33 条第 1 款规定:“背书不得附有条件。背书时附有条件的,所附条件不具有汇票上的效力。”使票据无效的事项,又称记载有害事项,是指被记载于票据将导致整个票据无效的事项。例如,汇票出票人记载“货到验收合格后付款”或“见我电报付款”。此类附条件事项,不仅使记载本身无效,也使整个票据归于无效。

不产生票据法效力的记载事项,是指当事人可以自由选择记载,但记载后不产生票据法上效力的事项,如汇票出票人记载“除给付票据金额外另付股票若干”。对此,我国《票据法》第 24 条规定:“汇票上可以记载本法规定事项以外的其他出票事项,但是该记载事项不具有汇票上的效力。”

实务问题

A 公司因业务需要向 B 有限公司签发以 B 公司为收款人的支票一张。但 A 公司在签发支票时,工作人员不慎将 B 有限公司的“有限”二字漏掉,于是用笔在“B 公司”之间打上勾号,并在其上加写“有限”二字,以示收款人为“B 有限公司”。B 有限公司持该支票到支付行请求支付,支付行在没有认真审查的情况下,就将支票金额支付于 B 有限公司。但 B 有限公司因种种原因未履行其合同义务,造成 A 公司的损失。问:A 公司能否有权要求支付行承担连带责任?

提示:票据是要式证券,其记载必须及款式必须严格按照票据法规定进行,一旦记载完毕,即不能随意更改,否则即可导致票据无效。收款人是票据极为重要的记载事项,它关系到底谁才是真正的权利人,所以,票据法规定它是不能更改的。本案中 A 公司工作人员的做法,就属于无效更改行为。作为付款人的银行对此审查不严,而将款项支付出去,具有重大过失,应该对此承担赔偿责任。

4. 交付。它是指票据行为人将票据交给相对人持有。票据是提示证券、占有证券和返还证券,无论是出票还是背书、承兑、保证、付款等均须以交付到相对人手中,才能算完成票据行为,相对人才能据以持票行使票据权利或承担票据义务。

目前世界上各国家和地区的票据法大都承认交付为票据行为的成立要件之一。我国《票据法》第20条规定："出票是指出票人签发票据并将其交付给收款人的票据行为。"由此可见，我国法律也将交付作为票据行为的成立要件之一。

四、票据行为的代理

票据行为的代理，是指代理人基于被代理人（本人）的授权，在票据上载明被代理人的名义及为被代理人代理的意思，并在票据上签章的行为。我国《票据法》第5条第1款规定："票据当事人可以委托其代理人在票据上签章，并应当在票据上表明其代理关系。"依此，票据行为的代理必须具备下列几个要件：（1）必须存在票据行为；（2）代理人必须具有票据代理权限；（3）代理人必须在票据上表明被代理人的名义；（4）代理人必须在票据上明确记载为本人代理的意思；（5）代理人必须在票据上签章。

我国《票据法》第5条第2款规定："没有代理权而以代理人名义在票据上签章的，应当由签章人承担票据责任；代理人超越代理权限的，应当就其超越权限的部分承担票据责任。"该款系对票据行为的无权代理和越权代理的特殊规定。据此，如果行为人没有代理权而以被代理人的名义在票据上为签章，则该行为属无权代理，但该行为的效力不受无权代理的影响，而是由行为人自己承担票据法上的责任。与此相同，行为人超越代理权限而为票据行为的，就超越权限的部分，也由行为人自己承担票据法上的责任。

第四节　票据权利

一、票据权利的概念及特征

票据权利，是指持票人向票据债务人请求支付票据金额的权利，包括付款请求权和追索权。[2] 票据权利具有以下特征：

1. 票据权利是一种金钱债权。这与票据的金钱债权证券性质所关联。票据权利的实质便是债权。由于票据权利所指向的客体仅仅是金钱，因而其属于金钱债权。票据权利的内容是请求票据债务人支付票据金额。

2. 票据权利是一种证券化权利。票据是完全有价证券，票据权利与证券不可分离，票据权利的发生、转移和行使，都以票据的存在为必要。票据权利的发生必须作成票据，票据权利的转移必须交付票据，票据权利的行使必须持有票据。由于票据权利是证券化权利，因而票据占有人即可推定为票据权利人。

3. 票据权利具有双重性。权利人可以对两个以上的不同债务人行使两次请求权。第一次请求权是付款请求权，指票据权利人对票据主债务人或其他付款义务人请求支付票据金额的权利；第二次请求权是追索权，指票据权利人在付款请求权得不到实现时向付款人以外的票据债务人要求支付票据金额和其他有关费用的权利。票据权利的双重性增强了票据的信用度。

---

〔2〕 参见我国《票据法》第4条第4款。

二、票据权利的种类

票据权利主要包括付款请求权和追索权。付款请求权是指持票人依法要求票据的主债务人或其他付款人按票据上所记载的金额付款的权利。追索权是指持票人行使付款请求权遭到拒绝或有其他法定原因时,向其前手请求偿还票据金额及其他费用的权利。付款请求权又称第一次请求权,而追索权一般是在行使付款请求权后才使用的权利,故称第二次请求权。

此外,票据权利还包括票据法上的其他权利,如付款人的交出票据请求权、利益返还请求权、汇票持票人的发行复本请求权、票据抗辩权等,由于它们不是票据所固有的权利,而只是为维护票据的信用和实现票据权利而发生的,因此是一种辅助性的权利,它们本身不是票据权利,故称为票据法上的权利。

三、票据权利的取得

票据权利的取得,是指根据什么方式,依据何种法律事实而取得票据权利。从票据权利的取得方式来看,可分为原始取得和继受取得。

(一)票据权利的原始取得

票据权利的原始取得,是指持票人最初取得票据权利,而不是从其他前手权利人处受让票据权利。一般认为,票据权利的原始取得有两种情形:一为出票,二为善意取得。

1. 因出票而取得票据权利。这是指票据的出票人在作成票据,并将票据交付给持票人时,持票人即取得票据权利。票据是设权证券,出票是创设票据权利的票据行为,出票人签发票据并交付给持票人时,就为持票人创设了票据权利。没有出票行为或出票行为无效,收款人就不可能享有票据权利。

2. 善意取得。这是指票据受让人(持票人)依票据法规定的转让方法,在支付相应对价前提下,从无处分权人手中善意地受让票据,从而取得票据权利。对此,各国票据法一般都有规定,旨在充分发挥票据的流通功能,保护交易的安全。我国《票据法》虽然没有从正面规定票据权利的善意取得制度,但是在第12条中规定,以欺诈、偷盗或者胁迫等手段取得票据的,或者明知有前列情形,出于恶意取得票据的,不得享有票据权利;持票人因重大过失取得不符合本法规定的票据的,也不得享有票据权利。对此作反面解释,即可得出票据权利善意取得的结论。票据权利善意取得应当具备下列几项构成要件:(1)取得人必须从无处分权人处取得票据;(2)取得人必须依票据法规定的权利转让方法取得票据;(3)取得人在取得票据时必须是善意的;(4)取得人必须给付了相应的对价。

(二)票据权利的继受取得

票据权利的继受取得,是指持票人从有权处分票据权利的前手那里,依背书交付或单纯交付方式,受让票据权利。票据权利的继受取得又有票据法上的继受取得和非票据法上的继受取得之分。票据法上的继受取得,是指以背书交付或单纯交付的方式取得票据权利。非票据法上的继受取得,也称民法上的继受取得。如因继承、赠与或公司合并等方式取得票据。非票据法上的票据权利取得,只能由民法或其他相关法律来调整,票据法上的特别规定并不适用。

四、票据权利的行使与保全

票据权利的行使，是指票据债权人请求票据债务人履行其票据债务行为。票据权利行使的基本方法为提示票据，即持票人向票据债务人出示票据并请求其履行票据债务的行为。

票据权利的保全，是指票据债权人为防止其票据权利的丧失，依票据法规定而采取的行为。例如，为防止追索权的丧失，采取作出拒绝证书的方式。

我国《票据法》第16条规定："持票人对票据债务人行使票据权利，或者保全票据权利，应当在票据当事人的营业场所和营业时间内进行，票据当事人无营业场所的，应当在其住所进行。"

五、票据抗辩

（一）票据抗辩的概念

《票据法》第13条第3款规定："本法所称抗辩，是指票据债务人根据本法规定对票据债权人拒绝履行义务的行为。"票据抗辩所依据的事由，称为抗辩原因；票据债务人享有的拒绝债权人行使权利的权利，称为抗辩权。票据债务人行使抗辩权，旨在阻止票据权利人行使票据权利。票据抗辩以民法上的抗辩制度为基础，但又明显不同于民法上的抗辩制度。票据法特别注重票据的流通性，着力保护票据权利人的利益，其立法目的是限制债务人的抗辩权，确保票据权利人实现其票据权利。为此，各国票据法一般都规定了票据抗辩切断制度。

根据我国《票据法》的有关规定，正当的票据抗辩的构成应当具备以下五个要件：

1. 进行票据抗辩的主体是票据债务人。

2. 票据抗辩的对象是票据债权人的债权请求。债务人只能在债权人要求其按票据上记载的金额支付或偿还款项时，针对债权人的请求内容行使抗辩权，否则不能行使抗辩权。

3. 票据抗辩所提出的事由必须是法定的。也就是说，在票据活动中，只有出现了法律明确规定或票据当事人根据法律规定事先约定的特定事由之后，票据债务人才能够有效行使票据抗辩权，否则的话，抗辩无效。

4. 票据抗辩必须针对票据金额全额。我国《票据法》第9条第2款、第33条第2款分别规定：票据金额不得更改，更改的票据无效；将汇票金额的一部分转让的背书或者将汇票金额分别转让给两人以上的背书无效。票据金额不得更改、不得分割转让的特征，决定了票据抗辩必须是对票据金额的全额抗辩。

5. 票据抗辩的方式应当采用书面的形式。我国《票据法》第62条第2款明确规定："持票人提示承兑或提示付款被拒绝的，承兑人或付款人必须出具拒绝证明，或者出具退票理由书。未出具拒绝证明或者退票理由书的，应当承担由此产生的民事责任。"

（二）票据抗辩的种类

在票据法理论上，票据抗辩分为物的抗辩与人的抗辩。

1. 物的抗辩

物的抗辩，亦称绝对的抗辩、客观的抗辩，是指票据债务人以票据本身的内容发生的事由而向一切票据债权人行使的抗辩。票据债务人行使物的抗辩权并不因持票人的变更而受到影响。即使持票人没有恶意或无重大过失，票据债务人仍可提出这些抗辩。根据行使抗辩权的债务人的不同，可以将物的抗辩分为两类。

(1)一切票据债务人可以对一切票据债权人行使的抗辩

这种抗辩是指基于票据要件的欠缺、到期日尚未届满、付款地不符、除权判决、票据债务已合法履行或提存等事由进行的抗辩。该抗辩权可以由一切票据债务人向一切票据债权人行使,具体包括以下四种情形:

一是票据要件欠缺的抗辩。具体表现为,票据上欠缺票据法规定的绝对必要记载事项,或者票据上记载了不得记载的事项,而使票据无效。如票据上没有记载票据金额、没有签章或者票据上记载了付款的条件。最高人民法院《票据纠纷案件规定》第16条第1项规定,票据债务人对持票人提出票据欠缺法定必要记载事项或者票据不符合法定格式的抗辩的,人民法院应当予以支持。

二是到期日尚未届至。汇票和本票的记载事项中包括付款日期,在付款日期尚未届至时,如票据债权人提示票据要求付款,一切票据债务人均可以付款日期未截至而进行抗辩。

三是票据债务人已依法履行或提存而使票据权利归于消灭。票据债务人如已经支付了票据金额或将票据金额进行了提存,其票据责任即告免除,任何票据债务人都可以此为由进行抗辩。

四是除权判决的抗辩。票据权利人丧失票据,可向法院申请除权判决,票据因法院作出除权判决而被宣告无效。在此情况下,票据债务人只对除权判决的申请人支付票据金额,如有人再凭该票据行使票据权利,债务人可以此进行抗辩。《票据纠纷案件规定》第16条第3项规定,票据债务人对持票人提出抗辩,主张票据已被人民法院作出除权判决并已发生法律效力的,人民法院应当予以支持。

(2)特定票据债务人对一切票据债权人的抗辩

这种抗辩是指基于抗辩只能由特定债务人对一切票据债权人行使,具体包括以下五种情形:

一是欠缺票据行为能力的抗辩。我国《票据法》第6条规定:“无民事行为能力人或者限制民事行为能力人在票据上签章的,其签章无效,但是不影响其他签章的效力。”因此,无民事行为能力人或限制民事行为能力人为票据行为的,可以自己欠缺票据行为能力为由,向票据债权人行使抗辩。

二是无权代理的票据行为的抗辩。我国《票据法》第5条第2款规定:“没有代理权而以代理人名义在票据上签章的,应当由签章人承担票据责任;代理人超越代理权限的,应当就其超越权限的部分承担票据责任。”依此,在这两种情况下票据权利人向被代理人主张票据权利,被代理人可以行为人无代理权或超越代理权为由,对权利人进行抗辩。

三是票据伪造或变造的抗辩。发生票据伪造时,被伪造人未在票据上签章,因此不负票据责任,他可以对任何票据债权人主张票据权利的行为,进行抗辩。所谓票据伪造,是指行为人假冒他人的名义在票据上为一定的票据行为,包括票据本身的伪造和票据上签名的伪造。票据上签名的伪造是对已经存在的票据实施伪造签名的行为,其票据仍然是真正的票据。所谓变造,是指无权而擅自变更票据文义的行为,即改变签名以外的票据上的其他记载事项的行为。票据变造的前提是该票据在变造前须为形式上有效的票据,而在变造后仍须为形式上有效的票据。对此,我国《票据法》第14条第2款规定:“票据上有伪造变造的签章的,不影响票据上其他真实签章的效力。”同条第3款规定:“票据上其他记载事项被变造的,在变造之前签章的人,对原记载事项负责;在变造之后签章的人,对变造之后记载的事项负责;不能辨别是在票据被变造之前或之后签章的,视同在变造之前签章。”依此,发生票据变造时,在变造前签名的票据债务人,只对变造前的票据文义负责,他可以对票据权利人主张变造后的票据权利,进行抗辩。[3]

四是欠缺票据权利保全手续的抗辩。欠缺票据权利行使或保全手续,即未为票据提示或未作成拒绝证明或未收到退票通知的,票据债务人可以依此抗辩,拒绝向票据债权人履行票据责任。

五是票据权利因时效届满而消灭的抗辩。票据权利如因法律规定的时效届满而消灭,票据债务人可以此为由对抗票据债权人。《票据纠纷案件规定》第 16 条第 2 项规定,票据权利人对持票人提出超过票据权利时效的抗辩的,人民法院应当予以支持。我国《票据法》第 17 条对票据权利的消灭时效期限有明确规定。

2. 人的抗辩

人的抗辩,又称相对的抗辩、主观的抗辩,是指基于持票人自身或者票据债务人对特定的持票人之间的关系而产生的抗辩。据主观抗辩事由人的不同又可分为两类。

(1)一切票据债务人可以对特定票据债权人行使的抗辩

此类抗辩主要是针对特定票据债权人的资格而言的,具体包括以下三种情形:

一是票据债权人欠缺票据受领的行为能力的抗辩。如在受领票据时,票据债权人被宣告破产,则票据债权人就欠缺受领能力。

二是票据债权人欠缺形式上受领票据能力的抗辩。我国《票据法》第 31 条第 1 款规定:“以背书转让的汇票,背书应当连续。持票人以背书的连续,证明其汇票权利。”同条第 2 款规定:“前款所称背书连续,是指在票据转让中,转让汇票的背书人与受让汇票的被背书人在汇票上的签章依次前后衔接。”《票据纠纷案件规定》第 16 条第 4 项规定,票据债务人根据《票据法》第 31 条对持票人提出抗辩,主张以背书方式取得的汇票不具有背书的连续性的,人民法院应当予以支持。

三是票据债权人欠缺实质受领票据的能力的抗辩。我国《票据法》第 12 条第 1 款规定:“以欺诈、偷盗或者胁迫等手段取得票据的,或者明知有前列情形,出于恶意取得票据的,不得享有票据权利。”

(2)特定票据债务人可以对特定票据债权人行使的抗辩

这类抗辩主要是指在特定的票据当事人之间发生的原因关系。票据的原因关系是指授受票据的直接当事人之间基于授受票据的理由而产生的法律关系。这类抗辩的事由包括以下六种情形:一是原因关系不合法;二是原因关系欠缺或消灭;三是无对价或无相当对价取得票据;四是票据行为无效,如出票人制作成票据,在尚未交付持票人之前丢失,出票人可以此为由对盗窃人或拾得人进行抗辩;五是票据债务已抵销、已清偿或已免除,但却因故未在票据上记载,在直接当事人之间债务人可以进行抗辩;六是基于当事人之间特别约定的抗辩,即授受票据的直接当事人之间对于票据签发或转让有特别约定,若持票人违背该项特别约定时,则票据债务人可以此为由主张抗辩。

---

〔3〕 存在瑕疵的票据还包括票据的更改和涂销,本书未就此安排专门章节介绍。

实务问题

2003年9月7日,A公司为购买货物而向B公司签发支票一张,B公司随后就将该支票背书转让给C公司。2003年9月10日,C公司在向银行请求支付前不慎将该支票遗失,被一小企业主甲捡到,甲于2003年9月12日伪造C公司的签章而背书转让给自己,再通过背书转让给D公司。期间,即同年9月11日,C公司通过A公司要求支付行停止支付并向法院提起公示催告程序。问:(1)如果A公司向B公司签发支票后,B公司没有按照合同约定向A公司交付货物,A公司对其后的谁具有抗辩权?(2)甲伪造签章的行为使谁对甲具有抗辩权?(3)伪造签章前的当事人可以对抗伪造签章后的所有后手吗?(4)在公示催告期间,如果D公司通过背书将该票据又转让给E公司,E公司有无票据权利?(5)如果法院对此票据作出了除权判决,而该票据又进行了背书转让,受让人能够向其前手行使追索权吗?

提示:(1)综合本案情况,A公司可以向其直接后手B公司、伪造人甲及其后手D公司抗辩,但不能向C公司抗辩。(2)甲伪造签章的行为使其签章前的所有人都可以对其行使抗辩权,付款人也可以据此抗辩。(3)伪造签章前的当事人可以对抗伪造签章后的所有后手。(4)我国《民事诉讼法》第197条第2款规定:"公示催告期间,转让票据权利的行为无效。"(5)当法院对票据作出了除权判决后,该票据就成为无效票据,从而产生票据的绝对抗辩问题。

(三)票据抗辩的限制

由于物的抗辩是基于票据本身原因而发生的抗辩,票据债务人可以此对抗一切票据债权人,因此票据法不对其进行限制。而由于人的抗辩是基于特定的当事人之间的关系所发生的抗辩,仅能对直接当事人主张,因此票据法限制票据债务人对非直接当事人主张这些抗辩事由。

我国《票据法》第13条第1款规定:"票据债务人不得以自己与出票人或者与持票人的前手之间的抗辩事由,对抗持票人。但是,持票人明知存在抗辩事由而取得票据的除外。"该规定明确了我国《票据法》对票据抗辩限制的内容和例外。

1. 票据抗辩限制的内容

票据抗辩限制的内容包括:(1)票据债务人不得以自己与出票人之间的抗辩事由对抗持票人。票据债务人与出票人之间的关系,可能是资金关系,也可能是交易关系,票据债务人不得以这种关系中产生的抗辩事由,对抗持票人。(2)票据债务人不得以自己与持票人的前手之间的抗辩事由对抗持票人。也就是说,即使票据债务人与持票人的前手之间存在抗辩事由,票据债务人可以对持票人的前手行使抗辩权,他也不得以此抗辩事由对抗持票人。

2. 票据抗辩限制的例外

依我国《票据法》第12条、第13条第1款及《票据纠纷案件规定》第15条之规定,票据抗辩限制的例外有以下情形:(1)持票人与票据债务人之间存在直接的债权债务关系,而持票人未履行该约定的义务。(2)持票人以欺诈、偷盗或者胁迫等非法手段取得票据,或者明知有前列情形,出于恶意取得票据。在此类情形下,持票人当然不得享有票据权利,票据债务人可以此为由对持票人提出抗辩。在实践中,取得票据的非法手段还包括抢夺、抢劫、恐吓及其他暴力行为,在走私、贩毒等犯罪行为中取得票据也属于这一范畴。(3)持票人明知票据债务人与出票人之间或者与出票人的前手之间存在抗辩事由而取得票据。此即为我国《票据法》

第 13 条第 1 款之但书规定:“但是,持票人明知存在抗辩事由而取得票据的除外。”(4)持票人因重大过失取得票据以及因其他原因依法不得享有票据权利。

第五节　票据的丧失与救济

一、票据丧失与救济概述

票据丧失,是指持票人非出于自己的本意而丧失对票据的占有。从客观上考察,票据丧失包括绝对丧失与相对丧失两种情形。票据的绝对丧失是指持票人因票据焚烧、毁损等物质形态上毁灭而丧失对票据的占有;票据的相对丧失是指持票人因票据遗失、被盗而丧失对票据的占有,此时票据在物质形态上依然存在,只是脱离了真正票据权利人的占有而已。从主观上考察,票据丧失须为票据权利人非出于自己的本意而失去对票据的占有。

票据是完全有价证券,票据权利人如不提示票据,就不能行使票据权利;如不缴出票据,就不能领取票据金额。故票据的占有与票据权利的行使有不可分离的关系,持票人所持票据一经丧失,其行使票据权利便失去了依据。不过,由于票据丧失并非出于持票人的本意,因此法律必须采取措施予以补救。

我国《票据法》第 15 条规定:票据丧失,失票人可以及时通知票据的付款人挂失止付,但是,未记载付款人或者无法确定付款人及其代理付款人的票据除外。收到止付通知的付款人,应当暂停支付。失票人应当在通知挂失止付后三日内,也可以在票据丧失后,依法向人民法院申请公示催告,或者向人民法院提起诉讼。可见,我国《票据法》规定了挂失止付、公示催告和提起诉讼三种救济方法。

二、挂失止付

挂失止付,是指失票人将丧失票据的情况通知付款人,并由接受通知的付款人暂停支付,从而暂时保全失票人的票据权利,不致让他人冒领失票人票据款项的一种制度。中国人民银行 1989 年实施的《银行结算办法》规定了挂失止付制度,而我国《票据法》第 15 条则以法律的形式肯定了该制度。德国、瑞士及中国台湾地区亦规定,票据丧失后失票人应作出止付通知,并请求法院作出公示催告和除权判决。

我国《票据法》规定的挂失止付制度,是失票人丧失票据后可以采取的一种临时性的防止其所失票据票款被他人冒领的救济措施。票据本身并不因挂失止付而无效,失票人的票据责任并不因此而免除,失票人的票据权利也并不能通过挂失止付的方法得到最终恢复。挂失止付也不是失票人依公示催告或诉讼程序使票据权利行使得到最终补救的必经程序。因此,我国《票据法》第 15 条第 3 款规定:“失票人应当在通知挂失止付后 3 日内,也可以在票据丧失后,依法向人民法院申请公示催告,或者向人民法院提起诉讼。”

在票据绝对丧失的场合,票据物质已毁灭,票据本身即不存在,则根本不可能再流入他人之手,亦不可能发生票据金额被冒领的情形,故在此情形下,失票人没有必要向付款人进行挂失止付通知。在票据相对丧失(如票据遗失、被盗)时,丧失的票据有可能流入他人之手而发生票据金额被冒领的可能,在此情形下,失票人就有必要向付款人进行挂失止付通知,故只有票据相对丧失时,方有必要挂失止付。

三、公示催告

公示催告主要是大陆法系国家票据法规定的一种票据丧失补救方法。公示催告既是一种法律制度,又是一种法律程序。作为一种法律制度,公示催告是指失票人在丧失票据后申请法院宣告票据无效,从而使票据权利与票据本身相分离。作为一种程序,公示催告是指法院应失票人的申请,以公示的方法,催告票据利害关系人在一定时间内向法院申报权利,如在该时间内不予申报,即发生失权的法律后果。对于公示催告的程序,一般由民事诉讼法予以规定。

我国《民事诉讼法》第十八章以及《票据纠纷案件规定》对公示催告程序作了具体规定。我国《民事诉讼法》第218条第1款规定:"按照规定可以背书转让的票据持有人,因票据被盗、遗失或者灭失,可以向票据支付地的基层人民法院申请公示催告。依照法律规定可以申请公示催告的其他事项,适用本章规定。"我国《票据法》规定,汇票、本票和支票都可以依背书方式转让。依《票据纠纷案件规定》第25条、第27条之规定,对空白授权支票、转账的银行汇票和银行本票的丧失也适用公示催告程序,这些票据的失票人向人民法院申请公示催告的,人民法院应当依法受理。

《票据纠纷案件规定》第26条规定:"票据法第十五条第三款规定的可以申请公示催告的失票人,是指按照规定可以背书转让的票据在丧失票据占有以前的最后合法持票人。"

人民法院决定受理公示催告申请后,应当立即向付款人及代理付款人发出停止支付的通知书,付款人或者代理付款人收到人民法院发出的止付通知,应当立即停止支付,直到公示催告程序终结。如果付款人或代理付款人未经发出止付通知的人民法院的许可,擅自解付票据金额,则不得免除其票据责任。同时,人民法院应在自立案之日起的3日内发布公示催告的公告,将相关票据公布于众,催促利害关系人在指定的时间和地点申报权利。人民法院的这一公告应当在全国性的报刊上登载。公示催告的期间,由人民法院根据情况决定,但不得少于60日。

我国《民事诉讼法》第220条第2款规定:"公示催告期间,转让票据权利的行为无效。"不仅如此,在公示催告期间以公示催告的票据质押、贴现的,因质押、贴现而接受该票据的持票人,原则上也不得主张票据权利。

我国《民事诉讼法》第222条规定:"没有人申报的,人民法院应当根据申请人的申请,作出判决,宣告票据无效。判决应当公告,并通知支付人。自判决公告之日起,申请人有权向支付人请求支付。"法院作出除权判决后,被宣布为无效的票据就与票据权利相分离,任何持票人都不得再依票据主张票据权利。与此同时,失票人虽然不占有票据,但可依法院的除权判决行使票据权利,亦即失票人有权向付款人请求支付票据金额。付款人向失票人支付票据金额后,其票据责任即告免除。

实务问题

C公司持有一张经背书而来的支票,在要求银行支付前不慎遗失。C公司要求出票人A公司补发支票,遭到拒绝,遂向人民法院提起诉讼,要求A公司补发票据。法院认为C公司应先行申请公示催告。C公司于是按照法院要求申请公示催告,法院受理并立即通知了付款行,并于3

日内进行了公告。在公告期间，甲拾得该支票，通过伪造A公司的签章背书转让给乙，乙不久又转让给丙。当丙到付款行要求付款时，才发现该票据已经被法院要求停止支付而进入公示催告程序。问：(1)C公司是否只能先进行公示催告程序？(2)甲在该票据关系中应承担什么责任？(3)乙、丙是通过对价获得该支票的，他们是否享有票据权利？

提示：(1)法院要求C公司先进行公示催告程序而不能提起普通诉讼的做法是不对的。作为权利人，C公司既可以要求公示催告程序，也可以直接提起相应诉讼。(2)甲由于没有在该支票上签章，他没有相应票据责任，但要承担相应刑事责任和民事赔偿责任。(3)公示催告期间进行的票据转让行为是无效的，所以，乙、丙两人不享有票据权利。他们只能通过其他诉讼程序要求责任人赔偿损失。

四、提起诉讼

失票人在丧失票据后，可以直接向人民法院提起民事诉讼，要求法院判令票据债务人向其支付票据金额。我国《票据法》虽然明文规定提起诉讼是票据丧失的一种救济方法，但没有具体规定诉因是什么以及谁是原告、谁是被告等问题。我国票据法学者普遍认为这是一大缺陷，因为失票人和法院都没有法律规定可遵循，实际上就使诉讼这种补救方法起不到作用，成为一种无法操作的程序。

提起诉讼包括两种情形。一种情形是，公示催告期间，若发生权属争议，申请人或申报人可以向法院提起诉讼；同时，利害关系人因正当理由不能在判决前向法院申报的，自知道或应当知道判决之日起1年内，可以向作出判决的法院起诉。另一种情形是，失票人在丧失票据后直接向法院提起诉讼。这种诉讼通常称为普通诉讼，以示区别。不过，在司法实践中，通过司法解释已经解决了诉讼程序问题，并且两种不同的诉讼情形适用基本相同的程序。

《票据纠纷案件规定》第35条规定："票据丧失后，失票人在票据权利时效届满以前请求出票人补发票据，或者请求债务人付款，在提供相应担保的情况下因债务人拒绝付款或者出票人拒绝补发票据提起诉讼的，由被告住所地或者票据支付地人民法院管辖。"第36条规定："失票人因请求出票人补发票据或者请求债务人付款遭到拒绝而向人民法院提起诉讼的，被告为与失票人具有票据债权债务关系的出票人、拒绝付款的票据付款人或者承兑人。"第37条规定："失票人为行使票据所有权，向非法持有票据人请求返还票据的，人民法院应当依法受理。"第38条规定："失票人向人民法院提起诉讼的，除向人民法院说明曾经持有票据及丧失票据的情形外，还应当提供担保。担保的数额相当于票据载明的金额。"

实务问题

A公司因向B公司购买原料而向其交付由C银行付款的支票一张，由于B公司工作人员的大意，而不慎将该支票遗失。但在遗失前，其工作人员将支票复印了一份。于是，B公司持此复印件向C银行请求付款，遭到拒绝。问：B公司能否持支票复印件要求C银行付款？

提示：本案中出票人已经向收款人签发并支付，已经产生了票据权利。但票据是完全的有价证券，票据权利的行使须以持有票据为前提，票据遗失后只能请求出票人补发票据或者请求债务人付款，遭到拒绝后则应向人民法院提起诉讼。

第六节　利益偿还请求权

一、利益偿还请求权的概念

利益偿还请求权，亦称利益返还请求权、受益偿还请求权，是指票据上权利因消灭时效完成或怠于权利保全而消灭时，持票人得向因此而实际获得利益的出票人或承兑人在其所受利益的限度内请求偿还该利益的权利。

我国《票据法》第 18 条规定："持票人因超过票据权利时效或者因票据记载事项欠缺而丧失票据权利的，仍享有民事权利，可以请求出票人或者承兑人返还其与未支付的票据金额相当的利益。"由此可见，利益偿还请求权不同于票据法上的票据权利，而是一种依照民法方法解决问题的非票据权利。

实务问题

1999 年 6 月 22 日，某保温瓶厂开具了一张以该厂为出票人、某建筑公司为收款人、某工商银行为承兑人的银行承兑汇票，票面金额为 20 万元，汇票到期日为 1999 年 12 月 21 日。1999 年 8 月24 日，该汇票几经背书由某饮料公司持有，该公司向某农业银行申请贴现，农业银行在受理并支付了贴现金额后，取得了该张汇票。汇票到期后，由于工作人员的失误，农业银行未能在法定期限内提示付款，亦未在汇票到期后的 2 年内行使追索权，致使其票据权利丧失。问：(1) 农业银行如何保护自己的合法权益？(2) 农业银行可以向谁提起相应诉讼？

提示：(1) 农业银行可以通过票据利益补偿请求权来保护自己的合法权益。(2) 农业银行可以向作为出票人的保温瓶厂或作为承兑人的工商银行要求补偿。

二、利益偿还请求权的成立要件

依我国《票据法》第 18 条和第 56 条之规定，票据利益偿还请求权的成立要件有：

1. 持票人必须曾有效地拥有票据权利。利益偿还请求权虽然不属于票据法上的权利，但它是因票据而产生的，所以票据法上的权利必须曾经有效存在。如果票据自始无效，票据权利从未有效存在过，利益偿还请求权也就无从谈起。

2. 票据上的权利因超过票据权利时效或欠缺保全手续而丧失。票据权利丧失是利益偿还请求权成立的前提，因为如果票据权利没有丧失，持票人即可直接行使票据权利，而根本没有行使利益偿还请求权的必要。

票据时效，也称票据权利的消灭时效，是指票据权利人在一定时间内不行使其权利，票据权利就归于消灭，票据债务人就可以票据权利已超过时效为由拒绝履行票据义务。可见，票据时效与民法上的消灭时效的法律后果不同，其时效期间届满，票据权利人就在实体上丧失票据权利。此外，票据法实行短期时效制度，各国票据法其规定的消灭时效期间比民法上的消灭时效更短。例如，德国、法国的普通时效为 30 年，日本的一般时效为 20 年，而票据的消灭时效，德、法、日均规定对承兑人的请求权为 3 年,对背书人和出票人为 1 年,背书人对其前手为 6 个月。我国《票据法》第 17 条对各种票据权利分别规定了消灭时效,具体内容如下:(1)汇票持票人对汇票的出票人和承兑人的权利,自汇票到期日起 2 年内因不行使而消灭;(2)见票即付的汇票、本票上的权利,自出票日起 2 年内因不行使而消灭;(3)支票持票人对支票出票人的权利,自出票日起 6 个月内因不行使而消灭;(4)持票人对前手的追索权,自被拒绝承兑或者被拒绝付款之日起 6 个月内因不行使而消灭;(5)持票人对前手的再追索权,自清偿日或者被提起诉讼之日起 3 个月内因不行使而消灭。

各国票据立法均将"手续欠缺"作为票据偿还请求权的依据之一,我国《票据法》则规定为"票据记载事项欠缺"。根据通说,票据记载事项可分为绝对必要记载事项与相对必要记载的事项。对于绝对必要记载事项不为记载时,票据无效,此时持票人根本不存在票据权利,也就谈不上丧失票据权利,因此不能行使利益偿还请求权。而相对应当记载的事项,不为记载时不影响票据的效力,持票人享有票据权利,不必行使利益偿还请求权。因此,因票据记载事项欠缺而丧失票据权利这种规定本身就存在逻辑上的错误。基于此,我国学者普遍认为应将持票人因手续欠缺丧失票据权利作为行使利益偿还请求权的原因之一。

3. 利益偿还请求权的权利主体是丧失票据权利的持票人,其义务主体则为出票人或承兑人。各国票据法均将持票人确定为利益偿还请求权的权利主体,我国亦然。此持票人应为实质上的权利人。因背书不连续而经证明自己为实质权利人,票据丧失后经公示催告作出除权判决后又完成票据消灭时效的持票人,履行被追索义务后取得票据的持票人,因公司合并而取得票据的持票人等,均为利益偿还请求权的权利主体。利益偿还请求权的义务主体具体表现为:如果票据是汇票,义务主体为出票人或承兑人;如果票据是本票、支票,义务主体则仅为出票人。

4. 出票人或承兑人必须因此受益。受益,是指出票人或承兑人因出票或承兑而实际上享受到了利益,而不论这种利益体现为何种形态。利益偿还请求权的标的,即为出票人或承兑人因票据权利丧失而实际享有的利益。如果仅有票据权利的丧失,而没有出票人或承兑人因此受益,利益偿还请求权亦无从谈起。

思考题

1. 试述票据的主要经济功能。
2. 试述票据法的特征。
3. 试述票据行为的特征。
4. 试述票据行为的要件。
5. 试述票据抗辩的种类。
6. 试述利益偿还请求权的成立要件。

第二十七章　汇票制度

导读

- 汇票的主要分类包括：银行汇票与商业汇票；即期汇票与远期汇票；一般汇票与变式汇票；记名汇票、指示汇票与无记名汇票；完成汇票、空白汇票与不完全汇票。
- 出票是一种最基本是票据行为，构成了其他票据行为的基础。出票由作成票据和交付票据两项行为构成。出票人必须对其签发的汇票获得承兑和获得付款承担担保责任。出票人作成汇票并将汇票实际交付给收款人后，收款人便取得了付款请求权和追索权。只有在付款人对汇票进行承兑后，才成为汇票的第一债务人，对收款人或持票人负绝对的付款义务。
- 背书是一种要式形为，背书必须记载被背书人名称与背书人签章，否则背书无效。背书时应当记载背书日期，未记载背书日期的，视为在票据到期日前背书。
- 汇票保证旨在对特定汇票债务人履行其债务提供担保，从而增强汇票的信用，确保持票人实现其汇票权利。作为票据行为，汇票保证具有独立性和无因性。不过，被保证的票据债务因在形式上欠缺票据行为的要件而无效时，保证人可不负保证责任，但这并不排除保证人承担相应的民事责任。
- 行使追索权必须具备一定的要件，包括实质要件和形式要件两个方面。追索权的效力可分为对人的效力和对物的效力两个方面。前者是指对追索权人和被追索人所产生的效力，后者是指对追索金额所产生的效力。

第一节　汇票概述

一、汇票的概念及特征

我国《票据法》第19条第1款规定："汇票是出票人签发的，委托付款人在见票时或者在指定日期无条件支付确定的金额给收款人或者持票人的票据。"依此，汇票具有下列特征：

1. 汇票关系的基本当事人有三方，即出票人、收款人、付款人。这一点与本票不同，本票的出票人与付款人是同一人；与支票不同的是汇票的付款人没有限制性要求。

2. 汇票的出票人必须与付款人具有真实的委托付款关系。这与本票的自付性质不同。我国票据法规定，汇票的出票人必须与付款人之间具有真实的委托付款关系。

3. 汇票必须经过承兑。承兑是汇票独有的法律特征，是其区别于本票和支票之处。

4. 汇票在付款期限上，除了见票即付外，还有其他规定期限，如定日付款、出票后定期付款、见票后定期付款等。而本票和支票一般是见票即付。

二、汇票的分类

（一）银行汇票与商业汇票

这是依汇票出票人身份而作的划分。我国《票据法》第19条第2款规定："汇票分为银行汇票和商业汇票。"银行汇票是出票银行签发的，由出票行在见票时按照实际结算金额无条件支付给收款人或者持票人的票据。商业汇票是由出票人签发的，委托付款人在指定日期无条件支付确定的金额给收款人或者持票人的票据，分为商业承兑汇票和银行承兑汇票。我国有关行政规章将商业汇票的出票人限制在"企业和其他组织"的范围内，而在我国目前的经济生活中，商业汇票的出票人限于具有法人资格的工商企业和事业单位，个体工商户、农村承包经营户、个人、非法人组织等均被排除在外。

（二）即期汇票与远期汇票

这是依汇票指定的付款日期而作的划分。即期汇票，是指见票即付的汇票。远期汇票，是指载明在一定期间或特定日期付款的汇票。远期汇票又可分为：（1）定期汇票，亦称定日汇票、板期汇票，是指在票面上明确记载付款日的汇票；（2）计期汇票，亦称出票后定期付款的汇票，是指在出票日后一定日期付款的汇票；（3）注期汇票，亦称见票后定期付款的汇票，是指在见票日后一定日期付款的汇票。

（三）一般汇票与变式汇票

这是依汇票当事人的身份是否有兼任而作的划分。一般汇票，是指汇票关系中的三个基本当事人即出票人、收款人和付款人分别由不同的人担任的汇票。变式汇票，是指汇票关系中一个当事人同时兼任两个以上身份的汇票。依兼任身份的种类不同，变式汇票又可分为：（1）指己汇票，又称己受汇票，是指出票人以自己为收款人的汇票，即汇票的出票人和收款人为同一人；（2）对己汇票，又称己付汇票，是指出票人以自己为付款人的汇票，即汇票的出票人和付款人为同一人；（3）付受汇票，是指以付款人为收款人的汇票，即汇票的付款人和收款人为同一人；（4）己受己付汇票，是指出票人以自己为收款人和付款人的汇票，即汇票的出票人、付款人、收款人皆为同一人。

（四）记名汇票、指示汇票与无记名汇票

这是依收款人记载方式而作的划分。记名汇票，亦称抬头汇票，是指出票在票面上明确记载收款人姓名或名称的汇票。指示汇票，是指出票人不仅明确记载收款人的姓名或名称，而且附加"或其指定的人"字样的汇票。无记名汇票，是指出票人没有记载收款人的姓名或名称，或仅记载"将票据金额付与来人或持票人"字样的汇票。

（五）完成汇票、空白汇票与不完全汇票

这是依汇票记载内容而作的划分。完成汇票，是指记载事项完备的汇票。空白汇票，亦称未完成汇票，是指预留票据记载事项的空白、授权他人补齐的汇票。不完全汇票，是指票据行为已完成但欠缺必要记载事项的汇票，属于无效票据。

第二节 汇票的出票

一、汇票出票的概念

汇票的出票,又称汇票的发票、汇票的签发、汇票的发行。我国《票据法》第20条规定:“出票是指出票人签发票据并将其交付给收款人的票据行为。”

出票是一种最基本是票据行为,构成了其他票据行为的基础。出票由作成票据和交付票据两项行为构成。作成票据,是指出票人依照票据法的规定,在票据上记载法定内容并签名或盖章的行为。交付票据,是指出票人依据自己的本意将做成的票据实际交给他人占有的行为。

二、汇票出票的款式

(一)绝对必要记载事项

绝对必要记载事项是汇票签发时必须记载的事项,欠缺绝对必要记载事项将使汇票无效。依我国《票据法》第22条之规定,汇票必须记载下列事项,欠缺其中任何一项都将导致汇票无效:(1)表明“汇票”种类的字样;(2)无条件支付的委托,在实务中,该文句是印刷好的,通常以“本汇票于到期日付款”“本汇票请予以承兑于到期日付款”等类似文句来表示,出票人无需另行记载;(3)确定的金额,依我国《票据法》第8条之规定,如果汇票金额以中文大写和数码同时记载,则二者必须一致,二者不一致的,汇票无效;(4)付款人的名称;(5)收款人的名称;(6)出票日期;(7)出票人签章。根据我国有关行政规章和司法解释的规定,汇票出票人的签章除必须符合票据法的一般规定外,还有特殊的要求。商业汇票上的出票人的签章,必须是该法人或者该单位的财务专用章或者公章加其法定代表人、单位负责人或者其授权的代理人的签名或者盖章;银行汇票上的出票人的签章、银行承兑汇兑汇票的承兑人的签章,必须是该银行汇票专用章加其法定代表人或者其授权的代理人的签名或者盖章。

(二)相对必要记载事项

相对必要记载事项是未作记载并不导致票据无效的事项,该事项可依法律的推定而存在。汇票上记载付款日期、付款地、出票地等事项的,应当清楚、明确。依此,出票人在出票时也应当在汇票上明确记载付款日期、付款地和出票地等事项,但未作记载,汇票并不因此无效。汇票上未记载付款日期的,为见票即付。汇票上未记载付款地的,付款人的营业场所、住所或者经常居住地为付款地。汇票上未记载出票地的,出票人的营业场所、住所或者经常居住地为出票地。[1]

(三)任意记载事项

任意记载事项,是指由出票人决定是否记载,不记载不会使票据无效,法律也不推定其存在,但一经记载即发生票据法上的效力的事项。任意记载事项的范围比较广泛,通常出票人可

---

〔1〕 参见我国《票据法》第23条第1款。

以在票据上记载如下事项：代理付款人、预备付款人、利息及利率、禁止背书等。我国《票据法》第 27 条第 2 款规定："出票人在汇票上记载'不得转让'字样的，汇票不得转让。"该法第 59 条第 2 款规定："汇票当事人对汇票支付的货币种类另有规定的，从其约定。"可见，我国法律仅规定了"不得转让"和"币种"这两种任意记载事项。

三、汇票出票的效力

（一）对出票人的效力

我国《票据法》第 26 条规定："出票人签发汇票后，即承担保证该汇票承兑和付款的责任。出票人在汇票得不到承兑或者付款时，应当向持票人清偿本法第七十条、第七十一条规定的金额和费用。"可见，出票人必须对其签发的汇票获得承兑和获得付款承担担保责任。

所谓担保承兑，是指出票人保证其签发的汇票能够获得承兑，如果持票人在请求承兑时遭到拒绝，出票人就必须向持票人负偿还责任。所谓担保付款，是指出票人保证持票人到期能够获得付款，如果汇票到期不获付款，出票人就必须向持票人负偿还责任。出票人的担保责任是出票人必须承担的法定义务，即使出票人在汇票上作了免除担保责任的记载，此项记载也视作未记载。

（二）对收款人或持票人的效力

出票人作成汇票并将汇票实际交付给收款人后，收款人便取得了付款请求权和追索权。在付款人对汇票进行承兑或者拒绝承兑之前，收款人或持票人的付款请求权和追索权还只是一种期待权，有待付款人的确认。只有在付款人承兑以后，付款请求权才成为现实权。只有在付款人拒绝承兑、付款或者因其他法定事由出现导致收款人或持票人无法作承兑或付款提示后，追索权才能实现。

（三）对付款人的效力

付款人因与出票人之间存在委托付款的关系，因而其因出票而取得对汇票进行承兑的资格。但在付款人对汇票进行承兑之前，其并未真正成为汇票关系当事人。付款人不对汇票作承兑的，就不负任何付款义务。只有在付款人对汇票进行承兑后，才成为汇票的第一债务人，对收款人或持票人负绝对的付款义务。

第三节　汇票的背书

一、背书概述

（一）背书的概念

背书，是指持票人以转让汇票权利或者一定的汇票权利授予他人行使为目的，在汇票背面或粘单上记载有关事项并签章的附属票据行为。背书成立后，该持票人称为背书人，该第三人称为被背书人。我国《票据法》第 27 条第 4 款规定："背书是指在票据背面或者粘单上记载有关事项并签章的票据行为。"

(二)背书的记载要求

背书是一种要式行为,背书必须记载被背书人名称与背书人签章,否则背书无效。背书时应当记载背书日期,未记载背书日期的,视为在票据到期日前背书。

汇票以背书转让或者以背书将一定的汇票权利授予他人行使的,必须记载被背书人名称。

以背书转让的汇票,背书应当连续。持票人以背书的连续,证明其汇票权利;非经背书转让,而以其他合法方式取得汇票的,依法举证,证明其汇票权利。背书连续,是指在票据转让中,转让汇票的背书人与受让汇票的被背书人在汇票上的签章依次前后衔接。

背书不得附有条件。背书时附有条件的,所附条件不具有汇票上的效力。将汇票金额的一部分转让的背书或者将汇票金额分别转让给二人以上的背书无效。

背书人在汇票上记载“不得转让”字样,其后手再背书转让的,原背书人对后手的被背书人不承担担保责任。后手是指在票据签章人之后签章的其他票据债务人。

二、背书的种类

(一)转让背书与非转让背书

这是依背书的目的而作的划分。转让背书,是指持票人以转让汇票权利为目的而为的背书;非转让背书,是指持票人非以转让汇票权利为目的,而是以授予他人一定的汇票权利为目的而为的背书。前者是通常意义上的背书,后者是特殊意义上的背书。

(二)一般转让背书与特殊转让背书

这是依背书中是否有特殊情形而对转让背书所作的进一步分类。一般转让背书,是指持票人以转让票据权利为目的,而排除在背书时间和被背书人等方面的特殊情形而为的背书。反之,则为特殊转让背书。

(三)完全背书与空白背书

这是依背书的具体目的而对转让背书所作的进一步分类。完全背书,亦称正式背书、记名背书,是指背书人在汇票背面或粘单上记载背书的意思、被背书人的名称并签章的背书。空白背书,亦称不完全背书、略式背书、无记名背书,是指背书人不记载被背书人的名称,仅仅由自己签章的背书。我国《票据法》第 30 条规定,汇票以背书转让时必须记载被背书人的名称,可见我国《票据法》不承认汇票的空白背书。

(四)委任背书与设质背书

这是依背书的具体目的而对非转让背书的进一步分类。委任背书,亦称委任取款背书,是指持票人以行使票据权利为目的,授予被背书人以代理权的背书。设质背书,亦称质权背书,是指持票人以在票据权利上设定质权为目的而为的背书。我国《票据法》第 35 条规定了这两种背书。

三、转让背书

通常意义上的背书多指一般转让背书。依记载方式的不同,一般转让背书又可分为完全背书和空白背书。由于我国不承认空白背书,故一般转让背书特指完全背书。

特殊转让背书包括回头背书和期后背书。

回头背书，亦称还原背书、回还背书、逆背书，是指背书人以转让票据权利为目的，以原票据债务人（如出票人、背书人、承兑人、保证人、付款人等）为被背书人而依法所为的背书。与此不同，一般转让背书是以票据关系当事人以外的第三人为被背书人。各国票据法都对回头背书作了规定。我国《票据法》未对此作直接规定，但该法第69条对此作了间接规定："持票人为出票人的，对其前手无追索权。持票人为背书人的，对其后手无追索权。"除因回头背书的被背书人为票据关系当事人这一特殊身份而对其追索权予以限制外，回头背书的法律效力与一般转让背书并无不同。

期后背书，亦称后背书，是指票据被拒绝承兑或者被拒绝付款或者付款提示期限经过后，持票人出于权利转让的目的而作的背书。各国票据法均对此作了规定。我国《票据法》第36条规定："汇票被拒绝承兑、被拒绝付款或者超过付款提示期限的，不得背书转让；背书转让的，背书人应当承担汇票责任。"

转让背书依法成立，即具有权利移转效力、权利担保效力和权利证明效力。

转让背书本来就是以转让汇票权利为目的的票据行为，因此背书人的本意便是要移转汇票上的权利。所以，背书成立后，汇票上的一切权利便由背书人移转给被背书人，被背书人取代背书人成为汇票权利人。依背书移转的权利，具体包括对付款人的付款请求权，对出票人、背书人以及保证人的追索权等。依背书移转权利时不必通知原债务人，而且被背书人可以取得优先于背书人的权利。权利移转效力是转让背书的主要效力。

背书人对被背书人及其后手负有担保承兑和担保付款的责任。如果持票人请求承兑或请求付款遭到拒绝，就可以向背书人行使追索权。我国《票据法》第37条规定："背书人以背书转让汇票后，即承担保证其后手所持汇票承兑和付款的责任。背书人在汇票得不到承兑或者付款时，应当向持票人清偿本法第七十条、第七十一条规定的金额和费用。"可见，背书的权利担保效力是由《票据法》直接规定的，背书人不得免除其担保责任。此外，背书人不仅对其直接后手承担这种担保责任，而且对全体后手都负此责任。

持票人所持汇票上的背书只要具有连续性，票据法就推定其为正当的汇票权利人而享有汇票上的一切权利。如持票人所持汇票上的背书连续，则凭此即可证明持票人享有汇票权利。持票人在行使汇票权利时，也应当以背书的连续来证明自己是权利人。背书的权利证明效力还体现为：汇票债务人对于背书连续的持票人的付款具有免除责任的效力；如果汇票债务人主张背书连续的持票人不是真正的权利人，应负举证责任。

四、非转让背书

（一）委任背书

我国《票据法》第35条第1款规定："背书记载'委托收款'字样的，被背书人有权代背书人行使被委托的汇票权利。但是，被背书人不得再以背书转让汇票权利。"委任背书除必须由背书人签章外，还必须记明委任取款的字样。

委任背书不以转让权利为目的，因此不发生权利移转效力。汇票权利仍然由背书人享有，被背书人仅取得代理背书人行使汇票权利的权限。被背书人因委任背书取得的代理权，包括汇票上除转让以外的一切权利，即被背书人不仅可以行使付款请求权，还可以行使追索权。此外，委任背书还产生权利证明效力，只是其证明的权利不是汇票权利，而是代理权。

(二)设质背书

我国《票据法》第35条第2款规定:“汇票可以设定质押;质押时应当以背书记载‘质押’字样。被背书人依法实现其质权时,可以行使汇票权利。”设质背书除必须由背书人签章外,还必须记明“质押”或“设质”的文句。如果出质人在汇票上只记载了“质押”等字样而未在汇票上签章,或者出质人未在汇票或粘单上记载“质押”等字样,而另行签订质押合同、质押条款,则都不构成票据质押。

设质背书的法律效力主要体现为质权设定效力。被背书人经设质背书即取得汇票质权,有权行使汇票上的权利,收取汇票金额。由于汇票是无因证券,因此即使被担保的债权未届清偿期,被背书人也可提示付款;如遭拒绝,被背书人也有权行使追索权。此外,设质背书也具有权利证明效力,但它仅证明被背书人享有质权而非汇票权利。

第四节 汇票的承兑

一、承兑的概念

我国《票据法》第38条规定:“承兑是指汇票付款人承诺在汇票到期日支付汇票金额的票据行为。”

承兑是一种附属票据行为,它以出票行为的成立为前提,承兑行为必须在有效的汇票上进行才能生效;承兑是汇票付款人做出的,表示其于到期日支付汇票金额的票据行为;承兑是一种要式法律行为,承兑人应在汇票的正面记载承兑字样和承兑日期并签章;承兑是持票人行使票据权利的一个重要程序,持票人只有在付款人作出承兑后,其付款请求权才能得以确定。

承兑是票据法所特有的一种制度。承兑的意义在于确定汇票上的权利义务关系。汇票是出票人委托付款人支付汇票金额给收款人的票据。付款人可以接受这种委托,也可以不接受这种委托。因此,付款人并不因出票人的委托行为而当然承担付款义务。在汇票承兑以前,付款人的付款义务是不确定的。汇票是一种典型的信用证券,从出票日至到期日往往有一段时间,如果在此期间汇票上的权利义务关系都处于不确定状态,汇票的流通必然受到不利影响。因此,票据法设立了承兑制度,使付款人的汇票义务、收款人的汇票权利得以确定。

二、承兑的程序

(一)承兑提示

承兑提示,亦称提示承兑,是指持票人向付款人出示汇票,并要求付款人承诺付款的行为。[2] 承兑提示本身不是票据行为,而是承兑行为的前提和必要手续。为承兑提示的行为人称提示人,付款人称被提示人。

各国票据法多采承兑自由原则,持票人原则上可以自由决定是否将汇票提示承兑。由于承兑能使持票人的汇票权利得以确定,因此持票人对承兑提示往往持积极态度。票据法一般

---

〔2〕 参见我国《票据法》第39条第2款。

对各种汇票是否需要提示承兑以及提示期间等问题有作规定。

票据法对汇票的承兑要求规定不一，有的汇票无须提示承兑，有的汇票可以提示承兑，有的汇票则应当提示承兑。提示承兑的期间也因此各异。

1. 无需提示承兑的汇票。我国《票据法》第 40 条第 3 款规定："见票即付的汇票无需提示承兑。"由于见票即付的汇票一经提示，付款人就必须付款，因而不需要经过提示承兑这一程序。

2. 可以提示承兑的汇票。我国《票据法》第 39 条第 1 款规定："定日付款或者出票后定期付款的汇票，持票人应当在汇票到期日前向付款人提示承兑。"依此，在汇票出票日起至到期日这段时间里，持票人可以随时向付款人提示承兑。

3. 应当提示承兑的汇票。我国《票据法》第 40 条第 1 款规定："见票后定期付款的汇票，持票人应当自出票日起一个月内向付款人提示承兑。"见票后定期付款的汇票，只有确定了见票日，才能确定到期日；而所谓见票日，即是持票人向付款人提示承兑的时间。因此对见票后定期付款的汇票来说，提示承兑至关重要。我国《票据法》第 40 条第 2 款规定："汇票未按照规定期限提示承兑的，持票人丧失对其前手的追索权。"当然，持票人丧失对其前手的追索权，并不包括对出票人的追索权。

（二）承兑和拒绝承兑

我国《票据法》第 41 条第 1 款规定："付款人对向其提示承兑的汇票，应当自收到提示承兑的汇票之日起三日内承兑或拒绝承兑。"付款人在 3 天考虑期限届满后，既不表示承兑，也不表示拒绝承兑的，应视为拒绝承兑。如果付款人同意承兑，就应当在汇票正面记载"承兑"字样，并签名或盖章。

承兑是要式法律行为，必须由承兑人签章并在汇票正面记载一定事项。我国《票据法》第 42 条第 1 款规定："付款人承兑汇票的，应当在汇票正面记载'承兑'字样和承兑日期并签章；见票后定期付款的汇票，应当在承兑时记载付款日期。"可见，承兑的必要记载事项有签章、承兑文句和承兑日期。

不过，承兑有正式承兑和略式承兑之分。在正式承兑中，须由付款人在汇票上明确记载承兑文句并签章；在略式承兑中，则仅由付款人签章而无其他记载。因此，正式承兑的绝对必要记载事项包括付款人签章和承兑文句；而略式承兑的绝对必要记载事项则仅为付款人的签章。我国《票据法》未规定略式承兑，但一般认为应承认此种承兑方式。只要付款人在汇票正面签名或盖章，虽未在票面上记载其他文义，也应视为承兑。

在一般情况下，承兑日期是相对必要记载事项。依我国《票据法》第 42 条第 2 款和第 41 条第 1 款之规定，汇票上未记载承兑日期的，以持票人提示承兑之日起的第 3 日，即付款人 3 天承兑期的最后一天，为承兑日期。但是，在见票后定期付款的汇票中，由于承兑日期关系汇票到期日的确定和计算，因此付款人必须记载承兑日期。这就是说，在见票后定期付款的汇票，承兑日期属于绝对必要记载事项。

付款人在承兑时，不得记载与汇票的性质或承兑的特性相违背的事项。我国《票据法》第 43 条规定："付款人承兑汇票，不得附有条件；承兑附有条件的，视为拒绝承兑。"

（三）汇票的回单与交付

持票人向付款人提示承兑时，必须将汇票临时交给付款人。在付款人决定是否对汇票作承兑的考虑时间内,汇票由付款人占有。我国《票据法》第41条第2款规定:"付款人收到持票人提示承兑的汇票时,应当向持票人签发收到汇票的回单。回单上应当记明汇票提示承兑的日期并签章。"

付款人在汇票正面记载完"承兑"字样后,认为无必要撤回记载的,应当在规定的承兑期限内将汇票交付给持票人。交付的方式大体有面交、邮寄、书面通知等方式。凡未在规定的承兑期限内交付汇票的,即视为拒绝承兑。

三、承兑的效力

我国《票据法》第44条规定:"付款人承兑汇票后,应当承担到期付款的责任。"付款人一经承兑汇票,便成为承兑人,对汇票债务承担第一性的或主要的责任。付款人的这种票据责任具有绝对性,除非汇票权利因时效届满而消灭,否则不受其他因素的影响,特别是不受付款人是否已从出票人处接受资金的影响。

承兑人逾期不付款的应如何处理,我国《票据法》未作明文规定。不过,该法第68条第1款规定:"汇票的出票人、背书人、承兑人和保证人对持票人承担连带责任。"持票人可以依《票据法》第70条之规定行使追索权。

实务问题

甲公司考虑到自己经常有业务,于是与乙银行签订了存款协议并约定由乙银行承担付款。2007年3月10日,甲公司因买卖合同而向丙公司签发了一张由乙银行作为付款人的商业汇票。该汇票付款日期为同年5月10日。丙拿到该汇票后,又背书转让于丁公司。丁公司于2007年4月8日决定向乙银行提示请求承兑。结果,乙银行以某种理由拒绝承兑。丁随即找到丙与甲,要求两公司帮助协调。乙银行仍然拒绝承兑。问:(1)丁公司能否起诉乙银行要求其承兑?(2)甲公司能否以票据诉讼起诉乙银行?(3)如果在本案中是由于甲公司没有及时在乙银行处存款或其存款不足而引起银行不安,乙银行能否在作出承兑时附加诸如"甲公司在本行有存款时方付款"的条件?

提示:(1)对于付款人来说,承兑是一项权利,而非义务,所以丁公司无权起诉乙银行。(2)甲公司尽管与乙银行之间有相应协议,但该协议为民事关系,而非票据关系,所以甲公司不能以票据诉讼来起诉乙银行。(3)《票据法》第43条规定:"付款人承兑汇票,不得附有条件;承兑附有条件的,视为拒绝承兑。"

第五节 汇票的保证

一、汇票保证概述

汇票的保证,是指汇票债务人以外的第三人为担保特定汇票债务人履行债务,以负担同一内容的汇票债务为目的而为的附属票据行为。我国《票据法》第45条第1款规定了汇票的保证制度:“汇票的债务可以由保证人承担保证责任。”同条第 2 款规定:“保证人由汇票债务人以外的他人担当。”可见,《票据法》对汇票保证人的资格并无实质限制,汇票债务人以外的任何人,不论是法人、其他组织还是自然人,只要具有代为清偿票据债务的能力,原则上均可担任保证人。当然,依法不能充当保证人的除外。被保证人是汇票债务人,包括出票人、背书人和承兑人等。

汇票保证是要式票据行为,依我国《票据法》第 46 条之规定,保证人必须在汇票或者粘单上记载下列事项:(1)表明“保证”的字样;(2)保证人的名称和住所;(3)被保证人的名称;(4)保证日期;(5)保证人签章。在这些记载事项中,保证人签章、“保证”文句和被保证人名称属于必要记载事项。其中,保证人签章和“保证”文句是绝对必要记载事项,被保证人名称属相对必要记载事项。依《票据法》第 47 条第 1 款之规定,保证人未记载被保证人名称的,已承兑的汇票,承兑人为被保证人;未承兑的汇票,出票人为被保证人。此外,保证人的名称和住所、保证日期也是相对必要记载事项。根据《票据法》第 47 条第 2 款,保证人未记载保证日期的,以汇票的出票日期为保证日期。《票据法》第 48 条规定:“保证不得附有条件;附有条件的,不影响对汇票的保证责任。”这属于不得记载事项中的无益记载事项。

汇票保证旨在对特定汇票债务人履行其债务提供担保,从而增强汇票的信用,确保持票人实现其汇票权利。

二、汇票保证的种类

(一)全部保证和部分保证

这是依担保的票据金额为标准所作的划分。全部保证,是指保证人就汇票全部金额所作的保证;部分保证,是指保证人仅就汇票的部分金额所作的保证。我国《票据法》第 50 条规定:“被保证的汇票,保证人应当与被保证人对持票人承担连带责任。汇票到期后得不到付款的,持票人有权向保证人请求付款,保证人应当足额付款。”依此,我国仅承认全部保证,不承认部分保证。

(二)正式保证和略式保证

这是依是否在票据上作全面记载所作的划分。正式保证,是指保证人在汇票上就保证记载事项作全面记载的保证;略式保证,是指保证人未就保证记载事项作全面记载的保证,最简单的略式保证仅在汇票正面作签章。我国《票据法》仅规定了正式保证。

(三)单独保证和共同保证

这是依保证人的人数所作的划分。单独保证,是指仅有一人作为保证人进行的保证;共同保证,是指由两个或两个以上保证人就同一汇票债务所进行的保证。我国《票据法》既承认单独保证,也承认共同保证。该法第 51 条规定:“保证人为二人以上的,保证人之间承担连带责任。”

(四)单纯保证和不单纯保证

这是依保证是否附有条件和限制所作的划分。单纯保证,是指不附加任何限制条件的保证;不单纯保证,是指附加有限制条件的保证。我国《票据法》第 48 条规定:“保证不得附有条件,附有条件的,不影响对汇票的保证责任。”依此,我国法律不允许不单纯保证。但若保证人附加了限制条件,该保证并非无效,而是视为没有附加限制条件。

三、汇票保证的效力

(一)保证人的责任

依我国《票据法》第50条之规定,保证人应当与被保证人对持票人承担连带责任。汇票到期后得不到付款的,持票人有权向保证人请求付款,保证人应当足额付款。保证人与被保证人的票据责任不仅在金额上完全相同,其性质也完全一样。保证人与被保证人的票据责任也没有先后次序之分。

作为票据行为,汇票保证具有独立性和无因性。保证人承担的保证责任独立于被保证的票据债务,被保证的票据债务即使无效,也不影响保证责任的成立。不过,被保证的票据债务因在形式上欠缺票据行为的要件而无效时,保证人可不负保证责任,但这并不排除保证人承担相应的民事责任。我国《票据法》第49条规定:"保证人对合法取得汇票的持票人所享有的汇票权利,承担保证责任。但是,被保证人的债务因汇票记载事项欠缺而无效的除外。"

我国《票据法》第51条规定:"保证人为二人以上的,保证人之间承担连带责任。"依此,共同保证人对被保证的票据债务负连带责任,即使共同保证人之间并无共同保证的意思,也不影响他们承担连带责任。

(二)保证人的权利

保证人履行保证义务,清偿汇票债务后,便可取得汇票持票人的地位,向汇票上的其他有关债务人行使追索权。我国《票据法》第52条规定:"保证人清偿汇票债务后,可以行使持票人对被保证人及其前手的追索权。"

第六节　汇票的付款

一、付款的概念

付款有广义与狭义之分。广义的付款还包括追索权行使过程中偿还义务人偿还行为。狭义的付款,是指汇票承兑人或付款人及其代理付款人无条件履行付款义务,消灭票据的债权债务关系的票据行为。一般所谓付款是就狭义而言。

付款是支付票据金额的行为,并且只以票据上记载的金额为限,如果是给付实物或者其他有价证券,都不构成票据的付款;付款是消灭票据关系的行为,票据一经付款,票据关系得以消灭,票据上的一切债务人均解除其票据责任。

二、付款的程序

付款的程序包括三个阶段,即付款提示、实际付款和交回汇票。

(一)付款提示

付款提示,是指持票人在票据的付款期限内向付款人或者其代理付款人提示票据以请求其偿付票据金额的行为。汇票是流通证券，非经持票人提示汇票，付款人或者其代理付款人即无法履行其付款义务。付款提示是持票人行使其付款请求权的必要前提，也是付款人支付汇票金额的必经程序。

付款提示的当事人包括提示人与被提示人。提示人包括持票人及其代理人，通常是持票人，但也可以是受持票人委托的收款银行和票据交换中心。我国《票据法》第 53 条第 3 款规定："通过委托收款银行或者通过票据交换系统向付款人提示付款的，视同持票人提示付款。"被提示人包括付款人与代理付款人，即付款人委托的付款银行以及票据交换中心。

对于付款提示的期间，我国《票据法》第 53 条作了规定。依该条第 1 款第 1 项，见票即付的汇票，其持票人应当自出票日起 1 个月内为付款提示；依该条第 1 款第 2 项，定日付款、出票后定期付款以及见票后定期付款的汇票，其持票人应当自到期日起 10 日内为付款提示。

持票人按照上述期间已为付款提示的，如付款人拒绝付款，持票人可据此作成拒绝证明，向其他汇票债务人行使追索权。如果持票人未为提示付款或未在法定期间为提示付款，则丧失对其全体前手的追索权。不过，我国《票据法》第 53 条第 2 款对持票人未在法定期间为付款提示的情况另有规定。根据此款规定的精神，即使持票人未在法定期间内为付款提示，只要持票人对其行为作出说明，承兑人或付款人仍应对持票人承担付款责任。

提示付款的地点应是汇票的付款地。

（二）实际付款

我国《票据法》第 54 条规定："持票人依照前条规定提示付款的，付款人必须在当日足额付款。"可见，我国《票据法》采取付款人即时足额付款原则，不允许付款人延期付款、部分付款。不过，这种规定有时反而不利于持票人权利的实现。付款人在无法即时足额付款的情况下，由于法律不允许延期、部分付款，因而只好拒绝付款。

付款的标的物在通常情况下是人民币。如果汇票金额是以外币计价的，则应按照付款日的外汇牌价折算成人民币支付。汇票当事人对汇票支付的货币种类另有约定的，从其约定。

我国《票据法》第 57 条第 1 款规定："付款人及其代理付款人付款时，应当审查汇票背书的连续，并审查提示付款人的合法身份证明或者有效证件。"依此，付款人或代理付款人在付款时，原则上仅需审查背书是否连续等汇票形式上的要件，并审查提示付款人的合法身份证明，对诸如背书的真伪、持票人是否为真正权利人等实质要件则一般没有审查义务。

不过，我国《票据法》第 57 条第 2 款规定："付款人及其代理付款人以恶意或者重大过失付款的，应当自行承担责任。"关于恶意或者重大过失付款的具体情形，《票据法》本身未作进一步规定。依《票据纠纷案件规定》第 70 条之规定，恶意付款的情形主要包括：(1) 未依票据法的规定，对提示付款人的合法身份证明或者有效证件以及汇票背书的连续性履行审查义务，而为错误付款；(2) 在公示催告期间对公示催告的汇票进行付款；(3) 收到人民法院的止付通知后进行付款；(4) 其他以恶意或者重大过失为付款。依《票据纠纷案件规定》第 69 条之规定，付款人或者代理付款人未能识别出伪造、变造的票据或者身份证件而错误付款，即属于我国《票据法》第 57 条意义上的重大过失，如给持票人造成损失，则应当依法承担赔偿责任。

（三）交回汇票

汇票是交回证券，付款人付款后，持票人应将汇票交给付款人。我国《票据法》第 55 条规定："持票人获得付款的，应当在汇票上签收，并将汇票交给付款人。持票人委托银行收款的，受委托的银行将代收的汇票金额转账收入持票人的账户,视同签收。”

三、付款的效力

我国《票据法》第 60 条规定:“付款人依法足额付款后,全体汇票债务人的责任解除。”付款人按照汇票文义,全部支付完汇票金额后,汇票法律关系全部归于消灭,付款人和全体汇票债务人的票据责任因此而解除。当然,这种付款必须是合法的,属于恶意或重大过失付款的,其付款行为不能产生以上法律效果。

付款人基于委托付款关系而付款,因而在其实际付款后取得向票人的求偿权。

第七节 汇票的追索权

一、汇票追索权概述

汇票追索权,是指持票人在汇票到期不获付款或期前不获承兑或有其他法定原因时,在依法行使或保全了汇票权利后,向其前手请求偿还汇票金额、利息及其他法定款项的一种票据权利。汇票追索权是汇票上的第二次权利,是为补充汇票上的第一次权利即付款请求权而设立的。持票人只有在行使第一次权利未获实现时才能行使第二次权利。如果持票人不先行使付款请求权而先行使追索权,因此遭拒绝而提起诉讼的,人民法院不予受理。如果持票人的付款请求权得以实现,则追索权随之消灭。

根据持票人行使追索权的不同时间,可以将追索权分为期前追索权和到期追索权。所谓期前追索权,是指在汇票不获承兑,或者付款人死亡、逃匿、破产时,持票人得以行使的追索权。所谓到期追索权,是指在汇票到期不获付款时,持票人得以行使的追索权。此外,根据行使追索权的不同,可将追索权分为最初追索权和再追索权。前者是指最后持票人在提示承兑或提示付款遭拒绝或有其他法定原因时,所行使的追索权;后者是指向追索人清偿了最初追索金额之后所获得并行使的追索权。

追索权的当事人为追索权人和被追索人。最后持票人即为最初追索权人,亦称基本追索权人。当然,此处所谓持票人应为合法持票人。我国《票据法》第 68 条第 3 款规定:“持票人对汇票债务人中的一人或数人已经进行追索的,对其他债务人仍可以行使追索权。被追索人清偿债务后,与持票人享有同一权利。”依此,在持票人行使追索权之后,已为清偿的汇票债务人取得了再追索权。

被追索人,是指追索权人行使追索权所针对的义务人,包括出票人、背书人和其他票据债务人。我国《票据法》第 61 条第 1 款规定:“汇票到期被拒绝付款的,持票人可以对背书人、出票人以及汇票的其他债务人行使追索权。”

二、汇票追索权行使的要件

行使追索权必须具备一定的要件,包括实质要件和形式要件两个方面。

（一）实质要件

行使追索权的实质要件，即持票人行使追索权的法定原因。从根本上说，持票人行使追索权的实质要件是其所持汇票不获承兑或不获付款。但具体的追索权实质要件因到期追索和期前追索而不同。

持票人在汇票到期日后行使追索权的法定原因是汇票到期被拒绝付款。通常行使的追索权，大都属于到期追索。至于汇票到期为何不获付款，则在所不问。

一般情况下，持票人都是因汇票到期不获付款而行使追索权，在汇票到期日届至前，持票人一般不得行使追索权。但是，如果在汇票到期日前客观上发生了某些情况，使持票人汇票权利有无法实现之虞，则持票人也可以在到期日前行使追索权。对此，我国《票据法》第61条第2款规定："汇票到期日前，有下列情形之一的，持票人也可以行使追索权：（一）汇票被拒绝承兑的；（二）承兑人或者付款人死亡、逃匿的；（三）承兑人或者付款人被依法宣告破产的或者因违法被责令终止业务活动的。"

（二）形式要件

行使追索权的形式要件，是指法定的保全追索权的手续。保全追索权的手续包括遵期提示承兑或提示付款、作成拒绝证明以及将拒绝事由通知其前手等三项。

1. 遵期提示承兑或提示付款

持票人未按照票据法规定提示承兑和提示付款的，原则上丧失对其前手的追索权。不过，如果持票人提示承兑遭拒绝，或者付款人或承兑人死亡、逃匿或有其他原因使持票人无从为承兑提示或付款提示，或者付款人或承兑人受破产宣告或者解散、歇业，持票人可以不为承兑提示或付款提示而直接向其前手行使追索权。

2. 作成拒绝证明或者退票理由书及其他合法证明

作成拒绝证明或者退票理由书及其他合法证明是保全追索权手续的一项重要程序，也是持票人行使追索权的一个重要步骤。我国《票据法》第62条第1款规定："持票人行使追索权时，应当提供被拒绝承兑或者被拒绝付款的有关证明。"

我国《票据法》对作成拒绝证明的程序作了简化。该法所规定的拒绝证明包括两种形式：一是（狭义的）拒绝证明，二是退票理由书。我国《票据法》第62条第2款规定："持票人提示承兑或者提示付款被拒绝的，承兑人或者付款人必须出具拒绝证明，或者出具退票理由书。未出具拒绝证明或者退票理由书的，应当承担由此产生的民事责任。"依此，拒绝承兑人或拒绝付款人分别为拒绝证明的作成义务人。拒绝证明没有一个统一的格式，通常认为既可以单独作成一个书面的证明文件，也可以由承兑人或付款人在汇票上作有关记载并签章。依中国人民银行《票据管理实施办法》第27条第1款之规定，拒绝证明应当包括下列事项：被拒绝承兑、付款的票据的种类及其主要记载事项；拒绝承兑、付款的事实依据和法律依据；拒绝承兑、付款的时间；拒绝承兑人、拒绝付款人的签章。

退票理由书，是指承兑人或付款人或付款人委托的付款银行出具的，记载不承兑或不付款理由的书面证明。退票理由书的作成义务人和作成主体，既可以是承兑人或付款人，也可以是付款人委托的付款银行。依中国人民银行《票据管理实施办法》第27条第2款之规定，退票理由书应当包括下列事项：所退票据的种类、退票的事实依据和法律依据、退票时间以及退票人签章。

我国《票据法》第 63 条规定:“持票人因承兑人或者付款人死亡、逃匿或者其他原因,不能取得拒绝证明的,可以依法取得其他有关证明。”依《票据纠纷案件规定》第 71 条之规定,此处所谓其他有关证明包括:(1)人民法院出具的宣告承兑人、付款人失踪或者死亡的证明、法律文书;(2)公安机关出具的承兑人、付款人逃匿或者下落不明的证明;(3)医院或者有关单位出具的承兑人、付款人死亡的证明;(4)公证机关出具的具有拒绝证明效力的文书。此外,依《票据法》第 64 条之规定,如果承兑人或者付款人被人民法院依法宣告破产,或者因违法被责令终止业务活动,则人民法院的有关司法文书或者有关行政主管部门的处罚决定也具有拒绝证明的效力。

3. 拒绝事由的通知

拒绝事由的通知,亦称追索通知,是指持票人为向其前手行使追索权而事先将汇票不获承兑或不获付款的事实告知其前手的行为。将拒绝事由通知前手,可以使前手知道汇票的承兑或付款遭拒绝的事实,明确其担保汇票承兑和付款的责任业已发生。因此,将拒绝事由通知前手亦是持票人行使追索权的一项形式要件。

我国《票据法》第 66 条第 1 款规定:“持票人应当自收到被拒绝承兑或者被拒绝付款的有关证明之日起 3 日内,将被拒绝事由书面通知其前手;其前手应当自收到通知之日起 3 日内书面通知其再前手。持票人也可以同时向各汇票债务人发出书面通知。”同条第 3 款规定:“在规定期限内通知按照法定地址或者约定的地址邮寄的,视为已经发出通知。”《票据法》第 67 条规定,拒绝事由的通知必须采用书面形式,内容方面应当记载汇票的主要事项,并说明该汇票已被退票的事实。《票据法》第 66 条第 2 款规定,持票人未按照票据法规定的期限发出拒绝事由的通知的,仍可以行使追索权。因延期通知给其前手或者出票人造成损失的,由没有按照规定期限为通知的汇票当事人,承担对该损失的赔偿责任,但所赔偿的金额以汇票金额为限。

三、追索权的效力

追索权的效力可分为对人的效力和对物的效力两个方面。前者是指对追索权人和被追索人所产生的效力,后者是指对追索金额所产生的效力。

(一)对人的效力

1. 连带责任。我国《票据法》第 68 条第 1 款规定:“汇票的出票人、背书人、承兑人和保证人对持票人承担连带责任。”

2. 选择追索权,亦称飞越追索权,是指持票人在行使追索权时,可以根据自己的意思,自由选择其前手债务人为被追索人。我国《票据法》第 68 条第 2 款规定:“持票人可以不按照汇票债务人的先后顺序,对其中任何一人、数人或者全体行使追索权。”

3. 变更追索权,亦称转向追索权,是指持票人即使已对汇票债务人中的一人或数人行使追索权,只要汇票上还存在其他未被追索的债务人,持票人仍可以对这些债务人行使追索权。我国《票据法》第 68 条第 3 款第 1 句规定:“持票人对汇票债务人中的一人或者数人已经进行追索的,对其他汇票债务人仍可以行使追索权。”

4. 代位追索权,是指被追索人对持票人已为清偿后,与持票人享有同一权利,可以对其前手债务人行使追索权。此时的追索权即为再追索权。我国《票据法》第 68 条第 3 款第 2 句规定："被追索人清偿债务后，与持票人享有同一权利。"

（二）对物的效力

追索权的对物效力主要表现为一定的追索金额的支付，包括最初追索金额和再追索金额的支付。最初追索金额，是指持票人向汇票债务人行使追索权请求支付的金额。我国《票据法》第 70 条规定："持票人行使追索权，可以请求被追索人支付下列金额和费用：（一）被拒绝付款的汇票金额；（二）汇票金额自到期日或者提示付款日起至清偿日止，按照中国人民银行规定的利率计算的利息；（三）取得有关拒绝证明和发出通知书的费用。"

再追索金额，是指偿还义务人行使再追索权时要求其前手清偿的金额。我国《票据法》第 71 条第 1 款规定："被追索人按照前条规定清偿后，可以向其他汇票债务人行使再追索权，请求其他汇票债务人支付下列金额和费用：（一）已清偿的全部金额；（二）前项金额自清偿日起至再追索清偿日止，按照中国人民银行规定的利率计算的利息；（三）发出通知书的费用。"同条第 2 款还规定："行使再追索权的被追索人获得清偿时，应当交出汇票和有关拒绝证明，并出具所收到利息和费用的收据。"第 72 条规定："被追索人依照前二条规定清偿债务后，其责任解除。"

思考题

1. 试述汇票出票的效力。
2. 试述汇票背书的种类。
3. 试述汇票承兑的效力。
4. 试述汇票保证的效力。
5. 试述汇票付款的程序。
6. 试述行使汇票追索权的要件。

第二十八章　本票与支票制度

导读

- 根据不同的标准，可以对本票作不同分类：依本票上记载权利人的方式，可将本票分为记名本票、指示本票和无记名本票；依本票上指定的到期日方式，可将本票分为即期本票和远期本票。依本票的出票人，可将本票分为银行本票和商业本票。
- 大多数国家立法均以汇票为中心，本票则在性质许可的范围内准用汇票的规定，我国亦然。
- 对本票出票人来说，必须承担对本票持票人的付款责任。
- 根据不同的标准，可以对本票作不同的分类：依支票上记载权利的方式，可将支票分为记名式、指示式和无记名式支票；依支票的付款方式，可将支票分为现金支票和转账支票；依支票当事人是否兼任，可将支票分为一般支票和变式支票。
- 支票出票人一经签发支票，就应承担担保支票付款的责任。由于支票出票人在开立支票存款账户时必须使用本名，而且预留了本名的签名式样和印鉴，因此付款人在支付金额时，还必须对支票上的签名或印鉴是否与预留签名和印鉴相符进行审查。支票出票人一经签发支票，就应承担担保支票付款的责任。由于支票出票人在开立支票存款账户时必须使用本名，而且预留了本名的签名式样和印鉴，因此付款人在支付金额时，还必须对支票上的签名或印鉴是否与预留签名和印鉴相符进行审查。

第一节　本 票 制 度

一、本票概述

我国《票据法》第73条第1款规定："本票是出票人签发的，承诺自己在见票时无条件支付确定的金额给收款人或者持票人的票据。"依此，本票具有下列法律特征：(1)本票是票据的一种；(2)本票是由出票人自己对收款人支付并承担绝对付款责任的票据；(3)本票是出票人在到期日无条件支付票款的票据。

根据不同的标准，可以对本票作出以下不同的分类：

1. 依本票上记载权利人的方式，可将本票分为记名本票、指示本票和无记名本票。我国《票据法》第75条规定，本票必须记载收款人名称，因此我国《票据法》规定的本票只有记名式本票一种，不承认指示本票和无记名本票。

2. 依本票上指定的到期日方式，可将本票分为即期本票和远期本票。远期本票又可分为定期本票、出票日后定期付款本票以及见票日后定期付款本票等三种。依我国《票据法》第 73 条第 1 款之规定，我国确认的本票属于见票即付本票。

3. 依本票的出票人，可将本票分为银行本票和商业本票。银行签发的本票为银行本票，其他企事业单位和个人签发的本票为商业本票。我国《票据法》第 73 条第 2 款规定："本法所称本票，是指银行本票。"依此，我国《票据法》只承认银行本票，不承认商业本票。

二、本票的特殊规则

大多数国家立法均以汇票为中心，本票则在性质许可的范围内准用汇票的规定，我国亦然。因此，只需就本票的特殊规则加以考察即可。

（一）本票出票的特殊规则

我国《票据法》第 75 条第 1 款规定："本票必须记载下列事项：（一）表明'本票'的字样；（二）无条件支付的承诺；（三）确定的金额；（四）收款人名称；（五）出票日期；（六）出票人签章。"同条第 2 款规定："本票上未记载前款规定事项之一的，本票无效。"依此，这些事项属于绝对必要记载事项。

我国《票据法》第 76 条规定，本票上记载付款地、出票地等事项的，应当清楚明确；本票上未记载付款地的，出票人的营业场所为付款地；本票上未记载出票地的，出票人的营业场所为出票地。

对本票出票人来说，必须承担对本票持票人的付款责任。出票人的这种付款责任是第一次的责任，出票人是第一债务人或主债务人。这种付款责任是一种无条件的责任，本票一届到期日，出票人必须对持票人付款，对此不得附加任何条件。这种付款责任又是一种绝对的责任，出票人的付款义务不因持票人对其权利的行使或保全手续的欠缺而免除。我国《票据法》第 79 条规定："本票的持票人未按照规定期限提示见票的，丧失对出票人以外的前手的追索权。"出票人的付款责任还是一种最终的责任，即出票人一经付款，全部本票关系就归于消灭。

对于本票收款人来说，出票人签发本票后，收款人及以后的持票人就取得本票上的权利，包括付款请求权和追索权。由于本票无承兑制度，本票一经出票，主债务人既已确定，因而收款人取得的付款请求权是一种现实的权利。

（二）本票见票的特殊规则

本票见票，是指本票的出票人，因持票人的提示，为确定见票后定期付款本票的到期日，在本票上记载"见票"字样及见票日期并签名的一种行为。我国《票据法》规定的本票仅限于见票即付，不承认见票后定期付款的本票，因而我国《票据法》中不存在本票见票的问题。

第二节　支票制度

一、支票概述

我国《票据法》第 81 条规定："支票是出票人签发的，委托办理支票存款业务的银行或者其他金融机构在见票时无条件支付确定的金额给收款人或者持票人的票据。"根据该规定及支票的自身规律,支票具有下列法律特征:(1)支票的付款人仅限于银行或其他金融机构;(2)支票是见票即付的票据,没有即期和远期之分;(3)支票的无因性受到一定的限制,我国《票据法》第87条第2款规定:“出票人签发的支票金额超过其付款时在付款人处实有的存款金额的,为空头支票。禁止签发空头支票。”

根据不同的标准,可以对支票作出以下不同的分类:

1. 依支票上记载权利的方式,可将支票分为记名式、指示式和无记名式支票。我国《票据法》第85条并未将收款人名称作为绝对必要记载事项。我国《票据法》第86条第1款规定:“支票上未记载收款人名称的,经出票人授权,可以补记。”依此,我国《票据法》承认无记名式支票。

2. 依支票的付款方式,可将支票分为现金支票和转账支票。我国《票据法》第83条规定,支票可以支取现金,也可以转账,用于转账时应当在支票正面注明;支票中专门用于支取现金的,可以另行制作现金支票,现金支票只能用于支取现金;支票中专门用于转账的,可以另行制作转账支票,转账支票只能用于转账,不得支取现金。

3. 依支票当事人是否兼任,可将支票分为一般支票和变式支票。变式支票包括对己支票(出票人以自己为付款人)、指己支票(出票人以自己为收款人)和受付支票(出票人以付款人为收款人)。《票据法》第86条第4款规定:“出票人可以在支票上记载自己为收款人。”依此,我国《票据法》承认变式支票。

二、支票的特殊规则

(一)支票出票的特殊规则

支票的出票,是指出票人委托银行或其他金融机构无条件向持票人支付一定金额的票据行为。

我国《票据法》第84条第1款规定:“支票必须记载下列事项:(一)表明‘支票’的字样;(二)无条件支付的委托;(三)确定的金额;(四)付款人名称;(五)出票日期;(六)出票人签章。”同条第2款规定:“支票上未记载前款规定事项之一的,支票无效。”依此,这些事项属于支票的绝对必要记载事项。

我国《票据法》第85条规定:“支票上的金额可以由出票人授权补记,未补记前的支票,不得使用。”我国《票据法》第86条第1款规定:“支票上未记载收款人名称的,经出票人授权,可以补记。”同条第2款规定:“支票上未记载付款地的,付款人的营业场所为付款地。”同条第3款规定:“支票上未记载出票地的,出票人的营业场所、住所或者经常居住地为出票地。”依此,支票金额、收款人名称及付款地均属于任意记载事项,出票人可以记载,也可以不记载,但可依法律的规定推定。

支票出票人一经签发支票,就应承担担保支票付款的责任。我国《票据法》第89条第1款规定:“出票人必须按照签发的支票金额承担保证向该持票人付款的责任。”即使支票因超过提示付款期限等原因而不获付款,出票人仍应当对持票人承担票据责任。支票出票人的这种担保责任,从其性质上来说既不同于汇票出票人(在汇票承兑以后)的第二次责任,也不同于本票出票人的付款责任。

由于出票人与付款人之间存在资金关系,并且事先存在委托付款的协议,付款人在一定条件下负有向持票人付款的义务。我国《票据法》第 89 条第 2 款规定:“出票人在付款人处的存款足以支付支票金额时,付款人应当在当日足额付款。”

实务问题

2007 年 1 月 10 日,甲公司与 A 银行签订了一份支票存款开户协议,并预留了印鉴。但甲公司一直没有在 A 银行处存款。2007 年 3 月 5 日,甲公司因业务关系而向乙公司签发了一张以 A 银行为付款人、金额为 10 万元的支票。当乙公司要求 A 银行付款时才得知甲公司在此根本没有存款。问:(1)甲公司应对此承担什么责任?(2)为什么支票出票时须与付款人之间存在资金关系?

提示:(1)甲公司签发的支票为空头支票,为我国法律所禁止。其行为可能构成犯罪,并须承担相应民事责任和行政责任。(2)支票仅为支付工具,它不具有信用性。所以,其付款人须为银行或其他金融机构,出票人与付款人之间须有资金关系。

(二)支票付款的特殊规则

我国《票据法》第 91 条第 1 款规定:“支票的持票人应当自出票日起十日内提示付款;异地使用的支票,其提示付款的期限由中国人民银行另行规定。”第 89 条第 2 款规定:“出票人在付款人处的存款足以支付支票金额时,付款人应当在当日足额付款。”

由于支票出票人在开立支票存款账户时必须使用本名,而且预留了本名的签名式样和印鉴,因此付款人在支付金额时,还必须对支票上的签名或印鉴是否与预留签名和印鉴相符进行审查。

思考题

1. 试述本票出票的特殊规则。
2. 试述本票见票的特殊规则。
3. 试述支票的分类。
4. 试述支票出票的特殊规则。
5. 试述支票付款的特殊规则。

第六编　保　险　法

第二十九章 保险与保险法概述

导 读

- 商法中的保险即为商业保险，其性质为商行为的一种。保险具有以下构成要件：特定危险的存在；众人协力；填补损失。
- 在理论上划分保险的种类，探讨各自的规律，有助于人们更好地了解保险行为的特点。其主要划分方法为：人身保险与财产保险；强制保险与自愿保险；原保险与再保险；定值保险与不定值保险；补偿性保险与给付性保险；足额保险、不足额保险与超额保险；个别保险、集合保险与总括保险；单保险与复保险。
- 保险法包括三类，即保险合同法、保险业法与保险特别法。
- 一般认为，保险法的基本原则主要包括：最大诚信原则；保险利益原则；损失补偿原则；近因原则。

第一节 保险概述

一、保险的概念与特征

（一）保险的概念

“保险”一词英文表述为“insurance”；德文表述为“Versicherung”。汉语中使用的“保险”一词，据传属外来用语，它是在19世纪70年代由日文“保险”一词演变而来，并赋予其专门含义，最初音译为“燕梳”[1]。

“保险”一词通常有广义与狭义两种解释。广义上，保险是指为了偿付自然灾害和意外事故带来的经济损失，以充分的物质准备来保障社会安定，建立专门用途的后备基金的一种经济活动方式。通常，它可以被分为国家政府部门经办的社会保险、商业保险公司经营的商业保险和由被保险人集资合办，体现自保互助精神的合作保险。

狭义上，保险特指商业保险，是指投保人根据合同约定，向保险人支付保险费，保险人对于合同约定的可能发生的事故因其发生所造成的财产损失承担赔偿保险金责任，或者当被保险人死亡、伤残、疾病或者达到合同约定的年龄、期限等条件时承担给付保险金责任的商业保险

〔1〕 参见宋国华主编：《保险大辞典》，辽宁人民出版社1989年版，第1页。

行为。[2] 它不仅有助于社会个体分散危险、消化损失,更有助于保障整个社会的经济安全。商业保险既体现了分散的社会资源有效集中运作的优势,更体现了现代社会互助精神的价值。它的实质在于借助互助合作原理,分散单个损失于社会大众,使有形的单个负担消化于无形之中,最终实现社会安定。商业保险,从法律性质上看,属于商行为。它是商业保险公司以营利为目的的活动,并以当事人自愿、合意为形成要件。因此在商业保险活动中,作为参与保险交易的投保人和保险人双方,需按照法律规定和双方约定实施保险商行为,履行各自的权利义务。

(二)保险的特征

作为商行为的保险,具有以下特征:

1. 保险的自愿性。通过订立保险合同达到意思表示一致的保险行为,建立在当事人意思自治基础之上,它以当事人自愿为行为有效的必备要件。为此,《保险法》明确规定,订立保险合同应当遵循自愿订立原则,除法律、行政法规规定必须保险的以外,保险公司和其他单位不得强制他人订立保险合同。[3]

2. 保险的有偿性。作为商行为之对价,保险人提供保险,以投保人支付或承诺支付保险费为前提。商业保险是商业保险公司经营的以营利为目的的活动。因此,保险是有偿的。它区别于慈善事业。慈善事业以救济贫穷对象为目的,它所实施的活动不收费用,属于赠与行为,其性质是无偿的。

3. 保险行为的双向性。所谓双向,是指双方在法律上互为权利义务关系。保险是保险人与投保人双方约定的法律行为,当事人彼此互为法律上的权利、义务主体。投保人履行交付保险费义务的同时,享有获得保险金的权利。保险人获得收取保险费权利的同时,负有支付保险金的义务。当然,投保人和被保险人、受益人可以不是同一人,即享受权利的主体会发生变化,但这不改变保险双向性的法律特征。在这方面,保险与单向行为的慈善事业也不一样。慈善机构在遇有灾害事故发生时,是否给予救济、救济多少及采取何种形式都由慈善机构自主决定,不受被救济方条件、要求和法律的约束。此外,保险的保障对象是特定的、稳定的,这种权利只有参加投保的人才能享有,而慈善救济的对象可以是不确定的。

4. 保险的损益性。所谓损益,是指利润与亏损并存。保险是一种典型的损益性商行为。投保人以较少的支出换取较大的经济上的保障,即在投保之后,一旦发生保险事故并出现约定的情形,投保人获得的保险金往往和支付的保险费大相径庭;如果没有发生保险事故,投保人支付的保险费将不能收回。对于保险人而言,其情形则相反。因此,几乎在每一项具体的保险业务中,保险行为的双方当事人都存在获利与亏损的问题。这与还本付息的储蓄行为完全不同。

5. 保险金支付的附条件和附期限性。保险金的支付具有或然性,即它是不确定和偶然的。它只是在保险事故发生之后,即合同约定的条件成立或期限到来时,才支付保险金。这与储蓄人对其存款到期可向银行提取确定的本息的行为不同。

6. 保险功能的互助性。所谓互助,是指经济利益上的彼此帮助和风险的共同分摊。保险

---

[2] 参见我国《保险法》第2条。

[3] 参见我国《保险法》第11条。

从效果上看,它是一种互助合作行为。众多的投保人交付的保险费所建立起来的保险基金,是单个的因发生保险事故而遭受损失的受益人获得经济补偿的资金来源和基础。

二、保险的构成要件

保险的基本原理就是依据合理的数学计算,将少数人的损失分散、转移于多数人群体,使特定损失能得到合理补偿。依此,保险具有以下构成要件:

1. 特定危险的存在。危险的存在是保险产生的基本条件,但并非所有危险都可以保险,只有可能引起损失且不确定发生的危险才能成为可保危险。可保危险具有以下含义:(1)危险发生与否不确定;(2)危险何时发生不确定;(3)危险发生的原因与结果不确定。

2. 众人协力。保险的基本原理为集合危险,分散损失。因此,要使保险制度价值得以发挥,就必须有为数众多的社会成员购买保险,从而形成必要的保险基金。这种众人协力的互助共济关系不同于合作保险中直接的互助共济关系,它是由保险公司通过分散的保险合同所组织的间接的互助共济关系。这些投保人或受益人相互之间虽无任何法律关系,但因其与保险公司之间均形成了性质相同的法律关系,从而构成了能够分散危险的互助共济团体。这种团体在理论上称为保险团体,属于保险团体之一种,另一种保险团体为合作保险中具有直接互助共济关系的团体。

3. 填补损失。保险不可能消灭危险,而是通过集合危险并分散损失的方式,使发生保险事故的当事人所受损失得到合理、充分的经济补偿。

三、保险的种类

保险的种类,从最初源于海上贸易的水险和非水险两种类型,发展到现代,已经是林林总总,难以计数。有人推断,当代经济交往中开展的各类保险业务达数百种之多。由于保险的命名没有一个严格的标准,有些以保险标的物命名,如财产险;有些以保险事故命名,如地震险;有些以事故发生地命名,如海上保险。在实践中,保险单所承保的危险事故多为综合性的,这导致了危险事故的分类方法常常失去意义。但是,在理论上划分保险的种类,探讨各自的规律,有助于人们更好地了解保险行为的特点。

(一)人身保险与财产保险

这是以保险标的为标准所作的分类。

人身保险(personal insurance),是指以人的身体和生命作为保险标的的保险。

财产保险(property insurance),又称损害保险、产物保险或对物保险,是指以补偿被保险人的经济损失为基本目的,以特定的财产物资及其相关利益为承保标的的保险。

(二)强制保险与自愿保险

这是以保险实施形式为标准所作的分类。

强制保险(mandatory insurance),又称为法定保险,是指根据国家颁布的有关法律和法规,凡是在规定范围内的单位或个人,无论出于自愿都必须参加的保险。例如,世界各国一般都将机动车第三者责任保险规定为强制保险的险种。由于强制保险某种意义上表现为国家对个人意愿的干预,所以强制保险的范围是受严格限制的。从国际上看,强制保险的形式有两种:一是规定在特定范围内建立保险人与被保险人的保险关系,被保险人或者保险人没有自主选择的余地;二是规定一定范围内的人或财产都必须参加保险,并以此作为许可从事某项业务活动的前提条件。由于我国长期受计划经济的影响,社会不重视保险,以致我国的强制保险在立法、覆盖范围、险种开发、监管制度等方面相对较为落后。

自愿保险(voluntary insurance),是指在自愿原则下,投保人与保险人双方在平等协商的基础上,通过订立保险合同而建立的保险关系。自愿保险的保险关系,是当事人之间自由决定、彼此合意后所建立的合同关系。投保人可以自由决定是否投保、向谁投保、中途退保等,也可以自由选择保险金额、保障范围、保障程度和保险期限等。保险人也可以根据情况自愿决定是否承保、怎样承保等。

(三)原保险与再保险

这是以承担责任的次序为标准所作的分类。

原保险,又称直接业务保险或第一次保险,是指保险人与投保人之间直接签订保险合同而建立保险关系的一种保险。在原保险关系中,保险需求者将其风险转嫁给保险人,当保险标的遭受保险责任范围内的损失时,保险人直接对被保险人承担赔偿责任。社会公众作为投保人所形成的保险关系都是原保险。

再保险(reinsurance),又称分保险或第二次保险,是指保险人将其承担的保险责任中的一部分转移给其他保险人承保的保险。因这种办理保险业务的方法有再一次进行保险的性质,故称再保险。在再保险关系中,直接接受保险业务的保险人称为原保险人,也叫再保险分出人;接受分出保险责任的保险人称为再保险接受人,也叫再保险人。再保险业务是国际保险市场上通行的业务,它可以使保险人避免危险过于集中,不致因一次重大事故的发生而无法履行支付赔款义务,从而有利于保险业务的稳定经营。再保险业务基本可以分为两类:(1)以保险金额来计算再保险责任的比例再保险;(2)以赔款来计算再保险责任的超额再保险,以及由此而衍生的按赔付率计算再保险责任的再保险等。

相对于原保险,再保险有三个特点:(1)再保险当事人双方都是保险人,原保险当事人中只有一方是保险人;(2)再保险的保险标的必然是原保险所承担的部分保险责任;(3)原保险合同的保险标的多为财产、有关利益或人身,再保险的保险标的实际上是一种责任,它属于责任保险。

再保险与原保险之间的关系为:(1)原保险是再保险建立的基础,再保险以原保险的存在为前提;(2)再保险具有相对独立性,主要表现为再保险有自己独立的当事人和保险标的,再保险双方当事人都是保险人,他们彼此之间产生权利义务关系,再保险对于原保险中的被保险人不发生效力;(3)再保险的保险责任以原保险合同为限;(4)原保险终止时,再保险也应终止。

(四)定值保险与不定值保险

这是以保险标的的保险价值在投保时是否确定为标准所作的分类。

定值保险(valued insurance),又称定价保险、约定价值保险、定额保险,是指保险合同双方当事人事先确定保险标的的价值,并在合同中载明以确定保险金最高限额的财产保险。定值保险合同成立后,如发生保险事故,造成财产全部损失时,无论保险标的的实际价值是多少,保险人都应当以合同中约定的保险价值作为计算赔偿金额的依据,而不必对保险标的重新估价。如果是部分损失,只需要确定损失的比例,该比例与双方确定的保险价值的乘积,即为保险人应支付的赔偿金额。在实际操作中,定值保险合同较多适用于海上保险、国内货物运输保险、国内船舶保险及一些以不易确定价值的艺术品为保险标的的财产保险。在定值保险合同中，保险价值由双方自愿确定，如果保险人对保险标的缺乏经验或专业知识，投保人即可能过高地确定保险标的的价值，牟取不正当利益。因此，为避免损失，保险人对订立定值保险合同多持谨慎态度，其适用范围受到一定限制。在美国，有些州的法律禁止订立定值保险合同。我国《保险法》第 55 条第 1 款明确规定了定值保险合同。

不定值保险（unvalued insurance），是指双方当事人在订立合同时只列明保险金额，不预先确定保险标的的价值，须至危险事故发生后，另行确定保险价值而确定其损失的保险。不定值保险中保险标的的损失额，以保险事故发生之时保险标的的实际价值为计算依据，通常的方法是以保险事故发生时，当地同类财产的市场价格来确定保险标的价值。但无论保险标的的市场价格发生多大变化，保险人对于标的所遭受的损失的赔偿，均不得超过合同所约定的保险金额。在不宜用市场价值确定保险价值时，也可用重置成本减折旧的方法或其他的估价方法来确定保险价值。在实际操作中，大多数财产保险均采用不定值保险合同。

（五）补偿性保险与给付性保险

这是以给付保险金的目的为标准所作的分类。

补偿性保险，是指保险人所给付的保险金的目的在于补偿被保险人因保险事故所遭受实际损失的保险。财产保险属于补偿性保险。因该保险的目的是补偿被保险人的损失，故在保险事故发生后，保险人在保险金额的限度内，以评定实际损失为基础来确定保险金的数额，故亦为评价保险。在财产保险中，即使定值保险合同所约定的保险价值在全损时低于实际损失，被保险人所获得的保险金也不失其补偿性，只是补偿的数额小于损失而已。

与补偿性保险相对，给付性保险不以补偿损失为目的。大多数人身保险都属于给付性保险。因为人身保险的标的人的生命或健康是不能以价值来衡量的，保险事故发生后造成的损失也无法以货币来评价。而且，有些人身保险并无意外事故的发生，也无损失的存在，保险人依合同规定所给付的保险金只是为满足被保险人的特殊需要。

（六）足额保险、不足额保险与超额保险

这是以保险金额与保险价值（保险标的价值）的关系为标准所作的分类。

根据保险学原理，保险标的的实际价值是确定保险金额的依据，只有当保险金额等于或大体相当于保险标的的实际价值时，保险赔偿才能被认为是充分、合理的。但是在实际保险活动中，基于各种原因，保险标的的实际价值与保险金额不一致的情况极为平常。由此就出现了足额保险、不足额保险、超额保险的界定与适用问题。

足额保险，又称全额保险，是指保险金额等于或大体相当于保险价值的保险。所谓保险价值，在此是指被保险财产的价值。在定值保险中，特指合同中载明的财产的价值；在不定值保险中，特指保险事故所导致的损害发生时财产的实际价值。根据足额保险合同，保险事故发生时，如果保险标的全部损失，保险人按保险金额全部赔偿；如果部分损失，保险人按实际损失额赔偿。足额保险的被保险人既可以获得充分的保险保障，也不会多支付不必要的保险费。

不足额保险，又称低额保险，是指保险金额低于保险价值的保险。不足额保险在发生保险事故所导致的损害时，保险人对被保险人损失的赔偿责任仅以保险金额为限，超出保险金额以外的部分保险人不负赔偿责任，视作被保险人自保。它又分为两种情形，如果发生保险标的全损,按保险金额给付后,不足部分由被保险人自担;如果发生保险标的部分损害,既可以按保险金额与保险标的价值之比例赔付,也可以在保险金额限度内按实际损失赔付。

超额保险,是指保险金额大于财产价值的保险。形成这种保险的情况有三种:一是出于善意,被保险人过高估计财产的价值;二是出于情势变更,由于市场价格的变动导致保险合同中约定的保险财产价值贬值;三是出于恶意,如被保险人故意欺骗,在投保时虚报财产价值,希望在保险事故发生后获得多于实际损失的补偿。对于超额保险,一般处理原则是,如果是由于投保人善意形成的超额保险,包括第一种、第二种情形,其超过部分无效,投保人可以请求保险人返还无效部分的保险费;如果是由于投保人恶意形成的超额保险,各国法律一般规定保险合同无效。造成保险人损失的,恶意投保人承担损害赔偿责任。我国《保险法》规定,保险金额不得超过保险价值;超过保险价值的,超过部分无效,保险人应当退还相应的保险费。〔4〕

(七)个别保险、集合保险与总括保险

这是以保险标的的数量状况为标准所作的分类。

个别保险,又称单独保险,是指以一人或者以一物为保险标的的保险。多数保险都属于个别保险。

集合保险,是指集合多数性质相似的保险标的而订立一个保险。根据保险标的的性质不同,集合保险又可分为集团保险(以多数物为保险标的的保险)和团体保险(以多数人为保险标的的保险)。〔5〕 集合保险对每一保险标的分别订有各自的保险金额。在保险事故发生时,保险人对每一保险标的在其保险金额限度内根据实际损失(财产保险)或者保险金额(人身保险)承担给付保险金的责任。

总括保险,又称"统保单",是指无特定保险标的,仅按一定标准所限定的可以变动的多数人或者物的集体为标的的保险。这种保险的标的通常可以交替,保险人对承保的多数保险标的只确定一个不变的保险金额,而不分别规定保险金额。保险事故发生后,保险人在保险金额的限度内承担保险责任。

(八)单保险与复保险

这是以保险人的情况为标准所作的分类。

单保险,是指投保人对同一保险标的就同一保险利益、同一保险事故、同一保险期间与一个保险人订立的保险。

复保险,又称重复保险,是指投保人对同一保险标的、同一保险利益、同一保险事故分别与两个以上保险人订立保险合同,且保险金额总和超过保险价值的保险。复保险的投保人应当将复保险的有关情况通知各保险人。复保险的各保险人赔偿保险金的总和不得超过保险价值。除合同另有约定外,各保险人按照其保险金额与保险金额总和的比例承担赔偿保险金的责任。复保险的投保人可以就保险金额总和超过保险价值的部分,请求各保险人按比例返还保险费。〔6〕

---

〔4〕 参见我国《保险法》第55条第3款。

〔5〕 参见郑玉波:《保险法论》,台北,三民书局1998年版,第53页。

〔6〕 参见我国《保险法》第56条。

第二节　保险法概述

一、保险法的概念与体系

（一）保险法的概念

保险法，是指以保险关系为调整对象的法律规范的总称。"保险法"一词有广义和狭义两种解释。广义上的保险法，是指以保险关系为调整对象的一切法律规范的总称。它包括规定保险团体的组织、管理与监督的保险业法，规定保险合同双方当事人权利义务的保险合同法，专门规定某一险种保险关系的保险特别法，以及社会保险法等法规，即包括商业保险法和社会保险法两大类。狭义上的保险法，是指以保险合同形成的商业保险关系为调整对象的法律规范的总称，它仅指商业保险法。上述保险关系具体包括：保险公司与投保人、被保险人、受益人之间的经济关系；保险人与保险中介人之间的经济关系；保险公司之间的经济关系；保险公司内部的经济关系；政府与保险公司之间的经济关系；保险公司与其他国民经济各部门之间的经济关系。本书所谓保险法系从狭义而言。

（二）保险法的体系

关于保险法的体系，理论界有不同看法：一种观点认为，保险法包括三类，即保险合同法、保险业法与保险特别法；另一种观点认为，保险法包括两类，即保险合同法与保险业法。第一种观点为通说，本书亦采此说。

1. 保险合同法。它是保险法的核心内容，涉及保险商行为的主体资格、受益人资格、合同订立与生效的条件、合同基本条款、当事人的权利义务、合同的变更与终止等。在很多国家，都单独制定保险业法，一般所谓保险法即特指保险合同法。在立法体例上，保险合同法主要有两种模式：（1）作为合同法或商行为法的一部分而规定于民法典或商法典中，如意大利、日本、西班牙、葡萄牙等；（2）规定于单行法规中，如德国、法国、奥地利、瑞士、英国等。[7] 在我国，《保险法》第二章"保险合同"是关于保险合同法的专门规定。此外，《民法典》的相关规定作为合同法的一般规定亦可适用于保险合同。

2. 保险业法。它是指国家对保险市场及市场主体的组织和经营活动进行监管的法律规范总称。保险监管法是保险业法的主要内容，故保险业法又称保险业监管法，具有较强的公法色彩。但从其内容来看，保险业法的主要内容是保险企业的组织和经营规则，故其作为保险业组织法属于商事组织法的一部分。因此，保险业法可纳入商法的范畴。在立法体例上，保险业法主要有两种模式：（1）以单行法专门规定，即直接以"保险业法""保险公司法""保险业监督管理法"等冠名，如日本1900年的《保险业法》、英国1958年的《保险公司法》[8]；（2）以统一的保险法典规定，即将保险业法和保险合同法作为保险法的重要内容一并规定在保险法典中，我国《保险法》即属此例。值得注意的是，无论是采用单行法规模式还是采用统一法典模式，随着保

---

〔7〕 参见李永军主编：《商法学》（修订版），中国政法大学出版社2007年版，第626页。

〔8〕 我国于1985年3月颁布的《保险企业管理暂行条例》（已失效），也是当时唯一对保险企业进行专门规制的立法。

险业的迅速发展,新问题的不断涌现,各国往往都不断修改保险业法,或在主法之外制定一些补充性的法律规定。

3. 保险特别法。它是指在保险普通法(含保险合同法和保险业法)之外,专门规范特定的保险种类的保险关系的法律规范。英国的《海上保险法》、日本的《人身保险法》以及我国《海商法》中关于海上保险的规定,都属于保险特别法的范畴。根据法律适用时特别法优于普通法的原则,若保险特别法对特定类型的保险已经作了规定,则适用保险特别法的规定;若保险特别法对特定类型的保险未作规定,则适用保险普通法的规定。

二、我国保险立法概况

近代中国的保险立法源于清朝末年。1904 年颁布的《大清商律》依照大陆法国家商法典立法体例,保险法为单独一章。1917 年、1927 年北洋政府先后制定了《保险业法案》《保险契约法草案》,这两部法律草案因北洋政府的倒台而未颁布生效。1927 年之后,民国政府先后颁布了《保险法》《保险业法》《简易人寿保险法》,这些法律后来一直被国民党政府修改沿用。〔9〕中华人民共和国成立后,中央政府先后颁布了一批保险法规,如 1951 年颁布的《关于实行国家机关、国营企业、合作社财产强制保险的决定》《财产强制保险条例》《船舶强制保险条例》《铁路车辆强制保险条例》《轮船、铁路、飞机三方面旅客意外强制保险条例》,1957 年颁布的《公民财产自愿保险办法》等。

改革开放之后,伴随着保险业发展的迫切需要,我国保险立法有了很大发展,先后制定了一批保险法律法规,如国务院颁布的《财产保险合同条例》《保险企业管理暂行规定》,全国人大 1987 年颁布的《经济合同法》(已废止)对财产保险合同作了原则性规定。1992 年颁布的《海商法》对海上保险合同作了规定。1995 年 6 月 30 日,全国人大常委会通过了《保险法》,从而确立了我国保险法的基本体系框架。

针对我国加入世贸组织承诺对保险业的要求,2002 年 10 月 28 日第九届全国人大常委会第三十次会议对保险法进行了修正,修正内容重在保险业法部分。这是《保险法》的第一次修改,修改后的保险法于 2003 年 1 月 1 日起实施。

近年来,我国保险业取得了超乎寻常的快速发展,保险监管中新情况与新问题不断涌现,原有《保险法》已严重滞后,保险业界对再次系统修改和完善《保险法》提出了强烈要求。尤其是 2002 年修订时基本未涉及保险合同法部分因存在较大缺陷,保险法律实践中的纠纷也集中发生于该领域,因而迫切需要对《保险法》进行全面修订。为此,2004 年 10 月,原中国保监会会同有关部门正式启动保险法第二次修改的准备工作,2005 年年底形成了保险法修订草案建议稿并上报当时的国务院法制办公室。此后,当时的国务院法制办公室组织听取各方意见,修改形成了《保险法(修订草案)》。2008 年 8 月 1 日,《保险法(修订草案)》经国务院常务会议原则通过,提请全国人大常委会审议。该草案经第十一届全国人大常委会第四次会议、第六次会议审议,并于 2009 年 2 月 28 日第十一届全国人大常委会第七次会议通过。新修订的《保险法》自 2009 年 10 月 1 日起施行。

---

〔9〕 参见孙积禄:《保险法论》,中国法制出版社 1997 年版,第 48 ~ 49 页。

三、保险法的基本原则

保险法的基本原则，是指集中体现保险法的性质和宗旨，为保险法所独有的，对各种保险法律关系具有普遍适用意义与司法指导意义，对全部保险法律规范体系具有统领作用的基本准则。一般认为，保险法的基本原则主要有以下内容。

（一）最大诚信原则

最大诚信原则，是指保险合同当事人必须充分而准确地向对方告知有关保险的所有重要事实，不允许存在任何虚构、欺骗、隐瞒行为的原则。诚实信用原则是民商法律中最基本的原则，保险法自应遵循。在保险商行为中，由于保险人对其所承保标的无法加以控制，对保险标的的实际情况难以获知或知之有限，许多相关资料全依赖投保人或被保险人提供，保险人通常是基于对投保人或被保险人的充分信任而接受投保和承担保险责任。因此，诚实信用原则在保险活动中显得特别重要，要求当事人在保险商行为中具有最大的诚实信用，即最大的"善意"、"诚实"与"信用"。为此，我国《保险法》第 5 条明确规定："保险活动当事人行使权利、履行义务应当遵循诚实信用原则。"

尽管我国《保险法》《海商法》均未明确使用"最大诚信原则"的概念，但保险法中保险合同双方当事人的诚信义务的规定已体现了该原则，在司法裁判文书中则已普遍适用了该原则。最大诚信原则的内容非常丰富，具有代表性的包括：投保人或被保险人的如实告知义务与信守保证义务，保险人的条款说明义务与不可抗辩规则。

1. 如实告知义务

（1）如实告知义务的含义。如实告知义务，又称据实说明义务、如实披露义务，是指投保人在订立保险合同过程中，对保险人的询问所作陈述应当全面、真实、客观，不得隐瞒或者故意不回答，也不得编造虚假情况来欺骗保险人。如实告知义务为投保人订立保险合同时必须履行的基本义务，属于最大诚信原则的重要内容。如实告知义务并非基于保险合同而产生，而是保险法规定的合同前义务，不构成保险合同的内容。对此，我国《保险法》第 16 条第 1 款规定："订立保险合同，保险人就保险标的或者被保险人的有关情况提出询问的，投保人应当如实告知。"

（2）如实告知义务的内容。如实告知的目的是使保险人能够准确了解与保险标的危险状况有关的重要事实。此处所谓重要事实，是指能够影响一个正常的谨慎的保险人决定是否接受承保或者据以确定保险费率或者是否在保险合同中增加特别约定条款的事实。投保人所应如实告知的重要事实通常包括以下四个方面的内容：其一，足以使被保险人危险增加的事实；其二，为特殊动机而投保的，有关该动机的事实；其三，表明被保险危险特殊性质的事实；其四，显示投保人在某方面非正常的事实。需要注意的是，具体到每份保险合同，重要事实的范围又会依其保险种类的不同而有所不同。

（3）违反如实告知义务的法律后果。投保人故意或者因重大过失未履行如实告知义务，足以影响保险人决定是否同意承保或者提高保险费率的，保险人有权解除合同。投保人故意不履行如实告知义务的，保险人对于合同解除前发生的保险事故，不承担赔偿或者给付保险金的责任，并不退还保险费。投保人因重大过失未履行如实告知义务，对保险事故的发生有严重影响的，保险人对于合同解除前发生的保险事故，不承担赔偿或者给付保险金的责任，但应当退还保险费。保险事故是指保险合同约定的保险责任范围内的事故。[10]

2. 信守保证义务

保证,是指投保人或被保险人对某些特定事项如为一定行为、不为一定行为或某特定事项的真实性向保险人所做的担保。保证是保险合同的基础,投保人或被保险人违反保证,保险人有权解除合同。保证分为明示保证和默示保证。明示保证,是指在保险合同中对保证事项予以记载,并由投保人或被保险人作明确承诺的保证方式。例如,仓库保险合同中一般都有"不堆放危险品"的明示保证条款。默示保证,是指投保人或被保险人对于某些特定事项虽未作明确担保,但可依社会上普遍认可的某些行为规范而推定为投保人或被保险人对此作出承诺的保证方式。我国保险法未对保证义务作明文规定,但在保险实务中有承诺保证的做法。

3. 条款说明义务

条款说明义务,是指保险人应当就保险合同利害关系条款特别是免责条款向被保险人明确说明的义务。保险条款的说明义务是由保险合同的性质决定的。保险合同的条款通常由保险人事先确定,具有很强的专业性与技术性,未经专门研习,很难正确理解。投保人或被保险人往往无法对保险条款的内容进行协商,而仅有是否投保的选择权。这种格式条款往往会损害投保人或被保险人的利益。因此,现代各国保险法均规定,保险人与保险条款有说明的义务。对此,我国《保险法》第 17 条分两款规定:"订立保险合同,采用保险人提供的格式条款的,保险人向投保人提供的投保单应当附格式条款,保险人应当向投保人说明合同的内容。""对保险合同中免除保险人责任的条款,保险人在订立合同时应当在投保单、保险单或者其他保险凭证上作出足以引起投保人注意的提示,并对该条款的内容以书面或者口头形式向投保人作出明确说明;未作提示或者明确说明的,该条款不产生效力。"

4. 不可抗辩规则

不可抗辩规则,又称不可抗辩条款(incontestable clause)、不可争议条款,是指保险合同自生效之日起经过一段时间(一般为 2 年),就成为不可争议的文件,保险人就不得以投保人在订立保险合同时违反诚实信用原则、未履行如实告知义务为由而主张合同无效并拒绝赔偿保险金。"不可抗辩条款"由英国的保险人在美国销售的人寿保险单中首先使用,如今已普遍成为寿险条款中的固定条款,并在很多国家通过法律的形式固定下来。

长期以来,我国《保险法》及保险条款中一直未规定不可抗辩规则。实践中,保险公司往往以投保人未履行如实告知义务为由,滥用合同解除权,拒不承担保险合同约定的义务,恶意拒赔,导致全社会对保险业的信任度极大地降低。这一情形极大地阻碍了人们对于保险商品的需求,并成为保险业发展的羁绊。因此,我国 2009 年《保险法》对不可抗辩规则作了明确规定。该法第 16 条第 3 款规定:"前款规定的合同解除权,自保险人知道有解除事由之日起,超过三十日不行使而消灭。自合同成立之日起超过二年的,保险人不得解除合同;发生保险事故的,保险人应当承担赔偿或者给付保险金的责任。"依此,我国《保险法》不仅确认了不可抗辩规则,而且将其适用范围扩大到财产保险。对于这种扩大适用的合理性,理论界有不同认识,具体效果还有待实践检验。

---

〔10〕 参见我国《保险法》第 16 条第 2 款、第 4 款、第 5 款、第 7 款。

（二）保险利益原则

1. 保险利益原则的含义

保险利益原则，是指只有具有保险利益的保险行为才具有法律效力。所谓保险利益（insurable interest），又称可保利益，是指投保人或者被保险人对保险标的具有的法律上承认的利益。[11] 保险利益既可为投保人对其保险标的所具有的某种经济上的利益，也可为投保人依法或依合同所承担的责任、义务而产生的利害关系。若保险事故发生，投保人或被保险人的经济利益受到损害，则表明投保人对保险标的有保险利益；否则即无保险利益。

保险利益原则起源于18世纪英国海上保险实务。[12] 保险利益原则的确定是为了防止某些人利用保险活动牟取非法利益，并防止道德危险的发生，[13] 从而确保保险活动有效发挥分散风险、分担损失的作用。为此，我国《保险法》第12条规定：人身保险的投保人在保险合同订立时，对被保险人应当具有保险利益；财产保险的被保险人在保险事故发生时，对保险标的应当具有保险利益。显然，保险利益并非所有保险合同的生效要件。对此，我国2002年《保险法》第12条第2款规定："投保人对保险标的不具有保险利益的，保险合同无效。"但2009年《保险法》删除了该规定，而仅于其关于人身保险合同的第31条第3款规定："订立合同时，投保人对被保险人不具有保险利益的，合同无效。"依此，财产保险的保险利益并非保险合同的生效要件，而仅要求被保险人在保险事故发生时，对保险标的应当具有保险利益。

2. 人身保险的保险利益

根据我国《保险法》第31条的规定，投保人对下列人员具有保险利益：（1）本人；（2）配偶、子女、父母；（3）前项以外与投保人有抚养、赡养或者扶养关系的家庭其他成员、近亲属；（4）与投保人有劳动关系的劳动者。此外，被保险人同意投保人为其订立合同的，视为投保人对被保险人具有保险利益。

3. 财产保险的保险利益

我国《保险法》未对财产保险的保险利益作明确规定，但依该法第12条第6款之规定，财产保险的保险利益是指投保人或被保险人对保险标的所具有的一种法律上认可的经济利益。其要素如下：（1）财产保险的保险利益是法律上认可的利益；（2）财产保险的保险利益必须为经济上的利益，即必须是可以用金钱估算的利益；（3）财产保险的保险利益必须是能够确定的利益。

（三）损失补偿原则

损失补偿原则是民商法上的一项重要原则。在保险法上，损失补偿原则，是指被保险人在保险合同约定的保险事故发生后所受实际损失，保险人应在其责任范围内进行充分补偿。该原则主要包含以下内容：（1）保险人在保险合同约定的责任范围内按实际损失进行充分补偿；（2）被保险人原则上不能通过保险赔偿额外获利，即保险人事故发生后，被保险人所获保险金的总和以及保险金与第三者赔偿的总和，原则上不能超过被保险人的实际损失。根据损害补

---

〔11〕 参见我国《保险法》第12条第6款。

〔12〕 参见［美］小罗伯特·H. 杰瑞、道格拉斯·R. 里士满：《美国保险法精解》（第四版），李之彦译，北京大学出版社2009年版，第101页。

〔13〕 道德危险是保险理论中的固有名词，是指被保险人或受益人为诈取保险金而故意以作为或不作为方式促使保险事故的发生或在保险事故发生时放任损失扩大的危险。

偿原则,衍生出了代位求偿权制度、委付制度、重复保险分摊制度。

根据我国《保险法》的规定,损失补偿原则仅适用于财产保险,人身保险则不予适用。一般来说,由于人身保险的保险标的是无法估价的人的生命或身体机能,其保险利益也是无法估价的,因而人身保险合同不具有补偿性,其赔付只能属于给付性质,无法量化到具体赔偿多少为限。人身保险中的人寿保险作为给付性质的保险不适用损失补偿原则自无疑义,但对于健康保险、意外伤害保险等明显具有补偿性质的保险是否适用损失补偿原则,一直是保险界乃至法学界争议的焦点。事实上,确定是否适用损失补偿原则的标准,不应简单地按照财产保险与人身保险来区分,而应根据保险的补偿性与给付性来区分。依此,意外伤害保险、健康保险等短期人身险,因具有明显的补偿性质,故同样应适用损失补偿原则。对此,北京市高级人民法院于 2007 年 3 月 12 日通过的《审理民商事案件若干问题的解答之五(试行)》第 34 条规定:人身保险所属的健康保险、意外伤害保险中关于医疗费用的保险,不适用补偿原则;保险合同另有约定的除外。在此方面,比较好的处理方法是在继承传统的把保险分为财产保险和人身保险的分类方法的同时,按照损害保险和定额保险的分类方法,把人身保险中意外伤害保险和健康保险中的医疗费用保险纳入损害保险的范畴,为损失补偿原则的适用奠定理论基础。[14] 因此,从理论上讲,财产保险基本上属于损害补偿性保险,人身保险中亦有补偿性质的保险,如疾病、伤害保险等,即以医疗及住院等实际费用补偿为限,故损害补偿原则应适用于财产保险和部分人身保险。不过,2009 年的《保险法》未对此做出回应,故在相关立法或司法解释作明确规定之前,人身保险仍不能适用损失补偿原则。

(四)近因原则

近因原则(principle of proximate cause)是各国在处理保险理赔时一项重要的基本原则。近因原则起源于海上保险,现已广泛适用于所有保险业务的理赔中。在处理保险理赔案件时,判断赔偿与给付保险金的重要条件就是造成保险标的损失的近因是否属于承保的范围,也即是否属于保险责任。

近因,是指导致结果发生的起决定性作用的或最有力的原因。在保险法中,所谓近因,是指造成保险标的损害最直接、最有效的起主导作用或支配性作用的原因。近因原则,是指危险事故的发生与损失结果的形成,须有直接的因果关系,保险人才对发生的损失负赔偿责任。近因原则是确定保险人对保险标的的损害是否负保险责任以及负何种保险责任的原则。保险人按照约定的保险责任范围承担责任时,要求保险人所承保危险的发生与保险标的的损害之间存在最直接的因果关系。只有当近因属于保险责任,赔偿人才赔付保险金,否则,保险人不必承担任何责任。我国《保险法》未直接规定近因原则,但在司法实践中,近因原则已成为判断保险人是否应承担保险责任的一个重要标准。

近因原则旨在确立一种公平合理的保险人归责机制,并过滤保险领域的道德风险,以保护保险当事人双方。在实务操作中,认定损害结果发生的近因需要用到顺推(顺序法)和倒推(逆向法)两种方法。顺推法就是从最初事件出发,按逻辑推理,判断下一个事件可能是什么;再从可能发生的第二个事件,按照逻辑推理判断最终事件即损失是什么。如果推理判断与实际发生的事实相符,则最初事件就是损失的近因。如果最初事件是属于保险责任范围内的事件,则

〔14〕 参见李华:《医疗费用保险适用损失补偿原则之研究》,载《安徽大学学报(哲学社会科学版)》2011 年第 2 期。

保险人应当为此承担赔偿责任。逆推法是从结果推原因。从损失开始，从后往前推，即从分析损失开始，分析引起损失的原因是否为前一事件，如果是，则继续再分析导致前一件事发生的原因，直至最初事件为止。假如最初事件由保险风险所致且此事件属于保险责任范围，则保险人应承担保险责任。追溯到最初事件，如没有中断，则最初事件就是近因。

为了更加合理地解决类似原因力在保险事故中的责任问题，比例因果关系应运而生，以便更灵活和公正地处理一些较为复杂的保险纠纷案件。这一理论认为，在引起损失结果的数个原因中，根据比例来确定导致事件发生的直接原因或主要原因。因果关系是客观规律，不能采用"有"或"没有"的做法去判断，而是以事实关系为依据，判断因果关系在具体事件中所占有比例，从而根据比例来定性。[15] 根据比例因果关系理论，按比例分配保险人的赔付责任，从而最大限度地平衡保险人和被保险人的利益，体现公正、公平的理念。

思考题

1. 试述保险的特征。
2. 试述保险的构成要件。
3. 试述保险的种类。
4. 试述最大诚信原则的含义。
5. 试述损失补偿原则的含义。
6. 试述近因原则的含义。

〔15〕 参见沙银华：《日本经典保险判例评释》，法律出版社2002年版，第101页。

第三十章　保险合同法律制度

导 读

- 保险合同是双务、有偿、诺成、射幸合同，并且多属附合合同。
- 保险合同的主体可分为两种类型：一是保险合同的当事人，即订立保险合同的投保人和保险人；二是保险合同的关系人，即与保险合同有间接关系的被保险人和受益人。
- 保险合同的订立在程序上经历了从意思表示之合意到保险单证给付的过程，具有以下四个步骤：投保人提出保险要求；保险人同意承保；保险人与投保人就合同条款达成协议；多数保险合同订立以投保单、保险单或者其他保险凭证为必要形式。
- 保险合同的内容通常以条款形式表现在保险合同之中。这些条款可以分为法定条款和约定条款两类。法定条款为保险合同的基本条款，约定条款为保险合同的任意条款。
- 保险合同是双务合同，保险合同的履行是指保险合同订立并生效后，双方当事人按照合同的约定全面完成各自承担的义务以满足他人权利实现的行为。由此，它所涉及的内容不仅是合同各方当事人履行义务，而且包括各自行使权利的方法。
- 保险合同变更类型主要涉及合同主体变更与内容变更。保险合同的解除包括法定解除与意定解除。

第一节　保险合同概述

一、保险合同的概念与特征

（一）保险合同的概念

保险合同是投保人与保险人约定保险权利义务关系的协议。[1] 其含义如下：

1. 保险合同的当事人仅仅是投保人和保险人，二者互为保险权利义务关系发生和存续的主体。被保险人和受益人虽属保险合同的关系人，但未必为保险合同的当事人。

2. 保险合同当事人之间的关系是保险权利义务关系，他们互为权利义务主体，自己履行合同义务的同时享有合同赋予的权利，即投保人向保险人支付保险费，保险人对合同约定的可能发生的事故造成的损失或者被保险人发生约定的情形承担赔偿或者给付保险金的责任；保险

〔1〕 参见我国《保险法》第10条第1款。

权利义务关系以外的关系，不属于保险合同的范畴。

3. 保险合同是投保人和保险人协商一致的结果，其形成方式是双方的“约定”，而不是任何一方单方面的意思表示。

（二）保险合同的特征

1. 保险合同是双务合同。双务合同是指合同当事人双方互为权利义务主体，即一方的权利为对方的义务的合同。首先，就单个保险合同而言，投保人的义务是支付保险费等，而保险人的义务是发生约定事故或事项时履行赔付保险金的责任。其次，就全部保险合同而言，投保人履行义务支付的保险费和保险人履行义务支付的保险金是对应的，互为条件，双方当事人都承担着积极的确定的法律义务。因此，保险合同属于双务合同。不过，根据保险合同，投保人所负保险费支付义务是确定的，保险人所负的赔偿义务在合同缔结时是不确定的，它须在合同生效后基于偶然事故的发生而确定。这种债务，对投保人来说属于期待利益，而这种期待利益是保险费的对价。基于此，保险合同虽属双务合同，但原则上不适用合同法上同时履行抗辩权的规定，即投保人有先为支付保险费的义务，无要求保险人同时履行之抗辩权利。同时，保险人对人寿保险的保险费，不得用诉讼方式要求投保人支付。〔2〕 这也是保险合同所生之债的特点，与一般的民商事双务合同不同。〔3〕

2. 保险合同是有偿合同。保险作为有偿合同，是指投保人因给付保险费而换取保险人承诺负担危险责任的对价。如果没有这个对价，保险合同不发生效力。但是，此处所谓对价，是从商事合同性质的角度来理解的，即合同有对价报偿的性质，并不意味着当事人双方的义务内容完全相同或相等。

3. 保险合同是诺成合同。诺成合同相对于“实践合同”而言。它是指合同双方当事人意思表示一致合同即可成立，无须合同标的物实际交付。保险合同属诺成合同还是实践合同，学者对此观点不一。根据我国《保险法》的规定，多数学者认为我国的保险合同属诺成合同。《保险法》第 13 条第 1 款规定：“投保人提出保险要求，经保险人同意承保，保险合同成立。保险人应当及时向投保人签发保险单或者其他保险凭证。”依此，保险合同的成立以双方当事人的合意为要件，不以保险费实际交付为要件。投保人不按约定交付保险费，保险人不按约定承保风险，只是合同解除的条件，而非合同成立的条件。

4. 保险合同多属附合合同。商事合同可分为协商合同与附合合同。协商合同，是指合同当事人通过协商意思表示一致而成立的合同。附合合同，是指合同条款是事先拟定的，当事人只能就该条款表示愿意接受而签订的合同。多数保险合同都属于附合合同。在具体的保险活动中，投保人和保险人一般都不得将已标准化和定型化的合同予以任意更改。但是，也有的保险合同因保险标的较为特殊，或者投保人有特别要求，而由双方当事人协商签订合同，如核电站保险、卫星保险等。对此，《保险法》第 13 条第 2 款规定：“保险单或者其他保险凭证应当载明当事人双方约定的合同内容。当事人也可以约定采用其他书面形式载明合同内容。”

5. 保险合同是射幸合同。在民法上，射幸合同是与实定合同相对应的一个概念。射幸合同，是指当事人一方付出的代价所获得的只是一个机会，可能因此而获得数十倍的利益，也可

---

〔2〕 参见《保险法》第 38 条。

〔3〕 参见郑玉波：《保险法论》，台北，三民书局 1998 年版，第 48 页。

能没有利益可获。合同效果在订立合同时不能确定。保险合同作为射幸合同，是因为合同所承保的危险损失是否发生以及在何种程度上发生，在合同订立时具有极大的不确定性。在合同有效期间，如果发生合同约定的损失，被保险人从保险人处获得的赔偿金额可能远远超出其所支付的保险费；如果没有发生损失，则只付出保险费而无任何收益。对于保险人来说，当发生事故时，其所赔付的金额可能大于其所收取的保险费，如果不发生事故，则只享有收取保险费的权利，不承担给付保险金的责任。保险合同具有射幸性质，是由保险事故的发生具有偶然性的特点决定的。不过，也有学者认为，在个案保险中，射幸特征颇为明显，而就整个保险活动而言，保险费与保险金之间的关系并非完全取决于偶然因素，它可以根据大数法则予以推算，它与赌博之类的纯粹偶然事件颇不一样。[4]

二、保险合同的主体

保险合同的主体，是指在保险合同中享有权利和承担义务的人。保险合同的主体可分为两种类型：一是保险合同的当事人，即订立保险合同的投保人和保险人；二是保险合同的关系人，即与保险合同有间接关系的被保险人和受益人。

(一)保险合同的当事人

1. 投保人

投保人，又称要保人或保单持有人，是指与保险人订立保险合同，并按照合同约定负有支付保险费义务的人。[5] 投保人可能是自然人，也可能是法人。投保人应具备三个要件：(1)投保人必须具有民事权利能力和民事行为能力，无民事行为能力的人和限制民事行为能力的人未征得其法定代理人同意或追认所订立的保险合同均为无效；(2)投保人对保险标的应当具有保险利益，保险利益是指投保人对保险标的具有的法律上承认的利益，如果投保人对保险标的不具有保险利益，保险合同无效；(3)投保人须承担支付保险费的义务，包括投保人为自己的利益订立合同和为他人利益订立合同所必须承担的支付保险费义务。

2. 保险人

保险人，又称承保人，是指与投保人订立保险合同，并按照合同约定承担赔偿或者给付保险金责任的组织。[6] 在我国，保险人的组织形式限于公司，故一般直接称为保险公司。保险人具有以下特征：(1)保险人仅指依法定程序设立并取得经营资格的保险组织；(2)保险人在保险合同成立期间享有保险费请求权；(3)保险人在承保危险事故发生后依其承保的保险责任负有损害赔偿或者给付保险金的义务。

(二)保险合同的关系人

1. 被保险人

被保险人，是指被保险人财产或者人身受保险合同保障，享有保险金请求权的人。投保人可以为被保险人。[7] 被保险人是保险事故发生时遭受损失的人，既可为投保人，也可为第三

---

〔4〕 参见郑玉波：《保险法论》，台北，三民书局1998年版，第50页。

〔5〕 参见我国《保险法》第10条第2款。

〔6〕 参见我国《保险法》第10条第3款。

〔7〕 参见我国《保险法》第12条第5款。

人。通常法律不对被保险人的资格予以限制,但在人身保险中存在例外。对此,我国《保险法》第33条第1款规定:“投保人不得为无民事行为能力人投保以死亡为给付保险金条件的人身保险,保险人也不得承保。”被保险人具有以下特征:

(1)被保险人是保险事故发生时遭受损失的人。在财产保险中,被保险人必须是财产的所有人或者其他权利人;在人身保险中,被保险人则是其生命或者健康因危险事故的发生而遭受直接损害的人。被保险人在财产保险中是保险标的的主体,在人身保险中则同时是保险标的,因此,财产保险中的被保险人与人身保险中的被保险人在地位上有一定的差异。[8]

(2)被保险人一般是享有赔偿请求权的人。在财产保险和人身保险中,这种请求权的行使方式不同。在财产保险中,请求权由被保险人亲自行使。如果被保险人在保险事故中死亡,其法定继承人可以继承取得请求权。在人身保险中,请求权既可由被保险人自己行使,也可由保险合同的受益人根据合同的约定取得。如果保险合同未约定受益人,在被保险人死亡时,其法定继承人继承取得请求权。

(3)被保险人可以是投保人,也可以是第三人。如果投保人以自己的生命、身体或财产为保险标的订立保险合同,投保人与被保险人为同一人。如果投保人不是为其本人而是为他人利益订立保险合同,投保人与被保险人则可以不是同一人。

(4)通常被保险人的资格没有严格限制。被保险人既可为完全民事行为能力人、限制民事行为能力人,亦可为无民事行为能力人。但在人身保险中存在例外。

2. 受益人

受益人,又称保险金受领人,指人身保险合同中由被保险人或者投保人指定的享有保险金请求权的人。投保人、被保险人可以为受益人。[9] 受益人并不是每个保险合同关系中必有的对象,在人身死亡保险合同中投保人通常会指定受益人作为保险金受领人。受益人不受有无民事行为能力及保险利益的限制。受益人具有以下特征:

(1)受益人享有保险金的请求权。这种请求权不是一种对价,即受益人可以享受保险合同产生的利益,但无须承担交纳保险费的义务。如果投保人没有按时交纳保险费,受益人可以代付,但保险人无权向其追索。同时,受益人的保险金请求权并不是在保险合同生效时产生,而是在被保险人死亡时才产生。

(2)受益人由被保险人或者投保人指定。受益人的指定方式有两种:一是在合同中明确指定一人或数人为受益人;二是不具体指定受益人,只规定确定受益人的方法,如法定继承人为受益人。《保险法解释(三)》对受益人的指定与认定作了具体规定。对此,该解释第9条第1款规定:“投保人指定受益人未经被保险人同意的,人民法院应认定指定行为无效。”同条第2款规定:“当事人对保险合同约定的受益人存在争议,除投保人、被保险人在保险合同之外另有约定外,按以下情形分别处理:(一)受益人约定为‘法定’或者‘法定继承人’的,以民法典规定的法定继承人为受益人;(二)受益人仅约定为身份关系,投保人与被保险人为同一主体的,根据保险事故发生时与被保险人的身份关系确定受益人;投保人与被保险人为不同主体时,根据保险合同成立时与被保险人的身份关系确定受益人;(三)约定的受益人包括姓名和身份关系,

---

[8] 参见郑玉波:《保险法论》,台北,三民书局1998年版,第17页。

[9] 参见我国《保险法》第18条第3款。

保险事故发生时身份关系发生变化的,认定为未指定受益人。”

(3)投保人、被保险人本人均可为受益人。

(4)受益人不受有无民事行为能力及保险利益的限制。

在保险实践中,并非所有保险合同最终都能有效指定受益人。如果合同中未指定受益人或者受益人无法确定,按照保险法和民法的规定,被保险人死亡时,保险金作为被保险人的遗产处理。以受益人还是继承人的身份获取保险金,应适用不同的法律,并将导致不同的后果。作为受益人,其领受的保险金无须偿还被保险人生前的债务。但作为继承人,在其所继承的保险金遗产范围内有偿还被继承人即被保险人生前所欠税款和债务的义务。

第二节 保险合同的订立与生效

一、保险合同成立的程序

保险合同作为商事合同的一种,其成立的基本要件是:当事人双方在意思自治基础之上达成合意。但在合意的表现方式上,保险合同又有自身的特点。《保险法》第 13 条第 1 款规定:“投保人提出保险要求,经保险人同意承保,保险合同成立。保险人应当及时向投保人签发保险单或者其他保险凭证。”该规定表明,保险合同的订立在程序上经历了从意思表示之合意到保险单证给付的过程,具体有以下四个步骤:

1. 投保人提出保险要求,即作出订立保险合同之要约。投保人包括具有民事权利能力和行为能力的自然人、法人或者其他组织。投保人可以是经营主体,也可以是非经营主体。投保人所提出保险要求是以订立保险合同为目的的意思表示,其方式主要是填写投保单、发出投保函或者电话洽谈及当面接洽,这种意思表示之生效适用合同法的规定。

2. 保险人同意承保,即作出订立保险合同之承诺。保险人对投保人提出的保险要求,经逐项审查,愿意接受投保人的保险要求并表示同意的,则表明保险人同意投保人提出的要约条件。从理论上来说,一旦保险人作出同意承保之承诺,合同即告成立。同意承保的方式主要表现为保险人以言词、书信表示同意,或者保险人将保险费收据交付投保人表示同意。承诺之生效同样适用合同法的规定。

3. 保险人与投保人就合同条款达成协议。一般情况下,保险合同的订立过程是投保人与保险人就保险合同条款不断协商的过程,是要约、承诺、新要约、再要约直至最终承诺的过程。只有投保人与保险人双方达成一致意见,并作出相应的意思表示,即就合同条款完全达成协议,保险合同才可以依法成立。但有相当多的简易保险,如旅客乘坐飞机时购买保险,当口头要约和承诺达成合意后,付款和交单实际上是履行合同的行为。此类保险合同因采格式条款,双方实际上已无再协商之可能。

4. 多数保险合同订立以投保单、保险单或者其他保险凭证为必要形式。多数保险合同订立之要约以投保人填具投保单的形式来表示;承诺以保险人同意承保,即接受投保单来表示。由此,保险单、其他保险凭证或者有关书面文件事实上已经成为保险合同成立的证明文件。

投保单,又称投保书或要保书,它是投保人向保险人申请订立保险合同的要约。投保单由保险人事先制作,印制成标准格式。投保单列具与保险当事人及保险标的有关的栏目,通常不具体印制保险条款。不过,我国2009年《保险法》第17条第1款规定:“订立保险合同,采用保险人提供的格式条款的,保险人向投保人提供的投保单应当附格式条款,保险人应当向投保人说明合同的内容。”投保单本身不是正式合同的文本,如果投保人填具后并且保险人接受,它可以成为保险合同的一部分。

保险单,通常简称保单,是指投保人与保险人就保险合同条款达成一致后,保险人向投保人签发的证明保险合同成立的正式书面凭证。保险单载明了保险合同的全部内容,包括双方当事人的权利义务、合同的标的和其他主要条款。在保险合同成立后,保险单是双方当事人享受权利、履行义务的主要依据,也是保险事故发生后被保险人、受益人据以索赔的最重要的凭证。保险单与保险合同的关系,学术界所持观点并不一致。不少学者认为,虽然保险单所载内容与保险合同条款基本相同,但两者仍有区别。保险单是保险合同成立的书面凭证,不是合同本身。保险合同的成立与否取决于双方的口头或书面约定,不取决于保险单是否签发。在保险实务中,是否采用上述凭证或其他凭证,具体做法颇不一致。不少保险活动在保险合同订立后保险人签发保险凭证、暂保单、承保条等书面文件,但也有合同当事人直接协商签订保险合同而不签发上述书面文件,这些主要针对有特殊要求的投保人所提出的投保。

二、保险合同的内容

(一)保险合同的内容概说

保险合同的内容,又称保险合同条款。在学理上,其有广义和狭义两种解释。在广义上,保险合同内容是指保险合同所记载的全部事项,即投保人、保险人、被保险人和受益人权利义务在保险合同中加以记载的事项,是保险人对所承保的保险标的履行保险责任的依据。在狭义上,保险合同的内容仅指缔结保险合同的双方当事人约定的合同权利义务。通常,人们多从广义上理解保险合同内容的概念,我国《保险法》及理论亦然。

保险合同的内容通常以条款形式表现在保险合同之中。这些条款可以分为法定条款和约定条款两类。法定条款为保险合同的基本条款,约定条款为保险合同的任意条款。法定条款是指法律规定保险合同必须明确记载的条款。我国《保险法》第18条以列举的形式规定了保险合同必备的法定条款共十项:(1)保险人的名称和住所;(2)投保人、被保险人的姓名或者名称、住所,以及人身保险的受益人的姓名或者名称、住所;(3)保险标的;(4)保险责任和责任免除;(5)保险期间和保险责任开始时间;(6)保险金额;(7)保险费以及支付办法;(8)保险金赔偿或者给付办法;(9)违约责任和争议处理;(10)订立合同的年、月、日。

约定条款,又称为特约条款,是指投保人和保险人在保险合同的法定条款之外,根据具体保险合同特别需要就保险有关的其他事项作出约定的条款,通常包括附带条款、保险条款和附加条款三种。保险合同的约定条款与法定条款具有同等法律效力。两者的区别在于,法定条款为必备条款,任何保险合同都不可或缺,否则合同无效;约定条款为任意条款,由双方当事人根据实际需要确定是否作出约定或如何约定,合同有无此条款不影响合同的效力。与一般商事合同相比,保险合同的内容,即其条款所记载的事项有一定的特殊性。

(二)保险合同的主要条款

与一般商事合同相比,保险合同的内容,即其条款所记载的事项有一定的特殊性。现选择几个有代表意义的条款予以具体说明。

1. 保险合同主体的姓名或名称和住所

这里所说的主体是指投保人、被保险人以及人身保险的受益人。由于保险合同多采用保单形式,通常保险人的姓名或名称和住所印制在保险单上,其他当事人的姓名或名称和住所在投保时予以记载。在货物运输保险合同中,一般采用指示式和无记名式两种记载方式。指示式是指保险单不仅记载投保人的姓名,还标明"或其指定人"字样。对这种保险单,投保人可以采用背书方式转让给第三人。无记名式是指保险单不具体记载投保人的姓名,投保人可以通过交付保险单的方式改变保险单持有人。任何保险单持有人都可以依保险条款记载的内容向保险人行使给付保险金请求权。

2. 保险标的

保险标的,是指作为保险对象的财产及其有关利益或者人的寿命和身体,是保险合同中投保人和保险人权利义务共同指向的对象。保险标的因保险合同种类不同而各异。例如,有形财产保险合同中的保险标的是可能发生保险事故的财产;无形财产保险合同中的保险标的是被保险人可能承担的法律责任;人身保险中的保险标的是被保险人的寿命和身体。保险合同明确记载保险标的,便于确定险种,判明投保人对其是否有保险利益,同时便于保险人确定保险责任范围,保险人一般只对保险标的遭受的损失承担保险责任。

3. 保险责任和责任免除

保险责任,是指保险合同所约定的危险发生并造成保险标的损失,或人身保险事故发生或期限届满时,保险人依合同对被保险人或受益人承担给付保险金的责任。保险责任通常分为基本保险责任和特约保险责任。基本保险责任是指保险单基本条款规定的保险人应该承担的保险责任;特约保险责任是指保险单的附加条款规定的保险人应该承担的保险责任。

保险责任与保险危险既有联系,又有区别。保险危险是造成保险人承担支付保险金责任的原因,如火灾、爆炸、地震等。保险责任是保险危险造成的应由保险人支付保险金的结果。保险危险只能是那些尚未发生的,且发生与否不能确定的事项。

责任免除,也称除外责任,是指保险合同规定的保险人不应承担保险金支付的情形。它是保险合同中对保险责任的限制性规定。除外责任一般应在保险合同条款中列明。如果损害是由于除外责任列明事项造成的,保险人不承担支付保险金的责任。除外责任的事项主要有:一是不可保危险,如世界大战、核战争等;二是道德危险,如投保人、被保险人或者受益人故意制造的保险事故;三是由专门的特别附加保险承保的危险,如战争、罢工等,往往是一般险种的除外责任。此外,保险合同所约定的险种不同,保险责任和责任免除也不一样。《保险法解释(二)》对"免除保险人责任的条款"作了明确界定。对此,该解释第 9 条第 1 款规定:"保险人提供的格式合同文本中的责任免除条款、免赔额、免赔率、比例赔付或者给付等免除或者减轻保险人责任的条款,可以认定为保险法第十七条第二款规定的'免除保险人责任的条款'。"该条第 2 款规定:"保险人因投保人、被保险人违反法定或者约定义务,享有解除合同权利的条款,不属于保险法第十七条第二款规定的'免除保险人责任的条款'。"

4. 保险期间和保险责任开始时间

保险期间,是指保险人对保险标的承担保险责任的有效日期,它是保险合同的有效期间。保险期间有两种表示方式,它可以按保险业务全过程的起止计算,也可以按年、月、日计算。前者多适用于运输保险合同和工程保险合同,后者多适用于一般保险合同。保险责任开始时间与保险合同成立时间不是同一概念。两者可以一致,也可以不一致,如合同可以在某年10月1日成立,而保险期间可以从该年11月1日开始。如果事故发生于该年10月1日至31日,即使该事故属于保险责任范围内,保险人也不承担责任。因此在合同中载明保险期间非常重要。保险责任开始时间是保险人开始承担保险责任的时间,我国保险实务中通行的惯例是以约定起保日的零点为保险责任开始时间,以合同期间届满日的24点为保险责任终止时间。

5. 附带条款

附带条款,又称行业条款,是海上保险合同特有的条款,它是提供海上保险的保险公司同行业之间根据海上保险业务开展的实际需要,经协商统一制定的保险合同条款。如果这些条款添附于保险单,就发生对保险单原有的条款进行修改、补充或者限制的效力。

6. 保证条款

保证条款,是指保险人要求投保人或者被保险人对某一特定事项担保的条款,即保证为某种行为或者不为某种行为,或者保证某种事态存在或者不存在的条款。保证条款具有约束力,它是投保人或被保险人对保险人所作出的一种承诺,如果承诺人违反了承诺,保险人不承担责任,即有权解除合同。

7. 附加条款

附加条款,又称追加条款,是指在基本条款的基础上,为了适应特殊情况而必须增加限制或者修改基本条款中所规定的内容时,在正式保险单后添加的条款。主要适用于两种情况:一是补充合同的内容,二是变更合同的内容。添加方式有两种:一是在保险单空白处书写,二是将印制的条款加贴在保险单上。这些都同时构成保险合同的一部分。

对保险合同条款的解释,法律有特别要求。为了维护被保险人的利益,《保险法》规定,采用保险人提供的格式条款订立的保险合同,保险人与投保人、被保险人或者受益人对合同条款有争议的,应当按照通常理解予以解释。对合同条款有两种以上解释的,人民法院或者仲裁机构应当作出有利于被保险人和受益人的解释。[10]

实务问题

1996年4月,华某经朋友陈某介绍,决定为其私有汽车向某财产保险公司(简称保险公司)投保。华某取出4000元,委托陈某办理汽车投保的一切事宜。1996年4月25日,陈某到保险公司承保职员王某家中办理了投保的手续,为华某的拉达营运汽车办理了车损险、第三者责任险和附加车上责任险。其中,车损险保险金额为人民币75000元,保险期限为1年。王某将填写完整的机动车辆保险单交给陈某,并收取了3700余元的保险费,就此完成投保手续。当时,双方并未注意到该保险单的背面印就的机动车辆保险条款中的规定:“由于火灾造成保险车辆的损失,由保险人负责赔偿,自然、明火造成的损失,保险人不负责赔偿。”

1996年10月18日上午,该保险车辆在行驶途中,突然起火,虽经奋力扑救,该车仍整车烧毁。后经公安局消防部门鉴定,该车起火原因系汽车化油器漏油遇电火花引起。华某遂向保险

〔10〕 参见我国《保险法》第30条。

公司要求赔偿车损险人民币75000元。该公司以该车着火系自燃,不属保险责任范围为由拒赔。华某认为,"自然"并非"自燃",保险条款发生争议时应作有利于被保险人的解释,保险公司不能免责;同时,投保时,保险公司并未将免责条款向投保人作明确说明,免责条款应为无效。由于保险公司坚持拒赔,华某遂向人民法院提起诉讼。问:(1)保险条款中的打印错误应如何解释?(2)如何认定保险人对免责条款作了明确说明?本案中免责条款的效力如何?

提示:本案主要涉及对保险条款中疑义条款的解释原则,并且保险人负有对免责条款的明确说明义务。当疑义条款有两个以上的文义解释时,应按有利于被保险人的原则进行解释,且保险公司未对免责条款向被保险人作明确说明,故该条款无效,保险人应承担不利的法律后果。

三、保险合同的有效与无效

保险合同的有效与无效是指保险合同在何种情况下才能产生法律约束力,它与表明保险合同约束力的"保险合同效力"一词不是同一概念。与一般商事合同一样,只有符合法律要件而成立的保险合同才是有效保险合同,具有法律约束力,否则合同无效。

(一)保险合同的有效

与一般合同相似,保险合同的有效要件主要有以下三项:

1. 主体合格。这是指订立合同的当事人双方都必须具有订立保险合同的资格。就投保人而言,自然人、法人或者其他组织在订立保险合同时必须具有民事权利能力和民事行为能力,具备商事合同主体的必要条件;如果投保人委托代理人订立保险合同,必须出具授权委托书,代理人方可获得缔约主体资格。就保险人而言,在订立保险合同时,必须是依法设立的保险公司,持有从事保险业这一特殊商行为的营业执照,并且在其营业执照核准的经营业务范围内订立保险合同。如果保险公司委托保险代理人从事保险业务,保险代理人订立保险合同时,必须具有保险人的合法授权,同时依法取得从事保险代理商行为的经营许可证和营业执照。

2. 意思表示真实、一致,即行为人在订立保险合同时的意思表示,应当是行为人自己的真实意思;双方就合同的全部内容所作出的意思表示完全一致,即达成合意。

3. 合同内容合法,即保险合同的内容不违反法律和社会公共利益。具体地说,投保人对所签订的保险合同具有可保利益,即有保险利益存在;保险合同的保险标的本身具有合法性;保险合同的内容不违反法律的规定;保险合同当事人不得为非法目的而订立保险合同等。

(二)保险合同的无效

保险合同的无效,是指保险合同虽已订立,但由于违反国家法律或其他原因,合同在法律上自始不发生效力,双方当事人不受合同约束的情形。根据无效的程度和范围,保险合同无效可分为全部无效和部分无效两种情况。全部无效是指保险合同全部不发生效力;部分无效是指保险合同的某些条款虽然违反法律规定,但并不影响其他条款的法律效力。导致保险合同无效的要件,原则上可以适用我国《民法典》中关于无效民事法律行为的规定。除此之外,根据我国《保险法》第31条、第33条、第34条的规定,可导致保险合同无效的情形还有:

1. 投保人对保险标的无保险利益。对此,我国《保险法》第31条第3款明确规定:"订立合同时,投保人对被保险人不具有保险利益的,合同无效。"为防范道德风险,有效保护被保险人,《保险法解释(三)》第3条规定:"人民法院审理人身保险合同纠纷案件时,应主动审查投保人订立保险合同时是否具有保险利益,以及以死亡为给付保险金条件的合同是否经过被保险人同意并认可保险金额。”对于因无保险利益而导致保险合同无效的法律后果,《保险法解释(二)》第2条规定:“人身保险中,因投保人对被保险人不具有保险利益导致保险合同无效,投保人主张保险人退还扣减相应手续费后的保险费的,人民法院应予支持。”

2. 投保人为无民事行为能力人,投保以死亡为给付保险金条件的人身保险。但是,父母为其未成年子女投保的人身保险,不受该规定限制。《保险法解释(三)》第6条规定:“未成年人父母之外的其他履行监护职责的人为未成年人订立以死亡为给付保险金条件的合同,当事人主张参照保险法第三十三条第二款、第三十四条第三款的规定认定该合同有效的,人民法院不予支持,但经未成年人父母同意的除外。”

3. 以死亡为给付保险金条件的合同,未经被保险人书面同意并认可保险金额的,但法律另有规定的除外。实践中,关于“未经被保险人同意并认可保险金额”导致合同无效的规定,存在不当适用的问题,有的保险公司在承保时不主动审查死亡险的订立是否符合以上规定,但在保险事故发生时却以保险合同违反以上规定为由,主张保险合同无效并拒赔。为此,《保险法解释(三)》第1条分两款规定:“当事人订立以死亡为给付保险金条件的合同,根据保险法第三十四条的规定,‘被保险人同意并认可保险金额’可以采取书面形式、口头形式或者其他形式;可以在合同订立时作出,也可以在合同订立后追认。”(第1款)“有下列情形之一的,应认定为被保险人同意投保人为其订立保险合同并认可保险金额:(一)被保险人明知他人代其签名同意而未表示异议的;(二)被保险人同意投保人指定的受益人的;(三)有证据足以认定被保险人同意投保人为其投保的其他情形。”(第2款)为明确被保险人撤销同意意思表示的方式及效力,《保险法解释(三)》第2条还规定:“被保险人以书面形式通知保险人和投保人撤销其依据保险法第三十四条第一款规定所作出的同意意思表示的,可认定为保险合同解除。”

四、再保险

保险人将其承担的保险业务,以分保形式部分转移给其他保险人的,为再保险。应再保险接受人的要求,再保险分出人应当将其自负责任及原保险的有关情况书面告知再保险接受人。

再保险接受人不得向原保险的投保人要求支付保险费。原保险的被保险人或者受益人不得向再保险接受人提出赔偿或者给付保险金的请求。再保险分出人不得以再保险接受人未履行再保险责任为由,拒绝履行或者迟延履行其原保险责任。[11]

第三节 保险合同的履行

保险合同是双务合同,保险合同的履行是指保险合同订立并生效后,双方当事人按照合同的约定全面完成各自承担的义务以满足他人权利实现的行为。由此,它所涉及的内容不仅仅是合同各方当事人履行义务,也包括各自行使权利的方法。

---

〔11〕 参见我国《保险法》第28条、第29条。

一、投保人义务的履行

（一）交付保险费

保险合同是有偿合同，投保人获取保险人承担赔偿和给付责任必须以自己交付保险费为对价。我国《保险法》第 14 条规定："保险合同成立后，投保人按照约定交付保险费，保险人按照约定的时间开始承担保险责任。"通常情况下，在财产保险中，除合同另有约定外，被保险人应当在合同订立之际立即支付保险费，并一次缴清；被保险人支付保险费前，保险人可以拒绝签发保险单证。但是在人身保险中，投保人可以按照合同约定向保险人一次支付全部保险费或者分期支付保险费。合同约定分期支付保险费，投保人支付首期保险费后，除合同另有约定外，投保人自保险人催告之日起超过 30 日未支付当期保险费，或者超过约定的期限 60 日未支付当期保险费的，合同效力中止，或者由保险人按照合同约定的条件减少保险金额。不过，保险人对人身保险的保险费，不得用诉讼方式要求投保人支付。[12]

（二）防止或者避免出现保险事故

在保险合同缔结后，投保人不得因已经投保而放任保险事故发生，而应尽最大努力防止保险事故发生。在财产保险中，该类义务被称为维护保险标的安全或防灾防损义务。根据我国《保险法》第 51 条的规定，该项义务的主要内容为：被保险人应当遵守国家有关消防、安全、生产操作、劳动保护等方面的规定，维护保险标的的安全；投保人、被保险人未按照约定履行其对保险标的的安全应尽责任的，保险人有权要求增加保险费或者解除合同。

在人身保险中，防止或者避免出现保险事故的义务主要表现为保险人的除外责任的情形，其内容将于下文详述。

（三）危险程度增加时及时通知

这是指投保人、被保险人知道保险合同所约定的保险标的危险在程度上有所增加时，需要及时通知保险人。所谓危险程度增加，是指合同订立时未曾预料或未予估计的危险因素即危险可能性的增加，它不包括订立合同时已经预料的危险和危险事故发生过程中危险程度及危险因素的不断升级。我国《保险法》第 52 条分两款规定："在合同有效期内，保险标的的危险程度显著增加的，被保险人应当按照合同约定及时通知保险人，保险人可以按照合同约定增加保险费或者解除合同。保险人解除合同的，应当将已收取的保险费，按照合同约定扣除自保险责任开始之日起至合同解除之日止应收的部分后，退还投保人。""被保险人未履行前款规定的通知义务的，因保险标的的危险程度显著增加而发生的保险事故，保险人不承担赔偿保险金的责任。"例如，在财产保险中，合同订立时，作为保险标的的房屋原是办公用房，后改为危险品仓库；在人身保险中，合同订立时的被保险人后来从事特殊冒险工作，这些危险因素都是在合同订立后新出现的，因而投保人、被保险人或受益人应及时通知保险人。2018 年 5 月 14 日通过、2020 年 12 月 29 日修正的《保险法解释(四)》第 4 条第 1 款规定："人民法院认定保险标的是否构成保险法第四十九条、第五十二条规定的'危险程度显著增加'时，应当综合考虑以下因素：（一）保险标的用途的改变；（二）保险标的使用范围的改变；（三）保险标的所处环境的变化；

---

〔12〕 参见《保险法》第 14 条、第 35 条、第 36 条、第 38 条。

(四)保险标的因改装等原因引起的变化;(五)保险标的使用人或者管理人的改变;(六)危险程度增加持续的时间;(七)其他可能导致危险程度显著增加的因素。”同条第2款规定:“保险标的危险程度虽然增加,但增加的危险属于保险合同订立时保险人预见或者应当预见的保险合同承保范围的,不构成危险程度显著增加。”

(四)保险事故发生后及时通知并予施救

投保人、被保险人或者受益人知道保险事故发生后,应当及时通知保险人。对此,我国《保险法》第21条规定:“投保人、被保险人或者受益人知道保险事故发生后,应当及时通知保险人。故意或者因重大过失未及时通知,致使保险事故的性质、原因、损失程度等难以确定的,保险人对无法确定的部分,不承担赔偿或者给付保险金的责任,但保险人通过其他途径已经及时知道或者应当及时知道保险事故发生的除外。”

保险事故发生时,被保险人有责任尽力采取必要的措施,防止或者减少损失的发生。对此,我国《保险法》第57条第1款明确规定:“保险事故发生时,被保险人应当尽力采取必要的措施,防止或者减少损失。”如果投保人、被保险人不履行此项义务的,保险人对由此所造成的扩大的损失,不负赔偿责任。

投保人、被保险人及时履行保险事故的通知义务和施救义务,有利于保险人积极行使自己的权利,保险人不仅可以迅速了解和调查事故真相,获取相关证据,合理履行赔偿义务,便于理赔顺利进行;还可以及时协助被保险人抢救保险标的,及时采取必要措施防止损失扩大或保全保险标的未损部分,减轻事故造成的损失。当然,保险事故发生后,被保险人为防止或者减少保险标的的损失所支付的必要的、合理的费用,由保险人承担;保险人所承担的费用数额在保险标的损失赔偿金额以外另行计算,最高不超过保险金额的数额。[13] 根据《保险法解释(四)》第6条的规定,保险事故发生后,被保险人依照《保险法》第57条的规定,请求保险人承担为防止或者减少保险标的的损失所支付的必要、合理费用,保险人以被保险人采取的措施未产生实际效果为由抗辩的,人民法院不予支持。

二、保险人义务的履行

(一)赔付保险金

在保险合同中,保险人所应履行的义务主要是赔付保险金。在保险标的遭受保险责任范围内的危险,发生财产损失或者人身伤亡,或者约定的条件成就、期限到来时,保险人应向被保险人或者受益人补偿被保险人的实际损失或支付约定的保险金。保险人补偿或支付的保险金分两部分:一是对为防止或减少保险责任范围内的损失而采取的必要措施所支出的合理费用进行的补偿,包括诉讼费用等;二是对保险标的损失的赔偿或者约定事项出现时的给付。关于补偿或给付的方式,法律规定,上述两部分保险金应分别计算,除合同另有约定外,各自都以保险金额为最高支付限额。

《保险法》对补偿或给付保险金的日期作了具体规定。保险人未及时履行前款规定义务的,除支付保险金外,应当赔偿被保险人或者受益人因此受到的损失。

---

〔13〕 参见我国《保险法》第57条第2款。

(二)保守秘密

我国1995年《保险法》规定,保险人负有保密义务,即保险人或者再保险接受人在办理保险业务中对其所知道的投保人、被保险人或者再保险分出人的业务和财产情况负有保守秘密的责任。不过,鉴于该项义务作为合同法中的附随义务,无须保险法专门规定,故2009年《保险法》删除了该规定。但保守秘密仍属保险人所应履行的义务。

(三)除外责任

除外责任,是指保险人依法不承担保险责任的情形。保险法中的除外责任,既包括法定情形,也包括约定情形。法定情形主要包括以下方面:

1. 未发生保险事故,被保险人或者受益人谎称发生了保险事故,向保险人提出赔偿或者给付保险金请求的,保险人有权解除合同,并且不退还保险费。若保险人已支付保险金或者支出费用,投保人、被保险人或者受益人应当退回或者赔偿。[14]

2. 投保人、被保险人故意制造保险事故的,保险人有权解除合同,不承担赔偿或者给付保险金的责任。在此情形下,保险人不退还保险费,并且若保险人已支付保险金或者支出费用,投保人、被保险人或者受益人应当退回或者赔偿。[15] 但是,在人身保险中,投保人故意造成被保险人死亡、伤残或者疾病的,保险人不承担给付保险金的责任;投保人已交足2年以上保险费的,保险人应当按照合同约定向其他权利人退还保险单的现金价值。受益人故意造成被保险人死亡、伤残、疾病的,或者故意杀害被保险人未遂的,该受益人丧失受益权。[16]

3. 保险事故发生后,投保人、被保险人或者受益人以伪造、变造的有关证明、资料或者其他证据,编造虚假的事故原因或者夸大损失程度的,保险人对其虚报的部分不承担赔偿或者给付保险金的责任。若保险人已支付保险金或者支出费用,投保人、被保险人或者受益人应当退回或者赔偿。[17]

4. 以被保险人死亡为给付保险金条件的合同,自合同成立或者合同效力恢复之日起2年内,被保险人自杀的,保险人不承担给付保险金的责任,但被保险人自杀时为无民事行为能力人的除外。保险人依照该规定不承担给付保险金责任的,应当按照合同约定退还保险单的现金价值。[18]

5. 因被保险人故意犯罪或者抗拒依法采取的刑事强制措施导致其伤残或者死亡的,保险人不承担给付保险金的责任。投保人已交足2年以上保险费的,保险人应当按照合同约定退还保险单的现金价值。[19]

三、索赔与理赔

(一)索赔

索赔,是指被保险人或受益人因保险事故发生导致保险标的受损,即保险财产损失或人身伤亡时,根据合同向保险人提出要求经济补偿或支付保险金的行为。索赔是被保险人或受益

---

〔14〕 参见我国《保险法》第27条第1款、第4款。
〔15〕 参见我国《保险法》第27条第2款、第4款。
〔16〕 参见我国《保险法》第43条。
〔17〕 参见我国《保险法》第27条第3款、第4款。
〔18〕 参见我国《保险法》第44条。
〔19〕 参见我国《保险法》第45条。

人实现其保险权益的具体体现，是保险合同履行最重要的一个部分。保险索赔是在特定条件下和特定时期内，投保人、被保险人或受益人行使权利、保险人履行义务的一个过程，因此，它通常应遵循下列程序：

1. 提出出险通知和索赔请求。出险通知，是指投保人、被保险人或者受益人在知道保险事故发生后，及时告知保险人保险危险已经发生的通知。通知的内容包括保险事故发生的时间、地点、原因、程度及保险证明材料。及时提出出险通知有两个方面的作用：一是使保险人能够迅速调查事实真相，查明证据和事实，以便确定自己应当承担的责任范围；二是便于保险人及时处理和承担责任。根据《保险法》第 21 条规定，出险通知义务人是投保人、被保险人或者受益人。这三种人中任何一人通知即为履行了此项义务。《保险法》没有规定出险通知的具体时限，而是确定了“及时通知”原则。对于及时的认定，通常应根据保险标的、事故发生地点以及惯例来解释。但是，如果投保人、被保险人或者受益人在规定的期限内不行使索赔请求权，则因时效届满而丧失对保险人请求赔偿或者给付保险金的权利。关于出险通知方式，《保险法》没有专门规定，根据惯例多以书面形式为之。

2. 提供索赔单证。索赔单证是保险人、被保险人、投保人、受益人在保险活动中行使权利和履行义务的重要凭证之一。索赔单证主要有：保险单或者其他保险凭证的正本；有关保险标的的原始单据，如发票、提单、账册、装箱单、运输合同等；已支付保险费的凭证；被保险人的身份证、户口簿、工作证等可以证明其姓名、年龄、职业等情况的资料；保险事故证明及损害结果证明；索赔清单包括受损财产清单、费用清单、请求保险人给付的清单等。被保险人、受益人提供的索赔资料和文件要真实，否则保险人不但不承担保险责任，还要依法追究当事人的法律责任。

3. 领取保险赔偿金或保险金。经保险人对索赔资料审查，一旦符合规定，投保人、被保险人或受益人可以领取保险赔偿金或保险金。通常保险赔偿金或保险金以现金方式给付，但对于特殊标的或合同另有约定，保险人可以采用修复、重建或重置等形式赔偿。

权利人应在法律规定的期限内行使索赔权，但索赔时效因保险标的不同而有差异。对此，我国《保险法》第 26 条规定：人寿保险以外的其他保险的被保险人或者受益人，向保险人请求赔偿或者给付保险金的诉讼时效期间为 2 年，自其知道或者应当知道保险事故发生之日起计算；人寿保险的被保险人或者受益人向保险人请求给付保险金的诉讼时效期间为 5 年，自其知道或者应当知道保险事故发生之日起计算。

（二）理赔

理赔，是指基于被保险人或者受益人提出的索赔请求，保险人根据合同和有关索赔资料，审理保险赔偿，审核确定保险索赔责任，以决定是否支付保险金的行为。一般情况下，理赔应遵循下列程序：

1. 立案检验、现场查勘。保险人接到索赔请求并经查对有关索赔单证、资料无误的，即予以立案，并及时派人到出险现场查勘，了解事故原因、损失大小。保险人主要是审查与本案有关的材料是否齐全，单证是否真实、一致，事实是否准确记载。

2. 审核责任。保险人对事故进行调查和对各项单证加以审查后，决定应否承担保险责任及承担多大的责任。审查内容包括：（1）审核保险合同的合法性和有效性。（2）根据近因原则确定导致保险标的损害的原因，进而确认发生的事故是否构成保险事故。只有在保险期间发生的保险事故和出现的约定情形,保险人才承担保险责任。(3)审核被保险人是否及时、适当履行了施救、保护义务。(4)审核是否存在应对保险事故之损害承担赔偿责任的第三者。

3. 计算、确定并支付保险金。保险人收到被保险人或者受益人的赔偿或者给付保险金的请求后,应当及时作出核定;情形复杂的,应当在30日内作出核定,但合同另有约定的除外。保险人应当将核定结果通知被保险人或者受益人;对属于保险责任的,在与被保险人或者受益人达成赔偿或者给付保险金的协议后10日内,履行赔偿或者给付保险金义务。保险合同对赔偿或者给付保险金的期限有约定的,保险人应当按照约定履行赔偿或者给付保险金义务。保险人未及时履行前款规定义务的,除支付保险金外,应当赔偿被保险人或者受益人因此受到的损失。任何单位和个人不得非法干预保险人履行赔偿或者给付保险金的义务,也不得限制被保险人或者受益人取得保险金的权利。[20]

《保险法解释(二)》对核定期间的计算方式作了明确规定。对此,该解释第15条分两款规定:"保险法第二十三条规定的三十日核定期间,应自保险人初次收到索赔请求及投保人、被保险人或者受益人提供的有关证明和资料之日起算。"(第1款)"保险人主张扣除投保人、被保险人或者受益人补充提供有关证明和资料期间的,人民法院应予支持。扣除期间自保险人根据保险法第二十二条规定作出的通知到达投保人、被保险人或者受益人之日起,至投保人、被保险人或者受益人按照通知要求补充提供的有关证明和资料到达保险人之日止。"(第2款)

保险人依法作出核定后,对不属于保险责任的,应当自作出核定之日起3日内向被保险人或者受益人发出拒绝赔偿或者拒绝给付保险金通知书,并说明理由。保险人自收到赔偿或者给付保险金的请求和有关证明、资料之日起60日内,对其赔偿或者给付保险金的数额不能确定的,应当根据已有证明和资料可以确定的数额先予支付;保险人最终确定赔偿或者给付保险金的数额后,应当支付相应的差额。[21]

第四节 保险合同的变更和终止

一、保险合同的变更

(一)保险合同变更的概念

保险合同的变更,是指保险合同在其有效期内,由于订立合同时的条件发生变化,合同当事人按照法律规定的条件和程序,对原合同的某些条款进行修改或补充,从而使合同的主体、内容或效力发生变化。变更保险合同是法律赋予合同双方当事人所享有的正当权利,对此,我国《保险法》第20条第1款规定:"投保人和保险人可以协商变更合同内容。"

(二)保险合同的变更类型

保险合同变更类型主要涉及合同主体变更与内容变更。

---

〔20〕 参见我国《保险法》第23条。

〔21〕 参见我国《保险法》第24条、第25条。

1. 保险合同主体的变更，是指保险合同中投保人、被保险人、受益人的变更，而保险合同的标的没有发生变化，通常不包括保险人的变更。在财产保险中，主体变更多由保险标的的所有权转移而发生。主体变更多发生在投保人方面。我国1995年《保险法》第34条规定："保险标的的转让应当通知保险人，经保险人同意继续承保后，依法变更合同。但是，货物运输保险合同和另有约定的合同除外。"但2009年《保险法》已转采投保人自由转让原则。对此，该法第49条第1款规定："保险标的转让的，保险标的的受让人承继被保险人的权利和义务。"《保险法解释（四）》第1条规定："保险标的已交付受让人，但尚未依法办理所有权变更登记，承担保险标的毁损灭失风险的受让人，依照保险法第四十八条、第四十九条的规定主张行使被保险人权利的，人民法院应予支持。"在人身保险中，合同主体的变更还包括受益人的变更。被保险人或者投保人可以变更受益人并书面通知保险人。保险人收到变更受益人的书面通知后，应当在保险单或者其他保险凭证上批注或者附贴批单。投保人变更受益人时须经被保险人同意。[22]

实务问题

2003年5月1日，张某为自己购买了一份分红终身寿险。指定其子为受益人。不久其子结婚，张某与儿媳不和，导致与儿子关系紧张，反目成仇。于是，到女儿家居住。2003年春节前夕，张某病危，召集亲属及朋友，口头改变保险合同受益人：女儿代替儿子为受益人。但没有通知保险公司。不久张某去世，其儿子与女儿同时提出请求，要求取得保险金与红利。问：谁是保险合同的受益人，为什么？

提示：投保人、被保险人享有受益人指定权，只要有证据证明受益人的指定变更是被保险人的真实意思，其变更就有效。通知保险公司只是程序要求，意义在于便于保险人向受益人给付保险金，不影响指定的效力。

2. 保险合同内容的变更，是指合同中约定的事项，即体现合同双方当事人权利义务关系的条款发生变化，如保险金额、保险期间的变更。合同内容的变更通常有两种情形：一是投保人基于某种原因变更合同某些条款；二是特定情况发生导致必须变更合同内容，否则将导致不良后果。合同内容的变更，须得到保险人的同意才产生法律效力。

（三）保险合同的变更程序

根据我国《保险法》第20条的规定，保险合同变更的程序为：

1. 经投保人和保险人协商同意。一般是由投保人、被保险人向保险人提出变更的建议，经保险人同意即形成合同的变更。

2. 采取法定形式。即由保险人在原保险单或者其他保险凭证上批注或者附贴批单，或者由投保人和保险人订立变更的书面协议。

二、保险合同的解除

保险合同的解除，是指有合同解除权的一方向他方作意思表示，使已生效的合同在有效期尚未届满前不再具有约束力的行为。解除保险合同是法律赋予投保人所享有的正当权利。对

〔22〕参见我国《保险法》第41条。

此,我国《保险法》第15条规定:“除本法另有规定或者保险合同另有约定外,保险合同成立后,投保人可以解除合同,保险人不得解除合同。”依此,保险合同的解除包括法定解除与意定解除。

(一)法定解除

1. 投保人的保险合同解除权

一般情况下,保险合同成立后,投保人可以解除合同,但保险法同时对某些保险合同中投保人的合同解除权作了限制性规定。例如,我国《保险法》第50条规定:“货物运输保险合同和运输工具航程保险合同,保险责任开始后,合同当事人不得解除合同。”

保险责任开始前,投保人要求解除合同的,应当按照合同约定向保险人支付手续费,保险人应当退还保险费。保险责任开始后,投保人要求解除合同的,保险人应当将已收取的保险费,按照合同约定扣除自保险责任开始之日起至合同解除之日止应收的部分后,退还投保人。[23] 在人身保险中,投保人解除合同的,保险人应当自收到解除合同通知之日起30日内,按照合同约定退还保险单的现金价值。[24]

2. 保险人的保险合同解除权

对保险人而言,除法律另有规定或者保险合同另有约定,保险合同成立后,保险人不得解除保险合同。只有当投保人或受益人违反法律的规定,或经保险人与投保人协商一致,保险人才可以解除合同。依此,保险人解除保险合同可分为法定条件解除和约定条件解除两种。根据《保险法》的规定,法定条件主要有以下八项:(1)保险人就保险标的或者被保险人的有关情况提出询问,投保人故意或者因重大过失未履行前款规定的如实告知义务,足以影响保险人决定是否同意承保或者提高保险费率的,保险人有权解除合同,但保险人在合同订立时已经知道投保人未如实告知的情况的除外;[25](2)未发生保险事故,被保险人或者受益人谎称发生了保险事故,向保险人提出赔偿或者给付保险金请求的,保险人有权解除合同;[26](3)投保人、被保险人故意制造保险事故的,保险人有权解除合同;[27](4)投保人申报的被保险人年龄不真实,并且其真实年龄不符合合同约定的年龄限制的,保险人可以解除合同;[28](5)人身保险合同效力依法中止的,自合同效力中止之日起满2年双方未达成协议的,保险人有权解除合同;[29](6)因保险标的转让导致危险程度显著增加的,保险人自收到保险人或者受让人所作通知之日起30日内,可以按照合同约定增加保险费或者解除合同;[30](7)投保人、被保险人未按照约定履行其对保险标的的安全应尽责任的,保险人有权要求增加保险费或者解除合同;[31](8)在合同有效期内,保险标的的危险程度显著增加的,被保险人应当按照合同约定及时通知保险人,

---

〔23〕 参见我国《保险法》第54条。

〔24〕 参见我国《保险法》第47条。

〔25〕 参见我国《保险法》第16条第2款、第6款。

〔26〕 参见我国《保险法》第27条第1款。

〔27〕 参见我国《保险法》第27条第2款。

〔28〕 参见我国《保险法》第32条第1款。

〔29〕 参见我国《保险法》第37款。

〔30〕 参见我国《保险法》第49条第3款。

〔31〕 参见我国《保险法》第51条第3款。

保险人可以按照合同约定增加保险费或者解除合同[32]。

（二）意定解除

意定解除，是指保险合同成立后，由投保人与保险人协商解除保险合同。由投保人提出的保险合同之解除多为意定解除。

三、保险合同的终止

保险合同的终止，是指因法定或约定事由的发生，保险合同的法律效力完全消灭的法律事实。导致保险合同终止的原因主要包括：(1)保险合同期间届满；(2)保险事故发生，保险人已支付全部保险金；(3)保险标的非因保险事故而全部灭失，保险合同失去保险标的。

思考题

1. 试述保险合同关系人的构成。
2. 试述保险合同订立的步骤。
3. 试述投保人的义务。
4. 试述保险人应履行的义务。
5. 试述索赔通常应遵循哪些程序。
6. 试述保险人的保险合同解除权。

〔32〕 参见我国《保险法》第52条第1款。

第三十一章　保险业法律制度

导 读

- 设立保险公司应当具备法定条件并遵循法定程序。国务院保险监督管理机构应当对设立保险公司的申请进行审查。保险公司在我国境内设立分支机构,也应经保险监督管理机构批准。
- 保险公司的董事、监事和高级管理人员,应具有履行职责所需的经营管理能力,并在任职前取得保险监督管理机构核准的任职资格。作为公司高管人员的一种,他们同样负有公司法所规定的忠实义务、勤勉义务及其他法律义务。保险公司作为从事风险经营的特殊公司,除应遵守一般财务会计制度外,在财务会计制度上还应受到特殊的规制。
- 在保险公司的业务开展过程中,若符合法定条件并经保险监督管理机构批准,可进行变更、解散或申请破产。
- 我国《保险法》对保险公司经营规则的规定,主要涉及保险公司的经营范围、偿付能力、保险准备金、公积金提取、保险保障基金提存、再保险等内容。
- 保险代理机构、保险经纪人应当具备国务院保险监督管理机构规定的条件,取得保险监督管理机构颁发的经营保险代理业务许可证、保险经纪业务许可证。保险法对保险代理人与保险经纪人的经营规则作了明确规定。
- 基于保险业自身的特殊性及其在国民经济中的重要地位,世界各国都对保险业的监管普遍重视。只有通过国家保险行政管理部门对保单条款、费率水平进行审核,对保险人业务经营进行日常监督管理,才能有效维护广大保险消费者的利益。

第一节　保 险 公 司

一、保险公司的组织形式与设立

(一)保险公司的概念与组织形式

在我国保险市场上,保险公司是指根据《保险法》《公司法》《公司登记管理条例》等有关法律、法规的规定设立的经营保险业务的专业性公司。基于社会经济制度、经济管理体制、经营传统的差别,各国对保险公司组织形式有着不同的要求,如美国规定保险公司应以股份有限公司和相互保险公司两种形式设立;日本规定保险公司的组织形式应为股份有限公司、相互保险公司、保险互济合作社三种。

我国 1995 年《保险法》第 69 条规定:“保险公司应当采取下列形式:(一)股份有限公司;

(二)国有独资公司。"因该规定所限定的公司组织形式无法适应实践需要,故2009年《保险法》已删除了关于保险公司组织形式的规定。由此,在我国,从理论上讲,保险公司可采取《公司法》规定的各种公司组织形式。不过,由于设立保险公司必须经国务院保险监督管理机构批准,因而其组织形式仍要受相应限制。

我国《保险法》第181条还规定:"保险公司以外的其他依法设立的保险组织经营的商业保险业务,适用本法。"依此,除保险公司外,还可依法设立其他保险经营组织。

(二)保险公司的设立条件和程序

根据我国《保险法》第68条的规定,设立保险公司应当具备下列条件:(1)主要股东具有持续盈利能力,信誉良好,最近3年内无重大违法违规记录,净资产不低于人民币2亿元;(2)有符合我国《保险法》和《公司法》规定的章程;(3)有符合我国《保险法》规定的最低限额为人民币2亿元注册资本,且必须为实缴货币资本;[1](4)有具备任职专业知识和业务工作经验的董事、监事和高级管理人员;(5)有健全的组织机构和管理制度;(6)有符合要求的营业场所和与经营业务有关的其他设施;(7)法律、行政法规和国务院保险监督管理机构规定的其他条件。

根据我国《保险法》第70条的规定,申请设立保险公司,应当向国务院保险监督管理机构提出书面申请,并提交下列材料:(1)设立申请书,申请书应当载明拟设立的保险公司的名称、注册资本、业务范围等;(2)可行性研究报告;(3)筹建方案;(4)投资人的营业执照或者其他背景资料,经会计师事务所审计的上一年度财务会计报告;(5)投资人认可的筹备组负责人和拟任董事长、经理名单及本人认可证明;(6)国务院保险监督管理机构规定的其他材料。

(三)保险公司的设立批准、筹建与开业

国务院保险监督管理机构应当对设立保险公司的申请进行审查,自受理之日起6个月内作出批准或者不批准筹建的决定,并书面通知申请人。决定不批准的,应当书面说明理由。

申请人应当自收到批准筹建通知之日起1年内完成筹建工作;筹建期间不得从事保险经营活动。筹建工作完成后,申请人具备法定设立条件的,可以向国务院保险监督管理机构提出开业申请。国务院保险监督管理机构应当自受理开业申请之日起60日内,作出批准或者不批准开业的决定。决定批准的,颁发经营保险业务许可证;决定不批准的,应当书面通知申请人并说明理由。[2]

(四)保险公司分支机构的设立

保险公司在我国境内设立分支机构,应当经保险监督管理机构批准。保险公司分支机构不具有法人资格,其民事责任由保险公司承担。

保险公司申请设立分支机构,应当向保险监督管理机构提出书面申请,并提交下列材料:(1)设立申请书;(2)拟设机构3年业务发展规划和市场分析材料;(3)拟任高级管理人员的简历及相关证明材料;(4)国务院保险监督管理机构规定的其他材料。

保险监督管理机构应当对保险公司设立分支机构的申请进行审查,自受理之日起60日内作出批准或者不批准的决定。决定批准的,颁发分支机构经营保险业务许可证;决定不批准的,应当书面通知申请人并说明理由。经批准设立的保险公司及其分支机构,凭经营保险业务

---

[1] 参见我国《保险法》第69条。

[2] 参见我国《保险法》第71~73条。

许可证向工商行政管理机关办理登记,领取营业执照。保险公司及其分支机构自取得经营保险业务许可证之日起6个月内,无正当理由未向工商行政管理机关办理登记的,其经营保险业务许可证失效。

保险公司在我国境外设立子公司、分支机构,应当经国务院保险监督管理机构批准。外国保险机构在我国境内设立代表机构,也应经国务院保险监督管理机构批准,但该代表机构不得从事保险经营活动。[3]

二、高管人员的任职资格与法律责任

(一)保险公司的董事、监事、高级管理人员的任职资格

保险公司的董事、监事和高级管理人员,应当品行良好,熟悉与保险相关的法律、行政法规,具有履行职责所需的经营管理能力,并在任职前取得保险监督管理机构核准的任职资格。保险公司高级管理人员的范围由国务院保险监督管理机构规定。

根据我国《保险法》第82条及《公司法》第146条的规定,有下列情形之一的,不得担任保险公司的董事、监事、高级管理人员:(1)因违法行为或者违纪行为被金融监督管理机构取消任职资格的金融机构的董事、监事、高级管理人员,自被取消任职资格之日起未逾5年的;(2)因违法行为或者违纪行为被吊销执业资格的律师、注册会计师或者资产评估机构、验证机构等机构的专业人员,自被吊销执业资格之日起未逾5年的;(3)无民事行为能力或者限制民事行为能力;(4)因贪污、贿赂、侵占财产、挪用财产或者破坏社会主义市场经济秩序,被判处刑罚,执行期满未逾5年,或者因犯罪被剥夺政治权利,执行期满未逾5年;(5)担任因经营不善破产清算的公司,自该公司、企业破产清算完结之日起未逾3年;(6)担任因违法被吊销营业执照的公司、企业的法定代表人,并负有个人责任的,自该公司、企业被吊销营业执照之日起未逾3年;(7)个人所负数额较大的债务到期未清偿。

公司违反以上规定选举、委派董事、监事或者聘任高级管理人员的,该选举、委派或者聘任无效。董事、监事、高级管理人员在任职期间出现上述情形的,公司应当解除其职务。

(二)保险公司的董事、监事、高级管理人员的法律责任

保险公司的董事、监事、高级管理人员作为公司高管人员的一种,同样负有公司法所规定的忠实义务、勤勉义务及其他法律义务。对此,我国《保险法》第83条规定:“保险公司的董事、监事、高级管理人员执行公司职务时违反法律、行政法规或者公司章程的规定,给公司造成损失的,应当承担赔偿责任。”

三、保险公司的财务会计制度

保险公司作为从事风险经营的特殊公司,除应遵守一般财务会计制度外,在财务会计制度上还应受到特殊的规制。我国2009年《保险法》对此作了专门规定,其主要内容包括:[4]

1. 保险公司应当聘用经国务院保险监督管理机构认可的精算专业人员,建立精算报告制度。保险精算是一项技术性、专业性极强的工作,需要运用保险、数字、统计学、会计学、法律等

---

〔3〕 参见我国《保险法》第79~80条。

〔4〕 参见我国《保险法》第85~88条。

方面的科学知识。专门从事保险精算工作的人员称为保险精算师。保险公司建立保险精算制度,是为了增强保险产品设计的科学性,提高业务经营水平。保险公司应当根据精算报告制度的规定,按照保险监督管理机构的要求,将精算报告报送保险监督管理机构,并接受其监督检查。

2. 保险公司应当聘用专业人员,建立合规报告制度。

3. 保险公司应当按照保险监督管理机构的规定,报送有关报告、报表、文件和资料。保险公司的偿付能力报告、财务会计报告、精算报告、合规报告及其他有关报告、报表、文件和资料必须如实记录保险业务事项,不得有虚假记载、误导性陈述和重大遗漏。

4. 保险公司应当按照国务院保险监督管理机构的规定妥善保管业务经营活动的完整账簿、原始凭证和有关资料。该账簿、原始凭证和有关资料的保管期限,自保险合同终止之日起计算,保险期间在 1 年以下的不得少于 5 年,保险期间超过 1 年的不得少于 10 年。

5. 保险公司聘请或者解聘会计师事务所、资产评估机构、资信评级机构等中介服务机构,应当向保险监督管理机构报告;解聘会计师事务所、资产评估机构、资信评级机构等中介服务机构,应当说明理由。

四、保险公司的变更与终止

(一)保险公司的变更

在保险公司的业务开展过程中,往往可能出于经营的需要而对相关事项进行变更。《保险法》第 84 条规定,保险公司有下列变更事项之一的,须经保险监督管理机构批准:(1)变更名称;(2)变更注册资本;(3)变更公司或者分支机构的营业场所;(4)撤销分支机构;(5)公司分立或者合并;(6)修改公司章程;(7)变更出资额占有限责任公司资本总额 5% 以上的股东,或者变更持有股份有限公司股份 5% 以上的股东;(8)国务院保险监督管理机构规定的其他情形。

(二)保险公司的解散

保险公司的解散,是指保险公司在解散事由出现时经相关监管机构批准而终止自身业务的法律行为。对此,《保险法》第 89 条规定:保险公司因分立、合并需要解散,或者股东会、股东大会决议解散,或者公司章程规定的解散事由出现,经国务院保险监督管理机构批准后解散;经营有人寿保险业务的保险公司,除因分立、合并或者被依法撤销外,不得解散;保险公司解散,应当依法成立清算组进行清算。

(三)保险公司的破产

保险公司有《企业破产法》第 2 条规定情形的,经国务院保险监督管理机构同意,保险公司或者其债权人可以依法向人民法院申请重整、和解或者破产清算;国务院保险监督管理机构也可以依法向人民法院申请对该保险公司进行重整或者破产清算。

破产财产在优先清偿破产费用和共益债务后,按照下列顺序清偿:(1)所欠职工工资和医疗、伤残补助、抚恤费用,所欠应当划入职工个人账户的基本养老保险、基本医疗保险费用,以及法律、行政法规规定应当支付给职工的补偿金;(2)赔偿或者给付保险金;(3)保险公司欠缴的除第(1)项规定以外的社会保险费用和所欠税款;(4)普通破产债权。破产财产不足以清偿同一顺序的清偿要求的,按照比例分配。破产保险公司的董事、监事和高级管理人员的工资,按照该公司职工的平均工资计算。

经营有人寿保险业务的保险公司被依法撤销或者被依法宣告破产的,其持有的人寿保险合同及责任准备金,必须转让给其他经营有人寿保险业务的保险公司;不能同其他保险公司达成转让协议的,由国务院保险监督管理机构指定经营有人寿保险业务的保险公司接受转让。转让或者由国务院保险监督管理机构指定接受转让以上规定的人寿保险合同及责任准备金的,应当维护被保险人、受益人的合法权益。

保险公司依法终止其业务活动,应当注销其经营保险业务许可证。[5]

第二节 保险经营规则

保险公司经营规则,是指为规范保险市场秩序、保护保险当事人的合法权益而要求保险公司在进行保险业务活动时应当遵循的法定准则。我国《保险法》对保险公司经营规则的规定,主要涉及保险公司的经营范围、偿付能力、保险准备金、公积金提取、保险保障基金提存、再保险等内容。

一、保险公司业务范围限制规则

保险公司的业务范围,是指保险公司根据法律和公司章程的规定并由保险监管机构核定的业务经营活动领域。保险公司应当在保险监管机构依法批准的业务范围内从事保险经营活动。在我国,保险公司的业务范围包括:(1)人身保险业务,包括人寿保险、健康保险、意外伤害保险等保险业务;(2)财产保险业务,包括财产损失保险、责任保险、信用保险、保证保险等保险业务;(3)国务院保险监督管理机构批准的与保险有关的其他业务。经国务院保险监督管理机构批准,保险公司可以经营以上保险业务的下列再保险业务:(1)分出保险;(2)分入保险。[6]

关于保险公司的兼营问题,即同一保险公司能否同时经营财产保险业务和人身保险业务,我国《保险法》第95条第2款规定:“保险人不得兼营人身保险业务和财产保险业务。但是,经营财产保险业务的保险公司经国务院保险监督管理机构批准,可以经营短期健康保险业务和意外伤害保险业务。”

二、保险公司偿付能力管理规则

为确保保险公司具有足够的偿付能力来承担赔偿或保险金给付责任,使其稳健经营,保护股东和债权人的利益,各国保险法都对保险公司偿付能力管理规则作了规定。保险公司的偿付能力,是指保险公司承担保险责任,履行赔偿或给付保险金义务的能力。偿付能力是国家对保险公司监督管理的核心内容。我国《保险法》也对此作了明确规定,其具体内容如下。

(一)提取保证金规则

保险保证金,是指国家规定由保险公司成立时向国家缴存的保证金额,可以用现金或其他

---

[5] 参见我国《保险法》第90~93条。
[6] 参见我国《保险法》第95条、第96条。

方式交纳。我国《保险法》第97条规定，保险公司应当按照其注册资本总额的20%提取保证金，存入国务院保险监督管理机构指定的银行，除公司清算时用于清偿债务外，不得动用。

（二）提取责任准备金规则

保险责任准备金，是指保险公司为了承担未到期责任和处理未决赔款而从保险费收入中提存的一种资金准备。保险责任准备金不是保险公司的营业收入，而是保险公司的负债，因而保险公司应有与保险责任准备金等值的资产作为后盾，随时准备履行其保险责任。我国《保险法》第98条规定，保险公司应当根据保障被保险人利益、保证偿付能力的原则，提取各项责任准备金。保险公司提取和结转责任准备金的具体办法，由国务院保险监督管理机构制定。

保险责任准备金包括未到期责任准备金与未决赔款准备金。

未到期责任准备金，是指在会计年度决算时，将保险责任尚未满期的，应属于下一年度的部分保险费提存出来所形成的准备金。未决赔款准备金，又称赔款准备金，是指在会计年度决算以前发生保险事故但尚未决定赔付或应付而未付赔款，而从当年的保险费收入中提存的准备金。它是保险人在会计年度决算时，为该会计年度已发生保险事故应付而未付赔款所提存的一种资金准备。

（三）提取公积金规则

我国《保险法》第99条规定："保险公司应当依法提取公积金。"该法未对保险公司提取公积金的具体办法作出规定，故应适用《公司法》关于公积金的一般规定。

（四）缴纳保险保障基金规则

保险保障基金，是指保险机构为了有足够的能力应付可能发生的巨额赔款，从年终结余中所专门提存的后备基金。保险保障基金与未到期责任准备金及未决赔款准备金不同。未到期责任准备金和未决赔款准备金是保险机构的负债，用于正常情况下的赔款，而保险保障基金则属于保险机构的资本，主要是应付巨大灾害事故的特大赔款，只有在当年业务收入和其他准备金不足以赔付时方能运用。

保险公司应当依法提取公积金并缴纳保险保障基金。保险保障基金应当集中管理，并在下列情形下统筹使用：(1)在保险公司被撤销或者被宣告破产时，向投保人、被保险人或者受益人提供救济；(2)在保险公司被撤销或者被宣告破产时，向依法接受其人寿保险合同的保险公司提供救济；(3)国务院规定的其他情形。保险保障基金筹集、管理和使用的具体办法，由国务院制定。[7]

（五）最低偿付能力的维持规则

我国《保险法》第101条对保险公司的最低偿付能力作了原则性规定："保险公司应当具有与其业务规模和风险程度相适应的最低偿付能力。保险公司的认可资产减去认可负债的差额不得低于国务院保险监督管理机构规定的数额；低于规定数额的，应当按照国务院保险监督管理机构的要求采取相应措施达到规定的数额。"当时的中国保监会于2008年7月10日发布并于同年9月1日起实施的《保险公司偿付能力管理规定》对保险公司偿付能力的管理规则作了详细规定。

---

〔7〕 参见我国《保险法》第100条。

(六)自留保险费的限制规则

为确保保险公司维持一定水平的偿付能力,各国保险费普遍对经营财产保险业务的保险机构自留保险费作了限制性规定。对此,我国《保险法》第 102 条规定:“经营财产保险业务的保险公司当年自留保险费,不得超过其实有资本金加公积金总和的四倍。”

三、保险公司经营管理规则

(一)保险公司的强制再保险规则

为了确保保险公司的财政稳定性与偿付能力,各国保险法普遍规定,保险公司的每一笔业务或每一危险单位的最高自留额不得超出公司资本与公积金之和的一定比例,否则必须参加再保险。对此,我国《保险法》规定:保险公司对每一危险单位,即对一次保险事故可能造成的最大损失范围所承担的责任,不得超过其实有资本金加公积金总和的 10%;超过的部分应当办理再保险。保险公司对危险单位的划分应当符合国务院保险监督管理机构的规定。保险公司对危险单位的划分方法和巨灾风险安排方案,应当报国务院保险监督管理机构备案。保险公司应当按照国务院保险监督管理机构的规定办理再保险,并审慎选择再保险接受人。[8]

(二)保险公司的资金运用规则

保险公司的资金运用必须稳健,遵循安全性原则。保险公司的资金运用限于下列形式:(1)银行存款;(2)买卖债券、股票、证券投资基金份额等有价证券;(3)投资不动产;(4)国务院规定的其他资金运用形式。保险公司资金运用的具体管理办法,由国务院保险监督管理机构依照前两款的规定制定。[9]

经国务院保险监督管理机构会同国务院证券监督管理机构批准,保险公司可以设立保险资产管理公司。保险资产管理公司从事证券投资活动,应当遵守《证券法》等法律、行政法规的规定。保险资产管理公司的管理办法,由国务院保险监督管理机构会同国务院有关部门制定。[10]

(三)保险公司的其他经营管理规则

保险公司应当按照国务院保险监督管理机构的规定,建立对关联交易的管理和信息披露制度。保险公司的控股股东、实际控制人、董事、监事、高级管理人员不得利用关联交易损害公司的利益。

保险公司应当按照国务院保险监督管理机构的规定,真实、准确、完整地披露财务会计报告、风险管理状况、保险产品经营情况等重大事项。

保险公司从事保险销售的人员应当符合国务院保险监督管理机构规定的资格条件,取得保险监督管理机构颁发的资格证书。保险销售人员的行为规范和管理办法,由国务院保险监督管理机构规定。

保险公司应当建立保险代理人登记管理制度,加强对保险代理人的培训和管理,不得唆使、诱导保险代理人进行违背诚信义务的活动。

保险公司及其分支机构应当依法使用经营保险业务许可证,不得转让、出租、出借经营保险业务许可证。

---

〔8〕 参见我国《保险法》第 103 ~ 105 条。

〔9〕 参见我国《保险法》第 106 条。

〔10〕 参见我国《保险法》第 107 条。

保险公司应当按照国务院保险监督管理机构的规定,公平、合理地拟订保险条款和保险费率,不得损害投保人、被保险人和受益人的合法权益。保险公司应当按照合同约定和《保险法》规定,及时履行赔偿或者给付保险金义务。

保险公司开展业务,应当遵循公平竞争的原则,不得从事不正当竞争。[11]

(四)保险公司及其工作人员的禁止性行为

保险公司及其工作人员在保险业务活动中不得有下列行为:(1)欺骗投保人、被保险人或者受益人;(2)对投保人隐瞒与保险合同有关的重要情况;(3)阻碍投保人履行《保险法》规定的如实告知义务,或者诱导其不履行《保险法》规定的如实告知义务;(4)给予或者承诺给予投保人、被保险人、受益人保险合同约定以外的保险费回扣或者其他利益;(5)拒不依法履行保险合同约定的赔偿或者给付保险金义务;(6)故意编造未曾发生的保险事故、虚构保险合同或者故意夸大已经发生的保险事故的损失程度进行虚假理赔,骗取保险金或者牟取其他不正当利益;(7)挪用、截留、侵占保险费;(8)委托未取得合法资格的机构或者个人从事保险销售活动;(9)利用开展保险业务为其他机构或者个人牟取不正当利益;(10)利用保险代理人、保险经纪人或者保险评估机构,从事以虚构保险中介业务或者编造退保等方式套取费用等违法活动;(11)以捏造、散布虚假事实等方式损害竞争对手的商业信誉,或者以其他不正当竞争行为扰乱保险市场秩序;(12)泄露在业务活动中知悉的投保人、被保险人的商业秘密;(13)违反法律、行政法规和国务院保险监督管理机构规定的其他行为。[12]

第三节 保险代理人与保险经纪人

一、保险代理人与保险经纪人的概念

保险代理人,是指根据保险人的委托,向保险人收取佣金,并在保险人授权的范围内代为办理保险业务的机构或者个人。

保险代理机构包括专门从事保险代理业务的保险专业代理机构和兼营保险代理业务的保险兼业代理机构。保险专业代理机构,是指专门从事保险代理业务的保险代理机构。保险兼业代理机构,是指受保险人委托,在从事自身业务的同时,指定专人为保险人代办保险业务的机构。保险个人代理人,是指根据保险人委托,向保险人收取代理手续费,并在保险人授权的范围内代为办理保险业务的个人。

保险经纪人,是指基于投保人的利益,为投保人与保险人订立保险合同提供中介服务,并依法收取佣金的机构。[13]

二、保险代理人与保险经纪人资格的取得

保险代理机构、保险经纪人应当具备国务院保险监督管理机构规定的条件,取得保险监督

[11] 参见我国《保险法》第108～115条。

[12] 参见我国《保险法》第116条。

[13] 参见我国《保险法》第117条、第118条。

管理机构颁发的经营保险代理业务许可证、保险经纪业务许可证。保险专业代理机构、保险经纪人凭保险监督管理机构颁发的许可证向工商行政管理机关办理登记,领取营业执照。保险兼业代理机构凭保险监督管理机构颁发的许可证,向工商行政管理机关办理变更登记。

以公司形式设立保险专业代理机构、保险经纪人,其注册资本最低限额适用《公司法》的规定。国务院保险监督管理机构根据保险专业代理机构、保险经纪人的业务范围和经营规模,可以调整其注册资本的最低限额,但不得低于《公司法》规定的限额。保险专业代理机构、保险经纪人的注册资本或者出资额必须为实缴货币资本。

保险专业代理机构、保险经纪人的高级管理人员,应当品行良好,熟悉保险法律、行政法规,具有履行职责所需的经营管理能力,并在任职前取得保险监督管理机构核准的任职资格。个人保险代理人、保险代理机构的代理从业人员、保险经纪人的经纪从业人员,应当具备国务院保险监督管理机构规定的资格条件,取得保险监督管理机构颁发的资格证书。[14]

三、保险代理人与保险经纪人的经营规则

(一)履职能力的保障措施

保险代理机构、保险经纪人应当按照国务院保险监督管理机构的规定缴存保证金或者投保职业责任保险。未经保险监督管理机构批准,保险代理机构、保险经纪人不得动用保证金。

(二)个人保险代理人的受托限制

个人保险代理人在代为办理人寿保险业务时,不得同时接受两个以上保险人的委托。但保险代理机构不受此限制,个人保险代理人在代为办理财产保险业务时也不受此限制。

(三)保险代理机构、保险经纪人行为的责任承担

保险人委托保险代理人代为办理保险业务,应当与保险代理人签订委托代理协议,依法约定双方的权利和义务。

保险代理人根据保险人的授权代为办理保险业务的行为,由保险人承担责任。保险代理人没有代理权、超越代理权或者代理权终止后以保险人名义订立合同,使投保人有理由相信其有代理权的,该代理行为有效。保险人可以依法追究越权的保险代理人的责任。

保险经纪人因过错给投保人、被保险人造成损失的,依法承担赔偿责任。

(四)保险事故评估人

保险活动当事人可以委托保险公估机构等依法设立的独立评估机构或者具有相关专业知识的人员,对保险事故进行评估和鉴定。接受委托对保险事故进行评估和鉴定的机构和人员,应当依法、独立、客观、公正地进行评估和鉴定,任何单位和个人不得干涉。以上机构和人员,因故意或者过失给保险人或者被保险人造成损失的,依法承担赔偿责任。

(五)保险佣金的支付

保险佣金只限于向具有合法资格的保险代理人、保险经纪人支付,不得向其他人支付。

(六)禁止行为

保险代理人、保险经纪人及其从业人员在办理保险业务活动中不得有下列行为:(1)欺骗

---

〔14〕 参见我国《保险法》第 119 ~ 123 条。

保险人、投保人、被保险人或者受益人;(2)隐瞒与保险合同有关的重要情况;(3)阻碍投保人履行《保险法》规定的如实告知义务,或者诱导其不履行《保险法》规定的如实告知义务;(4)给予或者承诺给予投保人、被保险人或者受益人保险合同约定以外的利益;(5)利用行政权力、职务或者职业便利以及其他不正当手段强迫、引诱或者限制投保人订立保险合同;(6)伪造、擅自变更保险合同,或者为保险合同当事人提供虚假证明材料;(7)挪用、截留、侵占保险费或者保险金;(8)利用业务便利为其他机构或者个人牟取不正当利益;(9)串通投保人、被保险人或者受益人,骗取保险金;(10)泄露在业务活动中知悉的保险人、投保人、被保险人的商业秘密。

(七)保险专业代理机构、保险经纪人的变更

保险专业代理机构、保险经纪人分立、合并、变更组织形式、设立分支机构或者解散的,应当经保险监督管理机构批准。

第四节 保险业的监督管理

一、保险业监督管理概述

(一)保险业监督管理的概念与作用

保险业的监督管理,简称保险监管,是指国家保险行政管理部门根据相关法律法规规定,对保险业务的经营机构及保险市场进行审批、监督、检查的法律调整行为。

基于保险业自身的特殊性及其在国民经济中的重要地位,世界各国都对保险业的监管普遍重视。作为涉及广泛公共利益的行业,保险业的经营状况关系众多社会成员的利益保障,一旦保险公司经营不善、破产倒闭便可能影响社会生活的各个方面,甚至造成社会动荡。因此,国家必须对其实施监管,规范保险市场行为,保证保险人的偿付能力,维护保险市场秩序稳定,促进保险市场的健康发展。此外,由于保险业务经营具有很强的技术性,投保人对复杂的保险合同往往难以理解,而且保险合同作为一种标准合同,保单条款与保险费率都由保险公司事先设计,极容易形成投保人与保险人之间的不平等交易地位。总之,只有通过国家保险行政管理部门对保单条款、费率水平进行审核,对保险人业务经营进行日常监督管理,才能有效维护广大保险消费者的利益。

(二)保险业监管部门的性质与目标

我国《保险法》第 9 条第 1 款规定:“国务院保险监督管理机构依法对保险业实施监督管理。”该“国务院保险监督管理机构”指的是中国证监会。为按照专业化的标准构建保险监管体制以适应银行业、保险业分业经营、分业管理的要求,1998 年 11 月 18 日,我国成立了作为国务院直属事业单位的中国保险监督管理委员会,对全国商业保险业务进行监管。在此之前,我国保险业的监督管理机关是金融监督管理部门,即中国人民银行;1958 年停办国内保险业务后到 20 世纪 80 年代恢复国内保险业务期间,保险业监管部门为财政部。

我国《保险法》第 133 条规定:“保险监督管理机构依照本法和国务院规定的职责,遵循依法、公开、公正的原则,对保险业实施监督管理,维护保险市场秩序,保护投保人、被保险人和受益人的合法权益。”该法第 134 条还特别规定:“国务院保险监督管理机构依照法律、行政法规

制定并发布有关保险业监督管理的规章。”由此可见,当时的中国保监会不仅拥有广泛的行政监管职权,而且还拥有规章制定权。与中国证监会相同,当时的中国保监会同样是作为具有行政管理职能的国务院直属机构,依《立法法》关于规章制定权主体的确认而取得规章制定权。

二、保险业监督管理的主要内容

(一)对保险条款和保险费率的监管

保险条款(insurance clauses),是指保险单上规定的有关保险人与被保险人的权利、义务及其他保险事项的条文。保险单上都印有保险条款,其中事先印在保单上的条款称为“基本条款”,有些法律规定必须列入的内容,即“法定条款”也包含其中。此外,保险人根据业务需要载入保单的称“选择条款”;按照被保险人要求增加承保危险的称“附加条款”;被保险人为了享受合同权利而承诺应尽义务的约定称“保证条款”;对专门行业,保险人在保险保障等方面作专门规定的称“行业条款”。

保险费率,是指保险人收取的保险费与保险人承担的保险责任最大给付金额的比率。保险人在制定保险费率时要贯彻权利、义务相一致的原则,即应贯彻充分、公平、合理、稳定、灵活以及促进防损原则。

在国外,保险条款通常是由保险人或保险同业公会制定,保险费率则由保险人制定,但关系社会公共利益的特殊保险的保险条款与保险费率的制定仍须受保险监管机构的监管。在我国,保险条款与保险费率由保险公司自行制定,但须报保险监督管理机构审批或备案。对此,我国《保险法》第135条第1款规定:“关系社会公众利益的保险险种、依法实行强制保险的险种和新开发的人寿保险险种等的保险条款和保险费率,应当报国务院保险监督管理机构批准。国务院保险监督管理机构审批时,应当遵循保护社会公众利益和防止不正当竞争的原则。其他保险险种的保险条款和保险费率,应当报保险监督管理机构备案。”同条第2款规定:“保险条款和保险费率审批、备案的具体办法,由国务院保险监督管理机构依照前款规定制定。”该法第136条还规定:“保险公司使用的保险条款和保险费率违反法律、行政法规或者国务院保险监督管理机构的有关规定的,由保险监督管理机构责令停止使用,限期修改;情节严重的,可以在一定期限内禁止申报新的保险条款和保险费率。”

(二)对保险公司偿付能力的监管

国务院保险监督管理机构应当建立健全保险公司偿付能力监管体系,对保险公司的偿付能力实施监控。对偿付能力不足的保险公司,国务院保险监督管理机构应当将其列为重点监管对象,并可以根据具体情况采取下列措施:(1)责令增加资本金、办理再保险;(2)限制业务范围;(3)限制向股东分红;(4)限制固定资产购置或者经营费用规模;(5)限制资金运用的形式、比例;(6)限制增设分支机构;(7)责令拍卖不良资产、转让保险业务;(8)限制董事、监事、高级管理人员的薪酬水平;(9)限制商业性广告;(10)责令停止接受新业务。

保险公司未依照法律规定提取或者结转各项责任准备金,或者未依照法律规定办理再保险,或者严重违反保险法关于资金运用的规定的,由保险监督管理机构责令限期改正,并可以责令调整负责人及有关管理人员。[15]

---

〔15〕 参见我国《保险法》第139条。

三、国务院保险监管机构的监管职责

（一）对保险公司的整顿

保险公司未依照法律规定提取或者结转各项责任准备金，或者未依照法律规定办理再保险，或者严重违反保险法关于资金运用的规定，保险监督管理机构责令限期改正后，保险公司逾期未改正的，国务院保险监督管理机构可以决定选派保险专业人员和指定该保险公司的有关人员组成整顿组，对公司进行整顿。整顿决定应当载明被整顿公司的名称、整顿理由、整顿组成员和整顿期限，并予以公告。

整顿组有权监督被整顿保险公司的日常业务。被整顿公司的负责人及有关管理人员应当在整顿组的监督下行使职权。整顿过程中，被整顿保险公司的原有业务继续进行。但是，国务院保险监督管理机构可以责令被整顿公司停止部分原有业务、停止接受新业务，调整资金运用。

被整顿保险公司经整顿已纠正其违反《保险法》规定的行为，恢复正常经营状况的，由整顿组提出报告，经国务院保险监督管理机构批准，结束整顿，并由国务院保险监督管理机构予以公告。

（二）对保险公司的接管

保险公司有下列情形之一的，国务院保险监督管理机构可以对其实行接管：（1）公司的偿付能力严重不足的；（2）违反保险法规定，损害社会公共利益，可能严重危及或者已经严重危及公司的偿付能力的。被接管的保险公司的债权债务关系不因接管而变化。接管组的组成和接管的实施办法，由国务院保险监督管理机构决定，并予以公告。

接管期限届满，国务院保险监督管理机构可以决定延长接管期限，但接管期限最长不得超过 2 年。接管期限届满，被接管的保险公司已恢复正常经营能力的，由国务院保险监督管理机构决定终止接管，并予以公告。

（三）撤销保险公司并依法组织清算

保险公司因违法经营被依法吊销经营保险业务许可证的，或者偿付能力低于国务院保险监督管理机构规定标准，不予撤销将严重危害保险市场秩序、损害公共利益的，由国务院保险监督管理机构予以撤销并公告，依法及时组织清算组进行清算。

（四）要求保险公司股东、实际控制人提供有关信息和资料

国务院保险监督管理机构有权要求保险公司股东、实际控制人在指定的期限内提供有关信息和资料。

（五）对保险公司的股东、董事、监事和高级管理人员的监管职责

保险公司的股东利用关联交易严重损害公司利益，危及公司偿付能力的，由国务院保险监督管理机构责令改正。在按照要求改正前，国务院保险监督管理机构可以限制其股东权利；拒不改正的，可以责令其转让所持的保险公司股权。

保险监督管理机构根据履行监督管理职责的需要，可以与保险公司董事、监事和高级管理人员进行监督管理谈话，要求其就公司的业务活动和风险管理的重大事项作出说明。

保险公司在整顿、接管、撤销清算期间，或者出现重大风险时，国务院保险监督管理机构可以对该公司直接负责的董事、监事、高级管理人员和其他直接责任人员采取以下措施：（1）通知

出境管理机关依法阻止其出境;(2)申请司法机关禁止其转移、转让或者以其他方式处分财产,或者在财产上设定其他权利。[16]

四、国务院保险监管机构的监管措施

保险监督管理机构依法履行职责,可以采取下列措施:[17]

1. 对保险公司、保险代理人、保险经纪人、保险资产管理公司、外国保险机构的代表机构进行现场查勘,但应当经保险监督管理机构负责人批准。

2. 进入涉嫌违法行为发生场所调查取证,但应当经保险监督管理机构负责人批准。

3. 询问当事人及与被调查事件有关的单位和个人,要求其对与被调查事件有关的事项作出说明。

4. 查阅、复制与被调查事件有关的财产权登记等资料。

5. 查阅、复制保险公司、保险代理人、保险经纪人、保险资产管理公司、外国保险机构的代表机构以及与被调查事件有关的单位和个人的财务会计资料及其他相关文件和资料;对可能被转移、隐匿或者毁损的文件和资料予以封存。采取这些措施时应当经保险监督管理机构负责人批准。

6. 查询涉嫌违法经营的保险公司、保险代理人、保险经纪人、保险资产管理公司、外国保险机构的代表机构以及与涉嫌违法事项有关的单位和个人的银行账户,但应当经国务院保险监督管理机构负责人批准。

7. 对有证据证明已经或者可能转移、隐匿违法资金等涉案财产或者隐匿、伪造、毁损重要证据的,经保险监督管理机构主要负责人批准,申请人民法院予以冻结或者查封。

五、保险监管机构监管权的制约与保障

保险监督管理机构依法进行监督检查或者调查,其监督检查、调查的人员不得少于 2 人,并应当出示合法证件和监督检查、调查通知书;监督检查、调查的人员少于 2 人或者未出示合法证件和监督检查、调查通知书的,被检查、调查的单位和个人有权拒绝。保险监督管理机构依法履行职责,被检查、调查的单位和个人应当配合。

保险监督管理机构工作人员应当忠于职守,依法办事,公正廉洁,不得利用职务便利牟取不正当利益,不得泄露所知悉的有关单位和个人的商业秘密。

国务院保险监督管理机构应当与中国人民银行、国务院其他金融监督管理机构建立监督管理信息共享机制。保险监督管理机构依法履行职责,进行监督检查、调查时,有关部门应当予以配合。[18]

---

[16] 参见我国《保险法》第 140 ~ 155 条。

[17] 参见我国《保险法》第 154 条。

[18] 参见我国《保险法》第 154 ~ 157 条。

思考题

1. 试述保险公司的董事、监事、高级管理人员的任职资格。
2. 试述保险公司的变更与终止的相关规定。
3. 试述保险公司业务范围限制规则的内容。
4. 试述保险公司偿付能力管理规则的内容。
5. 试述保险公司经营管理规则的内容。
6. 试述保险代理人与保险经纪人的经营规则。
7. 试述国务院保险监管机构的监管职责。

主要参考文献

1. 范健主编:《商法学》,高等教育出版社 2019 年版。
2. 范健主编:《商法》,高等教育出版社 2012 年版。
3. 范健主编:《商法》(第四版),高等教育出版社、北京大学出版社 2011 年版。
4. 范健:《德国商法:传统框架与新规则》,法律出版社 2003 年版。
5. 范健、王建文:《证券法》(第三版),法律出版社 2020 年版。
6. 范健、王建文:《商法总论》(第二版),法律出版社 2019 年版。
7. 范健、王建文:《公司法》(第五版),法律出版社 2018 年版。
8. 范健、王建文、张莉莉:《保险法》,法律出版社 2017 年版。
9. 范健、王建文:《破产法》,法律出版社 2009 年版。
10. 范健、王建文:《商法的价值、源流及本体》(第二版),中国人民大学出版社 2007 年版。
11. 范健、王建文:《商法基础理论专题研究》,高等教育出版社 2005 年版。
12. 范健、王建文:《商法论》,高等教育出版社 2003 年版。
13. 范健、蒋大兴:《公司法论》(上卷),南京大学出版社 1997 年版。
14. 王建文:《商法教程》(第四版),中国人民大学出版社 2019 年版。
15. 王建文:《中国商法的理论重构与立法构想》,中国人民大学出版社 2018 年版。
16. 王建文、张宇、熊敬:《公司高管重大经营决策失误民事责任研究》,法律出版社 2012 年版。
17. 王建文:《中国商法立法体系:批判与建构》,法律出版社 2009 年版。
18. 蒋大兴:《公司法的观念与解释》(全三册),法律出版社 2009 年版。
19. 蒋大兴:《公司法的展开与评判——方法 · 判例 · 制度》,法律出版社 2001 年版。
20. 李建伟:《公司法学》,中国人民大学出版社 2008 年版。
21. 叶林:《证券法》(第三版),中国人民大学出版社 2008 年版。
22. 李东方主编:《证券法》,清华大学出版社 2008 年版。
23. 覃有土主编:《商法学》(修订三版),中国政法大学出版社 2007 年版。
24. 李永军主编:《商法学》(修订版),中国政法大学出版社 2007 年版。
25. 李永军:《破产法律制度》,中国法制出版社 2000 年版。
26. 王保树:《商法总论》,清华大学出版社 2007 年版。
27. 王保树、崔勤之:《中国公司法原理》(最新修订第三版),社会科学文献出版社 2006 年版。
28. 王保树主编:《商法》,法律出版社 2005 年版。
29. 王保树主编:《中国公司法修改草案建议稿》,社会科学文献出版社 2004 年版。
30. 王保树主编:《中国商事法》(新编本),人民法院出版社 2001 年版。
31. 朱慈蕴等:《公司内部监督机制》,法律出版社 2007 年版。
32. 朱慈蕴:《公司法人格否认法理研究》,法律出版社 1998 年版。
33. 周友苏主编:《新证券法论》,法律出版社 2007 年版。

34. 周友苏:《新公司法论》,法律出版社 2006 年版。
35. 王欣新:《破产法》(第二版),中国人民大学出版社 2007 年版。
36. 张民安:《商法总则制度研究》,法律出版社 2007 年版。
37. 赵中孚主编:《商法总论》(第三版),中国人民大学出版社 2007 年版。
38. 任先行主编:《商法总论》,北京大学出版社、中国林业大学出版社 2007 年版。
39. 韩长印主编:《破产法学》,中国政法大学出版社 2007 年版。
40. 李永祥、丁文联主编:《破产程序运作实务》,法律出版社 2007 年版。
41. 董慧凝:《公司章程自由及其法律限制》,法律出版社 2007 年版。
42. 葛伟军:《公司资本制度和债权人保护的相关法律问题》,法律出版社 2007 年版。
43. 顾功耘主编:《商法教程》(第二版),上海人民出版社、北京大学出版社 2006 年版。
44. 顾功耘主编:《金融市场运行与法律监管》,世界图书出版公司 1999 年版。
45. 顾功耘等主编:《中国证券法学》,中国政法大学出版社 1993 年版。
46. 赵旭东主编:《公司法学》(第二版),高等教育出版社 2006 年版。
47. 赵旭东主编:《商法学教程》,中国政法大学出版社 2004 年版。
48. 赵旭东等:《公司资本制度改革研究》,法律出版社 2004 年版。
49. 赵旭东:《企业法律形态论》,中国方正出版社 1996 年版。
50. 甘培忠:《公司控制权的正当行使》,法律出版社 2006 年版。
51. 甘培忠:《企业与公司法学》(第二版),北京大学出版社 2001 年版。
52. 甘培忠:《企业法新论》,北京大学出版社 2000 年版。
53. 施天涛:《公司法论》(第二版),法律出版社 2006 年版。
54. 施天涛:《商法学》(第三版),法律出版社 2006 年版。
55. 雷兴虎主编:《公司法学》,北京大学出版社 2006 年版。
56. 雷兴虎主编:《商法学》,人民法院出版社、中国人民公安大学出版社 2003 年版。
57. 雷兴虎主编:《公司法新论》,中国法制出版社 2001 年版。
58. 董安生主编:《票据法》(第二版),中国人民大学出版社 2006 年版。
59. 朱羿锟:《商法学——原理·图解·实例》,北京大学出版社 2006 年版。
60. 刘黎明主编:《证券法学》,北京大学出版社 2006 年版。
61. 罗培新、卢文道等:《最新证券法解读》,北京大学出版社 2006 年版。
62. 汤维建主编:《企业破产法新旧专题比较与案例应用》,中国法制出版社 2006 年版。
63. 安建、吴高盛主编:《企业破产法实用教程》,中国法制出版社 2006 年版。
64. 本书编写组编著:《〈中华人民共和国企业破产法〉释义及实用指南》,中国民主法制出版社 2006 年版。
65. 许崇苗、李利:《中国保险法原理与适用》,法律出版社 2006 年版。
66. 肖海军:《企业法原论》,湖南大学出版社 2006 年版。
67. 钱玉林:《股东大会决议瑕疵研究》,法律出版社 2005 年版。
68. 梁上上:《论股东表决权——以公司控制权争夺为中心展开》,法律出版社 2005 年版。
69. 曹荣湘主编:《强制披露与证券立法》,社会科学文献出版社 2005 年版。
70. 王志华:《中国近代证券法》,北京大学出版社 2005 年版。
71. 徐明、黄来纪主编:《新证券法解读》,上海社会科学院出版社 2005 年版。
72. 徐明、李明良:《证券市场组织与行为的法律规范》,商务印书馆 2002 年版。
73. 本书编写组编:《中华人民共和国证券法释义》,中国法制出版社 2005 年版。
74. 刘俊海:《新公司法的制度创新:立法争点与解释难点》,法律出版社 2006 年版。

75. 于莹:《票据法》,高等教育出版社2004年版。
76. 于莹:《证券法中的民事责任》,中国法制出版社2004年版。
77. 罗培新:《公司法的合同解释》,北京大学出版社2004年版。
78. 谢朝斌:《独立董事法律制度研究》,法律出版社2004年版。
79. 傅穹:《重思公司资本制原理》,法律出版社2004年版。
80. 李明良:《证券市场热点法律问题研究》,商务印书馆2004年版。
81. 王京、滕必焱编著:《证券法比较研究》,中国人民公安大学出版社2004年版。
82. 陈洁:《证券民事赔偿制度的法律经济分析》,中国法制出版社2004年版。
83. 陈洁:《证券欺诈侵权损害赔偿研究》,北京大学出版社2002年版。
84. 张国清:《投资基金治理机构之法律分析》,北京大学出版社2004年版。
85. 郭俊秀、蒋进:《证券法》,厦门大学出版社2004年版。
86. 江平主编:《新编公司法教程》(第二版),法律出版社2003年版。
87. 江平主编:《法人制度论》,中国政法大学出版社1994年版。
88. 江平主编:《公司法》,法律出版社1987年版。
89. 冯果:《公司法要论》,武汉大学出版社2003年版。
90. 冯果:《现代公司资本制度比较研究》,武汉大学出版社2000年版。
91. 沈贵明:《公司法学》(第二版),法律出版社2003年版。
92. 王欣新编著:《企业和公司法》,中国人民大学出版社2003年版。
93. 张民安:《公司法上的利益平衡》,北京大学出版社2003年版。
94. 王天鸿:《一人公司制度比较研究》,法律出版社2003年版。
95. 郭富青主编:《企业法》,中国政法大学出版社2003年版。
96. 王欣新:《破产法专题研究》,法律出版社2002年版。
97. 龙卫球:《民法总论》(第二版),中国法制出版社2002年版。
98. 王红一:《公司法功能与结构法社会学分析——公司立法问题研究》,北京大学出版社2002年版。
99. 李玉:《晚清公司制度建设研究》,人民出版社2002年版。
100. 陈朝阳、林玉妹编著:《中国现代企业制度》,中国发展出版社2002年版。
101. 李东方:《证券监管法律制度研究》,北京大学出版社2002年版。
102. 胡光志:《内幕交易及其法律控制研究》,法律出版社2002年版。
103. 郑顺炎:《证券内幕交易规制的本土化研究》,北京大学出版社2002年版。
104. 马卫华:《WTO与中国金融监管法律制度研究》,中国人民大学出版社2002年版。
105. 吴晓求主编:《证券市场概论》,中国人民大学出版社2001年版。
106. 吴晓求主编:《证券发行与承销》,中国人民大学出版社2001年版。
107. 吴晓求主编:《证券上市与交易》,中国人民大学出版社2001年版。
108. 史际春、温烨、邓峰:《企业和公司法》,中国人民大学出版社2001年版。
109. 汤欣:《公司治理与上市公司收购》,中国人民大学出版社2001年版。
110. 沈达明:《法国商法引论》,对外经济贸易大学出版社2001年版。
111. 杜鹃主编:《保险学基础》,上海财经大学出版社2001年版。
112. 曹雪琴编著:《保险学概论》,立信会计出版社2000年版。
113. 羊焕发等:《保险法》,人民法院出版社2000年版。
114. 苏号朋主编:《美国商法》,中国法制出版社2000年版。
115. 张洪涛、郑功成主编:《保险学》,中国人民大学出版社2000年版。

116. 吴志攀主编:《国际金融法》,法律出版社 1999 年版。
117. 郭琳广、区沛达:《香港公司证券法》,法律出版社 1999 年版。
118. 全国人大常委会办公厅研究室《中华人民共和国证券法应用指南》编写组编:《中华人民共和国证券法应用指南》,改革出版社 1999 年版。
119. 魏华林、林宝清主编:《保险学》,高等教育出版社 1999 年版。
120. 石静遐:《跨国破产的法律问题研究》,武汉大学出版社 1999 年版。
121. 尹章华等:《商事法入门》,台北,月旦出版公司 1998 年版。
122. 吴弘主编:《证券法论》,世界图书出版公司 1998 年版。
123. 孙积禄:《保险法论》,中国法制出版社 1997 年版。
124. 石少侠:《公司法》,吉林人民出版社 1996 年版。
125. 徐卫东等:《保险法》,吉林人民出版社 1996 年版。
126. 梅慎实:《现代公司机关权力构造论》,中国政法大学出版社 1996 年版。
127. 张文显:《二十世纪西方法哲学思潮研究》,法律出版社 1996 年版。
128. 杨志华:《证券法律制度研究》,中国政法大学出版社 1995 年版。
129. 顾培东主编:《破产法教程》,法律出版社 1995 年版。
130. 王小能:《票据法教程》,北京大学出版社 1994 年版。
131. 董安生等:《中国商法总论》,吉林人民出版社 1994 年版。
132. 徐国栋:《民法基本原则研究》,中国政法大学出版社 1992 年版。
133. 谢怀栻:《票据法概论》(增订版),法律出版社 2006 年版。
134.《英国 2006 年公司法》(第三版),葛伟军译,法律出版社 2017 年版。
135.《最新美国标准公司法》,沈四宝编译,法律出版社 2006 年版。
136.《法国商法典》(上、中、下册),罗结珍译,北京大学出版社 2015 年版。
137.《法国公司法典》(上、下),罗结珍译,中国法制出版社 2007 年版。
138.《法国民法典》(上、下册),罗结珍译,法律出版社 2005 年版。
139.《法国商法典》,金邦贵译,中国法制出版社 2000 年版。
140.《意大利民法典》,费安玲等译,中国政法大学出版社 2004 年版。
141.《意大利民法典》,费安玲、丁玫译,中国政法大学出版社 1997 年版。
142.《日本公司法典》,吴建斌、刘惠明、李涛译,中国法制出版社 2006 年版。
143. 吴建斌主编:《日本公司法规范》,法律出版社 2003 年版。
144.《瑞士债法典》,吴兆祥等译,法律出版社 2002 年版。
145.《特拉华州普通公司法》,左羽译,法律出版社 2001 年版。
146.《德国民法典》,陈卫佐译注,法律出版社 2004 年版。
147.《德国商法典》,杜景林、卢谌译,中国政法大学出版社 2000 年版。
148.《德国股份法·德国有限责任公司法·德国公司改组法·德国参与决定法》,杜景林、卢谌译,中国政法大学出版社 2000 年版。
149.《欧盟公司法指令全译》,刘俊海译,法律出版社 2000 年版。
150.《日本商法典》,王书江、殷建平译,中国法制出版社 2000 年版。
151.《韩国商法》,吴日焕译,中国政法大学出版社 1999 年版。
152.《美国证券交易法律》,王宏译,法律出版社 1999 年版。
153.《德国证券交易法律》,郑冲、贾红梅译,法律出版社 1999 年版。
154.《英国证券发行与交易法律》,付建荣译,法律出版社 1999 年版。

155.《日本证券法律》，徐庆译，法律出版社 1999 年版。
156.《俄罗斯联邦民法典》，黄道秀、李永军、鄢一美译，中国大百科全书出版社 1999 年版。
157. 卞耀武主编：《当代外国公司法》，法律出版社 1995 年版。
158.《澳门商法典》，中国人民大学出版社 1999 年版。
159. [德]C. W. 卡纳里斯：《德国商法》，杨继译，法律出版社 2006 年版。
160. [德]托马斯·莱塞尔、吕笛格·法伊尔：《德国资合公司法》（第三版），高旭军等译，法律出版社 2005 年版。
161. [美]小罗伯特·H. 杰瑞、道格拉斯·R. 里士满：《美国保险法精解》（第四版），李之彦译，北京大学出版社 2009 年版。
162. 美国法律研究院：《公司治理原则：分析与建议》（上、下卷），楼建波等译，法律出版社 2006 年版。
163. ALI（美国法学会）、NCCUSL（美国统一州法委员会）：《美国〈统一商法典〉及其正式评述》（第一卷），孙新强译，中国人民大学出版社 2004 年版。
164. [美]托马斯·李·哈森：《证券法》，张学安等译，中国政法大学出版社 2003 年版。
165. [美]Malcom A. Clarke：《保险合同法》，何美欢、吴志攀等译，北京大学出版社 2002 年版。
166. [美]费正清：《中国：传统与变迁》，张沛译，世界知识出版社 2002 年版。
167. [美]罗伯特·C. 克拉克：《公司法则》，胡平等译，中国工商出版社 1999 年版。
168. [美]罗伯特·W. 汉密尔顿：《公司法概要》，李存捧译，中国社会科学出版社 1999 年版。
169. [美]哈罗德·J. 伯尔曼：《法律与革命——西方法律传统的形成》，贺卫方、高鸿钧、张志铭、夏勇译，中国大百科全书出版社 1993 年版。
170. [英]戴维·M. 沃克：《牛津法律大辞典》，李双元等译，法律出版社 2003 年版。
171. [英]施米托夫：《国际贸易法文选》，赵秀文译，中国大百科全书出版社 1993 年版。
172. [英]R. E. G. 佩林斯、A. 杰弗里斯：《英国公司法》，《公司法》翻译小组译，上海翻译出版社 1984 年版。
173. [日]前田庸：《公司法入门》（第十二版），王作全译，北京大学出版社 2012 年版。
174. [日]大冢久雄：《股份公司发展史论》，胡企林、胡欣欣、江瑞平、韩朝华译，中国人民大学出版社 2002 年版。
175. [日]末永敏和：《现代日本公司法》，金洪玉译，人民法院出版社 2000 年版。
176. [日]奥村宏：《法人资本主义》，李建国等译，生活·读书·新知三联书店 1990 年版。
177. [韩]李哲松：《韩国公司法》，吴日焕译，中国政法大学出版社 2000 年版。
178. [马来西亚]罗修章、王鸣峰：《公司法：权力与责任》，杨飞等译，法律出版社 2005 年版。
179. 曾宛如：《证券交易法原理》（2006 年修订版），台北，元照出版公司 2006 年版。
180. 赖英照：《股市游戏规则：最新证券交易法解析》，中国政法大学出版社 2006 年版。
181. 柯芳枝：《公司法论》，中国政法大学出版社 2004 年版。
182. 王文宇：《公司法论》，中国政法大学出版社 2004 年版。
183. 赵德枢：《一人公司详论》，中国人民大学出版社 2004 年版。
184. 梁宇贤：《商事法论》，中国人民大学出版社 2003 年版。
185. 梁宇贤：《公司法论》，台北，三民书局 1980 年版。
186. 史尚宽：《民法总论》，中国政法大学出版社 2000 年版。
187. 郑玉波：《商事法》，台北，“大中国”图书公司 1998 年版。
188. 郑玉波：《保险法论》，台北，三民书局 1998 年版。
189. 刘清波编著：《商事法》，台北，商务印书馆 1995 年版。
190. 武忆舟：《民法总则》，台北，三民书局 1985 年版。

191. 黄川口:《公司法论》(增订版),台北,三民书局 1984 年版。
192. 黎志刚:《超越家族的信任与合伙:十九世纪末期对“公司”一词的翻译》,载《中外法学》2000 年第 3 期。
193. [美]Lewis D. Solomon,Alan R. Palmiter:《公司法》(第三版)(译注本),任志毅、张焱译注,中国方正出版社 2004 年版。
194. [美]史蒂文·L. 伊曼纽尔:《公司法》(影印本),中信出版社 2003 年版。
195. [美]艾伦·R. 帕尔米特:《公司法案例与解析》(第四版)(影印本),中信出版社 2003 年版。
196. [美]杰西·H. 乔波、小约翰·C. 科菲、罗纳德·J. 吉尔森:《公司法:案例与资料》(第五版)(影印本),中信出版社 2003 年版。
197. [美]R. W. 汉密尔顿:《公司法》(第四版)(影印注释本),刘俊海、徐海燕注,中国人民大学出版社 2001 年版。
198. 虞政平主编:《英国公司法规汇编》,法律出版社 2000 年版。

图书在版编目(CIP)数据

商法学 / 范健, 王建文著. -- 5 版. -- 北京 : 法律出版社, 2021(2023.8 重印)
ISBN 978 -7 -5197 -5465 -5

Ⅰ. ①商… Ⅱ. ①范… ②王… Ⅲ. ①商法-法的理论-教材 Ⅳ. ①D913.990.1

中国版本图书馆 CIP 数据核字(2021)第 049405 号

商法学(第五版)
SHANGFAXUE(DI-WU BAN)

范 健 王建文 著

责任编辑 吴 昉
装帧设计 乔智炜

出版发行 法律出版社
编辑统筹 法律教育出版分社
责任校对 李景美 王 丰
责任印制 刘晓伟
经 销 新华书店

开本 787 毫米×1092 毫米 1/16
印张 35.25 **字数** 820 千
版本 2021 年 5 月第 5 版
印次 2023 年 8 月第 3 次印刷
印刷 三河市兴达印务有限公司

地址:北京市丰台区莲花池西里 7 号(100073)
网址:www.lawpress.com.cn
投稿邮箱:info@lawpress.com.cn
举报盗版邮箱:jbwq@lawpress.com.cn
销售电话:010-83938349
客服电话:010-83938350
咨询电话:010-63939796

书号:ISBN 978-7-5197-5465-5
定价:68.00 元